공공조달계약에 관한 법규 해설서

개정 신판
공공계약제도 해설

- 정부원가 계산제도
- 정부 입찰 및 낙찰제도
- 계약의 이행 및 관리제도
- 계약금액 조정제도

최홍석, 양창호 著

도서출판 삼일

머 리 말

정부조달 또는 공공조달이 재화와 용역을 단순 획득하는 과정에 그치는 것이 아니라 산업정책, 혁신지원, 사회적 가치 등 여타 국가정책들과의 연계성이 점차 커지는 등 그 중요성이 점증되고 있음에 따라, 정부는 그 주요 정책을 반영하기 위해 공공조달계약에 관한 기본법규인 국가계약 법규를 개정해 오고 있습니다.

지난해에도 정부는 국가계약 시범 특례제도 도입 및 계약보증금 국고귀속 완화 등 주요 정책을 반영하기 위해 국가계약법시행령을 개정한 바 있으며, 이러한 계약법규가 개정되면 발주기관은 계약업무를 차질 없이 수행하기 위해서, 입찰참가자는 공공 건설사업 등을 수주하고 적정하게 이행하기 위해 반드시 개정내용을 숙지할 필요성이 있게 됩니다.

이에 따라 본 해설서는 최근까지의 국가계약법령 및 계약예규 개정내용을 꼼꼼히 챙겨 기존 해설서에 보완하였으며, 아울러 법원 판례, 전문가 해설내용 및 각종 통계('23.1월 기준) 등도 함께 보완하였습니다. 또한, 새로운 정부의 방위산업 육성방침과 방산원가계산용역 발주 확대에 맞추어 최근 개정된 방산원가대상물자에 대한 원가계산제도에 대해서도 추가로 기술하였습니다.

국가계약법규(또는 지방계약법규)에 따라 운영되는 공공 조달업무는 계약의 주체가 국민의 위임을 받은 공공기관 또는 계약담당자이고 그 소요 재원은 국민이 납부한 세금, 즉 예산이라는 특수성으로 인하여 순수 사인 간에 이루어지는 민간 조달 부문보다 공정성과 투명성이 더욱 확보 되어야 하며, 이러한 특성에 비추어 민법의 특별법규로 제정되어 운용되고 있습니다.

본 해설서의 저자들은 이러한 공공 조달업무의 특성을 감안하여 입찰 및 계약정책을 수립하여 법령을 제정 또는 개정한 업무수행 경력과 민간 연구기관에서 원가계산용역 및 건설클레임 용역과 학술연구 용역업무를 수행한 실무경험을 바탕으로 좀 더 충실한 법규해설서가 되도록 노력하였 으며, 앞으로도 공공계약 관련 법규 개정내용과 최신 법원 판례 등을 수시로 반영하여 보다 현실적인 해설서가 되도록 노력해 나가고자 합니다.

아무쪼록 본 해설서가 공사, 용역 등 공공사업을 발주하고자 하는 계약담당자는 물론이고 공공 사업을 수주하고 이행하고자 하는 사업자와 그리고 정부 원가계산 용역기관 및 법무법인 등 공공 계약 업무를 다루는 모든 분에게 조금이나마 도움이 되었으면 합니다. 감사합니다.

2023년 1월

저 자 드림

Contents

제1장 공공계약제도 개요

제1절 공공계약의 개념 및 법규체계	3
제2절 국가계약법규의 체계 및 성격	19
제3절 공공계약과 관련된 주요 법규	28
제4절 공공계약의 종류	45
제5절 공공계약의 절차	71

제2장 계약의 방법

제1절 입찰 및 계약의 방법 개요	83
제2절 일반경쟁입찰에 의한 계약	85
제3절 제한경쟁입찰에 의한 계약	90
제4절 지명경쟁입찰에 의한 계약	101
제5절 수의계약	105

제3장 예정가격 및 원가계산

제1절 추정가격	123
제2절 예정가격	126
제3절 정부원가계산 제도	144
제4절 제조원가계산	156
제5절 공사원가계산	170
제6절 용역원가계산 및 원가계산용역기관	192
제7절 방산원가대상물자의 원가계산	202

제4장
입찰 및 낙찰절차

제1절 입찰공고	229
제2절 입찰참가자격 사전심사	235
제3절 공사의 현장설명	248
제4절 입찰 및 낙찰선언	251

제5장
낙찰자 결정

제1절 낙찰제도 개요	275
제2절 공사계약의 적격심사낙찰제	279
제3절 공사계약의 종합심사낙찰제	291
제4절 대형공사계약제도	318
제5절 기술제안입찰에 의한 계약	337
제6절 물품 및 용역의 낙찰제도	345

제6장
계약의 체결 및 이행

제1절 계약의 체결과 보증	373
제2절 공동계약의 체결 및 이행	393
제3절 계약의 이행 및 지체	410
제4절 선금 및 대가지급	449
제5절 계약의 해제·해지 및 하자보수	467
제6절 부정당업자 제재	485
제7절 공공계약의 클레임과 분쟁해결	518

제7장
계약금액의 조정

제1절 계약금액 조정제도 개요	531
제2절 물가변동으로 인한 계약금액의 조정	536
제3절 설계변경으로 인한 계약금액의 조정	570
제4절 그 밖에 계약내용의 변경으로 인한 계약금액의 조정	616

제1장
공공계약제도 개요

제1절 공공계약의 개념 및 법규체계
제2절 국가계약법규의 체계 및 성격
제3절 공공계약과 관련된 주요 법규
제4절 공공계약의 종류
제5절 공공계약의 절차

제1절 공공계약의 개념 및 법규체계

1 공공계약의 개념 및 특성

가. 민법상 계약과 국가계약법상 계약

국가계약법1)이 국가기관에 적용되는 것이 원칙이지만 그 주요 내용이 지방자치단체에 적용되는 지방계약법2)이나 공기업·준정부기관에 적용되는 '공기업·준정부기관 계약사무규칙' 등에 그대로 규정되어 있거나 준용되고 있어, 동 국가계약법이 실질적으로 공공조달계약에 관하여 기본법 역할을 수행하고 있다.

이에 따라 공공조달계약 업무에 관하여 국가계약법을 주로 기술하게 되는 것이며, 정부, 공기업 등 공적 기관에 적용되고 있는 점을 감안하여 국가계약법에 의한 계약을 「공공계약」* 이라는 용어를 많이 사용하고 있다. 동 국가계약법에 의한 계약도 기본적으로는 국가 등 공공기관이 사경제 주체로서 상대방과 대등한 관계로 계약업무를 수행하는 사법(私法)상 계약으로서 민법상 계약을 바탕으로 하고 있으므로, 이해의 편의를 위해 먼저 민법상 계약의 의미를 간략히 살펴본 다음에 국가계약법상 계약 즉, 공공계약의 의미를 기술하기로 한다.

* 국가계약법상 계약을 '국가계약' 또는 '정부계약'이라고 하고, 최근에는 보다 넓은 의미의 '공공계약' 이라는 용어를 많이 사용하고 있으나 모두 동일하다고 보면 됨. 또한, 국가계약법상 계약의 주체를 국가기관 이외에 정부기관 또는 공공기관을 함께 사용하고 있음.

1) 민법상 계약

(1) 사인 간의 계약에 관한 일반법인 민법상 계약은 광의(廣義)의 개념과 협의(狹義)의 개념으로 나누어지는데, 이 중 광의의 계약은 "사법(私法)상 일정한 법률효과의 발생을 목적으로 2명 이상의 의사표시가 서로 일치될 때 성립하는 법률행위"를 의미한다. 이러한 넓은 의미의 계약은 채권의 발생을 목적으로 하는 합의 즉, 채권계약뿐만 아니라 물권계약 및 가족법상 계약 등도 포함하고 있으며, 일방적 의사표시로 성립하는 증여, 동의, 해제 등 단독행위와 사단법인 설립 등 합동행위와는 구별된다.

---

1) 국가계약법 : 「국가를 당사자로 하는 계약에 관한 법률」 약칭
2) 지방계약법 : 「지방자치단체를 당사자로 하는 계약에 관한 법률」 약칭

(2) 이에 비하여 협의의 계약은 "일정한 채권의 발생을 목적으로 하는 복수의 당사자의 서로 대립하는 의사표시의 합치로 성립하는 법률행위"로서 위의 넓은 의미의 계약 중 채권계약(「민법」 제3편)만을 의미하며, 일반적으로 '계약'이라 함은 이러한 좁은 의미의 계약을 말한다.

2) 국가계약법상 계약(공공계약)

(1) 국가계약법은 제1조에서 '이 법은 국가를 당사자로 하는 계약에 관한 기본적인 사항을 정함으로써 계약업무를 원활하게 수행할 수 있도록 함을 목적으로 한다.'라고 규정하고 있고, 제2조에서는 '이 법은 국제입찰에 따른 정부조달계약과 국가가 대한민국 국민을 계약상대자로 하여 체결하는 계약[세입(歲入)의 원인이 되는 계약을 포함한다] 등 국가를 당사자로 하는 계약에 대하여 적용한다.'라고 규정하고 있다.

이처럼 규정된 국가계약법의 제정 목적이나 적용 범위를 고려할 경우 '국가계약법상 계약'의 본질은 사인 간의 계약인 위의 민법상 계약(협의 개념)과 동일하다고 할 수 있으며, 다만, 계약당사자 중 국가가 일방 당사자가 되는 것을 요건으로 하고 있는 점과 그 계약상대자는 대한민국 국민뿐만 아니라 다른 국가기관, 지방자치단체 및 공공기관과 정부조달협정 가입국 등 모두가 될 수 있다는 점에서 순수 사인 간에 적용되는 민법상 계약과 차이가 있는 것이다.

(2) 한편으로, 위와 같이 국가가 한 당사자라고 하여 모두 국가계약법상 계약이라고 볼 수 있는지 여부에 대하여 동 법규의 체계를 살펴볼 때 세입의 원인이나 국고의 부담을 수반하지 아니하는 단순한 업무지원 등의 계약은 이에 해당하지 않는다는 것을 알 수 있다. 즉, 국가계약법 제2조에서 계약은 '세입(歲入)의 원인이 되는 계약을 포함한다.'라고 규정하고 있고 동법 제10조에서는 경쟁입찰에서의 낙찰자 결정을 '세입의 원인 또는 국고의 부담이 되는 경쟁입찰'로 구분하여 규정하고 있는 점 등으로 보아, 세입(수입)의 원인이 되는 계약이나 국고의 부담(지출)이 되는 계약만이 국가계약법상 계약에 해당된다고 할 수 있다.3)

나. 국가계약법상 계약(공공계약)의 특성

1) 사법(私法)상의 계약에 해당

(1) 국가계약법 제5조는 '계약은 서로 대등한 입장에서 당사자의 합의에 따라 체결되어야 하며 ……'라고 계약의 원칙을 규정함으로써, 국가계약법 적용을 받는 계약은 계약당사자 중

---

3) 지방계약법의 경우 "지방자치단체가 계약상대자와 체결하는 '수입 및 지출의 원인이 되는 계약' 등에 대하여 적용한다."고 규정함으로서 이를 분명히 하고 있음(동 법 제2조).

국가가 일방 당사자가 되어 체결되는 계약이라 할지라도 그 상대방과는 서로 대등한 입장에서 합의 하에 체결되는 사법상 계약에 해당한다는 것을 명확히 하고 있다.

(2) 대법원도 "국가 또는 지방자치단체가 당사자가 되는 이른바 공공계약은 사경제 주체로서 상대방과 대등한 위치에서 체결하는 사법상의 계약으로서 그 본질적인 내용은 사인 간의 계약과 다를 바가 없으므로, 그에 관한 법령에 특별한 정함이 있는 경우를 제외하고는 사적자치와 계약자유의 원칙 등 사법의 원리가 그대로 적용된다"고 판시함으로써 사법상 계약임을 확인해 주고 있다(대법원 2006.6.19.자 2006마117 결정).

〈 공법(公法)과 사법(私法)의 법률관계 구분 〉
- 법은 일반적으로 공법과 사법으로 구분되는데, 이중 공법은 국가 및 공공기관 대 국민 간의 공적 영역에서 수직적으로 형성되는 법률관계를, 사법은 국가 및 공공기관 대 국민 혹은 국민 개인 간의 수평적인 권리의무관계를 각각 규율하고 있음.
- 공공조달 계약은 수평적인 거래관계 형성을 목적으로 하기에 사법상 법률행위로 분류되며, 구체적인 법률관계가 공법관계에 해당하는지 또는 사법관계에 해당하는지에 따라 적용 법리와 기준, 관할 법원 등이 달라지므로 관련 분쟁에 임함에 있어서는 해당 법률관계를 최우선으로 검토할 필요가 있는 것임.

2) 신의성실의 원칙 등 민법의 기본원리 적용

(1) 민법 제2조는 제1항에 "권리의 행사와 의무의 이행은 신의에 좇아 성실히 하여야 한다."라고 규정하고, 제2항에 "권리는 남용하지 못한다."라고 규정함으로써 "신의성실의 원칙"과 "권리남용금지의 원칙"을 천명하고 있는데, 국가계약법에 따른 계약도 사법상 계약이므로 원칙적으로 이러한 민법의 기본원리를 따르고 있다고 할 수 있다.

즉, 국가계약법 제5조 제1항에 "… 당사자는 계약의 내용을 신의성실의 원칙에 따라 이행하여야 한다."라고 규정하고, 동조 제3항에서는 "각 중앙관서의 장 또는 계약담당공무원은 계약을 체결함에 있어 이 법 및 관계 법령에 규정된 계약상대자의 계약상 이익을 부당하게 제한하는 특약 또는 조건을 정하여서는 아니 된다."라고 규정하고 있어 국가계약법상 계약은 민법상 '신의성실의 원칙'과 '권리남용 금지의 원칙'을 적용하고 있음을 알 수 있다.

(2) 한편, 국가계약법 제19조에 의하면 물가변동, 설계변경 등에 따라 계약금액 조정이 가능하도록 규정하고 있는데, 동 조항은 확정계약의 원칙에 대한 예외로서 이 또한 민법상 신의성실의 원칙에서 파생된 "사정변경의 원칙"을 공공계약에도 원용하고 있는 것이다.

3) 정부조달의 공정성·효율성 확보와 공공복리 추구

(1) 「정부조달」(Government Procurement) 또는 공공조달이라 함은 정부 등 공공기관이 공공재의 공급을 하기 위해 민간 등 다른 부문으로부터 물품·공사(工事) 또는 용역 등 재화와 서비스를 획득하는 행위를 말하며, 이러한 조달행위는 국가계약법령(또는 지방계약법령 등)에 따라 이루어지게 되는데 일방이 정부 등 공공기관이라는 측면에서 공정성 확보와 효율성 추구 등의 특수성이 있게 된다.

즉, 공공기관 또는 관계 공무원 등이 공공 조달업무를 수행함에 있어서는 사적 이익을 추구하는 민간 조달부문에 비하여 그 공정성과 투명성을 더욱 확보해야 하고, 또한 공공복리 증진과 예산집행의 효율성을 추구하게 되는 특징을 갖게 되는 것이다.

(2) 한편, 정부조달 또는 공공조달에 소요되는 비용을 납세자인 국민이 부담하게 되는 반면에 해당 조달 사업의 결과 제공되는 공공재 역시 국민에게 혜택을 주게 되고, 이러한 조달업무를 수행하는 자는 공공기관 또는 관계 공무원 등으로서 국민과는 대리인 관계에 있는데, 이와 같은 대리인 관계와 위의 공정성, 투명성 등 조달 사업의 특수성에 따라 그 집행 결과에 대한 자체감사 또는 외부감사 등 사후관리에도 철저를 기하게 된다고 할 수 있다.

4) 유상·쌍무계약이며 요식계약에 해당

(1) 앞에서 살펴본 바와 같이 국가계약법상 계약(공공계약)은 세입의 원인이 되거나 국고의 부담이 되는 계약이라는 점에서 유상계약이며 쌍무계약에 해당한다. 즉, 계약의 당사자가 서로 대가적 의미를 가지는 재산상의 출연을 하는 계약이며, 또한, 쌍방이 서로 대가적 의미를 가지는 채무를 부담하는 계약이라고 할 수 있다.

☞ 이러한 유상계약에 대비할 경우 무상계약은 계약의 일방 당사자만이 출연 의무를 지는 경우를 의미하고, 쌍무계약에 대비할 경우 편무계약은 계약당사자 중 한쪽만이 채무를 부담하는 계약을 의미하는 것임.

(2) 한편, 계약방식 측면에서 볼 때 민법상 계약은 당사 간의 합의만으로 성립하는 것을 원칙으로 하고 있어 계약의 방식에 특별한 제한이 없으나4), 국가계약법에 의한 계약 즉, 공공계약은 요식계약만이 인정되고 있다. 즉, '계약담당공무원은 계약의 목적, 계약금액 등 필요한 사항을 명백히 적은 계약서를 작성하여야 하고, 계약당사자가 작성된 계약서에 기명하고 날인하거나 서명함으로써 계약이 확정된다.'고 규정(국가계약법 제11조)하고 있어 민법상 계약과는 달리 불요식 계약은 인정되지 않는다.

---

4) 민법상 계약은 14가지의 전형계약 중 서면에 의한 증여의 효력(민법 제55조)을 제외하고는 일정한 방식을 요구하지 않는 계약방식의 자유가 인정됨

(3) 이러한 공공계약의 요식계약 성격과 관련하여 대법원은 지방계약법 제14조(또는 국가계약법 제11조)가 계약체결 시 그 내용을 명확히 하고 적법한 절차에 따를 것을 담보하기 위한 강행규정으로, 그 규정에 따라 계약서를 따로 작성하는 등 그 요건과 절차에 관한 규정을 준수해야 하고 이러한 요건과 절차에 관한 규정을 준수하지 않은 계약은 그 효력이 없다고 판시한 바 있다(대법원 2009.9.24. 선고 2009다52335 판결).

또한, 최근에도 대법원은 지방자치단체가 설계용역계약을 체결하면서 동 계약체결 전 건설기술공모 시 제출된 성능보증서는 설계용역계약서와 별도로 작성한 문서이므로, 그것이 계약 내용이 되려면 계약서에 동 보증서 약정이 편입된다고 명시적으로 기재되어 있거나 적어도 동 성능보증서가 붙임서류로 첨부되어 있어야 한다고 봄으로써, 설계 용역 계약에 포함된 내용은 건설기술공모 시 제출된 성능보증서의 제출 의무일 뿐이고 그 성능보증서에 따른 의무를 이행하지 못할 경우 설치비 등을 부담한다는 내용까지 유효한 계약 내용이 되었다고 볼 수는 없다고 판단함으로써 공공계약이 요식계약에 해당하는 것임을 명확히 하고 있다(대법원 2022.1.13. 선고 2019다279542 판결).

5) 예산확보가 전제되는 계약

「국가재정법」에 따라 정부가 수행하는 물품·공사 및 용역 등의 사업 추진에 필요한 비용은 모두 세출예산에 편성되어야 하며,「국고금관리법」에 따라 지출원인행위의 일종인 공공계약의 체결은 배정된 예산의 범위에서 하여야 한다. 즉, 공공계약은 당해 사업에 대한 예산이 편성되고 배정되어야 성립되는 것이므로 이러한 재원 확보 또는 확인 절차가 필요 없는 순수 사인 간의 계약과는 구분된다고 할 수 있다.

6) 공공 조달시장을 규율하는 중요 정책 수단으로 활용

우리나라의 연간 공공 조달계약 실적을 살펴보면 점진적으로 증가하고 있음을 알 수 있으며 최근에는 국내총생산의 9%를 상회하고 있다. 정부는 이러한 대규모의 공공 조달 시장을 규율하는 공공계약제도가 민간기업 등에 미치는 파급효과가 점점 커지고 있는 점을 감안하여 중요 정책 수단으로 활용하고 있다.

즉, 공공조달이 재화와 용역을 단순 획득하는 과정에 그치는 것이 아니라 산업정책, 혁신 지원, 약자 보호, 사회적 가치 등 여타 국가정책들과의 연계성이 점차 커지는 등 그 중요성이 점증되고 있음에 따라, 정부는 그 주요 정책을 반영하기 위해 공공 조달계약에 관한 기본법규인 국가계약법규를 수시로 개정해 오고 있다.[5]

⟨연도별 공공조달 계약실적 추이⟩

(단위 : 조원, %)

구 분	'15년	'16년	'17년	'18년	'19년	'20년
국내총생산(GDP, 명목)	1,658.0	1,740.8	1,835.7	1,898.2	1919.0	1,924.4
전체 공공조달 계약실적	110.4	117.8	137.2	141.3	160.0	175.8
비 중	6.7	6.8	7.5	7.4	8.3	9.1

⟨목적물별 공공조달 계약실적⟩

(단위 : 억원, %)

목적물	'20년		'19년		증감(c=a-b)	증감율(c/b)
	금액(a)	비중	금액(b)	비중		
공 사	724,579	41.2	673,694	42.1	50,885	7.6
물 품	645,252	36.7	597,686	37.4	47,566	8.0
용 역	388,073	22.1	328,436	20.5	59,637	18.2
합 계	1,757,904	100.0	1,599,816	100.0	158,088	9.9

(자료출처 : 기획재정부 계약정책과)

2 공공계약의 적용 법규체계

가. 계약법규 적용 개요

(1) 공공계약의 적용 법규 체계를 보면 국가기관은 국가계약법 적용을 받고 지방자치단체는 지방계약법 적용을 받으며, 공공기관 중 "공기업·준정부기관"은 기획재정부령인 「공기업·준정부기관 계약사무규칙」을 적용 받는다.

(2) 한편, 2013.9.23. 「전자조달의 이용 및 촉진에 관한 법률」(약칭 : 전자조달법)의 제정·시행으로 인하여 입찰 등 조달 절차와 관련하여 국가계약법 또는 지방계약법에서 특별히 규정해 놓은 것이 없으면 동 전자조달법에서 규정한 내용에 따라 조달업무를 수행하여야 하므로, 중앙관서와 지방자치단체 및 공기업·준정부기관 등 모든 공공기관의 입찰 등 전자조달업무에 대하여는 동 '전자조달법'이 기본법이라고 할 수 있다(동 법 제4조).

---

5) 정부는 이와 같이 공공조달의 전통적 가치인 구매효율에서 나아가 조달을 통한 기술혁신, 경제성장, 사회적 가치를 실현시키는 신개념의 공공조달 트렌드를 "전략적 공공조달"(Strategic Public Procurement)이라 칭하고 있음

나. 국가계약법 적용대상의 국가기관 범위

1) 중앙관서 및 헌법상 독립기관

(1) 국가계약법 제4조 제3항에 따라 동 법을 직접 적용받는 기관은 국가재정법 제6조에서 규정하고 있는 중앙관서이며, 동 규정에 따라 중앙관서는 「헌법」 또는 「정부조직법」 그 밖의 법률에 따라 설치된 중앙행정기관을 말한다. 또한, 헌법상 독립기관인 국회·대법원·헌법재판소 및 중앙선거관리위원회는 국회의 사무총장, 법원행정처장, 헌법재판소 사무처장, 중앙선거관리위원회 사무총장이 중앙관서의 장의 지위를 갖는다.

국가재정법 제6조 (독립기관 및 중앙관서)

① 이 법에서 "독립기관"이라 함은 국회·대법원·헌법재판소 및 중앙선거관리위원회를 말한다.
② 이 법에서 "중앙관서"라 함은 「헌법」 또는 「정부조직법」 그 밖의 법률에 따라 설치된 중앙행정기관을 말한다.
③ 국회의 사무총장, 법원행정처장, 헌법재판소의 사무처장 및 중앙선거관리위원회의 사무총장은 이 법의 적용에 있어 중앙관서의 장으로 본다.

---

(2) 따라서 정부조직법과 특별법에 따라 설치된 중앙행정기관(부·처·청등) 및 그 소속기관과 헌법상 독립기관인 국회, 대법원, 헌법재판소 및 중앙선거관리위원회와 그 소속기관이 국가계약법을 직접 적용받는 기관에 해당한다. 이때 정부조직법 이외의 다른 법률에 따라 설치된 중앙행정기관으로는 「독점규제 및 공정거래에 관한 법률」 제35조에 의한 공정거래위원회, 「금융위원회의 설치 등에 관한 법률」 제3조에 의한 금융위원회, 「부패방지 및 국민권익위원회의 설치와 운영에 관한 법률」 제11조에 의한 국민권익위원회 등을 들 수 있다.

2) 중앙관서의 장으로부터 계약 사무를 위탁받은 기관

국가계약법 제6조 제2항 및 제3항에 따라 각 중앙관서의 장은 대통령령으로 정하는 바에 따라 계약에 관한 사무를 다른 중앙관서 소속 공무원에게 위탁할 수 있고 또한 다른 관서에 위탁할 수 있는데, 이 경우 중앙관서의 장으로부터 계약에 관한 사무를 위탁받은 기관도 국가계약법을 직접 적용받는 기관에 해당한다.

〈참고〉 국가계약법규상 계약담당공무원(법 제4조 등)

□ **계약담당공무원의 정의**

○ 국가계약법 제4조 제3항에서 계약담당공무원은 중앙관서의 장으로부터 위임·위탁 등을 받아 계약 사무를 담당하는 공무원이라고 규정하고, 동 법시행규칙 제2조에서 계약담당공무원을 다음과 같이 정의하고 있음

- 세입의 원인이 되는 계약에 관한 사무를 각 중앙관서의 장으로부터 위임받은 공무원
- 「국고금 관리법」 제22조의 규정에 의한 재무관(대리재무관·분임재무관 및 대리분임재무관을 포함)
- 국가계약법 제6조 제1항의 규정에 의한 계약관(대리계약관·분임계약관 및 대리분임계약관을 포함)
- 「국고금 관리법」 제24조의 규정에 의하여 지출관으로부터 자금을 교부받아 지급원인행위를 할 수 있는 관서운영경비출납공무원(대리관서운영경비출납공무원·분임관서운영경비출납공무원 및 대리분임관서운영경비출납공무원을 포함)
- 기타 법령에 의하여 세입 세출 외의 자금 또는 기금의 출납의 원인이 되는 계약을 담당하는 공무원

○ 따라서 계약담당공무원이라 함은 위의 시행규칙 제2조에 의한 공무원을 말하며, 각 중앙관서의 장이 계약에 관한 사무를 그 소속 공무원에게 위임하지 아니하고 직접 처리하는 경우에는 이를 계약담당공무원으로 봄[6]

□ **계약사무의 위임·위탁**(법 제6조)

○ 각 중앙관서의 장은 그 소관에 속하는 계약 사무를 처리하기 위해 필요하다고 인정하면 그 소속 공무원 중에서 계약에 관한 사무를 담당하는 공무원을 임명하여 그 사무를 위임할 수 있으며, 그 소속 공무원에게 계약관의 사무를 대리(代理)하게 하거나 그 사무의 일부를 분장(分掌)하게 할 수 있음. 따라서 계약에 관한 사무를 위임받은 자를 "계약관"이라 하고, 계약관의 사무를 대리 받은 자를 "대리계약관", 일부를 분장 받은 자를 "분임계약관"이라고 함

○ 각 중앙관서의 장은 대통령령으로 정하는 바에 따라 다른 중앙관서 소속 공무원에게

---

[6] 이에 따라 국가계약법령상 계약업무 수행 주체를 "각 중앙관서의 장 또는 그 위임을 받은 담당공무원"이나 "각 중앙관서의 장 또는 계약담당공무원"이라고 규정하고 있음

계약관의 사무를 위탁할 수 있으며, 그 소관의 계약에 관한 사무를 다른 관서에 위탁할 수 있음. 계약관의 사무의 위임·위탁, 대리 및 일부 분장은 각 중앙관서 소속기관에 설치된 관직을 지정함으로써 갈음할 수 있음

☐ **계약담당공무원의 재정보증**(법 제6조 제5항, 영 제6조)

계약관은 재정보증이 없으면 그 직무를 수행할 수 없으며, 각 중앙관서의 장은 소속 계약관의 재정보증에 관한 사항을 정하여 운영하여야 함

☐ **계약담당공무원의 유의사항**

계약담당공무원이 공사·용역 및 물품 제조(구매)계약 등의 입찰·계약의 집행과 관련한 업무처리는 계약예규「정부 입찰·계약 집행기준」에서 정한 바에 따라야 하며, 특히, 계약업무처리 시에 계약담당공무원은 다음과 같은 사례가 발생하지 않도록 유의하여야 함(정부 입찰·계약 집행기준 제2조의6)

- ○ 입찰공고·특수조건에 특정 업체에게 하도급하게 하거나 자재를 납품하게 하는 등 부당한 요구를 하는 사례
- ○ 납품실적 등의 평가와 관련하여 중복제한, 특정명칭의 실적 등(기준 제5조 제4항 각호)에 따른 제한 사유를 평가기준으로 적용하는 사례
- ○ 신기술·특허공법 보유자 또는 물품공급·기술지원사와 발주 전에 기술사용(지원) 협약 등을 체결하지 아니하고 낙찰자로 하여금 직접 신기술·특허 보유자 또는 물품 공급·기술지원사와 체결한 사용협약서 또는 물품공급·기술지원협약서를 제출하게 하거나 이로 인해 낙찰자가 계약을 체결할 수 없는 경우에도 부정당업자로 입찰 참가자격을 제한하고 입찰보증금을 귀속하는 사례
- ○ 신기술·특허공법 보유자 또는 물품공급·기술 지원사와 발주기관이 사전에 체결한 기술사용(지원)협약 등과 다르게 부당한 요구를 하여 낙찰자와 신기술·특허 보유자 또는 물품공급·기술지원사가 간 협약이 체결되지 않게 하는 사례
- ○ 신기술·특허공법이 사용되는 공사의 전부 또는 일부가 기술보유자의 기술력을 활용하지 아니하면 시공과 품질 확보가 불가능하거나, 기술보유자가 보유한 특수 장비 등을 직접 사용하지 아니하면 시공과 품질 확보가 불가능한 경우를 제외하고 계약상대자에게 신기술·특허공법 보유자와 하도급 계약 등을 체결하도록 강요·유도하는 사례
- ○ 전문성, 기술성, 창의성, 예술성, 안정성 등이 요구되지 않는 물품, 용역을 협상에 의한 계약 체결로 집행하는 사례

○ 협상에 의한 계약 체결 시 특정 항목에 대해 과다하게 배점을 부여하거나 기술과 가격의 평가비중을 자의적으로 설정하는 사례
○ 시행령 제18조에 따른 2단계 경쟁 등의 입찰, 시행령 제43조에 따른 협상에 의한 계약 체결 및 시행령 제43조의3에 따른 경쟁적 대화에 의한 계약 체결 등의 경우 평가기준 및 절차(외부전문가를 위원으로 선정하여 평가하는 경우를 포함)등을 정함에 있어 특정업체에 유리한 평가기준을 적용하는 등 공정성, 객관성, 적합성 등이 결여되는 사례
○ 수의계약 시에도 규격서나 시방서 등에 특별한 이유가 없는 한 표준시방서를 명시하여 수의계약 대상 제품을 효율성·안전성·경제성을 고려하여 최종 선택해야 함에도 부득이하게 특별하여 필요한 경우를 제외하고 특정제품 규격이나 인증번호 등을 명시하여 수의계약 체결을 요구하는 사례
○ 법 제19조 등에 따른 계약 내용의 변경에 따른 계약금액 조정과 관련하여 계약금액의 조정 없이 추가 과업을 요구하거나 일방적으로 과업을 변경하며 정당한 이유 없이 계약금액 조정신청을 거부 또는 인정하지 아니하는 사례
○ 발주기관이 계약 체결 이후 과업을 변경 시 계약 목적달성을 위해 필요한 최소한의 과업만을 변경하지 않고 빈번하게 과업변경을 계약상대자에게 요구하는 사례 또는 계약금액 감액 시 기준, 대상, 방식에 대한 협의 없이 자의적으로 업체의 적정대가를 보장하지 않는 사례
○ 장기계속계약의 연차별 계약기간 중 공사기간 연장사유(계약예규「공사계약일반조건」제25조 제3항 제1호부터 제3호까지 및 제6호, 제7호)가 발생한 이후, 해당 연차계약을 해지하고 잔여 공사부분을 차 년도 연차계약으로 이월하는 사례

☞ 장기계속계약에서 공기연장사유 발생 시 추가비용 지급을 회피하기 위해 해당차수 계약을 해지하고, 사유 종료 후 신규 계약체결 행위를 금지(집행기준 제2조의6 제12호 신설, 2020.6.19.)

○ 계약체결 부대비용 등 계약체결 및 이행 과정에서 발생하는 비용 중 발주기관이 부담할 부분을 계약상대자에게 전가하거나, 공사용지 확보, 사업관련 민원대응 등 발주기관의 업무를 계약상대자에게 전가하는 행위

☞ 계약체결 및 이행 과정에서 발생하는 비용 중 발주기관 부담분을 계약업체에게 전가하는 행위를 금지(집행기준 제2조의6 제13호 신설, 2020.6.19.)

○ 계약상대자에 대해 계약의 이행 및 관리과정의 통지·신청·청구·요구·회신·승인 또는 지시를 서면으로 시행하지 않고 구두로 하는 행위
○ 발주기관이「조달사업에 관한 법률」제27조 제1항에 따른 혁신제품을 자재로 사용토록 한 공사계약의 경우로서 혁신제품의 하자가 직접적인 원인이 되어 전체 계약의 이행이 불가능하게 되거나 목적물에 하자가 발생한 경우, 계약상대자에 대해 계약불이행 또는 하자보수에 대한 책임을 묻는 행위

☞ 발주기관이 공사에 사용토록 한 혁신제품의 하자가 직접적인 원인이 되어 준공이 지연되거나 하자가 발생될 경우 계약상대자에 대한 지체상금과 하자발생 책임을 면제토록 함(발주기관 구매담당자에 대한 면책 규정은 기 마련 : 조달사업법 제27조 제4항 신설, '20.3.31)

☐ **계약담당공무원의 책임**(집행기준 제98조의5 신설, 2020.6.19.)

국가계약법령 및 계약예규를 위반하여 고의 또는 중과실로 불공정한 계약을 체결·집행한 계약담당공무원에게는 다음과 같은 제재 또는 책임을 부과함

- ㅇ 국가공무원법 제78조에 따른 징계[국가공무원법 제78조(공무원의 징계사유)]
- ㅇ 회계관계 직원 등의 책임에 관한 법률 제4조에 따른 변상책임[회계관계 직원 등의 책임에 관한 법률 제4조(회계관계 직원의 변상책임)]

다. 지방자치단체 적용법규 체계 및 내용

1) 지방계약법규의 체계 및 내용

지방계약법은 지방자치단체가 일방 당사자가 되어 수입 및 지출의 원인이 되는 계약을 체결할 경우 적용되는 법률로서 그 주요 내용은 국가계약법과 거의 동일하며, 다만 주민감독관제, 지방자치단체의 장 및 지방 의회의원의 영리목적의 입찰 및 계약체결의 제한 등 지방자치단체의 특성을 반영한 일부 사항에 대하여만 다르게 규정되어 있다. 동 지방계약법규의 체계 역시 국가계약법규의 체계와 유사하게 「지방자치단체를 당사자로 하는 계약에 관한 법률」과 동 법 시행령 및 동 법 시행규칙, 그리고 행정안전부 예규 및 행정안전부 고시 등으로 구성되어 운용되고 있다.

〈 국가계약법규와 지방계약법규와의 관계 〉

- 지방계약법규는 국가계약법규와 별도의 독립된 법규 체계를 갖추고 있다고 할 수 있음.
- 따라서 지방자치단체 등이 발주하는 공사계약 등의 경우에 있어 국가계약법규의 내용과 상이하더라도 지방계약법규에 정한 바에 따라 입찰·계약업무가 수행되는 것이며, 지방자치단체장이 조달청장에게 요청하여 조달 사업을 발주하는 경우에도 지방계약법규를 적용함
- ※ 공공계약의 기본원리는 하나이고 사업자에 대한 혼란초래 등으로 지방계약에 대하여 별도의 독립된 법규 체계를 갖추는 것은 타당하지 않다고 봄. 공기업·준정부기관의 계약법령체계나 방위사업 계약법령체계와 같이 국가계약법령을 기본으로 하여 특수성에 대하여만 특례를 정하여 운영하는 것이 타당하다고 봄.

□ 행정안전부 예규(2개)

1 지방자치단체 입찰 및 계약 집행기준 : 공사·용역·물품 등의 입찰·계약 집행과 관련하여 지방자치단체를당사자로하는계약에관한법률·시행령·시행규칙에서 위임된 사항과 그 시행에 관하여 필요한 사항을 규정

2 지방자치단체 입찰시 낙찰자 결정기준 : 입찰참가자격 사전심사기준, 시설공사 적격심사 세부기준, 기술용역 적격심사 세부기준, 물품 적격심사 세부기준, 협상에 의한 계약체결 기준, 일괄입찰 등에 의한 낙찰자 결정기준 등

* 종합평가 낙찰자 결정기준, 문화재 수리 종합평가 낙찰자 결정기준, 학술연구용역 적격심사 세부기준, 품질 등에 의한 낙찰자 결정기준은 '지자체 입찰 시 낙찰자 결정기준'으로 통합됨(2023.1.1.)

□ 행정안전부 고시(2개)

1 지방계약법시행령 제6조의2 및 공유재산 및 물품관리법시행령 제13조, 제26조, 제78조에 따른 정보처리장치의 지정에 관한 고시(제2021-14호)

① 지방자치단체 전자조달(공사, 용역 및 물품의 제조·구매)을 위한 입찰 : 국가종합전자조달시스템(www.g2b.go.kr)

② 지방계약법 적용 대상기관의 전자조달입찰 중 단체급식 식재료 입찰 : 단체급식 식재료 전자조달시스템(www.eat.co.kr)

③ 지방계약법 적용 대상기관의 전자조달입찰 중 추정가격 7천만 원 이하인 물품의 제조·구매, 추정가격 2천만 원 이하인 공사 및 용역의 입찰·계약. 다만, 「출판문화산업 진흥법」 제22조에 해당하는 간행물을 구매하는 경우에는 금액 한도를 두지 아니한다. : 교육기관 전자조달시스템(www.s2b.kr)

④ 지방자치단체의 세입의 원인이 되는 계약을 체결하기 위한 입찰의 경우 : 전자자산처분시스템(www.onbid.co.kr)

⑤ 지방계약법 적용 대상기관의 전자조달입찰 중 폐기물·순환자원·재활용가능자원·재활용제품의 처리용역 및 제조·구매·매각의 입찰·계약 : 순환자원정보센터 전자입찰시스템(www.re.or.kr)

⑥ 지방자치단체 공유재산 및 물품의 관리·처분(취득제외)을 위한 입찰의 경우 : 전자자산처분시스템(www.onbid.co.kr)

2 국제입찰에 의하는 지방자치단체의 공사 및 물품·용역의 범위에 관한 고시(제2022-84호)

① 지방계약법 제5조 제1항에 따라 행정안전부장관이 정하여 고시하는 지방자치단체 공사 및 물품·용역의 범위 : WTO 정부조달협정[공사 249억 원 이상, 물품·용역 3.3억 원 이상(기초자치단체는 6.7억 원 이상] 등

② 지방공기업법시행령 제57조의5에 따라 행안부장관이 정하여 고시하는 지방공기업 공사 및 물품·용역의 범위 : WTO 정부조달협정(공사 249억 원 이상, 물품·용역 6.7억 원 이상)

2) 지방계약법규의 특징(국가계약법규와의 차이점)

1 주민참여 감독제(법 제16조, 영 제57조)

(1) 지방자치단체의 장 또는 계약담당자는 마을 진입로 확장·포장공사, 배수로 설치공사, 간이 상하수도 설치공사 및 보안등(保安燈) 공사 등 주민생활과 관련이 있는 공사에 대하여는 직접 감독이외에 그 공사와 관련이 있는 주민대표자 또는 주민대표자가 추천하는 자를 감독자("주민참여감독자")로 위촉하여 감독하게 하여야 한다. 이때 주민대표자는 감독대상 공사 현장을 관할하는 통장·이장으로서 지방자치단체의 장 또는 계약담당자가 위촉하는 사람이며, 주민대표자가 추천할 수 있는 자는 해당 국가기술자격증 소지자 등으로 한다.

(2) 주민참여감독자는 해당 지방자치단체의 장 또는 계약담당자에게 공사계약의 이행과정에서 그 공사와 관련하여 지역 주민들의 건의 사항을 전달하거나 공사계약 이행상의 불법·부당 행위 등에 대하여 시정을 요구할 수 있으며, 지방자치단체의 장 또는 계약담당자는 그 감독업무 수행에 따른 실비*를 주민참여감독자에게 지급할 수 있다.

* 주민참여감독자에게 감독 수행에 따른 실비(實費)를 지급하는 경우에는 그 실비 지급기준 등을 해당 지방자치단체의 조례로 정할 수 있음(영 제59조)

2 지방자치단체장 등의 입찰 및 계약체결의 제한(법 제33조)

지방자치단체의 장 또는 지방의회의원은 그 지방자치단체와 영리를 목적으로 하는 계약을 체결할 수 없다. 또한, 다음의 어느 하나에 해당하는 자가 사업자(법인의 경우 대표자)인 경우에는 그 지방자치단체와 영리를 목적으로 하는 수의계약을 체결할 수 없다.

① 지방자치단체의 장의 배우자   ② 지방자치단체의 지방의회의원의 배우자
③ 지방자치단체의 장 또는 그 배우자의 직계 존속·비속
④ 지방자치단체의 지방의회의원 또는 그 배우자의 직계 존속·비속
⑤ 지방자치단체의 장 또는 지방의회의원과 다음의 관계에 있는 사업자(법인 포함)

　ⅰ) 「독점규제 및 공정거래에 관한 법률」 제2조 제3호에 따른 계열회사
　ⅱ) 「공직자윤리법」 제4조 제1항에 따른 등록대상으로서 소유 명의와 관계없이 지방자치단체의 장 또는 지방의회의원이 사실상 소유하는 재산이 자본금 총액의 100분의 50 이상인 사업자

⑥ 지방자치단체의 장과 제①호·제③호·제⑤호에 해당하는 자가 소유하는 자본금 합산 금액이 자본금 총액의 100분의 50 이상인 사업자
⑦ 지방자치단체의 지방의회의원과 제②호·제④호·제⑤호에 해당하는 자가 소유하는 자본금 합산금액이 자본금 총액의 100분의 50 이상인 사업자

③ **제3자를 위한 단가계약**(법 제26조)

특별시장·광역시장·도지사는 관할 구역 안에 있는 자치구(시·군·구)에 공통적으로 필요한 물자로서 제조·구매 및 가공 등의 계약에 관하여 시·군·구의 요청이 있는 경우에는, 미리 단가만을 정하고 그 물자의 납품요구 및 그 대금 지급은 각 자치구에서 직접 처리할 수 있도록 하는 계약을 체결할 수 있다.

④ **종합평가 낙찰제도**(영 제42조의3)

지방자치단체의 경우에도 국가기관이 시행하고 있는 종합심사낙찰제와 유사한 종합평가낙찰제를 운용하고 있으며, 그 적용대상은 다음과 같다.

① 추정가격이 300억 원 이상인 공사, 추정가격이 10억 원 이상인 물품의 제조 또는 용역
② 「문화재수리 등에 관한 법률」 제2조 제1호에 따른 문화재 수리

3) 지방계약법규 적용기관(법 제2조, 지방자치법 제2조)

① **일반 지방자치단체**

① 광역자치단체 : 특별시, 광역시, 특별자치시, 도, 특별자치도
② 기초자치단체 : 시, 군, 자치구(특별시와 광역시의 관할구역 안의 구)

② **특별 지방자치단체 및 교육행정기관**

① 지방자치단체 조합 등
② 광역자치단체 및 기초자치단체의 교육청 등

라. 공기업·준정부기관 등 공공기관의 적용 계약법규 체계 및 내용

1) 공공기관의 지정 및 구분

(1) 「공공기관의 운영에 관한 법률」 제4조에 의하면 기획재정부장관은 정부가 출연한 기관 등 동조 제1항 각호의 어느 해당하는 기관을 공공기관으로 지정할 수 있으며, 이에 따라 기획

재정부장관은 매년 '공공기관 운영위원회'를 개최(1월 이내)하여 공공기관을 지정하고 「알리오 시스템(홈페이지, www.alio.go.kr)」을 통하여 공시하고 있다(동 법 제6조).

☞ 2022년도(1.28일)의 경우 총 350개 기관(공기업 36, 준정부기관 94, 기타 공공기관 220)이 공공기관운영법상 관리대상으로 확정되었음

(2) 따라서 기획재정부장관이 공공기관을 지정하는 것은 공공기관운영법의 적용 및 관리대상이 되는 기관을 확정하는 것이라고 할 수 있으며, 지정된 기관은 총인건비 제도, 경영평가, 경영지침, 경영공시 및 고객만족도 조사 등을 통해 투명하고 효율적으로 운영되도록 관리되고 있다.

〈공공기관의 구분〉 직원 정원이 100인 이상인 기관을 공기업과 준정부기관으로 지정

① 공기업(자체 수입액이 총수입액의 2분의 1 이상인 기관) : ⅰ) 시장형 공기업(자산규모가 2조원 이상이고, 총수입액 중 자체 수입액이 100분의 85 이상인 공기업), ⅱ) 준시장형 공기업(시장형 공기업이 아닌 공기업)
② 준정부기관 : ⅰ) 기금관리형 준정부기관(「국가재정법」에 따라 기금을 관리하거나 기금의 관리를 위탁받은 준정부기관), ⅱ) 위탁집행형 준정부기관(기금관리형 준정부기관이 아닌 준정부기관)
③ 기타 공공기관 : 지정된 기관 중 공기업과 준정부기관 이외의 기관

2) 공공기관별 적용 계약법규

① 공기업·준정부기관

공기업 및 준정부기관에 적용되는 계약법령은 「공공기관의 운영에 관한 법률」 제39조 제3항에 따라 제정된 「공기업·준정부기관 계약사무규칙」(기획재정부령)이 적용됨으로 중앙행정기관처럼 국가계약법을 직접 적용받는 기관에는 해당되지는 않는다.

그러나, 동 사무규칙상 계약업무 내용은 공기업·준정부기관의 특성을 반영한 몇 가지 사항을 제외하고는 대부분 국가계약법령의 규정을 반영하고 있으며, 더구나 동 사무규칙에서 규정되지 아니한 사항에 관하여는 국가계약법령을 준용하도록 함으로서 내용면에서는 거의 동일하다고 할 수 있다. 특이한 점은 공기업·준정부기관의 장이 계약의 기준·절차 등과 관련하여 해당 기관의 업무의 특성, 계약의 공정성 및 투명성 확보, 그밖에 불가피한 사유가 있다고 판단하는 경우에는 기획재정부장관의 승인을 받아 동 사무규칙에서 정하는 내용과 다른 내용의 계약의 기준·절차를 정할 수 있도록 하고 있다.

2 기타 공공기관

공공기관 중 당해 연도 예산 규모가 250억 원 이상인 기타공공기관의 계약사무 처리는 기획재정부 훈령인 「기타 공공기관 계약사무 운영규정」이 적용되고 있으며, 동 운영규정의 내용 역시 국가계약법규의 내용을 거의 그대로 반영하고 있다. 그러나 당해 연도 예산 규모가 250억 원 미만인 중소규모의 기타 공공기관은 동 계약 사무에 관한 기획재정부 훈령이 의무적으로 적용되지 아니하는 기관에 해당함으로 기관 자체적으로 계약사무에 관한 규정을 마련하여 운영하는 것이 가능하다고 할 수 있다.

〈참고〉 코로나19 극복을 위한 계약지침 (기획재정부 계약정책과, 2022.12.30)

□ (긴급입찰) '23.6.30.까지 모든 경쟁입찰은 시행령 제35조 제4항 1의2호 국가 재정정책상 예산의 조기 집행을 위해 필요한 경우에 해당하여 원칙적으로 긴급입찰로 발주 가능('23.6.30일까지 입찰공고되는 계약분)

□ (입찰보증서의 지급각서 대체) 입찰보증금 전부 또는 일부의 납부를 면제할 수 있는 자에 대해서는 원칙적으로 입찰보증서 대신 지급각서를 제출(다만, 최근 1년 이내에 낙찰 후 계약 미체결·불이행으로 입찰참가자격 제한을 받은 업체 등 계약체결 기피 우려가 있는 자에 대해서는 지급각서로 대체하지 않음)

□ (선금·하도급대금 신속지급) 재정집행효과가 신속하게 나타날 수 있도록 선금·하도급대금 지급기간 단축

ㅇ (선금) 선금 청구 시로부터 14일 이내 → 5일 이내(* 신규 선금 지급 신청분부터 적용)

ㅇ (하도급대금) 대가 지급시로부터 15일 이내 → 5일 이내(계약상대자 협조가 필요한 하도급대금은 계약상대자와 협의하여 신규 계약부터 계약문서에 반영하고, 기존 계약분도 지급기간이 단축될 수 있도록 독려)

□ (선금지급한도 확대) 정부 입찰·계약집행기준 제34조 제1항의 선금지급한도를 100분의 70 → 100분의 80으로 확대('23.6.30. 선금 신청분까지 적용)

□ (납품책임 면제) 코로나19로 인해 불가피하게 계약을 지체하거나 불이행한 업체에 대해서는 납품 책임 면제

ㅇ 현행 법령상 계약지체 및 불이행에 계약상대자의 귀책사유가 없는 경우에는 제재하지 않음, 코로나19가 직접 원인이 된 경우에는 귀책사유가 없는 것으로 해석할 수 있으므로, 코로나19를 직접 원인으로 한 이행지체는 지체상금을 부과하지 않음, 코로나19를 직접 원인으로 한 계약불이행에 대해서는 계약보증금 국고귀속 및 입찰참가자격제한을 하지 않음

제2절 국가계약법규의 체계 및 성격

1 국가계약법규 체계

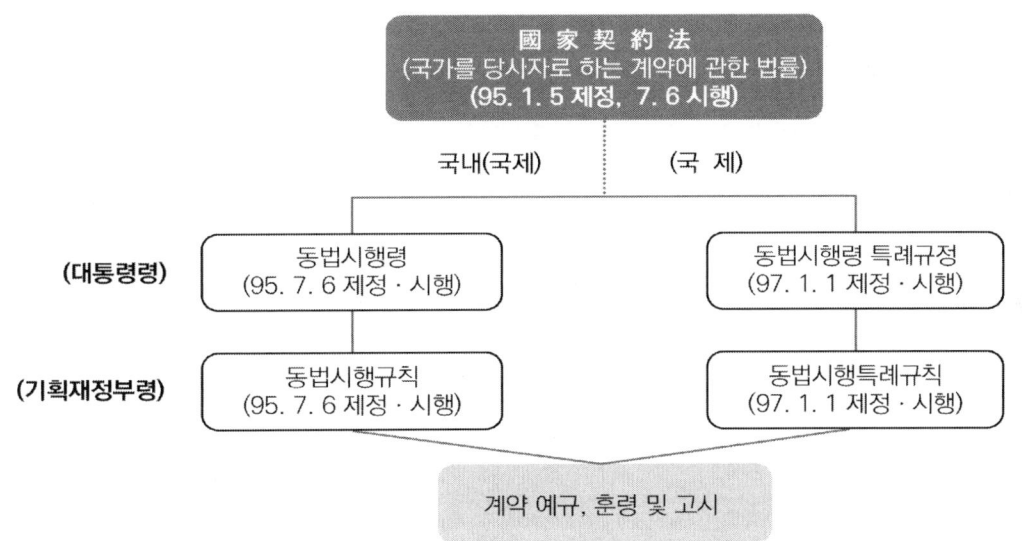

가. 국가계약법, 동법시행령(특례규정), 동법시행규칙(특례규칙)

(1) 1961년 「재정법」을 대체하여 제정·시행되어 오던 「예산회계법」*이 그동안 정부계약에 관한 기본법 역할을 수행해 왔으나, 1997.1.1부터 발효되는 WTO 정부조달협정(GPA)에 보다 능동적으로 대비하기 위하여 1995.1월 「예산회계법」 중 제6장 "계약 편"을 분리하여 「국가를 당사자로 하는 계약에 관한 법률(약칭 "국가계약법")」을 제정·시행(1995.7.6)함으로써 그 이후부터는 동 "국가계약법"이 정부계약 또는 공공계약의 기본법 역할을 수행해 오고 있다.7)

* 국가계약법 제정 이후 구 「예산회계법」 중 회계(수입, 지출)에 관한 사항은 '03. 1.1일 「국고금 관리법」으로, 예산·기금 등에 관한 사항은 '07.1.1일 「국가재정법」으로 제정되어 시행 중에 있으며, 발생주의 및 복식부기 등 국가 회계처리의 기준에 관하여는 '09.1.1일 「국가회계법」을 별도로 제정하여 시행되고 있음

---
7) 국가계약법의 주요 내용이 '지방계약법'이나 '공기업·준정부기관의 계약사무규칙' 등 공적 기관에 적용되는 법규에 그대로 규정되거나 준용되고 있어 공공조달계약에 관한 기본법규 역할을 수행하고 있음

(2) 동 "국가계약법"은 국내 계약뿐만 아니라 국제입찰에 따른 정부조달계약에도 적용되는데, 하위규정인 대통령령과 기획재정부령에서는 국내입찰과 국제입찰로 이원화하여 각각 제정하여 시행되고 있다. 즉, 국내입찰에 대하여는 "국가계약법시행령"과 "국가계약법시행규칙"이 적용되고, 국제입찰에는 「특정조달을 위한 국가를 당사자로 하는 계약에 관한 시행령 특례 규정」과 「동법시행 특례규칙」이 적용되고 있으며, 동시행령 특례규정 및 특례규칙에는 국제입찰의 조달 절차, 국제상 관례의 특칙 등 순수한 국내 조달과는 다른 절차와 제도를 추가하여 규정하고 있다.

* 국제입찰 : 내·외국인 또는 외국인을 대상으로 하여 물품·공사 및 용역을 조달하기 위하여 행하는 입찰을 말하며 수의계약을 포함함

* 특정조달계약 : 국가가 국가계약법 제4조 제1항 및 제2항의 규정에 의한 국제입찰을 통하여 물품·공사 및 용역을 조달하기 위하여 국가계약법령과 동법시행령 특례규정에 따라 체결하는 계약을 말함

(3) 한편, 위의 특례규정과 특례규칙은 국가계약법시행령 제3조 제2항[8])에 근거를 두고 제정되어 국제입찰에 한하여 적용되지만, 국제입찰의 경우에도 기본적으로는 국가계약법과 동법시행령 및 동법시행규칙이 적용되며 다만, 국내 입찰과 다르게 적용되는 사항에 대하여만 특례규정과 특례규칙이 적용되는 것임을 유의할 필요가 있다.

〈 국제입찰에 따른 정부조달계약의 범위 (법 제4조) 〉

□ 국제입찰에 따른 정부조달계약의 범위는 정부기관이 체결하는 물품·공사(工事) 및 용역의 계약으로서 정부조달협정과 이에 근거한 국제규범에 따라 기획재정부장관이 정하여 고시하는 금액 이상의 계약으로 함

* 고시금액 : 법 제4조 제1항 본문의 규정에 의하여 기획재정부장관이 고시한 금액(직전 2년간의 SDR의 원화 평균 환율을 산정하여 고시)
 · 공사 : 83억 원(500만 SDR), 물품·용역 : 2.2억 원(13만 SDR)

□ 다만, 다음의 어느 하나에 해당하는 경우에는 국제입찰에 따른 정부조달계약의 대상에서 제외함
 ① 재판매(再販賣)나 판매를 위한 생산에 필요한 물품이나 용역을 조달하는 경우
 ② 「중소기업제품 구매촉진 및 판로지원에 관한 법률」에 따라 중소기업제품을 제조·구매하는 경우
 ③ 「양곡관리법」, 「농수산물 유통 및 가격안정에 관한 법률」 및 「축산법」에 따른 농·수·축산물을 구매하는 경우
 ④ 그밖에 정부조달협정에 규정된 내용으로서 대통령령으로 정한 경우

---

[8]) 국가계약법시행령 제3조 ② 국제입찰에 의할 정부 조달계약에 한하여 적용될 사항은 따로 대통령령으로 정한다.

나. 기획재정부 계약예규, 훈령 및 고시

공공 조달계약에 관한 업무는 공공성과 절차적 성격 등 그 특성에 따라 매우 세분화되어 있을 뿐만 아니라 그 분량도 방대하여, 국가계약법과 동법시행령 및 시행규칙에 모두 담지 못하고 하위규정인 예규와 훈령 및 고시 등에 위임하여 운용되고 있다.

즉, 국가계약법과 동법시행령 및 시행규칙에는 주요 사항만 규정하고 세부적인 사항은 기획재정부장관이 정하도록 위임하여 각종 계약예규 등에 규정되어 있으며, 이러한 계약예규 등은 국가계약법령을 보완하기 위하여 운영되는 것이므로 동 법령에 위배되지 않는 범위 내에서 규정되어야 효력이 있다고 할 수 있다.

* 예규	상급기관이 하급기관에 대하여 지휘권 및 감독권으로서 발하는 명령이나 지시로서 행정규칙의 한 형식
* 훈령	상급기관이 하급기관에 대하여 장기간에 걸쳐 그 권한의 행사를 일반적으로 지시하기 위해 발하는 명령
* 고시	법령이 정하는 바에 의하여 일정한 사항을 널리 국민에게 알리는 문서

1) 기획재정부 계약예규(17개)

① 정부 입찰·계약 집행기준
② 예정가격 작성기준
③ 입찰참가자격사전심사요령
④ 적격심사기준
⑤ 공사계약 종합심사낙찰제 심사기준
⑥ 일괄입찰 등에 의한 낙찰자 결정기준
⑦ 협상에 의한 계약체결기준
⑧ 공동계약운용요령
⑨ 공사계약일반조건
⑩ 공사입찰유의서
⑪ 용역계약일반조건
⑫ 용역입찰유의서
⑬ 물품구매(제조)계약일반조건
⑭ 물품구매(제조)입찰유의서
⑮ 종합계약집행요령

⑯ 경쟁적 대화에 의한 계약체결기준
⑰ 용역계약 종합심사낙찰제 심사기준

2) 기획재정부 훈령(계약 관련 3개)

① 국가계약분쟁조정위원회 운영규정(제348호, 2017.12.7. 일부개정)
② 기타공공기관 계약사무 운영규정(제385호, 2018.6.29.)
③ 과징금부과심의위원회 운영규정(제463호, 2019.12.2. 일부개정)

3) 기획재정부 고시(계약 관련 4개)

(1) 「국가를 당사자로 하는 계약에 관한 법률 등의 기획재정부장관이 정하는 고시금액」 (고시 제2022-32호, 2022년 12월 30일)

① 국가를 당사자로 하는 계약에 관한 법률 제4조제1항의 규정에 의한 기획재정부장관이 정하여 고시하는 금액

   가) 세계무역기구의 정부조달협정 상 개방대상금액
      ○ 물품 및 용역 : 2억 2천만 원   ○ 공사 : 83억 원

② 공기업·준정부기관 계약사무규칙 제4조제1항의 규정에 의한 기획재정부장관이 정하여 고시하는 금액

   가) 세계무역기구의 정부조달협정상 개방대상금액
      ○ 물품 및 용역 : 6억 7천만 원   ○ 공사 : 249억 원

③ 특정물품등의조달에관한국가를당사자로하는계약에관한법률시행령특례규정 제2조제4호의 규정에 의한 기획재정부장관이 정하는 금액

   가) 통신서비스 및 통신장비 부문 시장접근에 관한 양해록 상 개방대상금액
      ○ 통신망 장비 및 기타 통신 기자재 : 2억 2천만 원

(2) 국가를 당사자로 하는 계약에 관한 법률 시행령 제72조제3항제2호에 따른 공동계약 대상사업(고시 제2020-9호, 2020.4.7.)

(3) 국가를 당사자로 하는 계약에 관한 법률 시행령의 수의계약 등 한시적 특례 적용 기간에 관한 고시(고시 제2022-33호, 2023.1.1)

(4) 「공공기관의 개발 선정품 지정 및 운영에 관한 기준」(고시 제2018-30호, 2018.12.31.)

> **참고**   공공계약의 국제입찰 대상금액 변경고시 주요 내용(2022.12.30.)

가. 변경사항 개요

☐ WTO 정부조달협정 및 FTA에 규정된 국제입찰 기준금액은 SDR((Special Drawing Rights : IMF 특별인출권)로 표시되어 있어, 기획재정부장관이 2년마다 원/SDR 환율의 변동을 반영하여 원화 환산액을 고시하며 이를 고시금액이라고 함

   ○ 추정가격이 고시금액 이상의 공공계약은 국제입찰의 대상에 해당

     * 다자간의 WTO 정부조달협정 : GPA(Government Procurement Agreement)
     * 양자 간의 자유무역협정 : FTA(Free Trade Agreement)

☐ 지난 2년간 원화가치 하락으로 원/SDR 환율이 소폭 상승(1,625.81원/SDR → 1,663.17원/SDR)함에 따라 향후 2년간('23~'24) 적용되는 고시금액은

   ○ 중앙행정기관 발주 공사는 81억 원에서 83억 원으로, 물품·용역은 2.1억 원에서 2.2억 원으로 높아지고

   ○ 공공기관 발주 공사는 244억 원에서 249억 원으로, 물품·용역은 6.5억 원에서 6.7억 원으로 높아짐

☐ 아울러, 금번 고시금액 변경에 따라 고시금액 미만에 적용되는 지역의무공동도급제* 및 지역제한 경쟁입찰* 대상 공사 범위도 소폭 조정됨

   ○ 중앙행정기관 발주의 경우 두 제도 모두 81억 원 미만에서 83억 원 미만으로 조정되며

   ○ 공공기관 발주의 경우 지역의무공동도급제는 244억 원 미만에서 249억 원 미만으로, 지역제한 경쟁입찰은 81억 원 미만에서 83억 원 미만으로 조정됨

---

* 지역의무공동도급제 : 건설업 등의 균형발전을 위하여 필요하다고 인정되는 사업 등에 대해 공사현장이 소재하는 광역자치단체에 법인등기부상 본점소재지가 있는 자 중 1인 이상과 의무적으로 공동수급체를 구성하여 입찰에 참가하게 하는 제도

  • 위의 규모(83억 원)보다 큰 공사에 대하여 적용하기 위해서는 별도의 법적근거 마련 필요 [이에 따라 「국가균형발전 프로젝트(19.6조 원)」 지역 업체 참여 의무화를 위해 국가계약법 시행령 제72조제3항 제2호를 신설함]

* 지역제한경쟁입찰제 : 일정금액 미만에 대하여 법인등기부상 본점소재지(개인사업자의 경우에는 사업자등록증 소재지)가 공사의 현장 또는 물품의 납품지 등을 관할하는 광역자치단체의 관할 구역 안에 있는 자만이 해당 지역의 공사, 물품, 용역 등의 입찰에 참가할 수 있도록 하는 제도

나. 고시변경 주요 내용

□ 적용 기간 : '23.1.1 ~ '24.12.31 (2년)

□ 적용 환율 : (종전) 1,625.81원/SDR → (변경) 1,663.17원/SDR

□ WTO 정부조달협정(GPA)에 따른 국제입찰 대상금액 변경

대상기관	조달대상	SDR 표시 국제입찰 대상금액	고시금액* ('21~'22)	고시금액* ('23~'24)
중앙 행정기관	물품·용역	13만	2.1억	2.2억
중앙 행정기관	공사	500만	81억	83억
공공기관	물품·용역	40만	6.5억	6.7억
공공기관	공사	1,500만	244억	249억

* 고시금액 = SDR표시 국제입찰 대상금액 × 적용환율

□ 자유무역협정(FTA) 등에 따른 국제입찰 대상금액 변경내용 : 생략(기획재정부 고시 제2022-32, 2022.12.30. 참조)

2 국가계약법규의 성격

가. 사법(私法) 성격의 법규(일부 공법 규정 병존)

(1) 공공조달계약은 수평적인 거래관계 형성을 목적으로 하므로 사법상 법률행위로 분류되며, 이에 따라 국가계약법에도 계약은 서로 대등한 입장에서 당사자의 합의에 따라 체결되도록 계약의 원칙을 명시하고 있다(제5조). 이와 같이 국가계약법이 기본적으로는 사법(私法) 성격에 해당됨으로 사법의 일반법인 민법의 기본원리를 원용하고 있으며, 동 법에 규정되지 아니한 사항은 민법의 규정이 적용되게 된다. 이에 따라 국가계약법과 관련한 다툼으로 인하여 법원 소송으로 진행되는 경우에는 원칙적으로 민사소송의 대상이 되게 되는 것이다.[9]

---

[9] 공사기간 연장에 따른 추가비용(실비)산정과 관련하여 계약상대자가 발주기관을 상대로 소송을 많이 제기하고 있는 상황인데, 이때 서울지역(종로, 중구, 강남, 서초, 관악, 동작) 관할 제1심의 경우 "서울중앙지방법원" 민사부에서 수행하고 있음

☞ 법규를 공법(公法)과 사법(私法)으로 구분할 경우 행정주체가 공권력 주체로서 우월적 지위에서 활동하는 불 대등한 관계를 규율하는 법규를 공법이라고 하고, 이와 반면에 행정주체도 사인과 같은 지위(사경제 주체)에서 상대방과 대등하게 활동하는 관계를 규율하는 법규를 사법이라고 함

(2) 다만, 부정당업자에 대한 입찰참가자격 제한조치(제27조)는 침익적 행정처분으로 보아 공법행위에 해당한다는 대법원 판례가 일관되게 이어오고 있으며, 또한, 동 부정당업자에 대한 입찰참가자격 제한조치에 갈음하여 과징금을 부과할 수 있도록 하고 동 과징금을 부과받은 자가 납부 기한까지 내지 아니하면 국세 체납처분의 예에 따라 징수하도록 하는 공법 규정이 신설(법 제27조의2, 2012.12월)됨으로서 국가계약법이 기본적으로는 사법 성격이지만 일부 공법 규정이 병존하고 있는 법규라고 할 수 있다.[10]

나. 절차적(節次的) 성격의 법규(일부 실체법 규정 병존)

(1) 국가계약법은 대부분 계약담당공무원이 준수해야 할 계약 방법의 결정, 입찰 및 낙찰자 결정, 계약의 체결 및 이행, 대가의 지급 및 준공처리 등 계약 사무에 관한 일련의 절차를 규정해 놓은 점에서 절차적 성격의 법규에 해당한다.

☞ 법규를 실체법과 절차법으로 구분할 경우 실체법은 권리·의무의 실질적 사항을 규정하는 법규이며, 절차법은 실체법상의 권리를 실행하거나 의무를 실현시키기 위해 절차를 정하는 법규를 말함

(2) 다만, 부정당업자에 대한 과징금 부과와 계약금액의 조정(물가변동, 설계변경 및 그 밖에 계약내용변경) 등 일부 사항은 계약 사무 처리에 관한 단순 절차 규정이 아니라 권리·의무의 실질적 사항을 규정하는 실체법 성격에 해당하는 규정이라고 할 수 있으므로, 국가계약법이 기본적으로는 절차적 성격이나 일부 실체법 성격이 병존하는 법규라고 할 수 있다.

다. 훈시적(訓示的) 성격의 법규(일부 기속 규정 병존)

1) 기본적으로는 국가 내부 관계를 규율해 놓은 훈시적 성격의 법규에 해당

(1) 국가계약법의 조문은 대부분 "각 중앙관서의 장 또는 계약담당공무원은……을 하여야 한다."와 같은 훈시형식으로 규정되어 있어 계약담당공무원에 대한 계약 사무 처리의 기준을 제시하고 있는 법규임을 알 수 있다. 즉, 동 국가계약법은 기본적으로 국가와 사인과의

---

10) 위의 입찰참가자격 제한조치, 과징금부과 조치와 같이 행정주체가 공권력 주체로서 우월적인 지위에서 활동하는 공법 규정에 해당되는 경우라면 행정소송의 대상이 되고, 공법상 원리인 법치행정의 원칙, 신뢰의 원칙, 비례의 원칙 등이 적용되게 됨

사이의 계약관계를 공정하고 합리적·효율적으로 처리할 수 있도록 관계 공무원이 지켜야 할 계약 사무 처리에 관한 사항을 규정한 것으로서 국가의 내부규정에 해당하는 법규이다.

 (2) 따라서 국가계약법령에 위배되거나 절차에 하자가 있는 계약이라도 원인 무효인 경우 또는 발생된 하자가 입찰절차의 공공성과 공정성을 현저히 침해할 정도로 중대한 경우 등에 해당하지 아니하는 한 대외적으로는 일단 유효한 것이다(대법원 2001.12.11. 선고 2001다33604). 다만, 계약담당공무원은 국가계약법령 및 내부 업무 기준을 준수하여야 할 의무가 있는 것이므로 기관 내부적으로 관계 공무원에 대한 징계·변상 등의 책임을 묻는 절차를 진행하는 것은 별개 사안이라는 것을 유의할 필요가 있다고 하겠다(국가공무원법 제78조, 회계관계 직원 등의 책임에 관한 법률 제4조).

2) 훈시적 성격의 법규에 대한 판례 동향

1 훈시적 성격 판결 이후 조달계약의 특수성 반영

 (1) 위와 같이 종전(2001.12.11.) 대법원 판례는 국가계약법령에 위배되거나 입찰절차에 하자가 있더라도 이를 무효로 하지 않으면 그 절차에 관하여 규정한 국가계약법의 취지를 몰각하는 결과가 되는 특별한 사정이 있는 경우에 한하여 무효가 된다고 판시함으로써, 국가계약법령이 원칙적으로 국가 내부관계를 규율해 놓은 훈시적 성격의 법규에 해당한다는 점을 강조하였다고 할 수 있다.

 (2) 그러나, 그 이후(2010. 4. 8) 대법원은 '적격심사 절차에 있어 복수예비가격 및 예정가격 결정상의 하자(±3% 입찰공고와는 달리 ±2%로 입력)로 인하여 다른 입찰자의 정당한 이익을 해하거나 입찰의 공정성에 영향을 미칠 우려가 있다고 봄이 상당함으로 이미 개찰이 이루어져 최저 입찰자가 가려진 상태라 하더라도 입찰시행자인 채무자는 위와 같은 하자를 이유로 입찰절차를 취소하거나 무효로 할 수 있다'고 판시함으로써 입찰자의 정당한 이익이나 입찰의 공정성 측면을 좀 더 중시하였다고 할 수 있다.

☞ 즉, 종전의 판례는 국가계약법령 및 그 세부 기준이 국가 내부의 훈시적 성격의 법규라는 점을 강조한 판결이라고 할 수 있는 반면에, 위의 2010.4.8. 일자 판결내용은 국가 내부의 훈시적 성격 이외에 계약의 한쪽 당사자가 행정주체로서 국민의 권익침해 방지 필요성 등 정부 조달계약의 특수성을 좀 더 고려하여 내려진 판결이라고 봄

2 재차 내부관계를 규율하는 훈시적 성격 판결

 (1) 한편, 물가변동으로 인한 계약금액 조정 배제 특약과 관련한 최근의 판례를 살펴보면

사적 자치와 계약자유의 원칙에 따라 계약당사자 간에 계약금액 조정 규정의 적용을 배제하는 것이 가능한 것으로 판시함에 따라, 그동안 강행법규로 인정되어온 계약금액 조정에 관한 규정(법 제19조)도 임의규정에 해당하는 것이며 따라서 국가계약법령이 기본적으로는 국가의 내부관계를 규율하는 훈시적 성격의 법규라는 점을 보다 명확히 하고 있다(대법원 2018.11.29. 선고 2014다233480).

(2) 위와 같은 대법원 판례 동향을 살펴볼 때 입찰절차의 하자나 특수조건 등의 유·무효 여부는, 기본적으로는 국가계약법이 국가 내부의 훈시적 성격의 법규라는 점을 이해하고 다만, 국민의 권익침해 방지 필요성 등 정부 조달계약의 특수성을 좀 더 강조하느냐 하는 점을 고려할 필요가 있다고 하겠다.

3) 일부 규정은 일반 국민을 직접 기속

국가계약법 제27조의2 및 동법시행령 제76조의3 등에 따르면 행정주체가 직접 일반 국민에게 과징금 납부 의무를 부과하고 이행하지 않을 경우에는 국세 체납처분의 예에 따라 징수하도록 규정하고 있어, 이는 단순한 내부의 지침적 성격이 아니라 일반 국민을 직접 기속하는 규정이라고 할 수 있다. 따라서 국가계약법이 대부분 국가기관 내부의 훈시적 성격이지만, 일부이나마 기속적 성격도 병존하는 법규라고 할 수 있다.

라. 공공 조달계약에 관한 기본법규 성격

(1) 앞에서 기술한 바와 같이 1995.7 종전의 예산회계법 중 '계약 편'을 분리하여 새로이 "국가계약법"이 제정·시행됨으로서 공공 조달계약업무에 관한 법규가 국가재정체계에서 하나의 독립된 영역을 이루게 되었고, 동 법이 국내 입찰에 의한 계약뿐만 아니라 국제입찰에 의한 계약업무까지도 적용을 받고 있으므로 국가계약 또는 정부계약에 관한 기본법으로서 역할을 수행해 오고 있다.

(2) 또한, 동 국가계약법의 주요 내용이 지방자치단체가 적용받는 「지방자치단체를 당사자로 하는 계약에 관한 법률」(2006.1 제정·시행)과 공기업·준정부기관이 적용받는 「공기업·준정부기관 계약사무규칙」 등에 거의 그대로 규정되어 있거나 준용되고 있어 실질적으로 우리나라 공적 성격의 기관, 즉 국가기관, 지방자치단체 및 공기업·준정부기관 등의 조달계약업무에 관한 기본법규의 역할을 수행하고 있다고 할 수 있다.

제3절 공공계약과 관련된 주요 법규

1. 국가재정법

가. 개요(법 제1조, 제17조)

「국가재정법」은 국가의 예산·기금·결산·성과관리 및 국가채무 등 재정에 관한 사항을 정함으로써 효율적이고 성과 지향적이며 투명한 재정운용과 건전재정의 기틀을 확립하고 재정운용의 공공성을 증진하는 것을 목적으로 하며, 정부가 수행하는 물품·공사(工事) 및 용역 등의 사업 추진에 필요한 비용은 모두 동 법에 따라 세출예산에 편성되어야 한다.

나. 회계연도 독립의 원칙과 예산총계주의

각 회계연도의 경비는 그 연도의 세입 또는 수입으로 충당하여야 하고, 매 회계연도의 세출예산은 원칙적으로 다음 연도에 이월하여 사용할 수 없는데, 이를 회계연도 독립의 원칙이라고 한다(법 제3조).

또한, 한 회계연도의 모든 수입을 세입으로 하고 모든 지출을 세출로 하며 세입과 세출은 원칙적으로 모두 예산에 계상하여야 하는데 이를 예산총계주의라고 한다(법 제17조).

다. 계속비

1) 계속비 예산과 연부액(법 제23조 제1항)

완성에 수년도를 요하는 공사나 제조 및 연구개발 사업은 그 경비의 총액과 연부액(年賦額)을 정하여 미리 국회의 의결을 얻은 범위 안에서 수년도에 걸쳐서 지출할 수 있는데, 이러한 계속비 사업에 소요되는 예산을 "계속비 예산"이라고 한다. 동 계속비 예산에 있어 어느 회계연도의 예산에 계상되는 금액을 연부액이라고 하며, 계약담당공무원은 계속비 사업에 대하여는 총액과 연부액을 명백히 하여 "계속비 계약"을 체결하여야 한다(국가계약법 제21조 제1항).

2) 지출 연한 및 예산의 이월(법 제23조 제2항, 제3항)

계속비 사업의 경우 국가가 지출할 수 있는 연한은 그 회계연도부터 5년 이내로 하며, 다만, 사업 규모 및 국가 재원 여건상 필요한 경우에는 예외적으로 10년 이내로 할 수 있다. 또한, 계속비 예산의 경우에는 매 회계연도 연부액에 관련된 세출예산 중 그 연도 내에 지출을 종료하지 못한 것은, 각 연도의 결산 시 그 잔액을 불용액으로 처리하지 않고 당해 계속비의 사업완성 연도까지 차례차례로 이월하여 사용할 수 있다.

3) 계속비 편성 대상 사업(법 제39조 제2항)

(1) 기획재정부장관은 총사업비가 500억 원(건축은 200억 원)이상인 대규모 개발사업 중 국가 기간 교통망 구축, 재해복구 등 다음의 어느 하나에 해당하는 사업으로서 전체 공정에 대한 실시설계가 완료되고 총사업비가 확정된 경우에는 그 사업이 지연되지 아니하도록 계속비로 예산안을 편성하여야 한다.

① 국가 기간 교통망 구축을 위하여 필수적인 사업
② 재해복구를 위하여 시급히 추진하여야 하는 사업
③ 공사가 지연될 경우 추가 재정 부담이 큰 사업
④ 국민편익, 사업 성격 및 효과 등을 고려하여 시급히 추진할 필요가 있는 사업

(2) 다만, 재정 여건상 계속비로 편성하면 지나치게 재정 경직성을 불러일으키는 경우, 사업 성격상 계속비로 편성하는 것이 적절하지 아니한 경우, 사업기간 및 규모를 고려할 때 계속 비로 편성할 실익이 없거나 계속비로 편성하는 것이 적절하지 아니한 경우 등에는 대규모 개발사업의 예산안을 계속비로 편성하지 아니할 수 있다(법 제39조 제3항, 영 제14조의2).

라. 예비타당성조사(법 제38조)

1) 의의(운용지침 제2조, 제4조)

(1) 예비타당성조사는 국가재정법 제38조 및 같은 법 시행령 제13조의 규정에 따라 대규모 신규 사업에 대한 예산편성 및 기금운용계획을 수립하기 위하여 기획재정부장관 주관으로 실시하는 사전적인 타당성 검증·평가를 말한다.

  * 기획재정부장관이 실시하는 예비타당성 조사가 경제적 타당성을 주된 대상으로 하는 반면, 발주기관이 실시하는 타당성 조사는 주로 기술적 타당성을 검토함(건설기술진흥법 제47조, 동법시행령 제81조)

(2) 위와 같은 예비타당성조사는 대규모 재정사업의 타당성에 대한 객관적이고 중립적인 조사를 통해 재정사업의 신규투자를 우선 순위에 입각하여 투명하고 공정하게 결정하도록 함으로써 예산 낭비를 방지하고 재정운영의 효율성 제고에 기여함을 목적으로 한다.11)

2) 조사 대상 사업

(1) 기획재정부장관은 다음의 어느 하나에 해당하는 신규 사업에 대하여 예산을 편성하기 위해 미리 예비타당성조사를 실시하고, 그 결과를 요약하여 국회 소관 상임위원회와 예산결산특별위원회에 제출하여야 한다(법 제38조 제1항, 운용지침 제14조).

① 총사업비가 500억 원 이상이면서 국가의 재정지원 규모가 300억 원 이상인 건설사업(토목, 건축 등 건설공사가 포함된 사업), 정보화 사업('예산안편성 세부지침'의 '세부사업유형별 지침'에 따라 정보화 예산으로 편성되는 사업)
② 기타 재정사업 : 국가재정법 제28조에 따라 제출된 재정지출('중기재정지출')이 500억 원 이상인 사회복지, 보건, 교육, 노동, 문화 및 관광, 환경보호, 농림해양수산, 산업·중소기업 분야의 사업

(2) 공기업·준정부기관의 경우에도 다음의 요건을 모두 충족하는 신규 투자사업 및 자본출자에 대한 예산을 편성하려는 경우에는 기획재정부장관에게 예비타당성조사를 신청하여야 한다(공공기관 운영법 제40조 제3항, 동법시행령 제25조의3 : 2016.9.22. 신설).

① 총사업비가 1,000억 원 이상일 것
② 국가의 재정지원금액과 공공기관 부담금액의 합계액이 500억 원 이상일 것

3) 면제 대상 사업

(1) 위와 같은 예비타당성조사 대상 사업에도 불구하고 공공청사, 교정시설, 초·중등 교육시설의 신·증축 사업, 문화재 복원사업, 국가안보에 관계되거나 보안을 요하는 국방 관련 사업, 남북교류 협력에 관계되거나 국가 간 협약·조약에 따라 추진하는 사업 등은 예비타당성조사 대상에서 제외된다(법 제38조 제2항, 영 제13조의2).

(2) 특히, 지역 균형발전, 긴급한 경제·사회적 상황 대응 등을 위하여 국가 정책적으로 추진이 필요한 사업으로서 다음의 요건을 모두 갖춘 사업도 면제가 가능하며, 이 경우,

---

11) 지난 20년간(1999년 도입) 총 905개 사업에 대해 실시되었으며, 이 가운데 36.8%에 해당하는 164조 원 규모의 사업은 타당성이 낮은 것으로 판단되어 예비타당성 조사를 통과하지 못함(2019.12월 기준)

기획재정부장관은 예비타당성조사 면제 사업의 내역 및 사유를 지체 없이 국회 소관 상임위원회에 보고하여야 한다(법 제38조 제2항 제10호).

① 사업목적 및 규모, 추진방안 등 구체적인 사업계획이 수립된 사업
② 국가 정책적으로 추진이 필요하여 국무회의를 거쳐 확정된 사업[12]

4) 예비타당성조사 수행기관(법 제8조의2, 운용지침 제36조)[13]

예비타당성조사는 기획재정부장관의 요청에 따라 한국개발연구원(KDI)과 한국조세재정연구원(KIPF)이 수행한다. 다만, 국가연구 개발 사업(R&D사업)은 과학기술정보통신부장관에게 위탁되어 한국과학기술기획평가원이 수행한다(동법시행령 제13조의3, 2018.4.8. 신설).

5) 예비타당성조사 분석 방법(운용지침 제7장, 2019.5.1. 개정)

① 분석내용 및 분석방법

예비타당성조사는 사업의 향후 추진 여부 및 적정 사업시기, 사업 규모 등에 대한 합리적 의사결정이 이루어질 수 있도록 각 부처가 수립한 사업계획에 대한 타당성 및 대안의 검토, 사업 추진과정에서 고려할 점 등을 분석한다. 동 예비타당성조사 결과는 경제성 분석, 정책성 분석, 지역 균형 발전분석에 대한 평가 결과를 종합적으로 고려하여 제시한다.

② 평가 항목별 분석

경제성 분석은 비용-편익 분석(Cost - Benefit Analysis)을 기본적인 방법론으로 채택하여 분석하며, 비용-편익 분석을 위해서 사업 시행에 따른 수요를 추정하여 편익을 산정하고, 총사업비와 해당 사업의 운용에 필요한 모든 경비를 합산하여 비용을 산정한다. 정책적 분석은 해당 사업과 관련된 사업 추진 여건, 정책효과, 사업특수 평가 항목 등 평가 항목들을 정량적 또는 정성적으로 분석한다. 마지막으로 지역균형 발전분석은 지역 간 불균형 상태의 심화를 방지하고 지역 간 형평성 제고를 위해 지역낙후도 개선, 지역경제 파급효과, 고용 유발 효과 등 지역 개발에 미치는 요인을 분석한다.[14]

---

[12] 동 규정에 따라 2019.1.29. 국무회의를 거쳐 23개 사업(총 24.1조 원)이 예타 면제 대상사업으로 확정됨(국가균형발전 프로젝트 사업). 또한, 동 예타 면제대상 사업을 2020. 4. 3. 지역의무공동도급 대상사업(19.6조 원)으로 고시함
[13] 종전에는 한국개발연구원이 독자적으로 수행해 왔으나, 2019.4 한국조세재정연구원 추가 지정
[14] 정보화 사업은 3개 항목 이외에도 기술성 분석을 포함(업무요구 부합성, 적용기술 적합성, 구현·운영계획 적정성 등을 분석)

③ 종합평가

(1) 사업 타당성에 대한 종합평가는 평가항목별 분석 결과를 토대로 다기준 분석의 일종인 계층화 분석법(AHP: Analytic Hierarchy Process)을 활용하여 계량화된 수치로 도출한다. 건설사업의 경우에는 다음과 같이 비수도권 유형과 수도권 유형으로 이원화하여 평가한다.

 ① 비수도권 유형　　: 경제성 30~45%, 정책성 25~40%, 지역균형발전 30~40%
 ② 수도권 유형　　　: 경제성 60~70%, 정책성 30~40%

＊ 지역 특성별 맞춤 평가로 지역 간 형평성 제고를 위해 수도권과 비수도권 평가 항목 비중을 이원화하고 균형발전 평가를 강화함(2019.4)

(2) B/C 분석은 조사기관이 수행하고, 종합평가는 전문가위원회에서 수행한다.

 ① B/C(비용-효과성) 분석 : 기대효과의 적정성(사업시행 효과의 구체성 등), 비용추정의 적정성(비용 산정의 적정성 등), 비용-효과성(비용대비 성과 추정의 적정성 등)
 ② 기획재정부에 예타 대상선정 및 예타 결과 등을 심의·의결하기 위해「재정사업평가위원회」를 설치하고 종합평가를 위한「분과위원회」를 구성·운영
 ③ 사업 주무 부처가 주요 평가 항목별로 사업효과를 설명하고, 조사기관이 검토의견을 제시→토론 후 평가

④ 정책제언

종합평가 이외에 분과위원회 논의 내용을 포함하여 기타 정책적 고려사항과 대안 등을 정책제언으로 제시한다.

마. 세출예산의 이월(법 제48조)

회계연도 독립의 원칙에 따라 각 회계연도의 경비는 그 연도의 세입 또는 수입으로 충당하여야 하며, 매 회계연도의 세출예산은 다음 연도에 이월하여 사용할 수 없으나(법 제3조), 다만, 지출원인행위를 위하여 입찰공고를 한 경비 중 입찰공고 후 지출원인행위(계약체결)까지 장기간이 소요되는 경비와 그 밖에 명시이월비 등은 다음 회계연도에 이월하여 사용할 수 있다.

이 경우 입찰공고 후 지출원인행위까지 장시간이 소요되는 경비는 입찰참가자격 사전

심사방법으로 집행되는 공사에 소요되는 경비, 협상에 따른 계약체결의 방법으로 집행되는 경비, 재해복구 사업에 소요되는 경비 등을 말하며, 이월액은 다른 용도로 사용할 수 없다.

바. 총사업비의 관리(법 제50조, 영 제21조)

(1) 각 중앙관서의 장은 완성에 2년 이상이 소요되는 사업으로서 다음의 어느 하나에 해당하는 사업에 대하여는 그 사업규모·총사업비 및 사업기간을 정하여 미리 기획재정부 장관과 협의하여야 하며, 협의를 거친 사업규모·총사업비 또는 사업기간을 변경하고자 하는 때에도 또한 같다.

① 다음의 어느 하나에 해당하는 사업으로서 총사업비가 500억 원 이상이고 국가의 재정지원 규모가 300억 원 이상인 신규사업(사업추진 과정에서 총사업비 또는 국가의 재정지원 규모가 증액되어 해당 기준을 충족하는 경우를 포함)

ⅰ) 건설공사가 포함된 사업(건축 사업은 제외)
ⅱ) 「국가정보화 기본법」 제15조 제1항에 따른 정보화 사업
ⅲ) 그밖에 사회복지, 보건, 교육, 노동, 문화 및 관광, 환경 보호, 농림해양수산, 산업·중소기업 분야의 사업

② 건축사업 또는 연구개발 사업으로서 총사업비가 200억 원 이상 사업(사업추진 과정에서 총사업비 규모가 증액되어 총사업비가 200억 원 이상에 해당하는 경우를 포함)

(2) 다만, ① 국고에서 정액(定額)으로 지원하는 사업 ② 국고에서 융자로 지원하는 사업 ③ 「사회기반시설에 대한 민간투자법」에 따른 민간투자사업 ④ 도로 유지·보수, 노후 상수도 개량 등 기존 시설의 효용 증진을 위한 단순 개량 및 유지·보수 사업은 총사업비를 관리하는 대규모 사업에서 제외한다.

사. 금전채권·채무의 소멸시효(법 제96조)

금전의 급부를 목적으로 하는 국가의 권리 또는 국가에 대한 권리로서 시효에 관하여 다른 법률에 규정이 없는 것은 5년 동안 행사하지 아니하면 시효로 인하여 소멸한다. 따라서 이와 같은 국가의 금전채권·채무에 대한 소멸시효 기간은 민법상 채권 및 재산권의 소멸시효 기간에 비해 단기간이라고 할 수 있다.[15]

---

15) 민법 제162조(채권, 재산권의 소멸시효) ①채권은 10년간 행사하지 아니하면 소멸시효가 완성한다.②채권

☞ 헌법재판소는 국가재정법에 국가채무에 대해 단기 소멸시효를 두는 것은, 국가의 채권·채무 관계를 조기에 확정하고 예산 수립의 불안정성을 제거해 국가재정을 합리적으로 운용하기 위한 것이므로 입법목적이 정당하다고 합헌 결정한 바 있음

* 장기계속공사계약에 있어서 소멸시효는 각 연차별 계약체결일을 기준으로 기산되므로, 제1차 계약 체결일로부터 5년이 경과하였다고 하여 손해배상채권 등의 소멸시효가 완성된 것이 아님

2 국고금관리법

가. 개요

「국고금관리법」은 법령 등에 따라 세입으로 납입된 현금 등 국고금 관리에 필요한 사항을 정함으로써 국고금을 효율적이고 투명하게 관리하도록 함을 목적으로 하며, 세입의 원인이 되는 계약 시 수입은 법령에서 정하는 바에 따라 징수하거나 수납하여야 하고 국고의 부담이 되는 지출원인행위는 배정된 예산 범위에서 하여야 한다. 이 경우 '국고금'이란 법령 또는 계약 등에 따라 국가의 세입으로 납입되거나 기금에 납입된 모든 현금 및 현금과 같은 가치를 가지는 것으로서, 한국은행 또는 금고 은행에 납입된 국가예금 등을 말한다.

나. 수입의 징수 방법과 직접 사용 금지의 원칙(법 제5조, 제7조)

수입은 법령에서 정하는 바에 따라 징수하거나 수납하여야 하며, 다른 법률에 특별한 규정이 있는 경우를 제외하고는 그 소관 수입을 국고에 납입하여야 하고 이를 직접 사용하지 못한다.

다. 지출원인행위의 준칙, 지출의 절차 등

(1) 지출원인행위는 중앙관서의 장이 법령이나 「국가재정법」 제43조에 따라 배정된 예산 또는 기금운용계획의 금액 범위에서 하여야 하며, 이 경우 지출원인행위라 함은 "국고금 지출의 원인이 되는 계약이나 그 밖의 행위"를 말한다. 따라서 국가계약법령에 의한 입찰 및 계약의 절차 중에서 계약의 체결행위는 지출원인행위의 일종에 해당하므로 낙찰자 결정을 위한 예정가격은 배정된 예산 범위 내에서 작성하여야 하며 낙찰금액 또는 계약금액은 동 예정가격을 초과할 수 없는 것이다(법 제20조).

및 소유권 이외의 재산권은 20년간 행사하지 아니하면 소멸시효가 완성한다.

(2) 지출원인행위에 따라 지출관이 지출을 하려는 경우에는 채권자의 계좌로 이체하여 지급하여야 하며, 지출관은 원칙적으로 채권자를 수취인으로 하는 경우 외에는 지출을 할 수 없다. 따라서 정부계약 체결 후 계약이행에 따라 지급하는 기성대가 또는 준공대가는 정당한 채권자인 계약상대자한테만 지급하여야 하며, 다만, 계약상대자가 하도급자에게 대가지급을 의뢰한 경우에 한하여 하도급자에게 직접 지급할 수 있는 것이다 (법 제22조, 제23조).

라. 선급과 개산급(법 제26조)

(1) 지출관은 운임, 용선료(傭船料), 공사·제조·용역 계약의 대가, 그 밖에 대통령령으로 정하는 경비로서 그 성질상 미리 지급하지 아니하거나 개산(槪算)하여 지급하지 아니하면 해당 사무나 사업에 지장을 가져올 우려가 있는 경비의 경우에는 이를 미리 지급(선급)하거나 개산하여 지급(개산급)할 수 있다.

(2) 이에 따라 선금지급 대상으로는 외국에서 직접 구입하는 기계·도서·표본 또는 실험용 재료의 대가, 정기간행물의 구입경비, 토지 또는 건물의 임대료와 용선료(傭船料) 등 18종이 규정되어 있고, 그 중 정부계약과 관련하여서는 "공사, 제조 또는 용역 계약의 대가로서 계약금액의 100분의 70(원활한 공사 진행 등에 필요하여 중앙관서의 장이 기획재정부장관과 협의한 경우에는 100분의 80)을 초과하지 아니하는 금액"이 이에 해당된다. 이와 같은 선금은 계약상대자의 청구를 받은 날부터 14일 이내에 지급하여야 한다.

(3) 한편, 개산하여 지급할 수 있는 경비(개산금)의 종류는 국가기관 등에 지급하는 경비 등 5가지를 규정하고 있으며, 그 중 정부계약과 관련하여서는 계약이행 중 계약금액이 변동될 것으로 예상되는 경우 확정급으로 지급 받았을 때 계약금액조정대상에서 제외되는 문제점을 방지하기 위하여 기성대가를 개산급으로 지급받는 경우가 이에 해당한다.

3 조달사업에 관한 법률(조달사업법)

가. 조달사업의 범위(법 제3조)

조달청장이 하는 조달사업의 범위는 다음과 같다.

① 조달물자의 구매, 물류관리, 공급 및 그에 따른 사업

② 수요기관의 공사 계약 및 그에 따른 사업
③ 수요기관의 시설물 관리·운영 및 그에 따른 사업
④ 조달물자 및 안전관리물자의 품질관리
⑤ 국제조달 협력 및 해외 조달시장 진출 지원
⑥ 그밖에 다른 법령에서 조달청장이 할 수 있거나 하도록 규정한 사업

나. 조달정책심의위원회 설치(법 제5조, 영 제7조)

조달정책에 관한 사항을 심의하기 위하여 기획재정부장관 소속으로 조달정책심의위원회를 두며, 동 위원회는 과학기술정보통신부, 행정안전부 차관 등 정부 위원과 각 분야 민간전문가들로 구성되고 중장기 조달정책방향 설정, 혁신제품 지정·평가, 조달관련 주요 정책 현안·제도개선 추진 등을 수행한다.

정부는 동 조달정책심의위원회 출범을 계기로 공공조달 패러다임을 획득 중심의 전통적 조달방식에서 새 정책 부가가치를 창출하는 「전략적 공공조달」로 전환하기로 하였으며, 이에 따라 「전략적 공공조달」(Strategic Public Procurement)이란 '공공조달의 전통적 가치인 구매효율에서 나아가 조달을 통한 기술혁신, 경제성장, 사회적 가치를 실현시키는 신개념의 공공조달 트렌드'라고 정의하고 있다.

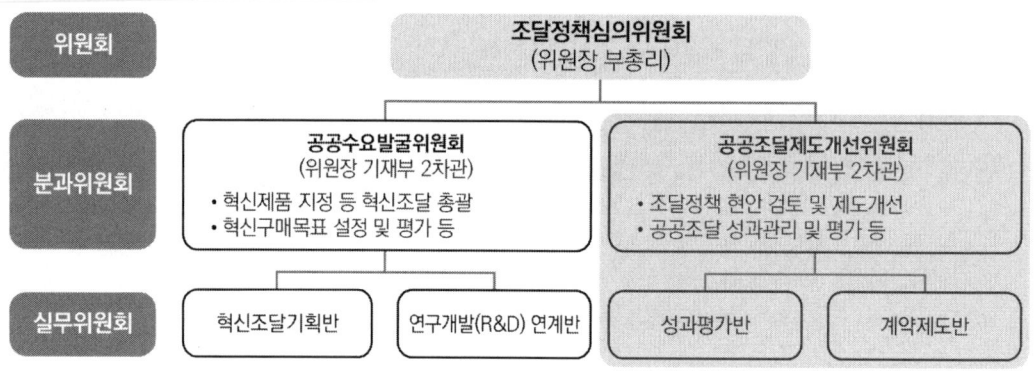

다. 수요기관의 계약체결 요청(법 제5조의2, 영 제9조의3)

수요기관의 장은 수요물자 또는 공사 관련 계약을 체결할 때 추정가격 30억 원 이상의 종합공사 등 계약 요청 금액 및 계약의 성격 등이 다음의 어느 하나에 해당하는 경우에는 조달청장에게 계약체결을 요청하여야 한다.

① 국가기관과 그 소속기관이 수요물자를 구매하는 계약의 경우에는 추정가격이 1억 원 (외국산 물품의 경우에는 미합중국 화폐 20만 달러) 이상인 것

☞ 공공기관 : 기획재정부장관 고시금액(2.2억 원) 이상의 중소기업자간 경쟁제품구매계약은 의무적 조달요청 대상(공공기관운영법 제44조)

② 국가기관과 그 소속기관 또는 지방자치단체와 그 소속기관이 구매하려는 수요물자로서 조달청장과 계약상대자 사이에 다음의 어느 하나에 해당하는 계약이 체결되어 있는 것

   ⅰ) 제3자를 위한 단가계약   ⅱ) 다수공급자계약
   ⅲ) 국가계약법 제22조에 따른 방식으로 수요기관을 위해 체결한 계약

③ 국가기관과 그 소속기관이 체결하는 종합공사의 계약으로서 추정가격이 30억 원 (전문공사, 전기공사, 정보통신 공사, 소방공사의 경우에는 3억 원) 이상인 것

④ 수요기관의 장의 요청에 따라 조달청장이 체결한 수요물자 또는 공사 관련 장기계속계약으로서 제2차 이후의 계약인 것

⑤ 그 밖에 다른 법령에서 조달청장에게 수요물자 구매 또는 공사의 계약체결을 위탁하고 있는 것

라. 제3자를 위한 단가계약과 다수공급자계약(법 제12조, 제13조)

1) 제3자를 위한 단가계약(법 제12조 및 영 제12조)

⑴ 조달청장은 수요기관이 필요로 하는 수요물자를 제조·구매 및 가공하는 등의 계약을 할 때 미리 단가만을 정하여 계약을 체결할 수 있으며, 이러한 계약방법을 "제3자를 위한 단가계약"이라고 한다. 이에 따라 조달청장이 동 단가계약을 체결하였을 때에는 그 내용을 수요기관에 통보하여야 하며, 수요기관의 장은 납품요구나 대금 지급을 하였을 때에는 그 내용을 조달청장에게 통보하여야 한다.

⑵ 위와 같은 "제3자를 위한 단가계약"은 조달청에서 입찰을 통해 업체와 계약을 체결하고 나라장터 종합쇼핑몰16)에 상품을 등록하면 수요기관이 필요한 제품을 요구하여 납품받는 절차로 운영되는데, 이때 수요기관은 해당 업체에게 규격변경 등을 요구하여서는

---

16) 나라장터 종합쇼핑몰(http://shoping.g2b.go.kr/) : 국가계약법 제22조에 따라 조달청 또는 수요기관이 단가계약(조달사업법시행령에 따른 제3자를 위한 단가계약 및 다수공급자 계약을 포함)을 체결한 계약상대자의 물품 정보를 나라장터에 등록하고, 수요기관과 계약상대자의 거래를 전자적으로 처리하기 위해 나라장터에 개설한 온라인 쇼핑몰

아니 되며 해당 업체의 경우에도 이에 응해서는 아니 된다는 것을 유의할 필요가 있다. 왜냐하면, 계약당사자는 수요기관이 아닌 조달청이므로 수요기관의 요구에 따라 당초 계약 규격서와 다른 제품을 납품하는 것은 부정하게 계약을 이행 또는 계약의 주요 조건을 위반한 행위에 해당되어 조달청으로부터 부정당업자 제재를 받게 되기 때문이다(아래의 다수공급자계약의 경우에도 동일함).

2) 다수공급자계약(법 제13조, 영 제13조)

(1) 조달청장은 수요기관이 필요로 하는 수요물자를 구매하기 위하여 품질·성능 또는 효율 등이 같거나 비슷한 종류의 수요물자를 수요기관이 선택할 수 있도록 2인 이상을 계약상대자로 하여 제3자를 위한 단가계약을 체결할 수 있으며, 이와 같은 계약을 "다수공급자계약"(Multiple Award Schedule)이라고 한다.

(2) 앞에서 기술한 '제3자를 위한 단가계약'은 입찰을 통해 1개 품목에 1개 업체를 선정하여 계약을 체결하는 반면에 여기의 '다수공급자계약'은 입찰참가자격에 대한 적격성 심사를 통과한 모든 업체와 계약을 체결한다는 점에서 구분되며, 동 다수공급자계약의 계약상대자는 입찰자의 재무 상태 및 납품 실적 등을 평가하여 조달청장이 기획재정부장관과 협의하여 정한 기준에 적합한 자를 대상으로 가격협상을 통하여 낙찰자로 결정된 자가 된다. 다만, 계약의 특성에 따라 필요하다고 인정되는 경우에는 수요물자별로 작성(공통규격의 경우에는 1개 작성)된 예정가격에 대한 입찰금액의 비율이 낮은 입찰자의 순서로 낙찰자를 결정하여 계약상대자로 할 수 있다.

☞ 다수공급자계약은 조달청에서 구매계획 수립, 적격성 평가, 가격협상, 계약체결, 나라장터 종합쇼핑몰 등록까지 모든 절차를 담당하고, 수요기관은 나라장터 종합쇼핑몰을 통해 조달청과 계약된 업체에 원하는 수요물자의 납품을 요구하여 납품받는 방식이라고 할 수 있음

4 전자조달의 이용 및 촉진에 관한 법률(전자조달법)

가. 전자조달법 개요(법 제1조, 제4조)

(1) 전자조달법은 수요기관의 조달업무를 전자적으로 처리하는 데에 필요한 사항을 정함으로써 조달업무의 안전성·신뢰성 및 공정성을 확보하고 전자조달업무의 원활한 수행과 촉진을 도모함을 목적으로 한다. 이때 "조달업무"란 수요기관의 장이 필요로 하는 물자 또는

용역의 구매·공급에 관한 업무 및 시설공사 계약에 관한 업무를 말하며, "전자조달"이란 이러한 조달업무를 전자조달시스템을 이용 또는 활용하여 전자적으로 처리하는 것을 말한다.

(2) 이와 같은 "전자조달"에 관하여 국가계약법 또는 지방계약법 등 다른 법률에 특별한 규정이 있는 경우를 제외하고는 '전자조달법'에서 정하는 바에 따르도록 함에 따라, 국가기관, 지방자치단체 및 공기업·준정부기관 등 공공기관 모두가 입찰공고 등 조달업무를 원칙적으로 전자조달시스템을 이용하여 전자적으로 처리하여야 한다.

나. 경쟁입찰의 전자적 공고 및 전자입찰서 제출(법 제6조, 제7조)

(1) 수요기관의 장 또는 계약담당자는 경쟁입찰을 전자적으로 처리하려는 경우에는 입찰에 관한 사항을 전자조달시스템을 통하여 공고하여야 하며, 전자조달이용자는 전자조달시스템을 이용하여 이루어지는 경쟁입찰 또는 수의계약 상대자 결정, 즉, "전자입찰"에 참가할 때에는 전자적 형태의 입찰서(전자입찰서) 또는 견적서를 제출하여야 한다.

(2) 이 경우 전자입찰서는 전자적 공고에서 지정한 기간 내에 전자조달시스템을 이용하여 제출하여야 하며, 같은 입찰에 대해서는 같은 컴퓨터에서 하나의 전자입찰서만을 제출할 수 있다. 한편, 전자입찰 참가자는 전자조달시스템으로 제출한 전자입찰서를 교환·변경하거나 취소할 수 없으며, 다만, 전자입찰서의 입찰금액 등 중요한 입력사항에 오류가 있는 경우에는 계약담당자에게 전자입찰의 취소를 신청할 수 있다.

다. 하도급 관리의 전자적 처리(법 제9조의2, 영 제7조의2)

(1) 계약담당자는 계약상대자와 체결하는 계약 중 일정 규모 이상의 계약의 경우에는 하도급 대금·임금 등 계약대금의 청구·지급 등에 관한 사항을 전자조달시스템 등을 통하여 처리하여야 하는 바. 이는 임금체불이나 하도급 대금 미지급 등의 문제를 예방하기 위해 공공조달계약에 대해서 의무적으로 전자조달시스템을 이용하도록 보완된 것이다(2020.5.27.).

(2) 위의 경우 전자조달시스템 사용이 의무화되는 대상 기관은 국가기관, 지방자치단체, 공공기관의 운영에 관한 법률에 따른 공공기관(해당연도 예산 규모가 250억원 미만인 기타 공공기관은 제외), 지방공기업법에 따른 지방공사·공단, 지방자치단체 출자·출연기관(지방계약법을 준용하지 않는 기관들은 제외)이며, 의무화 된 대상계약은 「건설산업기본법」에 따라 전자조달시스템 등을 통한 대금 청구·수령이 의무화된 건설공사로 사업 규모 5천만 원 이상이고 공사 기간 30일 이상인 모든 공사이다.

제1장 공공계약제도 개요

> 〈국가종합전자조달시스템(G2B)〉
>
> ▷ 조달청장은 조달업무를 전자적으로 처리하기 위해 전자조달시스템을 구축하여야 하며, 수요기관의 장이 조달사업법령에 따라 조달청장에게 조달물자의 구매·공급계약 또는 시설공사 계약의 체결을 요청하려는 경우에는 동 전자조달시스템을 이용하여야 함(전자조달법 제12조)
> ▷ 이에 따라 조달청장이 조달업무를 전자적으로 처리하기 위하여 구축·운용하는 정보시스템을 「국가종합전자조달시스템」이라고 하며, 약칭 「전자조달시스템」, 일명 "나라장터" 또는 "G2B"라고 함
> ▷ 동 시스템은 업체등록, 입찰, 계약 대금지급 등 조달 전 과정을 온라인으로 빠르고 편리하게 처리하며 관련 기관과의 시스템 연계를 통해 조달 관련 업무를 문서, 증빙서류 제출 없이 원 스톱(One-Stop) 수행이 가능함
> ㅇ 세입의 원인이 되는 경쟁입찰의 경우에는 「국유재산법」 제31조 제2항 전단에 따라 기획재정부장관이 지정·고시하는 정보처리장치를 말함(영 제13조 제4항)

5 건설산업기본법

가. 개요(법 제1조, 제2조)

(1) 「건설산업기본법」은 건설공사의 조사, 설계, 시공, 감리, 유지관리, 기술관리 등에 관한 기본적인 사항과 건설업의 등록 및 건설공사의 도급 등에 필요한 사항을 정함으로써 건설공사의 적정한 시공과 건설산업의 건전한 발전을 도모함을 목적으로 한다. 이때 "건설산업"이란 건설업과 건설용역업으로 크게 구분하고, 좀 더 구체적으로 "건설업"은 건설공사를 하는 업(業)으로, "건설용역업"은 건설공사에 관한 조사, 설계, 감리, 사업관리, 유지관리 등 건설공사와 관련된 용역을 하는 업(業)으로 정의하고 있다.

(2) 위와 같은 건설산업기본법의 입법목적과 건설산업 및 건설업과 건설용역업의 정의 규정을 종합해 보면 '건설업을 한다'는 것은 건설공사의 시공 분야를 수행하는 것을 업으로 한다고 해석할 수 있으며, 이 경우 '시공'은 직접 또는 도급에 의하여 설계에 따라 건설공사를 완성하기 위하여 시행되는 일체의 행위를 의미한다. 따라서 도급받은 건설공사 중 일부 또는 전부를 직접 시공하여 완성한 경우뿐만 아니라 하도급의 방식으로 시공하여 완성한 경우에도 건설업을 하였다고 볼 수 있다(대법원 2003.7.11. 선고 2001도1332 판결 참조).

나. 건설업의 종류와 등록(법 제8조, 제9조)

⑴ 건설업의 종류는 크게 종합공사를 시공하는 업종(종합건설업)과 전문공사를 시공하는 업종(전문건설업)으로 구분되며, 이 경우 "종합공사"란 종합적인 계획, 관리 및 조정을 하면서 시설물을 시공하는 건설공사로서 토목공사업 등 5종으로 구분되고 "전문공사"란 시설물의 일부 또는 전문 분야에 관한 건설공사로서 지반공사·포장공사업 등 14종으로 구분된다.[17]

⑵ 건설업을 하려는 자는 위의 업종별로 국토교통부장관에게 등록(시·도지사에 위임 : 동법시행령 제86조)을 하여야 하며, 등록을 하지 않고 건설업을 한 자의 경우 5년 이하의 징역 또는 500만 원 이하의 벌금에 처하도록 하고 있다(법 제95조의2 제1호). 다만, 소규모 공사 등 다음의 경미한 건설공사를 업으로 하려는 경우에는 등록을 하지 아니하고 건설업을 할 수 있다(동법시행령 제8조).

① 종합공사 : 1건 공사의 공사예정금액이 5천만 원 미만인 건설공사
② 전문공사 : 공사예정금액이 1천 5백만원 미만인 건설공사. 다만, 가스시설공사, 철강재설치공사 및 강구조물공사, 삭도설치공사, 승강기설치공사, 철도·궤도공사 및 난방공사는 공사 규모에 관계없이 해당 업종을 등록하여야 수행 가능
③ 조립·해체하여 이동이 용이한 기계설비 등의 설치공사(당해 기계설비 등을 제작하거나 공급하는 자가 직접 설치하는 경우에 한함)

다. 건설공사의 시공 자격(법 제16조)

⑴ 건설공사를 도급받으려는 자는 해당 건설공사를 시공하는 업종을 등록하여야 하며, 다만, ① 2개 업종 이상의 전문공사를 시공하는 업종을 등록한 건설사업자가 그 업종에 해당하는 전문공사로 구성된 종합공사를 도급받는 경우 또는 ② 전문공사를 시공할 수 있는 자격을 보유한 건설사업자가 전문공사에 해당하는 부분을 시공하는 조건으로 하여, 종합공사를 시공할 수 있는 자격을 보유한 건설사업자가 종합적인 계획, 관리 및 조정을 하는 공사를 공동으로 도급받는 경우 등 「건설산업기본법」 제16조 제1항 어느 하나에 해당하는 경우에는 해당 건설업종을 등록하지 아니하고도 도급받을 수 있다.

⑵ 위와 같이 해당 공사를 시공하는 업종의 등록기준을 충족하는 등 일정한 자격요건의 구비를 전제로 종합·전문업체가 상호 공사(종합 ↔ 전문)의 원·하도급이 모두 가능하도록

---

[17] 건설업의 구체적인 종류 및 업무범위 등에 관한 사항은 「건설산업기본법시행령」 제7조 관련 별표1에 상세히 규정하고 있음

업역이 전면 폐지되었으며, 전문건설업체의 종합공사 수주를 보다 용이하게 하도록 전문업종을 종전 28개(시설물 유지관리업은 제외)에서 14개(대 업종)로 통합하였다(영 제7조, 별표1 및 부칙 제3조).

라. 건설공사에 관한 도급계약의 원칙(법 제22조)

(1) 건설공사에 관한 도급계약(하도급계약을 포함)의 당사자는 대등한 입장에서 합의에 따라 공정하게 계약을 체결하고 신의를 지켜 성실하게 계약을 이행하여야 하며, 또한, 계약을 체결할 때 도급금액, 공사기간, 공사내용, 도급금액과 도급금액 중 임금에 해당하는 금액, 공사착수의 시기와 공사완성의 시기 등을 계약서에 분명하게 적어야 하고, 서명 또는 기명날인한 계약서를 서로 주고받아 보관하여야 한다.

* 도급은 당사자 일방이 어느 일을 완성할 것을 약정하고 상대방이 그 일의 결과에 대하여 보수를 지급할 것을 약정함으로써 그 효력이 발생함

(2) 위와 같이 체결된 건설공사 도급계약의 내용이 당사자 일방에게 현저하게 불공정한 경우로서 다음의 어느 하나에 해당하는 경우에는 그 부분에 한정하여 무효로 한다.

① 계약체결 이후 설계변경, 경제상황의 변동에 따라 발생하는 계약금액의 변경을 상당한 이유 없이 인정하지 아니하거나 그 부담을 상대방에게 떠넘기는 경우

※ 민간 건설공사 계약서에 '물가변동으로 인한 계약금액의 조정은 하지 않는다.' 라고 명시된 경우 계약금액의 조정을 인정하지 아니할 상당한 이유가 없다면, 그 부분에 한정하여 도급계약의 내용이 무효가 될 수 있음(국토교통부 건설정책과-1644,'22.4.5)

② 계약체결 이후 공사내용의 변경에 따른 계약기간의 변경을 상당한 이유 없이 인정하지 아니하거나 그 부담을 상대방에게 떠넘기는 경우

③ 도급계약의 형태, 건설공사의 내용 등 관련된 모든 사정에 비추어 계약체결 당시 예상하기 어려운 내용에 대하여 상대방에게 책임을 떠넘기는 경우

④ 계약내용에 대하여 구체적인 정함이 없거나 당사자 간 이견이 있을 경우 계약내용을 일방의 의사에 따라 정함으로써 상대방의 정당한 이익을 침해한 경우

⑤ 계약불이행에 따른 당사자의 손해배상책임을 과도하게 경감하거나 가중하여 정함으로써 상대방의 정당한 이익을 침해한 경우 또는 「민법」등 관계 법령에서 인정하고 있는 상대방의 권리를 상당한 이유 없이 배제하거나 제한하는 경우

제3절 공공계약과 관련된 주요 법규

〈참고1〉 전문건설업 대업종화 (2022년 시행)

현업종·주력분야 명칭	현재 전문업종 등록기준		대업종 명칭	대업종 등록기준	
	기술자	자본금		기술자	자본금
1. 토공사	2인	1.5억	1. 지반조성·포장공사업	2인	1.5억
2. 포장공사	3인	2억			
3. 보링·그라우팅·파일공사	2인	1.5억			
4. 실내건축공사	2인	1.5억	2. 실내건축공사업	2인	1.5억
5. 금속구조물·창호·온실공사	2인	1.5억	3. 금속창호·지붕건축물 조립공사업	2인	1.5억
6. 지붕판금·건축물조립공사	2인	1.5억			
7. 도장공사	2인	1.5억	4. 도장·습식·방수· 석공사업	2인	1.5억
8. 습식·방수공사	2인	1.5억			
9. 석공사	2인	1.5억			
10. 조경식재공사	2인	1.5억	5. 조경식재·시설물공사업	2인	1.5억
11. 조경시설물설치공사	2인	1.5억			
12. 철근·콘크리트공사	2인	1.5억	6. 철근·콘크리트공사업	2인	1.5억
13. 구조물해체·비계공사	2인	1.5억	7. 구조물해체·비계 공사업	2인	1.5억
14. 상·하수도설비공사	2인	1.5억	8. 상·하수도설비공사업	2인	1.5억
15. 철도·궤도공사	5인	2억	9. 철도·궤도공사업	5인	1.5억
16. 강구조물공사	4인	2억	10. 철강구조물공사업	4인	1.5억
17. 철강재설치공사	5인	7억			
18. 수중공사	2인	1.5억	11. 수중·준설공사업	2인	1.5억
19. 준설공사	5인	7억			
20. 승강기설치공사	2인	1.5억	12. 승강기·삭도공사업	2인	1.5억
21. 삭도설치공사	5인	2억			
22. 기계설비공사	2인	1.5억	13. 기계가스설비공사업	2인	1.5억
23. 가스시설공사(1종)	3인	1.5억			
24. 가스시설공사(2종)	1인	–	14. 가스난방공사업	1인	–
25. 가스시설공사(3종)	1인	–			
26. 난방공사(1종)	2인	–			
27. 난방공사(2종)	1인	–			
28. 난방공사(3종)	1인	–			

〈참고2〉 종합건설업체와 전문건설업체가 상호 시장에 자유롭게 진출할 수 있도록 생산구조 개편(2018.12.31. 개정, 공공공사는 '21.1월 시행, 민간공사는 '22.1월 시행)

o 그동안 국내 건설산업은 종합건설업체와 전문건설업체의 업무영역을 법령으로 엄격히 제한하는 생산구조로 인하여 종합건설업체의 경우 시공기술의 축적보다는 하도급 관리·입찰 영업에 치중하고, 실제 시공은 하도급업체에 의존하여 페이퍼 컴퍼니가 양산되는 등의 문제가 노출되었으며, 전문건설업체의 경우에도 사업 물량 대부분을 하도급에 의존함으로써 수직적 원하도급 관계가 고착화되어 저가 하도급이나 다단계 하도급 등으로 인한 불공정 관행이 확산되는 부작용이 발생함

o 또한 이와 같은 업역 구조는 건설산업의 소비자인 발주자의 건설업체 선택권을 제약하고 우량 전문업체가 원도급시장으로 진출하거나 종합업체로 성장하는데 걸림돌로 작용하는 등 분업·전문화를 위해 도입된 종합·전문간 업역 제한이 상호 경쟁을 차단하고 생산성 향상을 떨어뜨리는 '칸막이'로 변질되는 결과를 초래한 것으로 평가되었음

o 이에 따라 해당 공사를 시공하는 업종의 등록기준을 충족하는 등 일정한 자격요건의 구비를 전제로, 종합·전문업체가 상호 공사(종합 ↔ 전문)의 원·하도급이 모두 가능하도록 업역을 전면 폐지하고, 이에 부합하도록 건설공사의 직접 시공을 원칙으로 하면서 하도급 제한 범위를 개편함으로써 건설공사의 시공효율을 높이고 종합-전문 간 상호 기술경쟁의 촉진을 통한 글로벌 경쟁력을 강화하고자 한 것임

제4절 공공계약의 종류

국가계약법규에 규정되어 있는 공공계약의 방법은 계약목적물별·계약체결 형태별·경쟁 방법별·입찰 형태별 등에 따라 다음과 같이 구분될 수 있으며, 발주관서의 장이 입찰을 실시하여 계약을 체결하기 위해서는 당해 계약목적물의 규모, 내용 및 특성과 관계법령 등을 종합적으로 고려하여 계약의 방법을 결정하게 된다.

〈 유형별 공공계약의 종류 〉

구 분	계약의 종류
계약목적물별	○ 공사계약 　- 건설공사(종합, 전문) 　- 전기공사 　- 정보통신공사 　- 소방시설공사 　- 문화재수리공사 ○ 물품제조·구매계약 ○ 용역계약
계약체결 형태별	○ 확정계약, 개산계약, 사후원가검토조건부계약 ○ 총액계약, 단가계약 ○ 단년도 계약, 장기계속계약, 계속비계약 ○ 단독계약, 공동계약 ○ 그 밖의 계약 　- 종합계약 　- 회계연도 시작 전의 계약
경쟁 방법별	○ 경쟁계약(일반, 제한, 지명)과 수의계약 ○ 그 밖의 경쟁계약 　- 협상에 의한 계약 　- 경쟁적 대화에 의한 계약 　- 2단계 경쟁(기술·가격분리)입찰계약 　- 기술·가격 분리 동시입찰계약 　- 희망수량 경쟁입찰계약 등
입찰 형태별	○ 총액입찰과 내역입찰에 의한 계약 ○ 순수내역입찰과 물량내역수정입찰에 의한 계약 ○ 설계시공일괄입찰과 대안입찰에 의한 계약 ○ 실시설계 또는 기본설계 기술제안입찰에 의한 계약

Ⅰ. 계약목적물에 따른 분류

1 공사계약

공사계약은 다음과 같이 「건설산업기본법」에 따른 건설공사계약이 대표적이고 그밖에 「전기공사업법」에 따른 전기공사계약 등 개별법령에 따른 공사계약이 있다.

가. 「건설산업기본법」에 따른 건설공사

「건설산업기본법」에 따른 건설공사란 "토목공사, 건축공사, 산업설비공사, 조경공사, 환경시설공사, 그밖에 명칭에 관계없이 시설물을 설치·유지·보수하는 공사(시설물을 설치하기 위한 부지조성공사를 포함) 및 기계설비나 그 밖의 구조물의 설치 및 해체공사 등"을 말하며 「전기공사업법」에 따른 전기공사 등은 건설공사의 범위에서 제외된다. 동 건설 공사는 다음과 같이 종합공사를 시공하는 업종과 전문공사를 시공하는 업종으로 구분된다.[18]

① 종합공사 : 종합적인 계획, 관리 및 조정을 하면서 시설물을 시공하는 건설공사
　　　　　　(토목, 건축, 토건, 산업·환경설비, 조경 등 5종)
② 전문공사 : 시설물의 일부 또는 전문 분야에 관한 건설공사
　　　　　　(지반조성·포장공사업, 실내건축공사업 등 14종)

나. 그 밖의 개별법상 공사

위의 「건설산업기본법」(국토교통부)에 따른 건설공사를 제외한 그 밖의 개별법상 공사로는 「전기공사업법」(산업통상자원부)에 따른 전기공사, 「정보통신공사업법」(과학기술정보통신부)에 따른 정보통신공사, 「소방시설공사업법」(행정안전부)에 따른 소방시설공사, 「문화재수리 등에 관한 법률」(문화체육관광부)에 따른 문화재 수리공사 등이 있다.

☞ 실제 공사계약을 발주할 경우 특정 공사가 어느 공사에 해당되는지 여부는 위의 건설공사와 그 밖의 공사 등을 규율하는 소관 법령의 해석사항이라고 할 수 있으며, 따라서 계약담당자가 해당 공사의 내용 및 성격과 법령 소관 부처의 의견 등 제반 사항을 종합적으로 고려하여 결정할 사항이라고 할 수 있음

---

[18] 건설업의 구체적인 종류 및 업무 범위 등에 대하여는 동법시행령 별표1에 세부적으로 규정되어 있음

2 물품의 제조·구매계약

(1) 물품의 제조와 구매계약을 뚜렷이 구분하는 기준은 없지만 일반적으로 발주기관이 완성품을 있는 그대로 매입하게 되는 경우에는 구매계약이라고 하고, 규격서·사양서 등에 의하여 별도의 제작 절차를 거치게 되는 경우에는 제조계약이라고 구분하고 있다.

(2) 공공기관이 물품조달 시에 제조와 단순구매의 구분은 예정가격의 결정방법과도 연관되는 것으로서 단순 구매계약의 경우에는 거래실례가격 등에 의하여 예정가격을 작성하게 되지만, 제조구매계약의 경우에는 규격서 등에 따라 비목별 물량산출 등의 절차를 거치는 원가계산에 의한 방법으로 예정가격을 작성하게 되는 차이점이 있다. 또한, 단순 구매계약은 제조업자가 아니더라도 입찰 참가가 가능하지만, 제조구매계약은 당해 제조업을 영위하는 자만이 입찰 참여가 가능하다는 점도 차이점이라고 할 수 있다.

☞ 한국표준산업분류 상 제조업 : 원재료(물질 또는 구성요소)에 물리적, 화학적 작용을 가하여 투입된 원재료를 성질이 다른 새로운 제품으로 전환시키는 산업 활동

3 용역계약

용역(用役)이란 일반적으로 물자의 형태를 취하지 않고 생산과 소비에 필요한 노무를 제공하는 일(Service)을 말하며, 용역계약은 이와 같은 개념의 용역이 계약목적물이 되는 계약을 말한다. 한편, 용역은 그 종류나 관련 법령이 다양하고 특징이 강하며 용역의 종류에 대한 구분의 기준도 뚜렷하지 않아 실제 계약업무를 담당하는 부처에서도 약간씩 용역의 구분을 달리하고 있는 실정이나, 다음과 같이 일반용역과 기술용역으로 구분하는 것이 보편적이라고 할 수 있다.[19]

가. 일반용역

(1) 일반용역은 다시 학술연구용역과 단순용역으로 구분되고 있는데 그 중 학술연구용역은 '학문분야의 기초과학과 응용과학에 관한 연구 용역 및 이에 준하는 용역'을 말한다. 동 학술연구용역은 일반용역의 대표적 성격을 갖고 있으며, 정부가 예정가격을 작성하기 위한 용역원가계산의 경우에도 표준모델로 규정되어 운용되고 있다(계약예규 "예정가격 작성기준" 제2장 제4절).

---

[19] 조달청은 일반용역과 기술용역으로 분류하고 있지만, 지방계약(행정안전부)의 경우에는 기술용역·학술용역 및 일반용역으로 구분하고 있음

(2) 일반용역 중 위의 학술연구용역을 제외한 나머지 용역을 단순용역으로 분류되고 있는데, 동 단순용역으로는 폐기물 처리용역, 경비용역, 청소용역, 시설물 관리용역, 행사관리용역 등이 이에 해당한다.

나. 기술용역

(1) 당초에 기술용역은 「기술용역육성법」에서 정의하고 있었으나, 동 법이 「엔지니어링산업진흥법」으로 전부 개정되어 기술용역이 '엔지니어링 활동'과 유사한 개념이라고 할 수 있다.

☞ 이 경우 엔지니어링 활동은 "과학기술의 지식을 응용하여 사업 및 시설물에 관한 연구·기획·타당성조사·설계·분석·구매·조달·시험·감리·시운전·평가·자문·지도와 시설물의 검사·유지 및 보수에 관한 활동 및 그 활동에 대한 사업관리"라고 정의하고 있으며, 이러한 엔지니어링 활동을 수행하는 사업을 엔지니어링사업이라고 함(동법 제2조)

(2) 위와 같이 기술용역은 「엔지니어링산업진흥법」상 규정된 엔지니어링 활동이 대표적이지만, 엔지니어링 활동 중 건설 분야에 대해 특별히 규정된 「건설기술진흥법」상 건설엔지니어링*과 그밖에 「소프트웨어산업진흥법」에 따른 소프트웨어사업, 「측량·수로조사 및 지적에 관한 법률」에 따른 측량용역 등이 있다.

* 「건설기술진흥법」상 "건설기술용역"이라는 용어는 단순한 노무를 제공하는 것을 넘어 설계, 감리, 측량 등 전문적이고 복합적인 건설기술에 대한 서비스를 제공한다는 의미를 전달하기 어려운 측면이 있다고 보아, 최근 동법을 개정하여 "건설기술용역", "건설기술용역업" 및 "건설기술용역사업자" 등의 용어를 각각 "건설엔지니어링", "건설엔지니어링업" 및 "건설엔지니어링사업자" 등으로 각각 변경하였음(동법 제2조 등 개정, 2021.3.16.)[20]

> 〈참고〉 디지털서비스 계약의 집행(정부 입찰·계약 집행기준 제16장의3, 2020.9.24신설)
>
> ○ 디지털서비스 : 「클라우드컴퓨팅 발전 및 이용자 보호에 관한 법률시행령」 제8조의2 제1항 각호의 서비스를 말함[① 클라우드컴퓨팅서비스 ② 클라우드컴퓨팅서비스를 지원하는 서비스 ③ 지능정보기술 등 다른 기술·서비스와 클라우드컴퓨팅기술을 융합한 서비스]
>
> ○ 계약담당공무원은 위와 같은 디지털서비스의 신속한 구매를 위해 ① 시행령 제26조 제5호 아목에 따른 수의계약과 ② 조달사업에 관한 법률 시행령 제16조에 따른 카탈로그 계약의 방법으로 체결할 수 있음

---

20) 엔지니어링 업계에서는 용역이라고 하면 일반적으로 청소용역, 경비용역 등 단순 노무제공으로 인식되고 있다고 판단하여 용역이라는 용어 자체를 기피하는 분위기임. 이에 따라 자신들의 수행업무가 전문적이고 복합적인 기술에 대한 서비스 제공이라는 측면에서 "용역"이라는 표현 대신에 "엔지니어링"이라는 용어를 선호함

4 물품, 용역, 공사가 혼재된 계약의 집행방법

앞에서 기술한 바와 같이 계약목적물에 따라 공사, 물품, 용역 등 3개 종류로 계약의 방법이 구분되고 있지만 실제 성격에 따라 2개 이상이 혼재된 경우가 발생하게 되는데, 이 경우 혼재된 계약을 일괄 발주 또는 분리 발주 여부 검토 시 다음과 같은 사항을 고려하도록 규정하고 있다("정부 입찰·계약 집행기준" 제2조의2 신설, 2016.12.30.).

(1) 계약담당공무원은 물품, 용역, 공사 중 2개 이상이 혼재된 계약을 발주하려는 경우에는 사업계획 단계부터 다음의 사항을 고려하여 일괄 또는 분리발주 여부를 검토하여야 한다.

- ○ 물품·용역·공사 등 각 목적물 유형별 독립성·가분성
- ○ 계약목적물의 일부에 공사가 포함된 계약을 발주함에 있어서「건설산업기본법」, 「전기공사업법」, 「정보통신공사업법」 등 공사 관련 법령의 준수 여부
- ○ 계약이행 및 관리의 효율성에 미치는 영향
- ○ 하자 등 책임 구분의 용이성
- ○ 각 발주방식에 따른 해당 시장의 경쟁제한 효과

(2) 계약담당공무원은 위와 같이 검토하여 계약을 일괄하여 발주하려는 경우 예정가격을 작성함에 있어서는 다음 사항을 유의하여 집행하여야 한다.

- ○ 예정가격 산정에 있어 설치비용 등 부수적인 목적물에 대한 비용(설치에 수반되는 재료비, 노무비, 경비, 일반관리비 및 이윤 등)*이 누락되었는지 여부

  * 설치조건부 물품 계약 시 적정대가를 지급토록 하기 위해 포함되어야 하는 비용을 명확히 규정함

- ○ 공사가 혼재된 계약의 예정가격 산정에 있어서 공사부분에 대한 산업재해보험, 고용보험 등 법령이나 계약조건에 의하여 의무적으로 가입이 요구되는 보험의 보험료를「건설산업기본법」제22조 제7항 등 관련 법령에서 정한 바에 따라 계상하였는지 여부

(3) 또한, 계약담당공무원은 계약을 일괄하여 발주하려는 경우 역무내용 중「건설기술진흥법」, 「전력기술관리법」, 「정보통신공사업법」등 공사 관련 법령에 따른 의무적 설계 또는 감리 대상이 포함되어 있는 경우에는 용역계약의 발주 등 관련 법령에 따른 조치를 취하여야 한다.

Ⅱ. 계약체결 형태에 따른 분류

1 확정계약, 개산계약 및 사후원가검토조건부 계약

가. 확정계약(원칙)

(1) 국가계약법 제11조에 의하면 계약담당공무원이 계약을 체결할 때에는 계약의 목적·계약금액·이행기간·계약보증금·위험부담·지체상금과 그 밖에 필요한 사항을 명백하게 기재한 계약서를 작성하고 담당공무원과 계약상대자가 계약서에 기명하고 날인하거나 서명함으로써 계약이 확정되고, 다만, 동법 제23조에서 개발시제품의 제조계약 등 특정한 계약의 경우로서 미리 가격을 정할 수 없는 때에 한하여 개산계약을 체결할 수 있도록 규정함으로써 공공계약은 확정계약을 원칙으로 하고 있다.

(2) 즉, 확정계약은 공공계약의 통상적인 계약형태로서 발주기관이 입찰 및 계약체결 전에 미리 예정가격을 작성하고 낙찰자를 결정한 후 계약금액을 확정하여 체결하는 계약방식을 의미하는 것이므로, 이러한 확정계약으로 체결된 계약에 있어서는 개산계약 또는 사후원가검토조건부계약처럼 사후정산을 하지 않는다.

* 따라서 확정계약에서 있어서는 계약상대자의 비용 지출내역으로 계약금액을 정산하지 않는 것이므로 계약상대자가 계약금액보다 비용을 적게 지출하였다고 하여 그 차액을 제외하고 지급하거나, 계약금액 지급 후에 그 차액을 반납토록 하는 것은 확정계약의 성질에 비추어 타당하지 않는 것임

나. 개산계약(예외)(법 제23조)

(1) 개산계약은 미리 가격을 정할 수 없을 때 개략적인 금액으로 계약을 체결하고 이행 완료 후 정산하는 형태의 계약방식을 말하는 데, 국가기관의 계약담당공무원이 동 개산계약을 체결할 수 있는 대상은 다음에 해당하는 계약으로서 미리 가격을 정할 수 없는 경우로 한정하고 있다.

① 개발시제품의 제조계약
② 시험·조사·연구 용역계약
③ 「공공기관의 운영에 관한 법률」에 따른 공공기관과의 관계법령에 따른 위탁 또는 대행계약
④ 시간적 여유가 없는 긴급한 재해복구를 위한 계약

(2) 계약담당공무원이 개산계약을 체결하기 위하여서는 미리 개산가격을 결정하여야 하며, 입찰 전에 계약목적물의 특성·계약수량 및 이행 기간 등을 고려하여 원가검토에 필요한 기준 및 절차 등을 정하고 이를 입찰에 참가하고자 하는 자가 열람할 수 있도록 하여야 한다(영 제70조 제1항 및 제2항).

☞ 이때 사후 정산기준을 정함에 있어 개산계약 금액 범위 내에서 정산한다는 내용을 입찰공고 또는 계약특수조건에 명확히 할 필요성이 있는데, 이는 계약금액을 초과하여 사후 정산하는 것을 인정할 경우 원가 정보의 비대칭으로 업체가 저가 입찰이 가능하고 공정경쟁을 해치게 되며 계약이행과정에서도 원가절감 노력을 하지 않게 되는 문제점이 발생할 수 있기 때문임

(3) 그 밖에 개산계약을 체결한 때에는 이를 감사원에 통지하여야 하며, 통지 시에는 계약의 목적, 예산과목, 적용법령의 조문 및 구체적인 적용사유, 그 밖의 참고사항을 명백히 한 서류를 구비하여 제출하여야 한다. 또한, 개산계약의 이행이 완료된 후에는 국가계약법시행령 제9조에 규정한 예정가격 결정기준 및 계약목적물의 특성 등을 고려하여 미리 정한 정산기준 등에 따라 정산하여야 하고 소속 중앙관서의 장의 승인을 얻어야 한다(영 제70조 제3항, "정부 입찰·계약 집행기준" 제12조).

다. 사후원가검토조건부 계약(영 제73조)

(1) 사후원가검토조건부 계약은 계약담당공무원이 입찰 전에 예정가격을 구성하는 일부 비목별 금액을 결정할 수 없는 경우에 계약체결 시 계약금액을 잠정적으로 정한 후 사후 원가검토 조건으로 체결하고 계약이행 완료 후 정산하는 형태의 계약을 말하며, 동 계약의 방법은 주로 외국의 첨단부품을 수입하거나 제작에 장기간 소요되는 특수물품 조달 시에 이용되고 있다.

(2) 동 사후원가검토조건부 계약도 개산계약의 경우와 마찬가지로 입찰 전에 계약목적물의 특성·계약수량 및 이행기간 등을 고려하여 사후원가 검토에 필요한 기준 및 절차 등을 정하여 이를 입찰에 참가하고자 하는 자가 열람할 수 있도록 하여야 하며, 계약의 이행이 완료된 후에는 국가계약법시행령 제9조의 예정가격 결정기준과 미리 정한 원가 검토 기준 등에 따라 원가를 검토하여 정산하여야 한다.

☞ 계약금액의 사후정산과 관련하여 살펴볼 때 국가계약법령상으로는 확정계약이 원칙이므로 특별히 계약당사자 간에 계약특수조건 등에 사후 정산조건을 정하거나 개별법에서 정산하도록 규정된 경우를 제외하고는, 앞에서 기술한 개산계약과 여기의 사후원가검토조건부계약으로 체결된 경우에만 가능함

2 총액계약·단가계약·다수공급자 계약

가. 총액계약(영 제8조)

(1) 국가계약법시행령 제8조에 의하면 입찰 전에 작성하는 예정가격은 계약을 체결하고자 하는 사항의 가격의 총액에 대하여 우선 결정하도록 하고 있고, 다만, 국가계약법 제22조에 단가계약에 대하여 특별히 규정하고 있는 것으로 보아 국가계약법상 계약(공공계약)은 총액계약이 원칙이며, 동 총액계약은 당해 계약목적물 전체에 대하여 총액으로 체결한 계약의 형태로서 대부분의 공공계약 방식에 해당한다.

(2) 실무상으로 당사자 간 체결한 공사도급계약이 총액계약인지 단가계약인지 모호한 경우가 발생할 수 있는데, 이와 관련하여 대법원은 "공사도급계약이 총액계약인지 단가계약인지는 계약의 해석 문제로서 공사도급계약서에 정한 내용을 기준으로 판단하여야 하고, 만일 공사도급계약서의 기재 내용만으로 이를 알기 어렵다면 계약 해석의 일반원칙에 따라 계약의 동기나 목적, 계약이행 과정에서 당사자의 태도, 거래 관행 등을 종합적으로 고려해서 판단해야 한다"고 판시하였다(대법원 2022. 4. 14. 선고 2017다3024 판결).*

* 공사도급계약서에 공정·항목별 단가가 기재된 계약내역서가 첨부되어 있었다고 하더라도 ①시공사가 기성공사대금 청구 시 개별공정이나 항목별 수량에 근거자료를 별도로 제시하지 않는 사정 ②발주자가 시공사의 청구에 불응하면서 기성 공사물량에 대한 자료를 요구하거나 이에 대한 검측을 하지 않는 사정을 주요 근거로 들어 해당 공사도급계약을 총액계약으로 판단함

나. 단가계약(법 제22조)

1) 단가계약의 의의

단가계약이라 함은 일정 기간 계속하여 제조·수리·가공·매매·공급·사용 등의 계약을 할 필요가 있을 때 해당 연도 예산의 범위에서 단가에 대하여 체결하는 계약을 말한다. 이와 같은 단가계약의 대상은 주로 정부의 각종 사무용품 등의 납품이나 도로 등의 유지·보수 계약에 활용되고 있으며, 전기·가스·수도 등의 공급계약도 장기계속계약으로 단가에 대하여 계약체결이 가능하다.

* 예를 들어 1대당 10만 원인 사무용 물품 10대를 구매할 경우 총액계약으로 체결할 때에는 계약금액이 100만 원이나, 단가계약 시에는 1대당 10만 원으로 계약을 체결하게 되며, 연간 단가계약은 당해 연도에 사용할 예정 수량(10%범위 내에서 증감가능)에 대하여 단가입찰을 실시하고 필요시마다 일정분에 대한 납품을 요구하는 방식을 말함

2) 입찰보증금과 계약보증금

일반적인 총액계약의 경우 입찰보증금과 계약보증금은 입찰금액 또는 계약금액 전체를 기준으로 일정비율 이상으로 납부토록 하고 있으나, 단가계약의 경우에는 전체금액이 아닌 매회별 이행 예정량 중 최대량에 입찰단가 또는 계약단가를 곱한 금액을 기준으로 납부토록 하고 있다.

즉, 단가계약에 있어서의 입찰보증금은 입찰한 단가에 매회별 이행 예정량 중 최대량을 곱한 금액의 100분의 5 이상을 납부토록 하고 있고(영 제37조 제1항), 계약보증금의 경우에도 매회별 이행 예정량 중 최대량에 계약단가를 곱한 금액의 100분의 10 이상을 납부토록 하고 있다(영 제50조 제2항).

3) 제3자를 위한 단가계약

조달사업법령상 "제3자를 위한 단가계약"은 조달청이 물품별로 단가입찰을 실시하여 해당 년도 단가를 결정하고 이에 따라 각 수요기관(제3자)은 해당 업체에게 동 단가로 납품토록 주문하는 방식을 말하며, 이 경우 동 물품에 대한 대가는 조달청이 우선 지급하고 발주기관으로부터 징수하는 방법이 활용되고 있다. 조달청이 우선 지급함에 따라 발주기관은 물품대가 이외에 일정율의 수수료도 함께 지급하게 되며, 대표적인 품목은 전자복사기, 팩스 등 행정사무 자동화 기기이다.

* 지방계약의 경우에도 광역자치단체장이 관한 구역 안에 있는 자치구에 공통적으로 필요한 물자로서 자치구의 요청이 있는 때에는, 미리 단가만을 정하고 그 물자의 납품요구 및 그 대금지급은 각 자치구에서 직접 처리하는 제3자를 위한 단가계약제도를 실시하고 있음(지방계약법 제26조)

다. 다수 공급자 계약(조달사업법시행령 제7조의2)

다수 공급자 계약은 조달청장이 수요물자를 구매할 때 수요기관의 다양한 수요를 충족하기 위하여 품질·성능·효율 등이 같거나 비슷한 종류의 수요물자를 수요기관이 선택할 수 있도록 2인 이상을 계약상대자로 하여 체결하는 공급계약을 말한다. 앞에서 기술된 '제3자를 위한 단가계약'은 계약상대자가 1인인데 비하여 여기의 '다수 공급자 계약'은 계약상대자가 여럿이라는 점에서 구분되며, 그밖에 계약방법은 동일하다고 할 수 있다.

3 단년도 계약·장기계속계약·계속비 계약

가. 단년도 계약

'단년도 계약'이란 이행 기간이 1 회계연도인 경우로서 당해 연도 세출예산에 계상된 예산을 재원으로 체결하는 계약을 말한다. 만약에 6개월 소요되는 사업의 계약 건을 그해 10월에 계약을 체결할 경우에는 계약서상 계약기간은 그해 12월 말까지로 하고 그 이후의 계약이행은 사고이월 절차를 거쳐 다음 연도에 이행하게 된다. 이와 같이 2개 연도에 걸쳐 집행된 경우에도 예산은 1 회계연도에 편성된 예산에 해당함으로 '단년도 계약'에 해당하는 것이며, 2 회계연도 이상 예산으로 이행되는 장기계속계약 또는 계속비 계약이 아니라는 것을 유의하여야 한다.[21]

나. 장기계속계약(법 제21조, 영 제69조)

1) 장기계속계약 개요

① 의의

(1) "장기계속계약"이란 임차, 운송, 보관, 전기·가스·수도의 공급, 그 밖에 그 성질상 수년간 계속하여 존속할 필요가 있거나 이행에 수년을 요 하는 경우 체결하는 계약을 말하며, 계약담당공무원은 각 회계연도 예산의 범위에서 해당 계약을 이행하게 하여야 한다. 이 경우 '수년간'이라 함은 계약기간이 365일 이상 소요된다는 의미가 아니라, 당해 사업예산이 2 회계연도 이상에 걸쳐 편성되는 경우를 의미하는 것이라는 것을 유의하여야 한다.

(2) 동 장기계속계약제도는 주로 사업의 규모, 내용 등이 설계서 등에 의하여 확정되었으나, 예산확보의 불확실 또는 곤란 등의 이유나 계속비 또는 국고채무부담행위에 의한 경우보다 사업의 조속한 추진을 위하여 필요할 때 활용되는 제도이다.

② **장기계속계약의 단가계약**(법 제22조, 영 제69조 제1항)

계약담당공무원은 일정기간 계속하여 제조, 수리, 가공, 매매, 공급, 사용 등의 계약을 할 필요가 있을 때에는 해당 연도 예산의 범위에서 단가(單價)에 대하여 계약을 체결할 수

---

[21] 일부에서는 계약기간이 365일 이내인 계약이라고 정의하고 있으나 이는 잘못된 기술이며, 회계연도 독립의 원칙에 따라 예산이 편성된 1 회계연도를 기준으로 판단하는 것임을 유의할 필요가 있음

있으며, 특히, 다음의 어느 하나에 해당하는 계약으로서 장기계속계약을 체결하려는 경우에는 각 소속 중앙관서의 장의 승인을 받아 단가에 대한 계약으로 체결할 수 있다.

① 운송·보관·시험·조사·연구·측량·시설관리 등의 용역계약 또는 임차계약
② 전기·가스·수도 등의 공급계약
③ 장비, 정보시스템 및 소프트웨어의 유지보수 계약

③ **장기계속계약의 관리·운용**(정부 입찰·계약 집행기준 제96조)

계약담당공무원은 국가계약법시행령 제69조에 따라 장기계속계약을 체결하는 경우에는 해당 연도 예산 범위 내에서 체결하여야 하며, 발주기관의 동의 없이 계약내용과 다르게 선시공이 이루어지지 않도록 관리하여야 한다. 또한, 차 년도 계약을 체결함에 있어서는 계약상대자의 해당 연도 공사의 완성도 및 이행능력 등을 검토하여야 한다.

2) 장기계속공사계약

① **예정가격의 결정 및 입찰**

(1) 공공공사계약에 있어서 그 이행에 수년이 걸리며 설계서 등에 의하여 전체의 사업내용이 확정된 공사를 장기계속공사라고 하며, 이와 같은 장기계속공사의 경우에는 총 공사에 대하여 예산상의 총 공사금액(관급자재 금액은 제외)의 범위 안에서 예정가격을 결정하여야 한다(영 제8조 제2항).

(2) 또한, 동 장기계속공사의 경우에는 전체의 사업내용이 확정된 총 공사를 대상으로 입찰을 실시하여야 하며, 따라서 입찰보증금도 총 공사금액을 대상으로 한 입찰금액의 5% 이상을 납부하게 하여야 한다(영 제14조 제8항).

② **계약의 체결 방법**

(1) 장기계속공사는 낙찰 등에 의하여 결정된 총 공사금액을 부기하고 당해 연도 예산의 범위 안에서 제1차 공사를 이행하도록 계약을 체결하여야 하며, 제2차 공사 이후의 계약은 부기된 총 공사금액[22]에서 이미 계약된 금액을 공제한 금액의 범위 안에서 계약을 체결할 것을 부관으로 약정하여야 한다(영 제69조 제2항).

---

22) 이때 총 공사금액은 물가변동 및 설계변경 등(국가계약법시행령 제64조 내지 제66조)으로 계약금액의 조정이 있는 경우에는 조정된 총 공사금액을 말함

☞ 즉, 제1차 계약체결 시에 총 공사금액을 부기하는 것이므로, 1차 공사계약과 총 공사계약을 별도로 체결하여야 하는 것은 아니며, 2차 공사 이후의 계약은 부기 된 총 공사금액에서 이미 계약된 금액을 공제한 금액의 범위 안에서 총 공사 계약단가에 의하여 계약을 체결하여야 함

(2) 동 장기계속공사의 계약체결 형태는 총 공사에 대하여 예정가격을 작성하고 입찰을 실시하여 낙찰자를 결정하였지만, 총 공사에 대한 예산이 확보되지 않아 총 공사금액은 부기만 하고 지출원인행위에 해당하는 실제 계약은 「국고금관리법」 제20조에 따라 제1차 연도에 확보된 예산 범위 안에서 하여야 하기 때문이다.

☞ 만약, 장기계속공사계약을 체결한 이후 발주기관의 예산 미확보로 인하여 연도별 사업이 중단되는 경우에 당해 계약의 효력 유무에 대하여 논란이 있을 수 있는데, 이 경우에도 당해 계약의 효력에는 원칙적으로 영향이 없다고 할 수 있으나 다만, 장기간 사업이 중단된 경우에 있어 당해 계약의 효력 유·무에 대하여는 특별이 정한 바가 없으므로 민법 등에 따라 당사자 간 협의하여 처리되어야 할 사항이라고 할 수 있음

③ 계약보증금 및 선금과 지체상금

(1) 장기계속공사계약의 계약보증금은 제1차 계약체결 시 부기한 총 공사금액을 기준으로 100분의 15 이상 납부하여야 한다.[23] 이 경우 연차별 계약이 완료된 때에는 당초 계약보증금에서 이행이 완료된 연차별 계약금액에 해당하는 분을 반환하여야 한다.

☞ 공사계약의 이행보증은 계약보증금 납부 이외에 공사이행보증서(PB) 제출방법이 있으며, 이에 대하여는 별도로 상세히 기술함(제6장 제1절)

(2) 동 장기계속공사계약에 있어 선금의 경우는 각 연차별 계약금액을 기준으로 의무적 선금 지급률 등을 고려하여 산정·지급하며(정부 입찰·계약집행기준 제33조 제4항), 지체상금도 연차계약별로 준공 처리됨에 따라 당해 연차별 계약금액에 대하여 부과·징수한다(영 제74조).

④ 물가변동 적용 대가(영 제64조, 규칙 제74조)

장기계속공사계약은 총 공사를 대상으로 입찰을 실시하였으므로 계약이행 중 물가변동으로 인한 계약금액조정요건 산정 시 물가변동 적용대가는 총 공사금액을 기준으로 한다.

⑤ 준공처리 및 하자보수보증금

장기계속공사계약의 준공처리는 연차계약별로 하게 되며, 하자보수보증금도 연차계약

---
[23] 물품과 용역계약의 계약보증금은 계약금액의 100분의 10 이상 납부하여야 하고, 공사계약의 경우에는 100분의 15 이상 납부하여야 함

금액을 기준으로 산정하여 납부하게 하여야 한다. 다만, 연차계약별로 하자담보책임을 구분할 수 없는 공사인 경우에는 총 공사에 대한 준공검사 후 총 공사금액을 기준으로 하자보수보증금을 납부하게 하여야 한다(영 제62조). 앞에서도 기술한 바와 같이 입찰은 총 공사를 대상으로 실시를 하나 예산 사정상 실제 계약은 각 연차별로 체결하는 것이고, 계약상대자는 각 연차별 공사를 완성한 경우 준공검사를 받아야 함으로 동 계약의 각 연차별 공사의 완성은 연차별 준공에 해당하는 것이다.

⑥ **부기 된 총 공사금액 및 총 공사기간의 효력**(대법원 2018.10.30. 선고 2014다235189)

(1) 장기계속공사계약에서 부기 된 총 공사금액과 총 공사계약기간은 전체적인 사업의 규모에 관하여 잠정적으로 활용되는 기준으로서 구체적으로는 계약상대방이 각 연차별 계약을 체결할 지위에 있다는 점과 계약의 전체 규모는 동 총 공사금액 및 총 공사기간을 기준으로 한다는 점에 관한 합의라고 보아야 한다. 따라서 부기된 총 공사금액 및 총 공사기간의 효력은 계약상대방의 결정, 계약이행 의사의 확정, 계약단가 등에만 미칠 뿐이고 계약상대방이 이행할 급부의 구체적인 내용, 계약상대방에게 지급할 공사대금의 범위, 계약의 이행 기간 등은 모두 연차별 계약을 통하여 구체적으로 확정된다고 보아야 한다.

(2) 위와 같이 부기 된 총 공사금액과 총 공사기간은 계약상대방의 결정에 효력이 있으므로 연차별 계약마다 경쟁입찰 등 계약상대방 결정 절차를 다시 밟을 필요가 없으며, 계약이행 의사도 확정되어 계약상대자는 정당한 사유 없이 연차별 계약의 체결을 거절할 수 없고, 발주기관은 총 공사내역에 포함된 것을 별도로 분리발주 할 수 없다. 또한 총 공사금액의 계약단가도 확정되어 연차별 계약금액을 정할 때에는 총 공사의 계약단가에 의해 결정하게 된다.

3) 장기물품제조 등의 장기계속계약 체결(영 제69조 제3항)

장기물품제조 등과 정보시스템 구축사업의 계약체결 방법에 관하여는 앞에서 기술한 장기계속공사의 계약체결 방법을 준용한다. 이 경우 정보시스템 구축사업은 구축사업과 함께 해당 정보시스템의 운영 및 유지보수사업을 포괄하여 계약을 체결하는 경우를 포함한다.

<참고> 장기계속공사계약의 연차별 계약과 총괄계약의 성격
(대법원 2018.10.30. 선고 2014다235189)

□ 장기계속공사계약은 총 공사금액 및 총 공사기간에 관하여 별도의 계약을 체결하고 다시

개개의 사업연도별로 계약을 체결하는 형태가 아니라, 우선 1차 년도의 제1차 공사에 관한 계약을 체결하면서 총 공사금액과 총 공사기간을 부기하는 형태로 이루어진다. 제1차 공사에 관한 계약 체결 당시 부기된 총 공사금액 및 총 공사기간에 관한 합의를 통상 '총괄계약'이라고 칭하고 있는데, 이러한 총괄계약에서 정한 총 공사금액 및 총 공사기간은 국가 등이 입찰 당시 예정하였던 사업의 규모에 따른 것이다. 사업연도가 경과함에 따라 총 공사기간이 연장되는 경우 추가로 연차별 계약을 체결하면서 그에 부기하는 총 공사금액과 총 공사기간이 같이 변경되는 것일 뿐 연차별 계약과 별도로 체결되는 것은 아니다.

따라서 위와 같은 총괄계약은 그 자체로 총 공사금액이나 총 공사기간에 대한 확정적인 의사의 합치에 따른 것이 아니라 각 연차별 계약의 체결에 따라 연동되는 것이다. 일반적으로 장기계속공사계약의 당사자들은 총괄계약의 총 공사금액 및 총 공사기간을 각 연차별 계약을 체결하는 데 잠정적 기준으로 활용할 의사를 가지고 있을 뿐이라고 보이고, 각 연차별 계약에 부기된 총 공사금액 및 총 공사기간 그 자체를 근거로 하여 공사금액과 공사기간에 관하여 확정적인 권리의무를 발생시키거나 구속력을 갖게 하려는 의사를 갖고 있다고 보기 어렵다.

☐ 즉, 장기계속공사계약에서 이른바 총괄계약은 전체적인 사업의 규모나 공사금액, 공사기간 등에 관하여 잠정적으로 활용하는 기준으로서 구체적으로는 계약상대방이 각 연차별 계약을 체결할 지위에 있다는 점과 계약의 전체 규모는 총괄계약을 기준으로 한다는 점에 관한 합의라고 보아야 한다. 따라서 총괄계약의 효력은 계약상대방의 결정(연차별 계약마다 경쟁입찰 등 계약상대방 결정 절차를 다시 밟을 필요가 없다), 계약이행의사의 확정(정당한 사유 없이 연차별 계약의 체결을 거절할 수 없고, 총 공사내역에 포함된 것을 별도로 분리 발주할 수 없다), 계약단가(연차별 계약금액을 정할 때 총 공사의 계약단가에 의해 결정한다) 등에만 미칠 뿐이고, 계약상대방이 이행할 급부의 구체적인 내용, 계약상대방에게 지급할 공사대금의 범위, 계약의 이행기간 등은 모두 연차별 계약을 통하여 구체적으로 확정된다고 보아야 한다.

☐ 장기계속공사계약의 총괄계약에서 정한 총 공사기간의 구속력을 인정하는 것은 결국 1년 이상 진행되는 계약의 효력을 인정하는 것이 되어 '예산 일 년 주의'에 반하거나 국회의 예산심의·확정권 내지 의결권을 침해할 여지가 있다는 점에서도 위와 같은 해석이 타당하다. 1년 이상 진행되는 계약에서 총 공사기간의 구속력은 '계속비계약'에 한하여 인정될 수 있을 뿐이다.

공사계약일반조건 제20조제9항은 장기계속공사계약의 경우에 계약상대자의 계약금액조정 청구는 각 차수별 준공대가 수령 전까지 하여야 조정금액을 지급받을 수 있다고 정하고 있다. 이러한 규정은 연차별 계약을 기준으로 공사대금 조정을 인정하는 것으로 총괄계약에서 정한 총 공사기간의 구속력을 인정하지 아니하는 취지로 보아야 한다.

☐ 국가계약법시행령은 연차별 계약 완료시 계약보증금 중 이행이 완료된 부분에 해당하는 부분을 반환하도록 하고 있고(제50조제3항), 하자담보책임기간이나 하자보수보증금 및

지체상금 등도 모두 연차별 계약을 기준으로 산정하고 있다(제60조, 제62조, 제74조). 이는 연차별 계약을 기준으로 장기계속공사계약이 실행된다는 점을 보여준다.

계약상대방이 아무런 이의 없이 연차별 계약을 체결하고 공사를 수행하여 공사대금까지 모두 수령한 후 최초 준공예정기한으로부터 상당한 기간이 지나서 그 기간 동안의 추가 공사비를 한꺼번에 청구하는 것을 허용할 경우, 예산의 편성 및 집행에 큰 부담을 주게 되고, 각 회계연도 예산의 범위 내에서 장기계속공사계약의 집행을 하도록 규정하고 있는 법의 취지에도 반하다.

장기계속공사에서는 연차별 공사가 완료될 때마다 공사대금의 정산을 하며, 계약금액의 조정이 필요한 경우에도 연차별 준공대가 수령 전까지 실비를 초과하지 않는 범위 안에서 산출근거를 첨부한 신청서를 제출해야만 한다. 그런데도 전체 공사가 완료된 후 한꺼번에 공기연장에 따른 추가공사비의 청구를 허용하게 되면 이는 연차별 공사대금정산 원칙에 반할 뿐만 아니라, 기간의 경과에 따라 정확한 실비 산정도 쉽지 않게 되어 불필요한 법적 분쟁을 야기하게 되는 등의 문제가 생긴다.

다. 계속비 계약(법 제21조, 영 제69조)

1) 의의

완성에 수년도를 요하는 공사나 제조 및 연구개발 사업에 대하여 그 경비의 총액과 연부액(年賦額)을 국회의 의결을 얻어 수년도에 걸쳐 지출할 수 있는 예산을 "계속비 예산"이라고 하며, 이러한 계속비 예산으로 체결하는 계약을 "계속비 계약"이라고 한다.

2) 계약의 체결 및 이행

(1) 계속비 계약은 장기계속계약과 달리 차수별 계약이 아닌 단 1회의 계약으로 이루어지므로 계약체결 시 계약서상의 계약금액에는 총사업비를 명기하고 매 연도별로 예산에 계상되는 금액인 연부액을 부기하여야 한다. 계속비 예산으로 집행하는 공사에 있어서는 총 공사와 연차별 공사에 관한 사항을 명백히 하여 계약을 체결하여야 하며, 동 계속비 계약으로 체결된 공사는 매 회계 연도별로 연부액 범위에서 이행하는 것이 원칙이나 기획재정부장관과 사전 협의된 한도액 내에서 연부액을 초과하여 시공할 수도 있다.

(2) 또한, 공사계약에 있어 계속비 계약은 앞에서 기술한 장기계속계약과는 달리 총 공사금액으로 1회의 계약이 이루어지는 것이므로, 전체공사가 완료되었을 경우 준공처리가 되며 지체상금, 하자보수보증금 등도 총 공사계약금액을 기준으로 산정 처리된다. 단, 선금의 경우에는 계약금액 중 해당연도 이행금액을 기준으로 산정한다.

3) 장기계속공사계약과의 비교

구 분	장기계속공사계약	계속비 공사계약
사업내용	확정	확정
예산확보	전체예산 미확보(당해 연도 분만 확보)	전체예산 확보
입찰방법	총 공사금액으로 입찰	총 공사금액으로 입찰
계약체결방법	각 회계연도 예산범위 안에서 계약 체결 및 이행(총 공사금액 부기)	총 공사금액으로 계약체결 및 이행 (연부액은 부기)

※ 장기계속계약은 매 연도마다 발주기관이 사업집행규모를 설정하고 예산을 편성함에 따라 연차별로 예산이 확보되지 아니하면 계약을 체결할 수 없는 불확실성이 내포되어 있는 반면, 계속비계약은 총 사업비에 대한 예산(연부액 부기)이 확보되어 안정적인 계약 형태에 해당하는 것이 가장 큰 차이점이라고 할 수 있음

4 단독계약·공동계약(법 제25조, 영 제72조)

가. 단독계약(원칙)

일반적으로 계약은 1 : 1 로 체결하는 단독계약이 원칙이라고 할 수 있으며, 공공계약에 있어서도 국가계약법 제25조에 '공사계약·제조계약 또는 그 밖의 계약에서 필요하다고 인정하면 계약상대자를 둘 이상으로 하는 공동계약을 체결할 수 있다'고 특별히 규정하고 있는 점을 감안할 때 기본적으로는 1인과 체결하는 단독계약이 원칙임을 알 수 있다.

나. 공동계약

공동계약이라 함은 계약상대자를 2인 이상으로 하여 체결하는 계약이라 할 수 있는데, 공공계약의 경우 공동계약은 '공사·제조·그 밖의 계약에 있어 발주기관이 해당 계약을 공동으로 수행하기 위하여 구성원을 2인 이상으로 하여 결성한 공동수급체와 체결하는 계약'이라고 정의하고 있다(공동계약운용요령 제2조).[24]

---

[24] 공사계약은 단순구매가 아니라 도급 형태로 이루어지고 있는 점을 감안하여 건설공사의 "공동도급계약"이라고 많이 표현하고 있음. 공동계약 전반에 관하여는 제6장 제2절에서 상세히 기술함

국가계약법령상 단독계약이 원칙이지만 한편으로는 계약담당공무원은 성질상 부적절하다고 인정되는 경우를 제외하고는 가능한 한 공동계약에 의하도록 규정함으로써, 동 공동계약제도는 시공능력·시공실적·기술보유 등에 있어 열위에 있는 중소기업에 대하여 수주와 기술지원을 위해 적극 권장되고 있는 제도라고 할 수 있다.

5 그 밖의 계약체결 형태

가. 종합계약(법 제24조, 영 제71조)

종합계약이라 함은 같은 장소에서 서로 다른 관서, 지방자치단체 또는 공공기관이 관련되는 공사 등에 대하여 관련기관과 공동으로 발주하는 계약을 말하며, 이러한 종합계약은 관련되는 공사 등에 대하여 공동으로 수행함으로서 예산절감과 공기단축 및 주민편의 등 장점이 있다. 그러나 서로 다른 사업시행 기관 간에 이루어지는 관계로 예산집행이 복잡하고 책임소재의 다툼 등 문제점이 있어 실제로는 잘 이루어지지 않고 있다.

나. 회계연도 시작 전의 계약(법 제20조, 영 제67조)

지출원인행위는 「국고금관리법」 제20조에 따라 배정된 예산의 범위에서 하여야 하며, 계약의 체결은 이와 같은 지출원인행위의 대표적인 사례에 해당되어 원칙적으로 회계연도 시작 이후 예산이 배정되어야 가능하다. 그러나, 임차계약·보관계약 등 그 성질상 중단할 수 없는 계약에 있어서는 동 규정에도 불구하고 회계연도 시작 전에 해당 연도의 확정된 예산의 범위에서 미리 계약을 체결할 수 있으며, 이 경우 회계연도 시작 전에 체결한 계약의 효력은 그 회계연도 시작일 이후에 발생한다.

다. 동일구조물공사 및 단일공사계약(영 제68조)

"동일구조물공사"는 천연 또는 인조의 재료를 사용하여 그 사용목적에 적합하도록 만들어진 기능이 상호 연결되는 일체식 구조물로서 동일인이 계속하여 시공함이 적합한 시설물을 말하며, "단일공사"는 해당 연도 예산상 특정단일사업으로 책정된 공사와 그 시공지역에서 이와 관련하여 시공되는 부대공사를 말한다(정부 입찰·계약집행기준 제15조).

Ⅲ. 경쟁방법에 따른 분류

1 경쟁계약(법 제7조)

가. 일반적 분류

국가계약법상 계약(공공계약)은 인가, 허가, 등록 등 기본적인 자격요건 만 갖추면 입찰에 참가할 수 있는 '일반경쟁입찰에 의한 계약 방법'이 원칙이지만, 계약의 목적·성질·규모 등을 고려하여 필요하다고 인정되는 경우 시공능력, 실적, 기술보유상황 등 일정한 입찰참가자격을 정하여 놓고 동 자격요건을 갖춘 자에 한하여 입찰에 참가할 수 있도록 하는 '제한경쟁입찰에 의한 계약방법'이 있다.

또한, 계약의 성질 또는 목적에 비추어 특수한 설비·기술·자재·물품 또는 실적이 있는 자가 아니면 계약목적을 달성하기 곤란한 경우 등에 있어 실적이나 신용상태 등을 고려하여 적당하다고 인정하는 특정 다수의 경쟁참가자를 지명하여 입찰에 부치는 '지명경쟁입찰에 의한 계약방법'이 있다.

나. 형태별 분류

1) 협상에 의한 계약(영 제43조, 제43조의2)

협상에 의한 계약방법은 물품·용역계약에 있어서 계약이행의 전문성·기술성·긴급성, 공공시설물의 안전성 및 그밖에 국가안보 목적 등의 이유로 필요하다고 인정되는 경우에, 다수의 공급자들로부터 제안서를 제출받아 평가한 후 협상절차를 통하여 국가에 가장 유리하다고 인정되는 자와 계약을 체결하는 방법을 말한다.

2) 경쟁적 대화에 의한 계약(영 제43조의3, 2018.12.04. 신설)

경쟁적 대화에 의한 계약방법은 전문성·기술성이 요구되는 물품 또는 용역계약으로서 기술적 요구 사항이나 최종 계약목적물의 세부내용을 미리 정하기 어려운 경우 등의 사유에 해당할 때 입찰대상자들과 계약목적물의 세부내용 등에 관한 경쟁적·기술적 대화를 통하여 계약목적물의 세부내용 및 계약이행방안 등을 조정·확정한 후 제안서를 제출받고 이를 평가하여 국가에 가장 유리하다고 인정되는 자와 계약을 체결하는 방법을 말한다.

3) 2단계 경쟁입찰에 의한 계약(영 제18조)

2단계 경쟁입찰에 의한 계약방법은 물품의 제조·구매 또는 용역계약에 있어서 미리 적절한 규격 등의 작성이 곤란하거나 기타 계약의 특성상 필요하다고 인정되는 경우에 먼저 규격 또는 기술입찰을 실시한 후 가격입찰을 실시하여 낙찰자를 결정하는 방식을 말한다.(Two Stage Bid System)

☞ 기술 또는 규격입찰과 가격입찰을 동시에 실시하여, 기술 또는 규격입찰을 개찰한 결과 적격자로 확정된 자에 한하여 가격입찰을 개찰하여 낙찰자를 결정하는 방식을 기술(규격)·가격 분리 동시 입찰에 의한 계약이라고 함(Two Envelope Bid System)

4) 희망수량 경쟁입찰에 의한 계약(영 제17조)

다량의 물품을 매각할 경우에는 예정가격 이상의 단가로 입찰한 자 중에서 최고가격의 입찰자부터 순차적으로 총 매각수량에 도달할 때까지의 입찰자들을 낙찰자로 하며, 다량의 수요물품을 제조 또는 구매할 경우에는 예정가격 이하의 단가로 입찰자 중 최저가격의 입찰자부터 순차로 총 제조 또는 구매수량에 도달할 때까지의 입찰자들을 낙찰자로 결정하는 방식을 말한다.

2 수의계약(영 제26조)

수의계약은 2인 이상의 유효한 입찰자가 참가하는 경쟁계약에 의하기 곤란하거나 비효율적인 경우 등에 있어서 견적서를 제출하게 하거나 특정인을 직접 선정하여 계약을 체결하는 방법으로서, 입찰절차를 거치지 아니함에 따라 신속하고 입찰비용이 절감될 뿐만 아니라 자본과 신용 및 기술·경험 등이 풍부한 계약상대자를 선택할 수 있는 장점이 있다.

이와 반면에 특정인을 직접 선정하여 계약을 체결하는 경우 예산낭비 우려와 특혜시비 등 부작용이 초래될 소지가 있는 단점도 있으므로, 동 수의계약의 방법은 경쟁계약에 의한 방법에 비하여 좀 더 계약담당공무원의 주의가 요구되는 계약방법에 해당된다고 할 수 있다.

이에 따라 수의계약을 체결할 수 있는 대상을 법령에 구체적으로 명시하고 있으며, 소액수의계약(추정가격 2천만 원 이상)의 경우에는 전자조달시스템을 이용하여 견적서를 제출하도록 하여 예정가격 대비 일정률 이상인 자를 계약상대자로 결정하도록 하는 등 계약담당공무원의 자의성을 가능한 배제하는 장치를 두고 있다.

Ⅳ. 입찰형태에 따른 분류

1 총액입찰과 내역입찰에 의한 계약

　공공기관이 발주하는 공사의 입찰형태는 총액을 기재한 입찰서만 제출하게 하거나 입찰서와 함께 산출내역서도 제출하게 하는 두 가지 방식으로 구분되고 있는데, 이 경우 입찰서만 제출하게 하는 방식을 총액입찰이라 하고 입찰서와 함께 산출내역서도 제출하게 하는 방식을 내역입찰이라고 한다.

가. 총액입찰에 의한 계약(영 제14조 제6항 단서)

1) 총액입찰의 의의

　(1) 공공공사 입찰에 있어 비교적 규모가 작은 공사의 경우에는 입찰 시에는 총액을 기재한 입찰서만 제출하게 하고 입찰총액에 대한 산출내역서는 낙찰자로 결정되어 계약체결 후 착공신고서를 제출하는 때에 제출하게 하고 있는데, 이러한 입찰 제도를 총액입찰이라고 한다.

　(2) 한편, 총액입찰이라 하여도 발주기관으로 하여금 물량내역서를 작성·교부하게 하고 낙찰자가 계약체결 후 착공신고서 제출 시에는 동 물량내역서에 단가를 적은 산출내역서도 함께 제출하도록 하고 있는데, 이는 소규모 공사에 입찰하는 중소 건설업체에 대해서도 입찰금액을 산출해 내는 견적능력을 향상시키고 계약이행 중 발주기관이 작성한 물량내역서에 누락·오류가 발견되거나 현장상태와 상이한 경우에는 설계변경으로 인한 계약금액 조정이 가능하도록 보완된 것이다.

2) 총액입찰 적용대상

　총액입찰은 비교적 규모가 작은 추정가격 100억 원 미만인 공사에 대하여 적용되도록 하고 있으며, 입찰 성격상 재입찰에 부치는 공사에 대하여도 적용된다.

　☞ '재입찰'이라 함은 2인 이상의 유효한 입찰자가 없거나 낙찰자가 없을 때 부치는 입찰로서, 새로운 입찰이 아니고 입찰자 또는 입찰 횟수의 제한을 받지 않으며 대부분 그 자리에서 부치게 됨(영 제20조)

나. 내역입찰에 의한 계약

1) 내역입찰의 의의 및 적용대상(영 제14조 제6항)

(1) 국가계약법시행령 제14조 제6항에서 공사 입찰에 참가하려는 자는 입찰 시 입찰서와 함께 산출내역서를 발주기관에 제출해야 하고 다만, 추정가격이 100억 원 미만의 공사와 재입찰 공사는 낙찰자로 결정된 후 착공신고서를 제출하는 때에 동 산출내역서를 함께 제출해야 한다고 규정함으로써, 공공공사의 입찰은 입찰서와 함께 산출내역서를 제출하게 하는 내역입찰 방식이 원칙이며 총액입찰방식이 예외라고 할 수 있다.

(2) 이와 같이 입찰참가자로 하여금 발주기관이 미리 작성·교부한 물량내역서에 입찰자가 단가를 적은 산출내역서를 입찰서와 함께 제출하게 하는 제도를 내역입찰제도라고 하며, 동 내역입찰제도는 단순히 총액을 기재한 입찰서만 제출하게 하는 입찰방식에 비해 건설업체의 입찰금액 산출의 견적능력과 기술능력을 제고시키기 위해 도입된 제도로서 그 적용대상은 추정가격 100억 원 이상 공사이다.

- 총액입찰 : 추정가격 100억 원 미만 공사, 재입찰 공사
- 내역입찰 : 추정가격 100억 원 이상 공사(단, 순수내역, 턴기·대안입찰 등은 제외)

2) 입찰관련서류의 열람 및 교부(영 제14조 제1항~제3항)

계약담당공무원이 공사를 입찰에 부치려는 때에는 설계서, 물량내역서 등 "입찰관련서류"를 작성하여야 하고, 동 입찰관련서류를 입찰에 참가하려는 자에게 열람하게 하고 교부하여야 한다. 다만. 입찰관련서류를 전자조달시스템에 게재함으로써 열람 또는 교부를 갈음한다.

☞ 종전에 설계서는 교부를 요구한 경우에 한정하여 교부하도록 하였으나, 입찰참가자의 요구 여부와 관계없이 모두 교부하도록 함(영 제14조 제2항 개정, 2019.9.17.)

3) 산출내역서의 작성·제출 및 보관

(1) 계약담당공무원은 내역입찰을 실시할 때에는 입찰자로 하여금 "정부 입찰·계약 집행기준" 별지 제1호 서식에 단가 등 필요한 사항을 기입한 산출내역서를 제출하게 하여야 하며, 이 경우 계약담당공무원은 각 중앙관서의 장이 제정한 수량산출기준을 물량내역서 작성의 기초자료로 할 수 있다(동 기준 제19조).

> **〈참고〉 수량산출기준 (Standard Method of Measurement)**
>
> ▸ 수량산출기준은 내용을 계층적으로 세분화하여 표준적인 구성 및 기재방법을 규정하고, 각 공종의 정의 및 계약단위 등에 대하여 표준적으로 규정한 내역서 작성기준이며, 계약예규「정부 입찰·계약 집행기준」제19조에서 물량내역서 작성의 기초자료로 활용하도록 규정
>
> ▸ 수량산출기준은 아래와 같이 토목, 건축, 기계·플랜트 및 전기공사로 구분하여 각각에 대하여 규정하고 있음
>
> (수량산출기준 현황)
>
> | 구 분 | 소관부처 | 적용범위 |
> |---|---|---|
> | 토목공사 수량산출기준 | 국토교통부 | 도로, 하천, 상·하수도, 단지조성 등 토목공사 |
> | 건축공사 수량산출기준 | 국토교통부 | 아파트, 청사, 학교 등 건축공사 |
> | 기계·플랜트 수량산출기준 | 국토교통부 | 일반기계설비 및 원자력, 수·화력발전소 등 플랜트 건설과 관련된 설비공사 |
> | 전기공사 수량산출기준 | 산업통상자원부 | 송전, 배전, 변전 등 전기 생산, 공급시설과 관련된 전기공사 및 옥내 전기설비 |

(2) 입찰자가 제출하는 산출내역서는 모든 면에 입찰참가신청서 제출 시 신고한 인감으로 간인하거나 모든 면의 하단에 약식서명 또는 천공하여야 하며, 입찰참가자로 하여금 산출내역서에 동 산출내역서 작성에 참여한 자 전원의 직책 및 성명을 기재하고 날인토록 하여야 한다.

(3) 또한, 제출된 산출내역서에 직책 및 성명 기재 사실과 날인 여부를 확인하여야 하고 낙찰자로 하여금 준공 후 1년까지 동 산출내역서 부본을 보관토록 하여야 한다(정 기준 제22조, 공사입찰유의서 제11조 제3항).

산출내역서[25]

(작성자 직책 및 성명 :   ㊞)

〇 공사 명 :						
항목별	규 격	수 량	단 위	금 액		비 고
				단 가	금 액	

1. 공 종 별 합 계
- 〇〇〇 공 종
  … 세 부 공 종
     〃
     〃
- 〇〇〇 공 종
  … 세 부 공 종
     〃
     〃
2. 경 비 등 합 계
- 산 재 보 험 료
- 안 전 관 리 비
     〃
     〃
3. 일 반 관 리 비
4. 이   윤
5. 부 가 가 치 세
총 계						

4) 내역입찰 관련 입찰 무효의 범위

내역입찰의 경우 입찰서와 함께 산출내역서를 제출하지 아니한 입찰과 그밖에 다음의 경우에는 입찰 무효 사유에 해당한다(정부 입찰·계약집행기준 제20조).

① 입찰서 금액과 산출내역서상의 총계금액이 일치하지 아니한 입찰. 다만, 10원미만의 차이가 있는 경우에는 차 상위 입찰자의 입찰금액이 10원 이상 높은 경우에 한하여 유효한 입찰로 한다. 이 경우에 입찰서상 금액을 입찰금액으로 하며, 차상위자와 10원 미만의 차이가 있어 입찰무효가 될 때에는 상위금액 입찰자중 입찰서의 금액과 산출내역서상의 총계금액이 일치한 입찰자를 낙찰자로 한다.

---
[25] 「정부 입찰·계약 집행기준」 별지 제1호 서식

② 산출내역서의 각 항목(각 공종, 경비, 일반관리비, 이윤, 부가가치세 등을 포함)별로 금액을 합산한 금액이 총계금액과 일치하지 아니한 입찰. 이 경우 위의 ① 의 단서 규정을 준용한다.

   i) "공종"이란 공사의 특성에 따라 작업 단계(예 : 가설공사, 기초공사, 토공, 철근콘크리트, 마감공사 등)별로 구분되는 것을 의미하며, 공종별 합계금액을 표기하지 아니한 경우에는 공종내의 세부비목의 가격을 합산한 금액을 해당 공종의 금액으로 한다.
   ii) "공종"에 대한 금액을 재료비, 노무비, 경비를 구분하여 명기한 때에는 재료비, 노무비, 경비를 합산한 금액이 공종의 금액과 일치하지 아니한 경우에는 공종의 금액을 기준으로 한다.

③ 발주관서가 배부한 내역서상의 공종별 목적물물량 중 누락 또는 변경된 공종 혹은 수량에 대한 예정가격 조서상의 금액이 예정가격의 100분의 5이상 인 경우
④ 입찰서 금액, 산출내역서의 총계금액, 항목(각 공종, 경비, 일반관리비, 이윤, 부가가치세 등을 포함)별 금액을 정정하고 정정 인을 누락한 입찰

〈 내역입찰의 입찰 무효 사유에 대한 규제 완화 조치. 2019.9.17 〉

* 내역입찰의 경우 입찰서와 함께 산출내역서를 제출하지 아니한 입찰, 입찰서상의 금액과 산출내역서상의 금액이 일치하지 아니한 입찰, 그밖에 기획재정부장관이 정하는 입찰 무효사유(공사입찰유의서 제15조)에 해당하는 입찰은[규칙 제44조 제1항 제6호], 규제 완화 차원에서 입찰참가자격 제한 사유에서 제외함(영 제76조 제1항 나 호 및 규칙 제75조의2 개정,

5) 낙찰자의 산출내역서 조정(집행기준 제21조)

(1) 내역입찰에 있어 위에서 기술한 무효입찰에는 해당되지 아니하나, 입찰 시에 제출한 산출내역서의 세부 비목이나 「부가가치세법」 등 다른 법령에서 요구되는 비용의 금액산정에 착오가 있는 경우에는 바르게 정정하여 이에 따라 비목별 또는 항목별 금액을 수정한다. 이때 증감된 차액부분에 대하여는 간접노무비, 일반관리비, 이윤에 우선적으로 균등 배분하되, 동 비목의 금액이 관련규정 상의 기준 한도율을 초과하는 경우에 초과되는 금액에 대하여는 다른 비목에 균등 배분한다.

(2) 또한, 산출내역서상의 단가 표기금액이 재료비, 노무비, 경비, 합계금액 등으로 구분 작성되어 단가 및 합계금액 등을 고려할 때 단가가 잘못 표기된 것이 명백한 경우에는 입찰

금액 범위 안에서 단가를 수정할 수 있으며, 산출내역서를 수정할 경우에는 계약담당공무원과 낙찰자가 각각 정정 인을 날인하여야 한다.

2 순수내역입찰 및 물량내역수정입찰에 의한 계약

가. 순수내역입찰(영 제14조 제1항 및 제7항 단서)

(1) 국가계약법시행령 제14조 제1항에 의하면 계약담당공무원이 공사를 입찰에 부치려는 때에는 설계서와 물량내역서 등 입찰관련서류를 작성해야 하지만, 입찰에 참가하려는 자에게 물량내역서를 직접 작성하게 할 수 있도록 예외를 두고 있다. 이에 따라 발주기관이 물량내역서 등 입찰관련서류를 작성하여 입찰참가자에게 열람 또는 교부하는 방식을 앞에서 기술한 총액입찰 또는 내역입찰이라고 하며, 예외적으로 물량내역서를 입찰참가자가 직접 작성하게 하는 입찰을 순수내역입찰이라고 한다. 동 제도의 적용은 종합심사낙찰제 대상공사(추정가격 100억 원 이상인 공사와 문화재수리 공사)로 하고 있다.

(2) 이와 같은 순수내역입찰을 동 조 제7항과 종합해 볼 때 발주기관이 확정한 설계서(설계도면과 공사시방서) 범위 내에서 입찰참가자가 직접 소요 공종과 물량 등 물량내역서를 작성하고 여기에 단가를 적은 산출내역서를 입찰시 함께 제출하게 하는 입찰제도라고 정의할 수 있는데, 이는 일반적인 내역입찰제도가 발주기관이 제시한 물량내역서에 단가만을 기재하여 제출하게 함으로써 건설업계의 물량산출에 대한 견적능력과 기술발전이 저해되고 있다는 비판에 따라 이의 단점을 보완하고자 도입된 제도이다.

나. 물량내역수정입찰(영 제14조 제1항 및 제7항 단서)

한편, 발주기관이 교부하는 물량내역 기초자료를 참고하여 입찰참가자가 물량을 수정하여 작성한 물량내역서에 단가를 적은 산출내역서를 제출하게 하는 제도를 두고 있는데, 이를 물량내역수정입찰이라고 하며, 동 제도의 도입취지와 그 적용대상은 앞의 순수내역입찰과 동일하다.

물론 입찰참가자의 물량수정이 허용되지 않은 공종은 일반적인 내역입찰에 해당하며, 따라서 동 공종의 물량은 발주기관이 작성한 물량에 해당함으로 설계변경으로 인한 계약금액 조정도 가능한 것이다.

3 기술형입찰에 의한 계약

　공공공사의 입찰은 발주자가 실시설계서를 제공하면 입찰자가 가격입찰서를 제출하는 방식이 일반적이지만, 기술형입찰은 발주자가 기본계획 또는 기본설계서나 실시설계서를 제공하면 입찰자가 도면, 시방서, 물량 및 단가를 새롭게 작성하여 참가하는 입찰방식으로 다음과 같이 일괄입찰과 대안입찰 및 기본설계기술제안입찰, 실시설계기술제안입찰 등으로 구분되고 있다.

가. 일괄입찰과 대안입찰

　(1) '일괄입찰' 방식은 발주기관이 제시하는 공사일괄입찰 기본계획 및 지침에 따라 입찰자가 그 공사의 설계서 기타 시공에 필요한 도면 및 서류를 작성하여 입찰서와 함께 제출하는 설계·시공 일괄입찰을 말하며, 발주기관이 설계서를 작성하고 시공업체를 선정하는 일반공사의 설계·시공 분리입찰방식과 대조적이라고 할 수 있다.

　(2) 한편, '대안입찰'이라 함은 원안입찰과 함께 따로 입찰자의 의사에 따라 대안이 허용된 공사의 입찰을 말하며, 이 경우 '대안'이라 함은 발주기관이 작성한 실시설계서상의 공종 중에서 대체가 가능한 공종에 대하여 기본방침의 변동 없이 발주기관이 작성한 설계에 대체될 수 있는 동등 이상의 기능 및 효과를 가진 신공법·신기술·공기단축 등이 반영된 설계를 말한다.

나. 실시설계기술제안입찰과 기본설계기술제안입찰

　(1) 기술제안입찰제도는 입찰가격 이외에 공사기간, 공법 등의 검토와 사업관리 부문 등에 대한 기술제안을 종합적으로 평가하여 발주자에게 최고가치(Best Value)를 제공해 줄 수 있는 입찰자를 낙찰자로 결정하는 제도로서, 공사비 외에 준공 후의 유지보수 비용까지 포함하는 총 생애주기비용(LCC : Life Cycle Cost) 등을 종합적으로 고려한 낙찰제도라고 할 수 있다.

　(2) 동 제도는 실시설계기술제안입찰과 기본설계기술제안입찰로 구분되는데, 그 중 '실시설계기술제안입찰'이란 발주기관이 교부한 실시설계서 및 입찰안내서에 따라 입찰자가 기술제안서를 작성하여 입찰서와 함께 제출하는 입찰을 말하고, '기본설계기술제안입찰'은 발주기관이 작성하여 교부한 기본설계서와 입찰안내서에 따라 입찰자가 기술제안서를 작성하여 입찰서와 함께 제출하는 입찰을 말한다. 이 경우 '기술제안서'라 함은 입찰자가 발주기관이 교부한 설계서 등을 검토하여 공사비 절감방안, 공기단축방안, 공사 관리방안 등을 제안하는 문서를 말한다.

제5절 공공계약의 절차

1 공공계약 절차 일반

가. 국가계약법규의 절차적 성격

(1) 앞에서 국가계약법의 성격 3가지를 기술한 바 있으며 그중의 하나가 대부분 절차적 성격의 법규라는 것이다. 대법원도 '국가계약법은 기본적으로 국가와 사인과의 사이의 계약관계를 공정하고 합리적·효율적으로 처리할 수 있도록 관계 공무원이 지켜야 할 계약사무처리에 관한 사항을 규정한 것'으로 판시하여 국가 내부의 절차적 규정이라는 성격을 명확히 하고 있다(대법원 2001.12.11. 선고 2001다336004 판결).

(2) 물품구매계약의 경우 계약상대자는 이미 제작된 물품을 납품할 것을 약정하고 발주기관은 물품을 납품받은 후 대금을 지급할 것을 약정함으로써 성립하는 계약으로서 그 절차가 비교적 단순하지만, 시설공사계약의 경우에는 계약상대자가 공사를 완성하기로 하고 발주기관이 그 공사수행 결과에 대하여 대가를 지급할 것을 약정하는 도급계약 형태*로서 특히, 대규모 시설공사의 경우 계약기간도 길고 막대한 자금과 인력이 소요되는 특성상 복잡한 절차를 수반하게 된다. 이에 따라 국가계약법규는 물품과 용역계약보다는 비교적 장기간 동안 일련의 과정을 거치는 공사도급계약 중심의 업무수행 절차가 규정되어 있는 것이다.

* 건설공사 "도급"이란 원도급, 하도급, 위탁 등 명칭에 관계없이 건설공사를 완성할 것을 약정하고, 상대방이 그 공사의 결과에 대하여 대가를 지급할 것을 약정하는 계약을 말함(건설산업기본법 제2조).

(3) 즉, 국가계약법규는 국가계약법과 동법시행령 및 동법시행규칙 그리고 이를 보완하여 규정하고 있는 계약예규 등으로 이루어지고 있는데, 동 법규는 수주산업인 시설공사(工事)계약을 중심으로 하여 계약담당공무원의 계약업무 수행 방법 전반에 대하여 일련의 절차를 규정하고 있다. 좀 더 구체적으로 입찰 및 계약의 방법 결정, 예정가격 결정, 입찰공고 및 입찰실시, 낙찰자 결정 및 계약의 체결, 계약의 이행과 계약금액 조정, 감독 및 검사, 대가의 지급, 준공처리 및 하자보수보증금 납부에 이르기까지 세부적으로 규정하고 있으며 물품의 제조 및 용역계약 등은 필요에 따라 이에 준하여 처리하도록 하고 있다.

나. 공공 계약업무의 주요 절차와 내용

1 국제입찰 대상 여부의 판단

(1) 국가계약법 제4조 제1항에 의하면 국제입찰에 따른 정부조달계약의 범위는 정부기관이 체결하는 물품·공사(工事) 및 용역의 계약으로서 정부조달협정과 이에 근거한 국제규범에 따라 기획재정부장관이 정하여 고시하는 금액 이상의 계약으로 한다. 따라서 다자간의 WTO 정부조달협정(GPA)이나 양자 간의 자유무역협정(FTA)에 따라 체결된 일정규모(고시금액)*이상의 공사, 물품 및 용역을 발주할 경우에는 동 협정가입국을 대상으로 국제입찰을 실시하여야 한다.

* 공사계약 : 500만 SDR(83억 원), 물품·용역계약 : 13만 SDR(2.2억 원)

(2) 이 경우 국제입찰 대상 여부의 판단은 당해 계약목적물에 대한 추정가격을 기준으로 하며, 동 추정가격에는 부가가치세(VAT)가 제외된다. 국제입찰 대상에 해당하는 경우에는 정부조달협정 또는 자유무역협정과 국가계약법령에 정해진 국제입찰절차에 따라 입찰 및 계약업무를 수행하게 된다.

2 입찰 및 계약의 방법 결정

계약담당공무원은 국제입찰 대상 여부가 결정된 다음에는 발주하고자 하는 계약목적물의 규모, 특성 등을 종합적으로 고려하여 총액입찰 또는 내역입찰, 경쟁입찰 또는 수의계약 등 입찰 및 계약의 방법을 결정하여야 한다. 경쟁입찰을 실시하려는 경우에도 일반경쟁, 제한경쟁 또는 지명경쟁방법 중 하나를 선택하게 되며, 특히, 계약이행의 전문성·기술성 등이 요구되는 물품 및 용역계약의 경우에는 경쟁계약과 수의계약이 혼합된 형태의 '협상에 의한 계약체결'이나 '경쟁적 대화에 의한 계약체결' 등 다양한 계약 방법에 의할 수 있다.

3 입찰공고

(1) 경쟁입찰은 원칙적으로 입찰공고를 하여야 한다. 동 입찰공고는 전자조달법 제2조에 따른 '전자조달시스템'(G2B)에 의하여야 하며, 필요할 경우에는 일간신문 등에 게재하는 방법을 병행할 수 있다. 이 경우 입찰공고의 시기는 입찰서 제출마감일의 전일부터 기산하여 7일 전(긴급을 요하는 경우 등은 5일)에 하여야 하며, 국제입찰과 협상에 의한 계약 및 경쟁적 대화에 의한 계약의 경우에는 40일 전(긴급을 요하는 경우 등은 10일)에 하여야 한다.

(2) 수의계약은 입찰공고의 대상이 아니지만, 소액수의계약 대상(종합공사 4억원 이하, 전문공사 2억원 이하 등)의 경우 추정가격 2천만 원(여성기업, 장애인기업 및 사회적경제기업은 5천만 원) 이상인 경우에는 견적서 제출에 관한 사항을 G2B에 안내공고를 하도록 규정함으로써 경쟁입찰 방식과 유사하게 운용되고 있다고 할 수 있다.

4 입찰참가자격 사전심사(PQ) 및 현장설명

(1) PQ는 입찰 전에 미리 기술능력 등 당해 계약수행능력을 심사하여 일정수준 이상의 능력을 갖춘 자에게만 입찰에 참가할 자격을 부여하는 제도로서, 공사의 종류 및 규모에 관계없이 모든 공사를 대상으로 발주기관이 당해 공사의 내용·특성을 고려하여 자율적으로 실시할 수 있다.

(2) 공사의 현장설명은 입찰참가자가 시공기술을 확보하고 입찰금액을 적절히 산출할 수 있도록 하기 위해 직접 당해 공사의 현장 상황을 확인시키고 제반 사항을 설명하는 제도로서, 동 현장설명제도 역시 PQ와 마찬가지로 공사의 종류 및 규모에 관계없이 모든 공사를 대상으로 발주기관이 당해 공사의 내용·특성을 고려하여 자율적으로 실시할 수 있다.

☞ 종전에는 추정가격 300억 원 이상인 공사에 대해서는 PQ나 현장설명을 의무적으로 실시하도록 하였으나, 규제 완화 차원에서 발주기관의 자율적 사항으로 전환함(시행령 개정, 2019.09.17.)

5 예정가격의 작성 및 입찰의 실시

(1) 계약담당공무원은 입찰 또는 수의계약 등에 부칠 사항에 대하여 낙찰자 및 계약금액의 결정기준으로 삼기 위하여 미리 해당 규격서 및 설계서 등에 따라 예정가격을 작성·비치하여야 한다. 동 예정가격은 원가계산에 의한 가격 등으로 결정되며 예정가격에는 부가가치세는 포함되나 관급자재 가격은 포함되지 않는다.

(2) 입찰참가신청을 한 자만이 입찰에 참가할 수 있으며, 입찰참가신청 시에는 입찰보증금(100분의 5 이상)을 납부(또는 지급각서 대체)하게 하여야 하며, 입찰서는 원칙적으로 전자조달시스템을 이용하여 제출하게 하여야 한다. 이때 다른 방식으로 제출한 입찰은 무효사유에 해당하며, 동일 사안에 대하여 동일인이 2통 이상 제출하면 또한 무효 처리된다.

6 낙찰자 결정 및 계약의 체결

(1) 낙찰자 결정방법은 적격심사낙찰제, 종합심사낙찰제, 일괄입찰 및 대안입찰 방식의

낙찰제, 기술제안입찰 방식의 낙찰제 등이 있으며, 낙찰자는 입찰공고에 표시한 장소와 일시에 입찰서를 개봉하여 예정가격과 비교한 한 후 결정한다.

(2) 발주기관으로부터 낙찰통지를 받은 자는 원칙적으로 10일 이내에 계약을 체결하여야 하며, 계약은 계약담당공무원과 계약상대자가 계약서에 기명하고 날인 또는 서명하여야 확정된다. 특히, 계약체결 시에는 부당한 특약 등에 해당되지 않도록 계약상대자의 계약상 이익을 부당하게 제한하는 특약이나 조건을 정하여서는 아니 된다.

7 계약의 이행 및 대가지급과 준공처리

(1) 계약이 체결되면 계약내용에 정해진 바에 따라 계약을 이행하여야 하며, 계약이행 과정에서 계약상대자의 요청에 따라 선금과 기성대가를 지급하게 된다. 또한, 확정계약의 예외로서 물가변동, 설계변경 및 그 밖에 계약 내용의 변경으로 일정한 요건이 충족될 경우에는 당해 계약금액을 조정하게 되며, 이 경우 계약금액의 조정은 계약체결 당시 예기치 못한 상황 발생이 전제조건이 된다.

(2) 계약의 이행이 완료되면 준공 또는 완납검사를 거쳐 준공 또는 완납대가를 지급하게 되며, 공사계약의 경우에는 준공검사 후 최종 대가 지급 전까지 하자보수보증금을 납부하게 하여야 한다.

8 하자검사 및 하자보수의 이행

하자검사는 하자담보책임기간 동안 연 2회 이상 실시하되 동 기간이 만료되기 14일 전부터 만료일까지의 기간 중에는 최종 하자검사를 하여야 하며, 계약상대자가 하자보수를 통지받은 때에는 즉시 보수작업을 하여야 한다.

제5절 공공계약의 절차

[공공계약 업무의 주요 절차(요약)]

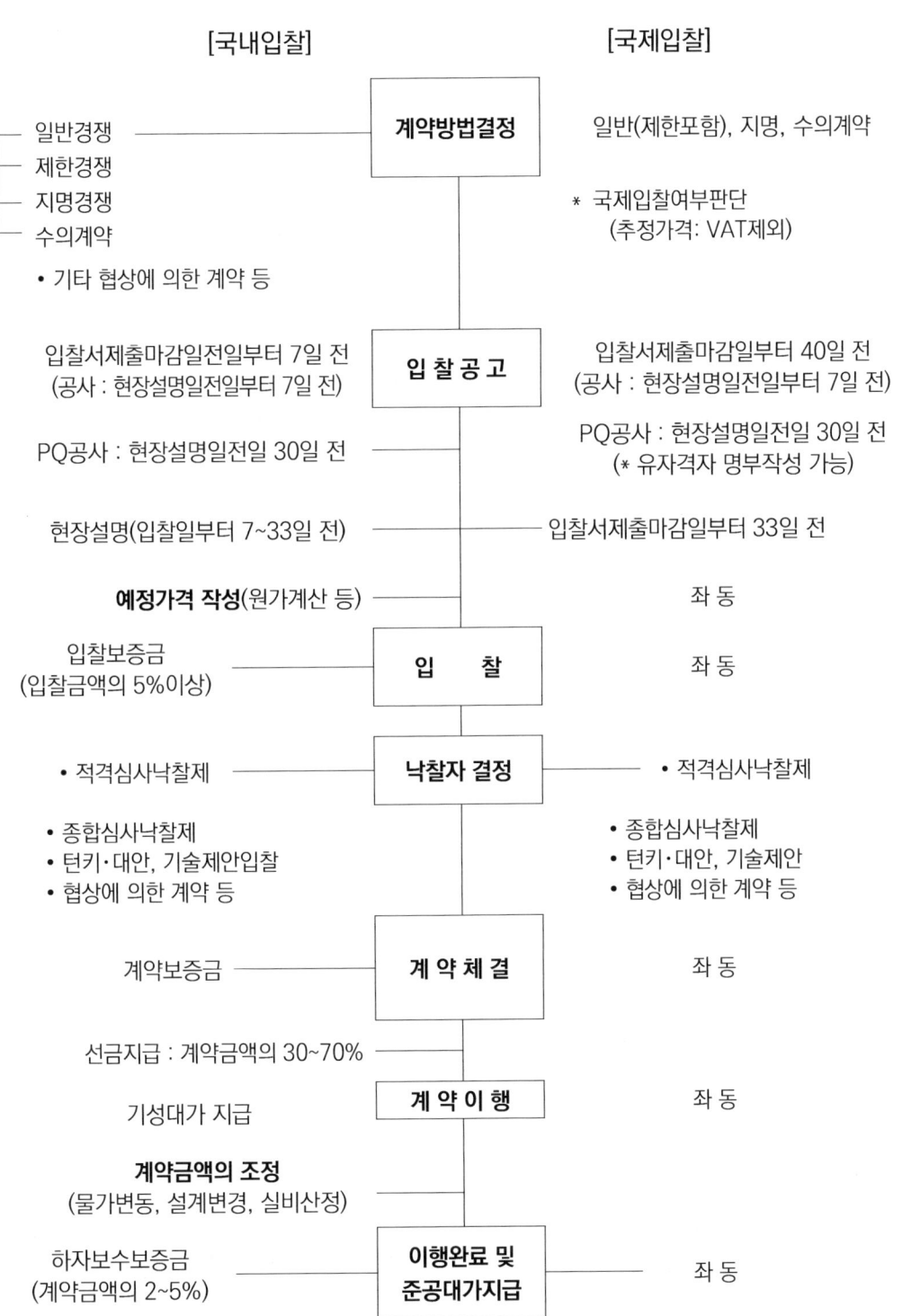

2 공공 건설사업의 수행 절차(5단계)

가. 기획단계

1 기본구상(건설기술진흥법시행령 제68조)

　공공 건설사업을 수행하고자 할 경우 기본구상은 공사의 필요성, 다른 법령에 따른 계획과의 연계성, 공사의 시행에 따른 위험 요소의 예측, 공사의 규모 및 공사비, 공사의 기대효과 등 공사에 관한 기본적인 사항을 검토하여 추진하고자 하는 건설공사의 개략 내용을 준비하는 첫 단계라고 할 수 있다. 예컨대 도로, 항만, 하천 등 SOC 시설의 기본구상이라 함은 도로법 등 관계법령에 의하여 중장기 사업계획을 수립하는 과정이 이에 해당되며, 이들 계획에 의한 우선순위에 따라 연차별 사업을 추진하게 된다.

2 예비타당성 조사(국가재정법 제38조)

　예비타당성조사는 대규모 재정사업의 타당성에 대한 객관적이고 중립적인 조사를 통해 재정사업의 신규투자를 우선순위에 입각하여 투명하고 공정하게 결정하도록 함으로써 예산낭비를 방지하고 재정운영의 효율성 제고에 기여함을 목적으로 하고 있다. 기획재정부장관은 대규모 사업에 대한 예산을 편성하기 위하여 미리 예비타당성조사를 실시하여야 하며, 그 대상사업은 총사업비가 500억 원 이상이고 국가의 재정지원 규모가 300억 원 이상인 신규 사업으로서 건설공사가 포함된 사업, 정보화 사업 등이다.

3 타당성 조사(건설기술진흥법 제47조, 동법시행령 제81조)

　기본구상을 통하여 시행하고자 하는 건설공사에 대하여 발주기관은 해당 공사에 대하여 타당성 조사를 실시하여야 하며, 타당성 조사 시에는 공사비 추정액과 공사의 타당성이 유지될 수 있는 공사비의 증가 한도를 제시하여야 한다. 기획재정부장관이 실시하는 예비타당성 조사가 경제적 타당성 등을 주된 조사 대상으로 삼는 반면, 여기의 타당성 조사는 주로 기술적 타당성을 검토하는데 초점을 두고 있다.

4 기본계획 수립(건설기술진흥법시행령 제69조)

　발주청은 타당성 조사를 통하여 그 필요성이 인정되는 건설공사에 대해서는 기본구상을 기초로 하여 건설공사 기본계획을 수립하여야 하는 데, 건설공사의 기본계획에는 공사의 목표 및 기본방향, 공사의 내용·기간, 시행자 및 공사수행계획, 공사비 및 재원조달계획, 개별 공사별 투자 우선순위, 연차별 공사시행계획, 시설물 유지관리계획, 환경보전계획 및 기대효과 등 건설공사를 추진하기 위한 기본적인 사항이 포함되어야 한다.

건설공사 기본계획을 수립·고시한 후에는 해당 건설공사의 규모와 성격을 고려하여 일괄입찰방식과 기본설계 기술제안입찰방식(기본설계서 작성 후) 그리고 기타공사 수행방식 중 어느 하나로 결정하여야 하며, 그중 기타 공사수행방식으로 결정한 경우 실시설계를 완료하였을 때에는 대안입찰방식과 실시설계기술제안입찰방식 또는 그 밖의 공사수행방식을 결정하여야 한다. 물론 이러한 수행방식 결정은 중앙건설기술심의회(지방건설기술심의회)의 심의를 거치게 된다.

나. 설계단계

1 기본설계(건설기술진흥법시행령 제71조)

기본설계라 함은 예비타당성조사, 타당성조사 및 기본계획을 감안하여 시설물의 규모, 배치, 형태, 개략공사방법 및 기간, 개략 공사비 등에 관한 조사, 분석, 비교·검토를 거쳐 최적 안을 선정하고 이를 설계도서로 표현하여 제시하는 설계업무로서 각종사업의 인·허가를 위한 설계를 포함하며, 설계기준 및 조건 등 실시설계용역에 필요한 기술 자료를 작성하는 것을 말한다(국토교통부 고시 "기본설계 등에 관한 세부시행기준" 제3조).

발주청은 건설공사기본계획을 반영하여 해당 건설공사에서의 주요 구조물의 형식, 지반(地盤) 및 토질, 개략적인 공사비, 실시설계의 방침 등을 포함한 기본설계를 하여야 하며, 다만, 기술공모방식 또는 일괄입찰방식으로 시행하는 경우, 기본설계의 내용을 포함하여 실시설계를 하는 경우, 기본설계에 반영될 내용을 포함하여 타당성 조사를 한 경우에는 기본설계를 따로 하지 않아도 된다.

2 실시설계(건설기술진흥법시행령 제73조)

실시설계라 함은 기본설계의 결과를 토대로 시설물의 규모, 배치, 형태, 공사방법과 기간, 공사비, 유지관리 등에 관하여 세부조사 및 분석, 비교·검토를 통하여 최적 안을 선정하여 시공 및 유지관리에 필요한 설계도서, 도면, 시방서, 내역서, 구조 및 수리계산서 등을 작성하는 것을 말한다. 동 실시설계는 기본설계를 토대로 실시하여야 하며 실시설계를 통한 설계 성과품은 공사계약을 위한 계약도서로 활용된다. 발주청은 일괄입찰방식으로 결정된 건설공사의 경우에는 공사의 종류 및 구간별로 해당 실시설계와 시공을 병행할 수 있다.

⟨ 기본설계와 실시설계의 비교 ⟩

구 분	주 요 내 용
기본설계	구조물의 형식과, 기술적 대안을 다양하게 검토하여 개략적인 도면과 공사비 등을 산출하는데 초점을 둠
실시설계	기본설계를 바탕으로 보다 구체적으로 시설물의 기능과 성능을 확정하여 이에 해당하는 계약도면, 시방 및 공종별 물량 등을 산출한 물량내역서 등을 작성하여 공사계약도서를 생성하는 기능을 담당

③ **설계의 경제성 등 검토**(건설기술진흥법시행령 제75조)

설계의 경제성 등 검토(설계VE : Value Engineering)는 건설기술진흥법시행령 제75조에 따라 시설사업 설계단계에서 설계 경제성, 타당성 등을 분석해 성능·품질향상, 비용 절감을 위한 대안을 검토하는 절차를 말한다. 동 규정에 의하면 발주청은 총공사비 100억원 이상인 건설공사의 기본설계 및 실시설계를 하는 경우 등에는 설계 대상 시설물의 주요 기능별로 설계내용에 대한 대안별 경제성과 현장 적용의 타당성을 직접 검토하거나 건설엔지니어링사업자 등 전문가가 검토하게 해야 한다.

☞ 조달청은 설계단계에서 기능 향상과 비용 절감을 위해 대안을 검토하는 '설계의 경제성 등 검토(설계 VE)' 서비스를 국가 중요 사업으로 확대 시행하기로 함(2020.8.5.)

다. 발주·계약단계

① **입찰 및 계약의 방법 결정과 예정가격 작성**

계약담당공무원은 발주하고자 하는 계약목적물의 규모, 특성 등을 종합적으로 고려하여 총액입찰 또는 내역입찰, 경쟁입찰 또는 수의계약 등 입찰 및 계약의 방법을 결정하여야 한다. 이때 일괄입찰 등 기술형입찰의 경우에는 입찰 및 낙찰자 결정방법 등에 대하여는 건설기술진흥법 제5조에 따른 중앙건설기술심의위원회의 심의를 거쳐야 한다.

또한, 입찰 또는 계약체결 전에 낙찰자 및 계약금액의 결정 기준으로 삼기 위하여 미리 예정가격을 작성·비치하여야 하며, 동 예정가격은 원가계산에 의한 방법 또는 표준시장 단가에 의한 방법으로 결정된다. 다만, 일괄입찰과 기본설계기술제안입찰의 경우에는 실시시설계서가 작성되지 않는 방식에 해당되어 예정가격을 작성하지 않게 된다.

2 입찰절차 수행 및 계약의 체결

경쟁입찰의 경우에는 원칙적으로 입찰공고를 하여야 하고, 동 입찰공고는 전자조달법 제2조에 따른 국가종합전자조달시스템(G2B)에 의하여야 하며, 필요할 경우에는 일간신문 등에 게재하는 방법을 병행할 수 있다.

입찰 전에 미리 입찰참가자격 사전심사와 현장설명을 실시할 수 있으며, 입찰공고에 표시한 장소와 일시에 입찰서를 개봉하여 낙찰자를 결정한다. 낙찰자 결정의 경우 일반공사는 발주자가 설계서를 제시하여 입찰자의 공사수행능력과 입찰가격 등 계약이행능력을 평가하여 낙찰자를 결정하나, 일괄입찰 등 기술형입찰방식은 입찰자의 설계서 또는 기술제안서의 평가점수가 가장 중요하게 작용하는 특수한 방법으로 결정하게 된다. 입찰실시 결과 낙찰통지를 받은 자는 원칙적으로 10일 이내에 계약을 체결하여야 한다.

라. 시공단계

1 건설사업관리(건설기술진흥법 제39조 제2항 및 동법시행령 제55조 제1항)

"건설사업관리"란 건설공사에 관한 기획, 타당성 조사, 분석, 설계, 조달, 계약, 시공관리, 감리, 평가 또는 사후관리 등에 관한 관리를 수행하는 것을 말하며, 발주청은 건설공사를 효율적으로 수행하기 위하여 설계·시공 관리의 난이도가 높아 특별한 관리가 필요한 건설공사 등에 대하여 건설엔지니어링사업자로 하여금 이와 같은 건설사업관리를 하게 할 수 있다.

특히, 시공단계에서 품질 및 안전관리 실태의 확인, 설계변경에 관한 사항의 확인, 준공검사 등 발주청의 감독권한대행 업무를 포함하는 건설사업관리를 "감독권한대행 등 건설사업관리"라고 하는데, 발주청은 건설공사의 품질 확보 및 향상을 위하여 총공사비가 200억 원 이상인 건설공사로서 교량, 항만 등 22개 공사에 대하여는 법인인 건설엔지니어링사업자로 하여금 "감독권한대행 등 건설사업관리"를 하게 하여야 한다.

2 계약금액의 조정(국가계약법 제19조, 동법시행령 제64조~제66조)

공공계약은 확정계약이 원칙이지만, 공사 이행 중 물가급등이나 설계변경 등 당초 예기치 못한 사유가 발생하여 일정 요건이 충족된 경우에는 국가계약법령에 정한 기준에 따라 예외적으로 당해 계약금액을 조정한다.

③ 준공처리 및 대가의 지급

계약의 이행이 완료되면 발주청은 준공검사를 거쳐 대가를 지급하게 되며, 준공검사 후 최종 대가 지급 전까지 하자보수보증금을 납부하도록 하여야 한다.

마. 유지관리단계

① 시공평가(건설기술진흥법 제50조)

발주청은 그가 발주한 총 공사비 100억 이상의 건설공사에 대하여 공정률이 90%이상 진척되었을 때부터 해당 공사의 준공 후 60일까지 품질관리, 공정관리, 시공관리, 환경관리 및 시공품질 등의 평가항목에 대하여 그 적정성을 평가하여야 한다. 이와 같은 시공평가는 발주청이 지명하는 5명 이상의 관계 공무원(발주청 소속 직원 포함) 및 전문가로 구성된 시공평가위원회에서 실시하며, 발주청은 건설사업자 및 감독자로부터 시공평가에 관한 자료를 제출받아 시공평가위원회에 제출하여야 한다.

② 하자관리(국가계약법시행령 제61조, 동법시행규칙 제71조)

계약담당공무원은 하자담보책임기간 중 연 2회 이상 정기적으로 하자를 검사하여야 하며, 하자담보책임기간이 만료되기 14일 전부터 만료일까지의 기간 중에 따로 최종검사를 하여야 한다. 동 하자검사가 특히 전문적인 지식 또는 기술을 필요로 하거나 예정가격의 100분의 86 미만으로 낙찰된 공사로서 「시설물의 안전관리에 관한 특별법」 제2조 제1호의 규정에 의한 시설물에 대한 것인 경우에는 전문기관에 의뢰하여 필요한 검사를 하여야 한다.

제2장
계약의 방법

제1절 입찰 및 계약의 방법 개요
제2절 일반경쟁입찰에 의한 계약
제3절 제한경쟁입찰에 의한 계약
제4절 지명경쟁입찰에 의한 계약
제5절 수의계약

제1절 입찰 및 계약의 방법 개요

1 입찰의 의의

가. 의의

(1) 일반적으로 '입찰'이라 함은 '계약의 상대자가 될 것을 희망하는 자가 계약의 내용에 관하여 다수인과 경쟁을 통해 일정한 내용을 표시하는 행위'라고 할 수 있는데, 입찰에 부치는 자가 경쟁 계약방식에 의할 때의 입찰은 '경쟁에 참가하는 자에게 문서 또는 전자기록 장치를 이용하여 계약의 내용을 표시하게 하는 것'을 말한다.

(2) 국가계약법령에 따라 발주기관이 입찰을 실시하고자 할 경우에는 원칙적으로 입찰공고를 하여야 하며 입찰공고에 명시된 낙찰자 결정방법에 따라 낙찰자를 결정한 후에 계약을 체결하게 되는데, 이러한 입찰 및 낙찰자 결정 과정을 민법상 청약과 승낙에 비교할 경우 입찰에 부치는 표시행위인 '입찰공고'는 '청약의 유인' 행위에 해당하고 경쟁자가 행하는 '입찰'은 '청약', 그리고 발주기관이 '낙찰자를 결정'하는 행위는 '승낙'에 해당한다고 할 수 있다.

* (사례) 공공기관이 실시한 입찰에 있어서 1차 입찰 취소가 위법하여 무효인 경우 후행 절차인 2차 입찰공고 및 그에 따른 낙찰자 결정과 계약체결이 당연 무효인지 여부?
* (판결) 입찰공고는 '청약의 유인'에 해당하고 입찰에 참가하는 것이 '청약'에 해당하므로 입찰공고의 주체인 지방자치단체가 청약에 대하여 '승낙의 의사표시'를 하지 않은 이상 지방자치단체와 입찰참가자들은 계약관계에 있지 아니하므로, 1차 입찰의 취소가 위법하여 효력이 없다고 하더라도 이와 별개로 이루어진 2차 입찰이 그 하자를 승계하였다고 볼 수 없음. 따라서 2차 입찰공고 및 그에 따른 낙찰자 결정과 계약체결이 당연히 무효라고 할 수 없음(대법원 2022.6.30. 선고 2022다209383판결)

나. 경매와 역경매

(1) 국가계약법 제7조 및 동법시행령 제10조 제1항에 의하면 계약담당공무원이 경쟁계약에 부치고자 할 경우 경쟁은 입찰방법이나 입찰방법에 준하여 경매의 방법으로 하도록 하고 있는데, 이 경우 '경매'는 다른 경쟁자의 의사표시 내용을 알고 그보다 더 유리한 내용을 표시할 수 있는 기회를 갖도록 하는 방식으로서 이는 다른 경쟁자의 표시내용을 알 수 없는 '입찰'과 차이점이 있다.

(2) 위의 규정에 따르면 계약담당공무원이 동산의 매각에 있어서 필요하다고 인정할 경우에는 입찰방법에 준하여 경매에 부칠 수 있으며, 구체적인 경매방법으로는 예정가격을 제시하여 입찰하게 하고 최고 입찰액을 발표한 후 다른 응찰자가 없을 때까지 다시 입찰하게 하여 최고가격의 입찰자를 낙찰자로 결정하도록 하고 있다. 이러한 경매방식은 물품을 매각할 경우에 부치는 제도이지만, 그와 반대로 역경매는 물품을 구매할 경우에 판매하려는 자가 가격을 낮추도록 경쟁시켜 최종적으로 가장 낮은 가격을 제시하는 사람과 계약을 체결하는 제도를 말한다.

2 계약의 방법 결정

가. 일반경쟁계약 원칙

국가계약법 제7조에 의해 계약담당공무원이 계약을 체결하려면 일반경쟁에 부쳐야 하고, 다만, 계약의 목적·성질·규모 등을 고려하여 필요하다고 인정되면 참가자의 자격을 제한하거나 참가자를 지명(指名)하여 경쟁에 부치거나 수의계약(隨意契約)을 할 수 있다. 이와 같이 공공계약에 있어 일반경쟁계약을 원칙으로 하고 있는 것은 계약의 공정성과 경제성의 확보, 참가의 기회균등을 도모하기 위한 것이라고 할 수 있다.

☞ 대법원은 이러한 일반경쟁계약의 원칙에 따라 계약담당공무원이 계약의 방법을 결정함에 있어 일반경쟁 입찰에 부쳐야 할 것을 지명 또는 제한경쟁입찰에 부치거나 수의계약에 의하는 경우에는 절차의 위법성이 문제 될 수 있어도, 반대로 지명 또는 제한경쟁입찰에 부치거나 수의계약에 의할 수 있는 것을 일반경쟁 입찰에 부친 경우에는 특별한 사정이 없는 한 위법성의 문제가 생길 여지는 없다고 판시한 바 있음(대법원 2000.8.22. 선고 99다35935).

나. 수의계약의 방법

수의계약은 경쟁계약에 비해 계약담당공무원의 자의성 개입, 예산낭비 소지 등 문제점으로 인하여 법령에 명시된 사유에 한하여 체결이 가능하도록 엄격히 운용되는 제도라고 할 수 있다. 다만, 신속한 계약체결 등 장점에 따라 최근의 사회적 재난(코로나19)으로 인한 경제위기 극복을 위해 '감염병 예방 및 확산 방지'를 긴급 수의계약 사유에 추가하고 그 밖에 소액수의계약 한도 상향, 1회 유찰 시에도 수의계약 허용 등 수의계약 방법을 적극 활용하도록 법령을 보완하고 있는 상황이다.

제2절 일반경쟁입찰에 의한 계약

1 일반경쟁계약의 의의

가. 개념

일반경쟁입찰에 의한 계약('일반경쟁계약')은 발주기관이 입찰공고를 실시하여 일정한 자격을 가진 불특정 다수의 희망자가 입찰에 참가할 수 있도록 한 후 입찰공고에 명시된 낙찰자 결정 방식에 따라 선정된 자와 계약을 체결하는 방법을 말한다. 다만, 일반경쟁계약이라고 하여도 불특정 다수인이 아무런 제약 없이 참여하는 것이 아니고 일정한 자격을 갖춘 자를 입찰에 참여할 수 있도록 하고 있는데, 이는 당해 계약목적물의 적정 이행을 위해 관련 법령에 의한 허가·인가·면허 등의 최소한의 요건을 갖추도록 하는 것이 불가피하다고 보기 때문이라고 할 수 있다.

나. 일반경쟁계약의 장·단점

일반경쟁계약은 경쟁 원리에 가장 부합되는 계약 방법으로서 입찰 참여 기회 확대와 가격경쟁 등으로 공정성 및 투명성 확보와 예산의 절약 등 장점이 있는 제도라고 할 수 있는데, 이와 반면에 관련 법령에 따른 허가, 인가, 면허 등 기본적인 요건만 갖추면 입찰 참여가 가능한 것이므로 당해 계약이행 능력이 부족한 자의 입찰 참여의 가능성과 과당 경쟁으로 인한 덤핑입찰 우려 등 단점도 있는 제도이다.

2 경쟁입찰의 참가 자격

가. 경쟁입찰의 참가 자격요건(영 제12조)

경쟁입찰에 참가하고자 하는 자는 다음의 요건을 갖추어야 하는데, 동 입찰참가자격의 요건은 해당 계약의 적정한 이행을 위해 필요한 최소한도로 규정해 놓은 것으로서 일반·제한·지명 등 경쟁입찰 뿐만 아니라 수의계약의 경우에도 갖추어야 하는 기본요건에 해당한다. 계약담당공무원은 국가계약법령과 다른 법령에 특별한 규정이 있는 경우를 제외하고는 동 요건 이외에 추가적으로 요건을 정하여 입찰참가를 제한하여서는 아니 된다(시행규칙 제17조).

① 다른 법령의 규정에 의해 허가·인가·면허·등록·신고 등을 요하거나 자격요건을 갖추어야 할 경우에는 당해 허가·인가·면허·등록·신고 등을 받았거나 당해 자격 요건에 적합할 것. 다만, 중소기업의 수주 능력을 제고하기 위하여 관련 법령상 자격요건을 갖춘 조합원으로 하여금 해당 물품을 제조·구매하거나 용역을 수행하게 하는 경우에는 중소기업협동조합법에 따른 중소기업협동조합은 직접 관련 법령에 따른 허가·인가 등 자격요건을 갖추지 아니하여도 입찰참여가 가능하다(영 제12조 제2항).

② 보안측정 등의 조사가 필요한 경우에는 관계기관으로부터 적합 판정을 받을 것(군부대의 시설공사 등 보안을 요하는 특수한 경우에 해당되는 요건임)

③ 「소득세법」 제168조, 「법인세법」 제111조 또는 「부가가치세법」 제8조에 따라 해당 사업에 관한 사업자등록증을 교부받거나 고유번호를 부여받은 자일 것(규칙 제14조)

나. 입찰참가자격요건의 증명 및 등록 절차

1) 입찰참가자격요건의 증명(규칙 제14조)

계약담당공무원은 경쟁입찰에 참가하고자 하는 자가 소득세법 또는 부가가치세법에 따라 사업자등록증을 교부 받거나 고유번호를 부여 받은 경우에는 그 사업자등록증 또는 고유번호를 확인하는 서류의 사본으로 증명하게 하고, 영 제12조에 따른 면허·허가 및 보안 측정 등의 요건은 관계기관에서 발행한 문서에 의하여 증명하게 하여야 한다. 이 경우 '관계기관'이라 함은 법령에 의하여 설립된 관련 협회 등 단체를 포함한다. 또한, 경쟁입찰 등록기간에 미리 입찰참가등록을 한 자에 대하여는 등록된 종목 또는 품목에 한하여 교부받은 경쟁입찰 참가자격 등록증에 의하여 참가자격을 증명할 수 있다.

2) 입찰참가자격의 등록 및 서류의 확인(규칙 제15조, 제16조)

(1) 계약담당공무원은 경쟁입찰 업무를 효율적으로 집행하기 위하여 미리 경쟁입찰 참가자격의 등록을 하게 할 수 있으며, 입찰참가자격을 등록한 자에게 경쟁입찰참가자격 등록증을 교부하여야 한다. 이에 따라 계약담당공무원이 등록을 받은 경우에는 국가종합전자조달시스템(나라장터)에 게재하여야 하며, 이 경우 전자조달시스템에 게재된 등록사항은 다른 중앙관서의 장 또는 계약담당공무원에게도 등록한 것으로 본다.

☞ 조달청의 전자입찰에 참가하려는 자는 전자입찰서 제출마감일 전일까지 "국가종합전자조달시스템 입찰참가자격등록규정"에 따라 조달청에 입찰참가자격의 등록을 하여야 함(조달청 고시 '국가

종합전자조달시스템 전자입찰특별유의서' 제4조). 실제로 대부분의 업체가 나라장터에 입찰참가자격 등록을 하고 있으며, 조달청 등록정보를 사용하는 자체 입찰 기관은 나라장터에 등록된 업체 정보를 연계 받아 사용하고 있음

(2) 위와 같은 절차에 따라 경쟁입찰 참가 자격의 등록을 하려는 자는 등록신청서, 관련되는 허가·인가·면허·등록·신고 등을 증명하는 서류, 인감증명서 또는 본인 서명 사실 확인서 등의 서류를 제출하여야 한다.

(3) 입찰 참가 자격의 등록신청을 받은 계약담당공무원은 「전자정부법」 제36조 제1항에 따른 행정정보의 공동이용을 통하여 법인등기사항증명서, 공장등록증명서(제조등록의 경우에만 해당) 등의 서류를 확인하여야 한다.

(4) 입찰참가자에 대하여 입찰 참가 자격의 유무와 법 제27조 및 영 제76조의 규정에 의한 입찰 참가 자격 제한의 여부를 확인하여야 하며, 확인을 한 결과 자격 서류의 내용이 사실과 다른 때에는 그 사실을 당해 서류의 제출자에게 통지하고 서류보완 등에 필요한 적절한 조치를 하여야 한다.

3 입찰참가자격 유·무의 판단기준일

가. 판단기준의 일반원칙(공사·물품·용역입찰유의서 제3조의2)

(1) 국가계약법시행령 제12조(경쟁입찰의 참가자격) 및 제21조(제한경쟁에 의할 계약과 제한사항 등)에 따른 등록·시공능력·실적 등에 의한 입찰참가자격은 입찰참가신청 서류의 접수 마감일('입찰참가등록 마감일')을 기준으로 한다.

(2) 입찰참가자는 입찰서 제출 마감일까지 해당 입찰참가자격을 계속 유지하여야 하며, 입찰참가신청서류 접수 마감일은 통상적으로 입찰일(입찰서 제출 마감일) 전일이다.

(3) 물품·용역계약에 있어 협상에 의한 계약 방법의 경우에는 제안서 접수 개시일 전일까지는 입찰참가자격을 갖추어야 함으로 입찰참가신청(등록) 마감일에 해당하는 날은 동 제안서 접수 개시일 전일이라고 할 수 있다(기획재정부 41301-2251, 2000.9.4.).

나. 지역제한경쟁입찰 및 지역의무공동도급의 경우 판단기준
　　(공사·물품·용역입찰유의서 제3조의2)

⑴ 국가계약법시행령 제21조 제1항 제6호 및 동법시행규칙 제24조 제2항에 따라 지역제한경쟁입찰에 부치는 경우 '법인 등기부상 본점 소재지'의* 기준일(본점 소재지가 변경된 경우에는 법인 등기부상 본점 소재지 변경일)은 입찰공고일 전일로 하며 계약체결일까지 계속 유지하여야 한다.26)

* 법인이 아닌 개인사업자인 경우에는 사업자등록증 또는 관련 법령에 따른 허가·인가·면허·등록·신고 등에 관련된 서류에 기재된 사업장의 소재지를 기준으로 함

⑵ 다만, 지역의무 공동도급계약에 있어 기획재정부장관이 고시하는 동법시행령 제72조 제3항 제2호*에 해당하는 사업의 경우에는 '법인 등기부상 본점 소재지'의 기준일은 입찰공고일 전일 현재 해당 업체의 전입일 익일부터 기산하여 90일 이상 경과하고 있어야 하며 계약체결일까지 계속 유지하여야 한다.

* 저탄소·녹색성장의 효과적인 추진, 국토의 지속 가능한 발전, 지역경제 활성화 등을 위하여 특별히 필요하다고 인정하여 기획재정부장관이 고시하는 사업 : 국가재정법 제38조 제2항 제10호에 따라 2019.1.29. 국무회의 의결을 거쳐 확정한 '국도 42호선 도로건설사업' 등 22개 사업(2020.4.3. 고시)

⑶ 한편, 「재난 및 안전관리 기본법」 제60조에 따라 특별재난지역으로 선포된 지역의 재난복구를 위하여 발주하는 공사를 지역제한 경쟁입찰에 부치는 경우에는 '법인 등기부상 본점 소재지'의 기준일(본점 소재지가 변경된 경우에는 법인등기부상 본점 소재지 변경일)은 다음의 기준에 의하여야 한다(공사입찰유의서 제3조의3).

① 특별재난지역 선포의 원인이 된 재난의 발생일 전에 소재지를 이전한 업체의 경우
: 앞의 지역 제한 판단기준을 적용함
② 특별재난지역 선포의 원인이 된 재난의 발생일 이후에 소재지를 이전한 업체의 경우
: 입찰공고일 전일 현재 해당 업체의 전입일 익일부터 기산하여 90일 이상이 경과하고 있어야 하며 계약체결일까지 계속 유지하여야 함

다. 입찰참자자격 제한 조치 및 영업정지 처분의 경우 판단기준

⑴ 입찰참가자격 제한(부정당업자 제재) 처분을 받은 경우에는 입찰참가등록마감일

---

26) 종전에는 '주된 영업소의 소재지'라고 명시하였으나 주된 영업소의 개념에 대한 분쟁이 발생하여 '법인등기부상 본점 소재지'로 명확히 함(2016.9 개정).

전일까지 입찰참가자격제한 기간이 만료될 경우에는 입찰 참가가 가능하며, PQ를 실시하는 공사입찰의 경우에도 입찰참가등록마감일 전일까지 입찰참가자격제한 기간이 만료될 경우에는 PQ를 신청할 수 있고 입찰참가신청도 가능하다.

따라서 PQ 심사 시 부정당업자 제재 기간에 있거나, 새로운 부정당업자 제재처분을 받은 자라 할지라도 입찰참가등록 마감일 전일까지 그 제재기간이 만료되는 경우에 입찰 참가가 가능하므로 그자를 PQ 심사에서 무조건 배제하는 것은 아니며, 또한, 입찰참가등록 마감일 전일까지 부정당업자 제재기간이 만료되지 않는 경우에도 해당 부정당업자 제재 처분이 취소되거나 법원의 집행정지 결정을 받을 수도 있으므로 부정당업자 제재기간이 입찰참가등록 마감일 전일까지 만료되지 않는다고 하여 그자를 PQ 심사 단계에서 배제하거나 탈락시킬 수는 없다(기획재정부 계약제도과-1466, 2011.12.06.).

⑵ 「건설산업기본법」 등에 따라 영업정지 처분을 받은 경우에는 동 법 등 관련 법령에 의한 처리기준에 따라 입찰참가자격 유무를 판단한다.

라. 상호 또는 대표자 변경의 경우 판단기준

입찰참가자격을 미리 등록하였을 경우이더라도 입찰 전에 상호 또는 대표자의 변경(법인의 경우에는 법인 등기사항 증명서를 기준)이 있는 경우에는 변경 신고를 한 후에 변경된 상호 또는 대표자 명의로 입찰에 참가하여야 한다. 만약, 입찰일 현재 대표자가 아닌 변경되기 전 대표자 명의로 입찰서를 제출할 경우에는 '입찰참가자격이 없는 자가 한 입찰'로서 입찰 무효 사유에 해당되는 것임을 유의할 필요가 있다.

마. 그 밖의 입찰참가자격 관련(법 제27조의5, 영 제12조)

국가계약법 제27조 및 동법시행령 제76조에 따라 입찰참가자격제한 조치를 받은 자뿐만 아니라 지방계약법 등 다른 법령에 따라 조치를 받은 자도 입찰에 참가하는 것이 배제되고, 조세 포탈 등을 한 자로서 유죄판결이 확정된 날부터 2년이 지나지 아니한 자도 입찰 참가가 배제된다(법 제27조의5).

제3절 제한경쟁입찰에 의한 계약

1 제한경쟁계약의 개요

가. 의의

(1) 제한경쟁입찰에 의한 계약('제한경쟁계약')은 계약의 목적·성질·규모 등을 고려하여 필요하다고 인정되는 경우 시공능력, 실적, 기술보유상황 등 일정한 입찰 참가자격을 정하여 놓고 동 자격요건을 갖춘 자에 한하여 입찰에 참가할 수 있도록 한 후, 입찰공고에 명시된 낙찰자 결정방법에 따라 선정된 자와 계약을 체결하는 방법을 말한다.

(2) 동 제한경쟁계약도 일반경쟁계약의 요건인 허가·인가·면허 등 기본적인 입찰참가 자격은 갖추어야 하며, 다만, 부실시공 방지와 품질 제고 등을 목적으로 기본요건 이외에 시공 경험이나 기술 등을 갖추지 아니한 자는 입찰에 참가하지 못하도록 하는 계약 방법으로서 계약 건수로 구분하는 경우 현실적으로 가장 많이 활용되고 있는 제도에 해당한다.

나. 장·단점

(1) 제한경쟁계약의 방법은 입찰 참가 자격의 요건을 실적이나 특수한 기술 등으로 제한함으로써 부실시공 방지 및 품질확보 등 계약목적 달성에 적합한 업체를 선정할 수 있고 또한 입찰 행정의 효율성 제고 등 장점이 있으나, 한편으로는 신규업체에 대한 진입 장벽 등 부작용 또는 단점도 발생하게 된다.[27]

(2) 따라서, 계약목적 달성을 위해 제한경쟁입찰을 실시할 수는 있으나 과도한 제한으로 인하여 소수의 특정 업체만이 참가하도록 하는 등 부작용을 방지하기 위하여 국가계약 법령에 제한경쟁입찰의 대상과 제한기준을 정하고 있으며, 계약담당공무원이 제한경쟁 입찰에 부치고자 하는 경우에는 동 법령에 규정된 입찰 참가 자격 제한대상과 제한기준에 따라 집행하여야 한다.

---

[27] 이러한 제한경쟁입찰의 단점을 고려하여 조달시장이 창업·벤처기업의 성장 사다리가 되도록 하기 위하여 고시금액 미만의 물품 및 용역계약에 대한 실적 제한을 폐지하였고, 영세업체의 입찰 참여 확대를 위해 시공 능력 제한도 종전 2배에서 1배로 완화함(규칙 제25조 개정)

2 제한대상 및 제한사항(영 제21조)

가. 일정 규모 이상의 공사계약

「건설산업기본법」에 의한 추정가격 30억 원 이상의 종합공사 계약과 동 법에 따른 전문공사 및 그 밖의 공사 관련 법령에 따른 추정가격 3억 원 이상의 공사계약은 시공능력 또는 당해 공사와 같은 종류의 공사실적으로 제한할 수 있다(규칙 제24조).

나. 특수한 기술 또는 공법이 요구되는 공사계약

특수한 기술 또는 공법이 요구되는 공사계약의 경우에는 당해 공사수행에 필요한 기술의 보유상황 또는 당해 공사와 같은 종류의 공사실적으로 제한할 수 있다. 이 경우 특수한 기술을 요하는 공사는 터널을 수반하는 공사 및 활주로 공사 등 30종을 대상으로 하고 있으며, 특수한 공법을 요 하는 공사는 스폼 공법 또는 철공공법에 의한 공사 등 3종을 그 대상으로 하고 있다(정부 입찰·계약 집행기준 제4조).

다. 특수한 설비 또는 기술이 요구되는 물품제조계약

특수한 설비 또는 기술이 요구되는 물품제조 계약의 경우에는 당해 물품 제조에 필요한 설비 및 기술의 보유상황 또는 당해 물품과 같은 종류의 물품제조실적으로 제한할 수 있다. 이와 같은 물품제조계약으로는 특수한 품질 또는 성능의 보장을 위하여 특수한 설비와 기술을 필요로 하는 경우와 「산업표준화법」 제15조에 따른 인증을 받은 제품 또는 「품질경영 및 공산품안정관리법」 제7조의 규정에 따라 품질경영체제의 인증을 받은 자가 제조한 물품을 제조하는 경우로 규정하고 있다.

라. 특수한 성능 또는 품질이 요구되는 물품의 구매계약

특수한 성능 또는 품질이 요구되어 다음과 같은 품질 인증 등을 받은 물품을 구매하려는 경우에는 그 품질 인증 등을 받은 물품인지 여부로 제한할 수 있다.

① 「산업표준화법」 제15조에 따른 인증을 받은 제품 또는 같은 법 제25조에 따른 우수한 단체표준제품
② 「환경기술 및 환경산업 지원법」 제17조에 따라 환경표지의 인증을 받은 물품

③ 「자원의 절약과 재활용촉진에 관한 법률」 제33조에 따른 기준에 적합하고 「산업기술혁신 촉진법 시행령」 제17조 제1항 제3호에 따른 품질 인증을 받은 재활용제품

마. 특수한 기술이 요구되는 용역계약

특수한 기술이 요구되는 용역계약의 경우에는 당해 용역수행에 필요한 기술의 보유상황 또는 당해 용역과 같은 종류의 용역수행실적으로 제한할 수 있다.

바. 기타 제한대상 및 제한사항

(1) 일정 금액* 미만의 경우(지역제한 경쟁입찰제도) : 법인등기부상 본점소재지(개인사업자인 경우에는 사업자등록증 또는 관련 법령에 따른 허가·인가·면허·등록·신고 등에 관련된 서류에 기재된 사업장의 소재지)

* 국가 및 공공기관 : 종합공사(83억 원), 전문공사(10억 원), 물품·용역(2.2억 원)

(2) 「중소기업제품 구매촉진 및 판로지원에 관한 법률 시행령」 제6조에 따라 중소벤처기업부 장관이 지정·고시한 물품을 제조·구매하는 경우 : 「중소기업기본법」 제2조에 따른 중소기업자

☞ 중소벤처기업부장관이 지정 고시한 중소기업자 간 경쟁제품 : 중소벤처기업부 홈페이지 또는 공공구매종합정보망(www.smpp.go.kr)에서 확인 가능

(3) 계약이행의 부실화를 방지하기 위해 필요하다고 판단하여 특별히 인정하는 경우 : 경쟁참가자의 재무 상태

(4) 추정가격이 고시금액 미만의 물품의 제조·구매 또는 용역(「엔지니어링산업 진흥법」 제2조 제3호에 따른 엔지니어링사업 및 「건설기술 진흥법」 제2조 제3호에 따른 건설엔지니어링은 제외)의 경우에는 다음의 구분에 따른 자

① 추정가격이 1억 원 미만인 물품의 제조·구매 또는 용역의 경우 : 「중소기업기본법」 제2조 제2항에 따른 소기업, 「소상공인 보호 및 지원에 관한 법률」 제2조에 따른 소상공인, 「벤처기업육성에 관한 특별조치법」 제2조 제1항에 따른 벤처기업 또는 「중소기업창업 지원법」 제2조 제2호에 따른 창업자

☞ 공공 조달시장을 통해 창업·벤처기업의 판로를 지원할 수 있도록 1억 원 미만 물품·용역계약에 대해 창업·벤처기업 대상 제한경쟁 입찰을 도입(2018.12.4.)

② 추정가격이 1억 원 이상인 물품의 제조·구매 또는 용역의 경우 : 「중소기업기본법」 제2조에 따른 중소기업자

⑸ 특정 지역에 소재하는 자가 생산한 물품을 구매하려는 경우 : 다음의 어느 하나에 해당하는 자인지 여부

① 「중소기업진흥에 관한 법률」 제62조의23에 따른 지방중소기업 특별지원지역에 입주(같은 조 제2항에 따른 지정기간 만 해당)한 자
② 「농어촌정비법」에 따른 농공단지에 입주한 자

3 제한기준(규칙 제25조)

가. 실적에 의한 제한기준

1) 실적의 의미 및 제한원칙

⑴ 입찰참가자격을 실적으로 제한하고자 할 경우 '실적'이라 함은 현재 발주하려는 계약과 계약 내용이 실질적으로 동일한 것은 물론, 이와 유사하여 계약목적달성이 가능하다고 인정되는 과거 1건의 공사·제조 또는 용역 등의 실적에 해당되는 금액 또는 규모(양)를 말하며, 장기계속공사·제조 또는 용역 등에 있어서는 총 공사·제조 또는 용역 등의 실적을 의미한다(정부 입찰·계약 집행기준 제5조).

⑵ 계약담당공무원이 공사·제조 또는 용역 등을 실적으로 제한하고자 할 경우에는 계약 목적의 달성에 지장이 있는 경우를 제외하고는 당해 계약목적물의 규모 또는 양을 우선적으로 적용하여야 하고 금액은 예외적으로 적용하여야 한다.

2) 실적 제한기준

1 실적의 규모 또는 양에 의하는 경우

공사·제조 또는 용역 등의 실적의 규모 또는 양에 따르는 경우에는 해당 계약목적물의 규모 또는 양의 1배 이내로 제한하여야 한다. 예를 들어 길이 100m 터널공사를 발주하면서 "90m 이상 터널공사 실적이 있는 자"로 제한하면 제한기준에 부합되는 것이나, "110m이상 터널공사 실적이 있는 자" 등으로 제한해서는 아니 된다는 의미이다.

다만, 제조 또는 용역의 경우에는 추정가격이 고시금액(2.2억 원 : 13만 SDR) 이상인 계약에 한정하여 제한할 수 있으며, 동 금액 미만 소규모 물품·용역계약의 경우에는 제한할 수 없다(2017.12.18. 개정).

② 실적의 금액에 의하는 경우

공사·제조 또는 용역 등의 실적의 금액에 따르는 경우에는 해당 계약목적물의 추정가격(「건설산업기본법」 등 다른 법령에서 시공능력 적용 시 관급자재비를 포함하고 있는 경우에는 추정금액을 말함)의 1배 이내로 제한하여야 한다. 예를 들어 추정가격이 100억 원인 공사를 발주하면서 110억 원 이상 또는 120억 원 이상 공사실적이 있는 자 등으로 제한하여서는 아니 되며, 80억 이상 또는 90억 원 이상 공사실적이 있는 자 등으로 제한하여야 한다는 의미이다. 이 경우에도 제조 또는 용역계약은 추정가격이 고시금액(2.2억 원) 이상인 계약에 한정하여 제한할 수 있다.

나. 시공능력에 의한 제한기준

(1) 「건설산업기본법」에 의한 추정가격 30억 원 이상인 종합공사(전문공사 등 그 밖의 공사는 3억 원 이상)에 대하여 건설사업자의 시공능력으로 입찰참가자격을 제한하고자 하는 경우에는 당해 공사 추정가격의 1배* 이내에 해당하는 시공능력평가액으로 제한하여야 한다.[28]

☞ 종전에는 시공능력에 의한 제한경쟁 입찰 시 해당 공사의 2배까지 시공능력을 요구할 수 있었으나, 영세기업의 입찰참여 기회를 확대하기 위해 1배 이내까지만 요구 할 수 있도록 공사입찰 제한기준을 완화함(규칙 제25조 제2항 개정, 2019.9.17.)

(2) 위와 같이 발주기관이 건설사업자의 시공능력평가액으로 제한하는 경우 이를 위반한 경우에는 입찰참가자격이 없는 자가 입찰한 것으로 보아 당해 입찰은 무효로 처리되는 것이나, 입찰공고 시 별도의 제한사항이 없을 때에는 시공능력평가액을 초과하여 입찰한 경우라도 「건설산업기본법」 상 유효한 입찰이며 낙찰된 경우 계약체결도 가능한 것임을 유의하여야 한다.

☞ 종전 「건설산업기본법」상 도급한도액 제도에서는 도급한도액을 초과하여 수주할 수 없도록 규정되어 있었으나, 동 제도가 폐지('97.1.1)되고 시공능력공시제로 전환되면서 시공능력평가액을 초과하여 건설공사를 수주할 수 없다는 제한 규정을 두지 않아 유효한 것임

---

[28] 시공능력평가액 : 「건설산업기본법」에 따라 발주자가 적정한 건설사업자를 선정할 수 있도록 하기 위해 국토교통부장관이 매년 고시함

다. 지역 업체의 소재지 제한기준

1) 지역제한 경쟁입찰제도 의의(영 제21조 제1항 제6호, 규칙 제25조 제3항)

(1) 국가계약법시행령 제1항 제6호 및 동 법시행규칙 제25조 제3항에 의하면 추정가격이 일정 규모 금액 미만인 계약의 경우에는 법인 등기부상 본점 소재지 또는 사업자등록증 소재지가 해당 공사 등의 현장·납품 지 등이 소재하는 특별시·광역시·특별자치시·도 또는 특별자치도의 관할구역 안에 있는 자로 제한할 수 있다. 다만, 공사 등의 현장·납품 지 등이 인접 시·도에 걸쳐 있거나 공사 등의 현장·납품 지 등이 있는 시·도에 사업 이행에 필요한 자격을 갖춘 자가 10인 미만인 경우에는 인접한 시·도의 관할구역 안에 있는 자를 포함하여 제한할 수 있다.

(2) 이와 같이 국가 등 공공기관이 공사·물품·용역계약을 발주할 경우 광역자치단체 소재 업체로 입찰참가자격을 제한하는 제도를 '지역제한 경쟁입찰제도'라고 하는데, 이는 서울에 소재하고 있는 대형건설업체 등에 비하여 경쟁력이 낮은 지방중소기업을 보호·육성하고 지역경제 활성화를 위해 불가피하게 도입(1980년)된 제도라는 것을 이해할 필요가 있다고 하겠다.

2) 지역 제한 한도액(금액 규모)

국가기관의 경우 지역 제한으로 부칠 수 있는 금액의 한도는 고시금액 등으로 기획재정부령(규칙 제24조 제2항)으로 정하고 있으며, 공기업·준정부기관도 그 한도는 동일하다. 다만, 지방자치단체의 경우에는 지방계약법령에 별도로 규정하고 있는데 지방자치단체는 개방 규모도 높고 또한 중앙정부보다 좀 더 지역 중소업체를 보호한다는 차원에서 그 한도를 보다 높게 정하여 운영하고 있는 것이 특징이다.

〈 발주기관별·대상별 지역 제한 한도액 현황 〉

기관구분	공사	물품, 용역 기타
• 국가기관 • 공기업·준정부 기관	• 종합공사 : 고시금액(83억 원) • 전문·전기·정보통신·소방공사 등 : 10억 원	• 고시금액(2.2억 원)
• 지방자치단체	• 종합공사 : 100억 원 • 전문공사 : 10억 원 • 전기·정보통신·소방·특정열 사용 기자재설치공사 등 : 10억 원	• 광역자치단체 : 행안부 고시금액(3.3억 원) • 기초자치단체 : 5억 원 • 건설기술용역 : 기재부 고시금액(2.2억 원) • 안전점검 및 정밀안전진단용역 : 1.5억 원

3) 지역 업체의 소재지 판단기준(영 제21조 제1항 제6호)

지역제한 경쟁입찰에 참여할 수 있는 지역 업체의 소재지 기준은 법인의 경우 "법인등기부상 본점 소재지"로 하며, 개인 사업자인 경우에는 사업자등록증 또는 관련 법령에 따른 허가·인가·면허·등록·신고 등에 관련된 서류에 기재된 사업장의 소재지로 한다.[29] 이때 지역 업체의 소재지는 공사의 경우 공사현장, 물품의 경우 납품 지, 용역의 경우 용역 결과물의 납품 지(시공단계의 건설사업관리 용역 등 현장과 밀접한 관련이 있는 경우에는 해당 용역의 현장)를 기준으로 한다(정부 입찰·계약 집행기준 제4조 제4항).

4) 소액수의계약의 지역제한 기준(영 제30조 제4항, 규칙 제33조 제2항)

전자조달시스템을 이용하여 견적서를 제출하도록 하는 추정가격 2천만 원(여성기업, 장애인기업 및 사회적 경제기업은 5천만 원) 이상인 소액수의계약의 경우에는 지역 업체 소재지를 특별시 등 광역자치단체 이외에 시(행정시를 포함)·군(도의 관할 구역 안에 있는 군)을 대상으로 하여 해당 계약이행에 필요한 자격을 갖춘 자가 5인 이상인 경우 그 시·군의 관할 구역 안에 있는 자로 제한할 수 있다.

라. 신기술 또는 특허공법이 요구되는 공사 적용기준(동 집행기준 제5조의2)

계약담당공무원은 공사계약을 함에 있어 해당 공사에 신기술이나 특허공법이 포함된 경우에는 다음에 따라야 한다.

① 해당 공사를 신기술 등을 보유한 자가 계약을 이행하는 것이 객관적으로 타당한 경우에는 수의계약 또는 지명경쟁에 의할 수 있음. 다만, 기술보유자가 다수 존재하는 경우로서 경쟁성이 확보되는 경우에는 제한경쟁에 의할 수 있으며, 이 경우 입찰공고에 입찰참가자격제한 사유를 명시하여야 함.
② 해당 공사에서 신기술 등이 일부 포함되어 있는 경우에는 일반경쟁에 의하는 것을 원칙으로 하고, 일반경쟁에 의하지 않더라도 시행령 제21조제1항제2호의 사항(당해 공사수행에 필요한 기술의 보유상황 또는 당해 공사와 같은 종류의 공사실적)으로 입찰참가 자격을 제한할 수 없음.

---

[29] 종전에는 지역제한경쟁입찰 및 지역의무공동도급에 참여할 수 있는 지역 업체의 기준을 "주된 영업소의 소재지"로만 명시함으로써 어느 경우가 주된 영업소에 해당하는지 여부와 관련하여 분쟁이 지속적으로 발생함에 따라, "법인등기부상 본점 소재지" 또는 "사업자등록증 소재지"로 명확히 규정하게 됨(영 제21조 제1항, 제30조 제4항, 제72조 제3항 : 2016.9.23. 개정)

마. 특수한 성능·품질 등의 납품능력이 요구되는 물품(동 집행기준 제5조의3)

계약담당공무원은 물품구매계약을 함에 있어 해당 물품에 특수한 성능 또는 품질이 요구되는 경우에는 다음에 따라야 한다.

① 특수한 성능 등의 납품능력을 가진 자가 공급하는 것이 적합하다고 인정되는 경우에는 수의계약 또는 지명경쟁에 의할 수 있으며, 다만, 특수한 성능 등의 납품능력을 가진 자가 다수 존재하는 경우로서 경쟁성이 확보되는 경우에는 제한경쟁에 의할 수 있음. 이 경우 입찰공고에 입찰참가자격 제한 사유를 명시하여야 함.

② 해당 물품구매에서 특수한 성능 등이 일부만 포함되어있는 경우에는 일반경쟁에 의하는 것을 원칙으로 하고, 일반경쟁에 의하지 않더라도 시행령 제21조 제1항 제4호에 의한 사유(산업표준화법 제15조에 따른 인증을 받은 물품인지 여부 등)로 제한경쟁을 실시할 수 없음.

4 제한경쟁입찰 시 유의사항

계약담당공무원은 제한경쟁입찰에 참가할 자의 자격을 제한하는 경우에 이행의 난이도, 규모의 대소, 수급 상황 등을 적정하게 고려하여야 하며, 특히 다음과 같이 경쟁참가자의 자격을 제한하여서는 아니 된다(정부 입찰·계약 집행기준 제5조 제4항).

가. 중복 제한의 금지(규칙 제25조 제5항)

제한경쟁입찰에 의할 계약과 제한사항을 규정한 국가계약법시행령 제21조 제1항 각호 또는 각호 내의 사항을 중복적으로 제한하여서는 아니 된다. 예를 들어, 추정가격이 100억 원인 공사의 경우 시공능력 또는 실적 중 어느 하나만 갖추면 입찰에 참여할 수 있도록 제한하여야 하며, 시공능력과 실적을 모두 갖추어야 입찰에 참여할 수 있도록 제한하여서는 아니 된다. 두 가지 모두 갖추도록 제한하면 중복 제한에 해당한다.

나. 특정 명칭 또는 특정 기관의 실적 제한 금지

(1) 다음의 예와 같이 특정한 명칭의 실적으로 제한함으로써 유사한 실적이 있는 자의 입찰참가 기회를 제한하여서는 아니 된다.

① 농공단지 조성공사에 있어 농공단지 조성실적이 있는 업체만으로 제한함으로써 사실상 공사내용이 동일한 공업단지나 주택단지 등의 조성실적이 있는 자의 입찰참가를 배제
② 종합문화예술회관 공사에 있어 종합문화회관 건립 단일공사 관람석 000석 이상 준공실적이 있는 업체로 제한함으로써 시민회관, 강당 등 사실상 내용이 같은 공사실적이 있는 자의 입찰참가를 배제

(2) 또한, 특정 기관이 발주한 준공실적만을 요구하고 다른 기관 및 민간의 실적을 인정하지 아니해서도 안 된다. 예를 들면, 국가기관, 지방자치단체 및 공기업·준정부기관의 실적만을 인정함으로써 기타 공공기관 및 민간실적 등을 배제하여서는 아니 되는 것이다.

다. 그 밖에 제한금지 사항

① 해당 공사이행에 필요한 수준 이상의 준공실적을 요구하는 경우(예 : 동일공사에서 교량이 2개 이상 있을 경우 합산한 규모의 실적업체로 제한하여 1개 규모의 실적보유 업체를 배제)
② 물품의 제조·구매입찰 시 부당하게 특정상표 또는 특정규격 또는 모델을 지정하여 입찰에 부치는 경우와 입찰조건, 시방서 및 규격서 등에서 정한 규격·품질·성능과 동등이상의 물품을 납품한 경우에 특정상표 또는 모델이 아니라는 이유로 납품을 거부하는 경우(예 : 특정 수입품목의 모델을 내역서에 명기하여 품질 및 성능 면에서 동등 이상인 국산품목의 납품을 거부)
③ 일반경쟁입찰이 가능함에도 과도하게 실적 등으로 제한하는 경우[예:빗물 펌프장(유수지) 공사에서 펌프 용량으로 실적제한]
④ 관련법령 등에 의해 1개의 등록만으로 시공이 가능함에도 2개 이상의 등록을 요구하는 등 등록요건을 강화하는 경우
⑤ 교량이나 도로공사 발주시 공사의 실적을 평가하는데 주요한 기준의 규모(또는 양)로 제한하지 아니하고, 폭 등 독특한 실적만으로 제한하는 경우 및 폭, 연장, 경간장, 공법 등을 모두 제한하는 경우
⑥ 창의성이 요구되는 건축설계 등 문화예술관련 용역에 대해서 용역수행실적으로 제한하는 경우
⑦ 시행령 제73조의2에 의한 건설사업관리용역을 발주함에 있어 시공 단계의 건설사업관리 용역이 해당 용역의 주요 부분임에도 불구하고 건설사업관리 실적만을 요구하는 등 시공단계의 건설사업관리 용역실적을 인정하지 않는 경우

5 공사의 성질별·규모별 제한에 의한 입찰(영 제22조)

가. 개요

(1) 발주기관은 공사계약의 제한경쟁입찰에 있어 앞에서 기술한 제한기준에 의하지 않고 공사를 성질별·규모별로 유형화하여 이에 상응하는 경쟁제한 기준을 정하여 운용할 수 있으며, 이는 공사입찰 시 매번 경쟁 제한기준을 정하지 않고 사전에 경쟁 제한기준을 유형화하여 집행하는 방법이라고 할 수 있다.

대표적인 사례로「조달청 등급별 유자격자 명부 등록 및 운용기준」이 이에 해당하며, 동 등급 제한 입찰제도는 중소건설업체의 수주 기회를 확보해 주고 소수 건설업체에 의한 독점 수주를 막기 위해 시공능력 평가액을 기준으로 등급을 나누고 해당 등급 내 비슷한 규모와 기술력을 보유한 업체가 경쟁한다.

(2) 발주기관이 이를 운용하고자 할 때에는 미리 전자조달시스템에 공고하여 경쟁 참가 적격자로 하여금 등록신청을 하게 할 수 있으며, 등록신청을 받은 때에는 이를 심사하여 유형별·등급별로 경쟁참가적격자를 선정하여 등록을 하고 공사 입찰 시마다 당해 경쟁 참가적격자에게 시행령 제36조의 사항을 통지하여 입찰참가신청을 하게 할 수 있다.

나. 조달청 등급별 유자격자명부 등록 및 운용기준
(조달청공고 제2018-146호, 2018.12.27.)

1) 유자격자명부 등록대상자 및 적용 대상공사

① 유자격자명부 등록대상자 :「건설산업기본법」에 의한 토건, 토목 또는 건축공사업자로 등록된 자(외국업체는 정부조달협정가입국에 한함)로서 입찰공고일 현재의 시공능력평가액이 고시금액(83억 원) 이상인 자

② 적용대상 공사 : 추정가격이 고시금액(83억 원) 이상의 토목 및 건축공사로서 경쟁 입찰 대상 공사. 다만, 국내입찰에서「입찰참가자격사전심사요령」제5조 각 호에 해당되는 공사(추정가격이 200억 원 이상인 공사로서 교량, 공항 등 11개 공사)의 경우 또는 국내·국제입찰에서 유자격자 명부를 적용하는 것이 적정하지 않다고 인정되는 경우에는 제외함

2) 시공능력평가액에 의한 경쟁입찰

(1) 시공능력평가액에 의한 경쟁입찰에서의 입찰참가자격(공동수급체를 구성할 경우 대표사를 말함)은 발주되는 공사의 공종에 따라 토건 업체의 경우 토목부분 또는 건축부분의 시공능력 평가액에 의하여 입찰참가자격을 부여하고, 시공능력평가액에 의하여 집행되는 공사에서 공동수급체를 구성한 자 중 토건 업체에 대하여는 발주되는 공사의 공종에 따라 토목 또는 건축 부분의 시공능력평가액을 각각 적용한다.

(2) 입찰참가자격의 기준은 특별한 사유가 없는 한 해당 공사 추정금액의 70% 이상 시공능력 보유자를 유자격자로 하며, 토목·건축 복합공사인 경우에는 주 공종에 해당하는 공사의 추정금액 70% 이상 시공능력 보유자를 유자격자로 한다. 이때 주 공종은 추정금액을 기준으로 규모가 큰 공사를 말한다.

3) 등록내용

조달청 등급제한입찰은 시공능력평가액 120억원 이하인 7등급 건설회사부터 6,000억원 이상인 1등급 건설회사까지 7등급으로 운영되고 있으며, 등급별로 토목공사 기준 140억원 미만 사업은 7등급부터 공사금액이 등급별로 높아져 1,700억원 이상은 1등급 건설회사만 참여할 수 있다.

(단위 : 미만~이상)

등급	시공능력평가액 (토건, 토목, 건축)	공사배정규모(추정금액기준)		비고
		토목공사	건축공사	
1	6,000억원 이상	1,700억원 이상	1,200억원 이상	
2	6,000억원~1,200억원	1,700억원~950억원	1,200억원~950억원	
3	1,200억원~600억원	950억원~550억원	950억원~550억원	
4	600억원~330억원	550억원~400억원	550억원~400억원	
5	330억원~200억원	400억원~220억원	400억원~220억원	
6	200억원~120억원	220억원~140억원	220억원~130억원	
7	120억원~83억원	140억원~83억원	130억원~83억원	

※ 주) 입찰공고일 현재의 시공능력평가액 기준임

제4절 지명경쟁입찰에 의한 계약

1 의의 및 계약대상

가. 지명경쟁계약의 의의

(1) 지명경쟁입찰에 의한 계약('지명경쟁계약')은 계약의 성질 또는 목적에 비추어 특수한 설비·기술·자재·물품 또는 실적이 있는 자가 아니면 계약목적을 달성하기 곤란한 경우 등에 있어 실적이나 신용 상태 등을 고려하여 적당하다고 인정하는 특정 다수의 경쟁 참가자를 지명하여 입찰에 부치어 낙찰자를 결정한 후 계약을 체결하는 방식을 말한다.

(2) 이와 같은 지명경쟁계약은 대다수가 참여하게 되는 일반경쟁입찰에 비하여 절차가 간소하고 계약이행에 적합한 자만이 입찰에 참여하게 되는 장점이 있으나, 특정인만을 지명함으로써 일반 또는 제한 경쟁계약에 비해 객관성 및 공정성을 저해할 우려가 있으므로 법령에서 정한 기준과 절차에 따라 지명이 이루어지는 것이 중요하다고 할 수 있다.

나. 지명경쟁계약의 대상(법 제7조 단서, 동법시행령 제23조 제1항)

① 계약의 성질 또는 목적에 비추어 특수한 설비·기술·자재·물품 또는 실적이 있는 자가 아니면 계약의 목적을 달성하기 곤란한 경우로서 입찰대상자가 10인 이내인 경우
② 「건설산업기본법」에 의한 건설공사(전문공사를 제외)로서 추정가격이 3억 원 이하인 공사, 「건설산업기본법」에 의한 전문공사로서 추정가격이 1억 원 이하인 공사 또는 그 밖의 공사 관련 법령에 의한 공사로서 추정가격이 1억 원 이하인 공사를 하거나 추정가격이 1억 원 이하인 물품을 제조할 경우
③ 추정가격이 5천만 원 이하인 재산을 매각 또는 매입할 경우
④ 예정임대·임차료의 총액이 5천만 원 이하인 물건을 임대·임차할 경우
⑤ 공사나 제조의 도급, 재산의 매각 또는 물건의 임대·임차 외의 계약으로서 추정가격이 5천만 원 이하인 경우
⑥ 「산업표준화법」 제15조에 따른 인증을 받은 제품 또는 같은 법 제25조에 따른 우수한 단체표준제품(2018.12.4. 신설)
⑦ 법 제7조 단서 및 영 제26조의 규정에 의하여 수의계약에 의할 수 있는 경우

⑧ 「자원의 절약과 재활용촉진에 관한 법률」 제33조의 규정에 의한 기준에 적합하고 「산업기술혁신 촉진법 시행령」 제17조제1항제3호에 따른 품질인증을 받은 재활용제품 또는 「환경기술 및 환경산업 지원법」 제17조의 규정에 의한 환경표지의 인증을 받은 제품을 제조하게 하거나 구매하는 경우

⑨ 「중소기업제품 구매촉진 및 판로지원에 관한 법률 시행령」 제6조에 따라 중소벤처기업부 장관이 지정·공고한 물품을 「중소기업기본법」 제2조에 따른 중소기업자로부터 제조·구매할 경우

⑩ 「중소기업제품 구매촉진 및 판로지원에 관한 법률」 제7조의2제2항제2호에 따라 각 중앙관서의 장의 요청으로 「중소기업협동조합법」 제3조제1항에 따른 중소기업협동조합이 추천하는 소기업 또는 소상공인(해당 물품 등을 납품할 수 있는 소기업 또는 소상공인을 말함)으로 하여금 물품을 제조하게 하거나 용역을 수행하게 하는 경우

2 지명경쟁계약의 지명기준

계약담당공무원이 국가계약법시행령 제23조 제1항의 규정에 따라 지명경쟁 입찰에 참가할 자를 지명하는 경우에는 다음의 기준에 의하여 지명하되, 경쟁원리가 적정하게 이루어지도록 하여야 한다(규칙 제27조).

가. 공사계약

(1) 첫째, 시공능력을 기준으로 지명하는 경우에는 당해 추정가격의 2배를 초과하지 아니하는 범위 내에서 지명하여 하며, 둘째, 신용과 실적 및 경영상태를 기준으로 업체를 지명하되 특수한 기술의 보유가 필요한 경우에는 이를 보유한 자를 지명하여야 한다.

(2) 또한, 계약담당공무원이 지명경쟁입찰로 지명업체를 선정할 경우에는 다음의 사항을 고려하여야 한다(정부 입찰·계약 집행기준 제6조).

① 시공능력을 기준으로 지명하고자 할 때에는 시공능력 일련 순위에 따라 지명할 것
② 특수기술을 필요로 하는 공사로서 전문적인 기술의 보유자가 아니면 계약목적의 달성이 곤란한때에는 그 기술보유자 중에서 시공능력 순위에 따라 지명할 것
③ 특수공법을 필요로 하는 공사의 경우에 동종공사의 시공실적의 보유자가 아니면 계약목적의 달성이 곤란한 때에는 그 실적보유자 중에서 시공능력 순위에 따라 지명할 것

④ 추정가격 3억 원(전문, 전기 등 그 밖의 공사는 1억 원) 이하 공사의 경우에 시·도 업체만을 지명하고자 할 때에는 해당 시·도 업체의 시공능력 순위에 따라 지명할 것

나. 물품의 제조·구매, 수리·가공 등의 계약

계약의 성질 또는 목적에 비추어 특수한 기술, 기계·기구, 생산설비 등을 보유하고 있는 자로 하여금 행하게 할 필요가 있는 경우에는 그 기술, 기계·기구, 생산설비 등을 보유한 자를 지명하여야 한다.

3 대상자 지명 및 입찰참가 통지 등

가. 대상자 지명(영 제24조 제1항)

계약담당공무원이 시행령 제23조의 규정에 따라 지명경쟁 입찰에 부치고자 할 때에는 5인 이상의 입찰대상자를 지명하여 2인 이상의 입찰참가신청이 있어야 한다. 다만, 지명대상자가 5인 미만인 때에는 대상자를 모두 지명하여야 한다.

나. 입찰참가 통지(영 제24조 제2항, 제3항)

지명경쟁입찰에 부치기 위해 입찰대상자를 지명하여 통지할 때에는 시행령 제36조의 입찰공고 내용을 각 입찰대상자에게 통지하고 현장설명일 7일 전까지 입찰참가 여부를 확인하여야 한다(현장설명을 실시하지 아니하는 경우에는 입찰서제출 마감일 7일 전까지 확인).

다. 지명경쟁계약의 보고(영 제23조 제2항)

(1) 계약담당공무원이 지명경쟁 입찰에 의하여 계약을 체결한 때에는 그 내용을 소속 중앙관서의 장에게 보고하고, 중앙관서의 장은 이를 감사원에 통지하여야 한다.

(2) 계약담당공무원이 지명경쟁계약을 보고하려 할 때에는 계약서 사본과 함께 계약의

목적, 예산과목, 법령 조문 등과 그 밖에 참고사항을 명백히 한 서류를 중앙관서의 장에게 제출하여야 하며, 중앙관서의 장이 감사원에 지명경쟁계약의 내용을 통지하는 때에는 동 계약서 사본 및 관련 서류를 함께 제출하여야 한다.

4 지명경쟁과 유사물품의 복수경쟁에 의한 계약

가. 유사물품의 복수경쟁 제도의 의의

(1) '유사물품의 복수경쟁에 의한 계약'은 품질·성능 또는 효율 등에 있어 차이가 있는 유사한 종류의 물품 중에서 품질·성능 또는 효율 등이 일정 수준 이상인 물품을 지정하여 구매하고자 하는 경우에 복수경쟁에 부칠 수 있는 제도를 말하며, 이는 특정 물품이라도 가급적 경쟁을 시키어 수의계약보다 유리한 가격으로 계약목적을 달성하고 기술개발 촉진을 도모하기 위한 제도라고 할 수 있다(영 제25조).

(2) 앞에서 기술한 지명경쟁입찰제도는 입찰참가자를 지명하여 경쟁에 부치는 제도이나 여기의 유사물품의 복수경쟁 입찰제도는 일정 수준 이상의 물품을 지정하여 경쟁에 부치는 제도라는 점에서 차이점이 있다고 할 수 있으며, 다만, 일정 수준 이상인 물품 중에서 일부 특정 물품만을 대상으로 복수경쟁을 부치는 것은 타당하지 않다고 본다.

나. 낙찰자 결정방법

복수의 유사한 종류의 물품에 대해 경쟁입찰을 실시한 후, 물품별로 작성된 예정가격에 대한 입찰금액의 비율이 가장 낮은 입찰자를 낙찰자로 결정한다.

제5절 수의계약

1 수의계약 개요

가. 수의계약의 의의

⑴ 국가계약법 제7조에 의하면 공공계약은 일반경쟁계약을 원칙으로 하되 계약의 목적, 성질, 규모 등을 고려하여 필요하다고 인정되는 경우에 제한 또는 지명경쟁에 부치거나 수의계약(隨意契約)에 의할 수 있으며, 이때 수의계약에 의할 수 있는 사유는 동법시행령 제26조 제1항에 구체적으로 규정하고 있다.

⑵ 동 규정에 의한 수의계약 사유를 살펴보면 경쟁에 부칠 여유가 없거나 경쟁에 부치어서는 계약의 목적 달성이 곤란하다고 판단되는 경우 등 다섯 가지 유형으로 크게 구분하고 각 유형별로 보다 구체적으로 개별사유를 열거하고 있는데, 이러한 수의계약 사유와 계약의 방법에 관한 규정을 종합해 볼 때 '수의계약'이라 함은 '경쟁입찰에 의하지 아니하고 계약담당공무원이 법령에 정해진 기준과 절차에 따라 특정인을 상대로 하여 계약을 체결하는 방법'이라고 정의할 수 있다.

나. 수의계약의 장·단점

⑴ 수의계약은 입찰절차를 거치지 아니함으로 인하여 입찰 비용이 절감될 뿐만 아니라 신속하게 계약을 체결할 수 있으며, 또한 자본과 신용 및 기술·경험 등이 풍부한 계약 상대자를 선택할 수 있는 장점이 있는 반면에, 특정인 선정에 계약담당공무원의 자의성이 개입될 우려가 있고 경쟁입찰에 비하여 계약금액이 높은 사례가 많아 정부 예산이 더 소요될 소지 등의 단점도 내재하고 있는 제도이다.

⑵ 따라서 자의성 개입, 정부 예산 낭비 소지 등의 단점을 고려할 경우 수의계약을 체결하고자 하는 계약담당공무원에게는 경쟁계약에 비해 보다 신중한 업무처리가 요구된다고 할 수 있으며 특히, 법령(영 제26조 제1항 각 호)에 열거된 사유에 해당되는 경우에 한하여 수의계약을 체결할 수 있고 그 밖의 사유에 대하여는 자의적으로 판단하여 수의계약을 체결하여서는 아니 된다는 점을 유의할 필요가 있다고 하겠다.

(3) 한편, 수의계약의 주요 사유는 경쟁에 부치는 것이 곤란하거나 경쟁이 성립 안 되는 경우, 중소기업자 또는 유공자 및 장애인 단체를 배려하는 경우, 소액계약의 경우 등으로 규정되어 있는데, 동 수의계약의 사유는 임의규정에 해당하므로 반드시 수의계약에 의하여야 한다는 의미는 아니다. 따라서 어떤 계약의 방법을 선택할 것인지 여부는 해당 계약목적물의 특성, 상황 등 제반여건을 종합적으로 고려하여 판단할 사항이라고 할 수 있다.

다. 경쟁계약에 관한 규정의 준용(영 제32조)

(1) 앞에서도 기술한 바와 같이 해당 법령에 따른 허가, 인가, 면허 등 경쟁입찰의 참가자격 요건(영 제12조 제1항)은 일반경쟁 입찰에 의한 계약뿐만 아니라 모든 계약방법에 있어 갖추어야 할 기본요건에 해당하므로 여기의 수의계약의 경우에도 준용되며, 또한, 조세포탈 등을 한 자의 입찰참가자격 제한에 관한 사항(영 제12조 제3항부터 제6항)도 준용된다.

(2) 이러한 자격요건과 관련하여 해당 업체가 수의계약을 체결하기 위해서는 수의계약을 체결하려는 시점에 수의계약에 의할 수 있는 요건이 충족되고 있어야 한다.

2 수의계약 사유

계약담당공무원이 수의계약에 의할 수 있는 경우는 다음과 같다(법 제7조 제1항 단서 및 동법시행령 제26조 제1항 : 5가지 유형).

1️⃣ 경쟁에 부칠 여유가 없거나 경쟁에 부쳐서는 계약의 목적을 달성하기 곤란하다고 판단되는 경우로서 다음의 경우

① 천재·지변, 작전상의 병력 이동, 긴급한 행사, 감염병 예방 및 확산 방지, 긴급복구가 필요한 수해 등 비상재해, 원자재의 가격급등, 사고방지 등을 위한 긴급한 안전진단·시설물 개선, 그 밖에 이에 준하는 경우 : 이때 긴급한 행사, 감염병 예방 및 확산방지, 긴급복구가 필요한 수해 등 비상재해 그 밖에 이에 준하는 경우로서 경쟁에 부칠 여유가 없을 경우라 함은 시행령 제35조제4항 등에 따라 긴급 입찰공고에 의한 경쟁입찰에 의하더라도 계약목적의 달성이 곤란한 경우를 말한다.(집행기준 제7조의2)

☞ 공공시설의 사고방지 등을 위해 긴급한 안전진단이 필요하거나 시설물의 안전을 위하여 개선이 필요한 경우 그 시급성을 고려하여 수의계약을 허용하고(2019.9.17.), 또한, 감염병 확산으로 재난위기 극복을 위해 '감염병 예방 및 확산방지' 사업을 수의계약 사유에 추가함(2020.5.1.).

② 국가 안전보장, 국가의 방위계획 및 정보활동, 군시설물의 관리, 외교 관계, 그 밖에 이에 준하는 경우로서 보안상 필요가 있거나, 국가기관의 행위를 비밀리에 할 필요가 있는 경우
③ 방위사업청장이 군용 규격 물자를 연구개발한 업체 또는 「비상대비자원 관리법」에 따른 중점관리대상업체로부터 군용규격물자(중점관리 대상업체의 경우에는 방위사업청장이 지정하는 품목에 한정)를 제조·구매하는 경우
④ 비상재해가 발생한 경우에 국가가 소유하는 복구용 자재를 재해를 당한 자에게 매각하는 경우

② 특정인의 기술이 필요하거나 해당 물품의 생산자가 1인뿐인 경우 등 경쟁이 성립될 수 없는 경우로서 다음의 경우('정부 입찰·계약 집행기준' 제8조 제1항)

① 공사와 관련하여 장래 시설물의 하자에 대한 책임 구분이 곤란한 경우로서 직전 또는 현재의 시공자와 계약을 하는 경우 : 이 경우 하자 책임 구분이 곤란한 경우라 함은 금차공사가 시공 중인 전차공사 또는 하자담보책임기간 내에 있는 전차공사와 그 수직적 기초를 공통으로 할 경우와 전차시공물의 일부를 해체 또는 변경하여 이에 접합시키는 경우를 말함
② 작업상 혼란이 초래될 우려가 있는 등 동일 현장에서 2인 이상의 시공자가 공사를 할 수 없는 경우로서 현재의 시공자와 계약을 하는 경우 : 이 경우 동일현장에서 2인 이상의 시공자가 공사를 할 수 없는 경우라 함은 금차공사가 시공 중에 있는 전차공사와 시공 과정상 시간적, 공간적으로 중복되는 경우를 말함
③ 마감 공사와 관련하여 직전 또는 현재의 시공자와 계약을 하는 경우 : 이 경우 마감 공사라 함은 시공 중에 있는 전차공사 또는 하자담보책임 기간 내에 있는 전차공사에 대한 뒷마무리 공사와 성토, 옹벽, 포장 등의 부대시설공사를 말함
④ 접적 지역 등 특수지역에서 시행하는 공사로서 사실상 경쟁이 사실상 불가능한 경우 : 이 경우 사실상 경쟁이 불가능한 경우라 함은 금차공사가 접적지역, 도서지역(연륙교로 육지와 연결된 지역은 제외), 고산벽지 또는 이에 준하는 특수지역의 공사이거나 특허공법에 의한 공사 및 「건설기술진흥법」 제14조에 따라 지정·고시된 신기술, 「환경기술 및 환경산업지원법」 제7조에 따라 인증 내지 검증받은 기술 또는 「전력기술관리법」(법률 제13741호로 개정되기 전의 것을 말함)제6조의2에 따라 지정·고시된 새로운 전력기술 또는 「자연재해대책법」 제61조에 따라 지정·고시된 방재신기술(각 해당 법률에 따라 지정된 보호기간 또는 유효기간 내의 경우로 한정한다)을 적용하는 공사로서 입찰 적격자가 한정되어 경쟁이 실질적으로 곤란한 경우를 말함
⑤ 특허공법을 적용하는 공사 또는 「건설기술진흥법」 제14조에 따라 지정·고시된 신기술, 「환경기술 및 환경산업 지원법」 제7조에 따라 인증받은 신기술이나 검증받은 기술, 종전의 「전력기술관리법」(법률 제13741호로 개정되기 전의 것을 말한다) 제6조의2에 따라 지정·고시된 새로운 전력기술 또는 「자연재해대책법」 제61조에 따라 지정·고시된 방재신기술(각 해당 법률에 따라 지정된 보호기간 또는 유효기간 내의 경우로 한정한다)을 적용하는 공사로서 사실상 경쟁이 불가능한 경우 : 이 경우 사실상 경쟁이 불가능한 경우라 함은 위 4)의 내용과 동일함

⑥ 해당 물품을 제조·공급한 자가 직접 그 물품을 설치·조립 또는 정비하는 경우
⑦ 이미 조달된 물품의 부품교환 또는 설비확충 등을 위하여 조달하는 경우로서 해당 물품을 제조·공급한 자 외의 자로부터 제조·공급을 받게 되면 호환성이 없게 되는 경우
⑧ 특허를 받았거나 실용신안등록 또는 디자인등록이 된 물품을 제조하게 하거나 구매하는 경우로서 적절한 대용품이나 대체품이 없는 경우
⑨ 해당 물품의 생산자 또는 소지자가 1인뿐인 경우로서 다른 물품을 제조하게 하거나 구매해서는 사업목적을 달성할 수 없는 경우
⑩ 특정인의 기술·품질이나 경험·자격을 필요로 하는 조사·설계·감리·특수측량·훈련 계약, 특정인과의 학술연구 등을 위한 용역계약, 관련 법령에 따라 디자인공모에 당선된 자와 체결하는 설계용역 계약의 경우
⑪ 특정인의 토지·건물 등 부동산을 매입하거나 재산을 임차 또는 특정인에게 임대하는 경우

③ 「중소기업진흥에 관한 법률」 제2조제1호에 따른 중소기업자가 직접 생산한 다음의 제품을 해당 중소기업자로부터 제조·구매하는 경우

① 「중소기업제품 구매촉진 및 판로지원에 관한 법률」 제15조에 따라 성능인증을 받은 제품
② 「소프트웨어산업 진흥법」 제20조에 따라 품질 인증을 받은 제품
③ 「중소기업 기술혁신 촉진법」 제9조제1항제3호에 따른 지원을 받아 개발이 완료된 제품으로서 당초의 수요와 연계된 자가 구매를 협약한 제품
④ 「산업기술혁신 촉진법」 제16조에 따라 신제품으로 인증 받은 제품
⑤ 「산업기술혁신 촉진법」 제15조의2, 「환경기술 및 환경산업 지원법」 제7조, 「건설기술 진흥법」 제14조 또는 「자연재해대책법」 제61조에 따라 인증 또는 지정·고시된 신기술을 이용하여 제조한 제품으로서 주무부 장관이 상용화 단계에서 성능을 확인한 제품
⑥ 「조달사업에 관한 법률 시행령」 제30조에 따라 우수조달 물품으로 지정·고시된 제품
⑦ 「조달사업에 관한 법률 시행령」 제31조에 따라 지정·고시된 우수조달 공동상표의 물품 (기획재정부장관이 고시한 금액 미만의 물품을 구매하는 경우에 한정)
⑧ 과학기술정보통신부 장관이 「지능정보화기본법」 제58조에 따른 정보보호시스템의 성능과 신뢰도에 관한 기준에 합치된 것으로 확인한 제품으로서 「전자정부법시행령」 제69조에 따라 국가정보원장이 정한 정보보호시스템 유형별 도입요건을 준수한 제품
⑨ 「재난 및 안전관리기본법」 제73조의4제1항에 따른 적합성 인증을 받은 재난안전제품
☞ 재난안전 인증제품의 공공조달 판로 지원을 위해 「재난 및 안전관리기본법」에 따른 적합성 인증제품을 수의계약 허용 대상에 포함함(2021. 7.6 개정)

④ 국가유공자 또는 장애인 등에게 일자리나 보훈·복지서비스 등을 제공하기 위한 목적으로 설립된 다음의 어느 하나에 해당하는 단체 등과 물품의 제조·구매 또는 용역 계약(해당 단체가 직접 생산하는 물품 및 직접 수행하는 용역에 한정)을 체결하거나, 그 단체 등에 직접 물건을 매각·임대하는 경우

① 국가보훈처장이 지정하는 국가유공자 자활집단촌의 복지공장
② 「국가유공자 등 단체설립에 관한 법률」에 따라 설립된 단체 중 상이를 입은 자들로 구성된 단체
③ 「중증장애인생산품 우선구매 특별법」 제9조제1항에 따라 지정받은 중증장애인생산품 생산시설
④ 「사회복지사업법」 제16조에 따라 설립된 사회복지법인

5 위의 수의계약 사유 이외에 계약의 목적·성질 등에 비추어 경쟁에 따라 계약을 체결하는 것이 비효율적이라고 판단되는 경우로서 다음의 경우

① 「건설산업기본법」에 따른 건설공사(같은 법에 따른 전문공사는 제외한다)로서 추정가격이 2억원 이하인 공사, 같은 법에 따른 전문공사로서 추정가격이 1억원 이하인 공사 및 그 밖의 공사 관련 법령에 따른 공사로서 추정가격이 8천만원 이하인 공사에 대한 계약 등 ⇒ 세부적인 수의계약 대상은 아래의 '소액수의계약'에서 별도로 기술
② 재외공관이 사용하는 물품을 현지에서 구매하는 경우
③ 물품을 가공·하역·운송 또는 보관할 때 경쟁에 부치는 것이 불리하다고 인정되는 경우
④ 「방위사업법」에 따른 방산물자를 방위산업체로부터 제조·구매하는 경우
⑤ 다른 법령에 따라 국가사업을 위탁 또는 대행할 수 있는 자와 해당 사업에 대한 계약을 하는 경우
⑥ 다른 국가기관 또는 지방자치단체와 계약을 하는 경우
⑦ 「조달사업에 관한 법률」 제27조제1항에 따른 혁신제품을 구매하려는 경우

☞ 공공조달의 혁신에 대한 선도적 구매자 역할을 강화하기 위해 수의계약 대상이 되는 혁신제품 범위를 확대(2020.2.9. 개정)

⑧ 「클라우드컴퓨팅 발전 및 이용자 보호에 관한 법률 시행령」 제8조의2제1항에 따라 선정된 디지털서비스에 관한 계약을 하는 경우

☞ 공공부문의 디지털서비스 이용을 촉진하기 위해 디지털서비스 심사위원회가 선정한 디지털서비스에 대해서는 금액 제한 없는 전면적인 수의계약을 허용. 이를 통해 수요기관이 필요로 하는 디지털서비스를 원하는 조건으로 신속·편리하게 계약할 수 있어 우수한 민간 디지털서비스 공공이용이 활성화 될 것으로 기대(2020.9.29. 신설)

3 수의계약의 체결 절차

가. 견적서 제출 : 2인 이상 제출 원칙(영 제30조 제1항, 규칙 제33조 제3항)

(1) 계약담당공무원이 수의계약을 체결하고자 할 때에는 견적서를 제출받아야 하며, 다만, 전기·가스·수도 등의 공급계약과 추정가격이 100만 원 미만인 물품의 제조·구매·임차 및 용역계약의 경우에는 예외적으로 견적서 제출을 생략할 수 있다.

(2) 위의 경우 견적서 제출은 2인 이상으로부터 받아야 하는 것이나, 다음의 어느 하나에 해당하는 경우에는 1인으로부터 받은 견적서에 의할 수 있다.

① 특정인의 기술이 필요하거나 해당 물품의 생산자가 1인뿐인 경우 등 경쟁이 성립될 수 없는 경우(영 제26조제1항제2호)
② 다른 법령에 따라 국가사업을 위탁 또는 대행할 수 있는 자와 해당 사업에 대한 계약을 하는 경우(영 제26조제1항제5호마목)
③ 혁신제품을 구매하려는 경우(영 제26조제1항제5호사목)
④ 디지털서비스 심사위원회가 선정한 디지털서비스에 관한 계약을 하는 경우(영 제26조제1항제5호아목)
⑤ 재공고 입찰실시 후 수의계약의 경우(영 제27조)
⑥ 낙찰자가 계약을 체결하지 아니할 때 수의계약의 경우(영 제28조)
⑦ 추정가격이 2천만 원 이하인 경우. 다만, 다음의 어느 하나와 계약을 체결하는 경우에는 5천만 원 이하인 경우로 한다.

  i) 「여성기업지원에 관한 법률」 제2조제1호에 따른 여성기업
  ii) 「장애인기업활동 촉진법」 제2조제2호에 따른 장애인기업
  iii) 「사회적기업 육성법」 제2조제1호에 따른 사회적기업, 「협동조합 기본법」 제2조제3호에 따른 사회적 협동조합, 「국민기초생활 보장법」 제18조에 따른 자활기업 또는 「도시재생 활성화 및 지원에 관한 특별법」 제2조제1항제9호에 따른 마을기업 중 기획재정부장관이 정하는 요건을 충족하는 자

⑧ 소액수의계약 대상 중 추정가격 2천만 원(여성 기업 등은 5천만 원)을 초과하는 수의계약의 경우에 전자조달시스템을 이용하여 견적서를 제출받았으나 견적서 제출자가 1인뿐인 경우로서 다시 견적서를 제출받더라도 견적서 제출자가 1인밖에 없을 것으로 명백히 예상되는 경우

나. 중소기업제품의 수의계약 체결기한(영 제26조 제2항)

계약담당공무원이 중소기업제품(영 제26조 제1항 제3호 각 목의 제품)을 구매하려는 경우에는 주무부장관(주무부 장관으로부터 위임받은 자를 포함)이 해당 물품을 인증 또는 지정 등이 유효한 기간(유효한 기간이 연장된 경우에는 연장된 기간까지 포함)의 범위에서 수의계약을 체결할 수 있다. 다만, 해당 물품에 대한 인증 또는 지정 등이 유효한 기간이 6년을 넘는 경우에는 6년까지만 수의계약을 체결할 수 있다.

☞ 중소기업 신기술 인증제품의 공공조달 확대를 위해 중소기업자의 기술개발 인증제품에 대한 수의계약 기간을 인증·지정된 유효기간(최대 6년)으로 조정함(2020.9.29. 개정)

다. 수의계약 대상자의 자격요건 등의 확인(영 제26조 제3항, 제4항)

계약담당공무원이 국가유공자 또는 장애인 단체 등(영 제26조 제1항 제4호)과의 수의계약에 의하는 경우에는 수의계약 대상자의 자격요건, 수의계약의 대상물품의 직접생산 여부를 확인하여야 하며, 이와 같은 사항에 대하여 수의계약 대상자를 감독하는 주무부처의 장에게 확인에 필요한 협조를 요청할 수 있다.

라. 예정가격 작성(영 제7조의2)

계약담당공무원은 수의계약을 체결하고자 하는 경우에도 경쟁입찰의 경우와 같이 미리 예정가격을 작성하여야 하며, 특히 영 제30조 제2항 본문의 소액수의계약 대상 중 추정가격 2천만 이상인 경우에도 예정가격을 작성하여야 한다. 다만, 소액수의계약 대상 중 추정가격 2천만원 이하인 경우와 다른 국가기관 또는 지방자치단체와 수의계약을 체결하는 경우에는 예정가격을 작성하지 아니할 수 있다.

마. 계약상대자 및 계약금액의 결정(영 제30조 제6항)

수의계약을 체결하기 위하여 제출받은 견적서에 기재된 견적가격이 예정가격의 범위에 포함되지 아니하는 경우 등 계약상대자를 결정할 수 없는 때에는 다시 견적서를 제출받아 계약금액을 결정하여야 한다. 이때 예정가격작성을 생략한 경우에는 추정가격에 부가가치세를 포함한 금액을 기준으로 한다.

4 소액수의계약(영 제26조 제1항 제5호)

가. 소액수의계약 대상(추정가격 기준)

1) 공사계약

① 「건설산업기본법」에 따른 건설공사 : 종합공사 4억 원 이하, 전문공사 2억 원 이하
② 그 밖의 공사 관련 법령에 따른 공사 : 1억6천만 원 이하

2) 물품의 제조·구매계약 또는 용역계약

① 추정가격이 2천만 원 이하의 물품의 제조·구매계약 또는 용역계약
② 추정가격이 2천만 원 초과 1억 원 이하인 계약으로서 「중소기업기본법」 제2조제2항에 따른 소기업 또는 「소상공인 보호 및 지원에 관한 법률」 제2조에 따른 소상공인과 체결하는 물품의 제조·구매계약 또는 용역계약. 다만, 다음의 경우에는 소기업 또는 소상공인 외의 자와 체결하는 물품의 제조·구매계약 또는 용역계약을 포함한다.

ⅰ) 소액수의계약 대상 중 추정가격 2천만 원(여성기업 등은 1억 원)을 초과하는 수의계약의 경우에 전자조달시스템을 이용하여 견적서를 받았으나 견적서 제출자가 1인뿐인 경우로서 다시 견적서를 제출받더라도 견적서 제출자가 1인 밖에 없을 것으로 명백히 예상되는 경우(영 제30조제1항제3호)
ⅱ) 계약의 목적이나 특성상 전자조달시스템에 의한 견적서 제출이 곤란한 경우(전문적인 학술연구용역의 경우 등 : 영 제30조제2항 단서, 규칙 제33조제1항, 정부입찰·계약집행기준 제10조제1항)

③ 추정가격이 2천만 원 초과 1억 원 이하인 계약 중 학술연구·원가계산·건설기술 등과 관련된 계약으로서 특수한 지식·기술 또는 자격을 요구하는 다음 물품의 제조·구매계약 또는 용역계약(정부 입찰·계약 집행기준 제10조제5항)

ⅰ) 학술연구, 원가계산, 타당성 조사, 여론조사 용역
ⅱ) 「건설기술진흥법」에 따른 건설기술용역
ⅲ) 「시설물의 안전관리에 관한 특별법」에 따른 안전점검 및 정밀안전진단 용역
ⅳ) 「엔지니어링산업진흥법」에 따른 엔지니어링 활동을 목적으로 하는 용역
ⅴ) 「건설폐기물의 재활용촉진에 관한 법률」 및 「폐기물관리법」에 따른 폐기물처리 용역
ⅵ) 법률자문·회계·감정평가 등 특정 자격을 필요로 하는 용역
ⅶ) 기타 전문적인 지식이나 인력·설비 등을 요하는 용역

④ 추정가격이 2천만 원 초과 1억 원 이하인 계약으로서 다음의 어느 하나에 해당하는 자와 체결하는 물품의 제조·구매계약 또는 용역계약

  ⅰ) 「여성기업지원에 관한 법률」 제2조제1호에 따른 여성기업
  ⅱ) 「장애인기업활동 촉진법」 제2조제2호에 따른 장애인기업
  ⅲ) 「사회적기업 육성법」 제2조제1호에 따른 사회적기업, 「협동조합 기본법」 제2조 제3호에 따른 사회적협동조합, 「국민기초생활 보장법」 제18조에 따른 자활기업 또는 「도시재생 활성화 및 지원에 관한 특별법」 제2조제1항제9호에 따른 마을기업 중 「사회적기업 육성법」 제2조제2호의 취약계층을 전체 근로자의 100분의 30 이상 고용한 자(동 집행기준 제10조제6항)

3) 임대차 계약 등

추정가격(연액 또는 총액을 기준으로 하여 산정) 5천만 이하이며, 이때 "임대차 계약 등"은 공사계약 또는 물품의 제조·구매계약이나 용역계약이 아닌 계약을 말한다.

〈최근 소액수의계약 한도 상향내용 요약(2021.7.6.)〉

구 분	소기업·소상공인 물품·용역	여성·장애인· 사회적 기업	종합공사	전문공사	기타공사
종 전	5천만원 이하	5천만원 이하	2억원 이하	1억원 이하	8천만원 이하
현 행	1억원 이하	1억원 이하	4억원 이하	2억원 이하	1억 6천만원 이하

나. 견적서 제출방법

(1) 계약담당공무원은 소액수의계약(영 제26조 제1항 제5호가목 및 제6항) 대상 중 추정가격이 2천만 원(여성기업, 장애인기업 및 사회적 경제기업 중 어느 하나에 해당하는 자와 계약을 체결하는 경우에는 5천만 원)을 초과하는 수의계약의 경우에는 전자조달시스템을 이용하여 견적서를 제출하도록 해야 한다.

(2) 다만, 계약의 목적이나 특성상 전자조달시스템에 의한 견적서 제출이 곤란한 다음의 경우에는 전자조달시스템을 이용하여 견적서를 제출받을 의무는 없다(영 제30조 제2항 단서, 규칙 제33조 제1항, 정부 입찰·계약 집행기준 제10조 제1항).

① 전문적인 학술연구용역의 경우
② 농·수산물 및 음식물(그 재료를 포함)의 구입 등 신선도와 품질을 우선적으로 고려하여야 하는 경우

③ 기존 시설물을 계속적으로 유지·보수하는 경우로서 전자조달시스템을 이용하여 견적서를 제출받는 경우에는 호환이 되지 않는 등 사실상 유지·보수가 곤란하거나 예산낭비가 우려되는 경우

④ 「건설기술진흥법」에 따른 설계용역 및 타당성조사 용역과 그 밖에 다른 법령에 따른 설계용역의 경우(지역경제 활성화를 위하여 예산을 조기 집행할 필요가 있는 경우만 해당). 다만, 계약담당공무원은 추정가격 2천만 원 이상인 수의계약을 같은 사업체와 3회 이상 체결할 수 없다.

⑤ 재안내 공고를 실시 한 결과 2인 이상으로부터 견적서를 받지 못한 경우, 그 밖에 계약의 목적이나 특성상 전자조달시스템에 의한 견적서를 제출받아 수의계약을 체결하는 경우에는 사실상 계약목적 달성이 어려운 경우

다. 소액수의계약의 체결 절차

1) 안내공고 및 재안내 공고(영 제30조 제3항, 동 집행기준 제10조 제1항)

(1) 소액수의계약을 체결하고자 전자조달시스템을 이용하여 견적서를 제출하도록 하는 경우 그 견적서의 제출에 관한 사항은 전자조달시스템을 이용하여 안내공고를 하여야 한다. 즉, 시행령 제36조 각호에 정한 사항(입찰공고 내용) 중 필요한 사항을 견적서 제출 마감일 전일부터 기산하여 3일 전까지 전자조달시스템을 이용하여 안내공고를 하여야 하며, 이때 안내 공고기간 3일은 공휴일과 토요일은 제외하고 산정한다.

(2) 위와 같은 안내공고에도 불구하고 다음의 어느 하나에 해당하는 때에는 '재안내 공고'를 하여야 한다.

① 경쟁입찰의 참가자격 요건을 갖춘 견적서 제출자가 2인 미만인 경우
② 예정가격 이하로서 소액수의 계약의 계약상대자를 결정하는 기준(집행기준 제10조의2 제1항 각호)을 충족하는 견적서가 없는 경우
③ 견적서를 제출한 자가 1인 이하인 경우 등 계약상대자를 결정할 수 없는 경우(단, 재안내 공고를 실시하더라도 견적서 제출자가 1인 밖에 없을 것으로 명백히 예상되는 경우는 제외)

2) 설계서 등 열람·교부 및 견적서 제출

(1) 소액수의계약대상 중 전자조달시스템을 이용하여 견적서를 제출하게 하는 공사의

경우에는 설계서, 공종별 목적물 물량내역서 기타 견적서 제출에 필요한 서류를 작성·비치하여야 하고, 견적서 제출마감일까지 견적서를 제출하려는 자에게 열람하게 하고 교부하여야 한다. 다만, 물량내역서 및 견적서 제출에 필요한 서류를 전자조달시스템에 게재함으로써 열람 또는 교부에 갈음할 수 있다.

(2) 위의 경우에 있어 계약담당공무원은 견적서를 제출하려는 자에게 견적금액을 적은 견적서를 제출하게 하고, 계약상대자로 결정된 자에게 교부된 물량내역서에 단가를 적은 산출내역서를 착공신고서의 제출 시까지 제출하게 하여야 한다.

3) 사회적기업 등과 수의계약 체결 절차(동 집행기준 제10조 제7항 신설, 2018.12.31.)

계약담당공무원이 사회적기업 등과 수의계약을 체결하려는 경우에는, 수의계약을 체결하려는 자로 하여금 다음에서 정하는 자로부터 취약계층 30% 이상을 고용하고 있는 요건을 충족하였음을 증명하는 확인서 등(계약체결일로부터 6개월 이내에 발급한 서류에 한함)을 제출하게 하여야 한다.

① 「사회적기업 육성법」 제2조 제1호에 따른 사회적기업 및 「협동조합 기본법」 제2조 제3호에 따른 사회적협동조합 : 「사회적기업 육성법」 제20조에 따른 한국사회적기업진흥원
② 「국민기초생활 보장법」 제18조에 따른 자활기업 : 「국민기초생활 보장법」 제15조의2에 따른 중앙자활센터
③ 「도시재생 활성화 및 지원에 관한 특별법」 제2조 제1항 제9호에 따른 마을기업 : 관할 지방자치단체

4) 소액수의계약의 계약상대자 결정(정부 입찰·계약 집행기준 제10조의2)

(1) 계약담당공무원이 전자조달시스템에 의하여 견적서를 제출받은 경우에는 다음의 기준에 따라 계약상대자를 결정한다(추정가격 2천만 원 이상. 다만, 여성기업 등은 5천만 원 이상).
① 공사 : 예정가격을 결정한 경우에는 계약예규 「적격심사기준」에서 정한 추정가격이 10억 원 미만인 공사의 낙찰하한율 이상으로 견적서를 제출한 자 중 최저가격으로 견적서를 제출한 자
② 물품·용역 : 예정가격의 88%(청소용역, 경비용역 등 단순 노무용역의 경우에는 90%) 이상으로 견적서를 제출한 자 중 최저가격으로 견적서를 제출한 자

* **지방계약의 경우** : 공사는 87.745%, 용역·물품은 88%(추정가격 2천만원 이하인 용역·물품은 90%) 이상으로 제출한 자(다만, 「출판문화산업 진흥법」 제22조에 해당하는 간행물을 구매하는 경우에는 예정가격 대비 견적가격을 90% 이상으로 제출한 자)중 최저가격을 제출한 자부터 순서대로 수의계약 배제사유에 해당하지 아니한 자를 계약상대자로 결정

⑵ 다만, 위와 같이 계약상대자로 선정된 자가 다음 어느 하나에 해당되는 경우(결격사유)에는 차순위 자를 계약상대자로 결정한다.

① 견적서 제출 마감일 현재 부도·파산·해산·영업정지 등이 확정된 경우
② 견적서 제출 마감일 현재 「건설산업기본법」 등 공사 관련 법령에 정한 기술자 보유현황이 해당 공사 시공에 필요한 업종등록 기준에 미달하는 자
③ 법 제27조 및 시행령 제76조에 따라 입찰참가자격 제한 기간 중에 있는 자
④ 수의계약 안내공고일 기준 최근 1년 이내에 국가계약법령 또는 다른 법령에 따라 부실시공, 담합행위, 입찰 및 계약서류 위조 또는 허위 제출, 입·낙찰 또는 계약이행 관련 뇌물제공자로서 부정당업자 제재 처분을 받은 사실이 있는 자
⑤ 계약상대자로 결정된 자가 계약체결 이전에 경쟁입찰의 입찰무효 사유에 준하는 등 부적격자로 판명되어 계약상대자 결정이 취소된 경우로서 동 부적격자를 제외하고 비교 가능한 2개 이상의 견적서가 확보되어 있는 경우
⑥ 계약상대자로 결정된 자가 스스로 계약체결을 포기한 경우로서 포기한 자를 제외하고 비교 가능한 2개 이상의 견적서가 확보되어 있는 경우
⑦ 견적서 제출 마감일 기준 최근 3개월 이내에 해당 중앙관서와의 계약 및 그 이행과 관련하여 정당한 이유 없이 계약에 응하지 아니하거나 포기서를 제출한 사실이 있는 자(동 집행기준 제10조의2 제2항 제7호 신설 2018.12.31.)

라. 소액수의계약 시 유의사항 등

1) 소액수의계약 시 유의사항(동 집행기준 제10조의3)

⑴ 동일구조물공사 및 단일공사로서 설계서 등에 의하여 전체 사업내용이 확정된 공사를 시기적으로 분할하거나 공사량을 구조별, 공종별로 분할하여 소액수의계약 대상 공사로 하여 수의계약으로 체결할 수 없다.

⑵ 다만, 동일구조물공사 및 단일공사에 해당하더라도 분할하여 발주할 수 있는 다음의 어느 하나에 해당하는 경우에는 수의계약 체결이 가능하며, 「건설산업기본법」에 따른

공사를 발주하는 경우에 종합공사와 전문공사의 구분은 동 법 제16조 및 동법시행령 제21조에 정한 바에 따른다.

① 다른 법률에 따라 다른 업종의 공사와 분리 발주할 수 있도록 규정된 공사
② 공사의 성질이나 규모 등에 비추어 분할 시공함이 효율적인 공사
③ 설계서가 별도로 작성되어 하자책임 구분이 용이하고 공정관리에 지장이 없는 공사 등으로서 분리 시공하는 것이 효율적이라고 인정되는 공사

2) 추정가격 2천만 원 이하의 경우 준용(동 집행기준 제10조의4)

계약담당공무원은 추정가격이 2천만 원 미만인 계약에 대하여 수의계약을 체결함에 있어 필요하다고 인정하는 경우에는 위에서 기술한 수의계약에 관한 사항을 준용할 수 있다. 즉, 1인으로부터 견적서를 받아 수의시담을 하거나 또는 추정가격 2천만 원 이상의 계약체결 절차를 준용하여 계약상대자 결정이 가능하다.

3) 소기업·소상공인 제품 우선구매(동 집행기준 제10조의5)

계약담당공무원은 중소기업자 간의 제한경쟁계약 대상(시행령 제21조제1항제10호)에 해당하는 계약으로서 추정가격이 2천만 원(여성기업, 장애인기업 및 사회적 경제기업은 5천만 원)이하에 해당하는 경우에는 「중소기업기본법」과 「소기업 및 소상공인 지원을 위한 특별조치법」에 따른 소기업 또는 소상공인과 우선하여 계약을 체결할 수 있다.

5 수의계약과 관련된 그 밖의 사항

가. 계속공사의 수의계약(영 제26조)

1) 계속공사의 개념

국가계약법시행령 제26조 제1항 제2호 가 목부터 다 목에 의하면 하자책임 불분명, 작업상 혼잡 및 마감공사 등의 경우로서 직전 또는 현재의 시공자와 계약을 하는 경우에는 수의계약에 의할 수 있도록 규정하고 있는데, 이와 같이 체결되는 3가지 공사를 계속공사라고 하며 동 규정의 세부 내용은 다음과 같다.

① 공사와 관련하여 장래 시설물의 하자에 대한 책임 구분이 곤란한 경우로서 직전 또는 현재의 시공자와 계약을 하는 경우
② 작업상 혼란이 초래될 우려가 있는 등 동일 현장에서 2인 이상의 시공자가 공사를 할 수 없는 경우로서 현재의 시공자와 계약을 하는 경우
③ 마감공사와 관련하여 직전 또는 현재의 시공자와 계약을 하는 경우

2) 계속공사의 수의계약 금액 결정(영 제31조, 집행기준 제9조)

(1) 계약담당공무원이 계속공사에 대하여 수의계약을 체결하고자 하는 경우에는 수의계약 상대방이 제출한 견적금액이 해당 예정가격에 제1차공사의 낙찰률을 곱한 금액의 범위 이내일 경우에 한하여 그 금액으로 계약을 체결할 수 있다.

(2) 다만, 추정가격 규모에 따라 제1차 공사의 낙찰률이 일정률 미만인 경우에는 아래와 같이 산정한 금액으로 계약을 체결할 수 있다. 이와 같은 방식에 따라 계약금액을 결정하도록 하는 것은 제1차 공사낙찰률이 당해 계속공사를 경쟁입찰(적격심사)에 부칠 경우보다 낮을 때 경쟁입찰 시의 낙찰하한율을 보장하여 주기 위한 장치라고 할 수 있다.

① 제1차공사의 낙찰률이 100분의 87.75 미만인 경우로서 계속공사의 추정가격이 10억 원(전문공사 및 전기·정보통신·소방·문화재공사 등은 3억 원) 미만인 공사는 해당 예정가격에 100분의 87.75를 곱한 금액
② 제1차공사의 낙찰률이 100분의 86.75 미만인 경우로서 계속공사의 추정가격이 50억 원 미만 10억 원(전문공사 및 전기·정보통신·소방·문화재공사 등은 3억 원) 이상인 공사는 해당 예정가격에 100분의 86.75를 곱한 금액
③ 제1차공사의 낙찰률이 100분의 85.5 미만인 경우로서 계속공사의 추정가격이 100억 원 미만 50억 원 이상인 공사는 해당 예정가격에 100분의 85.5를 곱한 금액

나. 재공고 입찰과 수의계약(영 제27조)

(1) 경쟁입찰을 실시한 결과 다음에 해당하는 경우에는 수의계약에 의할 수 있다.

① 경쟁입찰을 실시하였으나 입찰자가 1인뿐인 경우로서 재공고 입찰을 실시하더라도 입찰참가자격을 갖춘 자가 1인밖에 없음이 명백하다고 인정되는 경우. 다만, 「재난 및 안전관리 기본법」 제3조제1호의 재난이나 경기침체, 대량실업 등으로 인한 국가의 경제위기를 극복하기 위해 기획재정부장관이 기간을 정하여 고시한 경우에는 경쟁입찰을 실시했으나 입찰자가 1인뿐인 경우 재공고 입찰을 실시하지 않더라도 수의계약을 할 수 있다(영 제27조 제3항 신설, 2020.5.1.).30)

② 재공고 입찰에 부친 경우로서 입찰자 또는 낙찰자가 없는 경우

　(2) 위 수의계약의 경우 보증금과 기한을 제외하고는 최초의 입찰에 부칠때에 정한 가격 및 기타 조건을 변경할 수 없으므로, 당초 입찰공고에 따른 입찰보증금이나 입찰 마감일 등의 변경은 불가피하지만 입찰참가자격, 추정가격(예정가격) 및 과업내용 등의 조건은 변경할 수 없다.

　(3) 또한, 재공고 입찰에 부친 경우로서 입찰자 또는 낙찰자가 없는 경우에 해당되어 수의계약을 체결하고자 하는 경우에는 국가에 가장 유리한 가격을 제시한 자를 계약상대자로 결정하여야 한다(규칙 제32조). 만약, 재공고 입찰을 거쳐 수의계약까지도 체결할 수 없게 되었을 경우에는 일련의 절차는 종료되었으므로, 예정가격이나 계약조건 등을 변경하여 완전히 새로운 입찰 또는 계약 절차를 밟아야 한다.

다. 낙찰자가 계약을 체결하지 아니할 때의 수의계약(영 제28조)

　(1) 낙찰자가 계약을 체결하지 아니할 때에는 그 낙찰금액보다 불리하지 아니한 금액의 범위 안에서 수의계약에 의할 수 있으며, 다만, 기한을 제외하고는 최초의 입찰에 부칠 때 정한 가격 및 기타 조건을 변경할 수 없다.

　(2) 또한, 낙찰자가 계약체결 후 소정의 기일 내에 계약의 이행에 착수하지 아니하거나, 계약이행에 착수한 후 계약상의 의무를 이행하지 아니하여 계약을 해제 또는 해지한 경우에도 그 금액의 범위 안에서 수의계약을 체결할 수 있다.

　(3) 희망수량경쟁입찰에 있어서 낙찰자 중 계약을 체결하지 아니한 자가 있는 경우에 수의계약에 의할 때에는 물품의 제조나 구매에 있어서는 당해 낙찰자의 낙찰단가 이하로서, 물품의 매각에 있어서는 당해 낙찰자의 낙찰단가 이상으로 계약을 체결하여야 한다.

라. 분할수의계약(영 제29조)

　다음의 경우에 있어서는 예정가격 또는 낙찰금액을 분할하여 계산할 수 있는 경우에 한하여 그 가격 또는 금액보다 불리하지 아니한 금액의 범위 안에서 수인에게 분할하여 계약을 할 수 있다.

---

30) 동 특례규정에 따라 코로나19 극복을 위해 한시적 특례 적용기간을 정하여 연장해 오고 있음[기획재정부 고시 제2022-16호(2022.7.1.)에 따라 2022.12.31.까지 연장]

① 「방위사업법」에 따른 방산물자를 방위산업체로부터 제조·구매하는 경우(영 제26조 제1항제5호라목)
② 재공고 입찰실시 후 수의계약의 경우(영 제27조)
③ 낙찰자가 계약을 체결하지 아니할 때 수의계약의 경우(영 제28조)

마. 설계용역 등에 대한 수의계약의 집행(집행기준 제8조의2 신설, 2018.12.31.)

계약담당공무원은 국가계약법시행령 제26조 제1항 제2호 차목에 따라 「건축서비스산업진흥법」 제21조에 따른 공모의 당선자와 수의계약을 체결하려는 경우 공모의 공고문에서 결정된 대가를 감액하여 수의계약을 체결하여서는 아니 된다.

☞ 이는 설계공모 당선자와 수의계약을 체결함에 있어서 발주기관의 계약 대가 부당 감액 사례를 방지할 수 있도록 당초 공고된 상금을 감액하지 못하도록 규정된 것임

바. 공동수급체와 수의계약

국가계약법 제25조에 의해 계약담당공무원은 필요하다고 인정하면 계약상대자를 둘 이상으로 하는 공동계약을 체결할 수 있으며, 이는 수의계약의 경우에도 적용이 가능하다.

공동수급체와 수의계약을 체결하는 경우에는 원칙적으로 구성원 모두 수의계약 사유에 해당하여야 하나, 계약목적물의 성격상 분리발주가 어려우며 비영리단체의 건설업 면허 보완과 같이 계약목적 달성을 위해서 불가피한 경우 예외적으로 공동수급체의 일부 구성원이 수의계약 사유에 해당하지 않더라도 당해 공동수급체와 수의계약을 체결할 수 있다고 본다.

제3장
예정가격 및 원가계산

제1절 추정가격

제2절 예정가격

제3절 정부원가계산 제도

제4절 제조원가계산

제5절 공사원가계산

제6절 용역원가계산 및 원가계산용역기관

제7절 방산원가대상물자의 원가계산

제1절 추정가격

1 추정가격의 의의

(1) 계약담당공무원이 입찰공고를 할 때에 발주목적물이 국제입찰 대상에 해당되는 지 여부의 판단이나 또는 입찰 및 계약의 방법 결정 등을 하기 위해서는 미리 그 가액을 추산해 보아야 알 수 있게 되는데, 이때 추산하여 작성되는 가격을 추정가격이라고 한다.

이에 따라 국가계약법시행령 제2조에서 '추정가격'이라 함은 '물품·공사·용역 등의 조달계약을 체결함에 있어서 국가계약법 제4조의 규정에 의한 국제입찰 대상여부를 판단하는 기준 등으로 삼기 위하여 예정가격이 결정되기 전에 예산에 계상된 금액 등을 기준으로 하여 산정된 가격'이라고 정의하고 있다.

(2) 동 추정가격은 입찰공고 전에 추산하여 작성되는 가격이므로 낙찰자 및 계약금액의 결정 기준으로 삼기 위해 입찰 또는 계약체결 전에 확정되는 예정가격과는 구분되는 개념으로서 1997. 1월 정부조달 시장개방에 대비한 국가계약법령 정비 시 처음으로 도입되었으며, 도입 이후는 국제입찰 대상 여부를 판단하는 기준뿐만 아니라 그동안 예정가격을 기준으로 입찰 및 계약의 방법을 결정하였던 사항들도 그 이후부터는 모두 동 추정가격을 기준으로 하여 결정되고 있다.

2 추정가격의 역할(기능)

가. 국제입찰대상 여부 등 판단기준

위의 도입 배경에서 기술한 바와 같이 추정가격은 우선적으로 WTO 또는 FTA 정부조달협정에 따른 국제입찰 대상 여부를 판단하는 역할을 수행하는 것인데, 추정가격이 조달협정 금액*이상에 해당하는 경우 국제입찰 대상으로서 입찰공고 내용, 공고기간 등 입찰방법이 다르게 되고 적용법령도 추가되게 된다.

* 공사계약의 경우 500만 SDR(기획재정부장관이 2년마다 원화 환산액을 고시 : 현재는 83억원)

나. 입찰 또는 계약 방법의 판단기준

국제입찰은 추정가격이 고시금액 이상, 지역제한경쟁입찰은 추정가격이 고시금액 미만을 그 대상으로 하고 있으며, 추정가격이 4억원 이하인 종합공사는 소액수의계약 대상으로 하는 등 그 밖의 입찰 및 계약 방법을 금액 기준으로 판단하는 사항은 아래와 같이 모두 추정가격이 그 역할을 수행하고 있다.

〈 입찰 또는 계약방법 결정을 위한 추정가격 기준 〉

구 분	입찰·낙찰 또는 계약방법별 추정가격	관련규정
국제입찰 대상	○ 공사 : 고시금액(83억 원) 이상 ○ 물품·용역 : 고시금액(2.2억 원) 이상	법 제4조
지역제한경쟁입찰 대상(국가기관)	○ 종합공사 : 고시금액(83억 원) 미만 ○ 전문공사 등 : 10억 원 미만 ○ 물품·용역 : 고시금액(2.2억 원) 미만	영 제21조, 규칙 제24조
지역의무공동도급 대상(국가기관)	○ 공사 : 고시금액(83억 원) 미만	영 제72조
낙찰자 결정방법 (공사입찰)	○ 적격심사대상 : 100억 원 미만 ○ 종합심사낙찰제 : 100억 원 이상	영 제42조
내역입찰 및 총액입찰 대상	○ 내역입찰 : 100억 원 이상 공사 ○ 총액입찰 : 100억 원 미만 공사	영 제14조
소액수의계약 대상	○ 종합공사 : 4억 원 이하 ○ 전문공사 : 2억 원 이하 ○ 정보통신 등 : 1억 6천만 원 이하 ○ 물품·용역 : 2천만 원 이하 등	영 제26조 제1항 제5호 가목
제한경쟁입찰 대상	○ 종합공사 : 30억 원 이상 ○ 전문공사 등 : 3억 원 이상	영 제21조, 규칙 제24조
대형공사 기준	○ 대형공사 : 300억 원 이상 신규복합공종공사	영 제79조

3. 추정가격의 산정 기준

(1) 추정가격은 예산에 계상된 금액 등을 기준으로 하여 산정하되, 다음의 기준에 따른 금액으로 한다(영 제7조).

① 공사계약의 경우에는 관급자재로 공급될 부분의 가격을 제외한 금액
② 단가계약의 경우에는 당해 물품의 추정단가에 조달 예정수량을 곱한 금액
③ 개별적인 조달요구가 복수로 이루어지거나 분할되어 이루어지는 계약의 경우에는 다음 중에서 선택한 금액

  ⅰ) 당해 계약의 직전 회계연도 또는 직전 12월 동안 체결된 유사한 계약의 총액을 대상으로 직후 12월 동안의 수량 및 금액의 예상 변동 분을 감안하여 조정한 금액
  ⅱ) 동일 회계연도 또는 직후 12월 동안에 계약할 금액의 총액

④ 물품 또는 용역의 리스·임차·할부구매계약 및 총 계약금액이 확정되지 아니한 계약의 경우에는 다음의 하나에 의한 금액

  ⅰ) 계약기간이 정하여진 계약의 경우에는 총 계약기간에 대하여 추정한 금액
  ⅱ) 계약기간이 정하여지지 아니하거나 불분명한 계약의 경우에는 1월분의 추정지급액에 48을 곱한 금액

⑤ 조달하고자 하는 대상에 선택사항이 있는 경우에는 이를 포함하여 최대한 조달 가능한 금액

(2) 위와 같이 추정가격에는 관급자재로 공급될 부분의 가격이 제외되고 산정되며 또한 부가가치세(VAT)도 제외된다.31) 공사계약의 경우에는 추정가격에 『부가가치세법』에 따른 부가가치세와 관급재료로 공급될 부분의 가격을 합한 금액을 추정금액이라고 한다.

* 부가가치세 포함여부와 관련하여 추정가격에는 동 부가가치세가 제외되는 것이나, 반면에 낙찰자 및 계약금액의 결정 기준으로 삼기 위해 작성되는 예정가격에는 동 부가가치세가 포함되는 점을 유의해야 함

> ▸ 추정가격에는 부가가치세와 관급자재가격 제외
> ▸ 추정금액 = 추정가격 + 부가가치세 + 관급자재

---

31) 참고로, 추정가격에 부가가치세를 포함시키지 않게 된 것은 대외개방 당시 부가가치세만큼 국제입찰 대상에서 제외되도록 하기 위해 기획재정부가 회계통첩을 시달한 이후 지금까지 그대로 운영되고 있으며, 외국의 경우에도 개방대상금액 여부를 결정함에 있어 대부분 부가가치세를 포함시키지 않으나 일부 국가는 포함시키고 있는 사례도 있음(일본은 포함, 유럽은 제외)

제3장 예정가격 및 원가계산

제2절 예정가격

Ⅰ. 예정가격 개요

1 의의 및 도입 배경

가. 예정가격의 의의

(1) 계약담당공무원은 국가계약법 제8조의2의 규정에 따라 입찰 또는 수의계약 등에 부칠 사항에 대하여 낙찰자 및 계약금액의 결정 기준으로 삼기 위하여 미리 해당 규격서 및 설계서 등에 따라 예정가격을 작성하여야 하며, 동 예정가격을 작성할 경우에는 계약수량, 이행 기간, 수급상황, 계약조건 등을 고려하여 계약목적물의 품질·안전 등이 확보되도록 적정한 금액을 반영하여야 한다.[32]

따라서 공공계약제도에 있어 '예정가격'이라 함은 '입찰 또는 수의계약 등에 부칠 사항에 대하여 낙찰자 및 계약금액의 결정 기준으로 삼기 위하여 미리 해당 규격서 및 설계서 등에 따라 작성된 금액'이라고 정의할 수 있으며, 동 예정가격에는 부가가치세가 포함되는 것이나 관급자재로 공급될 부분의 가격은 포함되어 있지 않다.

(2) 한편, 동 예정가격은 계약담당공무원이 입찰 전에 미리 작성하여 누설되지 않도록 보관하여야 하는 것이나, 현실적으로는 보안의 한계로 인하여 계약담당공무원이 직접 작성하지 못하고 예정가격 결정의 전 단계인 기초금액을 기준(±2%)으로 하여 작성된 복수예비가격(15개) 중 일부(4개)를 추첨한 후 평균하여 산정하고 있다.

> ▸ 예정가격에는 부가가치세가 포함, 관급자재가격은 제외
> ▸ 예정금액 = 예정가격 + 관급자재가격

---

[32] 종전에는 '예정가격'이 법률에 규정된 바 없이 시행령(제2조 제2호)에 정의하여 운용해 왔으나, 예정가격이 낙찰자 및 계약금액 결정의 기준이 되는 가격으로서 국가계약에 관한 중요하고 본질적인 사항에 해당되는 것으로 보아 그 작성근거를 법률로 상향하고, 아울러 발주기관이 예정가격 작성 시에는 계약목적물의 품질 및 안전 등의 확보를 위해 적정한 금액을 반영하도록 의무를 부여함(의원발의 : 법 제8조의2 신설, 2019.11.26.)

〈 추정가격과 예정가격의 비교 〉

구 분	추정가격	예정가격
작성목적	국제입찰대상여부, 입찰 및 계약방법 등의 판단 기준	낙찰자 및 계약금액의 결정기준
작성시기	입찰공고 전, 입찰 및 계약 방법 결정시	추정가격 작성 후 입찰 또는 계약체결 전
작성자	계약담당공무원	계약담당공무원
부가가치세	불 포 함	포 함
관급자재	불 포 함	불 포 함
공개여부	공개가능	비 공 개

나. 제도 도입의 취지와 정부 예산과의 관계

(1) 국가계약법령상 예정가격 제도는 입찰자들이 담합을 통해 과도하게 입찰금액을 높이는 것을 방지하기 위해 도입된 것이므로, 예정가격이 입찰금액의 상한으로 기능한 다는 것이 제도 도입의 취지라고 할 수 있다. 이러한 제도 도입의 취지와 예산집행에 관한 법령*을 고려할 경우 낙찰금액 또는 계약금액은 예정가격을 초과할 수 없으며, 또한, 동 예정가격은 해당 사업예산을 초과할 수 없는 것이다.

* 「국고금관리법」 제20조 : 계약의 체결 등 지출원인행위는 배정된 예산 범위에서만 하여야 함

> 낙찰금액(또는 계약금액) ≤ 예정가격 ≤ 사업예산

(2) 위의 제도 도입 취지에 따른 예정가격의 상한 기능으로 인하여 국고의 부담(예산지출)이 되는 경쟁입찰에 있어 예정가격이 작성되는 경우에는 동 예정가격을 초과하여 입찰한 자는 무효 사유에는 해당하지 않지만 낙찰자가 될 수 없고, 입찰절차가 없는 수의계약의 경우에 있어서도 계약상대자로 선정될 수가 없는 것이다. 다만, 예정가격이 작성되지 않은 일괄입찰과 기본설계기술제안입찰의 경우에는 해당 사업에 배정된 예산을 상한 기준으로 하고 있다(영 제87조 제3항, 제106조 제3항 등).[33]

---

[33] 이와 같은 예정가격의 상한기능에도 불구하고 일부에서 예정가격을 초과한 자의 계약체결 가능여부에 대하여 논란이 발생함에 따라, 정부는 이를 불식시키기 위해 종합심사낙찰제, 협상에 의한 계약, 경쟁적 대화에 의한 계약체결, 실시설계기술제안 입찰의 경우 예정가격 이하로 입찰한 중에서 낙찰자를 결정하도록 법령에 명시하여,

2 예정가격의 기능

가. 계약금액의 상·하한제 역할

⑴ 국고의 부담(예산지출)이 되는 경쟁입찰에 있어서는 예정가격 이하로 입찰서를 제출한 자로서 적격심사 또는 종합심사 등의 방법으로 낙찰자를 결정하여 계약을 체결하게 되므로, 동 예정가격이 계약금액의 상한제 역할을 하고 있다. 즉, 국가계약법시행령 제42조 등에 따라 낙찰대상자는 예정가격 이하로 투찰한 자로 제한하게 됨에 따라 동 예정가격이 계약금액의 상한(cap)을 구속하는 기능이 있다고 할 수 있는 것이다.

⑵ 또한, 동 시행령 제41조에 따라 세입(수입)의 원인이 되는 경쟁입찰에 있어서는 예정가격 이상으로서 최고가격으로 입찰한 자를 낙찰자로 결정하여 계약을 체결하게 되는 것이므로, 이 경우에는 동 예정가격이 계약금액의 하한제 역할을 하고 있다는 것을 알 수 있다.

나. 낙찰자 또는 계약상대자 결정 기준

1) 적격심사낙찰제 및 종합심사낙찰제의 경우

⑴ 추정가격 100억 원 미만의 공사에 적용되고 있는 적격심사낙찰제에 있어 입찰가격의 평가는 예정가격 대비 입찰금액의 비율이 100분의 88에 해당하는 경우 만점으로 하되, 그 이상은 예산이 더 소요된다는 점에서 감점해 나가고 그 이하는 부실공사 우려에 따라 감점해 나간다. 따라서 예정가격은 입찰금액을 평가하는 기준이 되며, 이는 수행능력 평가 결과와 합산하여 낙찰자가 결정되므로 곧 낙찰자 결정 기준이 되는 것이다.

⑵ 한편, 종합심사낙찰제에 있어서도 입찰가격의 평가는 예정가격과 균형가격을 통해 입찰금액에 따른 가격점수를 일정 산식에 따라 도출*하게 되므로 동 예정가격이 입찰금액의 적정성 평가의 기준이 되고 있으며, 이는 수행능력 평가 결과와 합산되어 낙찰자가 결정되므로 곧 낙찰자의 결정 기준이 되고 있다.

* 상세한 입찰금액 심사점수 산출방식은 공사계약의 종합심사낙찰제 참조(제5장 제3절)

예정가격을 초과한 계약체결 불가 원칙을 명확히 함 (영 제42조 제4항 및 제104조 등 개정, 2021.7.6.)

2) 수의계약의 경우

발주기관이 수의계약을 체결하고자 할 때 제출받은 견적서에 기재된 견적가격이 예정가격(생략된 경우에는 추정가격에 부가가치세를 합한 금액)의 범위에 포함되지 아니하는 경우 등 계약상대자를 결정할 수 없는 때에는 다시 견적서를 제출받아 계약금액을 결정하여야 하므로, 수의계약의 경우에도 발주기관이 작성한 예정가격이 계약상대자를 결정하는 기준이 되고 있다(국가계약법시행령 제30조 제6항).

다. 설계변경 시 계약금액조정의 기준

(1) 공공공사의 계약이행 중 계약상대자의 귀책 사유로 설계변경에 따른 계약금액을 조정하는 경우에는 국가계약법시행령 제65조 제3항 제1호에 따라 증감되는 공사량에 대한 단가는 계약단가를 적용하는 것이 원칙이나, 다만, 증가되는 수량의 계약단가가 예정가격단가보다 높을 경우에는 동 예정가격단가를 적용하도록 하여 조정의 기준이 되고 있다.

(2) 이는 입찰자가 미리 설계변경으로 특정품목의 물량이 증가되는 것을 예상하고 산출내역서 작성 시 동 특정품목에 대하여 높게 작성한 단가를 인정하지 않기 위한 것이며, 이에 따라 대부분의 계약단가는 예정가격 단가보다는 낮게 구성하여 투찰하는 것이 일반화되고 있다. 따라서 본 규정은 불균형입찰단가(unbalanced bid price)를 사전 예방하는 효과도 있다고 할 수 있다.

라. 낙찰률 산정의 기준

(1) 입찰 실시 결과 '낙찰률'이라 함은 '발주기관이 작성한 예정가격 대비 입찰참가자들의 입찰금액 중 낙찰된 금액의 비율'을 의미함으로 예정가격이 곧 낙찰률 산정의 기준이 되며, 동 낙찰률은 덤핑입찰에 따른 부실시공 우려 또는 수주건설업체의 수익성 판단 등 낙찰금액의 적정성 여부를 판단하는 중요한 기준이 되고 있다.

> ▸ 낙찰률(%) = (낙찰금액/예정가격) × 100

(2) 한편, 여기의 낙찰률 산정과 관련하여 일괄입찰(턴키입찰)이나 기본설계기술제안 입찰은 예정가격이 작성되지 아니하므로 낙찰률이란 개념 자체가 없다는 것을 유의할 필요가 있다. 따라서 예정가격이 아닌 사업예산 대비 낙찰금액의 비율을 낙찰률이라고

해서는 아니되며, 만약에 사업예산에 근접한 높은 비율을 낙찰률이라고 발표할 경우에는 당해 사업예산 범위 내에서 기술경쟁을 하게 되는 입찰제도의 취지를 몰각하는 결과를 초래할 수도 있고 또한, 담합 또는 예산 낭비 등 오해의 소지도 있게 되기 때문이다.

3 예정가격의 작성 및 결정방법

가. 예정가격의 작성·비치

앞에서 기술한 바와 같이 계약담당공무원이 입찰 또는 수의계약 등에 부치고자 할 때에는 낙찰자 및 계약금액의 결정 기준으로 삼기 위하여 미리 예정가격을 작성하게 되는데(법 제8조의2 제1항), 동 예정가격을 작성하는 경우에는 해당 규격서 및 설계서 등에 따라 예정가격을 결정하고 이를 밀봉하여 미리 개찰장소 또는 가격협상 장소 등에 두어야 하며 누설되지 아니하도록 하여야 한다(영 제7조의2 제1항).

☞ 법원은 "예정가격은 형법 제127조 소정의 '공무상 비밀'에 해당하므로 예정가격을 누설한 공무원에게 형사상 책임이 있는 것이며, 건설회사 임직원과 관계 공무원 간의 공모로 최종 낙찰 예정가격을 사전에 알아내 그에 근접한 금액으로 낙찰을 받은 경우 그 입찰 및 이로 인해 이루어진 공사도급 계약의 효력까지 무효"라고 판시한 바 있음(대법원 1997.7.25. 선고 97다15852)[34]

나. 예정가격 작성의 예외

1) 예정가격을 작성하지 않는 계약

①설계·시공 일괄입찰 방식에 의한 계약(영 제79조 제1항 제5호)
②기본설계 기술제안입찰 방식에 의한 계약(영 제98조 제3호)

* 위 두 가지 입찰방식은 발주기관이 실시설계서를 작성하지 아니하므로 예정가격을 작성할 수 없음

2) 예정가격의 작성을 생략할 수 있는 계약

① 소액 수의계약(영 제26조 제1항 제5호 가목)

ⅰ) 추정가격 4억 원 이하 종합공사 등 소액수의계약(* 2021.7.6. 한도 상향)

---

34) 형법 제127조(공무상 비밀의 누설) 공무원 또는 공무원이었던 자가 법령에 의한 직무상 비밀을 누설한 때에는 2년 이하의 징역이나 금고 또는 5년 이하의 자격정지에 처한다.

ii) 「재난 및 안전관리 기본법」 제3조 제1호에 따라 기획재정부장관이 고시한 수의계약. 다만, 위 소액 및 재난 등의 수의계약 대상 중 영 제30조 제2항 본문에 따라 전자조달시스템을 이용하여 견적서를 제출하게 하는 경우에는 예정가격을 작성하여야 함[추정가격 2천만 원(여성기업, 장애인기업 및 사회적 경제기업은 5천만 원)을 초과하는 수의계약의 경우]

② 다른 국가기관 또는 지방자치단체와 수의계약(영 제26조 제1항 제5호 바목)
③ 협상에 의한 계약(영 제43조)
④ 경쟁적 대화에 의한 계약(영 제43조의3)
⑤ 개산계약(영 제70조)

다. 예정가격의 결정방법

(1) 예정가격은 경쟁계약이든 수의계약이든 원칙적으로 계약을 체결하고자 하는 사항의 가격의 총액에 대하여 결정해야 한다. 장기계속공사나 장기물품제조 등의 계약을 체결하고자 하는 경우에는 총공사·총제조 등에 대하여 예산상의 총 공사금액 또는 총 제조금액 등의 범위 안에서 예정가격을 결정해야 하며, 이때 총공사·총제조 등의 금액에는 관급자재 금액은 제외한다(영 제8조).

(2) 이와 같이 예정가격의 총액 결정 원칙에도 불구하고, 일정한 기간 계속하여 제조·공사·수리·가공·매매·공급·임차 등을 하는 계약의 경우에 있어서는 단가에 대하여 결정할 수 있다.

라. 예정가격의 변경

경쟁입찰에 있어서 입찰자나 낙찰자가 없는 경우 또는 낙찰자가 계약을 체결하지 아니하는 경우에는 재공고입찰에 부칠 수 있고, 재공고 입찰에 있어서도 입찰자나 낙찰자가 없는 경우에는 수의계약 체결이 가능하다. 이 경우 보증금과 기한을 제외하고는 최초의 입찰에 부칠 때에 정한 가격 및 기타 조건을 변경할 수 없다. 그러나, 재공고 입찰에 있어서도 입찰자나 낙찰자가 없는 경우로서 당초의 예정가격으로는 수의계약을 체결할 수 없는 때에는 당초의 예정가격을 변경하여 새로운 절차에 의한 경쟁입찰에 부칠 수 있다.

4 예정가격의 결정 절차

가. 일반적인 절차

1) 예산가격

예산서 상에 계상된 사업비를 말하며, 지출원인행위에 해당하는 계약의 체결은 「국고금관리법」 제20조에 따라 배정된 예산의 범위 내에서 하여야 하므로, 예정가격 역시 예산범위 내에서 작성하여야 한다.

2) 추정가격 작성

국제입찰 대상 여부, 입찰 및 계약 방법 등의 판단기준으로 삼기 위하여 입찰공고를 하기 전에 작성하며 예산에 계상된 금액 등을 기준으로 추산하여 작성한다.

3) 설계가격 또는 조사가격 작성

기술 또는 설계담당공무원(원가계산 용역기관 포함)이 설계서에 따라 거래실례가격, 원가계산에 의한 가격, 감정가격, 견적가격 등으로 작성하거나 직접 조사하여 작성한다.

* 조달청은 수요기관(발주기관)이 작성한 설계가격을 검토하여 조사금액을 작성함

4) 기초금액 작성

기초금액은 기술 또는 설계담당공무원(원가계산 용역기관 포함)이 작성한 설계가격 또는 조사가격에 대하여 계약담당공무원(보조자 포함)이 이의 적정 여부를 검토·조정한 후 부가가치세를 합산하여 작성한 금액으로서 예정가격으로 확정되기 전 단계의 가격을 말한다.

이와 같은 기초금액을 작성하기 위해 계약담당공무원이 설계가격 또는 조사가격을 검토한 결과 재료비, 노무비, 경비 등의 비목 산정에 있어 물량이나 단가가 계약예규 "예정가격 작성기준"에 정해진 기준에 비하여 과다 또는 과소 반영되어 있는 경우에는 이를 가감조정 한 후 부가가치세를 합산하여 기초금액을 확정하고 예정가격 조서에 그 조정내용과 사유를 명시하여야 한다.

5) 예정가격 결정

계약담당공무원이 예정가격 조서의 형식으로 작성된 기초금액에 대하여 최종적으로 예정가격을 결정하게 되는 데, 이 경우 표준품셈에 정해진 물량, 관련 법령에 따른 기준가격 및 비용 등을 부당하게 감액하거나 과잉 계상되지 않도록 하여야 하며 불가피하게 이와 다르게 결정한 때에는 그 조정 사유를 예정가격 조서에 명시하여야 한다(기준 제2조).

지금까지 살펴본 바와 같이 국가계약법령상 예정가격은 계약담당공무원이 기초금액을 기준으로 작성하여 누설되지 않도록 보관하여야 하지만, 보안상 한계로 인하여 아래와 같이 추첨방식으로 운용되고 있는 것이 현실이다.

나. 복수예비가격 작성과 예정가격 결정

1) 복수예비가격 작성 배경

(1) 공공기관이 발주하는 공사 또는 용역 등의 입찰에 있어 그 비중은 차이가 있으나 가격평가 요소가 낙찰자 결정에 항상 영향을 미치게 되며, 입찰가격에 대한 평가는 발주기관이 미리 작성한 예정가격이 결정적 역할을 하게 된다. 특히, 적격심사낙찰제의 경우 실적, 기술능력 등 수행능력 부분의 변별력이 상실(대부분 만점 획득)되어 사실상 예정가격을 기준으로 산정되는 입찰가격 점수에 의하여 낙찰자가 결정되게 된다.

(2) 이처럼 동 예정가격이 낙찰자 선정에 결정적 역할을 하게 되므로 절대 누설되어서는 아니 되는 것이나, 현실적으로는 보안의 한계에 직면하게 되어 추첨방식으로 예정가격을 결정하기 위해 작성되는 것이 "복수예비가격"이라고 할 수 있다. 즉, 발주기관에서는 예정가격의 사전유출을 방지하기 위해 예정가격 결정의 전 단계인 기초금액을 기준으로 복수의 예비가격을 작성하고 동 예비가격 중 일부를 추첨한 후 평균한 가격을 예정가격으로 결정하여 낙찰자 결정의 기준으로 삼고 있다.

따라서 복수예비가격은 예정가격을 결정하기 위한 전 단계의 가격으로서 그 자체가 예정가격이 아니고 추첨되어 산술 평균한 가격이 최종적으로 예정가격에 해당하는 것이며, 이러한 현실을 감안하여 기획재정부와 행정안전부도 다음과 같이 복수예비가격 운영 근거를 예규에 규정하게 된 것이다.

2) 국가기관 및 공공기관의 경우(기획재정부 계약예규 "예정가격작성 기준" 제4장)

1 복수예비가격 방식에 의한 예정가격의 결정(기준 제44조의2)

각 중앙관서의 장 또는 계약담당공무원은 예정가격의 유출이 우려되는 등 필요하다고 인정되는 경우 복수예비가격 방식에 의해 예정가격을 결정할 수 있으며, 이 경우에는 계약예규 "예정가격 작성기준" 제4장에서 정한 절차와 기준을 따라야 한다.

2 복수예비가격 방식에 의한 예정가격 결정 절차(기준 제44조의3)

① 계약담당공무원은 입찰서 제출 마감일 5일 전까지 기초금액을 작성하여야 하며, 이 경우 기초금액이라 함은 계약담당공무원이 국가계약법시행령 제9조 제1항*의 방식으로 조사한 가격으로서 예정가격으로 확정되기 전 단계의 가격을 말한다. 다만, 「출판문화산업 진흥법」 제22조에 해당하는 간행물을 구매하는 경우에는 간행물의 정가를 말한다.

* 국가계약법시행령 제9조(예정가격의 결정기준) 제1항 : ① 거래실례가격 ② 원가계산에 의한 가격 ③ 표준시장단가 ④ 감정가격·유사한 거래실례가격·견적가격

② 계약담당공무원은 기초금액의 ±2% 금액 범위 내에서 서로 다른 15개의 가격("복수예비가격")을 작성하고 밀봉하여 보관하여야 한다.

③ 계약담당공무원은 입찰을 실시한 후 참가자 중에서 4인(우편입찰 등으로 인하여 개찰장소에 출석한 입찰자가 없는 때에는 입찰사무에 관계없는 자 2인)을 선정하여 복수예비가격 중에서 4개를 추첨토록 한 후 이들의 산술평균 가격을 예정가격으로 결정한다.

④ 유찰 등으로 재공고 입찰에 부치려는 경우에는 복수예비가격을 다시 작성하여야 한다.

3 세부기준 및 절차의 작성(기준 제44조의4)

① 각 중앙관서의 장은 계약예규 "예정가격 작성기준" 제4장에서 정하지 아니한 사항으로서 복수예비가격에 의한 예정가격의 작성과 관련하여 필요한 사항에 대하여는 세부기준 및 절차를 정하여 운용할 수 있다.

② 또한, 위의 예정가격 결정 절차 규정에도 불구하고 「전자조달의 이용 및 촉진에 관한 법률」 제2조 제4호에 따른 국가종합전자조달시스템 또는 동법 제14조에 따른 자체 전자조달시스템을 통해 전자입찰을 실시하는 경우에는 해당 기관이 정하는 기준에 따라 예정가격을 결정할 수 있다.

* 조달청의 전자입찰 시의 예정가격 결정 : 조달청 고시 "국가종합전자조달시스템 전자입찰특별유의서" 제12조(전자입찰의 예정가격 결정) 참조

3) 지방자치단체의 경우

행정안전부 예규 "지방자치단체 입찰·계약 집행기준" 제2장 제3절 참조

예정가격의 산정과정

□ 추정가격 산정
   ◦ 예산에 계상된 금액 등으로 입찰공고 전에 산정

□ 설계가격 또는 조사가격 작성
   ◦ 기술 또는 설계담당 공무원 (원가계산용역기관 등)이 설계서에 따라 원가계산 방식 등으로 설계가격을 작성

□ 기초금액 작성
   ◦ 계약담당부서에서 설계가격 또는 조사가격을 토대로 재료비·노무비·경비 등의 물량과 가격 등의 적정 여부를 검토·조정한 후 부가가치세를 합산하여 작성
   ※ 예정가격 작성 원칙 : 계약담당공무원이 기초금액의 물량과 가격이 해당 비목의 반영 기준에 비하여 과다·과소 반영되어 있는 경우 이를 가감조정하고, 예정가격조서에 그 내용과 사유를 명시 → 예정가격 확정

□ 복수예비가격 작성
   ◦ 기초금액의 일정 범위에서 다수(15개)의 예비가격 작성
   ◦ 각 발주기관 별 상·하 범위

기관명	국가기관 및 공공기관(조달청, 공기업·준정부기관 등)	지방자치단체
범 위	±2% (98%~102%)	±3% (97%~103%)

□ 예정가격 결정
   ◦ 입찰참가자 중 선정된 4인이 추첨한 4개의 복수예비가격을 산술평균

제3장 예정가격 및 원가계산

Ⅱ. 예정가격의 결정기준

1 결정기준 개요(영 제9조)

가. 예정가격의 결정기준 원칙(영 제9조 제1항)

계약담당공무원이 낙찰자 및 계약금액의 결정 기준으로 삼기 위하여 예정가격을 결정하는 경우에는 다음의 가격을 기준으로 하여야 한다.

① 적정한 거래가 형성된 경우 : 거래실례가격(법령의 규정에 의하여 가격이 결정된 경우에는 그 결정가격의 범위 안에서의 거래실례가격)
② 신규개발품이거나 특수규격품 등의 특수한 물품·공사·용역 등 계약의 특수성으로 인하여 적정한 거래실례가격이 없는 경우 : 원가계산에 의한 가격
③ 공사의 경우 : 이미 수행한 공사의 종류별 시장거래가격 등을 토대로 산정한 표준시장단가로서 중앙관서의 장이 인정한 가격
④ 제①호 내지 제③호의 규정에 의한 가격에 의할 수 없는 경우 : 감정가격, 유사한 물품·공사·용역 등의 거래실례가격 또는 견적가격

나. 예정가격의 결정기준 특례(영 제9조 제2항)

위와 같은 예정가격의 결정 기준에도 불구하고 해외로부터 수입하고 있는 군용물자 부품을 국산화한 업체와 계약을 체결하려는 경우에는 그 수입가격 등을 고려하여 방위사업청장이 인정한 가격을 기준으로 하여 예정가격을 결정할 수 있다. 이는 군용물자 부품의 국산화 개발유도를 위해 예정가격 결정방법의 특례를 설정한 것으로서, 국산화 개념과 수입가격 결정 및 방위사업청장이 인정한 가격 등 세부적인 사항에 대해서는 방위사업법령에 별도로 정하여 운용하고 있다.

다. 결정기준 적용 순서

계약담당공무원이 예정가격을 결정함에 있어서는 적정한 거래가 형성된 경우에는 먼저 동 거래실례가격을 적용하고, 동 거래실례가격이 없는 경우에는 원가계산에 의한 가격(또는 표준시장 단가)에 의한 가격에 의하며 마지막으로 감정가격 등에 의하여야 한다.

이 경우 '감정가격 등'의 경우에는 감정가격, 유사한 거래실례가격 및 견적가격의 순으로 결정해야 하므로, 계약담당공무원이 예정가격을 결정함에 있어서 전체적인 적용순서는 다음과 같다고 할 수 있다.

> ① 거래실례가격 → ② 원가계산에 의한 가격(또는 공사의 경우 표준시장단가에 의한 가격)
> → ③ 감정가격 → ④ 유사한 거래실례가격 → ⑤ 견적가격

2 결정기준별 세부내용

가. 거래실례가격에 따른 예정가격 결정

1) 거래실례가격의 유형 및 적용

⑴ 법령의 규정에 의하여 가격이 결정된 경우에는 그 결정가격의 범위 안에서의 거래실례가격에 의하여 예정가격을 결정하며, 적정한 거래가 형성된 경우 거래실례가격으로 예정가격을 결정할 때에는 다음의 어느 하나에 해당하는 가격으로 한다(규칙 제5조).

① 조달청장이 조사하여 통보한 가격(나라장터의 가격정보시스템을 통하여 제공)
② 기획재정부장관에게 등록한 전문가격조사기관이 조사하여 공표한 가격
③ 계약담당공무원이 2 이상의 사업자에 대하여 당해 물품의 거래를 직접 조사하여 확인한 가격

⑵ 위와 같이 거래실례가격으로 예정가격을 결정할 때에는 적용 우선순위가 없으므로, 계약담당공무원이 계약목적물의 내용 및 특성, 현장 상황 등을 종합적으로 고려하여 3가지 유형 중 어느 하나를 선택·적용하게 된다고 할 수 있다.

2) 일반관리비와 이윤 가산 배제

거래실례가격으로 예정가격을 결정 시에는 동 가격에 이미 일반관리비와 이윤이 반영되어 있으므로 별도로 일반관리비와 이윤을 가산하여서는 아니 된다. 다만, 원가계산에 의하여 예정가격을 작성하는 경우 재료비 등 단위당 가격을 거래실례가격에 의하는 때에는 하나의 원가요소를 구성하므로 일반관리비와 이윤을 가산한다.

나. 원가계산에 따른 예정가격 결정

신규개발품이거나 특수규격품 등의 특수한 물품·공사·용역 등 계약의 특수성으로 인하여 앞에서 기술한 적정한 거래실례가격이 없는 경우 원가계산에 의하여 예정가격을 결정한다.

⇒ "원가계산에 의한 예정가격 결정"에 대하여는 다음 장에서 별도로 상세히 기술함

다. 표준시장단가에 따른 예정가격 결정

1) 표준시장단가 개요

(1) 공사계약의 경우 예정가격을 원가계산방식에 의하여 결정하지 않고 이미 수행한 공사의 종류별 시장거래가격 등을 토대로 산정한 표준시장단가로서 중앙관서의 장이 인정한 가격으로 결정할 수 있는데, 이때 중앙관서의 장은 이미 수행한 공사의 종류별 계약단가 및 입찰단가와 시공단가 등을 토대로 시장 상황과 시공 상황을 고려하여 산정하여야 한다.

(2) 동 표준시장단가 제도는 2004년 도입하여 운영되어 왔던 실적공사비 제도가 업계의 과당경쟁으로 저가 낙찰 누적에 따른 지속적 하락으로 실제 시장가격을 반영하지 못함으로써 시설물의 품질 저하 및 건설업체의 경영악화 등 많은 문제점이 발생하게 됨에 따라, 2014년 실제 시장가격이 반영되도록 실적공사비의 기준이 되는 계약단가뿐만 아니라 입찰단가 및 시공단가 등 다양한 가격들을 수집·검증하여 활용할 수 있도록 보완된 제도이다.[35]

⟨ 원가계산 방식과 표준시장단가 방식의 비교 ⟩

구 분	원가계산 방식	표준시장단가 방식
내역서 작성방식	설계자 및 발주기관에 따라 상이함	표준분류체계인 "수량산출기준"에 의해 내역서 작성 통일
단가산출 방법	품셈을 기초로 원가계산	계약단가, 입찰단가, 시공단가 등을 기초로 축적한 공종별 실적 단가에 의해 계산
직접공사비	재·노·경 단가 분리	재·노·경 단가 포함
간접공사비 (제경비)	비목(노무비 등)별 기준	직접공사비 기준

---

35) 실적공사비 제도 : 정부는 공공 건설공사의 예정가격을 표준품셈으로만 산정(원가계산)하는 데는 한계가 있다고 보고, 이미 수행한 건설공사의 계약단가를 활용하는 실적공사비에 의한 가격을 토대로 예정가격을 결정할 수 있는 제도를 지난 2004년에 도입하여 표준시장단가제도 이전까지 시행하여 옴

2) 공사비 구성 비목 및 적용대상(예정가격작성 기준 제37조)

표준시장 단가에 의한 예정가격은 직접공사비, 간접공사비, 일반관리비, 이윤, 공사손해보험료 및 부가가치세의 합계액으로 하고, 추정가격이 100억 원 미만인 공사에는 적용되지 아니한다.

〈 공사비 구성 비목 〉
직접공사비 + 간접공사비 + 일반관리비 및 이윤 + 공사손해보험료 + 부가가치세

3) 비목별 세부 산정 방법

1 직접공사비(동 기준 제38조)

(1) 직접공사비란 계약목적물의 시공에 직접적으로 소요되는 비용을 말하며, 계약목적물을 세부 공종(계약예규 「정부 입찰·계약 집행기준」 제19조 등 관련 규정에 따른 수량 산출기준에 따라 공사를 작업 단계별로 구분한 것)별로 구분하여 공종별 단가에 수량(계약목적물의 설계서 등에 의해 그 완성에 적합하다고 인정되는 합리적인 단위와 방법으로 산출된 공사량)을 곱하여 산정한다.

이 경우 공종별 단가를 산정함에 있어 재료비 또는 직접공사경비 중의 일부를 제외할 수 있으며, 해당 계약목적물 시공 기간의 소요(소비)량을 측정하거나 계약서, 영수증 등을 근거로 금액을 산정하여야 한다.

(2) 직접공사비는 다음의 비용을 포함하며, 각 중앙관서의 장 또는 각 중앙관서의 장이 지정하는 기관은 직접공사비를 공종별로 직접조사·집계하여 산정할 수 있다.

① 재료비 : 재료비는 계약목적물의 실체를 형성하거나 보조적으로 소비되는 물품의 가치
② 직접노무비 : 공사현장에서 계약목적물을 완성하기 위하여 직접작업에 종사하는 종업원과 노무자의 기본급과 제수 당, 상여금 및 퇴직급여충당금의 합계액
③ 직접공사경비 : 공사의 시공을 위하여 소요되는 기계경비, 운반비, 전력비, 가설비, 지급임차료, 보관비, 외주가공비, 특허권 사용료, 기술료, 보상비, 연구개발비, 품질관리비, 폐기물처리비 및 안전관리비

2 간접공사비(동 기준 제39조)

(1) 간접공사비란 공사의 시공을 위하여 공통적으로 소요되는 법정경비 및 기타 부수적인

비용을 말하며, 직접공사비 총액에 비용별로 일정 요율을 곱하여 산정한다. 이 경우 일정 요율이란 관련 법령에 의해 각 중앙관서의 장이 정하는 법정 요율을 말하며, 다만 법정 요율이 없는 경우에는 다수기업의 평균치를 나타내는 공신력이 있는 기관의 통계자료를 토대로 각 중앙관서의 장 또는 계약담당공무원이 정한다.

(2) 간접공사비는 다음의 비용을 포함한다.

① 간접노무비 ② 산재보험료 ③ 고용보험료 ④ 국민건강보험료 ⑤ 국민연금보험료
⑥ 건설근로자퇴직공제부금비 ⑦ 산업안전보건관리비 ⑧ 환경보전비
⑨ 기타 관련 법령에 규정되어 있거나 의무 지워진 경비로서 공사원가계산에 반영토록 명시된 법정경비
⑩ 기타간접공사경비(수도광열비, 복리후생비, 소모품비, 여비, 교통비, 통신비, 세금과 공과, 도서인쇄비 및 지급수수료)

3 **일반관리비**(동 기준 제40조)

일반관리비는 기업의 유지를 위한 관리활동 부문에서 발생하는 제 비용으로서, 직접공사비와 간접공사비의 합계액에 일반관리비율을 곱하여 계산한다. 다만, 동 일반관리비율은 공사 규모별로 아래에서 정한 비율을 초과할 수 없다.

〈공사별·규모별 일반관리비율 상한〉

종합공사		전문·전기·정보통신·소방 및 기타공사	
직접공사비+간접공사비	일반관리비율(%)상한	직접공사비+간접공사비	일반관리비율(%)상한
50억 원 미만	6.0	5억 원 미만	6.0
50억 원~300억 원 미만	5.5	5억~30억 원 미만	5.5
300억 원 이상	5.0	30억 원 이상	5.0

4 **이 윤**(동 기준 제41조)

이윤은 영업이익을 말하며 직접공사비, 간접공사비 및 일반관리비의 합계액에 이윤율을 곱하여 계산한다. 이 경우 이윤율은 10%를 초과할 수 없으며 비영리 법인의 이윤은 법령이나 정관에서 정한 목적사업 이외의 수익사업에서 발생하는 이익을 말한다(지방자치단체 입찰 및 계약 집행기준 제2장).

5 **공사손해보험료**(동 기준 제42조)

공사손해보험료는 계약예규「정부 입찰·계약 집행기준」제13장에 따른 공사손해보험 가입 비용을 말한다(공사원가계산 시의 공사손해보험료 산정 방법을 준용).

총 괄 집 계 표
(예정가격작성기준 별표 6)

공사 명 :   공사 기간 :

구 분		금 액	구 성 비	비 고
직접공사비				
간접공사비	간 접 노 무 비 산 재 보 험 료 고 용 보 험 료 안 전 관 리 비 환 경 보 전 비 퇴 직 공 제 부 금 비 수 도 광 열 비 복 리 후 생 비 소 모 품 비 여비·교통비·통신비 세 금 과 공 과 도 서 인 쇄 비 지 급 수 수 료 기 타 법 정 경 비			
일 반 관 리 비				
이 윤				
공 사 손 해 보 험 료				
부 가 가 치 세				
합 계				

제3장 예정가격 및 원가계산

> 참고) '23년도 표준시장단가 관리계획(2023.1.1. 국토교통부 발표)
> ① 현장단가 적시 반영 : 주요 관리 공종 확대 및 개정 주기 단축
>   - 공사비 영향도가 높은 주요 관리공종을 204개에서 308개로 확대하고, 주요 관리공종의 개정주기를 2년에서 1년으로 단축하여 건설현장의 단가를 신속하게 반영토록 함
> ② 물가지수 현실화 : 재료비·경비 물가보정 시 건설공사비지수 적용
>   - 생산자물가 지수 대신 건설부문의 물가변동분을 나타내는 건설공사비지수를 사용토록 함

라. 감정가격 등에 의한 예정가격 결정(규칙 제10조)

1) 감정가격

감정가격은 『부동산가격공시 및 감정평가에 관한 법률』에 의한 감정평가법인 또는 감정평가사(부가가치세법 제8조에 따라 평가 업무에 관한 사업자등록증을 교부받은 자에 한함)가 감정평가 한 가격을 말한다. 이 경우 "감정평가"라 함은 토지 등의 경제적 가치를 판정하여 그 결과를 가액으로 표시하는 것을 말하며, 『부동산가격공시 및 감정평가에 관한 법률』 제27조에 따라 신고를 한 감정평가사와 제28조에 따라 인가를 받은 감정평가법인을 "감정평가업자"라고 한다.

감정가격에 따라 예정가격을 결정할 경우 둘 이상의 감정평가기관에서 평가한 가격을 산술평균하여 산정하되, 다만, 예상 감정가격이 5백만 원 이하이거나 하나의 감정평가 기관에 평가를 의뢰해도 예정가격 결정이 가능하다고 계약담당자가 판단한 경우에는 1개 감정평가기관의 감정평가액을 예정가격으로 결정할 수 있다(지방자치단체 집행기준 제2장 제4절).

2) 유사한 거래실례가격

유사한 거래실례가격은 기능과 용도가 유사한 물품의 거래실례가격을 말하며, 앞에서 기술한 적정한 거래실례가격이 없고 원가계산이나 감정하기에도 곤란한 경우에 적용된다.

3) 견적가격

견적가격은 계약상대자 또는 제3자로부터 직접 제출받은 가격을 말하며, 적정한 거래 실례가격이 없고, 원가계산 가격, 감정가격 및 유사한 거래실례가격 등도 곤란하여 마지막 순서로 예정가격을 결정하는 방법에 해당한다.

3 세액합산 등

가. 예정가격에 포함되는 세액 및 계상방법(규칙 제11조)

예정가격에는 ① 부가가치세법에 의한 부가가치세 ② 개별소비세법에 따른 개별소비세 ③ 교육세법에 의한 교육세 ④ 관세법에 의한 관세 ⑤ 농어촌특별세법에 의한 농어촌특별세액을 포함시켜야 한다.

원가계산에 의한 가격으로 예정가격을 결정하는 경우 그 예정가격은 원가계산방식에 의하여 계산한 금액에 부가가치세 등 위에 열거된 세액을 합하여 이를 계산한다. 이 경우 원가계산의 비목별 원재료의 단위당 가격은 위에 열거된 세액을 감한 공급가액으로 하며, 부가가치세의 경우에는 당해 계약목적물의 공급가액에 부가가치세율을 곱하여 산출한다.

나. 부가가치세가 면제되는 재화 또는 용역을 공급하는 자의 경우

부가가치세법 제26조 제1항 또는 조세특례제한법 제106조 제1항의 규정에 의하여 부가가치세가 면제되는 재화 또는 용역을 공급하는 자와 계약을 체결하기 위하여 원가계산에 의한 방식으로 예정가격을 결정하는 경우에는 당해 계약상대자가 부담할 비목별 원재료의 부가가치세 매입세액 해당액을 원가계산방식에 의하여 계산한 금액에 합산한다.

이는 계약상대자가 원재료 매입 시에는 부가가치세가 부과된 상태이므로 그 만큼에 해당하는 금액(원재료가격의 10%)을 예정가격에 합산해 주어야 하기 때문이다.

제3장 예정가격 및 원가계산

제3절 정부원가계산 제도

1 원가이론 일반

가. 원가와 비용

1) 원가의 개념

"원가(cost)"는 재화와 서비스의 획득에 사용된 경제적 가치의 소비액을 의미한다. 즉, 원가는 경제주체가 보유하고 있는 경제적 자원의 단순한 소멸이 아닌 유형·무형의 산출물을 획득하는 데 투입된 자원의 가치를 표현한 것으로서, 일반적으로 경제주체가 재고자산이나 유형 자산의 매입·제조·획득을 통하여 발생시키게 된다. 이러한 원가의 개념을 종합해 보면 원가는 다음의 네 가지 요건이 구비 되는 것을 필요로 한다.[36]

① 경제적 가치에 소비된 것이어야 한다.
② 반대급부를 수반한 것이어야 한다.
③ 경영과 직·간접적으로 관련된 것이어야 한다.
④ 정상적으로 소비된 것이어야 한다.

2) 원가계산의 목적

(1) 원가계산(cost accounting)이라 함은 제품의 생산 또는 용역의 제공을 위하여 투입된 원가를 정확하게 집계·분석하는 것을 말하며, 「기업회계기준」 제90조의 규정에 따라 회사가 재무제표를 작성하기 위하여 제품의 원가를 산정함에 있어 준거하여야 할 세부 사항으로 「원가계산준칙」을 제정(증권선물위원회)하여 운영되고 있다.

(2) 회계전문기관인 한국공인회계사회는 기업이 원가계산을 하는 목적을 위와 같은 재무제표 작성에 필요한 자료 제공을 포함하여 다음과 같이 제시하고 있다.

---

[36] * 미국 회계학회(AAA)의 원가관리위원회 : '원가'란 특정한 목적을 위하여 발생하고, 또한 발생할 가능성이 있는 희생을 화폐가치로 측정한 것
 * 방산원가대상물자의 원가계산에 관한 규칙 제2조 : '원가'란 방산원가 대상물자를 생산하거나 연구하기 위하여 소비하는 각종 재화와 용역을 화폐가치로 환산한 가액

① 재무제표 작성에 필요한 원가자료의 제공
② 가격 결정에 필요한 원가자료의 제공
③ 원가관리에 필요한 원가자료의 제공
④ 예산편성 및 예산통제에 필요한 원가자료의 제공
⑤ 경영의 기본계획 수립에 필요한 원가정보의 제공

3) 원가와 비용과의 관계

(1) 원가(cost)와 비용(expense)은 소비된다는 점에서는 동일하다고 할 수 있으나 그 소비의 목적에 있어서 차이점이 발생한다. 즉, 원가는 경제적 가치를 창출하기 위한 소비로서 항상 반대급부의 대가를 유발하는 것으로서 원가계산상의 소비라고 할 수 있으며, 이에 반해 비용은 반대급부를 유발하지 않고 경영상의 필요적 경비로서 소비되는 것을 말한다.[37]

(2) 동 비용은 발생주의 회계에서 수익(revenue)과 대비되는 개념으로 비용 동태설의 입장에서는 이를 소멸원가라고 하고, 원가를 미소멸 원가로 표현하기도 한다. 독일의 경제학자 '슈바렌바하'는 원가와 비용의 관계를 다음과 같이 구분하고 있다.

① 중성비용 : 손익계산서상의 비용이지만 원가가 아닌 것으로, 생산에 직접 관계가 없는 기부금 등의 판매비와 관리비, 영업 외 비용 등이 여기에 해당함
② 목적비용 : 손익계산서상의 비용인 동시에 원가인 것으로, 대부분의 원가는 이 비용에 해당함
③ 기초원가 : 원가이지만 비용인 것으로, 직접재료비와 직접노무비가 여기에 해당함
④ 부가원가 : 원가이지만 비용이 아닌 항목으로, 장부상 감가상각이 끝난 유형자산의 이용에 따른 감가상각비, 자기자본에 대한 이자, 수증자산의 감가상각비 등을 말함

나. 기업원가계산과 정부원가계산의 비교

1) 원가계산 목적의 차이

(1) 기업은 공장 내에서 제품의 제조에 투입된 원가를 제조원가라 하고 여기에 완성된 제품을 판매하기 위하여 소비된 비용(판매비와 관리비)을 더한 것을 총원가(total cost)라고

---

[37] 이와 같이 원가와 비용은 명확히 다른 개념이지만 현실적으로는 혼용되어 사용되기도 하는데, 예를 들어 원가계산 비목을 재료원가, 노무원가 등으로 표현하는 것이 정확하지만 재료비, 노무비 등으로 표현하고 있음

하며, 이러한 총원가에다가 일정한 이윤(희망이익)을 가산하여 판매가격을 결정하게 된다. 기업이 원가계산을 하는 목적은 앞에서 기술한 바와 같이 재무제표 작성에 필요한 원가자료의 제공이 주된 목적이지만, 위와 같은 판매가격의 결정에 필요한 원가자료를 제공하기 위한 것도 중요한 목적 중의 하나라고 할 수 있다.

[기업 제품제조의 원가구성(기업 원가계산준칙)]

			이 윤	
		판 매 비	총 원 가	판매가격
		일반관리비		
	간접 재료비	제 조 원 가		
	간접 노무비			
	간접 경 비			
직접 재료비	직 접 원 가			
직접 노무비				
직접 경 비				

(2) 이에 반하여 정부가 원가계산을 하는 목적은 물품·공사(工事)·용역 등 재화와 서비스를 획득하는 정부조달(Government Procurement) 사업수행에 필요한 적정가격을 산정하기 위한 것이다. 즉, 정부조달사업을 수행하기 위해 발주기관은 입찰 및 계약체결 전에 낙찰자 또는 계약금액을 결정하는 기준으로 삼기 위해 미리 예정가격을 작성하게 되는 데, 정부의 원가계산은 이러한 예정가격을 결정하기 위해 실시하는 것으로서 재무제표의 작성에 필요한 원가자료의 제공, 제품의 판매가격 결정 등 기업이 실시하는 원가계산의 목적과는 근본적으로 다르다고 할 수 있다.

[국가계약법령상 제조원가 구성(예정가격 작성기준)]

		부 가 가 치 세	
	이 윤	총 원 가	예정가격
	일 반 관 리 비		
직·간접 재료비	제 조 원 가		
직·간접 노무비			
경 비			

〈참고〉 방산원가대상물자의 원가계산

▸ 방산물자의 제조원가는 원가 발생이 제품생산과 관련하여 해당 제품에 직접 부과할 수 있는지 여부에 따라 구분하고 있으므로 기본적으로는 실발생 비용을 적용하는 기업의 제조 원가계산 방식을 따른다고 할 수 있음. 다만, 기업의 경우처럼 제품을 판매하기 위한 것이 아니라 정부가 방산물자를 획득하기 위한 원가계산이라는 점에서 차이점이 발생하고 있음

▸ 즉, 이윤을 추구하는 일반기업은 재무제표 작성이나 판매가격 산정 등을 목적으로 원가계산을 하기 때문에 총원가에 판매수수료, 대손상각비, 접대비 등 판매비 성격의 비목이 포함되고 있으나, 방산물자 원가계산은 정부가 방산물자 획득을 위한 비용을 산정하기 위하여 실시하는 것이므로 기업의 판매비 성격의 비목은 제조원가 계상에서 제외되는 것임. 그 대신, 방위산업의 특성 및 보호육성 등을 고려하여 총원가 이외에 보상비 개념의 이윤과 사장품 가격 및 제세 등 기타 금액을 별도로 계상하고 있는 것이 특징임

[방위사업법령상 제조원가 구성(방산원가계산 규칙)]

			이　　윤	
			기타 금액	
		일반 관리비		계산가격
	간접 재료비	제 조 원 가	총 원 가	
	간접 노무비			
	간접 경　비			
직접 재료비	직 접 원 가			
직접 노무비				
직접 경　비				

2) 원가계산 방법의 차이

원가계산방식을 원가계산을 하는 시점에 따라 사전원가계산과 사후원가계산으로 구분할 경우 사전원가계산(pre-estimate costing)은 제조 착수 전 또는 주문을 받기 전에 미리 원가를 견적하여 계산하는 방법이다. 이에 반해 사후원가계산은 생산이 완료된 후에 생산에 실제로 소비된 원가를 계산하는 것으로서 실제원가계산이라고 한다.

따라서, 기업이 재무제표 작성과 판매가격 결정 등에 필요한 원가 자료의 획득을 위해 실시하는 원가계산은 사후원가계산 또는 실제원가계산(actual costing)에 해당하며, 정부가 낙찰자 또는 계약금액의 결정 기준으로 삼기 위해 작성하는 예정가격은 미리 작성하게 되므로 사전원가계산 또는 추정원가계산에 해당되어 차이점이 있는 것이다.

3) 원가의 비목 인정 및 산정의 차이

위에서 기술한 바와 같이 기업은 재무제표의 작성, 제품의 판매가격 결정 등에 필요한 자료의 제공을 위해 원가계산을 실시함에 따라 실제 발생된 비용 모두를 인정하게 되는 반면에, 정부는 예정가격 작성을 위해 발생 예정인 비용을 사전에 계산하게 되는 것이므로 그 특성상 실 발생 비용 모두를 인정하는 사후 원가계산방식과는 구분된다.

즉, 기업의 경우 실 발생 원가 비목을 모두 인정하고 각 비목의 계산도 실 구입 가격 또는 실 발생 단가를 적용하지만, 정부의 원가계산은 사전원가계산 방식의 특성상 재료비·노무비·경비·일반관리비·이윤 등으로 비목을 구분하여 한정하고 있다. 이 경우 각 비목의 비용도 규격서, 설계서 등에 따라 물량을 산출한 다음 이에 적용되는 단위당 가격은 거래실례가격, 시중 노임 등 표준적인 단가를 기준으로 하여 산정하는 점에서 차이점이 있다.

4) 직접원가와 간접원가의 개념 차이[38]

1 기업제품의 원가계산에 있어 직접원가와 간접원가

(1) 기업제품의 경우 발생된 원가가 제품에 직접적으로 추적 가능 여부에 따라 직접원가와 간접원가로 구분할 수 있다. 생산되는 제품이 여러 가지인 경우에 한 제품에서 직접적으로 발생하는 것은 직접원가(direct costs)이고 여러 제품에서 공통적으로 발생하는 것은 간접원가(indirect costs)이다.

즉, 기업원가계산에 있어 직접원가는 특정 제품에 대하여 개별적으로 구체적인 인과관계가 분명하게 인지될 수 있는 원가로서, 특정 제품에 직접 부담시킬 수 있는 원가를 말한다. 예를 들어, 원가대상을 제품으로 할 경우 그 제품에 직접 부과할 수 있는 직접재료비, 직접노무비, 직접경비로 구분하며, 경비는 대부분 간접원가이지만 특정 제품의 설계비, 특허권 사용료 또는 외주가공비 등은 직접원가로 구분한다.

(2) 이와 반면에 간접원가는 특정 제품에 대하여 개별적으로 구체적인 인과관계의 식별이 불가능한 원가를 말한다. 동 간접원가는 다수 제품에 공통적 또는 간접적으로 소비되는 원가요소이므로, 이것을 제품별로 부담시키기 위해서는 인위적으로 배분하여야

---

[38] 공공공사의 공사기간 연장(중단된 기간 동안)에 따라 발생하는 실비를 일반적으로 '공기연장 간접비'라고 많이 사용하고 있으나 이는 타당하지 않음. 왜냐하면, 공사가 중단된 동안 발생되는 실비에는 간접노무비 뿐만 아니라 직·간접 구분이 없는 경비, 일반관리비 및 이윤항목도 포함하고 있으며, 또한, 발생한 원가의 추적가능여부에 따라 구분하는 기업제품의 직·간접원가 개념과도 배치되기 때문임. 따라서 공기연장 '추가비용' 또는 '추가공사비'라는 용어를 사용하는 것이 합리적인 것임

한다. 구체적으로 간접재료비, 간접노무비, 간접경비로 구분되나, 대부분 경비로 구성되며 보조 재료인 수선용 재료, 동력용 연료 등의 재료비와 공장장·기사·수위 등의 급료와 임금 등의 노무비도 간접원가에 포함된다.

② 예정가격 작성을 위한 정부 원가계산에 있어 직접원가와 간접원가

(1) 정부의 사전적 원가계산방식의 특성에 따라 재료비의 경우 실체 형성 여부에 따라 직·간접을 구분하고 있고, 노무비의 경우 현장에서 직접 작업의 종사 여부에 따라 직·간접을 구분하고 있으며 경비의 경우에는 이러한 직·간접 구분 자체가 없다(예정가격 작성기준).

① 재료비 : 계약목적물의 실체를 형성하는 물품의 가치를 직접재료비라 하고, 실체를 형성하지는 않으나 보조적으로 소비되는 물품의 가치를 간접재료비라 함
② 노무비 : 제조(공사)현장에서 계약목적물을 완성하기 위해 직접 작업에 종사하는 자가 제공하는 노동력의 대가를 직접노무비라 하고, 직접 작업에 종사하지 않으나 작업현장에서 보조 작업에 종사하는 자의 임금을 간접노무비라 함
③ 경비 : 직·간접 구분이 없으며, 총 23개 비목과 그밖에 법정경비로 구분하여 각 각 산정하도록 하고 있음(직접 계산이 가능한 비목은 규격서 등에 따라 계산하고, 직접 계산이 불가능한 비목은 비율분석방법을 통하여 계산함)

(2) 따라서 정부가 시행하는 원가계산은 사전에 이루어지는 특성상 실제 발생한 원가를 사후에 해당 제품에 직접대응 여부에 따라 구분되고 있는 기업의 원가계산에 있어 직·간접 원가 개념과는 전혀 다르다는 것을 유의할 필요가 있는 것이다.

2 정부원가계산제도 개요

가. 정부원가계산의 목적

(1) 발주기관은 법 제8조의2에 따라 입찰 및 수의계약 등에 부칠 사항에 대하여 낙찰자 및 계약금액의 결정기준으로 삼기 위하여 미리 해당 규격서 및 설계서 등에 따라 원칙적으로 예정가격을 작성하여야 하며, 동 예정가격을 결정하고자 할 때에는 우선적으로 거래실례가격에 따라 결정하되 신규개발품이거나 특수규격품 등의 특수한 물품·공사·용역 등 계약의 특수성으로 인하여 적정한 거래실례가격이 없는 경우에는 원가계산에 의한 가격으로 예정가격을 결정하게 된다(영 제9조 제1항).

(2) 위와 같이 발주기관이 원가계산을 하는 목적은 예정가격을 결정하기 위한 것으로서 판매가격 결정 등을 위해 기업이 실시하는 원가계산과 구분되며, 또한, 공공입찰 및 계약업무 절차상 미리 원가를 견적하여 계산하는 사전원가계산 방식이 큰 특징으로서 사후 실발생 비용을 산정하는 기업원가계산방식과의 차이점 또한 유의할 필요가 있다.

나. 정부원가계산의 대상 및 중요성

(1) 조달청 통계에 의하면 공공 조달시장의 규모[39]는 최근 GDP의 9%를 넘는 등 매년 증가 추세에 있으며, 이와 같은 규모의 물품·공사·용역 등을 조달하고자 할 경우 미리 작성하게 되는 예정가격은 원가계산에 의한 가격으로 결정하는 비중이 가장 크다고 할 수 있다. 즉, 예정가격의 결정은 현실적으로 물품구매 등 일부에 적용되는 거래실례가격 및 감정가격 등의 방법을 제외하고는 원가계산에 의한 가격으로 하게 되며, 특히, 조달시장 규모가 가장 큰 건설공사의 경우에는 적정한 거래실례가격이 없으므로 대부분 원가계산방식(일부는 표준시장단가 방식)으로 예정가격이 작성된다.

(2) 한편 정부원가계산은 위와 같이 규모 측면에서 큰 비중을 차지하고 있을 뿐만 아니라 예산집행과 관련하여도 대단히 중요하다고 할 수 있다. 왜냐하면, 과다하게 원가계산이 되었다면 예산낭비를 초래하게 되고 그와 반대로 과소하게 계상이 되었다면 공공재의 품질저하, 계약상대방의 경영악화 등의 문제점을 야기 시킬 수 있기 때문이다. 기업의 경우에도 원가를 정확히 집계·분석하지 못할 경우 이윤목표 달성에 차질이 발생하고 나아가 경영합리화에도 영향을 미치게 되어 그 중요성 측면에서는 동일하다고 할 수 있다.

다. 정부원가계산 제도의 법령 체계

(1) 정부의 원가계산제도는 비목 구성이나 소요 비용 계산방식 등이 매우 세분화되어 있어 법령에 모두 기술하지 못하고 세부적인 사항은 하위규정으로 위임하여 주무 부처인 기획재정부장관이 정하여 운영하고 있다. 즉, 국가계약법과 동법시행령 및 시행규칙에서는 예정가격 결정기준으로서 원가계산 근거, 원가계산 비목 구성요소, 원가계산을 할 때 단위당 가격기준, 원가계산 시 적용할 업종별 일반관리비율 및 이윤율 등 기본적인 사항만 규정하고, 구체적 원가계산 방식에 대해서는 기획재정부장관이 정한 계약예규 『예정가격 작성기준』에 규정하고 있다.

---

[39] 2018년 : 141.3조(GDP의 7.4조), 2019년 : 160조(GDP의 8.3%), 2020년 : 175.8조(GDP의 9.1%)

(2) 참고로, 방위사업법 제46조에 의하여 방위산업 물자(방산물자)의 조달 등 계약의 특례대상에 대하여 계약을 체결하는 경우에 원가계산의 기준과 방법에 대하여는 국방부령인「방산원가대상물자의 원가계산에 관한 규칙」을 별도로 제정하여 운용하고 있으며, 동 방산원가규칙은 실제 발생된 비용을 적용하도록 함으로서 기본적으로는 기업의 원가계산방식을 따르고 있는 점이 가장 큰 특징이라고 할 수 있다.

라. 정부원가계산 구분

1) 제조·공사·용역 원가계산(규칙 제6조 제1항, 예규 제3조 및 제4조)

제조, 공사 및 용역의 경우 원가계산에 의한 방법으로 예정가격을 결정함에 있어서는 다음의 비목을 포함시켜야 한다.

① 재료비 : 계약목적물의 제조·시공 또는 용역 등에 소요 되는 규격별 재료량에 그 단위당 가격을 곱한 금액
② 노무비 : 계약목적물의 제조·시공 또는 용역 등에 소요 되는 공종별 노무량에 그 노임단가를 곱한 금액
③ 경 비 : 계약목적물의 제조·시공 또는 용역 등에 소요 되는 비목별 경비의 합계액
④ 일반관리비 : 재료비·노무비 및 경비의 합계액에 일반관리비율을 곱한 금액
⑤ 이 윤 : 노무비·경비(외주 가공비와 기술료제외) 및 일반관리비의 합계액에 이윤율을 곱한 금액

2) 수입 물품의 원가계산(규칙 제6조 제2항)

① 원가계산 대상

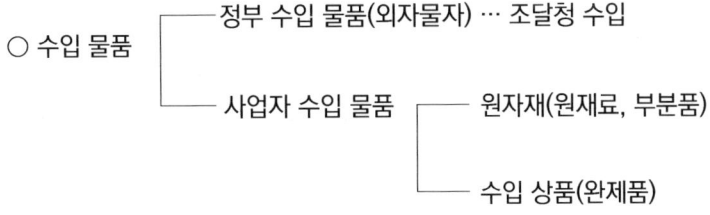

○ 원가계산 대상 …개인사업자 수입 물품

수입 물품은 정부와 개인사업자가 외국에서 생산하거나 가공된 원재료, 부분품 및 완제품을 국내로 도입하는 물품으로서 그중에서 정부 원가계산의 대상은 개인사업자가 수입한 물품이다. 동 수입 물품의 가격은 외국으로부터 도입하여 판매 또는 제조에 투입될 때까지의 발생 비용을 포함, 산출하는 것이 일반적인 계산 방법이다.

② 수입 물품의 원가계산 비목

수입 물품을 구매하는 경우 원가계산에 의한 가격으로 예정가격을 결정함에 있어서는 그 예정가격에 다음의 비목을 포함시켜야 한다(규칙 제6조 제2항). 만약, 수입 물품을 국내에서 발주기관의 요구에 맞게 제작하여야 하고 납품 후 발생하는 사후관리비용을 추가코자 하는 경우라면 동 비용을 예정가격에 계상하는 것이 타당하다(기획재정부 회제 41301-507, 2002.4.15.).

① 수입물품의 외화표시원가
② 통관료
③ 보세창고료
④ 하역료
⑤ 국내운반비
⑥ 신용장개설수수료
⑦ 일반관리비(①~⑥의 합계액에 수입 물품 구매에 대한 일반관리비율을 곱한 금액)
⑧ 이윤(②~⑦의 합계액에 수입 물품의 구매에 대한 이윤율을 곱한 금액)

3 정부원가계산의 비목별 가격결정 원칙

가. 비목별 가격 결정과 물량산출 방법(기준 제5조)

1) 비목별 가격 결정

(1) 재료비, 노무비, 경비는 각각 아래에 정한 산식에 따르며, 공사원가계산의 경우 비목별 가격은 각 중앙관서의 장 또는 그가 지정하는 단체에서 제정한 "표준품셈"에 따라 산출할 수 있다(기준 제34조 제2항).

① 재료비 = 재료량 × 단위당 가격

② 노무비 = 노무량 × 단위당 가격
③ 경　비 = 소요(소비)량 × 단위당 가격

(2) 특히, 공사계약의 원가계산에 있어 기 체결한 물품제조·구매계약(국가기관·지방자치단체·공공기관이 발주한 계약)의 내역을 재료비의 단위당 가격으로 활용하려는 경우에는 해당 물품의 예정가격 또는 계약예규「예정가격작성 기준」제44조의3에 따른 기초가격을 재료비의 단위당 가격으로 적용하며, 물품제조·구매계약의 계약금액은 시행규칙 제7조에 따른 거래실례가격으로 보지 아니한다.

공사원가 계산과 관련하여 이와 같이 특별히 규정하고 있는 것은 발주기관의 과도한 예정가격 삭감 방지를 위해 예정가격 작성 시 원가계산의 단위당 가격으로 종전 물품의 계약 내역을 활용하려는 경우에는 기체결한 물품의 낙찰단가(예정가격×낙찰률)를 단위당 가격으로 적용하는 것을 금지하기 위한 것이라는 점을 유의할 필요가 있다고 하겠다(예정가격 작성기준 제5조 제5항 신설, 2020.6.19.).

2) 비목별 물량산출

재료비, 노무비, 경비의 각 세비목 및 그 물량(재료량, 노무량, 소요량) 산출은 계약목적물에 대한 규격서, 설계서 등에 의하거나, 계약예규 "예정가격 작성기준" 제34조에 의한 원가계산 자료를 근거로 하여 산정하여야 한다. 계약담당공무원이 이와 같이 각 세비목과 그 물량을 산출할 때에는 계약목적물의 내용 및 특성 등을 고려하여 그 완성에 적합하다고 인정되는 합리적인 방법으로 작성하여야 한다.

나. 단위당 가격의 기준(규칙 제7조)

원가계산을 할 때의 단위당 가격은 다음의 어느 하나에 해당하는 가격을 말하며, 그 적용순서는 거래실례가격 또는 통계법 제15조에 따른 지정기관이 조사하여 공표한 가격, 감정가격, 유사한 거래실례가격, 견적가격 순서에 따른다.

1) 거래실례가격(법령의 규정에 의하여 가격이 결정된 경우에는 그 결정 가격의 범위 안에서의 거래실례가격 : 공공요금 등)[40]

(1) 조달청장이 조사하여 통보한 가격(나라장터의 가격정보시스템을 통하여 제공)

---

[40] 원가계산 시 재료비 산정을 위해 거래실례가격 3가지(조달청 조사가격 등)를 적용함에 있어서는 그 우선순위가 없음

(2) 기획재정부장관에게 등록한 전문가격조사기관*이 조사하여 공표한 가격

* 전문가격조사기관 : 대한건설협회(거래가격), 한국물가정보센타(물가정보), 한국물가협회(물가자료), 한국응용통계연구소(유통물가), 한국경제조사연구원(물가 시세)

(3) 계약담당공무원이 2 이상의 사업자에 대해 당해 물품의 거래 실례를 직접 조사·확인한 가격

2) 통계작성 지정기관이 조사하여 공표한 가격(노임단가)

(1) 원가계산 비목 중 노무비의 단가는 통계법 제15조에 따라 지정받은 기관이 조사하여 공표한 가격 즉, 시중노임단가를 적용한다. 대표적으로 공사부문은 대한건설협회가 연 2회 "건설업 임금실태조사" 결과를 공표해 오고 있으며, 제조부문은 중소기업중앙회가 "중소제조업 직종별 임금조사" 결과를 연 2회 공표하고 있다.

* 시중노임단가 공표기관 : 대한건설협회(공사), 중소기업중앙회(물품제조), 한국엔지니어링협회·소프트웨어산업협회·한국건설엔지니어링협회·대한측량협회(용역)

(2) 계약담당공무원이 시중노임단가를 적용함에 있어 다음의 어느 하나에 해당하는 경우에는 그 노임단가의 100분의 15 이하에 해당하는 금액을 가산할 수 있다.

① 국가기술자격법 제10조에 따른 국가기술자격검정에 합격한 자로서 기능계 기술자격을 취득한 자를 특별히 사용하고자 하는 경우
② 도서 지역(제주특별자치도 포함)에서 이루어지는 공사의 경우

3) 감정가격 등

(1) 감정가격 : 「부동산가격공시 및 감정평가에 관한 법률」에 의한 감정평가법인 또는 감정평가사(「부가가치세법」 제8조에 따라 평가업무에 관한 사업자등록증을 교부받은 자에 한함)가 감정 평가한 가격
(2) 유사한 거래실례가격 : 기능과 용도가 유사한 물품의 거래실례가격
(3) 견적가격 : 계약상대자 또는 제3자로부터 직접 제출받은 가격

4) 그 밖의 단위당 가격

기획재정부장관이 단위당 가격을 별도로 정한 경우 또는 각 중앙관서의 장이 별도로 기획재정부장관과 협의하여 단위당 가격을 조사·공표한 경우에는 해당 가격

4 원가계산에 의한 예정가격 작성 시 주의사항

계약예규 「예정가격 작성기준」에 명시된 주의사항은 다음과 같다.

☐ 계약담당공무원은 계약예규 「예정가격 작성기준」에 따라 예정가격 작성 시에 표준품셈에 정해진 물량, 관련 법령에 따른 기준가격 및 비용 등을 부당하게 감액하거나 과잉 계상되지 않도록 하여야 하며, 불가피한 사유로 가격을 조정한 경우에는 조정 사유를 예정가격 조서에 명시하여야 함

☐ 계약담당공무원은 「부가가치세법」에 따른 면세사업자와 수의계약을 체결하려는 경우에는 부가가치세를 제외하고 예정가격을 작성할 수 있으며, 이 경우 예정가격 조서에 그 사유를 명시하여야 함

☐ 계약담당공무원은 공사원가계산에 있어서 공종의 단가를 세부내역별로 분류하여 작성하기 어려운 경우 이외에는 총계방식(1식 단가)으로 특정 공종의 예정가격을 작성하여서는 아니 됨

☐ 계약담당공무원은 원가계산 방법으로 예정가격을 작성할 때에는 계약수량, 이행의 전망, 이행기간, 수급상황, 계약조건 기타 제반여건을 고려하여야 함

☐ 계약담당공무원은 표준품셈을 이용하여 원가계산을 하는 경우에는 가장 최근의 표준품셈을 이용하여야 함

☞ 이는 최신 표준품셈 대신 낮게 산정된 과거의 표준품셈을 자의적으로 이용하여 공사비가 낮게 산정되는 데 따른 민원 발생을 방지하고자 보완된 것임

☐ 계약담당공무원은 원가계산의 단위당 가격을 산정함에 있어 소요물량·거래조건 등 제반사정을 고려하여 객관적으로 단가를 산정하여야 함

☞ 이는 예정가격 산정의 적정성·공정성 제고를 위해 대량 구매를 조건으로 가격이 결정된 관급자재 단가를 사급자재에 대한 단가로 적용하지 못하도록 하기 위해 규정된 것임('19.5.30 개정)

제4절 제조원가계산

1. 제조원가 개요

(1) 기업제품에 대한 원가계산에 있어 제조원가(Product Cost)라 함은 기업이 제품을 제조하는 데 나타나는 원가를 말하는 것으로서 생산원가 또는 공장원가라고도 한다. 예를 들면 제품 제조에 사용된 재료비, 생산직 사원의 임금(직접) 및 공장 감독자의 급여(간접) 등 노무비, 공장수도료 및 전기요금 등의 경비의 합계액이다.

* 비제조원가(Period Cost, 기간원가) : 기업의 제조활동과 직접적인 관련 없이 단지 판매 및 관리활동과 관련하여 발생하는 원가로서 판매비와 일반관리비라는 두 항목으로 구성

따라서, 정부가 물품의 제조구매를 위한 원가계산 시 제조원가도 발주하고자 하는 계약목적물의 제조과정에서 발생되는 재료비, 노무비, 경비의 합계액을 말하며, 다만, 기업의 경우 완성된 제품에 대한 실제원가이지만, 정부원가는 예정가격을 작성하기 위한 것이므로 사전에 추정하는 원가라는 점에서 차이점이 있다.

(2) 계약담당공무원이 물품의 제조·구매 목적물에 대한 예정가격을 작성하고자 제조원가를 계산하고자 할 때에는 계약예규「예정가격 작성기준」별표1의 '제조원가계산서'를 작성하고 비목별 산출근거를 명시한 기초계산서를 첨부하여야 한다. 이 경우 재료비, 노무비, 경비 중 일부를 제조 원가계산서 상 일반관리비 또는 이윤 다음 비목으로 계상하여서는 아니 된다.41)

〈 제조원가 = 재료비 + 노무비 + 경비 〉

▷ 재료비 = 직접재료비(주요재료비+부분품비)+간접재료비(소모재료비+소모공구·기구·비품비+포장재료비)+재료구입과정의 부대비용(운임, 보험료, 보관비 등)
   - 제조 중 발생되는 작업설, 부산품, 연산품 등
▷ 노무비 = 직접노무비(기본급+제수당+상여금+퇴직급여충당금) + 간접노무비
▷ 경   비 = 재료비, 노무비를 제외한 원가로서 전력비, 수도광열비 등 20개 비목과 그 밖의 법정경비로 구성

---

41) 기업제품의 원가계산은 재무제표의 부속명세서인 제조원가명세서로 보고되며, 제조원가명세서란 회계기간 동안 산출한 제품제조원가의 내역을 나타내는 재무제표를 의미함

제4절 제조원가계산

〈 제조원가계산서 〉

품명 :　　　　　　　　생산량 :
규격 :　　　　　　　　단 위 :　　　　　제조기간 :

비목		구분	금액	구성비	비고
제조원가	재료비	직 접 재 료 비			
		간 접 재 료 비			
		작업설·부산물 등(△)			
		소　　　　계			
	노무비	직 접 노 무 비			
		간 접 노 무 비			
		소　　　　계			
	경비	전　력　비			
		수 도 광 열 비			
		운　반　비			
		감 가 상 각 비			
		수 리 수 선 비			
		특 허 권 사 용 료			
		기　술　료			
		연 구 개 발 비			
		시 험 검 사 비			
		지 급 임 차 료			
		보　험　료			
		복 리 후 생 비			
		보　관　비			
		외 주 가 공 비			
		산업안전보건관리비			
		소 모 품 비			
		여비·교통비·통신비			
		세 금 과 공 과			
		폐 기 물 처 리 비			
		도 서 인 쇄 비			
		지 급 수 수 료			
		기 타 법 정 경 비			
		소　　　　계			
일 반 관 리 비 (　　) %					
이　　　윤 (　　) %					
총　　원　　가					

2 재료비의 산정(기준 제9조)

가. 직접 재료비

직접재료비는 계약목적물의 실체를 형성하는 물품의 가치로서 다음의 비용을 말한다.

① 주요 재료비 : 계약목적물의 기본적 구성 형태를 이루는 물품의 가치
② 부분품 비 : 계약목적물에 원형대로 부착되어 그 조성 부분이 되는 매입부품·수입부품·외장재료 및 외주품의 가치(경비 중 외주가공비로 반영되는 것은 제외)

나. 간접 재료비

간접 재료비는 계약목적물의 실체를 형성하지는 않으나 제조에 보조적으로 소비되는 물품의 가치로서 다음의 비용을 말한다.

① 소모 재료비 : 기계오일, 접착제, 용접가스, 장갑, 연마제 등 소모성 물품의 가치
② 소모공구·기구·비품 비 : 내용연수 1년 미만으로서 구입단가가 법인세법 또는 소득세법 규정에 따른 상당금액이하인 감가상각대상에서 제외되는 소모성 공구·기구·비품의 가치(망치, 뻰치, 드라이버 등)
③ 포장 재료비 : 제품포장에 소요되는 재료의 가치

다. 부대비용의 처리

재료의 구입과정에서 해당 재료에 직접 관련되어 발생하는 운임, 보험료, 보관비등의 부대비용은 재료비로 계상하며, 다만, 재료구입 후 발생되는 부대비용은 경비의 각 비목으로 계상한다. 계약목적물의 제조 중에 발생되는 작업설, 부산품, 연산품 등은 그 매각액 또는 이용 가치를 추산하여 재료비에서 공제한다.

라. 재료비 계산 방법

재료비 계산은 직접재료비 또는 간접재료비 구분 없이 각 재료 종류별로 투입 재료량에 단위당 가격을 곱하여 개별적으로 계산하는 것이 원칙이며, 다만, 개별적으로 계산이 곤란한 재료비에 대하여는 최근 연도 원가계산 자료의 실적 수치를 이용하여 비율을 산정하고 동 비율을 적용하여 계산하여야 한다.

현실적으로는 계약목적물의 실체를 형성하는 직접재료비는 대부분 소요량 산출이 가능하여 개별적으로 계산이 이루어지게 되며, 보조적으로 소비되는 간접재료비의 경우에는 불가피하게 유사 업체의 원가계산 자료의 실적치를 활용하여 산정된 비율에 따라 계산을 하게 된다고 할 수 있다. 다만, 포장재료비는 간접재료비에 속하지만 별도로 구분되어 직접재료비와 같이 개별 계산방식에 의한다.

3 노무비의 산정(기준 제10조)

가. 직접노무비

1) 개념

직접노무비는 제조 현장에서 계약목적물을 완성하기 위하여 직접 작업에 종사하는 종업원과 노무자가 제공하는 노동력의 대가로서 통상적으로 임금 또는 급료라는 형태이다. 동 직접노무비는 다음 비용의 합계액으로 하되, 다만, 상여금은 기본급의 년 400%, 제수당, 퇴직급여충당금은 근로기준법상 인정되는 범위를 초과하여 반영할 수 없다.

> 직접노무비 = 기본급 + 제수당 + 상여금 + 퇴직급여충당금

① 기본급 : 통계법 제15조의 규정에 의한 통계작성 지정기관이 조사·공표한 단위당 가격 또는 기획재정부장관이 결정·고시하는 단위당 가격으로서 동 단가에는 기본급의 성격을 갖는 정근수당·가족수당·위험수당 등이 포함 됨
② 제수당 : 기본급의 성격을 가지지 않는 시간외 수당·야간수당·휴일수당·주휴수당 등 작업상 통상적으로 지급되는 금액을 말함[42]
③ 상여금
④ 퇴직급여충당금

2) 직접노무비 계산

직접노무비는 제조공정별로 작업인원, 작업시간, 제조수량을 기준으로 계약목적물의

---

[42] 불공정한 예정가격 산정 관행을 개선하기 위해 주휴수당 등 근로기준법에 따라 인정되는 수당을 계상토록 명확히 함('19.5.30)

제조에 소요되는 노무량을 산정하고 노무비 단가를 곱하여 계산한다. 중소기업중앙회에서 조사·공표하고 있는 제조부문의 평균조사 노임(일급)은 1일 8시간 근무 기준으로 계산된 금액이며, 국가기술자격법에 따른 국가기술자격 검정에 합격한 자로서 기능계 기술자격을 취득한 자를 특별히 사용하고자 하는 경우에는 해당 노임단가에 그 노임단가의 15%를 가산할 수 있다(규칙 제7조).

> ▸ 직접노무비 = 노무량 × 노무비 단가

나. 간접노무비

1) 개념

간접노무비는 직접 제조 작업에 종사하지는 않으나, 작업 현장에서 보조 작업에 종사하는 노무자, 종업원과 현장감독자 등의 기본급과 제수당, 상여금, 퇴직급여충당금의 합계액으로 하며 계상하는 방식은 직접노무비 계상방식을 준용한다.

2) 간접노무비 계산

간접노무비는 계약예규「예정가격작성 기준」제34조의 규정에 따라 계약상대방으로 적당하다고 예상되는 2개 업체 이상의 최근년도 원가계산 자료를 활용하여 직접노무비에 대하여 간접노무비율(간접노무비/직접노무비)을 곱하여 계산한다. 동 간접노무비는 원칙적으로 직접노무비를 초과하여 계상할 수 없으나, 다만, 작업현장의 기계화, 자동화 등으로 인하여 불가피하게 직접노무비를 초과하는 경우에는 증빙자료에 의하여 초과 계상할 수 있다.

> 간접노무비 = 직접노무비 × 간접노무비율(간접노무비/직접노무비)

4 경비의 산정(기준 제11조)

가. 경비의 개념

경비는 제품의 제조를 위하여 소비된 제조원가 중 재료비, 노무비를 제외한 원가를 말한다. 즉, 동 경비는 제품 제조와 관련된 전기료, 운임, 감가상각비, 수선료 및 보험료 등으로서, 기업의 유지를 위한 관리 활동 부문에서 발생하는 일반관리비와 구분된다.

나. 산정 방법

경비는 해당 계약목적물 제조 기간의 소요(소비)량을 측정하거나 "예정가격 작성기준" 제34조에 따른 원가계산 자료나 계약서, 영수증 등을 근거로 하여 산정하여야 한다. 세부적인 산정 방법으로는 설계서, 규격서 등에 의거 산출이 가능한 비목은 직접 산출하고, 그 외의 비목은 업체의 원가계산 자료를 분석 후 비율을 산정하여 반영한다. 이때 비율의 합리적 산정을 위하여 계약상대방으로 적당하다고 예상되는 2개 업체 이상의 최근 년도 원가계산 자료를 활용하거나, 다수기업 평균치를 나타내는 공신력 있는 기관의 통계자료(한국은행 발간 "기업경영분석" 등)를 활용하여 산출한다.

〈참고〉 비율산정(배부 방법)에 따른 경비계산 방법

구 분	경비 계산 금액
재 료 비 법	당해제품 재료비 × 재료비법에 의하여 산정된 율
노 무 비 법	당해제품 노무비 × 노무비법에 의하여 산정된 율
원 가 법	당해제품 재료비와 노무비 × 원가법에 의하여 산정된 율
작 업 시 간 법	당해제품 노무공수 × 작업시간법에 의하여 산정된 율
기 계 시 간 법	당해제품 기계시간 × 기계시간법에 의하여 산정된 율
수 량 법	발생경비 ÷ 생산량

※ 재료비, 노무비, 작업시간, 기계시간 등은 원가계산 담당자가 작성하는 원가계산 내역서상의 각 항목별 수치를 말함

구 분	비 율 (배부율)
재 료 비 법	$\dfrac{\text{최근연도 업체의 해당비목 발생실적액}}{\text{최근연도 업체의 재료비 발생실적액}} \times 100(\%)$
노 무 비 법	$\dfrac{\text{최근연도 업체의 해당비목 발생실적액}}{\text{최근연도 업체의 노무비 발생실적액}} \times 100(\%)$
원 가 법	$\dfrac{\text{최근연도 업체의 해당비목 발생실적액}}{\text{최근연도 업체의 재료비와 노무비 발생실적액}} \times 100(\%)$
작 업 시 간 법	$\dfrac{\text{최근연도 업체의 해당비목 발생실적액}}{\text{최근연도 업체의 노무공수 발생실적}} \times 100(\%)$

※ 유사 업체의 최근년도 제조원가명세서 기준

▸ 제품생산과정을 파악하여 비목별로 재료비법, 노무비법, 원가법, 작업시간법, 기계시간법, 수량법 중에서 가장 인과관계가 있는 배부(비율산정)방법을 채택

▸ 일반적으로 배부방법 중 원가법에 의한 배부기준을 적용하되, 복리후생비 및 보험료는 노무비법에 의한 배부방법의 적용이 원칙

다. 경비의 세 비목

1) 전력비, 수도광열비

전력비, 수도광열비는 계약목적물을 제조하는데 직접 소요되는 해당 비용을 말하며, 동 비목은 측정경비*로서 계량기 등으로 소비량을 측정하여 당기 사용량에 단가를 곱하여 계산한다. 이 경우 당기 사용량은 제조에 직접 소요되는 소요량이므로 제조부서와 다른 공장, 사무실 등 비제조부서의 소요량을 제외시키기 위하여 동 비제조부서가 차지하는 비율만큼 차감하는 방법 등으로 제조부서에 해당하는 사용량만을 반영하여야 한다.

2) 운반비

경비 비목 중 운반비는 재료비에 포함되지 않는 운반비로서 원재료 또는 완제품의 운송비, 하역비, 상하차비, 조작비 등을 말한다. 재료의 구입과정에서 해당재료에 직접 관련되어 발생하는 운임, 보험료, 보관비 등의 부대비용은 재료비로 계상한다.

3) 감가상각비

감가상각비는 제품생산에 직접 사용되는 건물, 기계장치 등 유형고정자산에 대하여 세법에서 정한 감가상각 방식에 따라 계산한다. 다만, 세법에서 정한 내용연수의 적용이 불합리하다고 인정된 때에는 해당 계약목적물에 직접 사용되는 전용기기에 한하여 그 내용연수를 별도로 정하거나 특별상각 할 수 있다(법인세법 제23조 및 동법시행령 제26조의 정액법, 정률법, 생산량 비례법).

4) 수리수선비

수리수선비는 계약목적물을 제조하는 데 직접 사용되거나 제공되고 있는 건물, 기계장치, 구축물, 선박차량 등 운반구, 내구성 공구, 기계제품의 수리수선비로서 해당 목적물의 제조과정에서 그 원인이 발생될 것으로 예견되는 것에 한한다. 다만, 자본적 지출에 해당하는 대수리 수선비는 제외하는데, 이는 대수리 수선으로 인하여 고정자산의 내용연수가 증가되므로 이와 같은 수리수선비는 제외시켜야 하기 때문이다.

5) 특허권사용료

특허권사용료는 계약목적물이 특허품이거나 또는 그 제조과정의 일부가 특허의 대상이 되어 특허권 사용계약에 의하여 제조하고 있는 경우의 사용료로서 그 사용비례에 따라 계산한다. 따라서 해당 특허를 보유한 자와 수의계약을 체결하는 경우에는 특허권사용료를 예정가격에 계상하지 아니한다. 타인이 소유하는 특허권을 사용할 때 지급하는 사용료 또는 임차료는 소유자와 사용자 간에 협의된 계약에 따라 사용료를 지급하는 것이 통례이며, 타인에게 양도하였을 때에는 선급임차료, 선급보험료와 같이 일정한 계약에 따라 법률상 보호를 받는 기간 동안 특허료의 지급을 받는다.

6) 기술료

기술료는 해당 계약목적물을 제조하는 데 직접 필요한 노하우(know-how)비용과 부대비용으로서 외부에 지급되는 비용을 말하며, 세법(법인세법상의 시험연구비)에서 정한 바에 따라 반영하여 사업년도로부터 이연 상각하되 그 적용비례를 기준하여 배분 계산한다. 이 경우 노하우는 내국인이나 외국인으로부터 공업소유권이나 그 밖의 기술을 양도받고 그 사용에 관한 권리를 도입하는 것으로 통상 계약기간이 1년 이상으로서 단순하지 아니한 기술과 그 기술의 사용에 직접 필요한 용역의 도입을 말한다.

7) 연구개발비

연구개발비는 해당 계약목적물을 제조하는 데 직접 필요한 기술개발 및 연구비로서 시험 및 시범제작에 소요된 비용 또는 연구기관에 의뢰한 기술개발용역비와 법령에 의한 기술개발촉진비 및 직업훈련비를 말하며, 세법(법인세법상의 시험연구비)에서 정한 바에 따라 이연상각 하되 그 생산수량에 비례하여 배분 계산한다. 이 경우 연도별 상각액은 생산수량을 기준으로 산정하며, 연구개발비 중 장래 계속생산으로의 연결이 불확실하여 미래수익의 증가와 관련이 없는 비용은 특별상각할 수 있다.

8) 시험검사비

시험검사비는 해당 계약의 이행을 위한 직접적인 시험검사비로서 외부에 이를 의뢰하는 경우에 소요된 비용을 말하며, 다만, 법령이나 계약조건에 따라 내부검사가 요구되는 경우에는 자체시험검사비로 반영할 수 있다.

9) 지급임차료

지급임차료는 계약목적물을 제조하는데 직접 사용되거나 제공되는 토지, 건물, 기술, 기구 등의 사용료(토지, 건물, 기계, 기구 등을 빌려 쓰고 임차료로 주는 사용료)로서 해당 계약 물품의 생산기간에 따라 계산한다.

10) 보험료

보험료는 산업재해보험, 고용보험, 국민건강보험 및 국민연금보험 등 법령이나 계약조건에 의하여 의무적으로 가입이 요구되는 보험료를 말하며 재료비에 반영되는 것은 제외한다.

11) 복리후생비

복리후생비는 계약목적물의 제조 작업에 종사하고 있는 노무자, 종업원등의 의료 위생 약품대, 공상치료비, 지급피복비, 건강 진단비, 급식비(중식 및 간식제공을 위한 비용)등 작업조건유지에 직접 관련되어 소요되는 비용을 말한다.

12) 보관비

보관비는 계약목적물의 제조에 소요되는 재료, 기자재 등을 보관하기 위한 창고 사용료로서 외부에 지급되는 비용만을 반영해야 하며, 재료비에 반영되는 것은 제외한다.

13) 외주가공비

외주가공비는 재료를 외부에 가공시키는 실가공비용을 말하며 부분품의 가치로서 재료비에 반영되는 것은 제외한다. 이와 같은 외주가공비는 기술적으로 자체 제조가 불가능하거나 시설부족 또는 생산능력 부족 등의 경제성을 이유로 외부에 재료를 제공하여 가공만을 의뢰하였을 경우의 가공비만을 의미하므로, 부분품 등 완제품은 동 비목에 포함해서는 안 되며 재료비에 포함시켜 계산하여야 한다.

14) 산업안전보건관리비

산업안전보건관리비는 작업현장에서 산업재해와 건강장해 예방을 위하여 법령에 의거 요구되는 비용을 말한다.

15) 소모품비

소모품비는 작업현장에서 발생되는 문방구, 장부대 등 소모품 구입비용을 말하며 보조재료로서 재료비에 반영되는 것은 제외한다. 이 경우 작업현장이란 공장을 지칭하므로 사무실, 수위실 등 공장이 아닌 장소에서 발생하는 소모품비는 원가항목으로 인정하지 않는다.

16) 여비·교통비·통신비

여비·교통비·통신비는 작업현장에서 직접 소요되는 여비 및 차량유지비와 전신전화 사용료, 우편료를 말한다. 이와 같은 비용은 공장에서 해당 물품의 제조와 관련하여 직접 소요되는 사항에 대해 지출된 비용만을 파악하여 집계하여야 하며, 해당 물품에 해당하는 비용만을 분류하기 곤란한 경우 인원이나 업무량 등의 구성 비율에 따라 분류하는 방법 등을 강구할 수 있다.

17) 세금과 공과금

세금과 공과금은 공장에서 해당 계약목적물의 제조와 직접 관련되어 부담하여야 할 재산세, 차량세 등의 세금 및 공공단체에 납부하는 공과금을 말한다. 재산세는 토지, 가옥, 선박 등의 재산을 과세물건으로 하여 부과하는 지방세의 일종이며, 차량세는 자동차세, 자동차 검사비 등을 말한다.

18) 폐기물처리비

폐기물처리비는 계약목적물의 제조와 관련하여 발생되는 오물, 잔재물, 폐유, 폐 알칼리, 폐 고무, 폐합성수지 등 공해유발물질을 법령에 따라 처리하기 위하여 소요되는 비용을 말한다.

19) 도서인쇄비

도서인쇄비는 계약목적물의 제조를 위한 참고서적 구입비, 각종 인쇄비, 사진 제작비(VTR 제작비를 포함)등을 말한다.

20) 지급수수료

지급수수료는 법령에 규정되어 있거나 의무 지워진 수수료에 한하며, 다른 비목에 반영되지 않는 수수료를 말한다.

21) 법정부담금

법정부담금은 관련법령에 따라 해당 제조와 직접 관련하여 의무적으로 부담하여야 할 부담금을 말한다.

22) 품질관리비

품질관리비는 해당 계약목적물의 품질관리를 위하여 관련 법령 및 계약조건에 의하여 요구되는 비용(품질시험 인건비를 포함)을 말하며, 간접노무비에 계상되는 것은 제외한다.

23) 안전관리비

안전관리비는 제조현장의 안전관리를 위하여 관계법령에 의하여 요구되는 비용을 말한다.

〈 품질관리비와 안전관리비 비목 추가 〉

- 국가계약법 제8조의2(2019.11.26. 신설)에 계약목적물의 품질·안전이 확보되도록 예정가격에 적정금액을 반영하도록 규정하고 있으나, 물품제조원가계산 예규에는 품질·안전관리비 항목이 미반영(공사원가계산 시에는 동 비목이 경비항목에 기 반영)
- 이에 따라 물품제조원가의 경우에도 경비항목에 품질관리비와 안전관리비 비목을 추가(예정가격 작성기준 개정, 2021.12.1.)
- * 법제8조의2 ②각 중앙관서의 장 또는 계약담당공무원이 제1항 본문에 따른 예정가격을 작성할 경우에는 계약수량, 이행 기간, 수급상황, 계약조건 등을 고려하여 계약목적물의 품질·안전 등이 확보되도록 적정한 금액을 반영하여야 한다.

24) 그 밖의 법정경비

그 밖의 법정경비는 위에서 열거한 이외의 것으로서 법령에 규정되어 있거나 의무 지워진 경비를 말한다.

5 일반관리비 및 이윤의 산정

가. 일반관리비의 산정

1) 일반관리비의 내용(기준 제12조)

일반관리비는 기업의 유지를 위한 관리활동 부문에서 발생하는 제 비용으로서 제조원가에 속하지 아니하는 모든 영업비용 중 판매비 등을 제외한 다음의 비용, 즉 임원급료, 사무실 직원의 급료, 제 수당, 퇴직급여충당금, 복리후생비, 여비, 교통·통신비, 수도광열비, 세금과 공과, 지급임차료, 감가상각비, 운반비, 차량 비, 경상시험연구개발비, 보험료 등을 말하며 기업손익계산서를 기준하여 산정한다.

일반관리비 비용 항목 중 경비 항목에 있는 비목도 있으나, 경비 비목은 제조 작업에 종사하고 있는 노무자 및 종업원 등에 직접 관련되는 비용인 반면, 일반관리비 비목은 기업의 유지를 위한 관리 활동부문에서 발생하는 제 비용이라는 점에서 차이점이 있다.

2) 일반관리비 계상 방법(기준 제13조)

일반관리비는 제조원가에 일반관리비율을 곱하여 산정하되, 시행규칙 제8조 제1항(기준 별표3)에서 정한 일반관리비율을 초과할 수 없다. 이 경우 일반관리비율은 일반관리비가 매출원가에서 차지하는 비율을 말하며, 동 일반관리비율을 산출하기 위한 기업의 손익계산서 기준상 일반관리비는 판매비와 일반관리비 부문 중 광고 선전비, 접대비, 대손상각 등을 제외한 비용을 말한다.

> 일반관리비 = 제조원가 × 일반관리비율(일반관리비/매출원가)

3) 업종별 일반관리비율 상한

정부 물품의 제조구매를 위한 예정가격을 원가계산에 의한 가격으로 결정함에 있어 일반관리비율은 국가계약법시행규칙 제8조 제1항에서 규정하고 있는 다음의 업종별 상한율의 범위 내에서 발주기관이 계약목적물과 관련한 기업의 원가계산 자료 등을 참고하여 정한다.

① 음식료품의 제조·구매 : 100분의 14
② 섬유, 의복, 가죽제품의 제조·구매 : 100분의 8
③ 나무, 나무제품의 제조·구매 : 100분의 9
④ 종이, 종이제품, 인쇄출판물의 제조·구매 : 100분의 14
⑤ 화학, 석유, 석탄, 고무, 플라스틱 제품의 제조·구매 : 100분의 8
⑥ 비금속광물제품의 제조·구매 : 100분의 12
⑦ 제1차 금속제품의 제조·구매 : 100분의 6
⑧ 조립금속제품, 기계, 장비의 제조·구매 : 100분의 7
⑨ 수입물품의 구매 : 100분의 8
⑩ 기타 물품의 제조·구매 : 100분의 11

나. 이윤의 산정(기준 제14조)

1) 이윤의 개념 및 계상 방법

이윤은 영업이익을 말하며, 비영리법인의 경우에는 법령이나 정관에서 정한 목적사업 이외의 수익사업에서 발생하는 이익을 말하며, 동 이윤은 제조원가 중 노무비, 경비(기술료, 외주가공비 제외)와 일반관리비의 합계액에 이윤율을 곱하여 산정한다.

이와 같이 제조원가 중 재료비가 제외되는 것은 이윤 창출에 직접 관련이 없다고 보는 것이며, 경비 비목 중 기술료와 외주가공비도 계약상대자가 아닌 타인 역무의 대가이므로 재료비와 마찬가지로 이윤 창출에 직접 관련이 없는 것으로 보아 제외되고 있다.

$$이윤 = [\,노무비 + 경비(기술료와\ 외주가공비\ 제외) + 일반관리비\,] \times 이윤율$$

2) 이윤율 산정(규칙 제8조 제2항)

정부 물품의 제조구매를 위한 예정가격을 원가계산에 의한 가격으로 결정함에 있어 이윤율은 100분의 25(수입물품은 100분의 10)의 범위 내에서 발주기관이 계약목적물과 관련한 기업의 원가계산 자료 등을 참고하여 정한다. 다만, 각 중앙관서의 장이 동 이윤율(100분의 25)의 적용으로는 계약의 목적달성이 곤란하다고 인정되는 특별한 사유가 있는 경우에는 기획재정부장관과 협의하여 그 이윤율을 초과하여 정할 수 있다.

제5절 공사원가계산

1 공사의 원가계산 개요

가. 원가계산방식과 표준시장단가방식

　공공기관이 발주하는 시설공사에 대한 예정가격 작성(공사비 산정)은 국가계약법시행령 제9조에 따라 원가계산에 의한 방식과 표준시장단가에 의한 방식 두 가지로 구분된다. 이 두 가지 방식 중 원가계산 방식은 세부작업에 소요되는 노무, 재료, 기계 등에 대한 소요량을 표준품셈에서 도출하여 단위당 가격과 곱하여 공사비를 산정하는 반면에, 표준시장단가 방식은 세부작업에 소요되는 노무, 재료, 기계 등을 구분하지 않고 단위작업의 재료비, 노무비, 기계경비 등의 복합단가를 적용하여 공사비를 산정하는 방식을 말한다.

〈 원가계산방식과 표준시장단가방식의 비교 〉

원 가 계 산 방 식	표준시장단가 방식
일위대가 { 재료비: 재료단가×품셈수량 … / 노무비: 노무단가×품셈수량 … / 기계경비: 기계손료×품셈수량 … }	공사내용을 구성하는 공종에 관해서 품셈을 이용하지 않고 재료비, 노무비, 기계경비를 포함한 시공단위당가격을 이미 수행한 유사 공사의 입찰 및 계약 단가 등에서 추출
단위당 집계 단가 × 설계 물량 = 직접공사비	× 설계 물량 = 직접공사비

나. 공사원가계산서 작성 및 체계

(1) 원가계산 방식에 있어 예정가격을 구성하는 "공사원가"라 함은 공사 시공과정에서 발생하는 재료비, 노무비, 경비의 합계액을 말하며, 계약담당공무원이 공사원가계산을 하고자 할 때에는 공사원가계산서를 작성하고 비목별 산출 근거를 명시한 기초계산서를 첨부하여야 한다. 이 경우 재료비, 노무비, 경비 중 일부를 공사원가계산서 상 일반관리비 또는 이윤 다음 비목으로 계상하여서는 아니 된다(기준 제15조, 제16조).

(2) 위와 같이 재료비, 노무비, 경비의 합계액인 공사원가를 '순공사원가'라 하고, 여기에 일반관리비와 이윤을 더하여 '총원가' 또는 '총 공사원가'라고 하는데, 공사손해보험료는 총원가에 손해보험료율을 곱하여 별도로 산정하도록 하고 있다. 일반적으로 원가계산 비목 중 보험료는 경비의 세 비목 중 하나에 해당되는 것이나, 공사손해보험료의 경우에는 그 산출기준을 '총원가'를 대상으로 함에 따라 다른 보험료와는 달리 경비 항목에 포함되지 않고 독립된 비목으로 계상되고 있는 것이 특징이다.

〈 공공공사 원가계산 비목 체계 〉

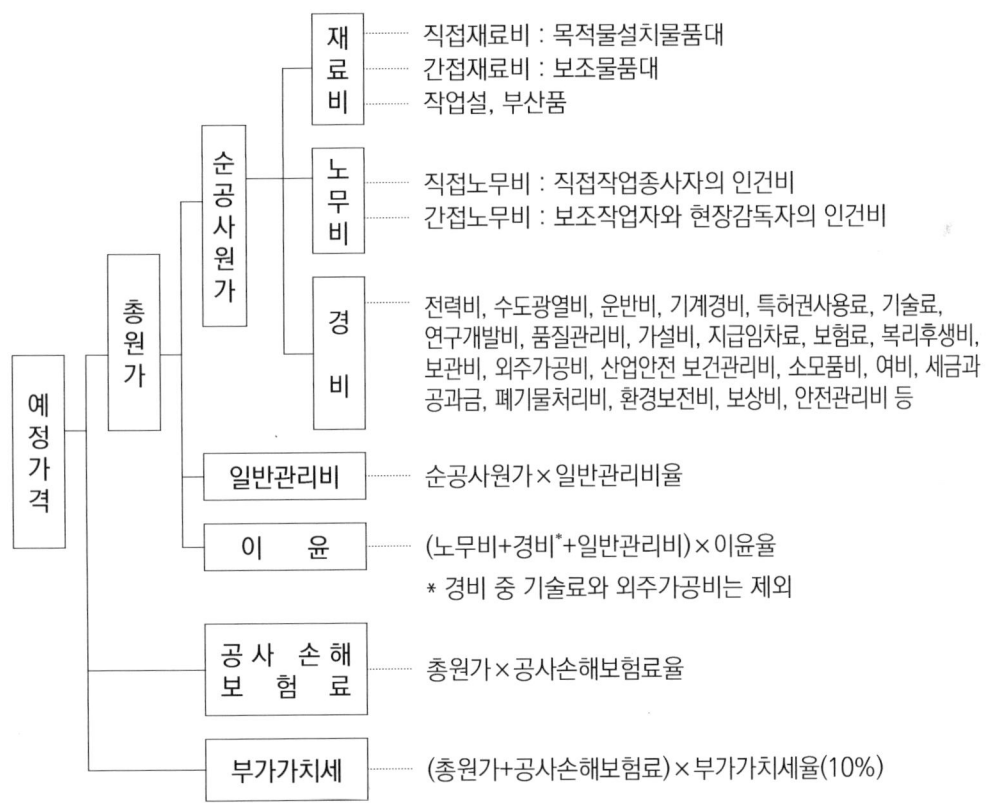

〈 공사원가계산서 〉

공사 명 :   공사기간 :

비목		구분	금액	구성비	비고
순공사원가	재료비	직 접 재 료 비			
		간 접 재 료 비			
		작업설·부산물 등(△)			
		소 계			
	노무비	직 접 노 무 비			
		간 접 노 무 비			
		소 계			
	경비	전 력 비			
		수 도 광 열 비			
		운 반 비			
		기 계 경 비			
		특 허 권 사 용 료			
		기 술 료			
		연 구 개 발 비			
		품 질 관 리 비			
		가 설 비			
		지 급 임 차 료			
		보 험 료			
		복 리 후 생 비			
		보 관 비			
		외 주 가 공 비			
		산업안전보건관리비			
		소 모 품 비			
		여비·교통비·통신비			
		세 금 과 공 과			
		폐 기 물 처 리 비			
		도 서 인 쇄 비			
		지 급 수 수 료			
		환 경 보 전 비			
		보 상 비			
		안 전 관 리 비			
		건설근로자퇴직공제부금비			
		기 타 법 정 경 비			
		소 계			
일반관리비[(재료비+노무비+경비)×( )%]					
이 윤 [(노무비+경비+일반관리비)×( )%]					
총 원 가					
공사손해보험료[보험가입대상공사부분의총원가×( )%]					

【 표준품셈의 이해 】

■ 표준품셈 의의

○ 표준품셈이란 보편·일반화된 공종·공법에 활용되는 인원수, 재료량 등을 제시한 것으로서 단위작업 당 원가를 곱하여 공사비를 산정하는데 활용

※ **품** : 단위작업(m, ㎡ 등)에 투입되는 재료량, 노무량, 장비사용시간. **품셈** : 품을 셈하다

☞ 한국(표준품셈)과 일본(표준보괘)에서 사용되는 방식

○ 계약예규「예정가격작성기준」등에 의하면 공사원가계산을 위하여 표준품셈을 가격결정의 기초자료로 사용하도록 규정

• 행정안전부 예규「예정가격작성요령」제8절 보칙, 건설기술진흥법 제45조제1항

○ 이에 따라 국가기관, 지방자치단체, 공기업·준정부기관 등에서 공사의 예정가격을 원가계산방법으로 산정 시 표준품셈을 활용하고 있음

★「표준시장단가」: 실제로 시행한 공사의 공사비 중 공종별 시공비용(재료비+노무비+경비)을 추출하여 유사 공사의 공사비 산정에 활용

■ 표준품셈 관리기관

○ 건설공사(토목, 건축, 기계설비) : 한국건설기술연구원
○ 전기공사 : 한국전기공사협회
○ 정보통신공사 : 한국정보통신공사협회

■ 건설공사 표준품셈 적용방법

○ 표준품셈에서 제시된 품은 일일 작업시간 8시간을 기준한 것임

○ 표준품셈은 건설공사중 대표적이고 보편적이며 일반화된 공종, 공법을 기준한 것이며 현장여건, 기후의 특성 및 조건에 따라 조정하여 적용하되, 예정가격작성기준 제2조에 의거 부당하게 감액하거나 과잉 계산되지 않도록 함

○ 건설공사의 예정가격 산정 시 공사규모, 공사기간 및 현장조건 등을 감안하여 가장 합리적인 공법을 채택 적용

• 즉, 공사 시공방법 결정 및 공사비 산정은 공사규모 및 공사의 종류, 공사기간, 현장여건 등을 감안하여 기계화 시공과 인력시공을 적정하게 계획하여 결정

○ 표준품셈에서 "시공량/일"으로 명시된 항목 중 총 시공량이 본 품(시공량/일)의 기준 미만일 경우 현장여건 등을 고려하여 별도 계상

○ 본 표준품셈에 명시되지 않은 품으로서 타부문(전기, 통신, 문화재 등)의 표준품셈에 명시된 품은 그 부분의 품을 적용하고, 타부문과 유사한 공종의 품은 본 표준품셈을 우선하여 적용

○ 소방법, 총포·도검·화약류단속법, 산업안전보건법, 산업재해보상보험법, 건설기술진흥법, 대기환경보건법, 소음·진동규제법 등 관계법령이나 계약 조건에 따라 소요되는 비용은 별도로 계상

다. 순공사원가 기준 등의 공고(집행기준 제2조의5 신설, 2020.5.27. 시행)

계약담당공무원은 국가계약법시행령 제42조 제1항 및 제4항에 따른 적격심사낙찰제와 종합심사낙찰제 공사를 입찰공고 할 때에는 다음의 사항을 명시하여야 한다.

① 예정가격이 100억원 미만인 공사의 경우 예정가격 중 재료비·노무비·경비 및 이에 대한 부가가치세를 합산한 금액의 100분의 98 미만으로 입찰한 자는 낙찰자로 결정하지 않는다는 사항
② 「예정가격 작성기준」 제44조의3에 의한 기초금액 중 재료비, 노무비, 경비와 이에 대한 부가가치세를 합산한 금액(다만, 복수예비가격에 의해 예정가격을 결정하는 경우에 한함)

☞ 위와 같이 공고토록 하는 것은 덤핑낙찰을 배제하기 위기 위해 예정가격이 100억원 미만인 공사의 경우에는 재료비·노무비·경비 및 이에 대한 부가가치세를 합산한 금액의 100분의 98 미만으로 입찰한 자는 낙찰자로 할 수 없도록 법률이 개정되었기 때문임(법 제10조 제3항 신설, 2019.10.31.)

2 재료비의 산정(기준 제17조)

가. 직접 재료비

직접재료비는 공사목적물의 실체를 형성하는 물품의 가치로서 다음의 비용을 말한다.

① 주요 재료비 : 공사목적물의 기본적 구성형태를 이루는 물품의 가치
② 부분품 비 : 공사목적물에 원형대로 부착되어 그 조성부분이 되는 매입부품·수입부품·외장재료 및 외주품의 가치{외주가공비(경비)로 계상되는 것은 제외}

나. 간접 재료비

간접재료비는 공사목적물의 실체를 형성하지는 않으나 공사에 보조적으로 소비되는 물품의 가치로서 다음의 비용을 말한다.

① 소모 재료비 : 기계오일, 접착제, 용접가스, 장갑 등 소모성 물품의 가치
② 소모공구·기구·비품 비 : 내용연수 1년 미만으로서 구입단가가 법인세법 또는 소득세법 규정에 의한 상당금액 이하인 감가상각대상에서 제외되는 소모성 공구·기구·비품의 가치(망치, 펜치, 드라이버 등을 의미)

③ 가설 재료비 : 비계, 거푸집, 동바리 등 공사목적물의 실체를 형성하는 것은 아니나 공사목적물의 시공을 위하여 필요한 가설재의 가치.
※ 재료비 비목인 동 가설재료비는 경비에 포함되는 가설비(현장사무소, 창고, 식당 등 가설물의 설치에 소요되는 비용)와는 구분 필요

다. 부대비용의 처리

재료의 구입과정에서 해당 재료에 직접 관련되어 발생하는 운임, 보험료, 보관비 등의 부대비용은 재료비에 계상한다. 다만, 재료 구입 후 발생되는 부대비용은 경비의 각 비목으로 계상한다.

공사목적물의 시공 중에 발생하는 작업설, 부산물, 연산품 등은 그 매각액 또는 이용 가치를 추산하여 재료비에서 공제하여야 한다. 다만, 기존 시설물의 철거, 해체, 이설 등으로 발생되는 작업설, 부산물 등은 재료비에서 공제하지 아니하고, 매각 비용 등에 대해 별도 계상한다(2021.12.1. 단서 신설).

3 노무비의 산정

〈 노무비 = 직접노무비 + 간접노무비 〉
- 직접노무비 = 기본급 + 제수당 + 상여금 + 퇴직급여충당금
- 간접노무비 = 현장소장, 현장 사무원 등 공사현장관리 인건비
  • 직접계상방법 = 노무량 × 노무비 단가
  • 비율분석방법 = 직접노무비 × 간접노무비율
  • 그 밖의 보완적 방법 = 직접노무비 × (공사의 종류별, 규모별, 기간별) 비율합계의 평균

가. 노무비 내용 및 산정방식

공사원가 계산 시 노무비의 내용 및 산정방식은 원칙적으로 앞에서 기술한 제조원가의 노무비의 내용 및 산정방식을 준용한다. 다만, 간접노무비의 경우 제조원가계산과는 달리 공사원가계산 시 간접노무비 계산 방법 3가지를 계약예규 "예정가격 작성기준" 별표 (2-1)에 특별히 규정하여 운용하고 있다.

① 직접노무비는 해당 공사 현장에서 직접 작업에 종사하는 근로자 노임(기본급과 제수당, 상여금, 퇴직급여충당금)의 합계액을 말함
② 간접노무비는 직접 공사 현장에서 종사하지 않으나 공사현장에서 보조작업에 종사하는 노무자 및 종업원과 현장감독자 등의 기본급과 제수당, 상여금, 퇴직급여충당금의 합계액으로 함(직접노무비 계상방법 준용)

<참고> 건설공사 시중노임단가

■ **시중노임단가 개요**
○ 대한건설협회가 매년 2회(1월1일, 9월1일) 조사·공표 : 건설업 임금실태조사보고서
○ 총 127개 직종 : 일반공사 직종(91), 광전자 직종(3), 문화재 직종(18), 원자력 직종(4)

■ **원가계산에 의한 예정가격 작성 시 시중노임단가 적용에 참고할 사항**
○ 공표된 시중노임단가는 1일 8시간을 기준으로 한 것이며, 다만 산업안전보건법 제46조 및 동법시행령 제32조의8에 규정된 작업에 종사하는 직종(잠수부)은 1일 6시간을 기준으로 한 것임.
○ 공표된 시중노임단가는 사용자가 근로의 대가로 노동자에게 일급으로 지급하는 기본급여액임. 따라서 근로기준법에서 규정하고 있는 제수당, 상여금 및 퇴직급여충당금은 시중노임 단가를 기준으로 하여 계약예규인 "예정가격작성기준"의 정한 바에 따라 계상하여야 함.
○ 조사기관이 조사공표하지 않은 직종은 조사기관이 조사공표한 유사한 직종의 시중 노임단가에 준하여 적용할 수 있음.
○ 조사기관이 조사·공표한 당해직종의 시중노임단가가 없는 년도(또는 시기)의 경우에는 전후 년도(또는 시기)의 당해직종의 시중노임단가에 그간의 전체 평균시중노임단가 증가율을 적용하여 해당년도(또는 시기)의 당해직종의 노임단가를 산정할 수 있음.

나. 간접노무비 계산 방법(예정가격작성 기준 별표 2-1)

1) 직접계상 방법

(1) 발주목적물의 노무량을 예정하고 노무비 단가를 적용하여 계산한다.

$$\text{간접노무비} = \text{노무량} \times \text{노무비 단가}$$

(2) 이 경우 노무비 단가는 통계법 제15조에 따른 지정기관이 조사·공표한 시중노임단가를 기준으로 하며, 일정 기간 이상 근로하는 상시근로자는 「근로기준법」에 따라

제 수당, 상여금(기본급의 연 400%), 퇴직급여충당금을 반영한다. 노무량은 표준품셈에 따라 계상되는 노무량을 제외한 현장시공과 관련하여 현장관리사무소에 종사하는 자의 노무량을 계상한다. 동 노무량은 공사의 규모·내용·공종·기간 등을 고려하여 설계서(설계도면, 시방서, 현장설명서 등)상의 특성에 따라 적정인원을 설계에 반영한다.

(3) 간접노무비(현장관리인건비)의 대상으로 볼 수 있는 배치인원은 현장소장, 현장 사무원(총무, 경리, 급사 등), 기획·설계부문 종사자, 노무관리원, 자재·구매 관리원, 공구 담당원, 시험 관리원, 교육·산재 담당원, 복지후생부문종사자, 경비원, 청소원 등을 들 수 있다.

2) 비율분석 방법

(1) 발주목적물에 대한 직접노무비를 표준품셈에 따라 계상하고, 동 직접노무비에 간접노무비율을 곱하여 계산한다.

$$간접노무비 = 직접노무비 \times 간접노무비율$$

(2) 발주목적물의 특성(규모·내용·공종·기간 등) 등을 고려하여 이와 유사한 실적이 있는 업체의 원가계산 자료, 즉 개별(현장별) 공사원가계산서, 노무비명세서(임금대장) 또는 직·간접 노무비 명세서를 확보한다.

(3) 업체로부터 직·간접노무비가 구분된 「직·간접노무비 명세서」를 확보한 경우에는 자료 및 내용을 검토하여 간접노무비율을 계산한다.

3) 그밖에 보완적 계상 방법

(1) 직접 계산방법 또는 비율분석방법에 의하여 간접노무비를 계산하는 것을 원칙으로 하되, 계약목적물의 내용·특성 등으로 인하여 원가계산 자료를 확보하기 곤란하거나, 확보된 자료가 신빙성이 없어 원가계산 자료로서 활용하기 곤란한 경우에는 아래의 원가계산 자료(공사 종류 등에 따른 간접노무비율)를 참고로 활용하여 해당 계약목적물의 규모·내용·공종·기간 등의 특성을 고려한 간접노무비율을 산출하고, 간접노무비는 품셈에 따른 직접노무비에 동 간접노무비율을 곱하여 계산할 수 있다.

(2) 앞의 '직접 계산방법' 또는 '비율 분석방법' 두 가지를 원칙적 방법이라고 하나 실제 적용이 어려워 여기의 '그 밖에 보완적 방법'이 이론적 간접노무비 계산 방법이라고 할 수 있는데, 현실적으로는 조달청이 매년 작성하여 발표하는 간접노무비율이 적용되고 있다.

구 분	공사종류별	간접노무비율
공사 종류별	건축공사	14.5
	토목공사	15
	특수공사(포장, 준설 등)	15.5
	기타(전문, 전기, 통신 등)	15
공사 규모별	50억 원 미만	14
	50~300억 원 미만	15
	300억 원 이상	16
공사 기간별	6개월 미만	13
	6~12개월 미만	15
	12개월 이상	17

* 예시) 공사규모가 100억 원이고 공사기간이 15개월인 건축공사의 경우 간접노무비율은?
- 간접노무비율 = (15%+17%+14.5%)/3 = 15.5%

4 경비의 산정

가. 경비 산정 개요(기준 제19조)

(1) 경비는 공사의 시공을 위하여 소요되는 공사원가 중 재료비 및 노무비를 제외한 원가를 말하며, 기업의 유지를 위한 관리활동 부문에서 발생하는 일반관리비와 구분된다. 동 경비 비목은 전력비, 기계경비, 기술료 등 26개 비목과 그 밖의 법정경비로 구성된다.

(2) 동 경비의 산정은 해당 계약목적물에 대한 시공 기간의 소요(소비)량을 측정하거나, 최근 유사 실적이 있는 업체의 원가계산 자료 또는 계약서, 영수증 등을 근거로 산정하여야 한다. 즉, 품셈, 도면 등에 의하여 산출이 가능한 비목은 직접 산출하고 그 밖의 경비 비목은 공사원가명세서 등 원가계산 자료를 분석·검토 후 비율을 산출하여 반영한다.

이 경우 비율산출은 제조원가계산의 경우와 마찬가지로 계약상대방으로 적당하다고 예상되는 2개 업체 이상의 최근 년도 원가계산 자료를 활용하거나, 다수기업 평균치를 나타내는 공신력 있는 기관의 통계자료*를 활용하여 합리적으로 산출되도록 하여야 한다.

☞ 한국은행 발간 "기업경영분석", 대한건설협회 발간 '완성공사원가통계'와 '건설업경영분석' 등

나. 경비의 세 비목 구성(기준 제19조 제3항)

1) 전력비, 수도광열비

전력비, 수도광열비는 계약목적물을 시공하는데 소요되는 해당 비용을 말한다.

2) 운반비

운반비는 재료비에 포함되지 않는 운반비로서 원재료·반재료·기계기구의 운송비, 하역비, 상하차비, 조작비 등을 말하며, 거래운임, 하역비, 운송보험료 등 재료구입과 관련되는 부대비용은 재료비에 포함하고. 재료구입 후 발생되는 부대비용은 경비에 해당한다.

3) 기계경비

기계경비는 각 중앙관서의 장 또는 그가 지정하는 단체에서 제정한 "표준품셈상의 건설기계의 경비 산정기준"에 의한 비용을 말하며, 기계경비는 기계손료, 운전경비 및 운송비의 합계액으로 하되 특히 필요하다고 인정될 때에는 조립 및 분해조립 비용을 포함한다.

4) 특허권사용료

특허권사용료는 타인 소유의 특허권을 사용한 경우에 지급되는 사용료로서 그 사용비례에 따라 계산한다.

5) 기술료

기술료는 해당 계약목적물을 시공하는 데 직접 필요한 노하우(know-how) 및 동 부대비용으로서 외부에 지급하는 비용을 말하며, 세법(법인세법상의 시험연구비)에서 정한 바에 따라 계상하여 사업 초년도 부터 이연상각 하되 그 사용비례를 기준으로 배분 계산한다.

6) 연구개발비

연구개발비는 해당 계약목적물을 시공하는 데 직접 필요한 기술개발과 연구비로서 시험·시범제작에 소요된 비용이나 연구기관에 의뢰한 기술개발용역비와 법령에 따른 기술개발촉진비 및 직업훈련비를 말하며, 「법인세법」상의 시험연구비 등에서 정한 바에 따라 이연상각 하되 그 사용비례를 기준하여 배분 계산한다. 다만, 연구개발비 중 장래 계속시공으로의 연결이 불확실하여 미래수익의 증가와 관련이 없는 비용은 특별상각할 수 있다.

7) 품질관리비

품질관리비는 해당 계약목적물의 품질관리를 위하여 관련법령(건설기술진흥법 제56조) 및 계약조건에 의하여 요구되는 비용을 말하며, 품질시험 인건비는 포함하고 시험관리인 등 간접노무비에 계상되는 것은 제외한다.

발주자는 품질관리비(품질시험비와 품질관리활동비로 구분하여 산출)와 그 산출근거가 되는 구체적인 명세를 설계도서에 명시하고 이를 입찰공고 때 열람할 수 있도록 해야 하며, 이 경우 해당 입찰참가자는 동 품질관리비를 조정 없이 입찰금액에 반영하여 입찰에 참가해야 한다(낙찰률 적용을 배제).

☞ 건설공사 품질확보를 위한 비용이 효율적으로 반영될 수 있도록 하기 위해 품질관리비가 입찰 과정에서 조정되지 않도록 함(「건설기술진흥법시행규칙」 별표6. '품질관리비의 산출 및 사용기준' 개정, 2018.3.18)

8) 가설비

가설비는 공사목적물의 실체를 형성하는 것은 아니나 현장사무소, 창고, 식당, 숙사, 화장실 등 그 시공을 위하여 필요한 가설물의 설치에 소요되는 비용(노무비, 재료비를 포함)을 말한다. 동 가설비는 재료비에 포함되는 가설재료비와 구분된다.

9) 지급임차료

지급임차료는 계약목적물을 시공하는데 직접 사용되거나 제공되는 토지, 건물, 기계기구(건설기계를 제외)의 사용료를 말한다.

10) 보험료

(1) 보험료는 산업재해보험, 고용보험, 국민건강보험 및 국민연금보험 등 법령이나 계약조건에 의하여 의무적으로 가입이 요구되는 보험료를 말하고, 동 보험료는 「건설산업기본법」 제22조 제7항 등 관련법령에 정한 바에 따라 계상하며 재료비에 계상되는 보험료는 제외한다.

※ 보험료 중 계약예규 "공사계약일반조건" 제10조에 의한 공사손해보험료는 총공사원가(재료비+노무비+경비)를 기준으로 하여 계산되므로, 경비 비목에 해당되지 않고 별도의 비목에 해당함.

(2) 「건설산업기본법」 제22조 제7항 및 동법 시행령 제26조의2의 규정에 의하면, 건설공사 도급계약의 당사자는 고용보험 등 5대 사회보험의 보험료를 국토교통부장관이 정하여 고시하는 기준에 따라 도급금액 산출내역서 작성 시 반영하여야 하며, 동 고시에 따른 「사회보험의 보험료 적용기준」은 다음과 같다(국토교통부 고시 제2018-462호, 2018.8.1. 시행).

① 고용보험의 보험료 : 노무비 × 율
- 보험료 요율

구분	1등급	2등급	3등급	4등급	5등급	6등급	7등급이하
요율(%)	1.39	1.17	0.97	0.92	0.89	0.88	0.87

※ 등급은 조달청의 유자격자명부기준에 따름

- 적용대상 : 모든 건설공사. 다만, 총공사금액[(도급금액+관급재료)에서 부가세 제외] 2천만 원 미만의 건설공사를 건설업자가 아닌 자가 시공 시 적용 제외
- 적용기준

일반(등급)공사	해당 등급 요율적용
PQ, 실적 대상공사	공사금액에 따라 해당등급(토목, 건축 구분) 요율 적용
수의계약 대상공사	해당업체 시공능력평가액이 등급요율 적용
그 밖의 공사	공사금액에 따라 해당등급 요율 적용

② 산업재해보상보험의 보험료 : 노무비 × 율
- 보험료 율 : 「고용보험 및 산업재해보상보험의 보험료 징수 등에 관한 법률」 제14조 제3항 및 제4항, 동법 시행령 제13조 및 동법시행규칙 제12조의 규정에 따라 노동부장관이 고시하는 요율(사업종류별 산업재해보상 보험료율)
- 적용대상 : 모든 건설공사. 다만, 총공사금액[(도급금액+관급재료)에서 부가세 제외] 2천만 원 미만의 건설공사를 건설업자가 아닌 자가 시공 시 적용 제외

③ 국민연금보험의 보험료 : 직접노무비 × 율
- 보험료 요율 : 「국민연금법」 제88조제3항에 따른 사용자의 부담금 요율
- 적용대상 : 공사기간이 1개월 이상인 모든 건설공사

④ 국민건강보험의 보험료 : 직접노무비 × 율
- 보험료 요율 : 「국민건강보험법」 제73조제1항 및 동법시행령 제44조제1항에 따른 요율의 2분의1
- 적용대상 : 공사기간이 1개월 이상인 모든 건설공사

⑤ 노인장기요양보험의 보험료 : 국민건강보험료(위④항) × 율
  • 보험료 요율 : 「노인장기요양보험법」 제9조제1항 및 동법시행령 제4조에 따른 요율
  • 적용대상 : 공사기간이 1개월 이상인 모든 건설공사

11) 복리후생비

복리후생비는 계약목적물을 시공하는데 종사하는 노무자·종업원·현장사무소직원 등의 의료 위생 약품대, 공상치료비, 지급피복비, 건강 진단비, 급식비(중식 및 간식제공을 위한 비용)등 작업조건유지에 직접 관련되어 소요되는 비용을 말한다.

12) 보관비

보관비는 계약목적물의 시공에 소요되는 재료, 기자재 등을 보관하기 위한 창고 사용료로서 외부에 지급되는 경우의 비용만을 계상하여야 하며 이중에서 재료비에 계상되는 것은 제외한다.

13) 외주가공비

외주가공비는 재료를 외부에 가공시키는 실가공비용을 말하며 외주가공품의 가치로서 재료비에 계상되는 것은 제외한다.

14) 산업안전보건관리비

(1) 산업안전보건관리비는 작업현장에서 산업재해 및 건강장해 예방을 위하여 「산업안전보건법」 등 법령에 따라 요구되는 비용을 말한다. 특히, '건설업 산업안전보건관리비'는 건설사업장과 본사 안전전담부서에서 산업재해의 예방을 위하여 법령에 규정된 사항의 이행에 필요한 비용이라고 규정하고 있다[「산업안전보건법」 제72조, 「건설업 산업안전보건관리비 계상 및 사용기준」(노동부 고시) 제2조].

(2) 건설업 산업안전보건관리비는 「산업재해보상보험법」 제6조에 따라 「산업재해보상보험법」의 적용을 받는 공사 중 총 공사금액 2천만 원 이상인 공사에 적용하며, 동 비용의 계상은 공사원가계산서 구성항목 중 안전관리비 대상 액(직접재료비, 간접재료비 및 직접노무비를 합한 금액)에 '건설업 산업안전보건관리비 계상 및 사용기준'(노동부 고시) 제4조 별표에서 정한 비율을 곱하여 산정한다. 이때 관급자재가 있는 경우 산업안전

보건관리비의 적용은 ⅰ) 재료비와 직접노무비의 합계액에 산업안전보건관리비율을 곱한 금액의 1.2배한 금액과 ⅱ) 재료비와 직접노무비 그리고 관급자재비의 합계액에 산업안전보건관리비율을 곱한 금액 중 낮은 금액을 적용하여야 한다(동 고시 제4조 제1항).

> 건설업 산업안전보건관리비 = (직·간접 재료비 + 직접노무비) × 적용요율

(3) 한편, 발주자가 수급인과 공사계약을 체결할 경우에는 낙찰률을 적용하지 아니하고 당초 예정가격 작성 시 계상한 산업안전보건관리비를 금액조정 없이 반영하여야 하며, 당초 예정가격 작성 시 계상한 산업안전보건관리비를 공사 계약문서에 금액조정 없이 반영하여야 한다는 사실을 입찰공고 등에 명시하여 입찰참가자가 미리 열람하도록 하여야 한다(동 고시 제5조).

15) 소모품비

소모품비는 작업현장(공사현장)에서 발생되는 문방구, 장부대 등 소모품 구입비용을 말하며 보조 재료로서 재료비에 계상되는 것은 제외한다.

16) 여비·교통비·통신비

여비·교통비·통신비는 시공현장에서 직접 소요되는 여비 및 차량유지비와 전신전화 사용료, 우편료를 말한다.

17) 세금과 공과

세금과 공과는 시공현장에서 해당 공사와 직접 관련되어 부담하여야 할 재산세, 차량세, 사업소세 등의 세금 및 공공단체에 납부하는 공과금을 말한다. 참고로, 도로점용료는 공공시설인 도로를 사용함으로서 얻는 편익에 대한 보상으로서 부담하는 사용료의 일종이기 때문에 동 비목에 해당되지 않으며 지급임차료에 해당된다.

18) 폐기물처리비

(1) 폐기물처리비는 계약목적물의 시공과 관련하여 발생되는 오물, 잔재물, 폐유, 폐알칼리, 폐고무, 폐합성수지 등 공해 유발물질을 법령에 따라 처리하기 위하여 소요되는 비용을 말한다. 건설폐기물의 경우 폐 콘크리트 등「건설폐기물의 재활용 촉진에 관한

법률시행령」 제2조 관련 별표1에 해당하는 폐기물을 말하며, 그 양이 100톤 미만인 경우라면 공사원가계산 시 경비 항목 중 폐기물처리비로 반영하여야 한다.

☞ 재활용 과정을 거친 순환골재도 건설폐기물에 해당하므로 다른 건설폐기물과 함께 법이 정한 허용 보관량을 초과하여 보관할 경우 건설폐기물법에 위반됨(대법원2020.3.27. 선고2017추5060판결)

(2) 일괄입찰 및 대안입찰에 따라 체결된 공사계약에 있어서 「건설폐기물의 재활용 촉진에 관한 법률」 제15조에 따라 건설공사와 건설폐기물처리용역을 분리 발주한 경우로서, 공사수행과정에서 건설폐기물이 계약상대자가 설계 시 산출한 물량을 초과하여 발생한 때에는 해당 초과 물량에 대하여 발주기관이 실제 폐기물처리업체에 지급한 처리비용만큼 계약금액에서 감액 조정한다(공사계약일반조건 제23조의3).

19) 도서인쇄비

도서인쇄비는 계약목적물의 시공을 위한 참고서적 구입비, 각종 인쇄비, 사진 제작비(VTR 제작비를 포함) 및 공사시공기록책자 제작비등을 말한다.

20) 지급수수료[43]

지급수수료는 공사이행보증서 발급수수료, 건설하도급대금 지급보증서 발급수수료, 건설기계 대여대금 지급보증 수수료 등 법령으로서 지급이 의무화된 수수료를 말하며, 이 경우 보증서 발급 수수료는 보증서 발급기관이 최고 등급 업체에 대해 적용하는 보증 요율 중 최저요율을 적용하여 계상하여야 한다. 지급 수수료별 법적 근거와 세부 내용은 다음과 같다.

① 공사이행보증서(PB) 발급수수료 : 「국가계약법시행령」 제52조제1항 단서
   - 해당 공사의 계약상의 의무를 이행할 것을 보증한 기관이 계약상대자를 대신하여 계약상의 의무를 이행하지 아니하는 경우에는 계약금액의 100분의 40(70%미만 저가낙찰인 경우 100분의50)이상을 납부할 것을 보증
   - 계약담당공무원이 계약의 특성상 필요하다고 인정되는 경우에 계약이행보증방법을 공사이행보증서 제출방법으로 한정가능(현금납부 불가)
   ※ 종전에는 종합심사낙찰제와 기술형입찰제 공사의 경우 공사이행보증서(PB)만 납부하도록 의무화되어 있었으나, 기업부담 완화 차원에서 의무사항을 폐지함(2019.9.17.)

---

43) 위와 같이 지급수수료는 법령으로 지급이 의무화된 수수료이므로 경비 비목에 포함되는 것이고, 계약상대자의 선택에 따라 보증서 또는 현금으로 납부할 수 있는 계약보증서 및 하자보증서 발급수수료는 경비 비목으로서의 계상대상으로 인정되지 아니한 것임

② 건설하도급대금 지급보증서 발급수수료 : 「건설산업기본법」 제34조제3항, 「하도급거래공정화에 관한 법률」 제13조의2
- 하도급대금지급보증서 발급수수료는 건설산업기본법령에 따라 원사업자가 수급사업자에게 공사대금 지급을 보증하기 위한 비용으로서 재료비와 직접노무비, 산출경비의 합계액에 하도급대금지급보증서 발급수수료율을 곱하여 계상. 원칙적으로 일반건설공사에서만 하도급을 허용하고 있으므로 전문공사, 전기공사 등에는 적용할 수 없음

> 하도급대금지급보증서 발급수수료=(재료비+직접노무비+산출경비)×적용요율

③ 건설기계대여대금 지급보증 수수료 : 「건설산업기본법」 제68조의3
- 수급인 또는 하수급인은 건설기계 대여업자와 건설기계 대여계약을 체결한 경우 그 대금의 지급을 보증하는 보증서를 건설기계 대여 업자에게 주어야 함

21) 환경보전비(건설기술진흥법 제66조, 동법시행규칙 제61조)

(1) 환경보전비는 계약목적물의 시공을 위한 제반 환경오염 방지시설을 위한 것으로서 관련법령에 의하여 규정되어 있거나 의무 지워진 비용을 말한다. 동 환경보전비는 직접공사비에 건설기술진흥법시행규칙 [별표8] 환경관리비 세부 산출기준 제1호 가목에 해당하는 요율 이상을 적용하여 계상하되, 표준품셈 등 원가계산에 따라 산출한 환경보전비를 포함한다(조달청 공사원가 제비율 적용기준).

> 환경보전비 = (재료비+직접노무비+산출경비) × 적용요율

(2) 건설공사의 발주자는 건설공사 계약을 체결할 때에는 환경 훼손 및 오염 방지 등 건설공사의 환경관리에 필요한 비용(환경관리비)을 공사금액에 계상하여야 하며, 건설사업자는 환경관리비의 사용계획을 발주자에게 제출하고 발주자 또는 건설사업관리용역사업자가 확인한 비용의 실적에 따라 정산하여야 한다.

22) 보상비

보상비는 해당 공사로 인해 공사현장에 인접한 도로·하천·그 밖의 재산이 훼손되거나 지장물을 철거하게 됨에 따라 발생하는 보상·보수비를 말한다. 다만, 해당 공사를 위한 용지보상비는 제외한다.

23) 안전관리비(건설기술진흥법 제62조, 제63조 및 동법시행규칙 제60조)

(1) 안전관리비는 건설공사의 안전관리를 위하여 관계법령에 따라 요구되는 비용으로서, 건설기술진흥법 제63조 및 동법시행규칙 제60조에 따르면 안전관리계획의 작성 및 검토 비용, 안전점검 비용, 무선설비 및 무선통신을 이용한 건설공사 현장의 안전관리체계 구축·운용비용 등을 말한다.

(2) 동 안전관리비는 건설공사의 안전관리에 필요한 비용으로서 건설현장 내부 근로자의 안전을 위한 산업안전보건관리비, 건설공사로 인한 주변 환경훼손 및 오염의 방지 등을 위한 환경보전비, 품질관리에 필요한 품질관리비 등과 구분되며, 건설공사의 발주자는 건설공사 계약을 체결할 때에 공사금액에 계상해야 한다.

(3) 건설사업자 또는 주택건설등록업자의 경우는 동 안전관리비를 해당 목적에만 사용해야 하고, 발주자 또는 건설사업관리용역사업자가 확인한 안전관리 활동 실적에 따라 정산해야 한다(동법 제63조 등).

24) 건설근로자 퇴직공제부금비

(1) 「건설근로자의 고용개선 등에 관한 법률」 제2조에 의하면 '퇴직공제'(退職共濟)란 사업주가 건설근로자를 피공제자로 하여 건설근로자공제회에 공제부금(共濟賦金)을 내고 그 피공제자가 건설업에서 퇴직하는 등의 경우에 건설근로자공제회가 퇴직공제금을 지급하는 것을 말하며, 이 경우 건설사업자가 건설근로자퇴직공제에 가입하는데 소요되는 비용이 "퇴직공제부금비"이다. 동 부금비는 노무비 산정 시 퇴직급여충당금을 산정하여 계상한 경우에는 동 금액을 제외한다.

(2) 국가 또는 지방자치단체가 발주하는 예정금액 3억 원 이상인 공사 등의 경우에는 동 건설근로자 퇴직공제제도에 가입하여야 하며, 가입하는 데 소요되는 비용은 직접노무비의 합계액에 퇴직공제부금비율을 곱하여 산정한다. 이때 적용되는 요율은 국토교통부장관이 고시하는 기준에 따른다(건설산업기본법 제87조, 동법시행령 제83조).

> 퇴직공제부금비 = 직접노무비 × 적용요율

25) 관급자재 관리비[44]

관급자재 관리비는 공사현장에서 사용될 관급자재에 대한 보관 및 관리 등에 소요되는 비용을 말하며, 계약상대방이 설치하는 관급자재도 사급자재와 마찬가지로 보관비, 운반비등 비용이 발생함에 따라 이를 공사비에 반영되도록 한 것이다.

26) 법정부담금

법정부담금은 관련법령에 따라 해당 공사와 직접 관련하여 의무적으로 부담하여야 할 부담금을 말한다.

27) 그 밖의 법정경비

그 밖의 법정경비는 위에서 열거한 26종의 경비 이외의 것으로서 법령에 규정되어 있거나 의무 지워진 경비를 말한다.

5 일반관리비 및 이윤의 산정

가. 일반관리비의 산정(기준 제20조 및 별표3)

(1) 공사원가계산 시 일반관리비의 내용은 앞에서 기술한 제조원가 일반관리비(기준 제12조)의 내용과 동일하며, 순공사원가에 일반관리비 적용 요율을 곱하여 산정한다.

> 일반관리비 = 순공사원가(재료비 + 노무비 + 경비) × 일반관리비율

(2) 동 일반관리비적용 요율의 상한은 아래 표와 같다.

종합공사		전문·전기·정보통신·소방 및 그 밖의 공사	
공사원가	일반관리비율 상한(%)	공사원가	일반관리비율 상한(%)
50억 원 미만	6.0	5억 원 미만	6.0
50억 원~300억 원 미만	5.5	5억 원~30억 원 미만	5.5
300억 원 이상	5.0	30억 원 이상	5.0

---

44) 관급자재는 공사에 필요한 자재를 공공기관이 직접 구매하여 시공사에 공급해 주는 자재로서 원-하도급에 따른 저가납품을 방지하기 위해 시행(철근, 레미콘, 시멘트, 아스팔트콘크리트 등)

나. 이윤의 산정(기준 제21조)

이윤은 영업이익을 말하며, 공사원가 중 노무비, 경비(기술료와 외주가공비 제외)와 일반관리비의 합계액에 이윤율을 곱하여 산정하되, 이 경우 이윤율은 15%를 초과하여 반영할 수 없다. 동 이윤산정 시에 재료비는 이윤 창출에 관련이 없는 것으로 보아 제외되며, 경비 항목 중 기술료와 외주가공비도 계약상대자가 아닌 제3자의 역무에 대한 대가이므로 이윤 창출에 직접 관련이 없고 이중 계상의 문제점도 있다고 보아 제외되고 있다.

> 이윤 = [노무비+경비(기술료와 외주가공비 제외)+일반관리비] × 이윤율

6 공사손해보험료의 산정

가. 보험의 가입 및 범위

(1) 계약담당공무원은 다음의 공사에 대하여 공사손해보험에 가입하거나 계약상대자에게 공사손해보험에 가입하도록 하여야 하며, 필요한 경우 보험가입 등과 관련하여 전문가로부터 자문을 받을 수 있다(공사계약일반조건 제10조 및 정부 입찰·계약집행기준 제55조 등).

① 설계·시공일괄입찰 등 대형공사(시행령 제78조)
② 기술제안입찰공사(시행령 제97조)
③ 추정가격 200억 원 이상인 공사 중 고난이도 공사 18개("입찰참가자격사전심사요령" 제6조 제5항 제1호 규정)

(2) 계약담당공무원이나 계약상대자가 보험가입 시에는 발주기관, 계약상대자, 하수급인 및 해당 공사의 이해관계인을 피보험자로 하여야 하며, 보험사고 발생으로 발주기관 이외의 자가 보험금을 수령하게 할 경우에는 발주기관의 장의 사전 동의를 받아야 한다. 동 보험은 계약목적물에 대한 손해담보와 제3자 손해배상책임을 담보할 수 있는 보험이어야 하며, 다만, 계약상대자가 필요하다고 인정할 경우에는 계약상대자의 부담으로 추가적으로 담보하는 보험에 가입하게 할 수 있다.

나. 보험가입금액(일반조건 제10조 제3항, 집행기준 제57조)

계약목적물에 대한 손해보험 가입금액은 공사의 보험가입 대상 부분의 계약금액에서 부가가치세와 손해보험료를 제외한 금액(순 계약금액)을 기준으로 한다. 동 순 계약금액에 관급자재가 있을 경우에는 이를 포함하며, 장기계속공사계약의 경우에는 총 공사부기금액을 기준으로 순 계약금액을 산정한다. 제3자 손해배상책임에 대한 매 사고 당 보상한도는 보험가입금액의 100분의 1과 5억 원 중 많은 금액으로 한다.

☞ 손해보험료가 산정되어야 예정가격이 산정되는 것이므로 예정가격을 기준으로 손해보험료를 산정할 수가 없는 것임. 이러한 점을 감안하여 계약금액에서 부가가치세를 제외한 금액을 "순계약금액"이라 하고 이를 기준으로 산정하게 한 것이며 이는 원가계산 체계상 총원가에 해당함

다. 보험의 가입 시기 및 기간(일반조건 제10조 제4항, 집행기준 제59조)

계약담당공무원은 보험가입을 공사착공일 이전까지 가입하거나 계약상대자에게 가입하게 하여야 하고 그 증서를 착공신고서 제출 시에 발주기관에 제출하게 하여야 한다. 이때 보험기간은 해당 공사 착공 시부터 발주기관의 인수 시(시운전이 필요한 공사인 경우에는 시운전 시기)까지로 하여야 한다.

라. 보험료 계상 및 보험료율 산정(예정가격작성기준 제22조, 집행기준 제60조)

(1) 공사손해보험료는 공사손해보험에 가입할 때에 지급하는 보험료를 말하며, 계약담당공무원은 계약상대자가 손해보험에 가입하게 하는 경우에는 예정가격에 보험료를 계상하여야 한다. 다만, 시행령 제7조의2 제2항에 따라 예정가격을 작성하지 아니하는 경우에는 공사예산에 보험료를 계상하여야 한다(집행기준 제60조 제1항).

(2) 동 공사손해보험료는 보험가입대상 공사부문의 총공사원가(재료비, 노무비, 경비, 일반관리비, 이윤의 합계액)에 손해보험료율을 곱하여 계상하며, 발주기관이 지급하는 관급자재가 있을 경우에는 총공사원가에 동 관급자재를 합한 금액에 손해보험료율을 곱하여 계상한다. 이때 공사손해보험료를 계상하기 위한 손해보험료율은 계약담당공무원이 설계서와 보험개발원, 손해보험회사 등으로부터 제공받은 자료를 기초로 하여 산정하며, 공사손해보험료 산정의 근거가 되는 보험가입대상 공사부분의 항목 등을 설계서에 명시하여야 한다.

제3장 예정가격 및 원가계산

> ▸ 손해보험료 = 총 공사원가(관급자재 포함) × 손해보험료율
> * 총 공사원가 = 재료비 + 노무비 + 경비 + 일반관리 + 이윤

☞ 그 밖에 보험가입 시 유의사항, 보험금 사용, 계약상대자의 의무, 권리양도 제한 등 공사손해보험과 관련하여 상세한 사항은 계약예규 "정부 입찰·계약 집행기준" 제14장과 계약예규 "공사계약일반조건" 제10조 등을 참조하여 처리하면 됨

〈참고〉 조달청 "공사원가 제 비율 적용기준(간접공사비 적용기준)"

▸ 조달청이 매년 작성하여 발표하는 예정가격 산정 시 공사원가계산에 계상되는 간접노무비, 기타경비 등 항목의 요율은 대한건설협회와 협업해 실제 공사현장에서 발생하는 비용을 공사원가에 반영하기 위해 공사현장의 실태조사 결과를 반영(2022년의 경우 4월 25일 입찰공고 분부터 적용)

- 간접노무비율, 기타경비율 등 5개 비목은 조달청이 완성공사원가통계 등을 직접 분석하여 결정
- 이외 고용보험료율, 국민건강보험료율, 산재보험료율 등 10개 비목은 관련 법령에 따라 고시된 비율을 그대로 적용(해당 부처 : 국토교통부, 고용노동부 등)
- 기타경비항목(6개) : 수도광열비, 복리후생비, 소모품비 및 사무용품비, 여비·교통비·통신비, 세금과 공과, 도서인쇄비[기타경비율 = (재료비 + 노무비) × 율]
- 통신, 소방공사 제비율 적용기준은 없으며, 건축 또는 토목 제비율 적용기준을 준용하여 사용
  ☆ 세부내용 : 조달청 누리집(www.pps.go.kr) → 조달업무 → 업무별 자료 → 시설공사

▸ 이와 같은 공사원가계산 제 비율은 조달청에서 예정가격 산정 시에 활용하는 자료로서 타 기관에서 준용할 의무는 없으나, 현실적으로는 각급 정부기관과 지방자치단체 및 공기업·준정부기관 등에서 이를 준용하고 있는 상황임

제5절 공사원가계산

〈 공사예정가격 체계 요약 〉

구 분		비목	세목	성 질	산정방법
공사예정가격	총원가	순공사원가	재료비	직접재료비	공사목적물의 실체를 형성하는 물품의 가치	• 거래실례가격·감정가격 등 ×품셈산출 수량 • 재료비 구입과정의 부대경비 포함(운임, 보험료, 보관비 등)
				간접재료비	목적물의 실체를 형성치 않고 보조적으로 소비되는 물품의 가치	
			노무비	직접노무비	공사현장에서 목적물 완성을 위해 직접 작업에 종사하는 노무자가 제공하는 노동력 대가	• 노임단가×품셈산출 노무량

				간접노무비	공사현장에서 직접 작업에 종사하지 않고 보조 작업에 종사하는 자가 제공하는 노동력 대가(현장소장, 자재, 경리, 공무, 타자, 경비직 등)	• 직접노무비×간접노무비율
						 - 원가계산 자료 활용
						  공종별, 규모별, 기간별
						  규모고려 산정(13~17%)

			경비	직접계상경비	소요량, 소비량 측정이 가능한 경비(품셈, 계약서, 관련법령 등에 의하여 계산이 가능한 비용)	• 소요량×단가
				비율계상경비	소요량 측정 등이 곤란하여 유사 원가계산 자료를 활용하여 비율산정 적용이 불가피한 경비	• 원가계산 자료상 해당 경비의 재료비 및 노무비에 대한 비율을 발주목적물의 재료비 및 노무비에 곱함
		일반관리비		기업유지를 위한 관리활동 부문에서 발생한 제비용	• 공사원가×(5~6%)
		이 윤		영업이익	• (노무비+경비+일반관리비)×15% 이내 - 경비 중 외주가공비와 기술료는 제외
	공사손해보험료				• 총원가×보험요율
	부가가치세				• (총원가+공사손해보험료)×10%

제6절 용역원가계산 및 원가계산용역기관

1 용역의 원가계산 개요

가. 용역원가계산 체계

(1) 용역은 그 자체적으로 특성이 매우 강하고 종류도 다양하여 정부가 용역을 조달함에 있어 물품의 제조와 공사계약의 경우처럼 용역계약 전체에 일률적으로 적용할 수 있도록 하는 원가계산 기준을 제정하여 운용하기는 어려운 상황이다.

(2) 이에 따라 계약예규 「예정가격 작성기준」에서도 '제조·공사·용역계약의 원가계산'으로 구분은 하되 '제조원계산서' 또는 '공사원가계산서'처럼 용역계약 전체를 대상으로 하는 원가계산서를 제정하지 못하고 어느 정도 보편화 되어 있는 '학술연구용역 원가계산'에 관하여 기술하고 나머지는 '기타용역의 원가계산'으로 구분하여 규정하고 있다.

나. 기타용역의 원가계산

(1) 예정가격 작성기준에서 학술연구용역 원가계산을 제외한 나머지 용역의 원가계산을 '기타용역의 원가계산'이라고 구분하고 있는데. 동 기타용역 중 엔지니어링사업용역, 측량용역, 소프트웨어 개발용역 등 다른 법령에서 그 대가 기준을 규정하고 있는 경우에는 해당 법령이 정하는 기준에 따라 대가를 산출(원가계산)하도록 하고 있다. 그밖에 나머지 원가계산 기준이 정해지지 않은 용역에 대하여는 용역별 해당 법령에 따른 대가 기준과 학술연구용역의 원가계산 기준을 준용하여 원가계산 할 수 있도록 하고 있다.

(2) 이 경우 개별법령상 기술용역과 관련한 대가 기준 중 엔지니어링산업진흥법령상 '엔지니어링사업 대가기준'이 가장 대표적이라고 할 수 있으며, 그밖에 건설기술진흥법령상 '건설기술용역대가 등에 관한 기준' 등이 있다. 특히, 소프트웨어개발용역의 경우에는 동 용역에 적용되는 대가가 민간 자율로 결정되도록 유도하기 위해 '소프트웨어사업 대가기준'을 폐지하고 '한국소프트웨어 산업협회'에서 「소프트웨어 사업대가 산정 가이드」를 대체 방안으로 마련하여 운용하고 있다(2013. 3월).

2 학술연구용역의 원가계산(기준 제23조)

가. 학술연구용역의 의의

(1) '학술연구용역'이라 함은 학문 분야의 기초과학과 응용과학에 관한 연구용역 및 이에 준하는 용역을 말하며, 이러한 개념은 「학술진흥법」 제2조와 한국표준산업분류에 기초를 둔 정의라고 할 수 있다. 따라서, 발주하고자 하는 용역이 위와 같이 정의되는 학술연구용역에 해당되는지 여부는 당해 계약목적물의 구체적인 내용·특성과 「학술진흥법」 등 관련 법령 및 한국표준산업분류 등을 참고로 하여 계약담당공무원이 개별적으로 판단하게 된다.

(2) 한편,「정책연구용역 관리규정」 제2조 제1호에 따르면 '정책연구용역'이라 함은 중앙행정기관이 정책의 개발 또는 주요 정책현안에 대한 조사·연구 등을 목적으로 정책연구 과제를 선정하고, 연구자와 연구수행에 대한 대가를 지급하는 내용의 계약을 체결하는 방식으로 정책연구를 추진하는 용역사업을 말하는데, 이러한 정책연구용역도 학술연구용역에 준하는 용역으로 보아 같은 범주에 속하는 것이 원칙이라고 할 수 있다. 다만, 이 경우에도 구체적인 사업이 학술연구용역의 범주에 해당하는 지의 여부는 계약담당공무원이 해당 계약목적물의 특성, 과업 내용 및 관련 법령 등을 고려하여 판단하게 된다.

나. 학술연구용역과 용역수행 연구원의 구분

(1) 학술연구용역은 그 이행방식에 따라 다음과 같이 3가지 유형으로 구분할 수 있다.

- 위탁형 용역 : 용역계약을 체결한 계약상대자가 자기 책임 하에 연구를 수행하여 연구결과물을 용역결과보고서 형태로 제출하는 방식
- 공동연구형 용역 : 용역계약을 체결한 계약상대자와 발주기관이 공동으로 연구를 수행하는 방식
- 자문형 용역 : 용역계약을 체결한 계약상대자가 발주기관의 특정 현안에 대한 의견을 서면으로 제시하는 방식

(2) 학술연구용역을 수행하는 연구원은 책임연구원, 연구원, 연구보조원, 보조원으로 구분하고 있으며, 각 각의 해당 직책은 다음과 같다.

- '책임연구원'이라 함은 해당 용역수행을 지휘·감독하며 결론을 도출하는 역할을 수행하는 자를 말하며, 대학 부교수 수준의 기능을 보유하고 있어야 한다. 이 경우

책임연구원은 1인을 원칙으로 하되, 해당 용역의 성격상 다수의 책임자가 필요한 경우에는 그러하지 아니하다.
- ○ '연구원'이라 함은 책임연구원을 보조하는 자로서 대학 조교수 수준의 기능을 보유하고 있어야 한다.
- ○ '연구보조원'이라 함은 통계처리·번역 등의 역할을 수행하는 자로서 해당 연구 분야에 대해 조교정도의 전문지식을 가진 자를 말한다.
- ○ '보조원'이라 함은 타자, 계산, 원고정리 등 단순한 업무처리를 수행하는 자를 말한다.

다. 원가계산의 비목 및 작성 방법

(1) 학술연구용역에 대한 원가계산의 비목은 인건비(노무비), 경비, 일반관리비, 이윤으로 각각 구분하여 작성하며, 다만, 공동연구형 용역 및 자문형 용역의 경우에는 경비항목 중 최소한의 필요항목만 계상하고 일반관리비는 계상하지 아니한다.

이와 같이 '공동연구형 용역 및 자문형 용역'의 경우에는 일반관리비를 계상하지 아니하나 '위탁형 용역'은 일반관리비를 계상하는 것이므로, 계약상대방이 자기 책임하에 단독으로 연구를 수행하고 그 결과물을 결과보고서 형태로 제출하는 방식은 '위탁형 용역'에 해당되어 일반관리비를 계상하는 것이 적정하다고 할 수 있다.

(2) 계약담당공무원이 학술연구용역에 대한 원가계산을 하고자 할 때에는 "예정가격 작성기준" 별표4에서 정한 '학술연구용역 원가계산서'를 작성하고 비목별 산출 근거를 명시한 기초계산서를 첨부하여야 한다.

라. 인건비의 산정

(1) 인건비는 해당 계약목적에 직접 종사하는 연구 요원의 급료를 말하며 계약예규 "예정가격작성 기준" 별표5에서 정한 기준단가에 의하되, 「근로기준법」에서 규정하고 있는 제수당, 상여금, 퇴직급여충당금의 합계액으로 한다. 다만, 상여금은 기준단가의 연 400%를 초과하여 계상할 수 없다.

동 기준단가는 전업에 의한 보수규정이 아니라 대학교수, 정부 출연기관 등에서 본래의 업무에 부수하여 수행하는 업무를 기준으로 책정한 기준단가로서 성질상 직무수당, 가족수당, 자녀 학비보조, 식비 이외 다른 항목의 수당은 포함되어 있지 않다.

(2) 상여금의 경우 공공계약이 불특정 다수업체를 대상으로 표준적인 업체를 계약상대방으로 상정하여 상한선을 정하고 있는 것이므로 연간 400%를 초과하지 아니한 범위에서 전년도 지급실적, 계약이행 기간 등을 고려하여 계상할 수 있으며, 퇴직급여충당금은 용역수행기간을 기준으로 하는 것이 아니라 용역 참가자의 소속기관 근로연수를 기준으로 계상하여야 한다.

〈참고〉 2023년도 학술연구용역인건비 기준단가 (기준 별표5)

등급	월 임금
책임연구원	월 3,496,704원
연구원	월 2,681,226원
연구보조원	월 1,792,309원
보조원	월 1,344,277원

① 본 인건비 기준단가는 1개월을 22일로 하여 용역 참여율 50%로 산정한 것이며, 용역 참여율을 달리하는 경우에는 기준단가를 증감시킬 수 있음

② 상기단가는 2023년도 기준단가로 계약예규 「예정가격 작성기준」 제26조 제2항에 따라 전년도 소비자물가 상승률(2022년 5.1%)을 반영한 단가이며, 소수점 첫째자리에서 반올림한 금액임

※ 본 기준단가는 기획재정부가 매년 전년도 소비자물가 상승률만큼 인상하여 연초에 발표함

마. 경비의 산정(8개 비목)

학술연구용역 원가계산 비목 중 경비는 계약목적을 달성하기 위하여 필요한 다음 내용의 여비, 유인물비, 전산처리비, 시약·연구용 재료비, 회의비, 임차료, 교통통신비 및 감가상각비 등 8개 비목을 말한다.

1) 여비

여비는 "공무원여비규정"에 의한 국내여비와 국외여비로 구분하여 계상하되 이를 인정하지 아니하고는 계약목적을 달성하기 곤란한 경우에 한하며, 관계 공무원의 여비는 계상할 수 없다. 국내 여비는 시외여비만을 계상하되 연구 상 필요불가피한 경우이외에는 월 15일을 초과할 수 없으며, 책임연구원은 "공무원여비규정" 제3조 관련 별표1(여비지급 구분 표)제1호 등급, 연구원과 연구보조원 및 보조원은 동표 제2호 등급을 기준으로 한다.

2) 유인물비

유인물비는 계약목적을 위하여 직접 소요 되는 프린트, 인쇄, 문헌 복사비(지대포함)를 말한다.

3) 전산처리비

전산처리비는 해당 연구내용과 관련된 자료처리를 위한 컴퓨터 사용료 및 그 부대비용을 말한다.

4) 시약 및 연구용 재료비

시약 및 연구용 재료비는 실험실습에 필요한 해당 비용을 말한다.

5) 회의비

회의비는 해당 연구내용과 관련하여 자문회의, 토론회, 공청회 등을 위해 소요 되는 경비를 말하며, 참석자의 수당은 해당 연도 예산안 작성 세부지침상 위원회 참석비를 기준으로 한다.

6) 임차료

임차료는 연구내용에 따라 특수실험 실습기구를 외부로부터 임차하거나 혹은 공청회 등을 위한 회의장 사용을 하지 아니하고는 계약목적을 달성할 수 없는 경우에 한하여 계상할 수 있다.

7) 교통통신비

교통통신비는 해당 연구내용과 직접 관련된 시내교통비, 전신전화사용료, 우편료를 말한다.

8) 감가상각비

해당 연구내용과 직접 관련된 특수실험 실습기구·기계장치에 대하여 제조원가 경비 비목 감가상각비 산정방식을 준용하여 계산한다. 단, 임차료에 계상되는 것은 제외한다.

바. 일반관리비 및 이윤의 산정

1) 일반관리비 산정

학술연구용역 원가계산 시 일반관리비는 국가계약법시행규칙 제8조에 규정된 일반관리비율을 초과하여 계상할 수 없다.

〈참고〉 용역계약의 일반관리비율 상한

구 분	폐기물처리 및 재활용	시설물관리 경비 및 청소	행사관리 및 사업지원	여행·숙박· 운송 및 보험	장비유지 보수	기타[45]
상한율(%)	10	9	8	5	10	6

☞ 종전에는 용역에 대한 일반관리비율이 일률적으로 5%로 규정되어 있었으므로 학술연구용역을 비롯한 모든 종류의 용역에 대한 일반관리비율의 상한은 5%이었으나, 시행규칙을 개정하여 6개 분야로 세분화하고 분야별로 실제 값을 반영한 상한 율을 설정하여 현실화함으로서 용역의 종류별로 그 상한의 율이 다르게 적용되게 되었음

2) 이윤의 산정

이윤은 영업이익을 말하며, 인건비·경비 및 일반관리비의 합계액에 규칙 제8조에서 정한 이윤율(10%)을 초과하여 계상할 수 없다. 비영리 법인의 경우 이윤은 법령이나 정관에서 정한 목적사업 이외의 수익사업에서 발생하는 이익을 말한다.

☞ 따라서 비영리 법인인 계약상대자가 수익사업인 학술연구용역, 원가계산용역 등을 수행하는 경우에는 10%를 초과하지 않는 범위에서 이윤을 계상할 수 있는 것임(기획재정부 계약제도과- 525, '09.3.19)

사. 회계직공무원의 주의의무

계약담당공무원은 학술연구용역 의뢰 시에는 해당 연구에 대한 전문기관 또는 전문가를 엄선하여 연구목적을 달성할 수 있도록 그 주의의무를 다하여야 한다. 또한, 학술연구용역을 수의계약으로 체결하고자 할 경우에는 해당 계약상대자의 최근 연도 원가계산 자료(급여명세서, 손익계산서 등)를 활용하여, 상여금, 퇴직금 및 일반관리비 산정 시 과다 계상되지 않도록 주의하여야 한다.

---

45) 구분된 용역 중 학술연구용역이 명시되어 있지 않아 일반관리비율 적용이 모호하나, 특별히 명시되지 않았으므로 기타 용역으로 보아 6%를 적용하는 것이 타당하다고 봄(지방계약의 경우 6%로 명시)

4 원가계산용역기관 등

가. 원가계산서 작성 및 원가계산 의뢰(규칙 제9조 제1항, 제5항)

(1) 계약목적물에 대하여 원가계산에 의한 가격으로 예정가격을 결정함에 있어서는 원가계산서를 작성하여야 하며, 다만, 계약담당공무원이 직접 원가계산 방법에 의하여 예정가격조서를 작성하는 경우에는 원가계산서를 따로 작성하지 아니할 수 있다.

(2) 이 경우 계약담당공무원이 계약목적물의 내용·성질 등이 특수하여 스스로 원가계산을 하기 곤란한 경우에는 국가계약법시행규칙 제9조에 따른 '원가계산용역기관'에 원가계산을 의뢰할 수 있으며, 원가계산을 의뢰한 경우에는 해당 원가계산용역기관으로 하여금 동 시행규칙 및 계약예규 「예정가격작성 기준」에 따라 원가계산서를 작성하게 하여야 한다.

나. 원가계산용역기관(규칙 제9조 제2항, 제3항)[46]

1) 원가계산용역기관의 요건

(1) 계약담당공무원이 원가계산을 의뢰할 수 있는 원가계산용역기관은 다음과 같다.

- 정부 및 「공공기관의 운영에 관한 법률」에 따른 공공기관이 자산의 100분의 50 이상을 출자 또는 출연한 연구기관
- 「고등교육법」 제2조 각호의 규정에 의한 학교의 연구소

  ☞ 고등교육법 2조(학교의 종류) 고등교육을 실시하기 위하여 다음 각 호의 학교를 둔다.
   ⅰ) 대학 ⅱ) 산업대학 ⅲ) 교육대학 ⅳ) 전문대학 ⅴ) 원격대학(방송대학·통신대학·방송통신대학 및 사이버대학) ⅵ) 기술대학 ⅶ) 각종학교

- 「산업교육진흥 및 산학연협력촉진에 관한 법률」 제25조에 따른 산학협력단
- 「민법」 기타 다른 법령의 규정에 의하여 주무관청의 허가 등을 받아 설립된 법인
- 「공인회계사법」 제23조의 규정에 의하여 설립된 회계법인

(2) 위의 원가계산용역기관은 다음의 요건을 모두 갖추어야 한다.

- 정관 또는 학칙의 설립목적에 원가계산 업무가 명시되어 있을 것

---

[46] 공정하고 객관적인 예정가격 산정을 위해 종전 계약예규(예정가격작성 기준)에 규정된 원가계산용역기관의 설립요건을 시행규칙에 상향 조정하여 명시하고, 세부적인 사항은 계약예규에 위임하여 규정함(규칙 제9조 개정, 2018.12.4)

○ 다음의 요건을 갖춘 원가계산 전문인력 10명 이상을 상시 고용하고 있을 것. 다만, 「고등교육법」 제2조 각호의 규정에 의한 학교의 연구소와 「산업교육진흥 및 산학연협력촉진에 관한 법률」 제25조에 따른 산학협력단의 경우에는 상시 고용 인원이 대학(교) 직원 또는 대학(교) 부설연구소 직원이어야 하며, 각 분야별 상시고용인원 중에 교수(부교수, 조교수, 전임강사 포함)는 1인 이하로 하여야 함
  - 국가공인 원가분석사 자격증 소지자 6인 또는 원가계산업무에 종사(연구기간 포함)한 경력이 3년 이상인 자 4인, 5년 이상인 자 2인
  - 이공계 대학 학위소지자 또는 「국가기술자격법」에 의한 기술·기능 분야의 기사 이상인 자 2인
  - 상경대학 학위소지자 2인
○ 기본재산이 2억 원 이상일 것. 다만, 「고등교육법」 제2조 각호의 규정에 의한 학교의 연구소와 「산업교육진흥 및 산학연협력촉진에 관한 법률」 제25조에 따른 산학협력단의 경우에는 1억 원 이상일 것. 이 때 기본재산 요건 구비 여부를 판단함에 있어 자본금은 최근 연도 결산재무제표(또는 결산재무상태표)상의 자산총액에서 부채총액을 차감한 금액을 적용하여야 함

2) 원가계산용역기관의 의무

(1) 원가계산용역기관이 자격요건 심사 시에 허위서류를 제출하는 등 관련 규정을 위반하거나 원가계산용역을 부실하게 한 경우에, 계약담당공무원은 국가기관의 원가계산용역 업무를 수행할 수 없도록 해당 용역기관의 주무관청 등 감독기관에 요청할 수 있다.

* 원가계산용역계약에 있어서 고의 또는 중대한 과실로 원가계산금액을 적정하게 산정하지 아니한 자는 부정당업자에 해당되어 3개월~6개월 동안 입찰참가자격을 제한받게 됨(법 제27조, 영 제76조)

(2) 또한, 원가계산용역기관은 본부 외에 별도의 지사·지부 또는 출장소, 연락사무소 등을 설치하여 원가계산용역 업무를 수행할 수 없다. 다만, 동 의무사항은 예정가격 작성을 위한 원가계산용역에 대해 적용되므로, 물가변동으로 인한 계약금액조정용역(Esc)이나 학술연구용역 등 원가계산 이외의 용역에 해당되는 경우는 지사·지부에서도 수행이 가능하다고 할 수 있다(기획재정부 계약정책과-1264, 2010.8.5.)

다. 원가계산용역 의뢰 시 주의사항(기준 제32조)

1) 자격요건의 심사의뢰 및 면제

계약담당공무원이 원가계산용역을 의뢰하고자 할 경우에는 계약예규 "예정가격작성기준" 제31조의 요건을 갖춘 기관에 한하여 원가계산내용에 따른 전문성이 있는 기관에 용역의뢰를 하여야 하며, 이 경우 자격요건의 충족 여부는 자격요건을 갖춘 용역기관들의 단체로서 「민법」 제32조의 규정에 의하여 설립된 법인에게 심사를 의뢰하여야 한다. 다만, 동 법인으로부터 요건 충족 여부를 확인받아 심사가 면제된 용역기관은 별도의 요건 심사를 면제할 수 있다.

* 기획재정부 설립허가 사단법인(2 곳) : 「한국원가관리협회」, 「한국원가공학회」

2) 원가계산용역 계약서 작성

(1) 계약담당공무원은 원가계산용역 의뢰 시 해당 용역기관의 장과 다음의 사항을 명백히 한 계약서를 작성하여야 한다. 다만, 시행령 제49조에 의한 계약서 작성을 생략할 경우에도 다음의 사항을 준용하여 각서 등을 징구하여야 한다.

① 부실원가계산 시 그 책임에 관한 사항
② 계약의 해제 또는 해지에 관한 사항
③ 원가계산내용의 보안유지에 관한 사항
④ 기타 원가계산 수행에 필요하다고 인정되는 사항

(2) 계약담당공무원은 최종원가계산서에 해당 용역기관의 장[대학(교) 연구소의 경우에는 연구소장] 및 책임연구원이 직접 확인·서명하였음을 확인하여야 한다.

3) 최종 원가계산서의 내용 검토 및 검토의뢰

계약담당공무원은 용역기관에서 제출된 최종 원가계산서의 내용이 「국가를 당사자로 하는 계약에 관한 법령」, 계약예규 「예정가격 작성기준」 및 계약서 등의 용역조건에 부합되는지 여부를 검토하여 해당 원가계산의 적정을 기하여야 하며, 이 경우에 원가계산의 적정성을 기하기 위해 필요하다고 판단되는 때에는 해당 원가계산서를 작성하지 아니한 다른 용역기관에 검토를 의뢰할 수 있다.

☞ 지방계약의 경우 원가계산용역기관과는 별도로 원가검토기관 제도를 운영(지방계약법시행령 제6조 제2항)

4) 원가계산용역기관의 요건 확인 절차와 증빙서류 등 명확화

계약담당공무원은 원가계산용역기관에 용역의뢰를 하려는 경우 원가계산용역기관의 요건(시행규칙 제9조 제2항부터 제4항)을 확인하기 위해 해당 기관으로 하여금 다음의 서류를 제출하게 하여야 한다. 이때 「전자정부법」 제36조 제1항에 따른 행정정보의 공동이용을 통하여 원가계산용역기관의 법인등기부등본 서류를 확인하여야 한다.

① 정관(학교의 연구소 또는 산학협력단의 경우 학칙이나 연구소 규정)
② 설립허가서 등 시행규칙 제9조제2항 각호의 기관임을 증명하는 서류
③ 전문인력에 대한 학위, 자격증명서, 재직증명서 등 자격 및 재직 여부를 증명하는 서류
④ 재무제표 등 기본재산을 증명할 수 있는 서류
⑤ 기타 자격요건 등 확인을 위해 필요하다고 인정되는 서류

라. 원가계산기준의 보칙 사항

1) 특례 설정 등(동 기준 제33조)

각 중앙관서의 장은 특수한 사유로 인하여 계약예규 "원가계산에 의한 예정가격 작성기준"에 의하기 곤란하다고 인정할 때에는 특례를 설정할 수 있으며, 각 중앙관서의 장은 반복적 또는 계속적으로 발주되는 공사에 있어서는 최근의 발주된 동종의 공사에 대한 원가계산서에 따라 예정가격을 작성할 수 있다.

2) 원가계산 자료의 비치 및 활용(동 기준 제34조)

(1) 계약담당공무원은 원가계산에 의한 예정가격을 작성함에 있어서 계약상대방으로 적당하다고 예상되는 2개 업체 이상의 최근년도 원가계산 자료에 의거하여 계약 목적물에 관계되는 수치를 활용하거나(수의계약 대상 업체에 대하여는 해당 업체의 최근년도 원가계산자료), 동 업체의 제조(공정)확인 결과를 활용하여 비목별 가격결정 및 일반관리비 계상을 위한 기초자료로 활용할 수 있다.

(2) 계약담당공무원은 공사원가계산을 위하여 각 중앙관서의 장 또는 그가 지정하는 단체에서 제정한 "표준품셈"에 따라 공사원가의 비목별 가격을 산출할 수 있으며, 동 품셈 적용 대상공사가 아닌 경우와 동 품셈 적용을 할 수 없는 비목 계상의 경우에는 원가계산 자료의 활용 등 앞에서 기술한 사항을 준용한다.

제7절 방산원가대상물자의 원가계산

1 개요

가. 방산원가대상물자와 적용법규

(1) 방위사업청이 조달하는 물자는 일반물자와 방산물자(防産物資)*로 구분되는데, 일반물자의 원가계산에 대하여는 국가계약법령 및 계약예규 "예정가격 작성준칙"이 적용되지만 이와 달리 방산물자의 원가계산은 「방위사업법」 제46조 제3항의 특례에 따라 제정된 「방산원가대상물자의 원가계산에 관한 규칙」(이하 '원가 규칙')이 적용된다.47)

* 방산물자 : 군수품 중 방위사업법 제34조의 규정에 의하여 방위사업청장이 산업통상자원부장관과 협의하여 지정된 물자(방위사업법 제3조)

(2) 동 원가 규칙은 방산물자 이외에 연구 또는 시제품 생산을 하게 하는 물자의 일부에 대하여도 적용되는데, 이에 따라 "방산원가대상물자"란 '「방위사업법」 제34조에 따라 지정된 물자와 「국방과학 기술혁신 촉진법」 제8조에 따라 연구 또는 시제품 생산을 하게 하는 물자'라고 정의하고 있다(동 원가 규칙 제2조 제1호).

☞ 방위사업법 제46조(계약의 특례 등) ③ 제1항의 규정에 의한 계약을 체결하는 경우에 원가계산의 기준 및 방법과 제2항의 규정에 의한 착수금 및 중도금의 지급기준·지급방법 및 지급절차는 국방부령으로 정한다. 이 경우 국방부장관은 미리 기획재정부장관과 협의하여야 한다.

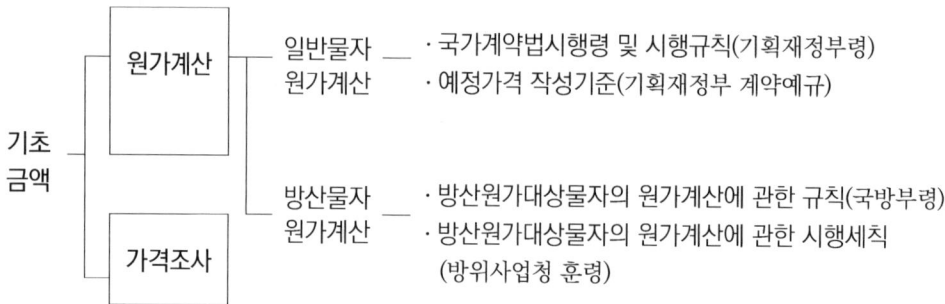

---

47) 동 규칙에 대한 세부적인 사항에 대하여는 방위사업청 훈령으로 「방산원가대상물자의 원가계산에 관한 시행세칙」을 제정하여 운용하고 있음

나. 방산 원가 관련 용어의 정의(원가 규칙 제2조)

1) 원가의 개념

방산원가대상물자에 대하여 원가계산을 할 경우 "원가"란 방산원가대상물자를 생산하거나 연구하기 위하여 소비하는 각종 재화와 용역을 화폐가치로 환산한 가액(價額)을 말한다. 다만, 계약목적물의 완성과 관련 없이 소비하는 재화 및 용역과 비정상적인 원인으로 발생하는 경제가치의 감소는 포함하지 아니한다(제3조).

2) 제조원가, 총원가 및 계산가격

(1) "제조원가"란 계약목적물을 제조하는 과정에서 발생하는 재료비·노무비 및 경비의 합계액을 말하며[다만, 관급재료비(官給材料費)는 제외], "총원가"란 동 제조원가에 일반관리비를 합한 금액을 말한다.

> ▸ 제조원가 + 일반관리비 = 총원가

(2) "계산가격"이란 「국가를 당사자로 하는 계약에 관한 법률 시행령」 제9조 제1항 제2호에 따른 원가계산에 의한 가격으로서 총원가에 이윤과 기타 금액을 더한 가격을 말하며, 이 경우 기타 금액은 일반관리비 및 이윤을 제외하고 계산가격에 계상하는 금액으로서 사장품 가격, 제세 등이 포함된다.

> ▸ 총원가 + 이윤 + 기타 금액(일반관리비 및 이윤을 제외한 사장품 가격, 제세 등)
>   = 계산가격

3) 개산원가 및 정산원가

(1) "개산원가"(槪算原價)란 개산계약의 체결을 위하여 개산가격을 산정하기 위한 기초자료로서 계산되는 원가를 말한다.

(2) "정산원가"(精算原價)란 개산계약 체결분에 대한 계약금액의 결정을 위하여 해당 계약을 이행할 때에 실제 발생된 원가자료를 기초로 하여 당초의 개산원가를 수정한 원가를 말한다.

〈참고〉 일반물자 및 방산물자 원가계산 기준 비교

구 분			일반물자	방산물자
재료비		계산방법	Σ 재료소요량 × 단가	좌 동
		재료소요량	소요량=정미량 + 감손량 (손실량, 불량량) 소요량 산정: 직접산정	소요량=정미량 + 감손량 (손실량, 불량량, 시료량) 소요량 산정: 매년/품목별
		재료단가	• 생산자 가격 • 관세 : 부과	• 구입가능단계 가격 • 관세 : 감면율 폐지(2011년)
노무비	직접노무비	계산방법	Σ노무공수 × 임율	좌 동
		노무공수	공수 산정: 직접산정	좌 동
		임율	* 기본급 : 시중노임단가 * 제수당 : 근로기준법 * 상여금 : 400% 상한 * 퇴직급여 : 1/12	* 기본급 : 업체 실지급 * 제수당 : 업체 실지급 * 상여금 : 업체 실지급 * 퇴직급여 : 1/12 ~ 1/8
	간접노무비		* 직접노무비 × 간접노무비율 * 간접노무비율: 100%상한 범위내 업체별 산정"율" 적용 원칙(초과계상 가능)	* 직접노무비 × 간접노무비율 * 간접노무비율 : 업체별 산정"율" 적용
경비	직접경비		* 직·간접 구분 없음 : 총 23개	* 비목: 13개 * 계산방법: 비목별 직접계산
	간접경비			* 비목: 24개 * 계산방법: 직·간접 노무비 × 간접경비율 (업체별 산정)
일반관리비			제조원가 × 일반관리비율	좌 동
			업종별(규정)"율"상한 범위내 업체별 산정"율"적용	업종별(규정)"율"상한 범위내 업체별 산정"율"적용
기타 금액			없음	일반관리 및 이윤을 제외한 사장품 가격, 제세 등
이 윤			[노무비 + 경비(외주가공비와 기술료제외)+일반관리비]× 이윤율 (25%이내)	기본보상액 + 노력보상액(수출확대노력+ 연구개발노력)
부가가치세			부과	영세율

다. 원가 회계이론과 방산 원가 계산기준의 규정화

1) 원가와 비용 개요

원가(cost)란 재화와 서비스의 획득에 사용된 경제가치의 소비액을 의미한다. 정부와의 계약과 관련된 원가의 개념은 계약목적물을 생산하는데 소비될 또는 소비된(방산물자) 경제적 가치를 화폐액으로 평가하는 것을 말한다. 이에 비해 비용(expense)이란 발생주의 회계에서 수익(revenue)과 대비되는 개념으로, 일반적으로 경제주체가 일정기간 동안 수익을 창출하는데 소비 또는 희생된 재화와 서비스에 대한 화폐가치로 정의된다.

2) 중성 비용과 부가원가 개요

⑴ 중성 비용은 회계상 비용에 해당되지만 원가의 개념에는 해당되지 않는다. 예를 들면 이자 비용, 기부금, 유가증권 평가손실, 원가성이 없는 재고자산 감모손실 등을 들 수 있다.

⑵ 부가원가는 원가이나 포괄손익계산서상 비용은 아닌 것으로, 예를 들면 자기자본에 대한 이자비용, 개인기업의 기업주의 보수, 기업이 소유한 토지나 건물의 계산지대 등이 있다. 이러한 부가원가는 일종의 기회원가(Opportunity Cost)의 성격에 해당하는 것이기 때문에 기업회계기준으로는 제조원가에 산입 될 수 없는 것이며 관리적인 의사결정 과정에서만 원가로 고려되는 것이다.

3) 중성 비용의 비원가 항목 규정화(원가 규칙 제3조, 시행세칙 제2조)

방산 원가계산과 관련하여 회계상 중성 비용에 해당하는 비용이 원가에 포함되지 않도록 원가 성을 부인하는 "비 원가" 항목으로 구분하여 다음과 같이 구체적으로 규정하고 있다.

1 해당 계약목적물의 완성과 관련이 없는 자산, 투자자산, 미가동 고정자산(방위산업 전용 시설은 제외) 등에 대한 감가상각비·관리비·세금과 공과금 등의 비용

① 계약목적물의 완성과 관련이 없는 자산
- 계약상대자가 사용하지 아니하는 토지 및 건물
- 계약상대자의 출자자나 출연인, 임원 또는 친족이 사용하고 있는 토지 및 건물
- 당해 계약목적물의 생산 또는 연구개발과 관련이 없는 자산
- 기타 당해 계약의 이행을 위하여 사용되지 아니하는 자산

② 투자자산
  - 투자유가증권(당해 계약목적물의 완성을 위하여 법률에 의거 부득이 취득한 것은 제외)
  - 출자금, 관계회사 주식, 관계회사 사채
  - 투자부동산(종업원 교육, 체육, 후생 또는 예비군훈련에 직접 사용하는 경우는 제외)
  - 장기성 대여금과 장기성 예금
  - 특약금(명칭 여하를 불문하고 물품의 독점적 공급을 받기 위한 목적만으로 제공하는 특약금 또는 보조금)

2 비정상적인 원인으로 발생하는 다음의 비용

  ① 천재지변·화재·도난·쟁의 등의 우발사고로 인한 손실
  ② 예기치 못한 진부화(陳腐化) 등으로 인하여 고정자산에 현저한 감가(減價)가 발생하는 경우의 특별손실 또는 평가차손(評價差損)
  ③ 지체상금(遲滯償金), 위약금, 벌과금 및 손해배상금
  ④ 우발채무에 의한 손실, 소송비, 대손상각(貸損償却)

3 기부금 등 계약목적물의 완성과 관련 없는 지출, 4 (삭제)

5 가격변동에 따른 평가손 및 처분 손으로서 다음의 비용

  - 고정자산 처분 손, 유가증권의 평가손 및 매각손

6 재고자산의 평가손실과 감모손실(減耗損失)

  - 감모손실에는 정상적인 작업조건하에서 예측하지 못한 설계변경 및 성과기반계약 수행을 위해 정상적으로 발생한 감모손실은 포함하지 아니한다.

7 세법상 규정된 손금불산입(損金不算入) 항목

8 「근로기준법」 제4장 및 「산업안전보건법」 제46조에 따른 근로시간 상한을 위반한 작업시간에 대한 비용

9 그 밖에 정상이 아니라고 인정되는 비용 및 방산원가대상물자의 생산·조달과 관련 없는 비용

  ① 방산원가대상물자의 생산·조달과 관련 없는 비용 : 접대비, 판매수수료, A/S비, 기타 당해 계약의 이행을 위하여 필요하지 아니한 비용
  ② 다만, A/S비 중 전담부서를 두고 있으며 하자보수를 위하여서가 아니라 정기적 검진·검사를 위하여 A/S를 제공할 있는 경우에는 일반관리비에 계상할 수 있다.

2 제조에 관한 원가계산 일반기준

가. 원가 구성요소(원가 규칙 제6조, 시행세칙 제5조)

(1) 방산원가대상물자의 원가 구성요소는 제조원가와 일반관리비로 한다.

(2) 제조원가는 원가 발생이 제품생산과 관련하여 해당 제품에 직접 부과할 수 있는 지 여부에 따라 해당 제품에 직접 부과할 수 있는 제조원가는 제조직접비로, 두 종류 이상의 제품에 배부(配賦)하여야 하는 제조원가는 제조간접비로 구분하며 동 제조직접비와 제조간접비는 다음의 기준에 따라 구분한다.

① 제품의 실체 구성 여부
② 원가의 직접 추적 가능 여부
③ 생산과정에의 직접 기여 여부

(3) 제조직접비는 직접재료비·직접노무비 및 직접경비로 구분하고, 제조간접비는 간접재료비·간접노무비 및 간접경비로 구분한다.

```
원가 구성요소 = 제조원가 + 일반관리비
제조원가 = 제조직접비 + 제조간접비
 • 제조직접비 = 직접재료비 + 직접노무비 + 직접경비
 • 제조간접비 = 간접재료비 + 간접노무비 + 간접경비
```

나. 배부기준 및 작업시간의 산정기준 등

1) 원가배부기준(원가 규칙 제7조)

(1) 제품별로 원가를 배부할 때에는 각 원가대상에 대한 상대적인 기여도 또는 인과 관계를 고려하여 합리적으로 설정한 배부기준에 따라 각 원가대상에 배부하여야 하며, 이와 같은 배부기준은 정당한 사유 없이 변경해서는 아니 된다.

(2) 이 경우 '원가대상'이라 함은 원가를 부과할 수 있는 단위로서 원가를 분리하여 측정할 필요가 있는 어떤 사업·부문·제품·활동 등을 말한다(동 규칙 제2조).

2) 작업시간의 산정기준 및 적용 규격 등(원가 규칙 제8조, 제9조)

(1) 작업시간은 「근로기준법」 제50조부터 제53조까지 및 제58조와 「산업안전보건법」 제46조에 따른 근로시간을 기준으로 하여 계산한다.

(2) 계약상대자는 정부가 제시한 규격서 및 설계설명서에 따라 방산원가대상물자를 생산하며, 다만, 계약상대자가 규격서 및 설계설명서를 제시하여 정부의 승인을 받은 후 그에 따라 방산원가대상물자를 생산하는 경우에는 제시한 규격서 및 설계설명서를 적용하되, 계약상대자는 제시한 규격서 및 설계설명서에 따라 원가계산을 할 수 있도록 상세한 제조도면 및 화학배합률을 계약담당공무원에게 제출하여야 한다.

3) 생산능력(원가 규칙 제10조)

생산능력은 생산공정별 기계의 생산능력을 기준으로 하며, 다만, 생산공정이 2개 부문 이상인 경우와 기계의 생산능력이 각각 상이할 때에는 최저능력을 기준으로 한다.

다. 제품 단위당 재료의 소요량 및 원재료 잔여물의 평가

1) 제품 단위당 재료의 소요량 기준(원가 규칙 제11조, 시행세칙 제6조)

(1) 제품 단위당 재료의 소요량은 제품의 규격서 및 설계설명서에 따라 물리적 또는 화학적 분석과 검증으로 산출된 소요량을 기준으로 한다. 이 경우 '제품 단위당 재료의 소요량'이라 함은 일정한 단위의 제품을 생산하는 데 투입되는 재료(부품을 포함)의 소요량을 말한다.

(2) 다만, 물리적 또는 화학적 분석과 검증으로 소요량을 산출할 수 없는 경우에는 제품의 규격서·설계설명서 및 가공 공정을 고려한 단위소요량, 실측(實測)에 따라 산출된 양 또는 재료의 사용량을 기록한 회계장부에 의하여 산출된 양을 기준으로 할 수 있으며, 이 경우에는 다음의 소비량을 포함하지 아니한다.

① 입증할 수 없는 소비량
② 실제 소비량이 설계기준량이나 규격서 및 설계설명서에 기재된 기본량을 현저히 초과한 경우로서 초과된 사유가 불분명하거나 부당한 소비량
③ 고의 또는 중대한 과실 및 부적절한 관리로 인하여 발생한 소비량

(3) 직접재료가 일정한 단위로 생산되거나 판매되어 위와 같이 산정한 재료의 소요량보다 다량으로 구입할 필요가 있다고 인정될 때에는 재료의 소요량과 구입량과의 차이에 해당하는 금액에서 그 차이에 해당하는 양에 대한 매각가치 또는 이용가치의 평가액을 뺀 금액(일반관리비 및 이윤은 제외)을 계산가격에 계상할 수 있다. 이와 같은 최소 발주량은 연구 또는 시제생산 과정에서 불가피하게 발생할 경우에 한하여 인정할 수 있으며, 이 경우에도 소요량과 최소 발주량의 차이가 차후에 사용될 것이 확실한 때에는 이를 인정하지 아니한다(시행세칙 제8조).

2) 감손량 적용(원가 규칙 제11조 제2항 및 제3항, 시행세칙 제6조)

(1) 제품 단위당 재료의 소요량을 산출할 때에는 정상적인 작업조건에서 일반적으로 발생한다고 인정되는 감손량(손실량+시료량(試料量)+불량량)을 포함시킬 수 있으며, 감손량 중 다음의 것(원재료 잔여물)은 적절한 금액으로 평가한 후 그 평가액을 원가 규칙 제12조 제1항 각호의 구분에 따라 재료비, 총원가 또는 수입가격에서 차감하여야 한다.

① 작업설(생산공정에 투입되어 제품을 만들고 남은 부분을 말한다)
② 불량제품
③ 그 밖의 부산물

(2) 위의 감손량을 산정함에 있어 계약목적물이 양산 품목인 경우에는 다음과 같이 산정된 감손율(손실률, 불량률 및 시료율)을 적용하여 계산하고, 계약목적물이 연구개발 또는 시제인 경우에는 다음 각호에서 감손율을 산정하기 전 산출된 감손량을 기준으로 해당 사업 연구개발담당자가 확인한 후 적용한다.

① 손실률은 제품 단위당 투입 원재료의 중량에서 실제 생산된 제품 단위당 원재료 중량의 차감량을 실제 생산된 제품 단위당 원재료 중량으로 나눈 비율
② 불량률은 총생산량에 대한 생산 또는 검사 과정에서 발생하는 불량품수량의 비율
③ 시료율은 총생산량에 대한 원재료와 제품의 품질 및 성능시험을 위하여 사용되는 시료량의 비율

(3) 감손량의 산정을 위하여 감손율을 적용하는 때에는 다음 각호에 의한다.

① 재료의 소요량을 산출하는 때에는 손실률, 불량률 및 시료율을 적용함을 원칙으로 하며, 다만, 손실률은 상한으로 설정하여 적용한다.
② 원가규칙 제11조 제1항의 단서 규정에 의하여 부득이 관련 회계장부로부터 역산하여 제품단위당 재료의 소요량을 계산할 경우에는 감손율 적용을 배제한다.

③ 복수 지정업체의 경우에는 업체별 감손율을 적용한다.
④ 감손율 산정 대상이 아닌 품목 중 생산실적이 있는 품목은 국방기술품질원장(또는 각 군 참모총장)의 확인을 거친 후 실발생 감손율을 적용하며, 생산실적이 없거나 소량생산, 시제생산 등 실발생 감손율을 적용하기 불합리한 품목은 유사한 품목의 감손율을 상한으로 적용할 수 있다.
⑤ 감손율 산정 대상과 세부 방법은 「방산물자 감손율 산정 지침」을 따른다.

3) 원재료 잔여물의 평가(원가 규칙 제12조)

(1) 원재료 잔여물은 금액으로 평가한 후 그 금액을 다음 각 호의 구분에 따라 재료비, 총원가 또는 수입가격에서 차감하여야 한다.
① 구입재료 및 구입부품에서 발생하는 원재료 잔여물의 평가액 : 재료비에서 차감
② 관급품에서 발생하는 원재료 잔여물의 평가액 : 총원가에서 차감
③ 수입품에서 발생하는 원재료 잔여물의 평가액 : 수입가격에서 차감

(2) 위와 같이 원재료 잔여물에 대하여 평가를 할 때 단위당 가격은 「국가를 당사자로 하는 계약에 관한 법률 시행규칙」 제7조에 따른 단위당 가격으로 하며, 다만, 동 규정에 따른 단위당 가격으로 하는 것이 불합리한 수입분에 대해서는 수입가격을 조사하여 이를 단위당 가격으로 한다.

> ▶ 재료소요량 = 제품 순량(정미량) + 감손량(손실량, 시료량, 불량량)

라. 사장품의 가격계산 및 수입품의 수입가격 계산

1) 사장품의 가격계산(원가 규칙 제13조)

(1) 사장품의 가격은 제조원가계산 방법에 따라 계산하되, 사장품의 매각가치 또는 이용가치의 평가액은 빼며, 동 사장품의 가격은 일반관리비 및 이윤을 제외하고 계산가격에 계상한다. 이 경우 매각가치의 평가액은 거래실례가격 또는 유사한 거래실례가격으로 한다.

(2) 또한, 사장품의 가격은 연구 또는 시제생산에 계상함을 원칙으로 하되, 초도생산 및 양산시에는 정부가 승인 또는 요구하는 규격·사양 및 설계를 변경하게 된 근거 서류의 획득이 가능한 경우에 한하여 인정할 수 있다.

(3) 매각가치 또는 이용 가치를 평가할 수 없는 사장품(또는 소요량을 초과하는 최소 발주량)은 계약담당공무원이 인도받는다.

2) 수입품의 수입가격 계산(원가 규칙 제14조, 시행세칙 제9조)

수입품의 수입가격은 물자대금·수입제세, 그 밖의 수입 부대경비를 합하여 계산한 금액으로 하며, 동 비목별 세부 내용은 다음과 같다.

> ▶ 수입품의 수입가격 = 물자대금 + 수입제세 + 그 밖의 수입 부대경비

(1) "물자대금"은 정상도착가격에 환율을 곱하여 계산하며, 이 경우 정상도착가격과 환율의 뜻은 다음과 같다.

① "정상도착가격"이란 운임과 보험료를 포함한 가격(CIF)을 말하며, 다만, 해당 물자가 본선인도가격(FOB), 운임포함인도가격(CFR) 또는 공장인도가격(EXW) 조건으로 수입되는 경우에는 정상적 운임 및 보험료를 더한 금액을 말한다.

ⅰ) 동 정상도착가격은 원가계산 시점의 가격을 기준으로 하며, 다만,「방위사업법 시행령」제50조 제3항에 의거 조달계약 이전 생산활동을 위해 발생한 수입품에 대해서는 실제 구매가격을 적용한다.

ⅱ) 운반요율과 보험요율은 시행세칙 제9조 제2항 참조

② "환율"이란「외국환 거래법」에 따른 기준환율 또는 재정환율이나 실제 결제환율 중 방위사업청장이 정하는 기준에 따른 환율을 말한다(시행세칙 제9조 제3항 참조).

(2) "수입제세"란 수입품이 국내에 반입될 때에 부과되는 각종 세금을 말하며, 동 수입제세는 수입재료비에서 차감하여 일반관리비율, 투하자본보상비율 및 이윤율의 적용을 배제한 후 별도 가산한다.

(3) "그 밖의 수입 부대경비"란 수입에 따른 신용장 개설수수료(신용장 개설의 연장 및 수정에 따른 수수료를 포함하되, 정상적인 것으로 한정), 하역료, 보세창고료, 통관료, 창고보험료, 입항료, 부두사용료, 보세운송료, 수입 관련 수수료, 입출고료, 국내운반비, 전신전화료, 검사료 등 공장까지 반입하는 데에 드는 최소한의 비용을 말한다. 동 수입 부대경비는 경비 요소별로 필요 최소한의 비용을 인정하되 시행세칙 제9조 제5항에 의하여 계산할 수 있다.

3 원가 구성요소의 비목(費目) 분류 기준

가. 재료비(원가 규칙 제15조, 시행세칙 제12조)

재료비는 물품의 소비에 따라 발생하는 원가로서 직접재료비와 간접재료비로 구분한다.

(1) 직접재료비는 제품의 생산에 직접 소비되는 원재료비로서 해당 제품에 직접 부과할 수 있는 비용을 말하며, 다음의 주요재료비·구입부품비·포장재료비 등으로 한다.

① 주요재료비 : 제품의 제조에 직접 소비되고, 제품의 실체를 형성하는 주요한 구성부분이 되는 재료의 소비액
② 구입부품비 : 제품의 제조에 직접 소비되고 제품에 원형대로 부착되어 제품의 일부를 형성하는 재료의 소비액
③ 포장재료비: 제품의 포장에 소비되는 재료의 소비액

(2) 간접재료비는 제품 제조에 보조적으로 소비되거나 여러 제품 제조에 공통적으로 소비되는 것으로서 제품의 실체를 구성하지 아니하는 재료의 가치를 말하며, 다음의 보조재료비와 소모 공구·기구·비품비 등으로 한다.

① 보조재료비 : 제품의 실체를 형성하지 않고 제조에 보조적으로 소비되는 재료의 소비액
② 소모공구·기구·비품비 : 내용연수가 1년 미만이거나 취득금액이 법인세법에 의한 상당가액 미만인 자산과 시험기기·공구 등「법인세법 시행령」에 정하는 자산으로서 감가상각 대상에서 제외되는 것에 대한 소비액

(3) 재료의 구입에 드는 부대비용 중 외부 부대비용은 재료비로 계산하며 내부 부대비용은 경비로 계산하며, 다만, 국내에서 물품을 구입하는 경우에 구입자가 부담하는 운반비는 경비로 계산할 수 있다. 이 경우 재료의 구입에 드는 부대비용이란 원재료가 이용 가능한 상태에 있도록 하는데 발생되는 다음의 비용을 말한다.

① 외부 부대비용 : 구입수수료, 운임, 하역비, 보험료, 제세, 지급창고료 등 재료의 구입 보관 등에 대하여 외부에 지급되는 비용
② 내부 부대비용 : 재료보관비, 장내운반비 등 외부에 지급되지 아니하는 부대비용

나. 노무비(원가 규칙 제16조, 시행세칙 제13조 내지 제18조)

(1) 노무비는 계약목적물을 제조하기 위하여 소비되는 노동력의 대가로서 다음 각호의 것을 말하며, 직접노무비와 간접노무비로 구분한다.

① 기본급 : 기본급은 각 직급, 호봉에 따라 동일 직급, 동일 호봉의 전 종업원에게 동일하게 매월 정액으로 지급되는 급여를 말한다.
② 각종 수당(일시적으로 많은 금액의 퇴직수당은 제외)
　ⅰ) 각종 수당은 잔업수당(잔업기본급 및 할증금), 연월차수당(기업회계기준에 따른 충당부채 인식액은 제외) 등 계약상대자가 실제 지급하는 수당을 말한다. 다만, 임시다액의 퇴직수당은 제외하며 그 성격상 복리후생비 성격의 수당은 경비로 계상한다.
　ⅱ) 잔업수당은 「근로기준법」 제56조의 규정에 의한 연장근로와 야간근로 및 휴일근로의 대가로 지급하는 기본급과 할증금을 말하며 시행세칙 제14조 제2항 각호의 기준에 의하여 계산한다.
③ 상여금 : 상여금은 계약상대자의 상여금 지급실적률을 파악하여 합리적으로 계산하여야 한다. 이 경우 상여금 지급실적률이란 계약상대자의 상여금 지급대상금액에 대한 지급 상여금의 비율을 말한다.
④ 퇴직급여
　ⅰ) 위 제①호부터 제③호까지의 급여액 합계액의 8분의 1 이하의 금액으로 하며, 다만, 「법인세법 시행령」 제44조의2 제2항에 따른 퇴직연금 등에 가입한 경우에는 8분의 1을 초과할 수 있고, 이 경우 해당 업체의 퇴직급여 설정금액의 범위 내로 한다.
　ⅱ) 퇴직급여 대상은 임원 및 사용인에게 지급하는 기본급, 각종 수당, 상여금 중 계약상대자의 사규 또는 노동관계법령에 의하여 퇴직급여 대상이 되는 금액의 합계액으로 한다(시행세칙 제16조).

(2) 직접노무비는 제조 현장에서 계약목적물을 완성하기 위하여 직접 작업에 종사하는 종업원 및 노무자가 제공하는 노동력의 대가로서 해당 제품에 직접 부과할 수 있는 위(1) 각호의 급여액의 합계액으로 한다.

(3) 간접노무비는 직접 제조작업에 종사하지는 아니하나 제조 현장에서 보조작업에 종사하는 노무자·종업원·현장감독자 등이 제공하는 노동력의 대가로서 위(1) 각호의 급여액의 합계액으로 한다. 동 간접노무비는 동력 부문 등의 부문(시행세칙 제17조)에 종사하는 작업자에게 지급하는 노동력의 대가를 기준으로 하며, 다만, 직접 생산현장에 배치되어 제품생산에 필수적인 작업을 수행하는 자에 대하여는 직접노무비로 계상할 수 있다.

(4) 노무비 중 노동력의 획득·보전 및 관리와 관련하여 발생하는 비용은 경비로서 계상하며, 다만, 계약목적물의 성질이 특수하여 노동력의 대가를 분명히 파악할 수 있는 경우에는 이를 경비에서 제외하고 노무비로 계상할 수 있다.

다. 경비(원가 규칙 제17조)

경비는 재료비 및 노무비 외의 제조원가 요소로서 직접경비와 간접경비로 구분한다.

(1) 직접경비는 해당 제품에 직접 부과할 수 있는 비용으로서 기계장치·금형(金型)·치공구·전용구축물 등의 감가상각비와 지급임차료, 설계비, 공사비, 기술료, 개발비, 특허권사용료, 시험검사비, 외주가공비, 보관비, 설치비, 시운전비, 공식행사비 등을 말한다.

(2) 간접경비는 두 종류 이상의 제품생산에 공통적으로 발생하는 비용으로서 복리후생비, 여비교통비, 전력비, 통신비, 연료비, 용수비(用水費), 감가상각비, 운반비, 지급임차료, 보험료, 지급수수료, 세금과 공과금, 소모품비, 피복비, 수리수선비, 교육훈련비, 도서인쇄비, 차량관리비, 연구비, 경상개발비, 조사연구비, 안전관리비, 전산운영비, 폐기물처리비 등을 말한다. 다만, 이와 같이 간접경비에 속하는 비용 가운데 해당 제품에 직접 부과할 수 있는 비용은 직접경비로 계상할 수 있다.

라. 일반관리비(원가 규칙 제18조)

(1) 일반관리비는 기업을 유지하기 위하여 관리활동 부문에서 발생하는 비용으로서 제조원가에 속하지 아니하는 모든 영업비용 중 원가 규칙 제3조에 따른 비원가 항목을 제외한 비용인 임원 급여, 사무실 직원의 기본급, 각종 수당(일시적으로 많은 금액의 퇴직수당은 제외), 상여금, 퇴직급여, 복리후생비, 소모품비, 감가상각비, 지급임차료, 보험료, 세금과 공과금, 교육훈련비, 직업훈련비, 도서인쇄비, 수선비, 수도광열비, 운반비, 보관비, 여비교통비, 통신비, 지급수수료, 차량유지비, 연구비, 경상개발비, 조사연구비, 전산운영비 등을 말한다.

(2) 위의 비목 중 보험료와 지급수수료는 법령 또는 계약에 따른 것이거나 그 종류 또는 금액이 정상이라고 인정되는 것으로 한정하며, 또한, 수출 관련 전시회 참가비용과 수출 관련 시험평가비(시험평가 또는 무기체계의 성능 시현을 위하여 구매, 제작하는 장비의 가격은 제외)는 일반관리비로 인정한다.

마. 이윤(원가 규칙 제19조)

이윤은 방산원가대상물자의 생산 및 조달을 위한 기본보상액, 수출확대노력 및 연구개발노력 등에 대한 노력보상액 등을 합한 금액을 말한다.

4 제조에 관한 원가계산 항목의 비목별 계산 방법

가. 제조직접비의 계산

1) 직접재료비 계산(원가 규칙 제20조, 시행세칙 제19조)

직접재료비는 직접재료의 종류 및 규격별로 소요량에 단위당 가격을 곱하여 계산한다.

> ▸ 직접재료비 = Σ (직접 재료소요량 × 단위당 가격)

⑴ 직접재료의 소요량은 원가 규칙 제11조에 따른 제품 단위당 재료의 소요량을 기준으로 하며, 다만, 해당 제품의 시료량은 직접재료의 소요량에 합하여 계산할 수 있다. 이 경우 '시료량'이라 함은 감손율 결정 시 고려되지 아니한 시료량으로서 제품 완성 후 품질검사, 성능검사를 위하여 파괴실험 등이 필수 불가결한 경우 정부 측 검사원의 입회하에 검사를 위하여 사용되는 시료량을 말한다.

⑵ 직접재료의 단위당 가격은 원가계산 시점의 다음 각호의 가격(부가가치세를 뺀 공급가격을 말함)을 기준으로 한다. 다만, 「방위산업 발전 및 지원에 관한 법률」 제12조 제1항 제2호에 따라 자금을 융자받아 비축한 원자재를 사용하여 방산원가대상물자를 생산하는 경우로서 원가계산 시점의 가격이 명확하지 아니한 경우에는 구입 시점의 가격을 기준으로 한다.[48]

① 구입재료와 구입부품의 단위당 가격 : 다음 각 목의 어느 하나에 해당하는 가격으로 하며, 그 적용순서는 다음 각 목의 순서에 따른다.
  가. 「국가를 당사자로 하는 계약에 관한 법률 시행규칙」 제7조 제1항 제1호에 따른 가격
  나. 방위사업청장이 정하는 원가계산기준에 따른 가격
  다. 「국가를 당사자로 하는 계약에 관한 법률 시행규칙」 제7조 제1항 제2호에 따른 가격
② 수입품의 가격 : 원가 규칙 제14조에 따른 물자대금·수입제세, 그 밖의 수입 부대경비의 합계액. 다만, 수입가격을 조사할 수 없는 경우에는 국제가격(견적가격을 포함한다)을 조사하여 적용한다.

---

[48] 원가계산시점의 가격이라 함은 원가계산시 파악한 계약상대자의 재료의 통상적인 구입가격 또는 구입가능 가격을 말하고 재료의 구입가격은 공장도가격을 기준으로 파악한다. 다만, 소량소액의 제조, 구입 또는 유통구조의 특성 등으로 인하여 공장도 가격의 적용이 곤란하다고 판단되는 경우에는 도매가격 또는 소매가격 등을 적용한다.(시행세칙 제19조 제2항)

2) 직접노무비 계산(원가 규칙 제21조, 시행세칙 제20조)

직접노무비는 방산노임단가에 노무량(기준노무량이 산정된 경우에는 동 기준노무량을 적용하여 계산한 노무량)을 곱하여 계산한다.

> ▸ 직접노무비 = 노무량 × 방산노임단가

(1) 노무량은 효율적인 작업수행을 위하여 정상적으로 소요되는 작업시간을 기준으로 하여 계산함을 원칙으로 하되 작업시간을 단위로 하여 노무량 측정이 곤란한 경우에는 취업시간 또는 취업일수 등을 단위로 측정할 수 있다. 다만, 원가 규칙 제11조 제2항의 불량률이 인정되는 경우 인정 불량률에 해당되는 노무량 범위내에서 직접 작업노무량에 계상할 수 있다.

① 기준노무량이 산정된 경우에는 방위사업청장이 정하는 방식에 따라 기준노무량을 적용하여 계산한 노무량으로 한다.
② 이 경우 '기준노무량'이란 계약목적물의 생산에 소요되는 작업시간으로서 투입인원 및 생산물량 등을 고려하여 방위사업청장이 정하는 기준에 따라 산정된 시간을 말하며, 이에 따라 기준노무량은 시행세칙 별표1의 직접 작업 노무량과 간접 작업 노무량을 기준으로 작성하며 세부 작성기준은 동 시행세칙 별지1에 따른다(원가 규칙 제2조 및 시행세칙 제20조 제2항).

(2) "방산노임단가"란 계약상대자의 노무비 산정을 위한 단가로서 방위사업청장이 정하는 기준에 따라 「통계법」 제15조에 따른 통계작성지정기관이 조사·공표한 단위당 가격을 말한다(원가 규칙 제2조).

① 방산노임단가는 방산업체별 규모, 생산물자 등을 고려하여 그룹화한 후 각 그룹에 속한 업체별 노임단가를 가중평균하여 계산하며, 동 방산노임단가의 기초가 되는 방산업체별 노임단가는 다음 각호에 따라 계산함을 원칙으로 한다.
 1. 노임단가 = 총 발생노임 ÷ (직접작업노무량 + 간접작업노무량 + 불인정여유시간)
 2. 제1호의 총 발생노임은 규칙 제16조와 세칙 제13조부터 제16조까지의 규정을 준용하여 계산한 기본급, 각종수당, 상여금 및 퇴직급여의 합계액으로 한다.
② 방산노임단가의 그룹 분류는 시행세칙 별지2에 따르며, 다만 노임단가 자료를 미제출한 업체에 대하여는 최저 방산노임단가를 적용한다.
③ 계약이행기간 중에 방산노임단가의 변동이 예상되는 경우에는 방산노임단가 변동

률[방산노임단가의 그룹별 최근 3개년 평균변동률(기하평균)]을 적용하여 직접노무비를 계산할 수 있다(원가 규칙 제21조 제2항, 시행세칙 제20조 제6항).

(3) 다음의 경우에는 직접노무비를 원가 규칙 제7조의 규정에 의하여 배부하여 계산할 수 있다.

① 연산품, 등급품 등이 동일공정에서 구분되지 않는 상태로 연속적으로 가공이 이루어지는 경우
② 노무량 적용방법이 곤란하거나 당해 계약목적물의 제조 특성상 적정하지 아니하다고 판단되는 경우

(4) 정비 원가의 직접노무비 계산 시 기준노무량은 다음 각호의 순서에 따라 적용한다.

① 소요군 통지 정비노무량
② 대상장비의 해체검사결과표(T/I)에 의하여 산출한 노무량
③ 동종의 최근 3년간 실발생 실적자료에 의한 가중평균 노무량(단, 사고기 또는 노후도가 평균에서 20% 이상 벗어난 품목은 실적 노무량 산정시 제외할 수 있으며, 실적노무량 추세분석결과 3회 이상 계속하여 하향 또는 상향 추세인 경우에는 최근 실적자료를 분석하여 적용할 수 있다).
④ 초도정비의 경우에는 유사한 장비의 실적노무량 자료를 분석하여 적용할 수 있다.
⑤ 교체부품의 자작노무량은 최근 실발생 노무량을 기준하여 적용한다.

3) 직접경비 계산(원가 규칙 제22조, 시행세칙 제20조의2)

직접경비는 원가 규칙 제17조 제2항에 따른 비목으로서 실제 발생하는 금액을 기준으로 계산한다.

(1) 원가 규칙 제17조 제2항의 시험검사비, 기술료, 외주가공비, 보관비, 설치비·시운전비, 공식행사비는 다음과 같이 산정한다.

① 시험검사비는 당해 방산원가대상물자의 생산에 사용되는 재료의 재질분석이나 성능시험을 위하여 지출되는 외주시험비 또는 법령이나 계약조건에 의하여 내부검사가 요구되어 지출되는 자체시험검사비로서 당해 방산원가대상물자에 개별 부과하거나 일정기간의 납품량에 배분하여 계산할 수 있다.
② 기술료는 당해 방산원가대상물자의 생산을 위하여 기술제휴에 따라 지출되는 비용인 면허료, 로얄티와 기술비결(Know-how)의 획득비 및 동 부대비용인 기술

도입비로서 지급조건에 따라서 실비상당액을 계상하거나, 생산계획물량을 포함한 5년간의 총생산물량을 기준으로 배분하여 계산한다. 다만, 기술제휴기간이 정하여지지 아니한 경우 또는 생산계획물량의 통보가 불가능한 경우에는 3년간 균등하게 이연상각한다.

③ 외주가공비는 당해 방산원가대상물자의 생산에 사용될 재료를 외부에 위탁 가공시키는 경우 그 가공을 위하여 지출되는 비용을 계산하되, 부분품의 가치로서 재료비에 계상되는 비용과 지정된 방산원가대상물자 자체의 외주가공비는 인정하지 아니한다.

④ 보관비는 당해 방산원가대상물자의 제조에 소요되는 재료 및 기자재 등의 창고사용료로서 외부에 지급되는 비용 및 성과기반계약수행시 적기자재지원을 위한 자재창고 운용 및 운송비를 계산하되, 재료비에 계상되는 것은 제외한다.

⑤ 설치비·시운전비는 당해 방산원가대상물자를 납품장소에 설치하는 경우 또는 성능시험을 위한 시운전등의 경우에 발생하는 비용을 계산한다.

⑥ 공식행사비는 당해 방산원가대상물자의 생산과 직접 관련된 행사를 위하여 지출되는 비용으로 한다.

(2) 성과기반계약수행 시 업체와 소요군간 사업평가시 적용 가능한 전산시스템 구축을 위한 사업관리지원체계비는 사업별 기여도에 따라 적정배부 계산한다.

(3) 위 (1)의 각호의 항목을 하도급업체와 계약을 체결하는 경우에는 「하도급업체 원가계산에 관한 지침」에 따른다.

(4) 그 밖에 감가상각비, 지급임차료. 설계비, 공사비, 특허권사용료의 세부적 계산방법에 대하여는 시행세칙 제21조 내지 제25조에 따른다.

나. 제조간접비의 계산

제조간접비는 간접재료비, 간접노무비 및 간접경비로서 각각 간접재료비율, 간접노무비율 및 간접경비율을 이용하여 계산하며, 동 비율은 방위사업청장이 산정연도를 기준으로 그 직전 연도를 포함한 과거 2년 이상의 원가 자료를 활용하여 합리적으로 산정한다.

1) 간접재료비 계산(원가 규칙 제23조 제1항, 시행세칙 제27조)

간접재료비는 앞에서 계산한 직접노무비에 다음의 간접재료비율을 곱하여 계산하며, 이때 간접재료비율은 최근 2년간의 방산원가대상물자의 생산을 위하여 투입된 당해 부문의 실적치와 부문별, 업체별, 지정물자별 특수성을 고려하여 다음 계산식에 따라 산정하되, 최근 연도의 간접재료비율부터 각각 6 : 4의 비율로 반영한다.

> ▸ 간접재료비 = 직접노무비 × 간접재료비율

$$\text{간접재료비율(\%)} = \frac{\text{간접재료비}}{\text{직접노무비}} \times 100$$

2) 간접노무비 계산(원가 규칙 제23조 제2항, 시행세칙 제28조)

간접노무비는 앞에서 계산한 직접노무비에 대하여 다음의 간접노무비율을 곱하여 계산하며, 이때 간접노무비율은 과거 2년간의 방산원가대상물자의 생산을 위하여 투입된 당해 부문의 실적치와 부문별, 업체별, 지정물자별 특수성을 고려하여 다음 계산식에 따라 산정하되, 최근 연도의 간접노무비율부터 각각 6 : 4의 비율로 반영한다.

> ▸ 간접노무비 = 직접노무비 × 간접노무비율

$$\text{간접노무비비율(\%)} = \frac{\text{간접노무비}}{\text{직접노무비}} \times 100$$

3) 간접경비의 계산(원가 규칙 제23조 제3항, 시행세칙 제29조)

(1) 간접경비는 앞에서 계산한 노무비(직접노무비+간접노무비)에 다음의 간접경비율을 곱하여 계산하며, 이때 간접경비율은 과거 2년간의 방산원가대상물자의 생산을 위하여 투입된 당해 부문의 실적치와 부문별, 업체별, 지정물자별 특수성을 고려하여 다음 계산식에 따라 산정하되 최근 연도의 간접경비율부터 각각 6 : 4의 비율로 반영한다.

(2) 다만, 제품의 특성, 생산방법 및 발생비용의 특수성 등으로 이 계산 방법이 불합리하다고 판단되는 경우에는 원가 규칙 제7조의 규정에 부합하는 다른 배부기준을 사용하여 계산할 수 있다.

제3장 예정가격 및 원가계산

> ▸ 간접경비 = 노무비(직접노무비와 간접노무비) × 간접 경비율

> 간접경비율(%) = $\dfrac{\text{간접경비}}{\text{노무비}}$ × 100

다. 일반관리비의 계산(원가 규칙 제24조 및 제25조, 시행세칙 제31조)

1) 일반관리비 계산 원칙

일반관리비는 관급재료비를 포함한 제조원가에 일반관리비율을 곱하여 계산하며, 이 경우 일반관리비율은 일반관리비가 관급재료비를 포함한 제조원가에서 차지하는 비율로서 과거 2년간의 실적자료를 기준으로 관급재료비(시제용으로 투입된 관급재료비는 제외)를 포함한 제조원가에 대한 일반관리비의 비율로 산정하되, 최근 연도의 일반관리비율부터 6 : 4의 비율로 반영한다.

> ▸ 일반관리비 = 제조원가(관급재료비 포함) × 일반관리비율

> ∗ 일반관비비율 = $\dfrac{\text{일반관리비}}{\text{제조원가(관급재료비 포함)}}$

2) 예외적인 계산 방법

(1) 관급재료비의 급격한 증감으로 인하여 관급재료비를 포함한 제조원가를 기준으로 일반관리비를 계산하는 것이 불합리한 경우에는 관급재료비를 제외한 제조원가에 일반관리비율을 곱하여 계산한다. 이 경우 불합리한 경우란 일반관리비 계산 시 일반관리비율의 산정 기간과 적용 시점에서 관급재료의 물량 또는 금액 차이가 큰 경우로서 장기적으로도 불합리가 시정되지 않는 경우와 시제의 경우를 말한다.

> ▸ 일반관리비 = 제조원가(관급재료비 제외) × 일반관리비율

(2) 위와 같이 일반관리비를 계산하는 경우에 일반관리비율은 관급재료비를 제외한 제조원가에서 일반관리비가 차지하는 비율로 하며, 실적자료 활용은 앞의 원칙적인 계산 방법과 같다.

$$* \text{일반관비비율} = \frac{\text{일반관리비}}{\text{제조원가(관급재료비 제외)}}$$

3) 일반관리비율의 상한

(1) 방산원가대상물자의 원가계산 항목 중 일반관리비율은 다음의 어느 하나에 해당하는 율을 초과하지 못한다.

① 조함공사(造艦工事) : 100분의 6
② 조립금속 : 100분의 7
③ 화학·섬유·고무·의복·가죽 및 그 밖의 물품 : 100분의 8

(2) 위의 업종별 일반관리비율 상한에도 불구하고 「중소기업기본법」 제2조에 따른 중소기업과 「중소기업기본법」 제2조 제3항에 따라 중소기업으로 보는 3년의 기간이 만료된 후 5년이 경과하지 아니한 「중견기업 성장 촉진 및 경쟁력 강화에 관한 특별법」 제2조 제1호에 따른 중견기업은 다음의 율을 한도로 한다.

① 조함공사 : 100분의 8
② 조립금속 : 100분의 9
③ 화학·섬유·고무·의복·가죽 및 그 밖의 물품 : 100분의 10

라. 이윤의 계산(원가 규칙 제26, 시행세칙 제32조)

1) 이윤산정 개요

(1) 이윤은 방위사업청장이 정하는 이윤산정기준에 따라 계산하며, 방위사업청장은 동 이윤산정기준을 계약상대자의 경영안정, 위험부담, 투하자본, 수출 확대 노력, 연구개발 노력, 중소기업육성 노력 등을 고려하여 합리적으로 정하여야 한다.

(2) 이윤의 산정 시 "이윤율"이란 이윤의 계산에 필요한 방산경영안정보상률, 위험보상률, 투하자본보상률, 수출확대노력보상률, 연구개발노력보상률, 중소기업육성보상률을 말한다(시행세칙 제2조).

2) 이윤의 산정

이윤계산은 기본보상액과 노력보상액을 합한 금액으로 한다.

> 이윤 = 기본보상액 + 노력보상액

1 기본보상액

기본보상액은 다음의 방산경영안정보상액, 위험보상액, 투하자본보상액의 합계액으로 한다.

1. 방산경영안정보상액은 관급재료비를 포함한 총원가에 방산경영안정보상률을 곱하여 산정한다. 다만, 총원가의 재료비 중 국외도입품비는 50%를 곱한 금액으로 한다.
   가. 방산경영안정보상률은 제조업 매출액영업이익률에 조정계수 0.65를 곱하여 산정한다. 다만 중소기업과「중견기업 성장촉진 및 경쟁력 강화에 관한 특별법」제2조제1호에 따른 중견기업으로서「중소기업기본법」제2조에 따라 중소기업으로 보는 기간이 만료된 후 5년이 경과하지 않은 업체(이하 "중견기업" 이라 한다.)에 대해서는 0.7을 곱하여 산정한다.
   나. 가목의 제조업 매출액영업이익률은 한국은행에서 발표하는 제조업 평균영업이익율 말하며 제비율 산정년도를 기준으로 과거 5개년을 산술평균하여 반영한다.
   다. 관급재료비라 함은 규칙 제2조 제13호의 관급재료로서 제조과정에 투입되어 가공·조립되는 관급재료의 금액을 말한다.
   라. 국외도입품비란 원가규칙 제2조 제7호의 금액과, 제10호, 제11호 중 계약금액 5억원 이상으로서 대외무역법 제33조 및 제34조에 따른 원산지가 외국인 품목의 금액 합계를 말한다.
2. 위험보상액은 사업형태별 위험도를 고려하여 방산도급재료비를 제외한 총원가에 다음의 위험보상률을 곱하여 산정한다.
   가. 연구개발 : 6.0%
   나. 초도양산 : 5.5%
   다. 2차양산 : 4.0%
   라. 후속양산, 정비 : 3.0%
   마. 기술협력 : 2.0%
3. 투하자본보상액은 관급재료비를 포함한 총원가에 투하자본보상률을 곱하여 산정한다. 다만, 관급재료비의 급격한 증감으로 인하여 관급재료비를 포함한 총원가를

기준으로 계산하는 것이 불합리한 경우에는 관급재료비를 제외한 총원가를 기준으로 산정할 수 있다.

가. 투하자본보상률은 과거 2년간의 실적자료를 기준으로 다음 계산식에 의하여 산정하되, 최근년도로부터 투하자본보상률을 각각 6:4의 비율로 반영한다.

$$투하자본보상률 = \frac{(방산투하자본금액 \times 가중평균자본비용) - 방산육성자금이차보전액}{총원가(공장별 또는 방산업체별, 관급재료비 포함)}$$

나. 방산투하자본금액은 다음과 같이 산정한다.
 1) 방산투하자본금액 대상은 방산원가대상물자의 생산을 위하여 투하된 자산으로서 미착기계, 건설중인자산 등을 제외한 유형자산, 개발비, 임차보증금, 및 소프트웨어를 말한다.
 2) 방산투하자본금액은 계속자산, 신규자산, 매각자산으로 구분하여 산정하여야 한다.
 3) 방산투하자본금액은 각 자산별로 산출된 금액에 대하여 회계처리 및 구분회계 기준에 관한 훈령 제20조의 규정에 의한 배부기준에 따라 민·방산을 구분하여 산출하여야 한다.
 4) 방산투하자본금액은 투하자본대상자산의 기초금액과 기말금액의 평균으로 하며, 재평가차액(토지이외의 유형 고정자산은 '98.4.10 이후 재평가차액 및 기업회계 기준의 재평가모형으로 인한 장부가액의 증감액)은 제외한다.
 5) 신규취득자산의 경우 법인세법시행령 제26조 제9항의 감가상각비 계산방식을 준용하여 투하자본금액을 산출하여야 한다. 다만, 법인세법 제2조 제12호의 특수관계인인 방산업체로부터의 취득자산은 해당 방산업체의 장부가액(재평가차액 제외)을 기준으로 산정한다.
 6) 개발비는 비용발생시점부터 상각종료시점까지 투하자본으로 반영한다. 다만, 연구개발이 중단되거나 방산물자 생산에 활용되지 않을 경우 그 시점부터 투하자본 대상에서 제외한다.

다. 가중평균자본비용은 방산업체별 자본구조를 고려하여 다음과 같이 산정한다.
 1) 가중평균자본비용 = 타인자본구성비 × 타인자본비용 + 자기자본구성비 × 자기자본비용

$$- 타인자본구성비 = \frac{감사보고서의 재무상태표상 부채총계}{감사보고서의 재무상태표상 자산총계}$$

- 자기자본구성비 = $\dfrac{\text{감사보고서의 재무상태표상 자본총계}}{\text{감사보고서의 재무상태표상 자산총계}}$

- 주식회사의 외부감사에 관한 법률에 의한 회계감사의 대상이 되지 않는 방산업체의 경우에는 세무신고시에 제출한 재무제표를 기준으로 타인자본구성비와 자기자본구성비를 산출한다.
- 재무상태표상 부채총계가 자산총계를 초과하는 경우 타인자본구성비는 100%, 자기자본구성비는 0%로 한다.

2) 타인자본비용은 한국은행 기업경영분석의 "손익의 관계 비율 중 차입금 평균 이자율 (제조, 대기업)"을 적용하되 제비율 산정년도를 기준으로 과거 5개년을 산술평균하여 반영한다. 다만, 중소기업과 중견기업에 대해서는 한국은행 기업경영분석의 "손익의 관계비율 중 차입금 평균 이자율 (제조, 중소기업)"을 적용한다.

3) 자기자본비용은 한국은행 기업경영분석의 "손익의 관계비율 중 자기자본세전순이익률(제조, 종합)"로 하되 제비율 산정년도를 기준으로 과거 5개년을 산술평균하여 반영한다. 다만, 중소기업과 중견기업에 대해서는 한국은행 기업경영분석의 "손익의 관계비율 중 자기자본세전순이익률(제조, 종합)"에 1%를 가산한 율로 한다.

라. 방산육성자금 이자차액보전액은 「방위산업 이차보전사업 운영규정」 제5조에 따라 방산원가대상물자의 생산을 위하여 투하된 유형자산, 개발비 등에 지원되는 이자차액보전액을 말한다.

마. 투하자본보상액은 총원가의 10%를 초과할 수 없다.

2 노력보상액

노력보상액은 다음의 수출확대노력보상액, 연구개발노력보상액, 중소기업육성노력보상액의 합계액으로 한다.

1. 수출확대노력보상액과 연구개발노력보상액은 방산도급재료비를 제외한 총원가에 다음 각 목과 같이 노력보상률을 곱하여 산정한다.

 가. 노력보상률은 별표2에 따르되, 최근 2개년의 실적을 산술평균하여 적용한다. 단, 최초 실적 발생 업체는 당해년도 산정된 율을 적용한다.

 나. 중소기업과 중견기업에 대해서는 노력보상률에 50%를 가산한다.

2. 중소기업육성노력보상액은 다음 각목의 금액에 각각 10%를 곱하여 산정한다.

 가. 1호 나목에 해당하는 업체를 대상으로 발생한 외주가공비

 나. 규칙 제39조의4에 해당하는 국산화 부품 재료비

5 방산 제비율 적용 및 부정 원가 자료 제출 등

가. 방산 제비율 적용(시행세칙 제2조 제8항, 제32조의2)

⑴ '방산제비율'이라 함은 방산원가대상물자 원가계산시 적용할 간접재료비율, 간접노무비율, 간접경비율, 일반관리비율, 이윤율을 말한다.

⑵ 확정계약의 원가를 계산하는 경우 원가 규칙 제23조(제조간접비의 계산), 제24조(일반관리비의 계산), 제26조(이윤의 계산)의 규정에 의한 간접재료비, 간접노무비, 간접경비, 일반관리비 및 이윤은 원가계산 시점에 시행되는 제 기준을 적용하여 계산한다.

⑶ 원가 규칙 제23조(제조간접비의 계산), 제24조(일반관리비의 계산), 제26조(이윤의 계산)의 규정에 의한 방산제비율은 계약 건별로 적용하여야 한다.

⑷ 방위사업청장은 매년 방산제비율을 산정하여 12월 31일 이전까지 관련 부서와 기관에 통보하며 다음연도 1월 1일부터 12월 31일까지 적용한다.

⑸ 방산제비율 자료를 제출하지 아니한 방산업체에 대하여는 전 방산업체의 제비율 중 가장 낮은 율을 적용(노력보상률은 0%를 적용)한다.

⑹ 방산업체로 신규 지정된 업체에 대해서는 대기업과 중소기업으로 구분하여 방산제비율을 산정한 대기업과 중소기업의 평균 제비율을 각각 적용한다. 다만, 제비율 산정 직전 2년간 방산물자 또는 방산물자의 부품 매출 실적이 있는 업체에 대해서는 그러하지 아니한다.

나. 부정한 원가 자료의 제출에 따른 조치

1) 부당이득금 등의 환수(법 제58조, 영 제69조)

⑴ 방위사업청장은 방산업체·일반업체, 방위산업과 관련 없는 일반업체, 전문연구기관 또는 일반연구기관이 허위 그 밖에 부정한 내용의 원가계산 자료를 정부에 제출하여 부당이득을 얻은 때에는 부당이득금과 부당이득금의 2배 이내에 해당하는 가산금을 환수하여야 한다.

⑵ 방위사업청장은 이와 같은 부당이득금 및 가산금을 환수하고자 하는 때에는 부당이득사실, 부당이득금 등의 금액, 납부기한 및 이의신청방법·기간 등을 명시하여 이를

납부할 것을 서면으로 통지하여야 하며, 통지를 받은 자는 통지가 있는 날부터 30일 이내에 부당이득금 등을 방위사업청장이 지정하는 기관에 납부하여야 한다.

☞ 방위사업 원가 부정행위에 '징벌적 가산금 2배'로 강화 : 가산금은 기본적으로 부당이득금의 규모 등을 고려하여 부당이득금의 1배에서 2배까지 부과하도록 하였으며, 하도급자와 공모하거나 원가 부정행위가 반복 적발될 경우에는 각각 50%까지 가중하도록 하였음. 다만, 원가 부정행위를 자진하여 신고한 경우에는 50%까지 감경하도록 함.

2) 왜곡된 원가 자료의 제출 등에 따른 조치(시행세칙 제41조)

계약담당공무원은 계약을 체결하기 전에 계약상대자가 허위 기타 부정한 내용의 원가계산 자료를 제출함으로써 부당이득을 얻은 때에는 부당이득금과 이에 상당하는 가산금을 환수조치 한다는 내용을 계약상대자에게 주지시켜야 한다.

제4장
입찰 및 낙찰절차

제1절 입찰공고
제2절 입찰참가자격 사전심사
제3절 공사의 현장설명
제4절 입찰 및 낙찰선언

제1절 입찰공고

1 입찰공고 개요

가. 입찰공고의 의의

국가 등 공공기관이 건설 사업을 수행하고자 하는 경우에는 먼저 내부적으로 기획단계와 설계단계를 거쳐 추정가격의 작성과 입찰 및 계약의 방법 등을 결정하여야 하며, 그 다음 단계로 입찰에 관한 사항을 대외적으로 알리기 위해 공표하게 된다.

이와 같이 발주기관이 경쟁입찰을 실시하는 경우에 내부적인 절차를 마친 후 계약상대자를 선정하기 위해 다수인이 참가할 수 있도록 당해 계약에 관한 제반 조건을 일반인에게 널리 알리는 것을 '입찰공고'라고 하며, 동 입찰공고는 경쟁입찰에 있어 의무적으로 실시하는 것이 원칙이다.

나. 입찰공고 방법

1) 입찰공고 수단(영 제33조)

계약담당공무원이 입찰 방법에 의하여 경쟁에 부치고자 할 때에는 원칙적으로 국가종합전자조달시스템(G2B)을 이용하여 공고하여야 하며, 필요한 경우에는 일간신문 등에 게재하는 방법을 병행할 수 있다.

2) 전자입찰 공고 관련 유의사항(전자조달법시행령 제4조 제3항)

(1) 전자조달시스템에 게시된 내용과 붙임 파일 형태의 입찰공고문의 내용이 다른 경우에는 입찰공고문의 내용이 우선하되, 다만, 입찰공고일은 전자조달시스템에 게시한 날과 입찰공고문에 적힌 입찰공고일이 다른 경우 전자조달시스템에 게시한 날이 우선한다.

(2) 계약담당자는 전자조달시스템을 통한 공고 시에 다음의 사항을 포함하여 전자입찰에 필요한 사항을 동 시스템에 입력하여야 한다.

① 전자입찰서의 접수 시작 일시 및 제출 마감 일시
② 공동수급협정서의 제출 마감 일시
③ 전자입찰서의 제출 마감 후 개찰일시

(3) 그 밖에 계약담당자는 전자입찰서의 접수시작 일시부터 제출마감 일시까지가 최소한 48시간 이상이 되도록 정하여야 하고, 전자입찰서의 제출 마감 일시는 원칙적으로 근무일(토요일, 공휴일, 수요기관이 정한 휴무일 제외)의 오전 10시부터 오후 5시까지로 하며, 개찰일시는 전자입찰서의 제출 마감 일시부터 1시간이 지난 때로 하여야 한다.

다. 입찰공고 사항의 통지(영 제34조, 규칙 제39조)

(1) 계약담당공무원이 경쟁입찰에 부치려면 원칙적으로 전자조달시스템을 이용하여 공고하여야 하나, 국가의 보안유지를 위하여 필요한 때에는 입찰공고 대신 입찰참가적격자에게 입찰공고 사항을 통지하여 입찰참가신청을 하게 할 수 있다.

(2) 이때 당해 입찰참가적격자에게 입찰참가통지를 하는 때에는 경쟁입찰참가통지서(규칙 별지 제2호 서식)에 의하며, 그밖에 지역제한경쟁입찰의 경우와 지명경쟁입찰의 경우 및 공사의 성질별·규모별 제한에 의한 입찰의 경우에도 입찰공고 사항을 통지하여 공고를 대신할 수 있다(영 제21조, 제22조, 제24조).

라. 입찰공고와 지출원인행위

(1) 「국고금관리법」 제20조의 '지출원인행위'의 개념에는 원가 산정 및 입찰공고는 포함되지 않는다고 볼 것이나, 동 법상 지출원인행위는 배정된 예산을 전제로 하고 국가계약법상 입찰공고 시 공개하는 추정가격도 예산에 계상된 금액을 기준으로 산정하는 점 등에 비추어 입찰공고는 다음연도 확정된 예산 또는 해당 연도에 배정된 예산이 없다면 원칙적으로 곤란하다고 할 수 있다.

(2) 즉, 입찰공고나 입찰 등의 계약체결 사전절차 등도 예산이 배정된 후에 진행하는 것이 원칙이며, 다만, 긴급하게 계약을 수행하여야 할 필요성이 있는 경우로서 당해 사업에 대해 예산배정이 확실한 상황이라면 예산이 배정되어 있지 않다 하더라도 입찰공고나 입찰 등의 절차는 미리 이행할 수 있다고 본다.

2 입찰공고의 시기(영 제35조)

가. 원칙

1) 물품 및 용역입찰(영 제36조 제5항)

물품 및 용역입찰의 경우 입찰공고는 원칙적으로 입찰서 제출 마감일의 전일부터 기산하여 7일 전에 행하여야 한다. 다만, 협상에 의한 계약체결과 경쟁적 대화에 의한 계약체결 방법의 경우에는 제안서 제출 마감일의 전날부터 기산하여 40일 전에 공고하여야 한다.

2) 공사입찰

공사입찰의 경우에는 현장설명 실시여부, 입찰참가자격사전심사(PQ) 대상공사 여부, 공사규모 등에 따라 입찰공고 시기를 다음과 같이 다르게 규정하고 있다.

□ 현장설명을 실시하는 공사입찰의 경우에는
  ○ 현장설명일의 전일부터 기산하여 7일 전에 공고
  ○ PQ 대상공사의 경우에는 현장설명일 전일부터 기산하여 30일 전에 공고

□ 현장설명을 실시하지 아니하는 공사입찰의 경우에는 입찰서 제출마감일 전일부터 기산하여 다음의 기간 전에 공고(국제입찰의 경우에는 원칙적으로 40일 전에 공고)
  ○ 추정가격이 10억 원 미만인 경우 : 7일
  ○ 추정가격이 10억 원 이상 50억 원 미만인 경우 : 15일
  ○ 추정가격이 50억 원 이상인 경우 : 40일

☞ 국제입찰의 경우는 원칙적으로 40일 전에 공고하여야 하며, 예외적으로 단축 또는 연장할 수 있다.

나. 예외(긴급입찰 사유 등)

(1) 위와 같이 입찰공고는 입찰서 제출 마감일 전일부터 기산하여 7일 전까지에서 공사입찰의 경우 최장 40일 전까지 하여야 함에도 불구하고, 다음의 경우에는 예외적으로 입찰서 제출 마감일의 전일부터 기산하여 5일 전까지 공고할 수 있다.
  ① 재공고 입찰의 경우
  ② 국가의 재정정책 상 예산의 조기 집행을 위해 필요한 경우

③ 다른 국가사업과 연계되어 일정조정을 위하여 불가피한 경우
④ 긴급한 행사 또는 긴급한 재해 예방·복구 등을 위하여 필요한 경우
⑤ 그 밖에 위의 ③ 및 ④에 준하는 경우

(2) 다만, 협상에 의한 계약체결과 경쟁적 대화에 의한 계약체결의 경우에는 위의 긴급입찰 사유 등의 경우와 추정가격이 고시금액(2.2억 원) 미만인 때에는 제안서 제출 마감일의 전날부터 기산하여 10일 전까지 공고할 수 있다(영 제35조 제5항).

(3) 한편, 위의 긴급입찰 사유 등은 발주기관이 자의적으로 입찰공고 기간을 단축하는 사례를 방지하고 입찰참여자의 예측 가능성을 높이기 위해 법령에 구체적으로 명시하게 된 것이므로, 발주기관이 입찰공고 기간을 단축(7~40일 → 5일)하는 것은 동 사유의 어느 하나에 해당될 경우에만 가능하다고 할 수 있다(영 제35조 제4항 개정, 2015. 6. 30).

다. 정정공고의 경우(영 제33조 제2항)

(1) 계약담당공무원은 입찰공고 사항 중 내용의 오류나 법령위반사항이 발견되어 공고사항의 정정이 필요한 경우에는 정정공고를 할 수 있는데, 이때에는 남은 공고 기간에 5일 이상을 더하여 공고하여야 한다.

(2) 만약, 제한경쟁 입찰 과정에서 입찰참가자격 제한사항이 계약예규를 위반한 경우가 발생한 경우에는 공정한 입찰을 위해 계약담당공무원은 입찰공고 중인 경우에는 입찰 정정공고를 하여야 하고, 입찰 진행 중(낙찰자 결정 전)인 경우에는 낙찰자 결정전에 해당 입찰을 취소하는 것이 타당하다고 하겠다.

(3) 또한, 발주기관이 정정공고를 하지 않고는 공고내용을 수정할 수는 없는 것이므로, 입찰참가자가 입찰 전에 입찰공고 내용에 이의를 제기하였더라도 공고내용이 정정되지 않았다면 당초 공고내용에 따르게 되는 것이 원칙이라고 할 수 있다.

3 입찰공고의 내용

가. 공통 명시 사항(영 제36)

입찰공고에는 다음의 사항을 명시하여야 하며, 제한경쟁입찰에서 경쟁참가자의 자격을 제한하려는 때에는 입찰공고에 그 제한사항과 제한기준을 명시하여야 한다(영 제21조).

① 입찰에 부치는 사항
② 입찰 또는 개찰의 장소와 일시
③ 공사입찰의 경우에는 현장설명의 장소·일시 및 참가자격에 관한 사항
④ 협상에 의한 계약체결의 경우로서 제안요청서에 대한 설명을 실시하는 경우에는 그 장소 및 일시에 관한 사항
⑤ 입찰참가자의 자격에 관한 사항
⑥ 입찰참가등록 및 입찰관련서류에 관한 사항
⑦ 입찰보증금과 국고귀속에 관한 사항
⑧ 낙찰자결정방법
⑨ 계약의 착수일 및 완료일
⑩ 계약하고자 하는 조건을 공시하는 장소
⑪ 입찰무효에 관한 사항
⑫ 입찰에 관한 서류의 열람·교부장소 및 교부비용
⑬ 추가정보를 입수할 수 있는 기관의 주소 등
⑭ 전자조달시스템 또는 각 중앙관서의 장이 지정·고시한 정보처리장치를 이용하여 입찰서를 제출하게 하는 경우에는 그 절차 및 방법
⑮ 입찰서를 우편으로 제출하게 하는 경우에는 그 취지와 입찰서를 송부할 주소
⑯ 공동계약을 허용하는 경우에는 공동계약이 가능하다는 뜻(지역의무공동도급계약인 경우에는 공동수급체구성원의 자격제한사항을 포함한다)과 공동계약의 이행방식
⑰ 대안입찰 또는 일괄입찰 등에 관한 사항
⑱ 입찰 관련 비리 또는 불공정행위의 신고에 관한 사항
⑲ 원가계산에 따른 예정가격 결정과 관련하여 계약의 목적이 되는 물품·공사·용역 등을 구성하는 재료비·노무비·경비의 책정기준, 일반관리비율 및 이윤율 등 기획재정부장관이 정하는 기준 및 비율

  * 발주기관이 과소하게 산정한 예정가격을 신뢰하여 입찰에 참여했던 낙찰자가 추후 계약을 포기하는 사례를 예방하기 위하여 입찰업체의 입찰금액 산정에 참고할 수 있도록 입찰공고 시 품셈·노임 등 주요단가의 책정기준, 적용요율 등의 명시를 의무화(2018.12.4. ⑲ 신설.)

⑳ 기타 입찰에 관하여 필요한 사항

나. 하도급 관련 사항과 순공사원가 기준 등(정부 입찰·계약 집행기준 제2조의3, 제2조의5)

(1) 계약담당공무원은 입찰참여 업체의 예측 가능성을 제고하기 위해 입찰공고 시 하도급과 관련하여 계약상대자가 숙지하여야 할 다음의 사항 등을 공고하여야 하며, 다른 법령에서 정하고 있는 경우에는 그 규정에 따른다.

① 「건설산업기본법」 등 개별법령상 하도급 관련 규정의 준수
② 해당 계약에 있어서 하도급이 가능한 지 여부
③ 관련 법령상 하도급 규정을 위반하여 하도급을 하거나, 발주기관의 승인 없이 하도급을 하는 경우 입찰참가자격 제한을 받을 수 있다는 취지
④ 하도급이 가능한 계약의 이행에 있어 하도급 승인 절차

(2) 또한, 계약담당공무원은 예정가격 100억 원 미만 공사의 경우 입찰공고 시 순공사원가 기준 등을 명시하여야 한다(세부 사항은 제3장 제5절 공사원가계산에서 기술함).

다. 국제입찰의 경우

1) 추가공고 사항(특례규정 제12조)

국제입찰의 경우에는 앞에서 기술한 시행령 제36조의 입찰공고 사항 이외에 다음의 사항을 입찰공고 내용에 포함하여야 한다.

① 당해 조달과 관련하여 추가된 조달의 조건에 관한 사항 및 반복계약에 있어서 후속 입찰에 대하여는 그 입찰공고의 예정시기
② 일반경쟁입찰 또는 지명경쟁입찰의 방법과 협상절차의 포함여부
③ 구매·임차 및 할부구매 등 발주기관이 사용할 조달형태
④ 입찰참가자격심사신청서·입찰참가신청서 및 입찰서의 제출 등을 위한 주소와 제출 마감일 및 사용언어
⑤ 협정의 적용대상여부

2) 조달계획공고(특례규정 제13조)

계약담당공무원은 회계연도별로 특정조달계약으로 조달할 물품·공사 및 용역에 대한 조달계획을 전자조달시스템에 공고할 수 있으며, 조달계획공고에는 계약의 목적물 등 특례규정 제8조제2항 각 호의 사항과 입찰공고 예정일이 포함되어야 한다.

3) 사용언어(특례규정 제8조)

특정조달계약에서 사용하는 언어는 한국어로 함을 원칙으로 한다. 다만, 조달대상인 물품 등의 공급자가 특정지역에 한정되어 있는 등 외국어의 사용이 불가피하다고 인정되는 경우에는 그 특정국가의 언어 또는 WTO 공용어인 영어·불어 및 스페인어 중 하나를 사용할 수 있다.

제2절 입찰참가자격 사전심사

1 사전심사(PQ)제도 개요

가. PQ 개념(법 제7조 제2항, 영 제13조)

(1) 계약담당공무원이 입찰에 참가하려는 자에 대하여 입찰 전에 미리 당해 계약수행능력이 있는지 여부를 심사하여 일정수준 이상의 능력을 갖춘 적격자에게만 입찰에 참가할 자격을 부여하는 제도를 '입찰참가자격 사전심사제도(Pre-Qualification)'라고 한다. 이 경우 당해 계약수행능력 여부는 계약이행의 난이도, 이행실적, 기술능력, 재무상태, 사회적 신인도 및 계약이행의 성실도 등 수행능력 평가에 필요한 사전심사기준과 사전심사절차 등에 따른다.

(2) 동 사전심사제도는 부실공사 방지 등을 위해 자격 없는 자를 입찰 전에 미리 걸러내고자 도입된 제도로서 일반적으로 "PQ"라고 널리 알려져 있는데, 동 PQ 실시 결과에 따라 입찰 참여 여부가 결정됨으로 업체를 평가하는 첫 관문이라고 할 수 있다. 또한 PQ 심사항목에 대한 평가점수는 적격심사 시에 반영되는 등 낙찰자 결정에도 직접적으로 영향을 미치게 되므로 입찰참가자에게는 매우 의미 있는 제도에 해당한다고 할 수 있다.

☞ 참고로, PQ 제도는 '92년 신행주대교 및 창신대교 붕괴 등을 계기로 부실공사를 방지하고 그 당시 WTO 정부조달협정과 UR 협상 등 국내 건설시장 개방에 대비하고자 1993. 7월에 도입되어 운용되어 오고 있으며, 도입 초기에는 대통령령(시행령)에 실시 근거를 두었으나 국민의 기본권을 제한하는 측면을 고려하여 2012. 12. 18 법률에 상향하여 운용되어 오고 있음(국가계약법 제7조 제2항).

나. PQ 실시 여부는 발주기관의 자율사항(영 제13조)

공사계약을 발주하고자 하는 경우 PQ 실시 여부는 공사의 규모 또는 종류에 관계없이 모든 공사를 대상으로 발주기관이 당해 계약 목적물의 규모, 특성 등을 고려하여 자율적으로 결정하게 된다.

☞ 종전에는 종합심사낙찰제 대상공사[추정가격 100억 이상(종전에는 300억 이상)]에 대하여 의무적으로 PQ를 실시하도록 하였으나, 규제 완화 차원에서 규모에 관계없이 모든 공사에 대하여 발주기관이 자율적으로 결정하도록 전환하였음(2019.9.17.).

2 사전심사(PQ) 기준의 작성 및 운영체계

가. 기획재정부장관이 표준적인 심사의 기준 및 절차 등을 제정

기획재정부장관은 각 발주기관이 국가계약법시행령 제13조 및 동법시행규칙 제23조 등의 규정에 따른 사전심사를 위하여 정하는 심사기준을 정하는 경우 고려하여야 할 사항과 절차·방법 등에 대한 표준적인 기준으로 계약예규 「입찰참가자격사전심사요령」을 정하여 운영하고 있다.

나. 각 발주기관이 자체 심사기준 작성

1) 작성 방법(영 제13조 제2항, 입찰참가자격사전심사요령 제6조 제1항)

⑴ 각 발주기관이 입찰참가자격을 미리 심사하여 경쟁입찰에 참가할 수 있는 적격자를 선정하기 위하여 입찰참가자의 자격을 심사하는 경우에는 계약이행의 난이도, 이행실적, 기술능력, 재무상태, 사회적 신인도 및 계약이행의 성실도 등 계약수행능력을 평가하는 데에 필요한 요소들을 종합적으로 고려하여 심사기준을 정하여야 한다.

⑵ 동 심사기준을 정할 때에는 기획재정부장관이 정한 심사의 기준 및 절차 등을 고려하여 해당 공사의 성질·내용 등에 따라 적격업체가 선정될 수 있도록 하여야 하며, 특히, 위의 심사항목 중 계약이행의 성실도를 평가할 때에는 국가계약법 제5조의2 제1항에 따른 청렴계약 준수정도, 「건설기술진흥법」 제53조에 따른 부실벌점과 동법 제50조에 따른 평가결과 등을 고려하여야 한다(규칙 제23조).

2) 심사기준의 조정(심사요령 제7조)

⑴ 발주기관이 심사기준을 정하는 경우 해당 공사의 성질, 내용 등을 고려하여 필요하다고 인정될 때에는 기획재정부장관이 정한 심사요령에 규정되어 있는 경영상태부문과 기술적 공사이행능력부문의 적격요건을 상향 조정할 수 있으며, 동 심사요령 별표 2 및 3의 분야별·항목별 배점 한도를 가·감 조정하거나, 항목별 세부 사항을 추가 또는 제외할 수 있다.

⑵ 「건설산업기본법」에 의한 건설공사 외의 공사의 경우에는 신인도 분야의 각 항목을 해당 공사 관련 법령에 규정된 내용에 따라 조정하며, 다만, 기술능력과 직접 관련성이 낮은 항목에 대한 입찰참가 기업의 평가 부담을 완화하기 위해 발주기관이 PQ 신인도 항목을 추가 또는 제외하려는 경우에는 기획재정부장관과 사전에 협의를 거쳐야 한다.

3 기획재정부장관이 정한 사전심사기준

가. 사전심사 주요 절차(영 제13조, 규칙 제23조의2)

1) 입찰공고(심사요령 제2조)

계약담당공무원이 입찰참가자격 사전심사를 집행하고자 하는 때에는 심사기준의 열람·교부에 관한 사항, 심사에 필요한 서류 및 제출기한 등을 공고하여야 한다. 이때 공고는 현장설명일의 전일부터 계산하여 최소한 30일 전에 하여야 한다(영 제35조 제2항).

2) 심사기준 등의 열람 및 교부 기간(영 제13조 제4항, 심사요령 제3조)

발주기관은 입찰에 참가하려는 자가 입찰 전에 열람할 수 있도록 다음의 사항을 적은 서류를 갖추어 두어야 하며, 입찰에 참가하려는 자가 요청하는 경우에는 이를 열람하게 하고 교부하여야 한다. 이 경우 열람 및 교부 기간은 입찰공고 일부터 입찰참가자격 사전심사 신청 마감일까지로 한다. 다만, 국가종합전자조달시스템에 이를 게재함으로써 열람 및 교부를 갈음할 수 있다.

① 사전심사기준
② 입찰참가자격의 사전심사에 필요한 증명 서류의 작성 및 제출방법
③ 그 밖에 입찰참가자격의 사전심사에 관한 사항

3) 사전심사 신청 및 서류보완(심사요령 제4조)

(1) 입찰참가자격 사전심사 신청은 입찰공고 일부터 7일 이상이 지난날부터 사전심사에 필요한 증빙서류 등을 갖추어 신청하여야 하며, 다만, 공정거래위원회에서 보급한 표준계약서를 사용하고자 하는 경우에는 그 사용계획을 포함하여야 한다.

(2) 사전심사 신청기간은 10일 이상으로 하되, 입찰공고 시 그 신청기간을 명시하여야 하며, 다만, 제출된 서류 등이 미비하거나 불명확하다고 인정되는 경우에는 사전심사를 신청한 자에게 3일 이내의 기간을 정하여 보완을 요구할 수 있다. 이 경우 "미비"라 함은 주요 제출서류에 첨부되는 서류가 빠져있는 경우 등 서류가 완전하게 갖추어져 있지 아니한 경우를 의미하며, "불명확"이란 제출된 서류의 내용을 명확히 인식하기 곤란한 경우를 의미한다(기획재정부 계약정책과-265, 2008.4.25.).

4) 사전심사 신청 자격제한(심사요령 제5조)

계약담당공무원은 사전심사 신청자의 자격을 시행령 제21조(제한경쟁입찰에 의한 제한사항) 또는 제22조(등급별 유자격자명부등록제도)에 의거 제한할 수 있으며, 다만, 추정가격이 200억 원 이상인 공사로서 교량건설공사 등 18개 공사(종전의 PQ대상공사) 중 다음의 공사는 위의 제한사항에 관계없이 참가할 수 있다.

☞ 18개 공사 중 에너지저장 시설공사, 간척공사, 준설공사, 항만공사, 전시시설공사, 송전공사, 변전공사 등 7개 공사가 제외됨

① 교량건설공사 ② 공항건설공사
③ 댐축조공사 ④ 철도공사
⑤ 지하철공사 ⑥ 터널공사가 포함된 공사
⑦ 발전소 건설공사 ⑧ 쓰레기 소각로 건설공사
⑨ 폐수처리장 건설공사 ⑩ 하수종말처리공사
⑪ 관람집회시설공사

5) 사전심사실시 및 심사결과 통보(심사요령 제8조, 제9조)

(1) 계약담당공무원은 신청마감일 또는 보완일로부터 10일 이내에 심사하여야 하며, 다만, 부득이한 경우에는 3일의 범위내에서 그 기간을 연장할 수 있다. 이 경우 필요하다고 인정할 때에는 시행령 제94조에 의한 계약심의회의 심의를 거쳐 심사할 수 있다.

(2) 사전심사 결과 입찰적격자를 선정한 때에는 지체 없이 해당자에게 통보하고 해당 사실을 전자조달시스템, 게시판 또는 일간 건설지 등에 게재하여야 하며, 공사 종류별로 입찰적격자명부를 작성·비치하여야 한다. 또한, 신청자가 심사 관련 서류의 열람을 신청한 때에는 전자조달시스템 등에 게재일로부터 3일까지는 이를 허용하여야 한다.

6) 재심사(심사요령 제10조)

(1) 입찰참가자격 사전심사를 신청한 자가 사전심사 결과에 이의가 있는 경우에는 현장설명일 3일 전까지 계약담당공무원에게 재심사를 요청할 수 있다. 이 경우 요청을 받은 날부터 3일 이내에 그 재심사 결과를 통지하여야 하며, 재심사 결과의 통보에 대하여는 당초의 심사결과 통보에 관한 규정을 준용한다.[49]

---

[49] 재심사 요청 시 그 대상은 이미 제출된 서류의 오류·중대한 착오의 경우 외에 해당 입찰자격의 심사에 필요한 관련서류를 추가로 제출하는 경우도 포함하는 것임(기획재정부 회계45101-1182, 1994.8.23.)

(2) 만약. 공동수급체가 입찰적격자 선정 이후 낙찰자 결정 이전에 구성원 중 일부 구성원이 부도, 부정당업자 제재, 영업정지, 입찰 무효 등의 결격사유가 발생한 경우(결격사유가 입찰참가등록 마감일 이전에 소멸되는 경우는 제외)에는 잔존구성원의 출자비율 또는 분담내용을 변경하거나 결격사유가 발생한 구성원을 대신할 새로운 구성원을 추가하도록 하여 입찰적격자 선정범위에 해당되는지의 여부를 재심사하여야 한다.

① 이 때, 잔존구성원만으로 또는 새로운 구성원을 추가하도록 하여 입찰적격자 선정 범위에 해당되는 때에는 해당 공동수급체를 입찰에 참가하게 하여야 하며

② 다만, 공동수급체 대표자가 부도, 부정당업자 제재, 영업정지, 입찰 무효 등의 결격사유가 발생한 경우에는 해당 공동수급체를 입찰에 참가하게 하여서는 아니 되고, 입찰 이후에는 낙찰자 결정 대상에서 제외하여야 한다(2021.12.1. 단서 보완).

(3) 위의 부도 등의 결격사유는 "부도, 부정당업자 제재, 영업정지, 입찰 무효"로 한정되므로 부도가 아닌 경영상태 악화에 따른 기업의 회생절차(법정관리)는 포함되지 않는 것이며(기획재정부 계약정책과-411, 2015.4.10.), 동 결격사유가 입찰참가등록 마감일 이전에 소멸되는 경우에는 입찰참가자격 판단기준일(입찰참가등록 마감일) 현재에는 결격사유가 없어 입찰참가가 가능한 것이므로 제외되는 것이다.

나. 사전심사 주요 내용

1) 심사 개요

(1) 사전심사는 "경영상태부문"과 "기술적 공사이행능력부문"으로 구분하여 심사하며, 경영상태부문의 적격요건을 충족한 자를 대상으로 기술적 공사이행능력부문을 심사한다.

(2) 즉, 경영상태 부문의 심사는 최종 적격여부를 판단하는 점수와 관계없이 일정수준 이상이면 통과 여부(Pass or Fail)를 결정하는 사전적 절차 성격을 갖는 것이며, 기술적 공사이행능력부문은 시공경험 분야·기술능력 분야·시공평가결과 분야·지역 업체 참여도 분야·신인도 분야를 종합적으로 심사한다. 이때 "경영상태 부문"과 "기술적 공사이행 능력 부문"의 심사항목에 대한 심사기준일은 입찰공고일로 한다.[50]

(3) 한편, 동 사전심사 방법으로 발주하는 공사도 계약담당공무원은 가능한 한 공동계약에 의하여야 하며, 공동수급체 구성원 간의 시공능력·실적·기술보유상황 등의 보완

---

[50] 동 심사기준일(입찰공고일)은 입찰참가자격 판단기준일[입찰참가신청 서류 접수마감일(입찰참가등록 마감일)]과 별개로 운영되는 날짜라는 것을 유의할 필요가 있음

을 위하여 공동계약을 하는 경우에는 우대하여 심사기준을 작성할 수 있다. 이 경우 공동계약을 우대한다고 하여 단독계약에 대한 감점을 인정하는 것은 아니다.

2) 경영상태 부문의 심사(심사요령 제6조, 제8조)

(1) 경영상태부문은 「신용정보의 이용 및 보호에 관한 법률」 제4조제1항제1호 또는 「자본시장과 금융투자 업에 관한 법률」 제9조 제26항의 업무를 영위하는 신용정보업자가 평가한 회사채(또는 기업어음) 또는 기업신용평가등급("신용평가등급")으로 심사한다.

〈신용평가등급의 적격요건〉

구분(추정가격)		단독계약	공동계약	
			대표자	구성원 (공동이행방식에 한함)
500억 원 이상 공사	회사채에 대한 신용평가등급	BB$^+$ 이상	BB$^+$ 이상	BB^0 이상
	기업어음에 대한 신용평가등급	B$^+$ 이상	B$^+$ 이상	B$^+$ 이상
	기업 신용평가등급	회사채 BB$^+$에 준하는 등급 이상	회사채 BB$^+$에 준하는 등급 이상	회사채 BB^{0}에 준하는 등급 이상
500억 원 미만 공사	회사채에 대한 신용평가등급	BB$^-$ 이상	BB$^-$ 이상	B$^+$ 이상
	기업어음에 대한 신용평가등급	B^0 이상	B^0 이상	B$^-$ 이상
	기업 신용평가등급	BB$^-$ 이상	BB$^-$ 이상	회사채 B$^+$에 준하는 등급 이상

(2) 위의 신용평가등급을 적용하는 경우에는 입찰공고일 이전 가장 최근에 평가한 유효기간 내 신용평가등급으로 한다. 합병한 업체에 대하여는 합병 후 새로운 신용평가등급으로 심사하여야 하며 그전까지는 합병대상 업체 중 가장 낮은 신용평가등급을 받은 업체의 신용평가등급으로 심사한다(사전심사요령 별표1의 주3).

* 신용평가 완료 후 3일 이내에 나라장터에 전송(공사입찰유의서 제10조의2)

⑶ 공동계약의 경우 경영상태 평가는 공동수급체의 구성원별로 각각 신용평가등급으로 심사한다. 즉, 시공비율에 따른 보완을 인정하지 않고 구성원별로 각각 심사 후 적격요건을 충족하지 못하는 구성원이 있는 공동수급체는 입찰적격자 선정에서 제외되는 점을 유의할 필요가 있다(동 심사요령 제14조).

3) 기술적 공사이행능력부문의 심사

⑴ 기술적 공사이행능력부문 심사 시의 분야별 심사항목 및 배점에 대한 기준은 ① '추정가격 200억 원 이상인 공사로서 교량공사 등 18개 공사'(종전 PQ의 의무적 실시 대상공사와 ② '그 밖의 공사' 2가지 분야로 구분하여 심사하며, 특히, 기술적 공사이행능력부문 심사 시에는 계약이행의 성실도 평가를 위하여 다음의 사항은 분야별 심사항목에 반드시 포함하여야 한다.

① 「건설기술진흥법」 제53조에 따른 부실벌점
② 「건설기술진흥법」 제50조에 따른 평가결과
③ 일자리창출을 평가하기 위한 일자리창출 실적

〈참고〉 부실벌점제도와 시공평가제도

○ 부실벌점제도 : 건설기술진흥법 제53조에 따라 건설공사와 관련하여 행정 처분을 받는 중대 과실 이외에 경미한 부실공사에 대하여 업체 등에게 벌점을 부과하고, 누적벌점에 따라 입찰참가자격제한 또는 PQ시 감점 등 불이익을 주는 제도
○ 시공평가제도: 건설기술진흥법 제50조에 따라 각 발주기관이 총 공사금액 100억 원 이상 발주한 공사에 대하여 시공결과를 평가하는 제도로서, 그 결과를 PQ심사 등에 반영

⑵ 공동계약의 경우 시공경험, 기술능력 및 시공평가 결과 분야에 대한 심사는 공동수급체 구성원별로 각각의 분야에 공사참여 지분율(시공비율)을 곱하여 산정한 후 이를 합산하여 산정한 평점으로 하며, 신인도 분야의 심사는 공동수급체 구성원별로 각각 산출한 점수에 시공비율을 곱하여 이를 합산하여 한다.(동 심사요령 제14조)

4) 입찰참가 적격자 선정(요령 제6조, 제8조)

경영상태 부문의 적격요건을 충족한 자(Pass)를 대상으로 기술적 공사이행능력 부문을 심사한 결과 평점 90점 이상 받은 자를 입찰참가적격자로 선정한다.

[별표2] 기술적 공사이행능력부문 분야별 심사항목 및 배점기준
(추정가격 200억원 이상인 공사로서 교량 공사 등 18개 공사에 적용)

심사분야		심사항목	
분야별	배점한도	항목별	배점한도
계	100		100
1. 시공경험	40 (45)	가. 최근10년간 해당공사와 동일한 종류의 공사실적 나. 최근10년간 해당공사와 유사한 종류의 공사실적(시공 중인 동종공사실적 포함) 다. 최근5년간 토목·건축·전기·정보통신공사 또는 플랜트공사의 실적합계	30 (34) 20 (22) 10 (11)
2. 기술능력	45	가. 해당공사의 시공에 필요한 기술자 보유현황(해당공종 경험 기술자 우대) 나. 신기술 개발·활용실적 다. 최근년도 건설부문 매출액에 대한 건설부문 기술개발 투자비율 라. 기타 해당공사 시공에 필요한 사항	30 4 8 3
3. 시공평가 결과	10		10
4. 지역업체 참여도	5		5

5. 신인도	+3
	
	-7
	〈개정 2012. 7.4., 2019. 12.18〉
		가. 시공업체로서의 성실성
		 1) 최근1년동안 「건설산업기본법」에 정한 벌금이상의 행정형벌, 영업정지, 영업·면허·등록취소 처분 또는 과징금 부과를 받은 자
		 2) 〈삭제 2019.12.18.〉
		 3) 그 밖에 국토교통부장관이 정한「건설업체의 부실벌점 기준」에 해당되는 자 〈2012.7.4. 라목에서 이동, 개정 2015.9.21〉
		
		나. 하도급관련사항
		 1) 최근 국토교통부장관이 협력업자와의 협력관계를 평가한 결과 그 실적이 우수한 자 〈개정 2015.9.21.〉
		 2) 해당 계약에서의 표준계약서 사용여부〈신설 2011.5.13.〉
		  ·표준하도급 계약서 사용
		  ·건설기계임대차 표준계약서 사용
		 3) 최근 2년 동안 불공정하도급거래로 과징금 부과를 받은 자 〈개정 2012.7.4.〉
		 4) 최근 2년 이내에 공정거래위원장으로부터 하도급 상습법 위반자로 통보 받은자 〈신설 2008.12.29, 개정 2012.7.4.〉
			-2
			
			〈삭제〉
			-5
			
			+2
			
			+2
			+1
			-7
			
			-7

심사분야		심사항목	
분야별	배점한도	항목별	배점한도
		5) 동반성장위원회가 동반성장지수를 평가한 결과 그 실적이 우수한 자 〈신설 2012.7.4.〉	+2
		6) 공정거래위원회가 공정거래협약 이행실적을 평가한 결과 그 실적이 우수한 자 〈신설 2012.7.4.〉	+1
		다. 건설재해 및 제재처분사항 1) 최근 3년간 고용노동부장관이 산정한 사고사망만인율의 가중평균이 평균사고사망만인율의 가중평균 이하인 자 또는 초과한 자 〈개정 2015.9.21, 2019.12.18., 2021.12.1〉	
		· 평균사고사망만인율의 가중평균 이하인 자	+1
		· 평균사고사망만인율의 가중평균을 초과한 자	-1
		2) 최근 1년간 건설업체의 산업재해예방활동 실적을 고용노동부장관이 평가한 결과 그 실적이 우수한 자 〈신설 2015.9.21.〉	+1
		3) 최근 1년동안 「산업안전보건법」 제30조에제3항에 의한 산업안전보건관리비 사용의무를 위반하여 목적외 사용금액이 1,000만원을 초과하거나 사용내역서를 작성·보존하지 아니한 자	-1
		4) 최근 1년동안 「산업안전보건법 시행규칙」 별표1 제1호 및 제6호에 따른 산업재해발생 보고의무 위반건수가 배분된 자 〈개정 2018.12.31.〉	-2
		5) 최근 1년동안 산업안전보건법령 위반으로 동일현장에서 벌금이상의 행정형벌을 2회 이상 받은 자 〈신설 2019.12.18.〉	
		· 2회 받은 자	-0.5
		· 3회 이상 받은 자	-1
		6) 최근 1년동안 환경관련법령에 의한 벌금이상의 행정형벌, 영업정지·영업취소 처분 또는 과징금 부과를 받은 자	
		· 1회 받은 자	-0.5
		· 2회이상 받은 자	-1
		라. 녹색기술 관련사항 〈신설 2012.7.4.〉 1) 녹색기술이나 녹색사업 인증서 또는 녹색전문기업 확인서를 보유한 자	+2
		2) 녹색건축 인증 또는 제로에너지건축물 인증 실적을 보유한 자 〈개정 2021.12.1.〉	+2
		마. 일자리창출 관련사항 〈신설 2018.12.31.〉 1) 최근년도 건설고용지수(건설근로자공제회 발표) 평가에 따른 평가등급을 보유한 자	
		· 1등급인 자	+3
		· 2등급인 자	+2
		2) 일자리창출 실적(고용인력 증가 등)이 확인되는 자	
		· 근로내용 확인신고서(고용보험법 시행규칙 별지 제7호 서식)로	+2.5

제4장 입찰 및 낙찰절차

심사분야		심 사 항 목	
분야별	배점한도	항 목 별	배점한도
		신고한 최근 6개월 평균 고용인원·급여지급액이 그 이전 6개월 평균보다 증가한 경우 · 국세청 홈택스 또는 관할세무서에서 발급한 표준손익계산서(법인세법 시행규칙 별지 제3호의3서식), 「법인세법」 등에 따라 관할세무서에 신고된 손익계산서(공인회계사 또는 세무사 증명필요, 법인세법 시행규칙 별지 제3호의3서식 준용)상 전년도 급여액(퇴직급여액 제외)이 전전년도 급여액(퇴직급여액 제외)보다 증가한 경우 〈개정 2020.12.28.〉	+0.5

주1) 시공경험분야 평가방법

1. "가"항목과 "나"항목은 택일 적용함
2. 시공중인 동종공사의 실적은 해당공사의 예정공정표상 50% 이상에 해당하는 부분에 대하여 기성검사를 필한 후 발주관서장으로부터 기성실적증명서를 발급받은 것에 한함.
3. ( )의 점수는 시행령 제42조 제1항에 따른 공사, 시행령 제72조 제3항에 따른 공사, 시행령 제6장과 제8장에 따른 공사, 회계예규 「공동계약 운용요령」 제2조의3에 따른 공사, 해당 지역에 공사의 이행에 필요한 자격을 갖춘 자가 10인 미만인 경우에 대해 적용함
4. 외국건설업자(「건설산업기본법」 제9조에 따라 건설업 등록을 한 외국인 또는 외국법인을 말하며 공동수급체 구성원인 경우도 포함)에 대해서는 ( )의 점수를 적용함
5. 국토교통부 고시 「건설공사 발주 세부기준」 제6조 및 제7조에 따라 시공자격을 갖춘 건설사업자의 입찰참가를 허용하는 공사(이하 "상호시장 진출 허용 공사"라 한다)는 다음과 같이 평가한다.
   가. 국토교통부 고시 「종합·전문업종간 상호시장 진출을 위한 건설공사실적 인정기준」에 따라 평가
   나. 전문건설사업자가 종합공사에 참여하는 경우 "다" 항목으로 평가하며, 해당 종합공사를 추정금액 기준 전문업종별 구성비율로 배점을 구분하고 각 전문업종별로 평가하여 합산 다만, 2021.1.1.이후 전문건설사업자의 자격으로 취득한 종합공사 실적을 보유한 경우에는 해당 종합공사 실적을 우선 평가(종합건설사업자의 종합공사 평가방법과 동일)하고 배점한도를 충족하지 못할 경우 잔여 배점을 기준으로 본문에 따라 전문업종별 실적을 평가하여 합산.(건설업역 개편에 따른 실적인정기준 정비,2022.6.1.)
6. 국토교통부 고시 「건설공사 발주 세부기준」제8조의2에 따라 (주력)업무분야를 시공자격으로 발주한 전문공사의 경우 "다" 항목은 (주력)업무분야 실적으로 평가한다.

주2) 기술능력분야 평가방법

1. "나"항목의 신기술 개발실적은 「건설기술진흥법」 제14조, 「환경기술 및 환경산업 지원법」 제7조, 「국가통합교통체계효율화법」 제102조, 「자연재해대책법」 제61조의 규정에 의거

신기술로 지정·고시된 기술건수를 합산하여 평가하되, 해당 신기술의 개발자가 다수인 경우에는 개발자 수로 나누어 평가함

1-1. "나"항목의 신기술 활용실적은 「건설기술진흥법」 제14조, 「환경기술 및 환경산업 지원법」 제7조, 「국가통합교통체계효율화법」 제102조 , 「자연재해대책법」 제61조의 규정에 의거 지정된 신기술을 활용한 실적으로 평가함
2. 기술개발투자비는 건설산업기본법 등 관련법령에 따라 신고한 서류를 「공인회계사법」등에 의한 공인회계사의 증명을 받은 것에 한함
3. 전기·정보통신·소방공사 등의 업체인 경우는 전기·정보통신·소방부문 등의 매출액 및 기술개발투자비율을 의미함.
4. 기술개발투자비율 산정 관련 결산서는 계약예규 「적격심사기준」 제5조관련 [별표] 2. 추정가격이 100억원미만 50억원이상인 공사의 주2) 제3호 내지 제5호의 규정에 의한 결산서에 의한다.

주3) 시공평가결과분야 평가방법

해당 입찰참가자가 제출한 시공경험평가자료("가" 및 "나"항목에 한함)에 대한 「건설기술 진흥법」 제50조의 규정에 의한 평가결과에 의하되, 해당 시공경험이 공동수급체 구성원(공동이행방식)으로 참여하였을 경우에는 공동수급체대표자가 받은 시공평가결과를 적용함. 상호시장 진출 허용 공사로서 종합공사에 전문건설사업자가 참여하는 경우 시공평가결과는 기본점수를 부여할 수 있음.

주4) 지역업체 참여도 분야 평가방법

1. 공동수급체 구성원 중 해당 공사현장을 관할하는 특별시, 광역시 및 도에 법인등기부상 본점 소재지가 소재한 업체(이하 '지역업체'라 한다)의 지분율을 기준으로 평가
2. 지역업체는 입찰공고일 현재 90일이상 해당 공사현장을 관할하는 특별시·광역시 및 도에 주된 영업소가 소재한 업체이어야 한다.
3. 단, 해당공사가 시행령 제42조 제1항에 따른 공사, 시행령 제72조 제3항에 따른 공사, 시행령 제6장과 제8장에 따른 공사, 계약예규 「공동계약 운용요령」 제2조의3에 따른 공사, 해당 지역에 공사의 이행에 필요한 자격을 갖춘 자가 10인 미만인 경우 지역업체참여도분야는 심사에서 제외함

주5) 신인도분야 평가방법

1. 가점과 감점항목이 있을 때에는 이를 상계하여 평가함.
2. 항목별 특성·규모·내용·기간 등의 경중을 고려하여 차등적용 가능함.
3. 환경관련 벌점은 동 처벌사실을 통보받은 날을 기준으로 함.
4. 종전 규정에 의하여 받은 감점은 동 감점의 효력이 소멸될 때 까지는 종전의 규정에 의함.
5. 표준계약서 사용을 이유로 가점을 받았으나 실제 계약 이행시에 동 계약서를 사용하지 않은 업체에 대해서는 입찰공고일 기준으로 향후 3년 내에 실시하는 입찰에 참가할 경우 받은 가점의

2배 범위 내에서 감점하며, 입찰에 참가하는 업체가 다른 발주기관에서 표준계약서를 사용하지 않아 감점을 받은 건수가 2회 이상인 경우에는 자체기준에 따른 감점의 2배 범위 내에서 감점할 수 있다.

6. 동반성장지수와 공정거래협약 평가에 따른 가점은 1개 업체에 1개만을 적용하며, 대기업과 「중소기업기본법」에 따른 중소기업(공동수급체의 경우 대표자 기준)이 모두 참여하는 입찰에는 적용하지 않음

7. 사고사망만인율 및 평균사고사망만인율의 가중평균은 다음 산식에 의하여 산정한다.
   - [최근년도 사고사망만인율×0.5+최근년도 1년전 사고사망만인율×0.3+최근년도 2년전 사고사망만인율×0.2(단, 최근년도 1년전 사고사망만인율 또는 최근년도 2년전 사고사망만인율을 산정하지 않은 경우에는 최근년도 사고사망만인율과 산정한 연도사고사망만인율의 평균값으로 한다)]

8. 친환경 건축물 인증실적과 건축물 에너지효율 인증실적 보유에 따른 가점은 건축공사에 한해 적용한다.

9. 계약담당공무원이 입찰참가자의 「하도급거래 공정화에 관한 법률」 위반 여부를 공정거래위원회 또는 전자조달시스템에서 확인할 수 있는 경우에는 관련 증빙자료 제출을 생략한다.

10. "마"항목과 관련하여 종합공사로 발주하는 공사는 1)과 2) 중 입찰자가 택일하여 제출한 자료를 기준으로 평가하며 이 외에는 2)로 평가한다. 2)로 평가하는 경우 근로내용 확인신고서에 의한 평가점수와 표준손익계산서 등에 의한 평가점수를 합산한다.

10-1. 근로내용 확인신고서는 입찰공고일 기준 전전월 귀속자료를 제출받되, 계약담당공무원이 입찰공고에 입찰공고일로부터 3개월 이내의 범위에서 기준시점을 별도로 명시한 경우에는 그에 의할 수 있다.

10-2. 계약담당공무원은 입찰공고에 명시한 경우 근로내용 확인신고서에 갈음하여 한국고용정보원 등 관련법령에 따라 고용정보를 수집·관리하는 기관으로부터 제공받은 자료로 평가할 수 있다.

10-3. 입찰공고일의 전전월 기준으로 1년 이내에 설립한 업체에 대하여는 근로내용 확인신고서로 신고한 고용인원·급여지급액 평가에 대해 배점한도(+2.5점)를 부여하며, 설립일은 법인인 경우 법인등기부등본상 법인등기일을 기준으로 하며, 법인이 아닌 사업자는 사업자등록증명서 상 사업자등록일을 기준으로 한다.

10-4. 표준손익계산서 등에 의한 평가의 경우 입찰공고일의 최근 결산일 기준 2년 이내 설립된 기업은 배점한도(+0.5점)를 부여한다. 설립일은 법인인 경우 법인등기부등본상 법인등기일을 기준으로 하며, 법인이 아닌 사업자는 사업자등록증명서 상 사업자등록일을 기준으로 한다.

10-5. 표준손익계산서 등에 의한 평가의 경우 「법인세법 시행규칙」 별지 제3호의3서식을 기준으로 하고, 급여는 「법인세법 시행규칙」 별지 제3호의3서식(1) 표준손익계산서 상 급여(퇴직급여 제외) 및 「법인세법 시행규칙」 별지 제3호의3서식(3) 부속명세서 상 2. 공사원가명세서 급여(일용급여 및 퇴직급여 제외)를 합산해 산정한다.

11. 산업안전보건법령 위반에 따른 행정형벌에 대한 감점은 공공공사 현장에서 발생한 법령 위반 사항에 한하며, 해당공사의 발주기관(「조달사업에 관한 법률」 제5조의2에 따라 조달청장에게 계약을 의뢰하는 공사에 대하여는 수요기관을 말한다)의 입찰에서 감점한다.
12. 상호시장 진출 허용 공사로서 종합공사에 전문건설사업자가 참여하는 경우 "나. 2)" 항목은 배점한도를 부여할 수 있다.

다. 그 밖의 PQ 관련 사항

1) 부정한 방법으로 신청한 자의 처리(심사요령 제11조)

신청자가 제출한 서류가 부정하게 작성된 것으로 판명된 때에는 ① 적격자를 선정하기 이전일 경우에는 입찰적격자 선정대상에서 제외하고 ② 입찰 실시 이전일 경우에는 입찰 참가자격을 박탈한다.

2) 현장설명 참가자격 및 심사면제(심사요령 제12조, 제13조)

입찰적격자로 통보한 자에 한하여 현장설명에 참가할 수 있는 자격이 부여된다. 또한, 해당 공사와 동일한 종류의 공사를 이미 심사한 경우로서 신청자 중 입찰적격자로 선정된 자에 대하여는 공사의 특성 등을 고려하여 1년 범위내에서 사전심사를 면제할 수 있으며, 매건 자격심사마다 작성된 입찰적격자명부에 등재된 자에 대한 사전심사를 면제할 것인 지의 여부를 결정하여 열람하게 하여야 한다.

3) 입찰가격공개 및 관리(심사요령 제15조)

계약담당공무원은 사전심사방법으로 발주하는 공사 중 시행령 제42조 제4항의 규정에 의한 종합심사낙찰제 대상공사에 대하여는 입찰실시 후 입찰자의 입찰가격을 전자조달시스템에 등재하고, 입찰자별 입찰가격 및 낙찰상황 등을 지속적으로 관리하여야 한다.

라. 용역 등에 대한 사전심사(PQ)

앞에서 기술한 바와 같이 입찰참가자격사전심사(PQ)는 주로 공사입찰에 대하여 실시하고 있으며, 용역 등의 입찰에 대하여는 국가계약법령에 직접 규정하지 않고 관계 법령에서 사업자 선정절차 등을 규정하고 있는 경우 그 절차 등에 따라 경쟁입찰에 참가할 수 있는 적격자를 선정할 수 있도록 하고 있다.(영 제13조 제3항)

제3절 공사의 현장설명

1 현장설명제도 의의 및 실시

가. 현장설명제도 의의

(1) 국가계약법시행령 제14조의2 제1항에 의하면 계약담당공무원은 공사입찰을 하는 경우 그 공사의 성질·규모 등을 고려하여 실제 공사현장에서 입찰참가자의 적정한 시공을 위하여 공사현장에 대한 설명을 실시할 수 있도록 규정하고 있는데, 이러한 제도를 공사의 현장설명제도라고 한다.

☞ 현장설명서 : 발주기관이 현장설명 시에 교부하는 도서로서 시공에 필요한 현장상태 등에 관한 정보 또는 단가에 관한 설명서 등을 포함한 입찰가격 결정에 필요한 사항을 제공하는 도서

(2) 동 제도는 실제 공사현장을 답사하면서 설계서의 내용 등을 명확히 하여 입찰참가자의 적정한 기술시공이 가능하도록 하는 동시에 견적능력을 제고시켜 입찰금액의 적정한 산출을 유도하는 데 목적이 있다고 할 수 있으며, 이는 공사입찰의 경우에만 해당되는 제도로서 물품·용역입찰의 경우에는 이와 유사하게 협상에 의한 계약체결 방법 등에 있어 제안요청서 등에 대한 설명을 실시하는 제도를 두고 있다(영 제43조, 제43조의2).

나. 현장설명의 실시

1) 현장설명 실시여부

공사입찰에 있어서의 현장설명 실시 여부는 발주기관이 모든 공사를 대상으로 자율적으로 판단하여 결정하게 된다.[51]

☞ 종전에는 추정가격 300억 원 이상인 공사에 대하여 의무적으로 실시하도록 하였으나, 규제 완화 차원에서 규모에 관계없이 발주기관의 자율적 결정 사항으로 전환되었음(영 제14조 제2항 삭제, 2019.9.17.)

---

[51] 조달청은 코로나19 극복을 위해 공공공사와 관련한 현장설명회는 원칙적으로 생략함. 다만, 기술형입찰이나 대안제시형 낙찰제 시범사업 등 현장설명이 불가피한 경우엔 온라인으로 대체함(나라장터에 관련 자료를 공고)

2) 현장설명 실시기일

(1) 현장설명은 공사의 규모에 따라 해당 입찰서 제출 마감일의 전일부터 기산하여 다음의 정한 기간 전에 실시하여야 한다(영 제14조의2).

① 추정가격이 10억 원 미만인 경우 : 7일
② 추정가격이 10억 원 이상 50억 원 미만인 경우 : 15일
③ 추정가격이 50억 원 이상인 경우 : 33일

(2) 다만, 재공고 입찰과 긴급을 요하는 경우 등 다음의 경우에는 그 기간을 단축할 수 있다(영 제35조 제4항).

① 입찰자나 낙찰자가 없는 경우 또는 낙찰자가 계약을 체결하지 하지 아니하여 재공고 입찰에 부치는 경우
② 다른 국가사업과 연계되어 일정 조정을 위하여 불가피한 경우
③ 긴급한 행사 또는 긴급한 재해 예방·복구 등을 위하여 필요한 경우
④ 그밖에 ② 또는 ③에 준하는 경우

2 공사의 현장설명 참가

가. 현장설명 참가자격

(1) 현장설명에 참가하려는 자는 소정의(입찰 공고에서 정해 놓은) 국가기술 자격을 취득하거나 「건설기술진흥법」 등 관련 법령에 의하여 해당 기술자로 인정되고 있는 자이어야 하며, 국가기술자격수첩 또는 건설기술자 경력 수첩을 제시하여야 한다.

(2) 다만, 「건설산업기본법시행령」 제8조, 「전기공사업법시행령」 제5조, 「정보통신공사업법시행령」 제4조에 의한 경미한 공사의 경우에는 자격수첩 또는 경력 수첩을 제시하지 않아도 되며(공사입찰유의서 제6조), PQ를 실시하는 공사의 경우에는 PQ 심사 결과 입찰참가적격자로 선정된 자만이 현장설명에 참가할 수 있다(사전심사요령 제12조).

☞ 공동계약의 경우에도 공동수급체 구성원 중 어느 한 구성원이 해당 현장설명 참가자격을 갖추고 있으면 공동수급체를 대표하여 현장설명 참가가 가능함

나. 현장설명 참가의 자율화

(1) 발주기관의 현장설명 실시 여부가 자율적인 사항인 동시에, 입찰참가자의 현장설명 참가 여부도 자율적인 사항이다. 따라서 현장설명이 실시되는 공사의 경우 입찰에 참가하고자 하는 자는 동 현장설명에 의무적으로 참가하여야 하는 것은 아니므로, 현장설명에 참가하지 않은 업체가 제출한 입찰서도 유효한 것이다(무효인 입찰로 처리해서는 아니 됨).

다만, 현장설명에 참가하지 않았더라도 입찰에 참가할 수 있도록 제도가 변경된 것은 입찰에 참가하는 업체의 부담을 경감하기 위한 것이므로, 현장설명에 참가하지 않음으로써 계약 목적물의 내용 미숙지로 인하여 야기되는 결과에 대한 책임은 입찰참가자에게 있다고 할 것이다

☞ 물품·용역의 '협상에 의한 계약'에 있어서도 종전에는 제안요청서 등에 대한 설명을 실시하는 경우에는 동 설명회에 참가한 자에 한하여 입찰에 참가하게 할 수 있었으나, 과도한 입찰참가자격 제한규제 완화 차원에서 제안서 설명회 미 참가자도 해당 입찰참가를 허용함(영 제43조 제6항 삭제, 2019.9.17.)

(2) 만약, 물품구매계약의 경우에도 공사의 현장설명을 준용하여 실시하더라도 동 현장설명에 참가하지 않은 자의 입찰참여가 허용되는 것이 타당하며, 현장설명에 제출한 일부 서류에 하자가 있더라도 입찰참가 시 해당 하자를 보완하여 발주기관에서 요구한 기준을 충족하는 경우라면 해당 서류는 유효한 것이라고 볼 수 있다(기획재정부 계약정책과-1521, 2014.11.27.).

〈참고〉 지방계약법령상 현장설명제도

○ 지방계약법령의 경우 추정가격 300억 원 이상 공사입찰은 현장설명에 참가한 자만이 입찰에 참가할 수 있으며 동 현장설명에 참가하지 아니한 자의 입찰은 무효로 처리됨
○ 이에 따라, 지방자치단체가 발주하는 입찰에 참가하려는 자는 현장설명 참가여부와 그에 따른 입찰의 유·무효 여부에 있어 국가계약과 차이점이 있다는 것을 유의할 필요가 있음

* 지방계약법시행령 제15조(공사의 입찰) ⑤ 지방자치단체의 장 또는 계약담당자는 추정가격이 300억 원 이상인 공사입찰 시 제3항과 제4항에 따라 현장설명을 하는 경우에는 현장설명에 참가한 자만을 입찰에 참가하게 하여야 한다.
* 지방계약법시행규칙 제42조(입찰의 무효) 6. 영 제15조제3항에 따라 현장설명을 하는 공사로서 추정가격이 300억 원 이상인 공사의 입찰에 참가한 자 중 현장설명에 참가하지 아니한 자의 입찰

제4절 입찰 및 낙찰선언

1 입찰에 관한 서류의 작성 및 열람·교부

가. 입찰에 관한 서류의 작성(영 제14조, 규칙 제41조)

(1) 계약담당공무원은 공사를 입찰에 부치려는 때에는 다음의 "입찰관련서류"를 작성하여야 한다(공사입찰유의서 제4조).

① 설계서
② 공종별 목적물 물량내역서("물량내역서")[52]
③ 입찰공고문 또는 입찰참가통지서
④ 입찰유의서
⑤ 입찰참가신청서·입찰서 및 계약서 서식
⑥ 계약일반조건 및 계약특수조건
⑦ 적격심사 및 종합심사에 따른 낙찰자 결정관련 심사기준
⑧ 일괄입찰 및 대안입찰과 기술제안입찰의 경우 입찰안내서
⑨ 기타 참고사항을 기재한 서류

(2) 다만, 종합심사낙찰제 대상 공사입찰(추정가격 100억 원 이상)의 경우에는 입찰에 참가하려는 자에게 위의 입찰관련서류 중 '물량내역서'를 직접 작성하게 하거나, 발주기관이 교부하는 물량내역 기초자료를 참고하여 작성하게 할 수 있다. 이 경우 동 물량내역서를 직접 작성하도록 하는 입찰을 '순수내역입찰'이라 하고, 발주기관이 교부하는 물량내역 기초자료를 참고하여 작성하게 하는 입찰을 '물량내역수정입찰'이라고 한다(영 제14조 제1항 단서).

(3) '물량내역서'에 대해 좀 더 살펴보면 동 내역서는 공종별 목적물을 구성하는 품목 또는 비목과 동 품목 또는 비목의 규격·수량·단위 등이 표시된 내역서로서 입찰에 참가하려는 자에게 교부된 내역서를 말하며, 소액수의계약 대상 공사 중 전자조달시스템을 이용하여 견적서를 제출하게 하는 수의계약 [추정가격 2천만 원 이상(여성 기업, 장애인 기업 및 사회적 경제기업은 5천만 원 이상)]에 있어 발주기관이 교부한 내역서도 이에 해당한다.

---

[52] 이와 같이 국가계약법시행령 제14조에서는 물량내역서를 설계서와 별도로 표기하고 있으나, "공사계약일반조건" 제2조에서는 물량내역서를 설계서에 포함하여 규정하고 있음

나. 입찰에 관한 서류의 열람·교부(영 제14조 제2항 및 제3항, 유의서 제4조 제2항)

계약담당공무원은 공사를 입찰에 부치려는 때에는 입찰관련서류를 입찰참가자에게 열람하게 하고 교부해야 하며, 다만, 전자조달시스템에 게재함으로써 열람 또는 교부에 갈음할 수 있다. 입찰관련서류를 교부하는 경우에는 입찰공고 등에서 정하는 금액을 납부할 것을 요구할 수 있으며, 이 경우 입찰에 참가하려는 자는 이에 따라야 한다.

2 입찰참가신청, 입찰참가자 등

가. 입찰참가신청 방법(규칙 제40조, 공사입찰유의서 제3조)

1) 신청 서류의 제출

(1) 계약담당공무원은 경쟁입찰에 부치고자 할 때에는 입찰참가신청인으로 하여금 다음의 서류를 제출하게 하여야 하며, 다만, 규칙 제15조의 규정에 의하여 자격등록을 한 자에 대하여는 입찰보증금의 납부로써 다음 서류의 제출에 갈음하게 할 수 있다.

① 입찰참가신청서(규칙 별지 제3호 서식)
② 입찰참가자격을 증명하는 서류(공사입찰의 경우 해당 공사에 해당하는 면허수첩 또는 자격등록증 서류, 인감증명서)
③ 기타 입찰공고 또는 지명통지에서 요구한 서류

(2) 위의 서류 중 입찰참가자격을 증명하는 서류(면허 수첩 또는 자격등록증)의 경우에는 원본을 제시하거나 사본에 "원본과 같음"을 명기하고 인감(인감증명서상의 인감 또는 입찰참가신청서상의 사용인감)으로 날인하여 제출하게 하여야 하며, 공동계약이 허용되어 공동수급체를 구성하여 입찰에 참가하고자 하는 자는 공동수급협정서를 위의 서류와 함께 제출하게 하여야 한다.

2) 신청 서류의 접수 및 마감

(1) 계약담당공무원은 입찰참가신청인이 입찰참가신청 서류를 제출한 때에는 그 서류의 내용을 검토하여 이를 접수하고 필요한 사항에 대하여 사실조사를 할 수 있다. 또한, 동 신청서류를 접수한 때에는 입찰참가신청증(규칙 별지 제4호 서식)을 교부하여야 하며, 다만, 우편입찰의 경우 기타 필요하지 아니하다고 인정되는 경우에는 이를 생략할 수 있다.

(2) 입찰참가신청서류의 접수 마감일은 입찰서 제출 마감일 전일로 한다.

[시행규칙 별지 제3호 서식]

입찰참가신청서

※ 아래 사항 중 해당되는 경우에만 기재하시기 바랍니다.

처리기간
즉 시

신청인	상호또는법인명칭		법인등록번호	
	주소		전화번호	
	대표자		주민등록번호	

입찰개요	입찰공고(지명)번호	제 호	입찰일자	. . .
	입찰건명			

입찰보증금	납부	• 보증금율 : % • 보증액 : 금 원정(₩) • 보증금납부방법 :
	납부면제및지급확약	• 사유 : • 본인은 낙찰 후 계약미체결시 귀부(처·청)에 낙찰금액에 해당하는 소정의 입찰보증금을 현금으로 납부할 것을 확약합니다.

대리인·사용인감	본 입찰에 관한 일체의 권한을 다음의 자에게 위임합니다. 성명 주민등록번호	본 입찰에 사용할 인감을 다음과 같이 신고합니다. 사용인감 (인)

  본인은 위의 번호로 공고(지명통지)한 귀부(처·청)의 일반(제한·지명)경쟁입찰에 참가하고자 정부에서 정한 공사[물품구매(제조)·용역]입찰유의서 및 입찰공고사항을 모두 승낙하고 별첨서류를 첨부하여 입찰참가신청을 합니다.

  붙임서류 : 1. 입찰참가자격을 증명하는 서류 사본 1통
           2. 인감증명서 또는 본인서명사실확인서 1통
           3. 그 밖에 공고로서 정한 서류

                                          . . .
                                                신청인   (인)

  _____ 귀하

세입세출외현금출납공무원 성명 :   ㊞
유 가 증 권 취 급 공 무 원   성명 :   ㊞

나. 입찰참가자 및 대리인 지정(규칙 제42조, 공사입찰유의서 제8조)

1) 입찰 참가자

입찰참가신청을 한 자가 아니면 입찰에 참가할 수 없으며, 다만, 입찰참가신청서 제출 시에 대리인을 지정한 경우에는 그 대리인도 입찰에 참가할 수 있다.

2) 입찰참가 대리인

(1) 입찰참가 대리인은 입찰참가신청 시부터 입찰개시 시각 전까지 지정할 수 있으며, 그 변경 또한 동 기간동안 가능하다. 입찰참가자가 법인인 경우 대리인의 자격은 해당 법인의 임·직원에 한한다. 다만, 「산학협력법」상 산학협력단의 경우 입찰대리인은 임·직원뿐만 아니라 대학의 장 또는 산학협력단장이 임명한 연구원도 가능하다.

(2) 계약담당공무원은 재직증명서와 다음의 자료에 의해서 임·직원 여부를 확인하여야 하며, 2개 이상 법인의 임직원인 자는 1개 법인의 대리인으로만 입찰에 참가할 수 있고, 법 제27조 및 시행령 제76조에 의한 부정당업자로 입찰참가자격을 제한받고 있는 자는 대리인을 할 수 없다.

① 4대 보험 중 어느 하나의 가입 증명자료(최근 3개월 이내)
② 소속 법인에서 받은 급여와 관련하여 해당 법인에서 발급받은 소득세 납부 증명자료
③ 법인 등기사항증명서
④ 기타 임·직원 여부를 확인할 수 있는 자료

다. 관련 법령 등의 숙지(공사입찰유의서 제5조 제1항)

(1) 입찰에 참가하고자 하는 자는 국가계약법시행령 등 입찰에 관련된 법령과 입찰공고문 등 입찰관련서류를 입찰 전에 완전히 숙지하여야 하며 이를 숙지하지 못한 책임은 입찰참가자에게 있다. 따라서 국가계약법령은 원칙적으로 일반 국민의 권리의무관계를 직접 기속하지 않고 정부 입찰 및 계약집행과 관련하여 계약담당공무원이 지켜야 할 내부적 절차 규정의 성격을 갖지만, 공공공사의 수주 등 공공기관을 상대로 입찰·계약 업무를 수행하는 자에게는 직접적으로 기속력이 있는 법령에 해당한다고 볼 수 있다.

(2) 입찰에 참가하고자 하는 자는 입찰관련서류의 검토과정에서 발견한 입찰에 관한 서류상의 착오, 누락 사항 또는 기타 설명이 요구되는 사항에 대하여는 입찰서 제출 마감일 전일까지 발주기관에 그 설명을 요구할 수 있다.

(3) 한편, 계약담당공무원은 입찰공고 등에 계약예규 「정부 입찰·계약 집행기준」 제18장에 정한 국민건강보험료 등 사후정산 등에 관한 내용을 기재하여 입찰에 참가하고자 하는 자가 열람할 수 있도록 하여야 하며, 입찰에 참가하고자 하는 자는 동 내용을 숙지하여야 한다(공사입찰유의서 제4조의2).

라. 하도급대금 직불 조건부 입찰 참가 허용(법 제27조의4)

각 중앙관서의 장은 계약상대자가 「건설산업기본법」 제34조 제1항 또는 「하도급거래 공정화에 관한 법률」 제13조 제1항이나 제3항을 위반한 사실을 확인한 때에는 해당 계약상대자 및 위반행위를 다른 중앙관서의 장에게 지체없이 통보하여야 하며, 이러한 통보가 있는 때에 계약담당공무원은 계약상대자가 통보일부터 1년 이내에 입찰공고일이 도래하는 입찰에 참가하고자 하는 경우 계약상대자가 대가 지급 시 하도급대금은 발주기관이 하수급인에게 직접 지급하는 것에 합의한다는 내용의 확약서를 제출하는 경우에 한정하여 입찰참가를 허용하여야 한다.

☞ 「건설산업기본법」과 「하도급거래 공정화에 관한 법률」에 따르면 공정거래위원회는 하도급법을 위반한 사업자에 대하여 유형별 벌점을 부과하여 과거 3년간 벌점누계가 5점을 초과할 경우 입찰참가자격제한을, 10점을 초과할 경우에는 「건설산업기본법」에 따른 영업정지를 관계행정기관의 장에게 요청하도록 되어 있음

3 입찰보증금의 납부(법 제9조, 영 제37조, 규칙 제43조)

가. 납부 개요

(1) 계약담당공무원은 경쟁입찰에 참가하려는 자에게 계약의 체결을 담보하는 입찰보증금을 내도록 하여야 하는 데, 이러한 입찰보증금은 낙찰자의 계약체결 의무이행의 확보를 목적으로 하여 그 불이행 시에 이를 국고에 귀속시켜 국가의 손해를 보전하는 사법상의 손해배상 예정으로서의 성질을 갖는 것이라고 할 수 있다(대법원 81누366 판결).

(2) 입찰참가자는 입찰신청마감일(통상적으로 입찰일 전일)까지 입찰참가신청서와 함께 소정절차에 따라 입찰보증금을 납부하여야 하며, 다만, 1 회계연도 내의 모든 입찰(공사의 경우로 한정)에 대한 입찰보증금으로 납부할 수 있는 보증서의 경우에는 매 회계연도 초에 제출하게 할 수 있다(정부 입찰·계약 집행기준 제9장 : 일괄입찰보증제도의 운용).

(3) 국가기관이 시행하는 입찰에 참가하려는 자는 모두 입찰보증금을 납부하여야 하지만, 다른 국가기관, 지방자치단체, 공공기관 등 시행령 제37조 제3항의 규정에 해당하는 자는 입찰보증금의 전부 또는 일부의 납부를 면제할 수 있으며, 국가 또는 지자체 등으로부터 인허가를 받아 사업을 영위하고 있는 업체는 계약 미체결 우려가 없는 경우 모두 지급각서로 대체할 수 있다.

☞ 종전에는 '공사입찰유의서' 등 계약예규에서 정하는 경우에만 지급각서로 대체하도록 하여 입찰보증금 납부를 면제할 수 있도록 되어 있었으나, 기업의 부담을 줄이기 위해 국가 또는 지자체 등으로부터 인허가를 받아 사업을 영위하고 있는 업체는 계약 미체결 우려가 없는 경우 모두 지급각서로 대체할 수 있도록 입찰보증금 면제 대상을 대폭 확대함(영 제37조 제3항 개정, 2019.9.17.)

나. 납부금액 및 납부방법

1) 입찰보증금 납부금액

(1) 입찰보증금은 입찰금액의 100분의 5 이상을 납부토록 하여야 한다. 다만, 「재난 및 안전관리 기본법」 제3조 제1호의 재난이나 경기침체, 대량실업 등으로 인한 국가의 경제위기를 극복하기 위해 기획재정부장관이 기간을 정하여 고시한 경우에는 입찰금액의 1천분의 25 이상을 납부토록 하여야 한다.

(2) 이때 단가입찰인 경우에는 입찰금액 총액이 아니라 그 단가에 매회별 이행 예정량 중 최대량을 곱한 금액을 기준으로 하며, 장기계속계약의 경우에는 부기한 총 공사·총 제조 금액을 기준으로 산정한다.

2) 입찰보증금 납부방법

(1) 입찰보증금은 현금 또는 다음의 보증서 등으로 납부하게 하여야 한다. 이 경우 현금에는 체신관서 또는 「은행법」의 적용을 받는 은행이 발행한 자기앞수표를 포함하며, 현금 또는 보증서 제출 여부는 입찰자가 선택하게 된다(영 제37조 제2항).

① 「국가재정법 시행령」 제46조 제4항의 규정에 의한 금융기관 및 「은행법」에 의한 외국은행이 발행한 지급보증서
② 「자본시장과 금융투자업에 관한 법률 시행령」 제192조에 따른 증권
③ 「보험업법」에 의한 보험회사가 발행한 보증보험증권
④ 다음의 어느 하나에 해당하는 기관이 발행한 채무액 등의 지급을 보증하는 보증서

- 「건설산업기본법」에 따른 공제조합
- 「전기공사공제조합법」에 따른 전기공사공제조합
- 「신용보증기금법」에 따른 신용보증기금
- 「기술보증기금법」에 따른 기술보증기금
- 「정보통신공사업법」에 따른 정보통신공제조합
- 「엔지니어링산업 진흥법」에 따른 엔지니어링공제조합
- 「산업발전법」에 따른 공제조합
- 「소프트웨어산업 진흥법」에 따른 소프트웨어공제조합
- 「전력기술관리법」에 따른 전력기술인단체(산업통상자원부장관이 기획재정부장관과 협의하여 고시하는 단체에 한정한다)
- 「건설폐기물의 재활용촉진에 관한 법률」에 따른 공제조합
- 「골재채취법」에 따른 공제조합
- 「지역신용보증재단법」에 따른 신용보증재단
- 「관광진흥법」에 따른 한국관광협회중앙회
- 「방위사업법」 제43조에 따라 보증업무를 수행하는 기관으로 지정받은 자
- 「건설기술 진흥법」에 따른 공제조합
- 「소방산업의 진흥에 관한 법률」에 따른 소방산업공제조합
- 「문화재수리 등에 관한 법률」에 따른 문화재수리협회
- 「건축사법」에 따른 건축사공제조합
- 「중소기업협동조합법」에 따른 중소기업중앙회
- 「콘텐츠산업 진흥법」 제20조의2에 따른 콘텐츠공제조합
- 「폐기물관리법」 제41조에 따른 폐기물 처리 공제조합
- 「공간정보산업진흥법」 제24조에 따른 공간정보산업협회
- 「한국해양진흥공사법」에 따른 한국해양진흥공사

⑤ 「국가재정법 시행령」 제46조제4항의 규정에 의한 금융기관 및 외국금융기관과 체신관서가 발행한 정기예금증서
⑥ 「자본시장과 금융투자업에 관한 법률」에 따라 신탁업자가 발행하는 수익증권
⑦ 「자본시장과 금융투자업에 관한 법률」에 따라 집합투자업자가 발행하는 수익증권

⑵ 위의 보증서 등에 의한 입찰보증금의 보증기간은 다음의 사항을 충족하여야 한다.

① 보증기간의 시작일 : 입찰서 제출마감일 이전일 것

② 보증기간의 만료일 : 입찰서 제출마감일 다음날부터 30일 이후일 것. 다만, 시행령 제78조에 의한 공사입찰(대형공사 등)의 경우에는 입찰서 제출마감일 다음날부터 90일 이후일 것

다. 납부면제(법제9조 제1항, 영 제37조 제3항)

(1) 계약담당공무원은 경쟁입찰에 참가하려는 자에게 입찰보증금을 납부하게 하여야 하지만, 다음의 경우에는 입찰보증금의 전부 또는 일부의 납부를 면제할 수 있다.

① 국가기관 및 지방자치단체
② 「공공기관의 운영에 관한 법률」에 따른 공공기관
③ 국가 또는 지방자치단체가 기본재산의 100분의 50이상을 출연 또는 출자(법률의 규정에 의하여 귀속시킨 경우를 포함)한 법인
④ 「농업협동조합법」에 의한 조합·조합공동사업법인 및 그 중앙회(농협경제지주회사 및 그 자회사를 포함), 「수산업협동조합법」에 의한 어촌계·수산업협동조합 및 그 중앙회, 「산림조합법」에 의한 산림조합 및 그 중앙회, 「중소기업협동조합법」에 의한 중소기업협동조합 및 그 중앙회
⑤ 「건설산업기본법」·「전기공사업법」·「정보통신공사업법」·「건설폐기물의 재활용 촉진에 관한 법률」·「골재채취법」 또는 「문화재수리 등에 관한 법률」 등의 법령에 따라 허가·인가·면허를 받았거나 등록·신고 등을 한 자로서 입찰공고일 현재 관련 법령에 따라 사업을 영위하고 있는 자. 다만, 다음의 어느 하나에 해당하는 자는 제외한다.

 i) 입찰공고일 이전 1년 이내에 제76조제1항제2호가목의 사유로 입찰참가자격 제한을 받은 자(입찰참가자격제한 기간 중인 경우를 포함)

 * 제76조 제1항 제2호 가목 : 정당한 이유 없이 계약을 체결 또는 이행하지 아니하거나 입찰공고와 계약서에 명시된 계약의 주요 조건을 위반한 자

 ii) 계약체결을 기피할 우려가 있어 각 중앙관서의 장 또는 계약담당공무원이 입찰 공고에 명시한 요건에 해당하는 자

⑥ 「저탄소 녹색성장 기본법」 제32조제2항에 따라 녹색기술·녹색사업에 대한 적합성 인증을 받거나 녹색전문기업으로 확인을 받은 자 중 기획재정부장관이 정하는 기준에 해당하는 자
⑦ 기타 경쟁입찰에서 낙찰자로 결정된 후 계약체결을 기피할 우려가 없다고 인정되는 자

(2) 계약담당공무원은 위의 입찰보증금 납부면제 사유에 해당되어 입찰보증금의 전부 또는 일부의 납부를 면제받은 자로 하여금 국고귀속 사유가 발생한 때에는 입찰보증금에 해당하는 금액을 납입할 것을 보장하기 위하여 그 지급을 확약하는 내용의 문서를 제출하게 하여야 한다. 이 경우 문서는 규칙 별지 제3호서식의 입찰참가신청서에 따라 입찰참가신청을 하거나 입찰서를 제출하는 때에 이를 제출하여야 한다.

라. 국고귀속 및 반환(법 제9조 제3항, 영 제38조, 규칙 제63조, 공사입찰유의서 제7조)

(1) 계약담당공무원은 낙찰자가 정당한 이유 없이 소정의 기한 내에 계약을 체결하지 아니한 때에는 해당 입찰보증금을 국고에 귀속하여야 한다. 이 경우 정당한 이유라 함은 발주기관의 귀책사유, 천재지변, 불가항력적인 사유 등 낙찰자의 책임이 없는 사유가 이에 해당된다고 볼 수 있다.

(2) 계약담당공무원은 입찰보증금을 보증서 등으로 받은 경우 동 입찰보증금의 국고귀속 사유가 발생한 때에는 지체없이 그 뜻을 해당 금융기관 또는 보증기관과 관계 수입징수관 또는 유가증권 취급공무원 등에게 통지하고 당해 입찰보증금을 현금으로 징수하게 하거나 정부소유 유가증권으로 전환하게 하여야 한다. 또한, 입찰보증금의 전부 또는 일부의 납부를 면제받은 자에게 국고귀속 사유가 발생한 때에는 그 뜻과 함께 지급을 확약한 문서를 갖추어 관계수입징수관에게 통지하고 당해 낙찰자로부터 입찰보증금에 상당하는 금액을 현금으로 징수하게 하여야 한다.

(3) 계약담당공무원은 납부된 보증금의 보증목적이 달성된 때에는 계약상대자의 요청에 의하여 즉시 이를 반환하여야 한다. 즉, 낙찰되지 아니한 입찰자의 입찰보증금은 낙찰자가 결정된 후에 즉시 반환하여야 하며, 낙찰자의 입찰보증금은 계약체결 후에 즉시 반환하여야 한다.

4 입찰서의 작성 및 제출

가. 입찰서 서식 및 작성요령(규칙 제42조, 공사입찰유의서 제9조)

입찰에 참가하고자 하는 자는 규칙 별지 제5호 서식(입찰 및 낙찰자결정을 전산처리에 의하여 결정하려는 경우에는 별지 제6호 서식)의 입찰서를 제출하여야 하며, 이 경우 입찰서는 다음과 같이 작성하여야 한다.

제4장 입찰 및 낙찰절차

(1) 입찰자는 기명날인을 함에 있어 반드시 입찰자 성명(법인의 경우 대표자 성명)을 기재하고 입찰참가신청서 제출 시 신고한 인감(외국인에 대하여 서명을 허용한 경우에는 서명을 포함)으로 날인하여야 한다.

(2) 입찰자는 입찰서의 기재사항 중 삭제 또는 정정한 곳이 있을 때에는 입찰에 사용하는 인감으로 날인하여야 한다. 이 경우 추정가격 100억 원 이상인 공사의 입찰에 있어서는 산출내역서도 입찰서에 포함된다.

(3) 입찰자는 입찰서를 입찰공고 또는 입찰참가통지서 등에 별도로 규정한 경우를 제외하고는 한글로 작성하여야 하고, 입찰금액은 원화로 표기하여야 한다.

(4) 입찰자는 입찰서의 금액표시를 한글 또는 한자로 기재하여야 하며, 아라비아숫자로 병기할 수 있다. 이 경우에 한글 또는 한자로 기재된 금액과 차이가 있을 때에는 한글 또는 한자로 기재한 금액에 의한다. 다만, 전산서식에 의한 입찰의 경우에는 지정된 표기방법으로 기재하여야 한다.

[시행규칙 별지 제5호 서식]

입 찰 서

입찰내용	공고번호		제 호		입찰일자	. . .
	건 명					
	금 액	금	원정(₩	)		
	준공(납품)연월일					
입찰자	상호 또는 법인명칭			법인등록번호		
	주 소			전화번호		
	대 표 자			주민등록번호		

본인은 「국가를 당사자로 하는 계약에 관한 법률 시행규칙」에 의한 공사[물품구매(제조)·용역]입찰유의서에 따라 응찰하여 이 입찰이 귀 기관에 의하여 수락되면 공사[물품구매(제조)·용역]계약일반조건·계약특수조건·설계서(물품규격서) 및 현장설명사항에 따라 위의 입찰금액으로 준공(납품·용역수행)기한 내에 공사(물품·용역)를 완성(제조·납품)할 것을 확약하며 입찰서를 제출합니다.

붙임 : 산출내역서(100억 원 이상 공사의 경우) 1부

. . .
입찰자　　(인)

_____ 귀하

나. 입찰서의 제출 및 접수(영 제39조, 규칙 제42조, 공사입찰유의서 제10조)

1) 입찰서의 제출

(1) 계약담당공무원은 입찰자가 입찰서를 제출하는 경우 전자조달시스템을 이용하여 입찰서를 제출하게 하여야 하며, 다만, 미리 기획재정부장관과 협의한 경우에는 전자조달시스템 외에 각 중앙관서의 장이 지정·고시한 정보처리장치를 이용하여서도 입찰서를 제출하게 할 수 있다.

(2) 위와 같이 입찰서는 전자조달시스템을 이용하여 제출하게 하는 것이 원칙이지만, 동 시스템을 이용하기 어려운 경우 등 다음의 어느 하나에 해당하는 경우에는 입찰공고에 명시한 장소와 일시에 직접 또는 우편으로 제출하게 할 수 있다. 이 경우 우편에 의한 입찰서는 입찰서 제출마감일 전일까지 발주기관에 도착된 것에 한하여 효력이 있으며, 우송 중의 분실, 훼손 또는 지연에 대하여 발주기관은 책임을 지지 아니한다.

① 국가계약법 제4조[53])에 따른 국제입찰 대상 계약인 경우
② 전자조달시스템을 이용하기 어려운 경우 등 각 중앙관서의 장이 필요하다고 인정하는 경우

(3) 입찰자는 입찰서를 봉함하여 1인 1통만을 제출하여야 하며, 만약, 동일 사항에 동일인이 2통 이상의 입찰서를 제출하면 제출된 입찰서 모두 무효 처리된다.

2) 입찰서의 취소(공사입찰유의서 제15조 제6호)

(1) 입찰자는 제출한 입찰서를 교환·변경 또는 취소하지 못한다. 다만, 개찰 시각 전까지 입찰서에 기재한 중요 부분에 오기가 있음을 이유로 개찰 현장에서 입찰자가 입찰의 취소 의사를 표시한 것으로 계약담당공무원이 이를 인정하는 경우에는 취소할 수 있다. 이와 같이 취소된 당해 입찰은 무효 사유에 해당되어 입찰 무효로 처리될 수 있다.

(2) 전자입찰의 취소에 대한 의사표시는 「전조달의 이용 및 촉진에 관한 법률 시행규칙」 제4조 제1항의 규정에 따라 공고한 개찰 일시 이전까지 별지 제1호서식의 전자입찰 취소 신청서를 계약담당공무원에게 전자조달시스템을 이용하거나 직접 또는 팩스 전송 등의 방법으로 제출하여야 한다.

---

53) 제4조(국제입찰에 따른 정부조달계약의 범위) ① 국제입찰에 따른 정부조달계약의 범위는 정부기관이 체결하는 물품·공사(工事) 및 용역의 계약으로서 정부조달협정과 이에 근거한 국제규범에 따라 기획재정부장관이 정하여 고시하는 금액 이상의 계약으로 한다.

3) 입찰서 제출 시 함께 제출하는 서류

① 경영상태 심사서류의 제출(공사입찰유의서 제10조의2)

(1) 입찰에 참여하고자 하는 자는 「신용정보의 이용 및 보호에 관한 법률」제4조 제1항 제1호 또는 「자본시장과 금융투자업에 관한 법률」제9조 제26항의 업무를 영위하는 신용정보업자로부터 평가받은 모든 공공기관 입찰용 신용평가등급을 해당 신용정보업자를 통해 평가 완료 후 3일 이내에 조달청 나라장터에 전송하여야 한다.

(2) 조달청장은 분기별로 신용정보업자로부터 평가명세서를 제출받아 미 전송 여부를 확인하여 전송하지 않은 해당 업체를 나라장터에 게재하고, 발주기관은 동 업체에 대해 「정부입찰·계약집행기준」제98조*에 따라 처리한다. 또한, 부정한 방법으로 심사서류를 제출한 자에 대하여는 향후 1년간 시행령 제13조에 따른 입찰참가자격사전심사 및 시행령 제42조 제1항에 따른 적격심사 시 감점할 수 있다.

> 「정부입찰·계약집행기준」제98조 (부정한 방법으로 심사서류를 제출한 자에 대한 처리)
>
> 계약담당공무원은 입찰에 관한 서류가 부정 또는 허위로 작성된 것으로 판명된 때에는 다음 각 호와 같이 처리하여야 한다.
> 1. 계약체결 이전인 경우에는 낙찰자 결정대상에서 제외하거나 결정통보를 취소한다.
> 2. 계약체결 이후인 경우에는 해당 계약을 해제 또는 해지할 수 있다.

② 청렴계약서의 제출(동 유의서 제10조의3)

입찰자는 입찰서를 제출할 때 시행령 제4조의2 및 "정부입찰·계약집행기준" 제98조의3에 따른 청렴계약서를 같이 제출하여야 한다.

③ 산출내역서의 제출(동 유의서 제11조)

(1) 추정가격이 100억 원 이상인 공사의 입찰 시에는 입찰서에 산출내역서를 첨부하여야 하며, 이 경우 제출하는 산출내역서는 모든 면에 입찰참가신청서 제출 시 신고한 인감으로 간인하거나, 모든 면의 하단에 약식서명 또는 천공하여야 한다.

* 재입찰에 부치는 공사와 추정가격이 100억 원 미만인 공사의 경우에는 낙찰된 자가 착공신고서를 제출하는 때 함께 제출하여야 함

(2) 동 산출내역서는 물량내역서에 단가를 적는 방법으로 작성하여야 하며, 순수내역입찰이나 물량내역수정입찰의 경우에는 직접 작성한 물량내역서에 단가를 적어야 한다.

☞ 물품의 제조 또는 구매계약에 있어 "품질 등에 의한 방법으로 낙찰자를 결정"(영 제44조)하여 계약을 체결하고자 하는 때에는 입찰 시에 입찰자로 하여금 입찰서와 함께 당해 물품의 품질·성능·효율 등이 표시된 "품질 등의 표시서"를 제출하게 하여야 함(규칙 제42조 제6항)

4) 입찰서 접수(규칙 제42조 제4항)

계약담당공무원은 입찰서를 접수한 때에는 당해 입찰서에 확인 인을 날인하고 개찰시까지 개봉하지 아니하고 보관하여야 한다. 우편으로 입찰서가 제출된 때에는 해당 입찰서의 봉투 표면에 접수일시를 기재하고 확인인을 날인한다.

5 재입찰과 재공고 입찰

가. 재입찰(영 제20조제1항)

1) 재입찰의 의의

(1) 경쟁입찰은 2인 이상의 유효한 입찰자가 있어야 성립되는데(영 제11조) 최초의 입찰이 2인 이상의 유효한 입찰자가 없어 경쟁입찰 자체가 성립되지 않거나, 2인 이상의 유효한 입찰자가 있어 경쟁입찰은 성립되었어도 낙찰자가 없을 경우에는 다시 공고 절차를 거치지 않고 재차 입찰에 부칠 수 있다.

(2) 위와 같이 별도의 공고 절차 없이 재차 입찰에 부치는 것을 '재입찰'이라고 하며, 동 재입찰 제도는 별도의 공고 절차를 거치지 않고 다시 입찰에 부칠 수 있게 함으로써 시기적으로 계약목적 달성에 지장이 없도록 하고 행정비용도 절감하기 위한 제도라고 할 수 있다.

2) 재입찰의 방법(영 제20조 제3항)

재입찰은 새로운 입찰이 아니므로 기한을 제외하고는 최초의 입찰에 부칠 때에 정한 가격 및 기타 조건을 변경할 수 없다. 또한, 동 재입찰의 경우 최초의 입찰에 참가 유무 또는 입찰 횟수의 제한을 받지 아니한다.

나. 재공고 입찰(영 제20조 제2항)

1) 의의 및 방법

(1) 입찰을 실시하였는데 입찰자나 낙찰자가 없는 경우 또는 입찰 결과 결정된 낙찰자가 계약을 체결하지 않는 경우에 다시 공고하여 입찰에 부칠 수 있으며, 이와 같이 다시 공고하여 입찰에 부치는 제도를 '재공고 입찰'이라고 한다.

(2) 재공고 입찰 시 입찰공고는 입찰서 제출 마감일 전일부터 기산하여 5일 전까지 공고할 수 있으며, 추가등록이 가능하다. 최초 입찰에 참여했던 업체는 참가신청서만 제출하고 첨부 서류는 종전서류로 대체할 수 있으며, 재공고 입찰의 경우에도 기한을 제외하고는 최초의 입찰에 부칠 때에 정한 가격 및 기타 조건을 변경할 수 없다.

2) 재공고 입찰과 수의계약(영 제27조)

(1) 재공고 입찰에 부쳐도 입찰자 또는 낙찰자가 없는 경우에는 수의계약에 의할 수 있으며, 또한 경쟁입찰을 실시하였으나 입찰자가 1인뿐인 경우로서 재공고 입찰을 실시하더라도 입찰참가자격을 갖춘 자가 1인 밖에 없음이 명백하다고 인정될 경우에도 수의계약에 의할 수 있다.

(2) 수의계약에 의하기 전 재공고 입찰의 횟수에는 제한이 없으므로, 1회 재공고 입찰 후 수의계약을 체결할 수 있고 2회 재공고 입찰 후 수의계약을 체결할 수도 있다. 이 경우 보증금과 기한을 제외하고는 최초의 입찰에 부칠 때 정한 가격, 기타의 조건을 변경할 수 없다.

(3) 일반적으로 최초의 입찰이 유찰되었을 경우에 재입찰 또는 재공고 입찰을 거친 이후에 수의계약을 체결하거나 새로운 입찰에 부치게 되는 데, 코로나19 등 재난으로 인한 위기 극복을 위해 1회 유찰 시에도 예외적으로 수의계약을 허용하고 있다.

즉, 「재난 및 안전관리 기본법」 제3조 제1호의 재난이나 경기침체, 대량실업 등으로 인한 국가의 경제위기를 극복하기 위해 기획재정부장관이 기간을 정하여 고시한 경우에는 경쟁입찰을 실시했으나 입찰자가 1인뿐인 경우 재공고 입찰을 실시하지 않더라도 곧바로 수의계약을 체결할 수 있도록 보완하였다(영 제27조 제3항 신설, 2020.5.1.).

☞ 이에 따라 기획재정부는 한시적 특례가 적용되는 기간을 정하여 고시해 오고 있으며 최근에는 2023년 6월 30일까지 고시함[국가를 당사자로 하는 계약에 관한 법률시행령의 한시적 특례 적용기간에 관한 고시(기획재정부 고시 제2022-33호, 2023.1.1)]

6 입찰의 무효

가. 경쟁입찰과 무효 처리

(1) 국가계약법에 의한 경쟁입찰은 2인 이상의 "유효한 입찰"로 성립한다(영 제11조). 이때 유효한 입찰이란 시행령 제39조 및 시행규칙 제44조 등에 규정된 '입찰 무효 사유에 해당하지 않은 입찰'이라고 할 수 있으며, 따라서 2인 이상이 입찰에 참가하였더라도 동 규정에 따라 유효한 입찰자가 1인뿐인 경우에는 경쟁입찰이 성립되지 않는다.

이와 반면에, 2인 이상이 입찰에 참가하여 입찰자 중 1인만이 예정가격 이하이고 다른 입찰자는 예정가격을 초과한 경우라면 입찰금액이 예정가격을 초과하는 자가 낙찰자 결정 대상에서 제외는 되어도 국가계약법령에 규정 되어진 입찰 무효 사유에는 해당하지 아니하기 때문에 다른 무효 사유가 없다면 2인 이상의 유효한 입찰이 성립된다.

(2) 위와 같이 입찰실시 결과 입찰 무효 사유의 해당 여부는 당사자뿐만 아니라 경쟁입찰의 성립 여부와 더 나아가 낙찰자의 결정에 직접적인 영향을 미치게 되므로, 발주기관이 입찰 무효 여부를 처리함에 있어서는 보다 더 신중을 기해야 할 사항이라고 할 수 있다.

나. 열거주의 및 무효이유 표시

(1) 입찰의 실시 결과 특정 입찰이 무효 사유에 해당하는지 여부는 국가계약법시행령 제39조 제4항 및 동법시행규칙 제44조 등에 따라 판단하게 되는데, 동 규정에 명시된 각각의 입찰 무효 사유는 앞에서 기술한 바와 같이 당사자뿐만 아니라 경쟁입찰의 성립 여부 등에 미치는 영향 등을 고려할 경우 하나의 예시를 든 것이 아니라 해당하는 사항의 경우에만 효력이 발생하는 열거주의로 보는 것이 타당하다.

따라서 동 규정에 열거되지 아니한 사항에 대해서는 원칙적으로 유효한 입찰에 해당하는 것으로 처리하는 것이 타당하다고 할 수 있으며, 다만, 무효 처리 여부가 쟁점 사항으로 제기된 경우에는 발주기관이 열거된 무효 사유의 취지와 민법 등 관련 법 규정을 종합적으로 고려하여 판단하여야 한다고 본다.

(2) 한편, 입찰의 실시 결과 계약담당공무원이 당해 입찰을 무효로 처리하는 경우에는 무효 여부를 확인하는 데 장시간이 소요되는 등 부득이한 사유가 없는 한 개찰 장소에서 개찰에 참가한 입찰자에게 이유를 명시하고 그 뜻을 알려야 한다. 다만, 전자조달시스템을

이용하여 입찰서를 제출하게 하는 경우에는 입찰공고에 표시한 절차와 방법으로 입찰자에게 입찰 무효의 이유를 명시하고 그 뜻을 알려야 한다(규칙 제45조).

다. 입찰의 무효 사유(영 제39조, 규칙 제44조 등)

1) 무효 사유 종합

입찰의 무효 사유는 국가계약법시행령 제39조 및 국가계약법시행규칙 제44조에 열거되어 있으며, 또한, 동 규정에서 위임된 무효 사유가 "공사입찰유의서" 제15조["물품구매(제조)입찰유의서" 제12조 및 "용역입찰유의서" 제12조]와 "정부 입찰·계약 집행기준" 제20조에 열거되어 있다. 이러한 관계 규정을 종합할 경우 입찰의 무효 사유는 다음과 같다.

① 입찰참가자격이 없는 자가 한 입찰
② 영 제76조 제6항에 따라 입찰참가자격 제한기간 내에 있는 대표자를 통한 입찰
③ 입찰보증금의 납부일시까지 소정의 입찰보증금을 납부하지 아니하고 한 입찰
④ 입찰서가 그 도착일시까지 소정의 입찰 장소에 도착하지 아니한 입찰
⑤ 동일사항에 동일인(1인이 수개의 법인의 대표자인 경우 해당수개의 법인을 동일인으로 본다)이 2통 이상 입찰서를 제출한 입찰
⑥ 영 제14조 제6항의 규정에 의한 입찰(내역입찰)로서 입찰서와 함께 산출내역서를 제출하지 아니한 입찰 및 입찰서상의 금액과 산출내역서상의 금액이 일치하지 아니한 입찰과 그 밖에 기획재정부 장관이 정하는 입찰 무효 사유에 해당하는 입찰(정부 입찰·계약 집행기준 제20조)

ⅰ) 입찰서금액과 산출내역서상의 총계금액이 일치하지 아니한 입찰, 다만, 10원미만의 차이가 있는 경우에는 차상위 입찰자의 입찰금액이 10원이상 높은 경우에 한하여 유효한 입찰로 한다. 이 경우에 입찰서상 금액을 입찰금액으로 하며, 차상위자와 10원 미만의 차이가 있어 입찰무효가 될 때에는 상위금액 입찰자중 입찰서의 금액과 산출내역서상의 총계금액이 일치한 입찰자를 낙찰자로 한다.

ⅱ) 산출내역서의 각 항목(각 공종, 경비, 일반관리비, 이윤, 부가가치세 등을 포함)별로 금액을 합산한 금액이 총계금액과 일치하지 아니한 입찰, 이 경우 ⅰ)의 단서 규정을 준용한다.
  - "공종"이란 공사의 특성에 따라 작업단계(예:가설공사, 기초공사, 토공, 철근콘크리트, 마감공사 등)별로 구분되는 것을 의미하며, 공종별 합계금액을 표기하지 아니한 경우에는 공종내의 세부비목의 가격을 합산한 금액을 해당 공종의 금액으로 한다.

- "공종"에 대한 금액을 재료비, 노무비, 경비를 구분하여 명기한 때에는 재료비, 노무비, 경비를 합산한 금액이 공종의 금액과 일치하지 아니한 경우에는 공종의 금액을 기준으로 한다.

  iii) 발주관서가 배부한 내역서상의 공종별 목적물물량 중 누락 또는 변경된 공종 혹은 수량에 대한 예정가격 조서상의 금액이 예정가격의 100분의 5이상인 경우
  iv) 입찰서 금액, 산출내역서의 총계금액, 항목(각 공종, 경비, 일반관리비, 이윤, 부가가치세 등을 포함)별 금액을 정정하고 정정 인을 누락한 입찰

⑦ 규칙 제15조 제1항에 따라 등록된 사항 중 다음의 어느 하나에 해당하는 등록사항을 변경등록하지 아니하고 입찰서를 제출한 입찰

  i) 상호 또는 법인의 명칭
  ii) 대표자(수인의 대표자가 있는 경우에는 대표자 전원)의 성명

⑧ 영 제39조 제1항에 따라 전자조달시스템 또는 각 중앙관서의 장이 지정·고시한 정보처리장치를 이용하여 입찰서를 제출하는 경우 해당 규정에 따른 방식에 의하지 아니하고 입찰서를 제출한 입찰
⑨ 영 제44조 제1항의 규정에 의한 입찰로서 규칙 제42조 제6항의 규정에 의하여 입찰서와 함께 제출하여야 하는 품질 등 표시서를 제출하지 아니한 입찰
⑩ 영 제72조제3항 또는 제4항에 따른 공동계약의 방법에 위반한 입찰
⑪ 영 제79조에 따른 대안입찰의 경우 원안을 설계한 자 또는 원안을 감리한 자가 공동으로 참여한 입찰
⑫ 영 제98조 제2호에 따른 실시설계 기술제안입찰 또는 같은 조 제3호에 따른 기본설계 기술제안입찰의 경우 원안을 설계한 자 또는 원안을 감리한 자가 공동으로 참여한 입찰
⑬ 제①호 내지 제⑫호까지 외에 기획재정부장관이 정하는 입찰유의서에 위반된 입찰 (공사입찰유의서 제15조)

☞ 물품 및 용역입찰의 경우 입찰무효사유는 "물품구매(제조)입찰유의서" 제12조 및 "용역입찰유의서" 제12조에 세부적으로 규정되어 있음

  i) 입찰자(법인인 경우 대표자)가 직접 입찰을 하지 아니하고 대리인을 통하여 입찰을 할 경우에 지정된 대리인이 아닌 자가 한 입찰 또는 대리권이 없는 자가 한 입찰
  ii) 동일사항에 대하여 타인의 대리를 겸하거나 2인 이상을 대리한 입찰
  iii) 입찰서의 입찰금액 등 중요한 부분이 불분명하거나, 정정한 후 정정날인을 누락한 입찰
  iv) 담합하거나 타인의 경쟁참가를 방해 또는 관계공무원의 공무집행을 방해한 자의 입찰
  v) 입찰자의 기명날인이 없는 입찰(입찰자의 성명을 기재하지 아니하고 대리인 성명

또는 회사명을 기재한 경우 및 입찰참가신청서 제출 시 신고한 인감과 다른 인감으로 날인된 경우도 포함한다)

vi) 입찰서에 기재한 중요부분에 착오가 있음을 이유로 개찰현장에서 입찰자가 입찰의 취소의사를 표시한 것으로서 계약담당공무원이 이를 인정한 입찰

vii) 시행령 제14조에 의한 내역입찰에 있어서 타인의 산출내역서와 복사 등의 방법으로 동일하게 작성한 산출내역서가 첨부된 입찰(동일한 내용의 산출내역서를 제출한 자 모두 해당) 또는 「정부입찰·계약집행기준」 제8장에서 무효입찰로 규정한 입찰

viii) 「건설산업기본법」에 의하여 종합공사를 시공하는 업종을 등록한 건설업자가 도급받아서는 아니 되는 공사금액의 하한을 위반한 입찰

ix) 소정의 입찰서를 사용하지 않거나 입찰서의 금액을 아라비아 숫자로만 기재한 입찰 또는 전산서식에 의한 입찰서를 훼손하거나 전산표기방법과 상이하게 작성·기재하여 전산처리가 되지 아니한 입찰

x) 공동계약의 공동수급체구성원이 동일 입찰 건에 대하여 공동수급체를 중복적으로 결성하여 참여한 입찰, 입찰등록 시 공동수급표준협정서를 제출하지 아니한 입찰, 「공동계약운용요령」 제9조를 위반한 입찰

xi) 전기공사업법령에 의하여 대기업인 전기공사업체가 도급받아서는 아니 되는 공사금액의 하한을 위반한 입찰

2) 입찰 무효 사유와 관련 사항 처리

(1) 위의 입찰 무효 사유에도 불구하고 국가계약법시행령 제72조에 따라 공동수급체를 구성한 입찰자의 대표자 외의 구성원이 위의 입찰 무효 사유에 해당하는 경우에는 해당 구성원에 대해서만 입찰을 무효로 한다.

(2) 위의 입찰 무효 사유 중 '입찰참가자격이 없는 자가 한 입찰'의 사례는 국가계약법 제27조에 따라 입찰참가자격 제한기간 중에 있는 자 또는 동법시행령 제12조 및 제21조의 규정에 의한 경쟁참가자의 자격이 없는 자가 행한 입찰을 들 수 있으며, 법인의 경우 대표자가 변경된 후에도 종전 대표자 명의로 입찰에 참가하였다면 입찰참가자격이 없는 자가 한 입찰에 해당한다.

(3) 그 밖에, 우리나라 법정 화폐단위가 "원"으로서 한국은행권은 최저 1원 이상으로 되어 있기 때문에 입찰의 유·무효와 관련하여 1원 입찰은 유효한 것이나, 1전 입찰은 무효로 처리하는 것이 타당하다.

7 개찰 및 낙찰선언(영 제40조, 규칙 제48조)

가. 개찰

계약담당공무원은 지정된 시간까지 입찰서를 접수한 때에는 입찰서의 접수마감을 선언하고, 입찰공고에 표시한 장소와 일시에 입찰자가 참석한 자리에서 개찰(입찰서 개봉)하여야 한다. 이 경우 입찰자로서 출석하지 아니한 자가 있는 때에는 입찰사무에 관계없는 공무원으로 하여금 개찰에 참여하게 할 수 있다.

1) 전자입찰의 개찰

전자조달시스템을 이용하여 입찰서를 제출하게 한 경우에는 입찰공고에 표시한 절차와 방법으로 입찰서의 접수를 마감하고 입찰서를 개봉하여야 한다.

☞ 조달청의 경우 전자입찰의 개찰은 입찰공고에 명시된 입찰 장소에서 지정된 일시에 전자입찰집행자가 집행(조달청 고시, 전자입찰특별유의서 제11조)

2) 기술(규격)·가격 분리 동시 입찰의 개찰

(1) 국가계약법시행령 제18조 제3항에 따라 규격과 가격 또는 기술과 가격입찰을 동시에 실시하는 경우에는 2인 이상의 유효한 입찰로 성립한 규격입찰 또는 기술입찰의 개찰 결과 규격적격자 또는 기술적격자로 확정된 자가 1인인 경우에도 가격입찰서를 개봉할 수 있으며, 이는 이미 유효한 입찰이 성립되었기 때문에 가격입찰서를 개봉하는 것이다.

(2) 이에 비하여 '2단계 경쟁입찰'은 1, 2단계가 각각 독립된 입찰이므로 기술 또는 규격 입찰 결과 1인뿐인 경우에는 위의 '기술·가격 분리 동시 입찰'과는 달리 유효한 입찰이 성립된 것이 아니므로 가격입찰서를 제출하게 하여서는 아니 되며, 재공고 입찰 또는 새로운 입찰을 실시하여야 한다.

(3) 또한, 기술(규격)·가격 분리 동시 입찰을 실시하여 가격입찰서를 개찰한 결과 낙찰자를 결정할 수 없는 경우로서 규격적격자 또는 기술적격자가 2인 이상인 때에는 재공고 입찰을 실시하지 않고 규격적격자 또는 기술적격자에게 가격입찰서를 다시 제출하게 하게 할 수 있다. 이처럼 재공고 입찰 절차 없이 가격입찰서를 다시 받도록 하는 것은 계약 목적물의 적기 납품 등 행정의 효율성을 기하고자 보완된 제도라고 할 수 있다.

나. 낙찰선언(낙찰자 결정)

1) 개요

계약담당공무원은 제출된 입찰서를 확인하고 유효한 입찰서의 입찰금액과 예정가격을 대조하여 적격자를 낙찰자로 결정한 때에는 지체없이 낙찰선언을 하여야 한다. 다만, 계약이행능력 및 일자리 창출 실적 등을 심사하여 낙찰자를 결정(적격심사낙찰제)하거나 각 입찰자의 입찰가격, 공사수행능력 및 사회적 책임 등을 종합적으로 심사하여 낙찰자를 결정(종합심사낙찰제)하는 등 낙찰자 결정에 장시간이 소요되는 때에는 그 절차를 거친 후 낙찰선언을 할 수 있다(영 제40조 제1항).

2) 입찰 관련 서류에 대한 확인(정부 입찰·계약 집행기준 제97조)

(1) 계약담당공무원은 시설공사에 있어 낙찰자를 결정하기 전 낙찰예정자가 제출한 입찰에 관한 서류가 위·변조되었거나 허위 제출 또는 부정하게 작성되었는지 여부를 확인하여야 한다. 이 경우 여러 건의 입찰이 동시에 진행되거나 1건의 입찰에서 확인 분량이 과다하여 낙찰이 지연될 우려가 있는 경우에 확인 대상 서류를 선택하여 선별적으로 확인을 할 수 있다.

(2) 또한, 계약담당공무원이 관련 기관에 입찰서류의 위·변조 등에 대한 확인을 요청하였으나 요청기한 내 회신이 없는 경우에는 낙찰예정자를 낙찰자로 결정하며, 낙찰자 결정 이후 위·변조 등이 확인된 경우에는 부정한 방법으로 심사서류를 제출한 자에 대한 처리기준(동 집행기준 제98조)에 따라 조치한다.

3) 부정한 방법으로 심사서류를 제출한 자에 대한 처리(동 집행기준 제98조)

계약담당공무원은 입찰에 관한 서류가 부정 또는 허위로 작성된 것으로 판명된 때에는 다음과 같이 처리하여야 한다.
① 계약체결 이전인 경우에는 낙찰자 결정대상에서 제외하거나 결정통보를 취소한다.
② 계약체결 이후인 경우에는 해당 계약을 해제 또는 해지할 수 있다.

4) 낙찰자의 입찰 무효 등 부적격 판정 시 처리 방법(공사입찰유의서 제18조 제6항)

(1) 낙찰자로 결정된 자가 계약체결 이전에 입찰무효 등 부적격자로 판명되어 낙찰자 결정이 취소된 경우로서 동 부적격자를 제외하고 2인 이상 유효한 입찰이 성립되어 있는 때에는

차 순위 자 순으로 필요한 심사를 실시하여 낙찰자를 결정한다. 물론, 동 부적격자를 제외하고 2인 이상 유효한 입찰이 성립되지 않을 경우에는 당해 입찰절차는 종료된 것으로 보고 새로운 입찰을 실시하여야 한다.

위의 경우 '부적격자'라 함은 계약체결 이전까지 입찰참가자격 제한기간이 종료되지 아니한 자 또는 계약체결 예정일까지 영업정지 기간 중에 있는 자뿐만 아니라, 계약담당공무원의 착오에 의하여 잘못 결정된 낙찰자 또는 허위서류 제출 등 입찰 무효로 판명된 낙찰자 등과 같이 원래부터 낙찰을 받을 수 없는 자를 의미한다(기획재정부 계약제도과-875, '15.7.6. 등).

(2) 소액수의계약의 경우에도 이와 유사하게 처리한다. 즉, 계약상대자로 결정된 자가 계약체결 이전에 경쟁입찰의 입찰무효 사유에 준하는 등 부적격자로 판명되어 계약상대자 결정이 취소된 경우로서 동 부적격자를 제외하고 비교 가능한 2개 이상의 견적서가 확보되어 있는 경우에는 차 순위 자를 계약상대자로 결정한다(집행기준 제10조의2 제2항 제5호).

(3) 계약이 체결된 이후 입찰 무효 등 부적격자로 판명되었을 경우에는 원칙적으로 해당 계약을 해제 또는 해지할 수 있으며, 이와 같이 계약을 해제 또는 해지하게 될 경우에는 일련의 입찰 및 계약집행 절차가 종료된 것이므로 당초 입찰에서의 차 순위로 심사를 진행하지 않고 새로운 입찰에 부쳐야 한다.

5) 계약담당공무원의 낙찰자 결정 착오 시 처리 방법

(1) 계약담당공무원의 착오로 낙찰자 결정이 잘 못 된 경우에는 낙찰자 결정 자체를 취소하고 당초의 낙찰적격자를 낙찰자로 결정할 수 있다.

(2) 예를 들어, 발주기관의 착오로 정당한 적격심사대상자를 배제하고 제3자를 낙찰자로 결정한 후 착오 사실을 발견하였을 경우에는 낙찰자 결정자체를 취소하고 정당한 입찰자를 낙찰자로 결정하는 것이 타당한 것이다.[54] 그러나, 낙찰자로 결정된 자와 계약체결 후 발주기관이 중대한 과실로 동 적격심사기준을 잘 못 적용함으로서 계약을 해지한 경우에는 당해 계약과 관련한 입찰에서 낙찰자가 결정되어 입찰 절차가 이미 종료된 사항이므로 당해 입찰의 차순위 자 순으로 필요한 심사 등을 실시하여 낙찰자로 선정할 수는 없는 것이다.

---

[54] 민법 제109조(착오로 인한 의사표시)① 의사표시는 법률행위의 내용의 중요부분에 착오가 있는 때에는 취소할 수 있다. 그러나 그 착오가 표의자의 중대한 과실로 인한 때에는 취소하지 못한다.② 전항의 의사표시의 취소는 선의의 제삼자에게 대항하지 못한다.

6) 동일 가격으로 입찰한 자가 2인 이상인 때 낙찰자 결정방법

(1) 계약담당공무원은 낙찰이 될 수 있는 동일가격으로 입찰한 자가 2인(종합심사낙찰제의 경우 합산점수가 동점인 상위 2인) 이상인 경우에는 다음과 같은 방법으로 낙찰자를 결정한다(영 제47조, 공사입찰유의서 제18조).

① 희망수량에 의한 일반경쟁입찰인 경우(영 제17조) : 입찰수량이 많은 입찰자를 낙찰자로 결정하되, 입찰수량도 동일한 때에는 추첨에 의하여 낙찰자를 결정
② 적격심사낙찰제의 경우(영 제42조제1항) : 계약이행능력 및 일자리창출 실적 등을 심사결과 최고점수인 자를 낙찰자로 결정하되, 계약이행능력 및 일자리창출 실적 등의 심사결과도 동일한 때에는 추첨에 의하여 낙찰자를 결정
③ 2단계 경쟁 등의 입찰의 경우(영 제42조제3항) : 규격 또는 기술우위자를 낙찰자로 결정하되, 규격 또는 기술평가 결과도 동일한 때에는 추첨에 의하여 낙찰자를 결정
④ 종합심사낙찰제의 경우 : 다음과 같은 순서대로 낙찰자를 결정(영 제42조제4항, 계약예규 '종합심사낙찰제 심사기준' 제13조)

ⅰ) 공사 또는 용역수행능력과 사회적 책임의 합산점수(사회적 책임점수는 공사 또는 용역수행능력점수의 배점한도 내에서 가산)가 높은 자
ⅱ) 공사계약의 경우 입찰금액이 균형가격에 근접한 자. 다만, 다음의 경우에는 입찰금액이 낮은 자
 - 일반공사, 고난이도 공사
 - 간이형 공사에서 균형가격이 예정가격의 100분의 88 이상인 경우

☞ 공공공사에서 저가입찰 개선을 위해 동점자 발생 시 낙찰자 결정기준을 "입찰가격이 낮은 자"에서 "균형가격에 근접한 자"로 변경. 다만, 간이형 종심제(공사비 100~300억원)에서 우선 시행하고 300억 원 이상 공사는 시범사업을 시행할 예정(2021.12.1.개정)

ⅲ) 입찰 공고 일을 기준으로 최근 1년간 종합심사낙찰제로 낙찰 받은 계약금액(공동수급체로 낙찰 받은 경우에는 전체 공사부분에 대한 지분율을 적용한 금액)이 적은 자
ⅳ) 추첨

(2) 위의 경우 입찰자 중 출석하지 아니한 자 또는 추첨을 하지 아니한 자가 있을 때에는 입찰사무에 관계 없는 공무원으로 하여금 이를 대신하여 추첨하게 할 수 있다.

제5장
낙찰자 결정

제1절 낙찰제도 개요
제2절 공사계약의 적격심사낙찰제
제3절 공사계약의 종합심사낙찰제
제4절 대형공사계약제도
제5절 기술제안입찰에 의한 계약
제6절 물품 및 용역의 낙찰제도

제1절 낙찰제도 개요

1 공공조달사업의 낙찰자 결정

가. 낙찰자 결정 개요

(1) 국가 등 공공기관이 물품·공사(工事) 및 용역 등의 조달을 위해 입찰에 부치게 되고 입찰에 부친 결과 입찰가격과 수행능력 등 계약이행능력을 심사하여 일정 점수이상이거나 종합점수가 가장 높은 자를 선정하는 행위 또는 부동산 매각의 경우처럼 최고가격의 입찰자를 선정하는 행위 등을 경쟁입찰에서 낙찰자를 결정한다고 한다.

위와 같이 국가계약법령에 따라 경쟁입찰에서의 낙찰자를 결정하는 것은 발주기관이 입찰(bidding)을 통하여 당해 사업을 수행할 계약상대자를 선정하게 되고 예산지출 또는 수입이 수반되는 과정이기 때문에 공공조달 절차 중 가장 중요한 절차라고 할 수 있으며, 입찰에 참여하는 사업자 역시 일거리 확보(수주)와 직결되어 가장 관심이 높은 분야에 해당한다.

(2) 한편, 경쟁입찰에서의 낙찰자 결정은 주로 국가 등 공공기관의 예산지출이 수반되는 입찰에서 이루어지게 되나, 정부 소유의 주식이나 부동산 매각 등과 같이 세입(수입)의 원인이 되는 경우도 있으며, 특별히 동산의 매각에 있어 경매 절차에 의할 경우에는 정부 또는 기관에 가장 유리한 조건을 제시한 자를 낙찰자로 결정하기도 한다.

나. 낙찰자의 법적 지위

(1) 공공 조달계약에 관한 법규인 국가계약법령에 정해진 입찰 절차에 따라 낙찰자로 결정된 자는 국가 등 공공기관에 대하여 계약을 체결하여 줄 것을 청구할 수 있는 권리를 가지게 되며, 이에 반하여 국가 등 공공기관은 승낙의 의사표시를 할 의무를 부담하게 됨으로 낙찰자 결정의 법적 성격은 계약의 편무예약에 해당한다고 할 수 있다.[55]

---

[55] 예약이라 함은 장래의 일정한 계약을 체결할 것을 미리 약정하는 예비적인 계약으로 이행의 여지가 있으므로 언제나 채권계약임(본계약은 채권계약, 물권계약, 신분법상 계약이 있을 수 있음)

(2) 따라서 계약목적물, 계약금액, 이행기 등 계약의 주요 내용과 조건은 발주기관의 입찰공고와 입찰자의 입찰에 의하여 당사자의 의사표시가 합치됨으로써 발주기관이 낙찰자를 결정할 때 이미 확정되었으므로, 실제 계약체결 시에 발주기관이 계약의 세부사항을 조정하는 정도를 넘어서서 계약의 주요 내용 내지 조건을 입찰공고와 달리 변경하거나 새로운 조건을 추가하는 것은 이미 성립된 예약에 대한 승낙 의무에 반하는 것으로 특별한 사정이 없는 한 허용될 수 없다(대법원 2006.6.29. 선고 2005다41603 판결).

2 세입(수입)의 원인이 되는 경쟁입찰에서의 낙찰자 결정

정부소유의 주식이나 부동산을 매각할 경우 등 세입의 원인이 되는 경쟁입찰에 있어서는 예정가격 이상으로서 최고가격으로 입찰한 자를 낙찰자로 한다(법 제10조 제1항).

다만, 계약의 목적, 입찰가격과 수량 등을 고려하여 이와 다르게 낙찰자를 결정할 수 있는데, 다량의 물품을 희망수량에 따라 분할하여 매각하고자 할 경우에는 예정가격 이상의 단가로 입찰한 자중 최고가격으로 입찰한 자 순으로 매각 수량에 도달할 때까지의 입찰자를 낙찰자로 한다(영 제45조).

3 국고의 부담(지출)이 되는 경쟁입찰에서의 낙찰자 결정

가. 개요

(1) 발주자가 낙찰자를 결정함에 있어서는 품질과 안전을 확보할 수 있을 정도의 충분한 비용이 지불되도록 하고 그 대신 계약상대자로부터 해당 비용 범위 내에서 최상의 성능과 품질을 보장하는 시설물과 성과품을 제공받는 시스템이 형성되는 입찰제도가 합리적이라고 할 수 있으므로, 가격중심의 최저가낙찰제보다는 기술중심의 최고가치낙찰제(Best Value)가 주류를 이루고 있다.

(2) 한편, 발주기관이 낙찰자를 결정한다는 것은 입찰에 참가하는 업체의 입장에서는 이윤추구를 위해 시설공사 등 공공사업을 수주한다는 의미이므로 낙찰자 결정방법은 물론 낙찰률 등 낙찰제도 전반에 대해 지대한 관심을 가지고 있으나, 낙찰자 결정의 기준이 되는

업체평가 방법의 한계와 그 밖에 대·중·소 등 업체 간 또는 서울업체와 지역업체 간의 이해관계, 그리고 과당경쟁으로 인한 저가 낙찰 등 여러 가지 문제점으로 인하여 국가계약법령상 낙찰제도에 대해 끊임없는 논란이 지속되고 있는 것이 현실이다.

나. 법령체계

(1) 국가계약법 제10조 제2항에 의하면 국고의 부담(지출)이 되는 경쟁입찰에서는 다음의 어느 하나에 해당하는 입찰자를 낙찰자로 결정하도록 하고, 다만, 공사에 대한 경쟁입찰로서 예정가격이 100억원 미만인 공사의 경우에는 순공사비(재료비+노무비+경비)와 이에 대한 부가가치세를 합한 비용의 100분의 98 미만으로 입찰한 자는 낙찰에서 배제하도록 하고 있다.

① 충분한 계약이행 능력이 있다고 인정되는 자로서 최저가격으로 입찰한 자
② 입찰공고나 입찰설명서에 명기된 평가기준에 따라 국가에 가장 유리하게 입찰한 자
③ 그밖에 계약의 성질, 규모 등을 고려하여 대통령령으로 특별히 기준을 정한 경우에는 그 기준에 가장 적합하게 입찰한 자

(2) 이와 같이 법률에는 낙찰자 결정방법에 대한 기본적인 사항만 규정하고 아래와 같이 모두 동법시행령 등 하위규정에서 상세히 규정되어 운용되고 있으며, 다만, 공사계약의 경우 건설업계의 의견을 반영하여 덤핑낙찰을 배제하기 위한 목적으로 우선 100억 원 미만 공사의 낙찰하한에 대하여 특별히 규정하고 있다(의원발의, 법 제10조 제3항 신설, 2019.10.31.).

☞ 국가계약법시행령 제42조 등에 따라 종전에 시행한 '최저가낙찰제'의 경우 최저가 입찰자 순으로 저가 심의를 하였고, 현행 '적격심사낙찰제'의 경우 최저가 입찰자 순으로 계약이행능력 심사를 하고 있으므로, "충분한 계약이행 능력이 있다고 인정되는 자로서 최저가격으로 입찰한 자"를 낙찰자로 결정하도록 규정한 국가계약법 제10조 제2항에는 부합하지 않고 있음. 따라서 최저가격을 입찰한 자를 낙찰자로 결정하되, 계약이행능력이나 입찰가격 심사를 병행할 수 있도록 보완 개정하는 것이 필요하다고 봄.

또한, 예정가격 100억원 미만 공사에 대한 낙찰자 결정방법은 기본원칙이 아니고 세부 사항일 뿐만 아니라 낙찰자 결정방법의 대상에 대한 금액 규모는 예정가격이 아니라 하위규정에서 모두 추정가격을 기준으로 하고 있어 상호 모순되는 등 문제점이 있으므로 법률이 아니라 대통령령(시행령)에서 규정하도록 재정비하는 것이 합리적이라고 봄(국회에서 업계의 의견을 반영하여 의원 발의로 개정된 규정이나 법령 체계에 맞지 않다고 봄).

다. 낙찰제도 종류

(1) 발주기관이 낙찰자를 결정하는 방법은 계약목적물에 따라 공사입찰과 물품·용역입찰로 구분하여 운용되고 있는데, 먼저 공사입찰의 경우 시행령 제42조에 의하면 예정가격 이하로서 최저가격으로 입찰한 자의 순으로 당해 입찰가격과 수행능력 등을 심사하여 합산점수가 일정 점수(cut line) 이상이면 낙찰자로 결정하는 적격심사낙찰제가 있고, 다음에는 입찰가격과 수행능력 뿐만 아니라 사회적 책임 등을 종합 심사하여 합산점수가 가장 높은 자를 낙찰자로 결정하는 종합심사낙찰제가 있다.

위와 같은 공사입찰 방식은 발주자가 실시설계서를 제공하면 입찰자가 가격입찰서를 제출하게 되는데, 동 일반입찰 제도와는 달리 발주자가 기본계획 또는 기본설계서나 실시설계서를 제공하면 입찰자가 도면, 시방서, 물량, 단가를 새롭게 작성하여 참가하는 방식인 기술형 입찰제도(일괄입찰 및 대안입찰과 기술제안입찰)를 별도의 장(시행령 제6장과 제8장)에 두어 운용되고 있다.

(2) 한편, 물품·용역입찰의 경우에는 적격심사낙찰제, 협상에 의한 계약, 2단계 경쟁입찰 등의 낙찰자 결정방법 등이 있으나, 최근에는 기술력과 품질 제고를 위해 일정 규모 이상의 실시설계 용역 등을 대상으로 종합심사낙찰제가 도입되었고 또한, 시장에 존재하지 않은 혁신적 제품이나 서비스의 개발과 구매를 촉진하기 위해 경쟁적 대화에 의한 계약체결 방법도 도입되어 물품과 용역계약에 있어 낙찰자 결정방법이 점점 다양화되고 있는 추세이다.

제2절 공사계약의 적격심사낙찰제

1 개 요(영 제42조)

가. 의의 및 적용 공사

(1) 공공공사계약의 적격심사낙찰제는 예정가격 이하로서 최저가격으로 입찰한 자의 순으로 계약이행 능력과 일자리 창출 실적 등을 심사하여 분야별 심사점수를 합산한 점수가 일정 점수(cut line) 이상이면 낙찰자로 결정하는 제도를 말한다.

이 경우 계약이행능력심사는 해당 입찰자의 이행실적, 기술 능력, 재무 상태, 과거 계약이행 성실도, 자재 및 인력조달가격·하도급 관리계획·외주근로자 근로조건 이행계획의 적정성, 계약질서의 준수정도, 과거 공사의 품질 정도와 입찰가격 등을 종합적으로 고려하여 세부 심사기준을 정한 후 동 기준에 따라 적격 여부를 심사한다.

(2) 동 적격심사낙찰제는 추정가격 100억 원 미만의 공사에 적용되며, 다만, 「문화재 수리 등에 관한 법률」 제2조 제1호에 따른 문화재 수리로서 문화재청장이 정하는 공사는 적용되지 아니한다(동 문화재 공사는 모두 종합심사낙찰제가 적용됨).

☞ 종전에는 추정가격 300억원 미만까지 적격심사낙찰제가 적용되었으나 가격 중심의 운찰제라는 비판이 지속적으로 제기됨에 따라, 중소규모 공사에 대하여 가격과 기술력을 균형 있게 평가할 수 있도록 하기 위해 추정가격 100억 원~300억 원 규모의 공사를 종합심사낙찰제 방식으로 전환함에 따라 100억 원 미만 공사로 축소된 것임(2019.9.17. 영 제42조 제4항 개정)

나. 심사기준의 작성·운용

1) 기획재정부장관이 「적격심사기준」 작성·운용(계약예규)

(1) 발주기관이 적격심사낙찰제 대상의 계약목적물에 대하여 계약이행 능력과 일자리 창출 실적 등을 심사함에 있어서는 기획재정부장관이 정하는 심사기준에 따라 세부심사기준을 정하여 적격 여부를 심사하며, 그 심사 결과 적격하다고 인정되는 경우 낙찰자로 결정하게 된다.

(2) 이에 따라 기획재정부장관은 계약예규「적격심사기준」을 정하여 운용하고 있는데, 동 심사기준의 체계는 공사계약 중심으로 되어 있으며 물품과 용역계약의 경우에는 공사계약을 준용하도록 하고 있다. 즉, 공사계약에 대한 적격심사의 항목 및 배점 한도를 별표(동 기준 제5조 관련)에 규정하고 있으면서 물품 및 용역계약에 대한 적격심사 항목 및 배점 한도는 각 중앙관서의 장이 별표에서 정한 공사에 대한 적격심사 항목 및 배점 한도를 준용하여 기획재정부장관과 협의를 거쳐 직접 정하도록 하고 있다.

2) 발주기관이「적격심사 세부기준」작성·운용(적격심사기준 제6조)

(1) 각 발주기관은 "조달청 시설공사 적격심사 세부기준"의 경우처럼 기획재정부장관이 정한「적격심사기준」에 따라 심사의 세부적인 기준을 정하여 운용하게 되는데, 발주기관이 심사의 세부 심사기준을 정할 때에는 기획재정부장관이 정한 계약예규에 규정된 바에 따라 적격업체가 선정될 수 있도록 작성하여야 한다(동조 제1항).

(2) 또한, 발주기관이 세부 심사기준을 정할 때에는 교량, 터널, 지하철, 전기, 정보통신 등 각 공사 종류별로 그 공사의 특성·목적 및 내용 등을 종합 고려하여 기획재정부장관이 정한 분야별 배점 한도(입찰가격은 제외)를 20% 범위내에서 가·감 조정할 수 있으며, 항목별(신인도 제외) 세부 사항을 추가하거나 제외할 수 있다(동조 제2항).

2 적격심사의 주요 절차

가. 입찰공고

(1) 계약담당공무원이 적격심사낙찰제 대상공사를 입찰에 부치고자 할 때에는 낙찰자 결정방법, 적격심사기준 열람에 관한 사항, 심사에 필요한 서류, 제출기한 및 낙찰자통보 예정일 등을 함께 공고하여야 한다(영 제36조, 동 심사기준 제2조).

(2) 동 입찰공고 시에는 순공사원가 등 다음의 사항도 명시하여야 하며, 이는 덤핑입찰을 방지하기 위해 규정한 국가계약법 제10조 제2항 단서에 따른 사항이라고 할 수 있다(정부 입찰·계약 집행기준 제2조의5)

① 예정가격이 100억원 미만인 공사의 경우 예정가격 중 재료비·노무비·경비 및 이에 대한 부가가치세를 합산한 금액의 100분의 98 미만으로 입찰한 자는 낙찰자로 결정하지 않는다는 사항

② 「예정가격 작성기준」 제44조의3에 의한 기초금액 중 재료비, 노무비, 경비와 이에 대한 부가가치세를 합산한 금액(다만, 복수예비가격에 의해 예정가격을 결정하는 경우에 한함)

나. 세부심사기준 등의 열람(동 심사기준 제3조)

(1) 계약담당공무원은 입찰에 참가하고자 하는 자가 열람할 수 있도록 다음의 서류를 비치하여야 하며, 입찰에 참가하고자 하는 자의 요구가 있을 경우에는 입찰관련서류와 함께 이를 교부하여야 한다. 이때 열람·교부기간은 입찰공고 일부터 입찰등록마감일까지로 한다.

① 세부심사기준
② 심사에 필요한 증빙서류의 작성요령 및 제출방법
③ 기타 심사에 필요하다고 인정되는 사항

(2) 계약담당공무원이 필요하다고 인정되는 때에는 전자조달시스템에 위의 서류를 게재함으로써 입찰에 참가하고자 하는 자에 대한 교부에 갈음할 수 있으며, 다만, 입찰에 참가하고자 하는 자가 위의 서류를 문서로 요구하는 경우에는 이를 교부하여야 한다.

다. 심사 자료의 요구(동 심사기준 제4조)

(1) 계약담당공무원은 입찰을 집행한 후 예정가격 이하로서 최저가 입찰자에게 적격심사에 필요한 서류를 제출하도록 요구하되, 그 제출기한을 분명히 하여야 하며 제출기한은 통보를 받은 날로부터 5일 이상으로 하여야 한다.

(2) 이에 따라 제출된 적격심사서류 중 첨부 목록에 있는 서류가 첨부되어 있지 않거나 제출된 서류가 불명확하여 인지할 수 없는 경우에는 기한을 정하여 보완을 요구할 수 있으며, 보완 기간은 통보를 받은 날로부터 3일 이상으로 하여야 한다.

만약, 보완을 요구한 서류가 보완기한까지 제출되지 아니한 경우에는 당초 제출된 서류만으로 심사하되, 당초 제출된 서류가 불명확하여 심사하기가 곤란한 경우에는 심사에서 제외한다.

(3) 적격심사 서류 제출자의 경우에도 서류를 제출한 후 서류 제출 기한 내라면 미제출된 자료나 보완자료의 제출이 가능하다고 할 수 있다.

3 적격심사의 방법 및 항목별 세부평가 방법

가. 심사항목 및 배점 한도(동 심사기준 제5조)

1) 개요

(1) 공사에 대한 적격심사의 항목 및 배점 한도는 계약예규「적격심사기준」제5조 관련 별표에 규정하여 운용하고 있는데, 이는 공사 규모에 따라 필요로 하는 공사수행 능력과 입찰가격의 비중이 상이한 점을 감안하여 각각 다르게 정하고 있다.

(2) 즉, '100억 원 미만 50억 원 이상', '50억 원 미만 10억 원 이상' 등 구간을 다양하게 구분하고 공사 규모가 작아질수록 공사 수행능력 비중을 낮추고 입찰가격 비중을 높이면서 평점 산식도 달리 정하고 있는 데, 이는 중소건설업체라는 점을 고려한 것으로서 공사 규모가 작아질수록 실질적으로 낙찰 하한율도 높아지고 있다.[56]

2) 심사기준일

(1) 적격심사 시 심사항목별 심사기준일은 입찰공고일로 한다. 이와 같은 심사기준일과는 달리, 입찰참가자격 판단기준일은 입찰참가등록마감일이며 지역제한경쟁입찰의 입찰참가자격은 입찰공고일 전일(법인등기부상 본점 소재지)이라는 점을 유의할 필요가 있다고 하겠다.

(2) 만약, 당해 적격심사대상 업체가 심사기준일 후에 상법 등의 규정에 의하여 합병된 경우라면 적격심사 시 심사항목에 대한 심사는 심사기준일 당시를 기준으로 하여야 하므로 합병 전 적격심사 대상 업체의 심사항목에 의하여 평가함이 타당하고, 정정공고를 통하여 입찰에 참가할 수 있도록 한 경우라면 정정공고 일을 기준으로 제출한 서류로 평가하는 것이 타당하다(기획재정부 계약정책과-2460, 2005.11.18. 등).

3) 우대가점 등 심사항목 포함(기준 제5조 제3항)

각 중앙관서의 장은 '적격심사세부기준'을 정함에 있어 다음의 사항을 심사항목으로 포함하여야 하며, 다만, 가점 항목으로 포함하는 경우에는 이행(수행)능력의 배점 한도 범위 내에서 가산점을 부여한다.

---

[56] 그러나, 위와 같은 심사항목 및 배점한도 구조는 소규모 공사일수록 공사수행능력의 비중이 작아질 뿐만 아니라 만점을 쉽게 획득할 수 있도록 함에 따라 수행능력분야의 평가는 형식적이고, 실질적으로는 복수예비가격 추첨결과에 따라 낙찰자가 결정되는 운찰제로 전락되었다는 비판에 직면하게 됨

① 일자리창출에 대한 우대 가점 : 일자리창출 우수기업이 공공조달에서 우대받을 수 있도록 적격심사 시 일자리창출 실적을 반드시 포함하여 평가하여야 함
② 개정 근로기준법(법률 제15513호) 제2조에 따른 근로시간 단축의 시행시기가 도래하기 이전에 자발적으로 1주당 최대 근로시간을 52시간으로 단축하여 시행한 업체로서 고용노동부로부터 근로시간 단축 확인을 받은 업체에 대한 신인도 평가 시 가점
③ 최근 1년간 산업재해예방활동 실적이 우수한 자에 대한 신인도 가점 및 최근 1년 동안 산업안전보건법령 위반으로 동일 공공공사 현장에서 벌금이상의 행정형벌을 2회 이상 받은 자에 대한 신인도 감점(2019.12.18. 신설)
④ 최근 3년간 고용노동부장관이 산정한 사고사망만인율의 가중평균이 평균사고 사망만인율의 가중평균 이하인 자에 대한 가점(2020.9.24. 신설)

나. 심사 방법(동 심사기준 제7조)

1) 최저가 순으로 심사

⑴ 적격심사는 예정가격 이하로서 최저가로 입찰한 자 순으로 심사하여야 한다. 다만, 입찰가격을 예정가격 중 순공사비(재료비, 노무비 및 경비)와 이에 대한 부가가치세의 합계액의 100분의 98 미만으로 입찰한 자는 심사대상에서 제외한다.

⑵ 이에 따라 최저가 입찰자로부터 제출된 서류를 그 제출마감일 또는 보완일로부터 7일 이내에 심사하여야 하며, 불가피한 경우에는 3일의 범위 내에서 그 기간을 연장할 수 있다. 다만, 「재난 및 안전관리 기본법」 제3조 제1호의 재난이나 경기침체, 대량실업 등으로 인한 국가의 경제위기를 극복하기 위해 기획재정부장관이 기간을 정하여 고시한 경우 ① 추정가격이 10억원 미만인 공사계약과 ② 추정가격이 2억원 미만인 물품 및 용역 계약에 대하여는 심사서류의 제출마감일 또는 보완일로부터 4일 이내에 심사하여야 하며, 불가피한 경우에는 2일의 범위내에서 그 기간을 연장할 수 있다.[57]

2) 공동계약과 (주력)업무분야를 시공 자격으로 발주한 전문공사의 경우

⑴ 공동계약의 경우 공동수급체에 대한 심사는 분야별·항목별로 다음과 같이 실시하되, 공동수급체 구성원 간의 시공능력 공시액, 실적, 기술보유상황 등의 보완을 위하여 공동계약을 하는 경우에는 세부심사기준 작성 시 이를 우대할 수 있다.

---

[57] 신종 코로나 바이러스 감염증 사태에 따른 위기극복을 위한 조치의 일환으로 적격심사기간을 단축한 것이며, 이에 따라 기획재정부장관은 2022.12.31.까지 고시하여 운용하고 있음

① 시공경험·기술능력 : 공동수급체 구성원별로 각각 시공경험 및 기술능력에 공사참여 지분율("시공비율")을 곱하여 산정한 후 이를 합산하여 산정
② 경영상태·신인도 : 공동수급체 구성원별로 각각 산출한 점수에 시공비율을 곱하여 이를 합산

(2) 국토교통부 고시「건설공사 발주 세부기준」제8조의2에 따라 (주력)업무분야를 시공자격으로 발주한 전문공사 입찰의 시공경험은 (주력)업무분야 실적으로 평가하며, 그 외 심사분야 및 심사항목은 별표를 따른다(2021.12.1. 신설).

3) 종합건설사업자와 전문건설사업자가 함께 참여하는 경우

「건설산업기본법」에 따라 종합공사의 건설업종을 등록한 건설사업자("종합건설사업자")와 전문공사의 건설업종을 등록한 건설사업자("전문건설사업자")가 모두 참여하는 입찰의 시공경험, 경영상태(경영상태 심사방법 중 최근년도 부채비율 및 유동비율, 영업기간), 하도급관리계획의 적정성 심사는 다음과 같으며, 그 외 심사분야 및 심사항목은 계약예규 「적격심사기준」별표에 따른다(제7조 제6항 신설 2020.12.28.).

① 시공경험 : 국토교통부고시「종합·전문업종간 상호시장 진출을 위한 건설공사실적 인정기준」을 기준으로 한다.
 i) 전문건설사업자가 전문공사로 구성된 추정가격 10억원 이상인 종합공사에 참여하는 경우에는 입찰공고에 명시한 추정금액 기준 전문업종별 구성 비율로 배점을 구분하고 각 전문업종별로 평가해 합산한다.
 ii) 2023. 12. 31. 까지 입찰공고한 공사로서 전문건설사업자가 전문공사로 구성된 추정가격 10억원 미만 3억원 이상인 종합공사에 참여하는 경우에는 각 전문업종별 실적을 합산해 평가한다. 다만, 입찰공고에 명시한 각 전문업종별 추정금액(공동수급체 구성원은 추정금액에 공사참여 지분율을 곱한 값) 대비 1/5 미만인 업종이 있는 경우에는 입찰공고에 명시한 추정금액 기준 전문업종별 구성비율로 배점을 구분하고 각 전문업종별로 평가해 합산한다.
 iii) 2024. 1. 1. 이후 입찰공고한 공사로서 전문건설사업자가 전문공사로 구성된 추정가격 10억원 미만 3억원 이상인 종합공사에 참여하는 경우에는 입찰공고에 명시한 추정금액 기준 전문업종별 구성비율로 배점을 구분하고 각 전문업종별로 평가해 합산한다.
 iv) 전문건설사업자가 전문공사로 구성된 종합공사에 참여하는 경우로서 2021.1.1. 이후 전문건설사업자의 자격으로 취득한 종합공사 실적을 보유한 경우에는 해당 종합공사 실적을 우선 평가(종합건설사업자의 종합공사 평가방법과 동일)하고 배점한도를

충족하지 못할 경우 잔여 배점을 기준으로 "ⅰ)"목 내지 "ⅲ)"목에 의하여 전문업종별 실적을 평가하여 합산한다(※ 건설업역 개편에 따른 실적인정기준 정비, 2022.6.1.).

② 경영상태(최근년도 부채비율 및 유동비율) : 관련 협회가 조사·통보한 종합건설사업자 및 전문건설사업자 가중평균비율을 기준으로 한다.
 ⅰ) 종합건설사업자의 부채비율 및 유동비율은 종합건설사업자 가중평균비율을 기준으로 등급을 정해 평가한다.
 ⅱ) 전문건설사업자의 부채비율 및 유동비율은 전문건설사업자 가중평균비율을 기준으로 등급을 정해 평가한다.(다만, 전문건설사업자가 전문공사에 참여하는 경우 전문건설사업자의 부채비율과 유동비율은 해당 전문공사 업종의 가중평균비율을 기준으로 등급 평가)

③ 경영상태(영업기간) : 다음 각목의 방법 및 별표에 따라 영업기간을 산정한다.
 ⅰ) 종합공사에 전문건설사업자가 참여하는 경우에는 해당 종합공사를 구성하는 전문공사 참여 업종의 등록일 중 가장 빠른 날부터 심사기준일까지의 기간을 기준으로 한다.
 ⅱ) 전문공사에 종합건설사업자가 참여하는 경우에는 입찰공고에 입찰참가자격으로 명시한 종합공사 참여 업종의 등록일 중 가장 빠른 날부터 심사기준일까지의 기간을 기준으로 한다.

④ 하도급관리계획의 적정성 : 「적격심사기준」 별표에도 불구하고 직접 시공하는 경우에는 배점한도를 부여한다.

다. 항목별 세부 평가 방법 : 추정가격 100억 미만 50억 이상 공사

구분	심사분야	심사항목	배점한도	비고
계			100	
해당공사 수행능력			50	
	• 시공경험 • 경영상태 • 신인도	• PQ심사항목을 이용 • 경영상태의 경우에는 입찰자가 제출하는 다음 각 호의 자료 중 어느 하나로 평가 1. 최근년도 부채비율, 유동비율 및 영업기간 2. 회사채, 기업어음, 기업의 신용평가등급	(30)	
	• 하도급관리계획의 적정성	• 하도급금액의 적정성	(10)	
	• 자재 및 인력조달 가격의 적정성	• 재료비 및 노무비의 적정성	(10)	
입찰가격			50	*평점산식

1) 입찰가격 평점산식

○ 평점(점) = $50 - 2 \times \left| \frac{88}{100} - \frac{입찰가격 - A}{예정가격 - A} \right| \times 100$

*A : 국민연금, 건강보험, 퇴직공제부금비, 노인장기요양보험, 산업안전보건관리비, 안전관리비, 품질관리비의 합산액

- | |는 절대 값 표시임
- (입찰가격-A)을 (예정가격-A)으로 나눈 결과 소수점이하의 숫자가 있는 경우에는 소수점 다섯째자리에서 반올림

○ (입찰가격-A)이 (예정가격-A)이하로서 (예정가격-A)의 100분의 90.5이상인 경우의 평점은 45점으로 한다.

○ 최저평점은 2점으로 한다.

2) 경영상태 평가방법

가) 부채비율, 유동비율 및 영업기간을 심사하는 방법

① 부채비율 및 유동비율은 건설업체의 가중평균비율(직전년도 내의 정기결산서 기준 심사항목별 건설업체의 분모합계액 대비 분자합계액의 백분율)을 기준으로 등급을 정하여 평가함

② 부채비율 및 유동비율에 의한 평가는 건설업체의 가중평균비율 산정 시 기준이 된 정기결산서(비건설업 혹은 다른 건설업면허 보유여부와는 상관없이 세법 등 관련 법령에 따라 제출된 정기결산서에 대하여「주식회사의 외부감사에 관한 법률」에 따라 작성한 감사보고서 또는 한국공인회계사회의「재무제표 등에 대한 검토업무기준」에 따라 작성한 검토보고서상의 재무제표를 말함. 이하 같음)로 평가하며, 감사 및 검토의견에 따라 제6호를 준용하여 감점 처리함

③ 해당 회계연도에 새로 설립되거나 설립 등기한 업체(합병 또는 분할합병으로 신설된 경우는 제외한다. 이하 "신설업체"라 한다)의 경우에는 최초결산서(신설업체가 설립일 또는 법인의 경우 등기일을 기준으로 작성한 결산서로서 외감법 규정을 준용하여 작성된 감사보고서상의 재무제표를 말함)로 경영상태를 평가함.

④ 해당 회계연도에 합병한 경우에는 합병대상업체(합병으로 존속하거나 소멸하는 업체를 말함. 이하 같음)의 직전 회계연도 정기결산서 합으로 평가하며, 동 평가금액은 합병으로 존속하는 업체의 합병후 경영상태평가시 직전 회계연도 정기결산서로 봄. 이 경우 최초결산서는 합하지 아니한다. 다만, 합병대상업체가 모두 신설업체인 경우에는 최초결산서

합으로 평가하며, 동 평가금액은 합병으로 존속하는 업체의 합병 후 경영상태평가시 최초결산서로 봄.

⑤ 해당 회계연도에 「상법」 제530조의2제2항의 규정에 따라 분할합병한 경우에는 제4호의 규정에 불구하고 분할되는 업체를 제외한 합병대상업체의 직전 회계연도 정기결산서의 합으로 평가함. 다만, 합병대상업체가 모두 신설업체인 경우에는 분할되는 업체를 제외한 합병대상업체의 최초결산서 합으로 평가함.

⑥ 제3호의 규정에 의하여 제출된 감사보고서(회계연도말결산서에 대한 감사보고서 포함)상의 감사의견이 "한정의견"인 경우 경영상태 평점에서 5/100를, "부적정 의견" 또는 "의견거절"인 경우 10/100을 감점처리하며, 제4호 및 제5호의 규정에 따라 합병한 업체는 합병대상 업체 중 가장 낮은 감사의견을 적용하고 정당한 사유로 감사인 의견이 없는 합병대상 업체는 적정의견으로 봄.

⑦ 영업기간은 건설업체가 심사기준일 현재 보유하고 있는 건설업면허 취득 또는 등록일로부터 심사기준일까지의 기간을 기준으로 하되, 보유한 건설업면허 또는 등록의 변동이 있었던 경우(「건설산업기본법」 제8조제1항의 규정에 의한 동일한 종류의 건설업 면허를 말함)에는 종전에 보유하였던 건설업 면허 또는 등록의 보유기간을 합산함.(건설산업기본법 제2조제2호 및 제4호에 따른 건설업에 포함되지 않는 공사업에도 준용)

• 5년 이상 : 2.0점,　• 5년 미만 3년 이상 : 1.8점,　• 3년 미만 : 1.5점

⑧ 대통령령 제31328호 「건설산업기본법 시행령」 일부개정령 부칙 제7조(시설물유지관리업의 업종전환에 관한 특례) 및 국토교통부고시 「시설물유지관리업 업종전환 세부기준」에 따라 시설물유지관리업의 업종을 전환한 경우에는 종전에 보유했던 시설물유지관리업 면허 또는 등록의 보유기간을 영업기간으로 인정함(시설물유지관리업 업종전환에 따른 영업기간 합산, 2022.6.1.)

나) 회사채, 기업어음, 기업의 신용평가등급을 심사하는 방법

① 「신용정보의 이용 및 보호에 관한 법률」 제4조제1항제1호 또는 「자본시장과 금융투자업에 관한 법률」 제9조제26항의 업무를 영위하는 신용정보업자가 심사기준일 이전에 평가한 유효기간 내에 있는 회사채, 기업어음, 기업의 신용평가등급 중에서 가장 최근의 등급에 의하되 다음의 표에 따라 점수를 부여함

② 등급별 점수에 비례하여 계산한 결과 소수점이하의 숫자가 있는 경우 소수점 둘째 자리에서 반올림

회사채에 대한 신용평가등급	기업어음에 대한 신용평가등급	기업신용평가등급	배점한도		
			등급제한 이외 공사	1)등급제한공사	
				종합공사 업체	2)전문공사 업체 등
A+이상	A2+ 이상	회사채에 대한 신용평가등급 A+에 준하는 등급	35.0	35.0	35.0
A⁰	A2⁰	회사채에 대한 신용평가등급 A⁰에 준하는 등급	35.0	35.0	35.0
A⁻	A2⁻	회사채에 대한 신용평가등급 A⁻에 준하는 등급	35.0	35.0	35.0
BBB+	A3+	회사채에 대한 신용평가등급 BBB+에 준하는 등급	35.0	35.0	35.0
BBB⁰	A3⁰	회사채에 대한 신용평가등급 BBB⁰에 준하는 등급	35.0	35.0	35.0
BBB⁻	A3⁻	회사채에 대한 신용평가등급 BBB⁻에 준하는 등급	35.0	35.0	35.0
BB+, BB⁰	B+	회사채에 대한 신용평가등급 BB+, BB⁰에 준하는 등급	35.0	35.0	35.0
BB⁻	B⁰	회사채에 대한 신용평가등급 BB⁻에 준하는 등급	34.1	34.5	34.5
B+, B⁰, B⁻	B⁻	회사채에 대한 신용평가등급 B+, B⁰, B⁻에 준하는 등급	33.3	33.5	34.0
CCC+ 이하	C 이하	회사채에 대한 신용평가등급 CCC+에 준하는 등급 이하	30.0	30.0	30.0

※ 1) '등급제한'이라 함은 입찰참가자격을 시행령 제22조(공사의 성질별·규모별 제한에 의한 입찰)에 따라 제한하는 경우를 말함

2) 전문공사업체 및 전기·정보통신·소방공사·문화재공사업체에 적용

3) 하도급관리계획의 적정성 평가방법

○ 세부 평점기준의 작성 : 각 중앙관서의 장은 공사의 내용·특성을 고려하여 세부 평점기준을 작성할 수 있음. 다만, "하도급 금액의 적정성" 평가기준을 작성함에 있어 다음 사항을 반영하여야 함

○ "하도급 금액의 적정성" 만점기준: 입찰자별로 다음 2가지 항목을 모두 평가하여 기준을 동시에 충족할 경우 만점으로 함

- 하도급업체와 계약을 체결할 금액의 합계가 하도급할 부분에 대한 입찰금액(직·간접노무비, 재료비, 경비를 기준으로 산출한 금액에 일반관리비, 이윤, 부가세를 포함한 금액, 지급자재 및 하도급대금 지급보증서 발급금액은 제외)의 합계의 100분의 82 이상일 것

- 하도급업체와 계약을 체결할 금액의 합계가 하도급 할 부분에 대한 발주기관 내역서상 금액 합계의 100분의 64 이상일 것

4) 신인도 평가

가) 종합공사 평가방법

- 계약예규 입찰참가자격사전심사요령[별표2] 5. 신인도 심사항목(이하 "PQ 심사항목"이라 한다.)을 이용함. 단, PQ 심사항목 "다. 1)" 평가 시 감점항목은 적용하지 아니함.
- PQ 신인도 심사항목별 배점한도 및 배점은 조정 가능함
- 제5조 제3항 제4호에 따라 평가함
- PQ 신인도 심사항목 중 나. 2)를 평가하는 경우 전문건설사업자는 배점한도를 부여함

나) 전문공사 및 전기·정보통신·소방공사·문화재공사 평가방법

- PQ 심사항목을 이용함
- PQ 심사항목 중 "가. 1)·3)", "나. 3)·4)", "다. 3)·4)", "다. 5)·6)", "마. 2)"를 평가함
- PQ 신인도 심사항목별 배점한도 및 배점은 조정 가능함.
- 제5조 제3항 제4호에 따라 평가함

□ 나머지 공사규모별 세부평가방법은 생략 (적격심사기준 별표 참조)

※ 특히, 10억원 미만 공사는 경영상태를 재무비율로만 평가하여 업계평균 변동에 따라 해당 업체 평가결과가 달라지는 문제를 개선하기 위해, 10억원 미만 공사도 업체가 재무비율, 신용평가 등급 중 유리한 항목을 선택할 수 있도록 자율권을 부여함([별표] 적격심사항목 및 배점한도. 2021.12.1. 개정)

4 낙찰자 결정 및 재심사 등

가. 낙찰자 결정(동 심사기준 제8조)

(1) 최저가 입찰자의 종합평점(공사수행능력 심사점수와 가격점수의 합)이 95점 이상이면 낙찰자로 결정하고 이를 지체없이 통보하여야 한다. 만약, 심사 결과 최저가 입찰자의 종합평점이 낙찰자로 결정될 수 있는 점수 미만일 때에는 차순위 최저가 입찰자 순으로 심사하여 95점 이상이 되면 낙찰자로 결정한다.

(2) 동일 가격(최저가)으로 입찰한 자가 2인 이상인 경우에는 계약이행능력 및 일자리창출 실적 등을 심사결과 최고점수인 자를 낙찰자로 결정하되, 계약이행능력 및 일자리창출 실적 등의 심사 결과도 동일한 때에는 추첨에 의하여 낙찰자를 결정한다(영 제47조).

나. 재심사(동 심사기준 제9조 및 제9조의2)

(1) 적격심사결과 부적격 통보를 받은 자가 통보일부터 3일 이내에 심사결과에 대한 재심사를 요청하였을 때에는 특별한 사유가 없는 한 재심사요청서 접수일부터 3일 이내에 재심사하여야 하며, 재심사 결과는 지체없이 통보하여야 한다. 이때 재심사 요청에 따라 계약담당공무원이 재심사요청서를 접수할 때에는 적격심사에 필요한 추가서류를 접수할 수 없다. 다만, 당초 제출된 서류를 입증·보완하기 위한 서류는 새로운 실적의 추가 등을 위해 제출하는 서류가 아니므로 여기서의 추가서류에는 해당 되지 않는다고 본다(기획재정부 계약제도과-160, 2013.02.08.).

(2) 시행령 제72조의 규정에 따라 공동계약을 허용한 경우로서, 공동수급체 일부 구성원이 입찰서 제출 마감일 이후 낙찰자 결정 이전에 부도, 부정당업자 제재, 영업정지, 입찰 무효 등의 결격사유가 발생한 경우에는 해당 구성원을 제외하고 잔존구성원의 출자비율 또는 분담내용을 변경하게 하여 재심사하여야 한다. 다만, 공동수급체 대표자가 부도, 부정당업자 제재, 영업정지, 입찰 무효 등의 결격사유가 발생한 경우에는 공동수급체를 낙찰자 결정 대상에서 제외하여야 한다.

다. 부정한 방법으로 심사서류를 제출한 자의 처리(기준 제10조)

(1) 계약담당공무원은 적격심사에 필요하여 제출된 서류가 부정 또는 허위로 작성된 것으로 판명된 때에는 다음과 같이 처리하여야 한다.

① 계약체결 이전 인 경우에는 적격낙찰자 결정대상에서 제외 또는 결정통보를 취소한다.
② 계약체결 이후 인 경우에는 해당 계약을 해제 또는 해지할 수 있다.

※ 위 ①의 경우에는 동 부적격자를 제외하고도 2인 이상의 입찰이 성립되어 있는 때에는 차 순위 자 순으로 심사하여 낙찰자를 결정하고 ②의 경우에는 새로운 입찰에 부쳐야 하는 것임

(2) 각 중앙관서의 장은 위와 같이 부정 또는 허위서류를 제출한 자에 대하여는 법 제27조 및 시행령 제76조에 의하여 입찰참가자격제한조치를 하여야 한다.

※ 종전에는 적격심사를 함에 있어 정당한 사유 없이 심사서류의 전부 또는 일부를 제출하지 아니한 자 및 심사서류 제출 후 낙찰자 결정전에 정당한 사유 없이 심사를 포기한 자에 대하여도 입찰참가자격을 제한하였으나, 기업부담 완화 차원에서 폐지되었음(영 제76조 제1항 제1호 개정, 2019.9.17.)

제3절 공사계약의 종합심사낙찰제

1 개요

가. 의의 및 도입 배경

(1) '공사계약의 종합심사낙찰제'라 함은 입찰자의 입찰가격뿐만 아니라 공사수행 능력 및 사회적 책임 등을 종합 심사하여 합산점수가 가장 높은 자를 낙찰자로 결정하는 제도를 말하며, 이는 종전의 최저가낙찰제가 입찰가격만을 심사함으로써 저가 낙찰이 이루어지고 이로 인하여 잦은 계약변경, 부실시공, 저가 하도급, 임금 체불, 산업재해 증가 등 각종 문제점이 발생하게 됨에 따라 동 최저가낙찰제 대신 도입되게 된 제도이다.

따라서 동 종합심사낙찰제도는 종전 최저가낙찰제의 저가(덤핑) 낙찰을 방지함으로써 공사의 품질이 제고되어 생애주기(Life-Cycle, 유지보수비용 등을 포함) 측면에서의 재정 효율성 제고뿐만 아니라 하도급 관행 등 건설 산업의 생태계를 개선 시키고자 도입된 제도라고 할 수 있다(종전 300억 원 이상 적용되는 최저가낙찰제를 폐지하고, 2016.1.1.부터 시행).

(2) 그러나 동 종합심사낙찰제도의 실제 시행 결과 공사수행 능력 분야의 변별력 부족, 입찰금액 평가 비중 과다, 균형가격 중심의 평가 등으로 인하여 적격심사낙찰제와 유사하게 운찰제로 변질되고 있고 또한, 낙찰률(80% 전후) 역시 기대에 미치지 못하여 기술경쟁력과 적정 공사비 확보라는 제도 도입의 취지를 살리지 못하고 있다는 비판에 직면해 있는 실정이다.

☞ 저가낙찰에 직면하게 됨에 따라 최근에는 낙찰률 향상을 위해 동점자 발생 시 낙찰자 결정기준을 입찰가격이 낮은 자에서 균형가격에 근접한 자로 변경함(2021.12.1. 개정)

나. 적용대상 공사(영제42조 제4항)

① 추정가격 100억 원 이상인 공사(※ 100억 원 미만은 적격심사낙찰제 적용)

☞ 중소규모 공사에 대하여 가격과 기술력을 균형 있게 평가할 수 있도록 하기 위해 종합심사낙찰제 적용대상을 종전 300억 원 이상에서 100억 원 이상 공사로 확대 조정함(2019. 12. 18)

② 「문화재수리 등에 관한 법률」 제2조 제1호에 따른 문화재수리로서 문화재청장이 정하는 공사(공사 규모에 관계없이 모두 적용대상)

2 심사기준과 세부심사기준(영 제42조 제6항)

가. 심사기준 개요

(1) 국가계약법시행령 제42조 제6항에 따르면 발주기관이 공사입찰에 대한 종합심사를 실시하려는 경우에는 입찰자의 계약이행실적, 인력배치계획, 사회적 책임 이행 노력 및 입찰가격 등을 종합적으로 고려하여 기획재정부장관이 정하는 심사기준에 따라 세부심사기준을 정하고, 입찰 전에 입찰에 참가하려는 자가 그 기준을 열람할 수 있도록 하여야 한다.

(2) 이에 따라 기획재정부는 종합심사로 낙찰자 결정 시의 심사 방법·항목·배점 한도 등 심사기준과 각 발주기관이 준수하여야 할 사항 등을 규정한 계약예규「공사계약 종합심사낙찰제 심사기준」을 정하고, 조달청 등 각 발주기관은 동 계약예규의 내용을 반영한 "자체 세부심사기준"을 정하여 운영하고 있는 것이다.

나. 공사구분 및 분야별 심사항목과 배점기준

1) 기획재정부「공사계약 종합심사낙찰제 심사기준」제3조

공사규모	공사구분	주요 특징
300억 이상	① 고난이도 공사	물량, 시공계획 심사 필요 공사
	② 일반공사	물량, 시공계획 심사 불필요 공사
100억~300억 미만	③ 간이형 공사	중소업체 수주 영역인 점을 감안 대형공사보다 수행능력 평가기준을 완화하고 저가심사기준은 강화

① 추정가격 300억 원 이상 공사 중 발주기관이 물량·시공계획을 심사할 필요가 있다고 인정하는 공사를 "고난이도 공사"라 하고, 동 공사의 분야별 심사항목 및 배점기준은 동 심사기준 별표 1-2에 따른다.

② 추정가격 300억 원 이상 공사 중 위의 "고난이도 공사"에 해당하지 않는 공사를 "일반공사"라 하고, 동 공사의 분야별 심사항목 및 배점기준은 동 심사기준 별표 1-1에 따른다.

③ 종합심사낙찰제 대상공사 중 추정가격 100억 원 이상 300억 원 미만 공사를 "간이형 공사"라 하고, 동 공사의 분야별 심사항목 및 배점 기준은 동 심사기준 별표 1-3에 따른다.

제3절 공사계약의 종합심사낙찰제

> **〈참고〉 공사계약의 간이형 종합심사낙찰제 도입 개요**
>
> - 종합심사낙찰제 적용대상공사가 확대(300억원 이상→100억원 이상)됨에 따라, 100억원~300억 원 공사에 대한 종합심사낙찰제 시행방안을 마련(2019.12.18.)
> - 동 공사에 대한 심사기준은 기존 종합심사낙찰제를 기초로 하되, 중소·영세업체의 수주영역인 점을 감안하여 수행능력평가기준은 완화하고 저가낙찰 방지를 위해 저가심사 기준은 강화함

〈 간이형 공사의 분야별 심사항목 및 배점 기준 〉
("공사계약 종합심사낙찰제 심사기준" 별표1-3)

심사 분야	심사 항목		가중치	비고
공사수행능력 (40점)	경영상태	경영상태	20~30%	
	전문성	시공실적	20~30%	
		배치 기술자	20~30%	
	역량	규모별 시공역량	0~20%	
		공동수급체 구성	10~20%	
	소계		100%	
입찰금액 (60점)	입찰금액		100%	
	가격 산출의 적정성(감점)	단가	감점	
		하도급계획		
	소계		100%	
사회적책임 (가점: 2점)	건설안전		30~60%	※ 공사수행 능력에 가산
	공정거래		10~40%	
	건설인력고용		10~40%	
	지역경제 기여도		10~40%	
	소계		100%	
계약신뢰도 (감점)	배치기술자 투입계획 위반		감점	
	하도급관리계획 위반		감점	
	하도급금액 변경 초과비율 위반		감점	
	시공계획 위반		감점	

* 공사수행능력 점수와 입찰금액 점수를 합한 총점은 100점으로 한다.

〈 일반공사의 분야별 심사항목 및 배점 기준 〉
("공사계약 종합심사낙찰제 심사기준" 별표1-1)

심사 분야	심사 항목		가중치	비고
공사수행능력 (40~50점)	전문성	시공실적(시공인력)	20~30%	
		매출액 비중	0~20%	
		배치 기술자	20~30%	
	역량	공공공사 시공평가 점수	30~50%	
		규모별 시공역량	0~20%	
		공동수급체 구성	1~5%	
	일자리	건설인력 고용	2~3%	
	소계		100%	
입찰금액 (50~60점)	금액		100%	
	가격 산출의 적정성	단가	감점	
		하도급계획		
사회적 책임 (가점 2점)	건설안전		40~60%	※ 공사수행 능력에 가산
	공정거래		20~40%	
	지역경제 기여도		20~40%	
	소계		100%	
계약신뢰도 (감점)	배치기술자 투입계획 위반		감점	
	하도급관리계획 위반		감점	
	하도급금액 변경 초과비율 위반		감점	
	고난이도공사의 시공계획 위반		감점	

* 공사수행능력 점수와 입찰금액 점수를 합한 총점은 100점으로 한다.

〈 고난이도 공사의 분야별 심사항목 및 배점 기준 〉
("공사계약 종합심사낙찰제 심사기준" 별표1-2)

심사 분야	심사 항목		가중치	비고
공사수행능력 (40~50점)	전문성	시공실적(시공인력)	20~30%	
		매출액 비중	0~20%	
		배치 기술자	20~30%	
	역량	공공공사 시공평가 점수	30~50%	
		규모별 시공역량	0~20%	
		공동수급체 구성	1~5%	
	일자리	건설인력 고용	2~3%	
	소계		100%	
입찰금액 (50~60점)	금액		100%	
	가격 산출의 적정성	단가	감점	
		하도급계획		
		물량		
		시공계획		
사회적 책임 (가점 2점)	건설안전		40~60%	※ 공사수행 능력에 가산
	공정거래		20~40%	
	지역경제 기여도		20~40%	
	소계		100%	
계약신뢰도 (감점)	배치기술자 투입계획 위반		감점	
	하도급관리계획 위반		감점	
	하도급금액 변경 초과비율 위반		감점	
	시공계획 위반		감점	

* 공사수행능력 점수와 입찰금액 점수를 합한 총점은 100점으로 한다.

2) 발주기관의 세부심사기준 작성(동 심사기준 제4조)

(1) 발주기관이 위의 기획재정부장관이 정한 분야별 심사항목 및 배점 기준에 대한 세부심사기준을 정할 때에는 계약예규「공사계약 종합심사낙찰제 심사기준」에 규정된 바에 따라 낙찰자가 선정될 수 있도록 하되, 다음의 사항을 포함하여야 한다.

① 하도급 계획서 작성 및 제출 방법
② 물량산출 근거·시공계획서 작성 및 제출 방법(고난이도 공사에 한함)
③ 기타 계약예규에서 세부 심사기준으로 정하도록 한 사항

(2) 위의 규정에도 불구하고 발주기관은 공사의 특성·내용 및 당해 공사가 속한 시장 상황 등을 고려할 때 필요하다고 인정할 경우에는 기획재정부장관과 협의하여 "계약예규"에서 정한 심사항목에 대한 배점 한도를 가·감 조정하거나 심사항목을 추가 또는 제외할 수 있다.

3 공사계약의 종합심사낙찰제 주요 절차

가. 입찰공고(동 심사기준 제5조)

발주기관은 종합심사낙찰제 적용 대상 공사에 대한 입찰공고 시 다음의 사항을 명시하여야 한다.

① 종합심사낙찰제 적용대상이라는 점
② 종합심사기준열람에 관한 사항, 심사에 필요한 서류와 제출기한 등
③ 하도급 계획서를 작성하여 제출할 경우에는 하도급 계획서에 따라 하도급 계약을 체결할 의무가 부여됨과 불이행 시 차기 입찰에서 받을 불이익
④ 배치기술자 시공경력 평가 시 제출한 계획서(배치 예정 기술자 목록 등)에 따라 이행할 의무가 부여됨과 동시에 불이행 시 차기 입찰에서 받을 불이익
⑤ 시공계획 심사 시 제출한 계획서에 따라 이행할 의무가 부여됨과 동시에 불이행 시 차기 입찰에서 받을 불이익
⑥ 우선순위 시공계획 및 물량심사대상자의 수 및 심사절차(단, 고난이도 공사에 한함)
⑦ 국가계약법 제5조의2에 따른 청렴계약서의 내용 및 청렴계약 위반 시 받을 계약의 해제·해지, 입찰참가자격 제한 등

⑧ 법령, 행정규칙 등에서 입찰공고에 명시하도록 정한 사항

나. 현장설명 교부서류와 입찰서 등의 제출(동 심사기준 제6조, 7조)

1) 현장설명 교부서류

발주기관은 다음의 서류를 해당 공사 현장설명에 참가한 자에게 교부하여야 하며, 만약 현장설명을 실시하지 아니하거나 현장설명을 실시하는 경우라도 필요하다고 인정되는 때에는 전자조달시스템에 동 서류를 게재함으로서 입찰에 참가하고자 하는 자에 대한 교부를 갈음할 수 있다.

① 산출내역서 작성방법 및 하도급계획서 작성방법
② 물량산출근거, 시공계획서 작성방법(단, 고난이도 공사에 한함)
③ 설계도면, 물량내역서(단, 순수내역입찰로 발주하는 공사는 물량내역서를 교부하지 아니함)
④ 입찰금액 산정에 참고가 되는 자료, 표준시장단가를 적용한 세부공종 및 표준시장단가
⑤ 세부심사기준, 그 밖에 참고사항을 기재한 서류

2) 입찰자의 제출서류

(1) 발주기관은 입찰자로 하여금 입찰 시 다음의 서류를 제출하게 하여야 하며, 다만, 물량 및 시공계획심사를 위한 자료는 고난이도 공사에 한하여 제출하게 하여야 한다.

① 입찰서 및 발주기관이 교부한 산출내역서 작성 방법에 따른 산출내역서
② 발주기관이 교부한 하도급 계획서 작성 방법에 따른 하도급 계획서. 다만, 간이형 공사는 종합심사점수가 최고점인 자에 한하여 제출하게 할 수 있다.
③ 심사를 위해 입찰공고에서 발주기관이 요구한 자료. 다만, 간이형 공사의 경우 배치 기술자 심사 관련 서류의 제출일은 최초의 종합 심사서류 제출요구일로부터 15일 이후로서 별도로 지정한 날까지 제출하도록 하여야 한다.
④ 물량 및 시공계획 심사를 위해 발주기관이 요구한 자료

(2) 고난이도 공사의 경우 발주기관이 교부한 물량산출근거 작성 방법에 따른 입찰자의 물량 산출근거 및 시공계획서 작성 방법에 따른 시공계획서는 물량·시공계획 심사대상자로 선정된 자에 한하여 제출하게 하여야 하며, 입찰자는 선정 통보를 받은 날부터 7일 이내에 발주기관에 물량산출 근거 등을 제출하여야 한다.

다. 종합심사 및 점수 산정(동 심사기준 제10조)

1) 심사서류의 보완

발주기관은 입찰 시 제출된 산출내역서, 하도급계획서 등의 내용이 불명확하여 인지할 수 없는 경우에는 기한을 정하여 보완을 요구할 수 있으며, 다만, 간이형 공사의 경우(종합점수가 최고점인 자에 한하여 제출)에는 하도급계획서 등의 서류 미비 및 오류에 대하여도 1회에 한하여 보완하게 할 수 있다. 이때 해당 기한까지 보완을 요구한 서류가 제출되지 아니한 경우에는 당초 제출된 서류만으로 심사하되, 당초 제출된 서류가 불명확하여 심사하기가 곤란한 경우에는 심사에서 제외할 수 있다(동 심사기준 제9조).

2) 공사 구분에 따른 종합점수산정 방법

(1) 간이형 공사(추정가격 300억 원 미만공사)는 공사수행능력점수(경영상태 점수 포함), 사회적 책임점수(공사수행능력점수의 배점 한도 내에서 가산), 입찰금액점수(단가 심사점수 및 하도급 계획 심사점수 포함) 및 계약신뢰도 점수를 합산하여 종합심사 점수를 산정한다.

(2) 일반공사(추정가격 300억 원 이상인 공사 중 고난이도 공사는 제외)는 공사수행능력점수, 사회적 책임점수(공사수행능력점수의 배점한도 내에서 가산), 입찰금액점수(단가 심사점수 및 하도급계획 심사점수 포함) 및 계약신뢰도 점수를 합산하여 종합점수를 산정한다.

(3) 고난이도 공사(추정가격 300억 원 이상공 공사 중 물량·시공계획 심사대상)는 공사수행능력 점수, 사회적 책임점수(공사수행능력점수의 배점한도 내에서 가산), 입찰금액점수(단가 심사점수, 하도급계획 심사점수, 물량심사점수 및 시공계획 심사점수 포함) 및 계약신뢰도 점수를 합산하여 종합점수를 산정한다.

3) 종합점수산정 시 고려사항

종합심사 점수를 산정할 때에 입찰서상의 금액과 산출내역서상의 금액이 일치하지 아니한 입찰 또는 입찰금액이 예정가격보다 높거나 예정가격의 100분의 70 미만인 입찰 등 「공사계약 종합심사낙찰제 심사기준」 제8조 제1항에 따라 균형가격 산정 시 제외되는 입찰금액에 해당하는 입찰자는 종합심사 점수를 산정하지 아니하며 낙찰자에서 배제한다.

또한, 위에서 기술한 바와 같이 종합점수를 산정하여야 함에도 불구하고 하도급계획 심사는 하도급 계획을 제외한 종합심사점수가 최고점인 자부터 순차적으로 심사할 수도 있다.

4) 물량 및 시공계획 심사(동 심사기준 제11조, 제12조)

(1) 발주기관은 고난이도 공사에 대하여 종합심사 점수 산정방법에 따라 점수를 산정한 후 물량·시공계획 점수를 제외한 점수가 최고점 순으로 입찰공고에서 정하는 일정한 수의 업체를 우선순위 물량심사 및 시공계획심사 대상자로 선정한다(동 기준 제11조).

(2) 이에 따라 우선순위 물량·시공계획의 심사대상자로 선정된 자에 한하여 물량 및 시공계획을 심사하여야 하며, 물량심사를 함에 있어서는 세부 공종별로 물량의 적정성을 심사하여야 한다. 이때 심사할 세부 공종을 다음과 같이 정할 수 있으며, 다만, 심사할 세부 공종을 정할 경우 ①의 사항은 반드시 포함하여야 한다(동 기준 제12조).

① 해당 공사의 규모 및 중요도 등에 따라 물량심사 대상으로 입찰공고에 명시한 세부 공종
② 동일한 세부공종에서 발주기관이 작성한 추정물량, 심사대상자가 작성한 입찰물량 및 다른 입찰참가자가 작성한 입찰물량 상호 간 격차가 큰 세부공종
③ 기타 입찰공고에 명시한 기준에 해당하는 세부 공종

☞ 위의 물량 및 시공계획 심사는 시행령 제42조 제7항에 따라 설치된 "종합심사낙찰제심사위원회"에서 심사하여야 함

라. 낙찰자 결정(동 심사기준 제13조)

(1) 예정가격 이하로 입찰한 입찰자 중 공사수행능력 점수, 사회적 책임 점수 및 입찰금액 점수를 합한 종합심사 점수가 최고점인 자를 낙찰자로 결정하고, 이를 해당자에게 지체 없이 통보하여야 한다.

다만, 고난이도 공사의 경우에는 우선순위 물량·시공계획 심사대상자 중 1인 이상이 물량·시공계획 점수를 포함하여 심사한 종합심사 점수가 차 순위 물량·시공계획 심사대상자의 물량·시공계획 점수를 제외한 종합심사 점수를 초과하는 경우에는 차 순위자의 물량·시공계획 심사 없이도 우선순위 물량·시공계획 심사대상자를 대상으로 낙찰자를 결정할 수 있다.

(2) 만약에 종합심사 점수가 최고점인 자가 둘 이상 인 경우에는 다음의 순으로 낙찰자를 결정한다.

① 공사수행능력점수와 사회적 책임 점수의 합산점수(사회적 책임 점수는 공사수행능력 점수의 배점 한도 내에서 가산)가 높은 자
② 입찰금액이 균형가격에 근접한 자. 다만, 다음의 경우에는 입찰금액이 낮은 자
  가. 일반 공사, 고난이도 공사

나. 간이형 공사에서 균형가격이 예정가격의 100분의 88 이상인 경우

☞ 공공공사에서 저가입찰 개선을 위해 동점자 발생 시 낙찰자 결정기준을 입찰가격이 낮은 자에서 균형가격에 근접한 자로 변경. 다만, 간이형 종심제(공사비 100~300억원)에서 우선 시행하고 300억 원 이상 공사는 시범사업을 시행할 예정(2021.12.1. 개정)

③ 입찰공고일 기준으로 최근 1년간 종합심사낙찰제로 낙찰 받은 계약금액(공동수급체로 낙찰 받은 경우에는 전체 공사부분에 대한 지분율을 적용한 금액을 말함)이 적은 자

④ 추첨

(3) 위와 같은 낙찰자 결정방법에도 불구하고 예정가격이 100억원 미만인 공사의 경우에는 입찰가격을 예정가격 중 순공사비(재료비+노무비+경비)와 이에 대한 부가가치세를 합한 금액의 100분의 98 미만으로 입찰한 자는 낙찰자에서 제외한다(심사기준 제13조 제3항 신설, 2020.5.27. 시행).

☞ 종합심사낙찰제는 일반공사의 경우 추정가격 100억원 이상이 그 대상이므로 동 신설규정은 추정가격은 100억원 이상이나 예정가격이 그 미만인 경우로서 극히 일부만 적용되며, 다만 문화재 수리공사는 전체가 종합심사 대상이므로 예정가격 100억 미만은 모두 그 적용대상임

마. 그 밖에 종합심사낙찰제 관련 사항

1) 종합심사낙찰제심사위원회 구성(영 제42조 제7항 및 제8항)

각 중앙관서의 장은 각 입찰자의 입찰가격, 공사수행능력 및 사회적 책임 등을 종합 심사하기 위하여 종합심사낙찰제심사위원회를 둘 수 있으며, 동 위원회는 각 중앙관서별로 그 중앙관서의 소속 공무원, 계약에 관한 학식과 경험이 풍부한 자 등으로 구성한다.

동 위원회의 구성 및 운영에 관하여 필요한 세부 사항은 각 중앙관서의 장이 정하며, 특히, 발주기관이 물량 및 시공계획의 심사를 실시하는 고난이도 공사에 대하여는 동 위원회의 심의를 거쳐 낙찰자를 결정하여야 한다(심사기준 제14조).

2) 결격사유 등(동 심사기준 제15조)

(1) 입찰자가 부도, 파산, 해산, 부정당업자 제재, 영업정지(건설업 등의 등록말소·취소 포함), 입찰 무효 등 "결격사유" 상태에 있는 경우에는 심사 대상에서 제외한다.

(2) 공동수급체를 구성하여 입찰에 참가한 경우로서 공동수급체의 일부 구성원에 결격

사유가 있는 경우에는 해당 구성원을 제외하고 잔존 구성원의 시공비율 또는 분담내용을 변경하게 하여 재심사한다. 다만, 공동수급체 대표자에게 결격사유가 있는 경우에는 해당 공동수급체 전체를 심사 대상에서 제외한다. 이때 부도 및 파산의 경우로서「채무자 회생 및 파산에 관한 법률」에 따라 법원으로부터 기업회생절차 개시 결정을 받고 정상적인 금융거래의 재개를 확인할 수 있는 서류를 제출하는 경우에는 결격사유로 보지 아니한다(동조 제3항).

3) 부정한 방법으로 심사서류를 제출한 자 등에 대한 처리(동 심사기준 제16조)

계약담당공무원은 입찰 시 제출된 서류가 위조, 변조, 부정 또는 허위로 작성된 것으로 판명된 때에는 다음과 같이 처리하여야 하며, 법 제27조 및 시행령 제76조에 의한 입찰참가자격 제한조치를 하여야 한다.

① 계약체결 이 전인 경우에는 낙찰자 결정대상에서 제외 또는 결정통보를 취소한다.
② 계약체결 이 후인 경우에는 해당 계약을 해제 또는 해지할 수 있다.

4) 입찰결과의 공개 등(동 심사기준 제17조)

계약담당공무원은 개찰 후 즉시 입찰참가 업체별 입찰금액을 전자조달시스템 또는 발주기관의 정보처리장치를 통하여 공개하여야 하며,「독점규제 및 공정거래에 관한 법률」제19조의2의 규정 등에 따라 입찰 관련 정보를 공정거래위원회에 제출하여야 한다.

5) 설계변경에 의한 계약금액조정의 제한(동 심사기준 제18조)

계약담당공무원은 고난이도 공사의 경우 발주기관이 물량내역 수정을 허용한 공종에 대하여는 물량내역서의 누락 사항이나 오류 등으로 설계를 변경하는 경우에도 그 계약금액을 증액할 수 없다.

이는 물량내역서의 누락 사항이나 오류 등을 보완하는 설계변경이 이루어지더라도 물량내역 수정을 허용한 공종 부분에 대하여는 계약상대자에게 책임이 있기 때문에 '공사계약일반조건' 제21조 제2항을 보완한 규정이라고 할 수 있다.

4. 종합심사낙찰제 분야별 심사방법의 세부내용

가. 공사수행능력 세부 심사 방법

1) 시공실적 심사

(1) 시공실적 심사는 입찰참가업체가 보유한 입찰공고일 기준 10년 이내 준공된 해당 발주공사와 동일한 공법, 구조형식 등의 시공실적 경험을 건수·금액·규모 등의 기준으로 합산하여 심사하는 것을 말한다. 다만, 간이형 공사(100억 원~300억 원)는 입찰공고일 기준 발주기관이 정하는 기간 이내 준공된 시공실적을 기준으로 심사할 수 있다.

(2) 시공실적 심사의 산식은 다음과 같다.

$$\text{시공실적점수} = \text{배점} \times \frac{\sum_{i=1}^{n} \text{동일 공사 실적}_i \times A_i}{\text{당해공사의 동일 공사 규모} \times B}$$

* A : 실적의 경과기간에 따른 조정 계수 (예시: 3년미만 1, 3~5년 0.9, 5년이상 0.8)
** B : 만점기준을 조정하는 계수

- 동일공사실적이란 사업추진에 핵심적인 기술에 해당하고 총 공사의 10%이상의 비용·노동력·시간이 소요되는 3개 이내의 항목("동일공사 실적")을 말한다.
- 다만, 공사의 특성상 동일공사 실적을 지정할 수 없는 경우에는 발주기관의 세부 심사기준과 입찰공고에 명시된 경우에 한하여 예외적으로 해당 발주공사와 동일한 업종(토목, 건축 등) 또는 공종그룹(교통/수자원/기타토목, 주거/비주거 등) 실적("일반공사 실적")으로 심사할 수 있다.
- 각 조정계수는 발주기관이 공사특성, 규모 등을 반영하여 설정한다.
- 시공실적은 관련협회 및 발주기관에서 심사하여 발급한 증명서에 의하여 확인한다.
- 공동수급체의 경우 구성원별 시공실적에 시공비율을 반영하지 아니하고 합산한다. 다만, 일반공사 및 간이형 공사의 실적을 심사하는 경우에는 그러하지 아니하다.

(3) 발주기관은 동일공법과 구조형식 등의 명칭, 심사기준(건수, 금액, 규모 등), 보유실적 인정기준(예시 : 경간 80m 이상인 트러스트 시공건수) 및 기타 심사 관련 참고사항을 입찰공고에 명시하여야 한다.

(4) 발주기관은 해당 발주기관의 사업특성 및 공사유형별 발주현황 등을 고려하여 세부 심사기준에 동일 공사 분류를 명시하여야 한다.

1)-1 시공인력 심사

(1) 시공인력 심사는 입찰참가 업체가 위의 시공실적 대신 동 공사 참여경험이 있는 인력을 제출하는 경우 이를 심사하는 것을 말한다.

(2) 일반공사 실적을 심사하는 경우에 대하여는 시공인력 심사로 대체하지 아니하며, 동일공사 실적을 심사하는 경우로서 각 발주기관이 해당 공사의 난이도, 해당공사를 수행할 수 있는 자의 수 등을 고려하여 입찰공고에 시공인력 심사대상이 아님을 명시한 경우에는 시공인력 심사로 대체하지 아니할 수 있다.

(3) 시공인력 심사는 심사대상 인력의 등급에 따라 발주기관이 정한 점수를 부여하며 시공인력 등급 산식은 다음과 같다.

> ▸ 시공인력 등급 = $\sum$ 등급계수 × 경력계수 × 관리능력계수
> - 등급계수: 기술자 등급(특급, 고급, 중급, 초급), 경력계수(동일공사 현장경력), 관리능력계수(동일공사 현장대리인 경력)
> - 시공인력은 시공실적 증명서(제1호 다. 기준을 충족한 증명서에 한함)에 의거 건설기술인협회 또는 발주기관이 세부 심사기준에 명시한 관련협회가 발급한 기술자 경력증명서에 의해 확인한다.

(4) 발주기관은 입찰참가 업체가 보유한 시공인력의 기술자격 등급, 공사참여경력 등이 적정히 반영될 수 있도록 세부 심사기준을 작성하여 집행하되 세부 심사기준에는 다음의 사항이 반영되도록 하여야 한다.

① 시공인력심사의 만점은 시공실적 심사의 배점 한도로 한다.
② 공동수급체의 경우 구성원별 시공인력에 시공비율을 반영하지 아니하고 합산한다.

2) 동일공종 그룹 매출액 비중 심사

(1) 매출액 비중 심사는 입찰참가 업체의 동일공종 그룹(토목업종은 교통시설, 수자원시설, 기타토목시설로 분류하고, 건축업종은 주거시설, 비주거시설로 분류) 실적이 동 업체의 해당 업종(토목, 건축)실적에서 차지하는 비중을 심사하는 것을 말하며, 여기에 규정되지 아니한 업종 및 동일공종 그룹에 대하여는 세부 심사기준에 별도의 업종 및 동일공종 그룹을 설정할 수 있다.

(2) 매출액 비중 심사는 매출액 비중의 등급에 따라 발주기관이 정한 점수를 부여하며 매출액비중 등급 산식은 다음과 같다.

> ▸ 매출액 비중 = 배점 × $\dfrac{10년간\ 동일공종그룹\ 실적총액}{10년간\ 동일업종\ 실적총액}$
>
> - 공동수급체의 경우 매출액 비중 심사는 구성원별 매출액 비중 점수에 시공비율을 곱한 후 합산하는 방식에 의한다.
> - 발주기관은 입찰공고에 명시한 경우 최근 실적에 대한 우대 가중치를 적용할 수 있다.
> - 기성실적 총액은 관련협회에서 발급한 증명서에 의해 확인한다.

3) 배치기술자 시공경력 심사

(1) 배치기술자 심사는 입찰참가 업체가 공사현장에 배치할 현장대리인 및 분야별 책임자의 시공 참여 경력을 심사하는 것을 말한다. 다만, 간이형 공사의 경우에는 분야별 책임자의 시공 참여 경력 심사를 제외할 수 있다.

(2) 해당 입찰 참가 업체에 6개월 미만 재직한 자는 평가점수의 80%만 인정한다.

① 다만, 공사 규모별 시공역량 심사를 실시하는 공사로서 다음의 요건을 모두 충족하는 공사의 입찰에 있어서 등급별 유자격자 명부상 3등급 이하 업체에 대하여는 배치기술자가 3개월 이상 재직한 경우 평가점수의 100%를 부여할 수 있다.
- 발주기관별로 작성한 등급별 유자격자명부 중 3등급 이하에 해당하는 공사
- 일반공사로서 기술 수준이 평이한 공사

② 또한, 간이형 공사에 대하여는 최초의 종합 심사서류 제출요구일로부터 15일 이후로서 발주 기관이 정하는 기준 일까지 배치기술자가 재직한 경우 평가점수의 100%를 부여할 수 있다

(3) 현장대리인 배치예정자의 경력심사는 동일공종 그룹 공사참여 실적을 대상으로 하는 것을 원칙으로 하되, 발주기관이 현장대리인의 특수한 공사 참여 실적이 필요하다고 인정하는 경우에는 동일공종 그룹에 포함되는 1개 이상의 세부공사("동일·유사공사") 참여 실적으로 심사할 수 있다.

$$평점 = \left(\frac{현장대리인\ 근무일수 \times A}{필요\ 근무연수 \times 365} + \frac{기타직위\ 근무일수}{필요\ 근무연수 \times 365} \right) \times 배점$$

- 필요 근무연수란 만점을 부여하는 최소 근무연수를 말하는 것으로 발주기관이 해당 공사의 기술자 현황 등을 고려하여 결정한다.
- 동일·유사공사를 2개 이상 지정한 경우에는 모든 동일·유사공사 근무일수를 합산하여 평가한다.
- A계수(현장대리인 가중치)는 1~3 범위에서 발주기관이 결정한다.
- 공동수급체의 경우 현장대리인은 공동수급체 대표자 소속이어야 한다.
- 시공경력은 건설기술인협회 또는 발주기관이 세부 심사기준에 명시한 관련협회에서 발급한 증명서에 의하여 확인한다.

(4) 발주기관은 현장대리인 및 분야별 책임자의 경력으로 인정되는 직위의 범위를 해당 공사의 기술자 현황 등을 고려하여 입찰공고 시 명시하여야 하며, 현장대리인 및 분야별 책임자가 건설산업기본법, 건설기술진흥법, 산업안전보건법 등 관련 법령에서 정하는 요건을 갖추도록 하여야 한다.

(5) 배치기술자는 원칙적으로 교체하지 못하며 사망, 퇴직 등 근무 관계가 종료된 경우 등에 한하여 발주기관의 승인을 받아 당초 심사 시 취득한 점수 이상의 점수를 획득할 수 있는 기술자로 대체할 수 있다.

(6) 발주기관은 매년 2회 이상 배치기술자 투입계획 준수 여부를 점검하여야 하고 승인 없이 배치기술자를 교체하는 등 위반사항이 발견된 경우 즉시 그 위반사실을 통보하여야 하며 위반사항을 통보한 날로부터 2년 동안 해당 업체의 배치기술자 심사 점수에서 일정 비율을 감점한다. 이 경우 감점은 해당 발주기관의 향후 발주공사에 한한다.

4) 시공평가결과 심사

(1) 시공평가결과 심사는 입찰참가 업체의 건설기술진흥법 제50조에 의한 시공평가결과를 심사하는 것을 말하며, 시공평가결과 점수별 등급에 따라 발주기관이 정한 점수를 부여한다.

(2) 시공평가결과는 최근 3년간 입찰참가 업체가 동일공종 그룹 공사에 대해 받은 시공평가결과 점수(2015.1.1 이후 시공평가결과에 한함)를 공사규모에 따라 가중 평균하여 심사한다(단, 공동이행방식의 경우 공동수급체 구성원의 시공평가결과는 공동수급체 대표자가 받은 시공평가결과를 적용)

(3) 입찰참가업체의 시공평가결과는 한국시설안전공단이 관리하는 자료를 활용하며, 동일공종 그룹에 대한 시공평가결과가 없는 업체의 경우 해당 업체가 받은 동일업종(토목, 건축 등)에 대한 시공평가 결과를 적용한다. 동일업종 시공평가 결과도 없는 경우에는 기본점수를 부여한다.

(4) 공동수급체의 경우 시공평가결과 심사는 구성원별 시공평가결과 점수에 시공비율을 곱한 후 합산하는 방식에 의한다.

5) 공사 규모별 시공역량 심사

(1) 규모별 시공역량 심사는 공사 규모에 따른 적정 규모의 건설업체간 경쟁을 유도하기 위한 심사를 말하며, 동 심사는 발주기관별로 작성한 등급별 유자격자명부에 의한다.

(2) 동 명부에 의한 2등급 이하의 공사는 상위 등급의 공동도급 참여 지분율에 따라 점수를 감하는 방식으로 심사한다.

6) 공동수급체 구성 심사

(1) 공동수급체 구성 심사란 공동수급체의 구성여부 및 공동수급체 중 대표자를 제외한 구성원의 참여 비율("공동수급체 구성원 비율")을 심사하는 것을 말한다.

(2) 공동수급체 구성 심사는 공동수급체 구성원 비율별 등급에 따라 발주기관이 정한 점수를 부여하며, 발주기관은 다음 사항을 준수하여 세부 심사기준에 공사규모에 따른 등급표를 규정하여야 한다.
① 최고 등급에 해당하는 공동수급체 구성원 비율은 30%를 넘지 못한다.
② 최고 등급에 부여되는 점수와 최저 등급에 부여되는 점수의 편차는 0.5점을 넘지 못한다.

(3) 위와 같은 기준에도 불구하고 500억 원 미만의 공사에 대하여는 해당 공사를 수행할 수 있는 업체 현황 등을 고려하여 공동수급체 심사를 하지 아니할 수 있다.

7) 건설인력 고용 심사

(1) 건설인력 고용은 고용 탄력성 점수에서 근로기준법 준수 점수를 차감하는 방식으로 심사하며, 고용 탄력성은 표준화된 피보험자 증감율에서 표준화된 기성액 증감율을 차감한 값을 말한다.

① 고용탄력성 심사는 입찰참가자의 고용탄력성 점수에 따라 발주기관이 작성한 고용탄력성 등급별 점수를 부여한다.
② 평가대상 기간은 입찰공고일이 속하는 년도의 전 전년도부터 직전 3개년도로 한다.
③ 고용보험 피보험자 수는 입찰자의 본사 및 입찰자가 원수급인인 건설현장에서 신고된 피보험자 수를 합산하여 산정한다. 해당 건설현장에서 신고된 피보험자 수는 원수급인이 신고한 피보험자 수와 고용보험 및 산업재해보상보험의 보험료징수 등에 관한 법률 제9조 및 고용보험법 제15조제2항에 의해 하수급인이 신고한 피보험자 수를 합산하여 산정한다.
④ 기성액은 「건설산업기본법」에 따라 대한건설협회에서 산정한 실적액, 전기공사업법에 따라 한국전기공사협회에서 산정한 실적액, 정보통신공사업법에 따라 한국정보통신공사협회에서 산정한 실적액, 소방시설공사업법에 따라 한국소방설비협회에서 산정한 실적액을 합산하여 산출한다.
⑤ 피보험자 증감률과 기성액 증감률은 각 2개 연도별 전년대비 증감률을 가중 평균한 값으로 하되 최근의 증감률에 0.6을 곱하고 이보다 과거의 증감률에 0.4를 곱한 값으로 한다.
⑥ 피보험자 증감률과 기성액 증감률은 「건설산업기본법시행령」 제87조제1항제1호에 의해 국토교통부 장관의 위탁을 받은 대한건설협회에 종합건설업을 등록한 업체를 모집단으로 하여 표준화하며, 표준화 산식은 아래와 같다.

> • 표준화 산식 = (변수값 − 평균) / 표준편차

⑦ 고용 탄력성 등급별 점수는 각 중앙관서의 장 또는 계약담당공무원이 고용노동부에서 매년 1월 발표하는 고용 탄력성 점수 등급별 표준화점수기준을 참고하여 세부 심사기준으로 정하되, 최소·최대 등급간 격차는 0.4점을 초과할 수 없다.

(2) 근로기준법 준수 점수는 근로기준법 제43조의3에 따른 임금체불 사업주 명단 공개 횟수에 따라 차등 점수를 부여한다.

① 평가대상 기간은 입찰공고일이 속하는 년도의 전년도부터 직전 3개년도로 한다.
② 명단공개 사업주의 범위는 입찰자뿐만 아니라 고용보험법 제15조제2항에 의하여 평가대상기간 동안 입찰자의 이름으로 고용보험 시스템에 등록된 공사현장에 참여한 하도급업자를 포함한다.
③ 입찰자의 명단공개 횟수는 고용노동부 홈페이지 등에 공개된 명단을, 하수급인의 명단공개 횟수는 한국고용정보원 자료를 활용하여 확인한다.

④ 근로기준법 준수 등급 및 등급별 점수는 각 중앙관서의 장 또는 계약담당공무원이 세부 심사기준으로 정한다.

(3) 둘 이상의 업체가 공동계약을 체결하여 공사를 공동이행방식으로 시행하는 경우 각 구성원의 점수에 시공비율을 곱한 후 합산하여 평가하되, 전체 공동수급체의 고용탄력성 점수에서 근로기준법 준수점수를 차감하여 산정한다.

8) 경영상태 심사(2019.12.18. 신설)

(1) 경영상태 심사는 간이형 공사에 한하여 적용한다.

(2) 「신용정보의 이용 및 보호에 관한 법률」 제4조제1항제1호 또는 「자본시장과 금융투자업에 관한 법률」 제9조제26항의 업무를 영위하는 신용정보업자가 평가한 회사채(또는 기업어음) 또는 기업신용평가등급("신용평가등급")으로 심사한다.

(3) 심사기준일 이전에 평가한 유효기간 내에 있는 회사채, 기업어음, 기업의 신용평가등급 중에서 가장 최근의 등급으로 심사하고, 합병한 업체에 대하여는 합병 후 새로운 신용평가등급으로 심사하여야 하며 그 전까지는 합병대상 업체 중 가장 낮은 신용평가등급을 받은 업체의 신용평가등급으로 심사한다.

(4) 공동수급체의 경우 구성원별 경영상태 점수에 시공비율을 곱한 후 합산하는 방식에 의한다.

9) 상호시장 진출 허용 공사(2021.3.19. 신설)

(1) "상호시장 진출 허용 공사"란 국토교통부 고시 「건설공사 발주 세부기준」 제6조 및 제7조에 따라 시공자격을 갖춘 건설사업자의 입찰참가를 허용하는 공사를 말한다.

(2) 시공비율은 공동수급협정서상의 각 구성원의 공사참여지분율에 종합·전문업종간 상호시장 진출에 따라 평가된 시공능력평가액을 한도로 하여 산정한다.

* 시공비율 산정 시 상호시장 진출 허용 공사에 대해 국토교통부에서 종합·전문업종간 상호시장 진출을 위한 시공능력평가액을 공시하기 전에는 시공비율 대신 공동수급협정서상 참여지분율을 적용할 수 있음

(3) 시공실적 심사는 다음과 같이 평가한다.

① 실적 인정 방법은 국토교통부 고시 「종합·전문업종간 상호시장 진출을 위한 건설공사실적 인정기준」에 따른다.

⑵ 전문건설사업자가 종합공사에 참여하는 경우 일반공사 실적으로 심사하며, 해당 종합공사를 추정금액 기준 전문업종별 구성비율로 배점을 구분하고 각 전문업종별로 평가하여 합산한다.

다만, 2021.1.1. 이후 전문건설사업자의 자격으로 취득한 종합공사 실적을 보유한 경우에는 해당 종합공사 실적을 우선 평가(종합건설사업자의 종합공사 평가방법과 동일)하고 배점한도를 충족하지 못할 경우 잔여 배점을 기준으로 본문에 따라 전문업종별 실적을 평가하여 합산한다.(건설업역 개편에 따른 실적인정 기준 정비, 2022. 6.1)

⑷ 배치기술자 시공경력 심사 시 분야별 책임자는 하도급 수행 실적 및 경력을 일부 반영하여 평가할 수 있다.

⑸ 종합공사에 전문건설사업자가 참여한 경우 건설인력 고용 심사 시 항목별로 기본점수를 부여할 수 있다.

10) 국토교통부 고시 「건설공사 발주 세부기준」제8조의2에 따라 (주력)업무분야를 시공자격으로 발주한 전문공사(2021.12.1.신설)

시공경험은 (주력)업무분야 실적 누계 액으로 평가하며, 공동계약의 시공비율은 (주력)업무분야 시공능력평가액을 기준으로 평가한다.

* 전문업 대업종화(28→14개)로 업무범위가 확대됨에 따라 도입된 (주력)업무분야를 실적평가 시 반영
  - 전문건설업 유사업종을 통합하여 기능중심으로 업종을 개편('22.1월, 시행)
  - 대업종 내 전문시공 분야를 판단할 수 있도록 (주력)업무분야를 두어 전문건설업체 전문성 강화 및 발주자의 선택권 확대

나. 입찰금액 평가 및 가격 산출의 적정성 심사방법

1) 균형가격 산정(기준 제8조)

⑴ 균형가격을 산정하는 데 있어서 다음의 어느 하나에 해당하는 입찰금액은 제외한다.

① 입찰서상의 금액과 산출내역서상의 금액이 일치하지 아니한 입찰인 경우
② 입찰금액이 예정가격보다 높거나 예정가격의 100분의 70 미만인 경우
③ 이윤 또는 세부 공종에 음(-)의 입찰금액이 있는 경우. 다만 발주기관의 금액이 음(-)의 금액인 경우에는 제외한다.

④ 항목별 입찰금액의 합계가 발주기관이 지정하여 투찰하도록 하거나 해당 법령에서 정해진 금액 또는 비율에 의하여 산출한 금액의 합계의 1000분의 997 미만인 경우(다만, 국민건강보험료, 국민연금보험료, 노인장기요양보험료는 발주기관이 반영하도록 한 금액보다 낮은 경우)

⑤ 발주기관이 작성한 내역서상 세부공종에 표준시장단가가 적용된 경우로서 세부공종별 입찰금액이 발주기관 내역서상 세부공종별 금액의 1000분의 997미만인 경우

⑥ 입찰자의 산출내역서상 직접노무비가 발주기관이 작성한 내역서상 직접노무비의 100분의 80 미만인 경우

⑦ 기타 발주기관의 세부 심사기준에서 제외토록 명시한 경우

(2) 균형가격은 위의 어느 하나에 해당하는 입찰금액을 제외한 입찰금액의 상위 100분의 20이상과 하위 100분의 20이하에 해당하는 입찰금액을 제외한 나머지 입찰금액을 산술평균하여 산정한다. 다만, 위(1)에 해당하는 입찰금액을 제외한 입찰금액이 10개 미만인 경우에는 상위 100분의 50 이상과 최하위 1개의 입찰서를 제외하고, 위(1)에 해당하는 입찰금액을 제외한 입찰금액이 10개 이상 20개 이내인 경우에는 상위 100분의 40이상과 하위 100분의 10이하를 제외하고 산정한다.

2) 입찰금액 평가

입찰금액 심사는 예정가격과 위의 방법으로 산정된 균형가격을 통해 입찰금액에 따른 가격점수를 다음 수식에 따라 도출하는 것을 말한다.

i) 균형가격 미만일 경우

$$\text{입찰금액 심사점수} = \sqrt{1 - A \times \left(\frac{당해투찰금액 - 균형가격}{예정가격 - 균형가격}\right)^2} \times 배점$$

ii) 균형가격일 경우

입찰금액 심사점수 = 배점한도

iii) 균형가격 초과일 경우

$$\text{입찰금액 심사점수} = \sqrt{1 - B \times \left(\frac{당해투찰금액 - 균형가격}{예정가격 - 균형가격}\right)^2} \times 배점$$

주 : A계수 및 B계수는 발주기관이 각 평가항목별 변별력 등을 고려하여 결정하되 B계수는 A계수의 1배~2배 범위에서 정한다.

3) 가격 산출의 적정성 심사

가격 산출의 적정성 평가는 세부 공종의 단가, 하도급 계획, 시공계획심사 등을 통해 적정한 공사비 산정과 공정한 하도급 거래를 보장하기 위한 평가를 말한다.

(1) 단가 심사(감점)

$$단가심사점수 = (-)입찰금액배점의\ 20\% \times (1- \frac{1}{100}(단가점수))$$

① 단가심사의 배점한도는 100점으로 하며, 세부공종별 가중치와 세부공종별 단가점수의 곱을 합산하여 산정한다.
② 세부공종별 가중치는 발주기관 내역서서상 전체 세부공종의 합계금액에 대한 각 세부공종 금액으로 산정하며, 전체 가중치의 합계는 1로 한다.
③ 세부공종별 단가점수는 세부공종 입찰단가가 세부공종 기준단가의 ±18%이내인 경우 100점으로 평가("적정단가 기준")하고, 그 외에는 0점으로 평가한다. 다만, 발주기관 내역서의 직접공사비에서 표준시장단가 만으로 적용된 세부공종 및 음(-)의 금액 등 고정비용이 차지하는 비중이 20% 이상인 공사에 대하여는 적정단가 기준을 다음 범위 내에서 설정할 수 있다.

고정비용 비중	적정단가 기준
20% 이상~25% 미만	세부공종 기준단가의 ±18% 이내 ~ ±19% 이내
25% 이상~30% 미만	세부공종 기준단가의 ±18% 이내 ~ ±20% 이내
30% 이상~40% 미만	세부공종 기준단가의 ±18% 이내 ~ ±21% 이내
40% 이상	세부공종 기준단가의 ±18% 이내 ~ ±22% 이내

위에도 불구하고 간이형 공사의 경우에는 세부공종 단가점수의 평가에 있어, 세부공종 기준단가의 ±15% 이내인 경우 100점으로 평가한다. 다만, 고정비용의 비중이 20% 이상인 공사에 대하여는 ±15%~±18% 범위에서 적정단가의 기준을 설정할 수 있다.

④ 세부공종 기준단가는 발주기관 내역서서상 세부공종에 대한 예정가격의 100분의 70과 균형단가의 100분의 30에 해당하는 금액을 합산하여 산정하되, 구체적 산정방법은 발주기관별로 세부 심사기준에 명시한다. 다만, 간이형 공사의 세부공종 기준단가는 발주기관 내역서서상 세부공종에 대한 예정가격과 균형단가를 90 : 10~100 : 0의 범위에서 가중 평균하여 산정하되, 구체적인 산정방법은 발주기관별 세부심사기준에 명시한다.
⑤ 단가심사는 모든 세부공종을 대상으로 심사한다. 다만, 표준시장단가를 적용한 세부공종 및 세부공종의 합계금액이 음(-)의 금액인 경우 단가심사를 제외할 수 있다.

(2) 하도급 계획 심사(감점)

① 하도급 계획서를 제출한 하도급 계약 건별 하도급금액의 적정성에 대하여 심사하며, 점수 산정방식은 다음과 같다.

$$\text{하도급계획심사점수} = (-)\text{입찰금액배점의 20\%} \times (1 - \frac{1}{100}(\text{하도급점수}))$$

② 하도급점수의 배점한도는 100점으로 하며, 하도급 계약별 가중치와 하도급 계약별 하도급 점수의 곱을 합산하여 산정(소수점은 소수 셋째자리에서 반올림)한다.

③ 하도급계약별 가중치는 발주기관 내역서상 하도급계획서를 제출한 전체부분의 합계금액("내역서상 금액")에 대한 하도급계획서를 제출한 각 하도급계약에 대한 내역서상 금액으로 산정하며 전체 가중치의 합계는 1로 한다.

④ 하도급계약별 하도급점수는 하도급계약별로 하도급업체에 지급할 금액이 발주기관 내역서상 금액의 100분의 64 이상으로서, 하도급 할 부분에 대한 입찰금액의 100분의 82이상인 경우 100점으로 평가하고 그 외는 0점으로 평가한다.

⑤ 간이형 공사의 경우 전체 하도급 계약금액의 합계액을 기준으로 적정성을 심사하며, 하도급업체에 지급할 금액의 합계가 발주기관 내역서상 금액의 100분의 64이상으로서 하도급 할 부분에 대한 입찰금액의 100분의 82이상인 경우 100점으로 평가하고 그 외는 0점으로 평가한다.

⑥ 상호시장 진출 허용 공사로서 종합공사에 전문건설업 사업자가 참여한 경우와 전문공사에 종합건설사업자가 참여한 경우 해당 사업자가 직접 시공하는 부분에는 하도급계획서를 제출하지 않는다.(2021.3.19.신설)

(3) 물량심사(고난이도 공사에 한하여 적용)

① 물량심사점수 산정방식은 다음과 같으며, 배점한도는 100점으로 한다.

$$\text{물량심사점수} = (-)\text{입찰금액배점의 20\%} \times (1 - \frac{1}{100}(\text{물량점수}))$$

② 물량점수는 세부공종별 가중치와 세부공종별 물량점수의 곱을 합산하여 산정하며, 소수점은 소수 셋째자리에서 반올림한다.
- 세부공종별 가중치는 발주기관 내역서 상 물량심사 대상 전체 세부공종의 합계금액에 대한 각 물량심사 세부공종 금액으로 산정하며 전체 가중치의 합계는 1로 한다.

- 세부공종별 물량점수는 세부공종 입찰물량이 최종물량 대비 ±2%이내인 경우 100점으로 평가하고 그 외는 0점으로 평가한다.

(4) 시공계획 심사(고난이도 공사에 한하여 적용)

① 시공계획 심사점수 산정방식은 다음과 같으며, 배점한도는 100점으로 한다.

$$시공계획심사점수 = (-)입찰금액배점의\ 20\% \times (1 - \frac{1}{100}(시공계획점수))$$

② 시공계획점수 평가내용 및 배점은 다음과 같으며, 시공계획서를 제출하지 않는 경우에는 0점을 부여한다.

세부항목	평가내용	배점	평가방법*
1. 시공계획의 적정성	- 공정관리의 적정성 - 자재, 인력, 장비관리의 적정성	10~40%	적정(100%) 보통(50%) 부적정(0)
2. 공사기간의 적정성	- 공사계획의 적정성 - 공사기간의 단축 효과 - 공사기간 산정의 적정성	10~30%	적정(100%) 보통(50%) 부적정(0)
3. 안전관리 역량 평가	- 안전관리계획 적정성 - 안전관리조직 운영 적정성	10~40%	적정(100%) 보통(50%) 부적정(0)
4. 안정성 확보 및 환경 오염 방지	- 안정성 확보 방안 - 소음, 오염 방지 대책	10~30%	적정(100%) 보통(50%) 부적정(0)
5. 품질 확보방안	- 대체 공법 시공가능성 - 품질관리계획의 적정성	10~40%	적정(100%) 보통(50%) 부적정(0)
합 계		100	

* 세부 항목별 평가는 3개 등급 이상으로 구분한다.

③ 발주기관은 시공계획서의 이행여부를 점검하여 불이행한 경우에는 즉시 그 위반 사실을 통보하여야 하며 위반 사실을 통보한 날로부터 해당 발주기관의 입찰에서 2년간 감점을 부여한다.
이 경우 점검대상 항목, 점검절차 및 감점 기준을 세부 심사기준으로 정하여야 하며, 다만, 점검대상 항복은 성량적으로 평가가 기능한 부분에 한한다.

다. 사회적 책임 세부 심사방법

> 공공공사 입찰 안전평가 강화 : 사회적 책임분야의 건설안전에 대한 가중치와 심사항목을 확대하고, 사고사망만인율 평가를 기존의 가점에서 가·감점으로 전환(2021.12.1.)
> - 종전 30~40% 수준의 건설안전가중치를 40~60%로 상향조정하고, 사고사망만인율, 산업재해 발생보고 위반건수 등을 평가하는 건설안전 심사항목에 PQ의 신인도 심사항목인 산업재해예방활동 실적, 산업안전보건관리비 사용 관련 위반 건수, 산업안전보건법령 위반에 따른 행정형벌 부과 건수 등을 추가함
> - 특히, 그간 업계 평균보다 낮은 업체에 대해 가점(+0.8점 이내)을 주었던 사고사망만인율은 모든 업체에 가·감점(-1점~+1점)을 부여하는 방식으로 개선함

1) 사회적 책임 분야 중 건설안전 심사

⑴ 건설안전은 사고사망만인율, 산업재해발생 보고 위반건수, 산업재해 예방 활동 실적, 산업안전보건관리비 사용 관련 위반 건수, 산업안전보건법령 위반에 따른 행정형벌 부과 건수를 심사하고, 각 항목별 평가 점수를 합산하여 점수를 산정한다. 단, 합산한 점수의 한도는 -100점 또는100점으로 한다.

⑵ 산업재해 발생보고 위반 건수는 산업안전보건법시행규칙 별표1 제1호 및 제6호에 따라 산정한다.

⑶ 사고사망 만인율의 점수는 다음과 같이 산정한다.

① 사고사망 만인율의 점수 심사산식은 다음과 같다.

구분	점수 심사산식	비고
사고사망 만인율	점수=100-100× $\dfrac{\text{해당업체 가중평균 사고사망만인율}}{\text{건설업 가중평균 사고사망만인율}}$ * 해당업체 가중평균 사고사망만인율이 건설업 가중 평균 사고사망만인율의 2배 이상인 경우는 -100점	점수는 소수첫자리에서 반올림하여 정수로 표시하고, 점수한도는 100

② 사고사망 만인율의 가중평균은 다음 산식에 의하여 산정한다.
- [최근년도 사고사망 만인율×0.5+최근년도 1년 전 사고사망 만인율×0.3+ 최근년도 2년 전 사고사망 만인율×0.2]

(단, 최근년도 1년 전 사고사망만인율 또는 최근년도 2년 전 사고사망 만인율을 산정

하지 않은 경우에는 최근년도 사고사망만인율과 산정한 연도 사고사망 만인율의 평균값으로 한다)

(4) 산업재해 발생보고 위반건수는 최근 1년 동안의 기간 중에 과태료 부과처분이 확정된 건으로 산정하고, 위반건수에 따라 다음과 같이 점수를 산정한다.

위반건수	1건	2건	3건	4건	5건
점수	-20	-40	-60	-80	-100

(5) 산업재해 예방 활동 실적은 최근 고용노동부장관이 실시한 평가 결과에 따르며, 해당 평점에 따라 다음과 같이 점수를 산정한다. 단, 평점이 없는 경우 50점을 부여한다.

평점	90점 이상	80점 이상 90점 미만	70점 이상 80점 미만	60점 이상 70점 미만	50점 이상 60점 미만	50점 미만
점수	100	90	80	70	60	50

(6) 산업안전보건관리비 사용 관련 위반 건수는 최근 1년 동안 「산업안전보건법」 제30조 제3항에 따른 산업안전보건관리비 사용의무를 위반하여 목적 외 사용한 금액이 1,000만원을 초과하거나 사용내역서를 작성·보존하지 않아 과태료 처분이 확정된 건으로 산정하고, 처분건수에 따라 다음과 같이 점수를 산정한다.

처분건수	1회	2회 이상
점수	-25	-50

(7) 산업안전보건법령 위반 행정형벌 부과 건수는 최근 1년간 동일현장에서 벌금이상의 행정형벌을 받은 건으로 산정하며, 부과 건수에 따라 다음과 같이 점수를 산정한다.

부과건수	2회	3회 이상
점수	-25	-50

(8) 발주기관은 한국산업안전보건공단에서 위와 같이 산출한 입찰자의 사고사망 만인율 등의 점수를 확인하고 심사에 반영하여야 하며, 둘 이상의 업체가 공동계약을 체결하여 공사를 공동이행방식으로 시행하는 경우 각 구성원의 점수에 시공비율을 곱한 후 합산하여 평가한다.

2) 사회적 책임 분야 중 공정거래 심사 : 상호협력평가 점수에서 공정거래관련법 준수점수를 차감하여 산정한다.

(1) 상호협력평가 점수

상호협력 평가라함은「건설산업기본법」제48조에 의한 상호협력평가를 말하며, 상호협력평가 점수(100점)는 국토교통부가 매년 6월 30일 공표하는 업체별 상호협력평가 등급에 따라 심사하며 등급별 점수는 각 발주기관이 세부 심사기준으로 정한다.

(2) 공정거래관련법 준수

① 공정거래 관련법이라 함은「독점규제 및 공정거래에 관한 법률」,「하도급거래 공정화에 관한 법률」을 말하며, 공정거래관련법의 위반행위 시점은 공정거래위원회 의결일(소송 진행 중인 경우 해당소송의 확정판결일)을 기준으로 하되, 입찰공고일이 속하는 년도의 직전 2개 년도를 대상으로 한다.
② 공정거래관련법 위반행위는 법 위반행위 유형 및 조치정도에 따라 아래 해당 점수를 감점한다.

행위 유형	조치정도
입찰담합 등 공동행위 (공정거래법 제19조)	시정명령(25점), 과징금 10억미만(30점), 과징금 10억이상~30억미만(35점), 과징금 30억이상(40점), 법인고발(45점), 법인 및 개인고발(50점)
하도급법 위반행위	시정명령(20점), 과징금(30점), 고발(40점)
기타 공정거래법 위반행위	시정명령(15점), 과징금(25점), 고발(30점)

(3) 공정거래관련법의 위반행위 여부는 입찰참가자가 제출하는 다음 정보가 포함된 서류로 평가한다.

① 입찰공고일 기준 직전 2년간 해당 입찰참가자에 대한 공정거래위원회의 위의 조치사실
② 입찰참가자가 위의 처분에 대하여 소송이 진행 중인경우에는 이를 입증하는 자료
③ 입찰공고일 기준 직전 2년간 위의 조치에 대한 소송의 확정판결 및 이에 대한 입증자료

3) 사회적 책임 분야 중 지역경제기여도 심사 : 공동수급체 구성원 중 해당 공사현장 소재 지역 업체의 참여비율을 심사한다.

⑴ 지역 업체란 입찰공고일 현재 90일 이상 해당 공사현장이 소재한 특별시, 광역시, 특별자치시, 도 및 특별자치도에 법인등기부상 본점소재지가 소재한 업체를 말하며 공동수급체 대표자는 제외한다. 다만, 기획재정부 고시 국가계약법시행령 제72조제3항 제2호에 따른 공동계약 대상 사업 제2호*에 따른 사업의 경우에는 공동수급체 대표자를 포함한다.

* 기획재정부 고시(제2020-9호, 2020.4.7.) 공동계약 대상사업 : 제1호는 국도, 인입철도, 산업단지 조성 등 사업. 제2호는 철도, 고속국도 건설사업[남부내륙철도(김천-거제) 건설사업 등 6개 사업]

⑵ 지역경제기여도 심사의 산식은 다음과 같다.

$$평점 = \frac{지역업체\ 비율}{20\% \times A} \times 배점$$

- 공동수급체 대표자는 지역업체 비율 산정 시 제외한다. 다만, 간이형 공사의 경우에는 그러하지 아니하다.
- A는 발주기관이 해당 공사현장 소재지역의 지역업체 현황과 공사규모 및 난이도 등을 종합적으로 고려하여 0.5~2사이에서 결정

다만, 기획재정부 고시 제2호에 따른 사업(국가균형발전 프로젝트)에 대한 지역경제기여도 심사의 산식은 다음과 같다.(심사기준 부칙 별표4 개정, 2020.4.7.)

$$평점 = \frac{지역업체\ 비율}{40\%} \times 배점$$

⑶ 간이형 공사의 사회적 책임 중 건설인력 고용심사는[별표 2] 7. 및 9(공사수행능력 세부 심사방법 중 건설인력 고용 심사)에 따라 심사한다.

⑷ 상호시장 진출 허용 공사로서 종합공사에 전문건설사업자가 참여한 경우 건설안전 심사, 공정거래 심사 시 항목별로 기본점수를 부여할 수 있다.(2021.3.19. 신설)

⑸ 사회적 책임의 각 심사항목별 점수를 합산한 점수가 음(-)인 경우는 0점으로 한다. (2021.12.1. 신설)

제4절 대형공사계약제도

1 대형공사계약제도 개요

가. 대형공사계약제도의 의의

(1) 일반적으로 공공공사의 입찰은 발주기관이 미리 설계서를 작성하고 예정가격도 결정하여 시공업체를 선정하게 되는데, 앞에서 기술한 적격심사낙찰제와 종합심사낙찰제가 그 대표적인 낙찰제도에 해당한다. 이와 달리 발주기관이 설계서를 작성하지 아니하고 기본계획 및 지침을 제시하면 입찰자가 스스로 설계서를 작성하여 입찰서와 함께 제출토록 하는 일괄입찰제와, 발주기관이 실시설계서를 제시하고 대체가 가능한 공종에 대하여 발주기관 설계보다 동등 이상의 기능 및 효과가 있는 대안을 제출토록 하는 대안입찰제를 운용하고 있는데, 이러한 두 가지 입찰 제도를 '대형공사계약제도'라고 한다.

(2) 동 대형공사계약제도는 신기술 또는 신공법이 요구되는 공사에 있어서 스스로 설계서를 작성하거나 대안을 제시하도록 함으로써 건설업체의 설계·시공상의 기술개발을 통하여 경쟁력을 높이고 궁극적으로는 공공공사의 품질을 향상시키고자 도입된 제도라고 할 수 있다.

(3) 법령 체계상으로도 동 제도의 입찰 및 낙찰자 결정방법 등이 일반공사의 계약제도와는 차이점이 많은 점을 감안하여 시행령과 시행규칙에 별도의 장(영 제6장, 규칙 제6장)을 마련하여 운용되고 있으며, 따라서 대형공사 중 대안입찰 또는 일괄입찰에 의한 계약과 특정공사의 계약에 관하여 동 특례 장에 규정되어 있지 아니한 사항에 관하여는 다른 장에서 규정한 바에 따르게 된다(영 제78조).

나. 대형공사계약의 적용 범위

(1) 국가계약법시행령 제6장에 따르면 대형공사계약은 일반적으로 추정가격 300억 원 이상인 '대형공사'를 그 적용대상으로 하되, 300억 원 미만이라도 특별한 경우에는 대형공사계약에 포함할 수 있도록 규정하고 있는데 이를 '특정공사'라 한다.

☞ 이에 따라 위의 대형공사와 특정공사를 합하여 「대형공사 등」이라고 규정하고 있음

(2) 좀 더 구체적으로 살펴보면 "대형공사"라 함은 총공사비 추정가격이 300억 원 이상인 신규복합공종공사를 말하는 데, 동 대형공사 중 대안입찰 또는 설계·시공일괄입찰로 집행하는 공사가 시행령 제6장(대형공사 계약)의 특례를 적용받게 되는 것이다.

따라서 ① 총공사비 추정가격이 300억 원 이상인 공사라 하더라도 신규가 아닌 계속공사와 ② 총공사비 추정가격이 300억 원 이상인 신규복합공종공사일 경우라도 입찰방법이 대안입찰 또는 설계·시공일괄입찰로 집행되지 아니하는 공사의 경우에는 "기타공사"로 분류되어 동 특례 장이 적용되지 아니한다.

☞ 여기서 총공사비 추정가격은 발주기관이 입찰에 부쳐 계약을 체결할 공사계약 목적물에 대한 금액이라 할 수 있으며, 신규복합공종공사에 있어 공종의 범위는 건축공사, 전기공사, 정보통신공사 등이 복합되어 시행되는 공사를 의미함

(3) 한편, '특정공사'라 함은 총공사비 추정가격이 300억 원 미만인 신규복합공종공사 중 각 중앙관서의 장이 대안입찰 또는 일괄입찰로 집행함이 유리하다고 인정하는 공사를 말하며 시행령 제6장(대형공사계약)의 적용을 받는다.

2 대형공사 등의 입찰 및 낙찰자결정 방법 심의

가. 입찰방법과 낙찰자 결정방법의 심의 일원화(영 제80조)

(1) 각 중앙관서의 장은 「대형공사 등」의 경우 입찰방법, 낙찰자 결정방법 등에 대하여 「건설기술진흥법」 제5조에 따른 중앙건설기술심의위원회(중심위)의 심의를 거쳐야 하며, 이때 중앙관서의 장이 심의를 요청할 경우에는 ① 입찰의 방법에 관한 사항뿐만 아니라 ② 일괄입찰의 실시설계적격자의 결정방법에 관한 사항과 대안입찰의 낙찰자 결정방법에 관한 사항도 포함하여야 한다.

(2) 위와 같이 입찰방법 등의 심의에 대하여 각 중앙관서의 장이 중심위의 심의를 거치도록 일원화하는 것은 일괄입찰 방법 등이 남용되는 것을 방지하기 위한 것이며[58], 특히, 실시적격자 또는 낙찰자 결정방법도 심의 요청하도록 하는 것은 보다 더 해당 공사의 특성 등을 고려한 전문성이 요구되기 때문이라고 할 수 있다.

---

[58] 지방자치단체의 대형공사 입찰방법 등에 대하여는 지방건설기술심의위원회(또는 설계자문위원회)의 심의를 거치도록 일원화하고 있음(지방계약법시행령 제96조)

※ 종전에는 낙찰자 결정방법은 발주기관이 결정하고 입찰 방법에 관하여만 중심위의 심의를 거치도록 하였으나, 턴키·대안 등 기술형 입찰의 경우 보다 공사의 특성 및 난이도에 부합하는 평가방법이 적용될 수 있도록 하기 위해 낙찰자 결정방법의 경우에도 발주기관이 아닌 전문성을 갖춘 중심위가 결정하도록 변경함(영 제80조 제1항 개정, 2016.9.2.)

나. 집행기본계획서의 작성 제출(영 제80조, 규칙 제78조)

(1) 각 중앙관서의 장이 위와 같이 입찰 방법과 낙찰자 결정방법에 대하여 중앙건설기술심의위원회의 심의를 받으려는 때에는 해당 연도 이후에 집행할 대형공사 등의 집행기본계획서를 다음에서 정하는 순서에 따라 국토교통부장관에게 제출하여야 한다.

① 기본설계서 작성 전에 일괄입찰로 발주할 공사와 그 밖의 공사로 구분하여 제출
② 일괄입찰로 발주하지 아니하기로 결정된 공사에 대하여는 실시설계서를 작성한 후 대안입찰로 발주하려는 공사에 대하여 제출

즉, 각 중앙관서의 장이 집행기본계획서를 작성할 때에는 기본설계서를 작성하기 전에 일괄입찰로 발주할 공사와 일괄입찰로 발주하지 아니할 공사(그 밖의 공사)로 구분하여야 하며, 중심위의 심의에 따라 그 밖의 공사(기타공사)로 심의된 공사 중 실시설계서를 작성한 후 대안입찰로 발주할 필요가 인정되는 공사에 대하여는 앞에서 기술한 절차에 따른 심의의뢰를 위해 집행기본계획서를 추가로 작성하여야 한다(규칙 제78조 제2항).

(2) 대형공사 등의 집행기본계획서는 해당연도의 1월 15일까지 제출해야 하며, 다만, 공사의 미확정 등 그 기한 내에 제출할 수 없는 특별한 사유가 있는 경우에는 그 사유가 없어진 후 지체없이 집행기본계획서를 작성하여 국토교통부장관에게 제출하여야 한다.

이 경우 동 집행기본계획서는 ① 공사명 ② 공사의 개요 ③ 공사추정금액 ④ 공사 기간 ⑤ 공사장의 위치 ⑥ 입찰예정 시기 ⑦ 입찰방법(대안입찰의 경우에는 대안입찰에 부칠 사항 또는 범위) 및 제안이유 ⑧ 사업효과 ⑨ 기타 참고사항 등을 포함하여 작성하여야 한다.

다. 중앙건설기술심의위원회 심의 및 결과 통보(규칙 제79조, 제79조의2)

(1) 국토교통부장관은 중앙관서의 장으로부터 집행기본계획서를 제출받은 때에는 중심위로 하여금 집행기본계획서에 포함된 공사의 입찰방법 및 낙찰자 결정방법 등에 관하여 심의하게 하여야 한다. 다만, 기타공사의 경우에는 심의를 생략하게 할 수 있다.

⑵ 동 중심위의 심의가 완료된 경우에는 국토교통부장관은 다음의 구분에 따라 해당 중앙관서의 장에게 공사별로 심의 결과를 통보하여야 하며, 각 중앙관서의 장은 특별한 사유가 없는 한 통보된 심의 결과에 따라 집행기본계획서를 조정하여야 한다.

① 매년 1월 15일까지 제출된 집행기본계획서의 경우 : 매년 2월 20일까지
② 매년 1월 16일 이후에 제출된 집행기본계획서의 경우 : 심의를 완료한 후 10일 이내

라. 심의 결과 공고(영 제80조 제3항 및 제5항, 규칙 제81조)

⑴ 국토교통부장관은 중앙관서의 장이 제출한 대형공사 등의 집행기본계획서에 대하여 중심위의 심의를 거친 때에는 심의 결과에 따라 대안입찰 또는 일괄입찰의 방법에 의하여 집행할 대형공사 등과 그 실시설계적격자 또는 낙찰자 결정방법을 신문 또는 전자조달시스템에 공고하여야 한다.

⑵ 이에 따라 각 중앙관서의 장은 대형공사 등에 있어서 특별한 사유가 없는 한 국토교통부장관이 공고한 입찰 방법과 그 실시설계적격자 또는 낙찰자 결정방법에 따라 입찰을 실시하여야 하며, 다만, 유찰이 계속되고 사업 진행이 더 이상 불가능한 경우에는 특별한 사유에 해당할 수 있을 것이므로 새로운 방법의 계약방식으로 사업추진도 가능하다고 할 것이다(기획재정부 계약제도과-403, 2015.4.8.).

〈 대형공사 입찰 및 낙찰자 결정방법 심의절차 요약 〉

① 집행기본계획서 제출 : 매년 1월 15일까지 국토교통부장관에게 제출
- 입찰방법 및 낙찰자 결정방법 심의의뢰(집행기본계획 제출)시기
  - 기본설계 작성 전 : 일괄입찰과 기타공사로 구분하여 심의의뢰
  - 기타공사로 심의된 공사에 대해 실시설계 후 : 그 중 대안이 필요한 공사에 대해 추가로 입찰방법 심의의뢰

② 중앙건설기술심의위원회 심의결과 통보 : 2월 20일까지

③ 공고 : 국토교통부장관이 신문 또는 G_2B에 공고
  ☞ 지방자치단체의 경우는 지방건설기술심의위원회(또는 기술자문위원회)에 제출하여 심의, 지방자치단체의 장이 공고(지방계약법시행령 제96조)

3 일괄입찰제의 입찰 및 낙찰자 결정

가. 일괄입찰제의 의의

(1) 일반적으로 공공공사를 발주할 경우에는 발주기관이 설계용역을 통하여 설계서를 작성한 후 동 설계서대로 시공할 업체를 선정하는 방식으로 입찰이 진행되는데, 이와 달리 발주기관이 제시하는 기본계획 및 지침에 따라 입찰자가 그 공사의 설계서 기타 시공에 필요한 도면 및 서류를 작성하여 입찰서와 함께 제출하게 하는 입찰을 "일괄입찰"이라고 한다.

(2) 위와 같이 설계와 시공을 일괄하여 입찰에 부치는 동 제도는 가격보다는 설계심의를 통한 기술경쟁으로 기술발전에 기여하고 설계와 시공을 연계하여 수행하게 함으로써 사업의 일관성을 확보하기 위해 도입되었으며, 해당 공사 예산 범위 내에서 최상의 성능과 품질을 확보하는 것이 동 제도의 목표라고 할 수 있다.

〈 일반공사와 일괄입찰공사의 비교 〉

구 분	일반공사	일괄입찰공사
입찰방식	발주기관 설계 후 시공에 대해서만 입찰	기본설계입찰 → 실시설계적격자
낙찰자 결정방식	가격과 공사수행능력 심사결정 (적격심사낙찰제, 종합심사낙찰제)	설계심의와 가격평가를 통해 결정
대상공사의 선정	일괄입찰제로 선정된 이외 공사	중심위 심의후 대상공사 선정
입찰자 수 및 유형	업체 규모에 관계없이 다수 업체가 입찰	기술력 있는 대기업 위주 소수 업체 입찰(3~5개)

나. 입찰 및 설계심의

1) 입찰참가자격(영 제84조 제1항)

일괄입찰에 참가하고자 하는 자는 다음의 요건을 모두 갖추어야 하며, 다만, 두 가지 요건 중 어느 하나만을 갖추어 공동으로 두 가지 요건을 모두 갖춘 경우에도 입찰참여가 가능하다.

① 「건설산업기본법」 제9조에 따라 해당 공사의 시공에 필요한 건설업 등록을 한 자일 것

② 「건설기술진흥법」 제26조에 따른 건설기술용역업자 또는 「건축사법」 제23조에 따라 건축사업무신고를 한 자일 것

2) 입찰공고 및 입찰참가자격 사전심사

계약담당공무원은 중앙건설기술심의위원회에서 심의·결정한 실시설계적격자 결정방법을 입찰공고를 할 때에 명시하여야 하며, 일괄입찰에 있어 시행령 제13조에 따라 입찰참가자격을 미리 심사하여 적격자를 선정하고자 하는 경우 사전심사(PQ) 기준·방법 그 밖에 필요한 사항은 계약예규 「입찰참가자격 사전심사요령」을 참고하여 정할 수 있다(영 제85조의2 제3항, 일괄입찰 등에 의한 낙찰자 결정기준 제2조).

3) 기본설계입찰(영 제85조)

(1) 기본설계입찰은 일괄입찰의 기본계획 및 지침에 따라 실시설계에 앞서 기본설계와 그에 따른 도서를 작성하여 입찰서와 함께 제출하는 입찰이므로, 일괄입찰자는 기본설계입찰서에 다음의 도서를 첨부하여 제출하여야 한다.

① 기본설계에 대한 설명서
② 「건설기술진흥법시행령」 제11조의 규정에 따른 관계서류
③ 기타 공고로 요구한 사항

(2) 실시설계적격자 결정방법 중 확정가격 최상설계방식으로 실시설계적격자를 결정하는 경우에는 기본설계입찰 시 (가격)입찰서를 제출하지 아니하며, 일괄입찰은 예정가격을 작성하지 아니하므로 입찰자는 공개된 예산금액 또는 추정가격을 고려하여 입찰금액을 산출하게 된다.

4) 중앙건설기술심의위원회의 설계심의 및 평가

(1) 각 중앙관서의 장(계약담당공무원)은 기본설계입찰서를 제출받은 때에는 중앙건설기술심의위원회에 해당 설계의 적격 여부에 대한 심의 및 설계점수평가를 의뢰하여야 하며, 중앙건설기술심의위원회는 기술적 타당성을 검토하고 설계의 적격여부를 명백히 한 서류 및 설계점수를 해당 중앙관서의 장에게 통지하여야 한다.

(2) 중앙건설기술심의위원회는 설계의 심의를 함에 있어서 기본설계입찰서에 첨부된 도서가 입찰의 기본계획 및 지침의 내용이나 기본설계의 내용에 비추어 미비하거나 그 내용이 분명하지 아니한 경우에는 이에 대한 보완을 요구할 수 있다.

다. 실시설계적격자 결정(영 제85조의2, 제87조)

1) 실시설계적격자 결정 대상자 선정(영 제87조 제1항)

계약담당공무원은 기본설계입찰에 있어 입찰 시 제출한 기본설계의 적격여부 및 설계점수를 중앙건설기술심의위원회 또는 기술자문위원회로부터 통지받은 때에는, 입찰자 중 설계점수가 높은 순으로 최대 6인을 실시설계적격자 결정대상자로 선정하여야 한다. 다만, 적격으로 통지된 입찰자가 6인 미만인 경우에는 적격으로 통지된 모든 입찰자를 실시설계적격자 결정 대상자로 선정하여야 하고, 기본설계적격자가 1인 이하인 경우에는 재공고 입찰에 의하여야 한다.

2) 실시설계적격자 결정(영 제87조 제1항)

계약담당공무원은 위와 같이 선정된 실시설계적격자 결정 대상자 중 중앙건설기술심의위원회의 심의 결정에 따라 선택된 적격자 결정방법을 적용하여 실시설계적격자를 결정하여야 하며, 실시설계적격자로 선정된 자에 한하여 실시설계서를 제출하게 하여야 한다.

구 분	결정 방법
① 설계적합 최저가방식	최저가격으로 입찰한 자를 실시설계적격자로 결정하는 방법(이 경우 기본설계적격자는 60점 이상 85점 이하에서 계약담당공무원이 정한 설계점수 이상을 받은 자)
② 가격/설계 조정방식	ⅰ) 입찰가격 조정방식 입찰가격을 설계점수로 나누어 조정된 가격이 가장 낮은 자를 실시설계적격자로 결정하는 방법 * 조정가격 = 입찰가격/(설계점수/100)
	ⅱ) 설계점수 조정방식 설계점수를 입찰가격으로 나누어 조정된 점수가 가장 높은 자를 실시설계적격자로 선정하는 방법 * 조정점수=[설계점수×추정가격(부가세 포함)]/입찰가격
③ 가중치 기준방식	설계점수와 가격점수에 가중치를 부여하여 각각 평가한 결과를 합산한 점수가 가장 높은 자를 실시설계적격자로 결정하는 방법 * 가격점수 = 가격점수가중치 × (최저입찰가격/해당입찰가격)
④ 확정가격 최상설계방식	계약금액을 확정하고 기본설계서만 제출하도록 하여 설계점수가 가장 높은 자를 실시설계적격자로 결정하는 방법

3) 일괄입찰의 일부 입찰 무효 시 설계점수의 조정(동 기준 제12조의2)

계약담당공무원은 기본설계 적격자 및 실시설계 적격자를 선정함에 있어 입찰참가자 구성원 중 설계업체의 일부에 입찰 무효 사유가 있는 입찰참가자에 대하여는 중앙건설기술심의위원회 또는 기술자문위원회로부터 통지받은 설계점수를 다음과 같이 조정한 설계점수를 적용한다. 이 경우 설계업체는 「건설기술 진흥법」 제26조에 따른 건설기술용역사업자 또는 「건축사법」 제23조에 따라 건축사업무신고를 한 자를 말한다.

> ▸ 설계점수
> = 설계평가 총점수 − [(입찰 무효사유가 있는 설계업체의 참여 분야 지분율 × 해당 분야 취득점수) + (입찰 무효사유가 있는 설계업체의 참여분야 지분율 × 해당 분야 취득점수) + ……]

라. 실시설계서의 심의 및 낙찰자 결정(영 제87조)

(1) 계약담당공무원은 입찰공고 시 명시된 실시설계적격자 결정방법에 따라 실시설계적격자를 결정한 경우에는 동 실시설계적격자로부터 실시설계서 등을 제출받아 중앙건설기술심의위원회(또는 기술자문위원회)에 실시설계서의 적격 여부에 대한 심의를 의뢰하여야 하며, 이때 실시설계서에는 다음의 도서를 첨부하여야 한다.

① 실시설계에 대한 구체적인 설명서
②「건설기술진흥법시행령」제11조의 규정에 의한 관계서류
③ 단가 및 수량을 명백히 한 산출내역서
④ 기타 참고사항을 기재한 서류

☞ 실시설계서 : 기본계획 및 지침과 기본설계서에 따라 세부적으로 작성한 시공에 필요한 설계서(설계서에 부수되는 도서를 포함)

(2) 위와 같이 심의의뢰 결과 중앙건설기술심의위원회로부터 해당 실시설계의 적격 통지를 받은 때에는 동 실시설계적격자를 낙찰자로 결정하며, 낙찰자의 결정은 부득이한 사유가 없는 한 실시설계서가 제출된 날부터 60일 이내에 하여야 한다. 만약, 실시설계적격자의 입찰금액이 계속비 대형공사에 있어서는 계속비 예산, 일반대형공사에 있어서는 총 공사 예산을 각각 초과하는 경우에는 실시설계 제출 요구 전에 예산의 범위 안으로 가격을 조정하기 위하여 그 입찰자와 협의하여야 하며 협의가 성립되지 아니할 때에는 재공고 입찰에 의하여야 한다.

☞ "계속비 대형공사"라 함은 공사비가 계속비 예산으로 계상된 대형공사를 말하며, "일반대형공사"라 함은 공사비가 계속비 예산으로 계상되지 아니한 대형공사를 말함.

마. 실시설계·시공병행 방식(Fast Track)의 입찰 및 낙찰자 결정(영 제87조)

(1) 계약담당공무원은 낙찰자를 결정함에 있어서 공사의 시급성 기타 특수한 사정으로 인하여 필요하다고 인정하는 경우에는 실시설계적격자로 하여금 당해공사를 공정별 우선순위에 따라 구분하여 실시설계서를 작성하게 할 수 있으며, 당해 실시설계서에 대하여 중앙건설기술심의위원회 또는 기술자문위원회로부터 실시설계적격통지를 받은 때에는 그 실시설계적격자를 낙찰자로 결정하고 우선순위에 따라 공사를 시행하게 할 수 있다.

(2) 이 경우 낙찰자로 결정된 자로 하여금 공사를 시행하게 하기 전에 총 공사와 실시설계 적격 통지를 받은 공사에 대한 산출내역서를 제출하게 하여 이에 따라 계약을 체결하여야 한다. 또한, 총 공사에 대한 최종 실시설계 적격통지가 있는 때에는 처음 계약을 체결한 자로 하여금 산출내역서를 다시 작성하여 당초의 산출내역서와 대체하도록 하여야 하며, 이 경우 당초의 계약금액은 이를 증액할 수 없다.

(3) 발주기관이 위와 같은 실시설계·시공병행 방식(Fast Track)의 입찰 및 낙찰자 결정 방식을 채택하고자 하는 경우에는 실시설계서를 우선 제출하여야 하는 공종의 범위 및 제출기한, 산출내역서의 작성·제출에 관한 사항 등을 입찰안내서 등에 명시하여 입찰에 참가하고자 하는 자가 입찰 전에 미리 이를 알 수 있도록 하여야 한다.

4 대안입찰제의 입찰 및 낙찰자 결정

가. 대안입찰제 개요(영 제79조)

1) 의의

(1) '대안입찰'이라 함은 원안입찰과 함께 따로 입찰자의 의사에 따라 대안이 허용된 공사의 입찰을 말하며, 이 경우 '대안'이란 발주기관이 작성한 실시설계서* 상의 공종 중에서 대체가 가능한 공종에 대하여 기본방침의 변동 없이 정부가 작성한 설계에 대체될 수 있는 동등 이상의 기능 및 효과를 가진 신공법·신기술·공기 단축 등이 반영된 설계를 말한다.

  * 대안 제출의 대상을 기본설계서로 할 경우 실시설계서의 부재로 원안입찰자의 입찰이 사실상 불가능한 점을 고려하여 위와 같이 기본설계가 아닌 실시설계 단계로 정하게 된 것임

(2) 즉, 입찰자가 제시하는 대안은 해당 실시설계서상의 가격이 발주기관이 작성한 실시설계서상의 가격보다 낮고, 공사기간이 발주기관이 작성한 실시설계서상의 기간을

초과하지 아니하는 방법(공기단축의 경우에는 공사기간이 발주기관이 작성한 실시설계서상의 기간보다 단축된 것에 한함)으로 시공할 수 있는 설계를 말하므로, 동 대안입찰제도의 도입 취지는 설계·시공상의 기술 및 능력을 개발하고 발주기관의 설계보다 더 경제적이고 우수한 품질의 시공을 확보하는 데 그 목적이 있다고 할 수 있다.

(3) 한편, 동 대안입찰의 경우에 있어 대체될 수 있는 설계의 범위와 한계에 관하여 이의가 있는 경우에는 건설기술진흥법 제5조에 따른 중앙건설기술심의위원회의 심의를 거쳐 각 중앙관서의 장이 그 범위와 한계를 정하며, 다만, 기술자문위원회를 설치·운영하고 있는 각 중앙관서의 장(그 소속기관의 장 포함)은 동 위원회의 심의를 거쳐 그 범위와 한계를 정할 수 있다.

2) 입찰참가자격(영 제84조 제2항)

(1) 대안입찰의 경우 입찰참가자격은 앞에서 기술한 일괄입찰의 입찰참가자격과 동일하나 다만, 대안을 제출하지 아니하고 원안에 의한 입찰을 하는 자에 대하여는 건설업 등록요건만을 갖춘 자에 대하여도 입찰에 참가할 수 있다.

(2) 한편, 대안입찰을 실시함에 있어 당초 원안 설계를 한 업체도 입찰참여가 가능한 지 여부에 대하여 논란이 될 수 있는데, 동 대안입찰이란 원안 설계보다 동등 이상의 기능 및 효과를 가진 신기술·신공법 등이 반영된 설계를 제시토록 하는 입찰 제도라는 취지를 감안 할 때 원안설계업체는 참여하지 않는 것이 타당하다고 할 수 있다.

나. 입찰 및 낙찰자 결정

〈 대안입찰의 주요 절차 〉

① 입찰 및 낙찰자 결정방법 선택(중심위) → ② 낙찰자 결정방법 공고(발주기관) → ③ PQ 실시 및 입찰적격자 선정 → ④ 입찰실시 → ⑤ 낙찰적격입찰 선정 → ⑥ 대안설계서 심의·평가(중심위) → ⑦ 대안의 채택(낙찰자결정 대상자 선정) → ⑧ 공고된 방법에 따라 설계점수와 입찰가격 평가 → ⑨ 낙찰자 결정

1) 낙찰자 결정방법 선택 및 공고(영 제85조의2)

(1) 대안입찰의 낙찰자 결정방법도 앞에서 기술한 일괄입찰의 실시설계적격자 결정방법 선택의 경우처럼 중앙건설기술심의위원회가 공사의 목적 및 특성 등을 고려하여 해당 공사에 가장 적합하다고 판단되는 방법을 선택하고, 발주기관은 동 낙찰자 결정방법을

입찰공고를 할 때 명시하여야 한다('일괄입찰 등의 낙찰자 결정 기준' 제3조).

(2) 계약담당공무원은 위와 같이 중앙건설기술심의위가 심의하여 입찰공고 때 명시한 방법으로 낙찰자를 결정하여야 하며, 이 경우 낙찰자 결정방법은 앞에서 기술한 일괄입찰의 실시설계적격자 결정방법 중 확정가격 최상 설계방식을 제외한 나머지 다음의 방식을 말한다.

① 최저가격으로 입찰한 자를 낙찰자로 결정하는 방법
② 입찰가격을 설계점수로 나누어 조정된 수치가 가장 낮은 자 또는 설계점수를 입찰가격으로 나누어 조정된 점수가 가장 높은 자를 낙찰자로 결정하는 방법
③ 설계점수와 가격점수에 가중치를 부여하여 각각 평가한 결과를 합산한 점수가 가장 높은 자를 낙찰자로 결정하는 방법

2) 대안입찰서 제출 및 낙찰 적격입찰 선정

(1) 대안입찰자가 원안입찰과 함께 대안을 제출하는 경우 다음의 도서를 입찰서에 첨부하여 제출하게 하여야 한다. 다만, 동시에 2개 이상의 대안을 제출할 수 없다.

① 대안설계에 대한 구체적인 설명서
②「건설기술진흥법시행령」제11조의 규정에 의한 관계서류
③ 원안입찰 및 대안입찰에 대한 단가와 수량을 명백히 한 산출내역서
④ 대안의 채택에 따른 이점 기타 참고사항을 기재한 서류

(2) 계약담당공무원은 제출된 대안입찰서의 대안 입찰가격이 다음의 요건을 모두 충족하는 경우에는 이를 낙찰 적격입찰로 선정한다.

① 대안입찰가격이 입찰자 자신의 원안입찰가격보다 낮을 것
② 대안입찰가격이 총공사 예정가격 이하로서 대안공종에 대한 입찰가격이 대안공종에 대한 예정가격 이하일 것

(3) 계약담당공무원은 위와 같이 선정된 낙찰 적격입찰의 대안설계서를 원안설계서와 함께 중앙건설기술심의위원회 또는 기술자문위원회에 설계의 적격여부에 대한 심의 및 설계점수평가를 의뢰하여야 한다.

3) 대안의 채택(낙찰자 결정 대상자 선정)(영 제86조 제2항, 동 기준 제16조)

(1) 계약담당공무원은 선정된 낙찰 적격입찰의 대안입찰서에 대하여 중앙건설기술심의위원회 또는 기술자문위원회로부터 설계의 적격여부 및 설계점수를 통지받은 때에는 적격으로 통지된(설계적합최저가방식에 따라 낙찰자를 결정하는 경우에는 60점 이상

85점 이하에서 계약담당공무원이 정한 설계점수 이상을 받은) 대안입찰서 중 설계점수가 높은 순으로 최대 6개의 대안을 선정한다. 이때 적격으로 통지된 대안이 6개 미만인 경우에는 적격으로 통지된 모든 대안을 선정한다.

(2) 위와 같이 대안을 선정한 후 대안설계점수가 원안설계점수보다 높은 것을 대안으로 채택하며, 다만, 수 개의 대안공종 중 일부 공종에 대한 대안설계점수가 원안설계점수보다 낮은 경우에는 해당 공종에 대한 대안공종은 이를 채택하지 아니한다.

(3) 대안의 채택이 완료되면 원안입찰과 함께 낙찰자 결정대상자로 선정된다. 이 경우 원안입찰자는 대안입찰서를 제출하였으나 낙찰 적격입찰에서 제외되었거나, 낙찰 적격입찰 중 대안 설계점수가 원안설계점수보다 낮은 대안입찰서를 제출한 자를 포함한다.

4) 대안 입찰가격의 조정(영 제86조 제3항, 제4항)

(1) 계약담당공무원은 대안 설계점수가 원안 설계점수보다 낮아 대안으로 채택되지 않은 공종이 있는 경우에는 대안입찰자의 대안입찰서상 해당 공종의 입찰가격을 원안입찰 시에 제출한 산출내역서상의 해당 공종의 입찰가격으로 대체하여 전체 대안입찰가격을 조정해야 한다.

(2) 위와 같이 조정을 거친 후 대안으로 채택되지 않은 공종으로 인하여 불가피하게 채택된 공종에 대한 설계의 일부를 수정해야 하는 경우에는 이를 수정할 수 있으며, 다만, 수정하게 되는 공종의 입찰가격은 증액할 수 없다. 이와 같이 조정 또는 수정을 하는 경우에는 미리 중앙건설기술심의위원회 또는 기술자문위원회의 심의를 거쳐야 한다.

5) 낙찰자 결정(영 제86조 제5항, 제6항)

(1) 계약담당공무원은 원안입찰자와 대안채택 기준에 따라 채택된 대안을 제출한 자 중에서 중앙건설기술심의위원회에서 선택하여 입찰공고 시 명시된 낙찰자 결정방법을 적용하여 낙찰자를 결정한다. 이 경우 부득이한 사유가 없는 한 입찰일부터 80일 이내에 결정하여야 한다.

(2) 만약, 대안을 제출한 자가 없거나, 낙찰자가 없는 경우에는 원안입찰가격이 예정가격 이하로서 최저가격인 입찰을 제출한 자부터 순차적으로 다음의 방법에 따라 낙찰자를 결정한다.

① 추정가격이 100억 원 이상인 공사 : 종합심사낙찰제
② 추정가격이 100억 원 미만인 공사 : 적격심사낙찰제

6) 대안입찰의 일부 입찰무효 시 설계점수의 조정 및 입찰결과의 공개 등

(1) 계약담당공무원은 위의 낙찰자 결정기준에도 불구하고 설계업체의 일부에 입찰무효 사유가 있는 입찰참가자가 있을 경우에는 낙찰자 결정대상자 및 낙찰자를 선정함에 있어 일괄입찰의 일부 입찰 무효 시 설계점수의 조정 규정을 준용한다.

(2) 또한, 대안입찰의 개찰 후 즉시 입찰참가업체별 설계점수와 입찰가격을 전자조달시스템 또는 발주기관의 정보처리장치를 통하여 공개하여야 하며, 「독점규제 및 공정거래에 관한 법령」에 따라 입찰관련 정보를 공정거래위원회에 제출하여야 한다.

5 대형공사의 설계비 보상(영 제89조)

가. 도입 배경

(1) 대형공사계약제도는 신기술·신공법 개발 등을 통하여 건설업체의 경쟁력을 높이고 공사의 품질향상을 위해 도입된 제도이지만, 입찰자가 설계서를 작성하게 됨에 따라 입찰 참여결과 탈락된 경우에는 이미 투입된 설계비의 부담이 과중한 것이 문제점으로 지적되는 제도이다.

(2) 위와 같이 대형공사 입찰자의 과중한 설계비 부담으로 인하여 참여 실적이 저조함에 따라 동 대형공사계약제도를 활성화시키기 위해 낙찰탈락자에게 설계비 일부를 보상하여 주는 제도를 '대형공사 설계비 보상제도'라고 할 수 있다.

나. 설계비 보상대상 및 보상예산(정부 입찰·계약 집행기준 제85조, 86조)

1) 설계비 보상대상

① 낙찰탈락자 : ⅰ) 일괄입찰의 경우 실시설계적격자 대상자로 선정된 자 중에서 낙찰자로 결정되지 아니한 자와 ⅱ) 대안입찰의 경우 낙찰적격자로 선정된 자 중에서 낙찰자로 결정되니 아니한 자

② 발주기관의 귀책 사유로 취소된 대안입찰 또는 일괄입찰에 참여한 자

2) 보상예산 및 확보 의무

계약담당공무원은 낙찰탈락자 등에게 설계비의 일부를 보상하기 위하여 해당 공사예산의

20/1000을 설계비 보상예산으로 확보하여야 한다. 이 경우 "해당 공사예산"이라 함은 해당 공사의 이행을 위해 직접적으로 소요되는 예산을 말하는 것으로서 해당 공사예산에는 설계비도 포함되는 것이며, 또한 설계서는 관급 또는 사급자재 여부와 관계없이 모든 자재가 투입되도록 작성되는 것이므로 동 예산에 관급자재비도 포함되는 것으로 보아야 한다.

다. 일괄입찰의 설계비 보상기준(동 집행기준 제87조의2)

(1) 입찰실시 결과 낙찰탈락자 중 설계점수가 입찰공고에 명시한 일정 점수를 초과하는 자(보상대상자)에 대하여 다음의 산식에 따라 설계보상비를 지급하며, 다만, 보상대상자 1인에게 공사예산의 1000분의 14를 초과하여 설계보상비를 지급하여서는 아니 된다.[59]

$$\text{설계보상비} = \text{해당 공사예산} \times \left(2\% \times \frac{\text{설계점수}}{\text{보상대상자점수합계}} \right)$$

(2) 만약, 국가계약법시행령 제87조에 따라 실시설계결정 대상자로 선정되기 전에 발주기관의 귀책사유로 입찰이 취소된 경우에는 모든 입찰참여자에 대해 해당 공사의 설계보상비로 책정된 해당 공사예산의 20/1000에 해당하는 금액을 균분하여 지급한다. 다만, 입찰참여 1인당 동 금액의 1/4를 초과하여 지급하지 못한다.

라. 대안입찰의 설계비 보상기준(동 집행기준 제87조)

(1) 계약담당공무원은 낙찰탈락자에 대해 해당 공사의 설계보상비로 책정된 해당 공사예산의 20/1000에 해당하는 금액을 다음과 같이 지급하여야 한다.

① 낙찰탈락자가 5명인 경우 : 공사예산의 20/1000에 해당하는 금액을 설계점수가 높은 자 순으로 20분의 7, 20분의 5, 20분의 4, 20분의 2, 20분의 2를 지급
② 낙찰탈락자가 4명인 경우 : 공사예산의 20/1000에 해당하는 금액을 설계점수가 높은 자 순으로 20분의 7, 20분의 5, 20분의 4, 20분의 2를 지급
③ 낙찰탈락자가 3명인 경우 : 공사예산의 20/1000에 해당하는 금액을 설계점수가 높은 자 순으로 20분의 7, 20분의 5, 20분의 4를 지급

---

[59] 턴키 등 기술형 입찰 설계보상제도 개선('16.12.30) : 입찰참여 유인을 제고하고 중소·중견업체의 입찰참여를 촉진할 수 있도록 우수설계자에 대한 설계보상을 강화 ⇒ 총 설계 보상비 예산은 공사비의 2%를 유지하되, 1인당 최대수령액을 증액함(공사비의 0.9% → 1.4%)

④ 낙찰탈락자가 2명인 경우 : 공사예산의 20/1000에 해당하는 금액을 설계점수가 높은 자 순으로 20분의 7, 20분의 5를 지급
⑤ 낙찰탈락자가 1명인 경우 : 공사예산의 20/1000에 해당하는 금액의 1/4를 지급

(2) 계약담당공무원은 발주기관의 귀책사유로 취소된 대안입찰에 참여한 자에 대해 해당 공사의 설계보상비로 책정된 해당 공사예산의 20/1000에 해당하는 금액을 다음과 같이 지급하여야 한다.

① 시행령 제86조제2항에 따라 채택된 대안으로 선정된 자가 6인인 경우 :
공사예산의 20/1000에 해당하는 금액을 설계점수가 높은 자 순으로 20분의 7, 20분의 5, 20분의 4, 20분의 2, 20분의 1, 20분의 1을 지급
② 시행령 제86조제2항에 따라 채택된 대안으로 선정된 자가 5인 이하인 경우 :
위 [(1)]의 지급기준을 준용하여 지급

(3) 시행령 제86조 제2항에 따라 낙찰자가 선정되기 전에 발주기관의 귀책사유로 입찰이 취소된 경우에는 일괄입찰의 경우에 준하여 지급한다.

마. 그 밖의 설계비 보상 관련 사항

(1) 계약담당공무원은 2인 이상이 공동으로 입찰하여 낙찰탈락자가 된 경우에는 보상비로 산출된 금액을 공동입찰의 대표자에게 지급하여야 한다.(정부 입찰·계약 집행기준 제88조)

(2) 계약담당공무원은 낙찰탈락자가 확정되면 즉시 낙찰탈락자에게 설계비 보상과 관련된 내용을 통지하여야 하며, 통지사항에는 특별한 사유가 없는 한 통지일로부터 30일 이내에 낙찰탈락자의 설계비 등의 보상요청이 없으면 설계비 보상금에 대한 권리를 포기한 것으로 간주한다는 내용이 포함되어야 한다.(동 집행기준 제89조)

(3) 계약담당공무원은 일괄입찰 및 대안입찰 공사의 입찰공고를 하는 경우에 입찰공고에 설계비 보상에 관한 내용을 포함시켜야 한다.

6 일괄입찰 등 "기술형 입찰"의 수의계약 절차 및 기준

가. 수의계약 집행기준 마련 배경

일괄입찰 등 기술형 입찰이 2회 이상 유찰될 경우 수의계약을 체결할 수 있는 법적 근거(국가계약법시행령 제27조 등)는 있으나, 설계의 적정성이나 가격 결정 등이 어려워 실무적으로 계약체결이 잘 이루어지지 않게 된다. 이와 같은 실무적 어려운 현실을 감안하여 기 유찰된 국가사업이 조속히 추진될 수 있도록 하기 위해 설계 및 가격의 적정성 판단기준 등 수의계약을 체결할 수 있는 절차와 기준을 좀 더 구체적으로 마련하여 규정화하게 된 것이 "기술형 입찰의 수의계약 집행기준"이라고 할 수 있다.

나. 수의계약 절차 개요(정부 입찰·계약 집행기준 제10조의8)

(1) 계약담당공무원은 예비계약을 체결하여 실시설계 용역을 먼저 실시하고 실시설계서가 적격통지를 받은 경우에 한하여 본 계약을 체결할 수 있다.

이 경우 "예비계약"이라 함은 수의계약 상대방과 본 계약체결 시까지 임시적으로 체결하는 계약으로서 상대방이 실시설계용역을 수행함과 동시에 양 당사자 간 가격협상이 성립할 것을 조건으로 본 계약을 체결할 것을 약정하는 계약을 말하며, "본 계약"이라 함은 발주기관과 수의계약 상대방 사이에 가격협상이 성립되어 시공과 계약을 일괄하여 종국적으로 체결되는 계약을 말한다.

(2) 또한, 계약담당공무원은 일괄입찰 및 기본설계기술제안입찰의 입찰공고 시 재공고 입찰이 유찰될 경우 최종 공고의 단독입찰자와 정부 입찰계약 집행기준 제5장에 따른 절차에 따라 수의계약을 체결할 수 있다는 취지를 공고문에 명시하여야 한다.

다. 세부절차

1) 예비계약의 체결(동 집행기준 제10조의9)

(1) 계약담당공무원은 수의계약 상대방이 제출하는 기본설계의 설계점수 또는 기술제안 점수가 계약담당공무원이 정한 설계점수(60점 이상 85점 이하의 범위에서 결정)를 초과하는 경우에는 해당 상대방과 실시설계 용역과 가격협상 성립을 조건으로 하는 공사계약을

일괄하여 체결할 수 있다. 이와 같이 계약을 체결함에 있어서는 다음의 사항을 부관으로 약정하여야 한다.

① 계약금액은 실시설계가 확정된 이후 협의에 의해 결정한다는 취지
② 협의 과정에서 계약금액에 이견이 있을 경우 발주기관은 시공부분의 계약을 해지할 수 있으며 이 경우 법 제27조에 따른 입찰참가자격 제한을 하지 아니한다는 취지
③ 위(②)의 경우에 발주기관은 상대방에 대하여 다음의 금액을 지급하고 설계서의 이용권리를 취득하며 시공 부분을 별도로 발주 할 수 있다는 취지
   ⅰ) 일괄입찰로 발주된 공사 : 기본설계서 및 실시설계서에 대한 설계대가를 기초로 각 설계용역에 대한 평균 낙찰률을 감안하여 산정한 금액
   ⅱ) 기본설계 기술제안입찰로 발주된 공사: 실시설계서에 대한 설계대가를 기초로 설계용역 평균 낙찰률을 감안하여 산정한 금액과 제안서 보상비를 합산한 금액
④ 상대방은 위(③)에 따라 별도로 발주되는 입찰에 참여할 수 없다는 취지
⑤ 본 계약을 체결함에 있어 설계변경으로 인한 계약금액의 조정은 시행령 제91조, 제108조에 따라 계약금액 조정이 가능하다는 취지

(2) 계약담당공무원은 위와 같이 예비계약을 체결함에 있어서는 법 제12조에 따른 계약보증금을 징구하지 아니하며, 시행령 제89조 및 제107조에 따른 설계비 등의 보상대상이 아님을 명시하여야 한다. 또한, 예비계약의 체결 이전에 계약상대방에게 지급하기 위해 산정된 금액, 수의계약 집행을 위한 세부기준을 정하였을 경우 그 기준 등을 계약상대방에게 고지 또는 열람토록 하여야 한다.

2) 발주기관의 검토가격 작성(동 집행기준 제10조의10)

(1) 계약담당공무원(「조달사업에 관한 법률」 제5조의2에 따라 조달청장에게 계약을 의뢰하는 공사에 대하여는 수요기관 담당공무원)은 실시설계서에 대하여 시행령 제85조 제5항, 제6항 또는 제105조 제4항, 제5항에 따라 적격통지를 받은 경우 발주기관 검토가격을 작성하여야 한다. 이 경우 실시설계서와 산출내역서를 검토하여 물량 및 산출내역서에 반영된 자재비, 노무비, 장비조합 및 작업 여건 등(이하 "물량 등"이라 한다)이 적정하게 반영되도록 하여야 한다.

(2) 위의 경우 물량 등의 적정성 검토에 전문적인 지식이 요구되어 계약담당공무원이 직접 검토하기 곤란한 경우에는 시행규칙 제9조 제2항에 따른 원가계산용역기관에

물량 등의 적정성 검토를 의뢰할 수 있으며, 아예 계약담당공무원은 발주기관 검토가격 작성업무 자체를 조달청에 의뢰할 수도 있다.

(3) 계약담당공무원이 발주기관 검토가격을 작성함에 있어서, 당초 산출내역서상의 물량·단가를 조정 반영하는 경우에는 그 내역 및 사유를 상대방에게 고지하여야 한다.

3) 가격협상(동 집행기준 제10조의11)

(1) 계약담당공무원은 수의시담 전 다음과 같이 협상 기초가격과 최소 협상가격을 작성하여야 한다.

① 협상 기초가격 = 발주기관 검토가격 + 설계대가(기본설계 기술제안입찰의 경우 제87조의3에 따른 제안서 보상비를 포함)
② 최소 협상가격 = 발주기관 검토가격 x (최근 1년 유사공사 평균 낙찰률+설계 보정율) + 설계대가

(2) 계약담당공무원은 위의 협상 기초가격과 최소 협상가격을 작성함에 있어 다음의 사항을 유의하여야 한다.

① 협상 기초가격은 예산금액을 초과하지 못한다.
② "최근 1년간 유사공사"는 해당 발주기관에서 종합심사낙찰제로 발주한 공사로서 수의계약 대상 공사의 최종 입찰공고일로부터 1년 이내에 낙찰된 공사를 대상으로 선정한다.
③ 위(②)의 경우 유사공사는 계약예규「종합심사낙찰제 심사기준」에 따른 같은 동일 공종그룹에 속하는 공사 중 공사의 내용 및 기술적 특성이 유사한 공사를 선정하여야 하며, 같은 동일 공종그룹에 속하는 공사가 2건 이하인 경우에는 다음과 같은 순서에 따라 유사 공사의 범위를 확대하여 적용할 수 있다.

  i) 다른 발주기관에서 발주된 공사
  ii) 최근 3년간 낙찰된 공사
  iii) 같은 동일 또는 유사업종(건축·토목 등)에 속하는 공사

④ 설계 보정율은 다음의 사항을 고려하여 산출하여야 한다.

  i) 시행령 제85조제5항, 제6항 또는 제105조제4항, 제5항에 따른 평가점수
  ii) 표준시장 단가 적용 공종의 비중
  iii) 공사의 구조적·기술적 특성

(3) 계약담당공무원은 협상 기초가격과 최소 협상가격 사이에서 계약을 체결하되, 시공의 난이도 및 지역적 특성 등을 감안하여 계약금액이 결정되도록 하여야 한다.

(4) 계약담당공무원(조달사업에 관한 법률 제5조의2에 따라 조달청장에게 계약을 의뢰하는 공사에 대하여는 수요기관 담당공무원)은 최소 협상가격이 예산금액을 초과하는 등 예산금액의 범위 내에서 가격협상이 곤란하다고 판단되는 경우에는 설계서 변경 등을 통해 공사물량을 감축할 수 있으며, 다만, 당초 입찰안내서 등에서 명시 또는 반영하도록 되어 있는 사항을 제외하여서는 아니 된다.

4) 본 계약 체결(동 집행기준 제10조의12)

계약담당공무원은 가격협상이 성립되면 최종적인 산출내역서를 제출받고 지체 없이 본 계약을 체결하여야 하여야 하며, 이 경우 설계변경으로 인한 계약금액의 조정은 시행령 제91조, 제108조를 따르도록 하여야 한다. 가격협상이 이루어지지 않을 경우 계약담당공무원은 상대방에게 부관으로 약정한 설계용역대가로서 산정한 금액을 지급하고 시공부분을 분리하여 발주할 수 있다.

제5절 기술제안입찰에 의한 계약

1 기술제안입찰제도 개요

가. 의의

(1) 국가계약법시행령 제8장에 입찰자가 발주기관이 교부한 설계서 등을 검토하여 공사비 절감방안, 공기단축방안, 공사비 관리방안 등이 포함된 기술제안서를 작성하여 입찰서와 함께 제출하게 하는 입찰방식을 두고 있는데, 이를 '기술제안입찰에 의한 계약방식'이라고 한다.

(2) 동 기술제안입찰 제도는 입찰가격 이외에 공사 기간, 공법 등의 검토와 사업관리 부문 등에 대한 기술 제안을 종합적으로 평가함으로써 발주자에게 최고가치(Best Value)를 제공해 줄 수 있는 입찰자를 낙찰자로 결정하는 방식이라고 할 수 있으며, 국제적으로 통용되는 선진화 된 발주방식으로서 낙찰자 결정 시 공사비 외에 유지보수비용까지 포함한 총 생애주기 비용(LCC : Life Cycle Cost)을 고려하게 되어, 난이도가 높은 기술이 필요한 시설물의 공사 등에 대해 가격 위주의 평가방식을 벗어나 건설업체 간 기술경쟁을 촉진하고자 하는데 그 목적이 있다고 하겠다.

나. 적용대상 및 규정 체계(영 제97조)

(1) 위의 기술제안입찰제도는 상징성·기념성·예술성 등이 필요하다고 인정되거나 난이도가 높은 기술이 필요한 시설물 공사를 그 적용대상으로 규정하고 있는데, 2007.10월 처음 도입 당시에는 행정중심복합도시(세종특별자치시)와 혁신도시 건설사업의 경우에만 적용되도록 하였으나 그 이후 관련 규정을 개정하여('10.7.21) 모든 공사입찰에 선택·적용될 수 있도록 확대하여 시행되어 오고 있다.

(2) 앞 절에서 기술한 대형공사계약제도와 마찬가지로 본 기술제안입찰제도의 경우에도 입찰 방법, 낙찰자 결정방법 및 제안서 작성 비용 보상 등이 일반공사와 차이점이 많은 점을 고려하여 국가계약법시행령상 별도의 특례 장(제8장)을 마련하여 운용되고 있으며, 동 특례 장에서 규정되지 아니한 사항은 동 시행령의 다른 장에 따르도록 하고 있다.

다. 기술제안입찰의 2가지 유형(영 제98조)

1) 기본설계기술제안입찰

"기본설계기술제안입찰"이란 발주기관이 작성하여 교부한 기본설계서와 입찰안내서에 따라 입찰자가 기술제안서를 작성하여 입찰서와 함께 제출하는 입찰을 말한다. 이 경우 "기술제안서"라 함은 입찰자가 발주기관이 교부한 설계서 등을 검토하여 공사비 절감방안, 공기 단축방안, 공사 관리방안 등을 제안하는 문서를 말한다.

2) 실시설계기술제안입찰

"실시설계기술제안입찰"이란 발주기관이 교부한 실시설계서 및 입찰안내서에 따라 입찰자가 기술제안서를 작성하여 입찰서와 함께 제출하는 입찰을 말한다.

〈 기본설계 및 실시설계 기술제안입찰제도 비교 〉

구분	기본설계 기술제안입찰	실시설계 기술제안입찰
적용 대상공사	• 하나의 업체가 실시설계와 시공을 함께하는 방식으로, 빈번한 설계변경이 예상되거나 연계 공종 간 책임 등이 불분명한 경우 • 특히 설계 시부터 창의성이 필요한 경우	• 설계업체와 시공업체가 분리되는 방식으로 공기단축 등이 필요한 경우
입찰자 제출서류	• 입찰서(입찰가격) • 기술제안서(공사비 절감, 생애주기비용 개선, 공기단축 및 공사 관리방안 등)	• 입찰서(입찰가격) • 기술제안서(좌동) • 산출내역서(발주기관의 설계서와 입찰자의 기술제안서의 내용을 반영하여 물량과 단가를 명백히 한 서류)

2 기술제안입찰의 입찰 및 낙찰자 결정방법

가. 입찰 및 낙찰자 결정방법 등의 심의(영 제99조)

(1) 각 중앙관서의 장은 실시설계기술제안입찰 또는 기본설계기술제안입찰을 실시하려는 경우 다음의 사항에 관하여 중앙건설기술심의위원회의 심의를 거쳐야 한다.

① 입찰의 방법에 관한 사항
② 실시설계기술제안입찰에 따른 낙찰자의 결정방법에 관한 사항
③ 기본설계기술제안입찰에 따른 실시설계적격자 결정방법에 관한 사항

☞ 기술제안입찰의 낙찰자 결정방법 등의 경우에도 앞에서 기술한 일괄입찰 및 대안입찰의 실시설계적격자 또는 낙찰자 결정방법 선택의 경우처럼 종전에는 발주기관이 심의하여 결정하였으나, 공사의 특성 및 난이도에 부합하는 평가방법을 적용할 수 있도록 하기 위해 전문성을 갖춘 중앙건설기술심의위원회가 결정하도록 변경하였음(영 제99조 제1항 개정, 2016.9.2.)

(2) 또한, 기술제안입찰을 실시하기 위해 위와 같이 중앙건설기술심의위원회의 심의를 받으려는 때에는 해당 연도 이후에 집행할 공사의 집행기본계획서를 다음에서 정하는 순서에 따라 국토교통부장관에게 제출하여야 한다.

① 기본설계서를 작성한 후 기본설계기술제안입찰로 발주하려는 공사에 대하여 제출
② 기본설계기술제안입찰로 발주하지 아니하기로 결정된 공사에 대해서는 실시설계서를 작성한 후 실시설계기술제안입찰로 발주하려는 공사에 대하여 제출

나. 낙찰자 결정방법과 실시설계적격자 결정방법의 선택 및 공고(영 제102조)

(1) 실시설계기술제안입찰에 따른 낙찰자 결정방법 및 기본설계기술제안입찰에 따른 실시설계적격자 결정방법에 대해서는 위와 같이 중앙건설기술심의위원회에 심의의뢰를 하고, 동 위원회는 공사의 목적 및 특성 등을 고려하여 다음의 어느 하나에 해당하는 방법 중 해당 공사에 가장 적합하다고 판단되는 방법을 선택하게 된다.

① 기준적합 최저가방법(최저가격으로 입찰한 자를 낙찰자 또는 실시설계적격자로 결정하는 방법)
② 입찰가격 조정방법(입찰가격을 기술제안점수로 나누어 조정된 수치가 가장 낮은 자를 낙찰자 또는 실시설계적격자로 결정하는 방법)
③ 기술점수 조정방법(기술제안점수를 입찰가격으로 나누어 조정된 점수가 가장 높은 자를 낙찰자 또는 실시설계적격자로 결정하는 방법)
④ 가중치 기준 방법(기술제안점수와 가격점수에 가중치를 부여하여 각각 평가한 결과를 합산한 점수가 가장 높은 자를 낙찰자 또는 실시설계적격자로 결정하는 방법)

(2) 계약담당공무원은 위와 같이 중앙건설기술심의위원회가 선택한 낙찰자 및 실시설계적격자 결정방법을 입찰공고를 할 때 명시하여야 하며, 낙찰자 및 실시설계적격자 결정방법에 필요한 기술제안 점수 및 가격점수의 산출방법과 가중치, 기술과 가격조정을 위한 산식, 그 밖에 필요한 사항을 정하여 입찰에 참가하려는 자가 열람할 수 있도록 하여야 한다.

3 기술제안입찰의 입찰절차 및 낙찰자 결정

가. 실시설계기술제안입찰

1) 입찰절차(영 제103조)

⑴ 계약담당공무원은 실시설계기술제안입찰을 하는 경우 입찰자에게 다음의 내용을 포함한 기술제안서를 제출하게 하여야 하며, 이때 공사의 특성 등을 고려하여 필요하면 그 내용의 일부를 변경할 수 있다.

① 시공 효율성 검토 등을 통한 공사비 절감방안, 생애주기 비용 개선방안
② 공기단축 방안, 공사 관리방안
③ 발주기관이 교부한 설계서 및 입찰자가 제출하는 기술제안서의 내용을 반영하여 물량과 단가를 명백히 한 산출내역서
④ 그 밖에 입찰공고를 할 때에 요구된 사항

⑵ 또한, 위와 같이 제출된 기술제안서의 평가를 위한 세부심사기준을 정하여 입찰에 참가하려는 자가 열람할 수 있도록 하여야 하고, 기술제안서를 제출받은 때에는 중앙건설기술심의위원회에 해당 기술제안서의 적격 여부에 대한 심의 및 점수 평가를 의뢰하여야 한다.

⑶ 중앙건설기술심의위원회는 의뢰받은 기술제안서의 타당성을 검토하여 기술제안서의 적격 여부 및 평가점수를 명백히 한 서류를 해당 계약담당공무원에게 통지하여야 하며, 이 경우 기술제안서 심의 및 점수 평가에 대하여는 기술자문위원회의 심의 및 점수 평가로 갈음할 수 있다.

⑷ 동 중앙건설기술심의위원회 또는 기술자문위원회는 기술제안서 심의를 하는 경우 기술제안서가 입찰의 기본계획 및 지침의 내용이나 설계서의 내용에 비추어 미비하거나 그 내용이 분명하지 아니한 경우에는 이에 대한 보완을 요구할 수 있다.

2) 낙찰자 결정(영 제104조)

⑴ 계약담당공무원은 중앙건설기술심의위원회로부터 기술제안서의 적격 여부 및 평가점수를 명백히 한 서류를 통지받은 때에는 입찰자 중 기술제안점수가 높은 순으로 최대 6명을 선정하며, 적격으로 통지된 입찰자가 6명 미만인 경우에는 적격으로 통지된 모든 입찰자를 선정한다.

(2) 최종 낙찰자는 이와 같이 낙찰자 적격 대상자로 선정된 자 중 중앙건설기술심의위원회에서 선택된 방법을 적용하여 결정한다. 다만, 기술제안적격자가 1명 이하인 경우에는 재공고입찰에 의하여야 한다.

나. 기본설계기술제안입찰

1) 입찰 및 심의 절차(영 제105조)

(1) 계약담당공무원은 입찰자에게 다음의 내용을 포함한 기술제안서를 제출하게 하여야 하며, 다만, 공사의 특성 등을 고려하여 필요하면 그 내용의 일부를 변경할 수 있다. 이때 제출된 기술제안서의 평가를 위한 세부심사기준을 정하고 입찰에 참가하려는 자가 열람할 수 있도록 하여야 한다.

① 시공 효율성 검토 등을 통한 공사비 절감방안
② 생애주기비용 개선방안
③ 공기단축방안
④ 공사관리방안
⑤ 그 밖에 입찰공고를 할 때에 요구된 사항

(2) 계약담당공무원이 기본설계서에 대한 기술제안서를 제출받은 경우에는 중앙건설기술심의위원회에 해당 기술제안서의 적격 여부에 대한 심의 및 점수 평가를 의뢰하고, 중앙건설기술심의위원회는 의뢰받은 기술제안서의 타당성을 검토하여 기술제안서의 적격 여부 및 평가점수를 명백히 한 서류를 해당 계약담당공무원에게 통지하여야 한다. 이 경우 기술제안서 심의 및 점수평가에 대하여는 기술자문위원회의 심의 및 점수평가로 갈음할 수 있다.

(3) 계약담당공무원은 중앙건설기술심의위원회로부터 기술제안서의 적격 여부 및 평가점수를 명백히 한 서류를 통보받은 때에는 입찰자 중 기술제안점수가 높은 순으로 최대 6명(적격으로 통지된 입찰자가 6명 미만인 경우에는 적격으로 통지된 모든 입찰자)을 선정한 후, 동 위원회가 심의·결정한 방법을 적용하여 실시설계적격자를 결정한다. 다만, 기술제안적격자가 1명 이하인 경우에는 재공고입찰에 의하여야 한다(영 제106조 제1항).

(4) 계약담당공무원은 위와 같이 실시설계적격자로 선정된 자에 한정하여 설계서를 제출하게 하여야 하며, 실시설계서에 다음의 도서를 첨부하게 하여야 한다.

① 실시설계에 대한 구체적인 설명서
②「건설기술 진흥법 시행령」제11조에 따른 관계 서류

③ 단가 및 수량을 명백히 한 산출내역서
④ 그밖에 참고 사항을 적은 서류

(5) 이와 같이 실시설계서를 제출받은 경우에도 중앙건설기술심의위원회에 해당 실시설계서의 적격 여부에 대한 심의 및 점수 평가를 의뢰하고 중앙건설기술심의위원회는 의뢰받은 실시설계서의 타당성을 검토하여 실시설계서의 적격 여부 및 평가점수를 명백히 한 서류를 해당 계약담당공무원에게 통지하여야 한다.

(6) 중앙건설기술심의위원회 또는 기술자문위원회는 기술제안서 또는 실시설계서의 심의를 하는 경우 기술제안서 또는 실시설계서에 첨부된 도서가 입찰의 기본계획 및 지침의 내용이나 기본설계(실시설계서를 심의하는 경우에는 기술제안서를 포함)의 내용에 비추어 미비하거나 그 내용이 분명하지 아니한 경우에는 이에 대한 보완을 요구할 수 있다.

2) 낙찰자 결정(영 제106조 제2항)

(1) 계약담당공무원이 중앙건설기술심의위원회 또는 기술자문위원회로부터 해당 실시설계의 적격 통지를 받은 때에는 그 실시설계서를 제출한 자를 낙찰자로 선정하며, 이 경우 부득이한 사유가 없는 한 실시설계서가 제출된 날부터 60일 이내에 선정하여야 한다.

(2) 한편, 실시설계적격자의 입찰금액이 계속비 대형공사에 있어서는 계속비 예산, 일반대형공사에 있어서는 총 공사예산을 각각 초과하는 경우에는 실시설계 제출요구 전에 예산의 범위 안으로 가격을 조정하기 위하여 그 입찰자와 협의하여야 하며 협의가 성립되지 아니할 때에는 재공고 입찰에 의하여야 한다.

〈 기술제안입찰의 입찰 및 낙찰자 결정 절차 요약 〉

구 분	실시설계기술제안입찰	기본설계기술제안입찰
① 입찰방법 심의	• 실시설계 후 중앙건설기술심의위원회(국토부) 의뢰	• 기본설계 후 중앙건설기술심의위원회(국토부) 의뢰
② 입찰공고	• 4가지 낙찰자 결정방식 중 중심위가 선택한 방법을 입찰공고에 명시 • 실시설계서, 입찰안내서 교부	• 4가지 실시설계 적격자결정 방식 중 중심위가 선택한 방법을 입찰공고에 명시 • 기본설계서, 입찰안내서 교부
③ PQ 실시	• 경영상태평가(Pass/Fail) 및 기술적 공사이행 능력평가 ※ PQ실시여부는 발주기관이 선택	• 좌 동

구 분	실시설계기술제안입찰	기본설계기술제안입찰
④ 입찰	• 입찰서, 기술제안서, 직접견적 산출내역서 제출	• 입찰서, 기술제안서 제출
⑤ 기술제안서 심사	• 중앙건설기술심의위원회(국토부) 또는 기술자문위원회(발주청)에서 상위 6개 업체 선정	• 좌 동
⑥ 낙찰자, 실시설계적격자 선정	• 중심위에서 선택된 방식에 따라 낙찰자 결정	• 중심위에서 선택된 방식에 따라 실시설계적격자 선정 • 실시설계 적격판정 후 낙찰자로 결정

4 제안서 작성비용 보상 및 계약금액 조정 등

가. 기술제안서 작성 비용 보상

1) **보상대상**(영 제107조)

① 실시설계기술제안입찰 및 기본설계기술제안입찰에서 적격자로 선정된 자 중 낙찰자로 결정되지 아니한 자(낙찰탈락자)
② 발주기관의 귀책 사유로 취소된 기술제안입찰에 참가한 자

2) **보상비 지급기준**(정부 입찰·계약 집행기준 제87조의3)

(1) 위의 보상대상자 중 제안서 점수가 입찰공고에 명시한 일정 점수를 초과하는 낙찰탈락자에 대하여는 다음 산식에 따라 제안서 보상비를 지급하며, 다만 보상대상자 1인에게 지급되는 보상비는 해당 공사예산의 1000분의 7를 초과할 수 없다.

$$제안서\ 보상비 = 해당\ 공사예산 \times \left(1\% \times \frac{제안서\ 점수}{보상대상자\ 점수합계}\right)$$

(2) 발주기관의 귀책사유로 취소된 기술제안입찰에 참여한 자에 대하여도 위의 산식에 따라 지급하되, 시행령 제104조 또는 제106조 제1항에 따라 낙찰자 또는 실시설계적격자로 선정되기 전에 발주기관의 귀책사유로 입찰이 취소된 경우에는 모든 입찰참여자에 대해 해당 공사의 제안서 보상비로 책정된 해당 공사예산의 10/1000에 해당하는 금액을 균분하여 지급한다. 이 경우 입찰 참여 1인당 동 금액의 1/4를 초과하여 지급하지는 못한다.

3) 공동입찰 시의 제안서 보상비 지급대상(동 집행기준 제88조)

계약담당공무원은 2인 이상이 공동으로 입찰하여 낙찰탈락자가 된 경우에는 산출된 제안서 보상비를 공동입찰의 대표자에게 지급하여야 한다.

4) 보상통지 및 입찰공고 시 공고사항(동 집행기준 제89조, 제90조)

계약담당공무원은 낙찰탈락자가 확정되면 즉시 낙찰탈락자에게 설계비 등 보상과 관련된 내용을 통지하여야 하며, 이 경우 특별한 사유가 없는 한 통지일로부터 30일 이내에 낙찰탈락자의 제안서 비용 보상요청이 없으면 제안서 비용 보상금에 대한 권리를 포기한 것으로 간주한다는 내용이 포함되어야 한다. 또한, 기술제안입찰 공사의 입찰공고를 하는 경우에는 제안서 작성 비용 보상기준 및 보상통지 등의 내용을 포함시켜야 한다.

나. 설계변경 등으로 인한 계약금액 조정(영 제108조)

기술제안입찰공사에 있어서 설계변경으로 인한 계약금액 조정에 관하여 실시설계기술제안입찰에 따른 공사계약의 경우에는 시행령 제65조를, 기본설계기술제안입찰에 따른 공사계약의 경우에는 시행령 제91조를 각각 준용하도록 하고 있다. 따라서 물가변동 및 그 밖에 계약내용 변경에 따른 계약금액 조정에 관하여는 시행령 제8장에 특별히 규정하고 있지 않으므로 동 시행령 제64조와 제66조에 따르면 된다.

다. 사후평가(영 제109조)

발주기관은 기술제안입찰공사의 준공검사를 한 후에 평가단을 구성하여 해당 공사의 발주방식의 적정성, 시공과정·실적 및 효과 등에 대하여 평가를 실시할 수 있으며, 이 경우 평가단의 구성·운영, 그 밖에 평가에 관하여 필요한 사항은 각 중앙관서의 장이 정한다.

제6절 물품 및 용역의 낙찰제도

1 물품·용역의 낙찰제도 개요

(1) 최저가낙찰제는 과도한 가격경쟁을 유발하여 덤핑가격으로 인한 출혈경쟁이 심화되고 계약목적물에 대한 부실이 초래되는 등 문제점으로 인하여, 물품 및 용역계약의 경우에도 공사계약의 경우와 마찬가지로 동 최저가낙찰제가 적용되지 않고 그 대신 적격심사낙찰제, 종합심사낙찰제, 협상에 의한 계약 방법 등이 적용되고 있다.

☞ 고시금액 미만 물품구매 계약에 대해 적용되는 최저가낙찰제가 덤핑입찰 및 품질저하 문제로 중소업체가 적정 계약금액을 지급받을 수 있도록 적격심사제로 전환되었음. 이에 따라 물품·용역 계약의 경우에도 최저가낙찰제가 전면 폐지되게 된 것임(영 제42조 개정, 2018.12.4.)

(2) 위에서 기술한 낙찰제도 중 덤핑입찰 방지를 위해 예정가격 대비 일정한 비율의 가격이 보장되는 적격심사낙찰제가 일반적으로 활용되고 있으며, 가격보다는 기술능력 평가를 위해 일정 규모 이상의 건설사업관리 및 설계용역계약의 경우에는 종합심사낙찰제가 도입되어 운용되고 있다. 그러나, 앞에서도 언급한 바와 같이 적격심사낙찰제가 기술능력 부분에 대한 변별력이 상실되고 통과점수(cut line)에 입찰가격을 맞추는 형식의 운찰제로 변질됨에 따라, 학술연구용역 또는 원가계산용역 등의 경우에는 기술 능력 중심의 평가를 위해 "협상에 의한 계약" 방식도 많이 활용되고 있다.

2 물품·용역계약의 적격심사낙찰제

가. 각 중앙관서의 장이 심사기준을 직접 작성(영 제42조 제5항, 심사기준 제5조)

공사계약의 경우에는 기획재정부장관이 정한 적격심사기준(항목 및 배점한도 등)에 따라 각 중앙관서의 장이 세부심사기준을 정하여 운용하고 있으나, 물품 및 용역계약에 대한 적격심사는 각 중앙관서의 장이 공사에 대한 적격심사 항목 및 배점 한도를 준용하여 기획재정부장관과 협의를 거쳐 정하거나, 각 중앙관서의 장이 기획재정부장관과 협의하여 직접 물품 및 용역 등에 대한 적격심사기준을 정할 수 있도록 하고 있다.

이는 물품 및 용역의 종류가 다양하고 그 특성이 상이하여 공사의 경우처럼 일률적인 적격심사 항목 및 배점 한도 등을 계약예규에 정하는 데 한계가 있기 때문이며, 이에 따라 조달청, 국토교통부 등이 물품 및 용역에 대한 적격심사세부기준을 직접 작성하여 운용하고 있다.

나. 적용대상(영 제42조 제1항, 제2항)

앞에서 기술한 바와 같이 최저가낙찰제가 덤핑입찰로 인한 품질 저하 문제로 공사계약뿐만 아니라 물품 계약의 경우에도 폐지됨에 따라, 물품과 용역계약의 경우 종합심사낙찰제가 적용되는 일부 용역계약의 경우를 제외하고는 모두 적격심사낙찰제 적용대상이 된다.

다. 심사항목 및 배점 한도 작성 시 유의사항

1) 사회적 경제기업에 대한 가점제도 도입

각 중앙관서의 장이 물품의 제조·구매 및 용역계약에 대한 적격심사세부기준을 정할 때 다음의 사회적 경제기업에 대하여는 신인도 평가 시 가점에 관한 항목이 심사항목으로 포함되도록 하여야 한다. 다만, 가점 항목으로 포함하는 경우에는 이행(수행)능력의 배점한도 범위 내에서 가산점을 부여한다(심사기준 제5조 제3항).

① 「사회적기업 육성법」 제2조 제1호에 따른 사회적기업
② 「협동조합 기본법」 제2조 제3호에 따른 사회적협동조합
③ 「국민기초생활보장법」 제18조에 따른 자활기업
④ 「도시재생 활성화 및 지원에 관한 특별법」 제2조 제1항 제9호에 따른 마을기업

2) 외주근로자 근로조건 이행계획의 심사항목 포함 및 계약서에 명시 등

(1) 각 중앙관서의 장이 청소용역, 검침용역 등 단순노무용역(규칙 제23조의3)에 대한 적격심사세부기준을 정할 때에는 외주근로자 근로조건 이행계획에 관한 사항(영 제42조 제5항)을 심사항목으로 포함하여야 한다. 또한 동 외주근로자 근로조건 이행계획에는 다음의 사항을 포함하고, 계약체결 시 계약서에 명시하여 계약상대자가 이행토록 하여야 한다.[60]

① 예정가격 산정 시 적용한 노임에 낙찰률을 곱한 금액 이상의 임금을 지급할 것
② 퇴직금, 국민건강보험료 등 법정부담금을 지급할 것
③ 포괄적 재하도급을 하지 아니할 것

---

[60] 청소·경비 등 공공부문 노무용역 근로자가 적정임금을 지급받을 수 있도록 하기 위해 노무비 산정 관련 고용부 지침 주요내용을 계약예규에 명시하게 된 것임.(정부 입찰·계약 집행기준 제76조의4, 2017.12.28. 신설)

④ 「근로기준법」, 「최저임금법」 및 「남녀고용평등과 일·가정 양립 지원에 관한 법률」을 준수할 것

(2) 만약, 계약이행 중 계약상대자가 정당한 사유 없이 외주근로자 근로조건의 이행여부 확인에 필요한 서류를 제출하지 않거나 외주근로자 근로조건을 이행하지 않을 경우에는 계약예규 「용역계약일반조건」 제38조 제4항에 따라 전자조달시스템에 게재하게 되는데, 적격심사 시 동 조달시스템에 게재된 업체에 대해서는 게재일로부터 1년간 신인도 평가 시 감점할 수 있으며, 입찰공고일 기준으로 과거 1년 이내에 미 이행 횟수가 2건 이상인 경우에는 추가로 감점할 수 있다(기준 제5조 제4항).

라. 심사기준일 및 낙찰자 결정방법

물품 및 용역의 적격심사세부기준의 심사항목별 심사기준일은 공사입찰의 경우와 동일하게 입찰공고일로 하며, 물품 및 용역의 낙찰자 결정방법도 공사입찰의 경우와 같이 예정가격 이하로서 최저가로 입찰한 자의 순으로 계약이행능력을 심사하여 동 계약이행능력 점수(수행능력점수와 가격심사 점수를 합산한 점수)가 일정 점수 이상인 경우에 낙찰자로 결정한다.

[참고] 조달청 학술연구용역 적격심사 세부기준

구 분	심사분야	심 사 항 목	배점한도 추정가격 2억 원 이상	배점한도 추정가격 2억 원 미만
Ⅰ. 해당용역 수행능력	1. 이행실적	해당 용역규모 대비 최근 5년(창업기업은 7년)간 동등이상용역 및 유사용역 이행실적비율	30	-
	2. 경영상태*	신용평가등급	30	30
	3. 신인도		+6.75~ △5.0	+6.75~ △5.0
	계		60	30
Ⅱ. 입찰가격		※ 입찰가격 평점산식 참조	40	70
합 계			100	100
Ⅲ. 결격사유	해당용역 수행능력 결격여부	부도·파산·해산·폐업·영업정지 등의 상태인 경우 또는 부도 등의 우려가 있어 해당 계약이행이 어렵다고 판단되는 경우 (다만, 법정관리·화의인가 결정 등 법원의 정상화 판결을 받은 경우 제외)	△20	△20

* 지방자치단체의 경우에도 영리·비영리 법인 모두 신용평가 등급으로 경영상태를 평가하도록 개선 (2023.1.1. 종전에 영리법인은 재무비율로도 평가 가능하여 비영리법인이 불리)

※ 입찰가격 평점 산식

1) 추정가격 2억 원 이상 : ○ 평점(점) = 배점한도 − 2 × $|(\frac{88}{100} - \frac{입찰가격}{예정가격}) \times 100|$

(예외) 입찰가격이 예정가격 이하로서 예정가격의 95.5%이상인 경우에는 입찰가격이 예정가격의 95.5%인 경우의 점수로 평가

2) 추정가격 2억 원 미만 : ○ 평점(점) = 배점한도 − 4 × $|(\frac{88}{100} - \frac{입찰가격}{예정가격}) \times 100|$

(예외) 입찰가격이 예정가격 이하로서 예정가격의 91.75% 이상인 경우에는 입찰가격이 예정가격의 91.75%인 경우의 점수로 평가

주) | |는 절대 값 표시임. 입찰가격을 예정가격으로 나눈 결과 소숫점 이하의 숫자가 있는 경우에는 소숫점 다섯째자리에서 반올림함. 최저평점은 2점으로 함.

3 용역계약의 종합심사낙찰제

가. 개요

공사계약의 경우 2016.1.1.부터 종전의 최저가낙찰제가 폐지되고 종합심사낙찰제가 도입되어 시행되고 있으며, 용역계약의 경우에도 기술력과 품질 제고를 위해서는 동 종합심사낙찰제를 도입하여야 한다는 필요성이 제기됨에 따라 우선 일정 규모 이상의 건설엔지니어링 사업에 적용되도록 관련 규정을 정비하게 되었다.

동 제도는 용역수행계획 등에 대한 제안서를 제출토록 하고, 제안서 평가점수와 입찰가격 및 사회적 책임을 종합평가하여 합산점수가 가장 높은 자가 낙찰자로 선정되도록 함으로써, 기본적으로는 공사계약의 종합심사낙찰제와 그 성격이 동일하다고 할 수 있다.

나. 적용대상(영 제42조 제4항③~⑤)

① 건설사업관리용역 :「건설기술 진흥법」제39조제2항에 따른 건설사업관리 용역(감독권한대행 업무를 포함한 건설사업관리용역)으로서 추정가격이 20억 원 이상인 용역

② 기본설계용역 :「건설기술 진흥법 시행령」제69조에 따른 건설공사 기본계획 용역 또는 같은 영 제71조에 따른 기본설계 용역으로서 추정가격이 15억 원 이상인 용역

③ 실시설계용역 :「건설기술 진흥법 시행령」제73조에 따른 실시설계 용역으로서 추정가격이 25억 원 이상인 용역

다. 심사기준과 세부심사기준

1) 기획재정부 심사기준(기준 제3조)

종합심사낙찰제 적용대상인 용역(시행령 제42조 제4항 제3호부터 제5호까지의 용역) 입찰에 대한 낙찰자 선정은 계약예규 "용역계약 종합심사낙찰제 심사기준" [별표1], [별표2], [별표 3]의 심사기준에 따라 실시한다. 이 경우 적용대상 용역의 유형별 평가기준에 대하여는 국토교통부 장관이 기획재정부장관의 승인을 받아 해당 유형의 특성 등을 반영한 절차 및 심사기준을 정할 수 있다.[61]

2) 발주기관의 세부 심사기준 작성(기준 제4조)

각 중앙관서의 장은 계약예규 "용역계약 종합심사낙찰제 심사기준" 별표에 따른 기준에서 정하는 범위 내에서 세부 심사기준을 정할 수 있다. 동 세부심사기준을 작성함에 있어서 용역의 특성·내용 및 사업 특성 등을 고려하여 필요하다고 인정할 경우에는 기획재정부장관과 협의하여 계약예규에서 규정한 심사항목에 대한 배점한도를 가감·조정하거나 심사항목을 추가 또는 제외할 수 있다. 또한, 각 중앙관서의 장이 종합심사낙찰제 적용대상 용역(시행령 제42조 제4항 제3호부터 제5호의 용역)에 대하여 기획재정부장관과 협의를 하려는 경우에는 사전에 국토교통부장관의 의견을 청취하여야 한다.

라. 입찰절차

1) 입찰공고(기준 제5조)

계약담당공무원은 입찰공고에 용역 명, 용역내용, 용역기간 및 예산 규모, 해당 용역이 용역 종합심사낙찰제 적용대상이라는 점 등 「용역계약 종합심사낙찰제 심사기준」 제5조 각 호의 사항을 명시하여야 한다.

2) 입찰서의 제출 및 심사서류의 보완 등(기준 제6조, 제7조)

계약담당공무원은 입찰자로 하여금 입찰 시 입찰서, 종합기술제안서 및 기술적 이행능력 평가서 서류 등을 제출하게 하여야 한다. 이때 제출된 종합기술제안서 등 심사서류의 내용이

---

[61] 이에 따라 국토교통부는 「건설엔지니어링 종합심사낙찰제 심사기준」을 제정(국토교통부 예규, 2019.1.9)하여 2019.3.5일부터 시행함

불명확하여 인지할 수 없는 경우에는 기한을 정하여 보완을 요구할 수 있으며, 또한, 심사 기준에 따른 평가를 위하여 종합기술제안서 내용의 확인에 필요한 추가 자료를 요구하거나 입찰자에 대하여 설명을 요구할 수 있다.

마. 종합심사 방법

1) 종합기술제안서 평가적격자의 선정(기준 제8조)

⑴ 계약담당공무원은 용역의 내용·난이도·해당 용역의 시장현황 등을 고려하여 기술역량 및 유사용역 수행 경험 등 기술적이행능력을 평가하여 선정된 자("평가적격자")에 한하여 종합기술제안서를 평가하게 할 수 있다. 동 기술적 이행능력의 평가는 [별표3]의 기준에 따라 평가하여야 하며, 평가적격자의 선정에 기술성·전문성이 요구된다고 판단할 경우에는 평가위원회에서 평가하게 할 수 있다.

⑵ 평가적격자를 선정한 경우에는 입찰자에게 선정 결과를 통지하여야 하며, 선정된 평가적격자에게 종합기술제안서를 지정된 일시까지 제출하도록 통지하여야 한다.

2) 종합기술제안서 평가(기준 제9조)

계약담당공무원은 입찰자별로 종합기술제안서 평가와 가격평가를 실시하고 각 점수를 합산하여 종합심사점수를 산정한다. 동 종합기술제안서 평가는 [별표2], 종합점수 산정 및 가격평가는 [별표1]의 기준에 따라 각각 심사하되, 종합기술제안서 평가는 평가위원회가 평가한다.

3) 낙찰자의 결정(기준 제10조)

입찰가격이 예정가격 이하인 자로서 종합심사 점수(종합기술제안서 평가점수 + 가격평가 점수)가 최고점인 자를 낙찰자로 한다. 다만, 종합심사 점수가 최고점자인 자가 둘 이상인 경우에는 종합기술제안서 평가점수가 높은 자를 낙찰자로 결정하고, 종합기술 평가점수가 가장 높은 자가 둘 이상인 경우에는 각 중앙관서의 장이 정하여 입찰공고에 명시한 기준에 따라 낙찰자를 결정한다.

4 협상에 의한 계약체결 방법(영 제43조)

가. 의의

(1) 국가계약법령상 낙찰제도 중 '협상에 의한 계약방식'은 물품·용역계약에 있어서 계약이행의 전문성·기술성·긴급성, 공공시설물의 안전성 및 그 밖에 국가안보 목적 등의 이유로 필요하다고 인정되는 경우에 다수의 공급자들로부터 제안서를 제출받아 평가한 후 협상절차를 통하여 국가에 가장 유리하다고 인정되는 자와 계약을 체결하는 제도를 말한다.

이 경우 「제안서」라 함은 협상에 의한 계약의 입찰에 참가하고자 하는 자가 제안요청서 또는 입찰공고에 따라 작성하여 계약담당공무원에게 제출하는 서류를 말하며, 「제안요청서」는 계약담당공무원이 협상에 의한 계약의 입찰에 참가하고자 하는 자에게 제안서의 제출을 요청하기 위하여 교부 또는 열람하게 하는 서류를 말한다.

(2) 동 협상에 의한 계약 방식은 경쟁입찰 방식을 기본으로 하되 일부 수의계약방식(협상 : 수의시담)이 가미된 제도라고 할 수 있으며, 정부 조달시장 개방에 대비하여 '95.7.6월 예산회계법 중 계약 편을 분리하여 국가계약법령을 제정할 때 최초로 도입된 제도로서 현재는 학술연구용역, 방산원가계산용역 및 정책연구용역 계약 등에 널리 활용되고 있다.

나. 적용대상

1) 물품 및 용역계약의 경우에만 적용(영 제43조 제1항)

협상에 의한 계약방식의 낙찰제도는 공사계약의 경우에는 적용되지 않고 물품·용역계약에 있어 계약이행의 전문성·기술성 등의 이유로 필요하다고 인정되는 경우에 적용되는 제도이다.

2) 지식기반사업의 경우 우선 적용(영 제43조의2, 제72조의2)

(1) 계약담당공무원은 정보과학기술 등 집약도가 높은 지식을 활용하여 고부가가치를 창출하는 사업 중 다음에 해당하는 사업("지식기반사업")에 대한 계약을 체결하는 경우에는 협상에 의한 계약체결 방법을 우선적으로 적용할 수 있다.

① 「엔지니어링산업 진흥법」 제2조 제3호에 따른 엔지니어링 사업(다만, 「건설기술진흥법」 제2조 제3호의 규정에 의한 건설엔지니어링에 있어서는 고난도 또는 고기술을 요하는 경우에 한함)

② 「정보통신산업 진흥법」 제2조 제2호에 따른 정보통신산업
③ 「국가정보화 기본법」 제3조 제2호에 따른 정보화에 관한 사업
④ 「산업디자인진흥법」 제2조의 규정에 의한 산업디자인에 관한 사업
⑤ 「문화산업진흥 기본법」 제2조 제1호의 규정에 의한 문화산업
⑥ 「온라인 디지털콘텐츠산업 발전법」 제2조 제3호의 규정에 의한 온라인디지털콘텐츠산업
⑦ 기초과학 및 응용과학에 관한 학술연구용역
⑧ 그 밖에 각 중앙관서의 장이 이에 해당한다고 인정하는 사업

(2) 계약담당공무원은 위의 지식기반사업에 대해 협상에 의한 계약을 체결하고자 하는 경우 기획재정부장관이 정하는 제안서 평가방법 및 협상절차 등에 따라 세부기준을 정하여 계약을 체결하여야 하며, 특히 지식기반사업 중 수 개의 전문분야가 요구되는 복합사업에 입찰참가자가 공동으로 참가하고자 하는 경우에는 특별한 사유가 없는 한 이를 허용하여야 한다.[62]

다. 예정가격 및 세부기준의 작성

1) 예정가격의 작성 및 생략

계약담당공무원은 경쟁입찰 또는 수의계약 등에 부칠 사항에 대하여 원칙적으로 예정가격을 작성·비치하여야 하나, 협상에 의한 계약과 개산계약 등은 예외적으로 예정가격 작성을 생략할 수 있다(영 제7조의2 제2항). 그러나, 협상에 의한 계약에 있어 가격협상을 위하여 예정가격을 작성하는 경우에는 제안서 제출 전까지 시행령 제9조에 따라 작성하여야 하며, 이 경우 입찰에 참가한 자의 제안가격 등을 기준으로 작성하여서는 아니 된다.

2) 세부기준의 작성 및 열람(영 제43조 제7항)

(1) 계약담당공무원이 협상에 의한 계약을 체결하려는 경우에는 해당 계약을 체결하려는 자의 이행실적, 기술능력, 사업수행계획, 재무상태 및 입찰가격 등을 종합적으로 고려하여 기획재정부장관이 정하는 "협상에 의한 계약체결기준"에 따라 세부기준을 정하고, 계약을 체결하려는 자가 그 기준을 열람할 수 있도록 하여야 한다. 다만, 예외적으로 「방위사업법」에 따른 방위력개선사업 수행을 위하여 협상에 의한 계약을 체결하려는 경우에는 그 계약체결기준 및 절차는 방위사업청장이 정한다.

---

[62] 엔지니어링사업 등 지식기반사업은 고부가가치를 창출하는 산업으로서 국가경제에 미치는 효과가 지대하여 동 산업의 경쟁력 강화와 전문성 제고를 위해 신설(영 제43조의2, 2003.12.11.)

☞ 방위력개선사업은 무기체계를 연구개발하거나 구매하는 사업으로서 협상의 절차 및 방법이 일반 물자와 상이한 점을 고려하여 예외를 인정함

(2) 또한, 협상에 의한 계약을 체결하고자 하는 경우 입찰공고 시 협상에 의한 계약이라는 뜻을 명시하여야 하며, 세부기준을 정하려는 경우 기술능력 평가는 정량적 평가항목과 정성적 평가항목으로 구분하여 정하여야 한다(동 협상 기준 제16조).

라. 협상에 의한 계약체결 절차

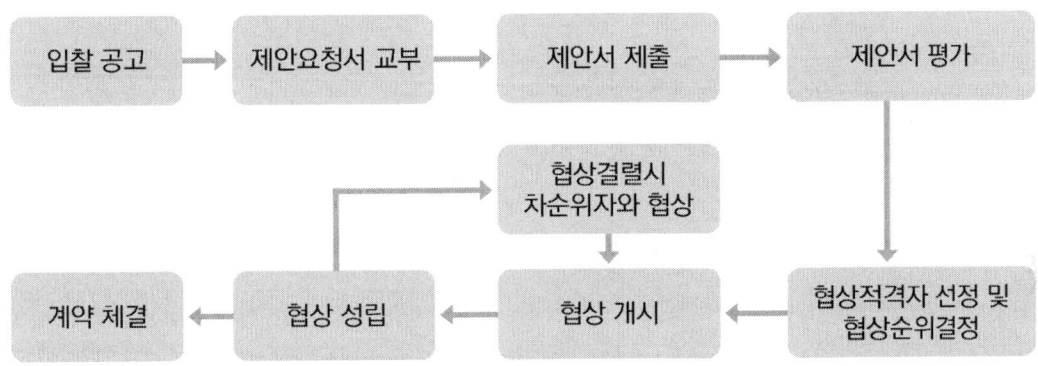

1) 입찰공고 및 제안요청서 교부 등

① 입찰공고(제4조)

계약담당공무원은 제안서 제출마감일의 전일부터 기산하여 40일 전에 입찰공고를 하여야 하며, 다만, 긴급을 요하는 경우와 추정가격이 고시금액 미만인 경우 및 재공고입찰인 경우에는 제안서 제출마감일의 전일부터 기산하여 10일 전까지 공고할 수 있다. 입찰공고에는 다음의 사항을 명시하여야 한다.

① 사업 명, 사업내용, 사업기간, 사업예산
② 해당 계약이 협상에 의한 계약이라는 사실
③ 제안요청서의 요청기한 및 요청에 필요한 서류
④ 시행령 제43조제5항에 따라 제안요청서에 대한 설명을 실시하는 경우에는 그 장소(화상방식 등 전자적 방식에 의할 경우 정보처리장치에 대한 접속방법)·일시에 관한 사항
⑤ 협상에 의한 계약체결에 필요한 기준 및 절차
⑥ 제안서의 제출기간
⑦ 제안서의 내용

⑧ 제안서의 평가요소 및 평가방법(분야별 배점한도를 10점 범위 내에서 조정하는 경우에는 그 사유를 포함한다)
⑨ 협상에 의한 계약 체결기준 제7조제6항에 따라 기술능력평가를 실시하는지 여부와 평가점수 부여기준
⑩ 협상에 의한 계약 체결기준 제7조의2제2항에 따라 가격의 적정성 평가를 실시하는지 여부와 적정성 평가대상의 기준이 되는 금액
⑪ 제안서 평가 시 제안서에 대한 설명을 실시하는 경우 그 장소(화상평가 등 전자적 방식에 의한 평가의 경우 해당 정보처리장치에 대한 접속방법)·일시에 관한 사항
⑫ 기타 계약담당공무원이 필요하다고 인정하는 사항

② 제안요청서의 교부 또는 열람(제5조)

계약담당공무원은 입찰에 참가하고자 하는 자에게 제안요청서를 교부하여야 하며, 다만, 제안요청서 등 필요한 서류를 전자조달시스템에 게재함으로써 제안요청서 등 필요한 서류의 교부에 갈음할 수 있다. 동 제안요청서에는 과업 내용, 요구사항, 계약조건, 평가요소와 평가방법, 제안서의 규격 등을 명시하여야 하며, 사업내용이 비교적 단순한 경우에는 열람·교부를 생략하고, 바로 제안서를 제출하게 할 수 있다.

③ 제안요청서 설명회(제5조 제3항)

계약담당공무원이 협상에 의한 계약을 체결하려는 경우 계약의 성질·규모 등을 고려하여 필요하다고 인정되는 경우에는 제안요청서 등에 대한 설명을 할 수 있다. 이 경우 제안요청서 설명회에 참가하지 아니하더라도 입찰참가는 가능하다.

※ 종전에는 제안요청서 등에 대한 설명을 실시하는 경우에는 설명회에 참가한 자에 한하여 계약에 참가하게 할 수 있었으나, 과도한 입찰참가자격 제한규제 완화 차원에서 제안서 설명회 미 참가자도 해당 입찰 참가를 허용함(영 제43조 제6항 삭제, 2019.9.17.)

④ 제안서 등의 제출(제6조)

협상에 의한 계약에 참가하고자 하는 자는 입찰공고 또는 제안요청서에 정한 바에 따라 제안서(기준 제7조의2 제2항에 따른 기준금액 미만으로 입찰하려는 자의 경우 원가절감에 대한 제안을 포함) 및 가격 입찰서를 별도로 작성하여 계약담당공무원에게 제출하여야 하며, 계약담당공무원은 입찰참가자의 가격입찰서 모두를 함께 봉함하여 개봉 시까지 보관하여야 한다.

한편, 계약담당공무원이 제안서를 제출받고자 하는 때에는 전자조달시스템 또는 발주기관의 정보처리장치를 이용하여 제출하도록 하여야 하며, 다만, 제안서의 용량·형태

등으로 인하여 전자조달시스템 또는 발주기관의 정보처리장치를 이용하기 곤란한 경우에는 전자우편이나 우편으로 제출하게 할 수 있다.

☞ 전자조달시스템 또는 발주기관의 정보처리장치를 이용하여 제안서를 제출토록 하는 경우 동 시스템 또는 정보처리장치를 이용하지 아니하고 제출한 입찰은 무효에 해당함(시행규칙 제44조)

2) 제안서의 평가(기준 제7조)

1 평가항목 및 배점 한도와 평가항목에 대한 평가방식

(1) 제안서는 기술능력과 입찰가격을 종합적으로 평가하며, 평가항목 및 배점한도는 다음 표와 같다. 따라서 가격평가를 제외하고 기술능력 평가만으로 계약상대자를 결정할 수는 없다.

〈 제안서의 평가항목 및 배점한도 〉

구 분	평가항목	배점한도	비 고
계		100	
기술능력 평가	• 기술·지식능력 • 인력·조직·관리기술 • 사업수행계획 • 지원기술·사후관리 • 수행실적 • 재무구조·경영상태 • 상호협력 • 외주근로자 근로조건 • 원가절감의 적정성 등	80	• 각 평가항목의 배점 한도는 30점을 초과하지 못함
입찰가격 평가		20	※ 평점산식: 아래

(2) 제안서 평가항목에 세부적인 평가방식은 다음과 같다.

① 입찰가격 평점산식

ⅰ) 입찰가격을 추정가격의 100분의 80 이상으로 입찰한 자에 대한 평가

$$\text{평점} = \text{입찰가격평가배점한도} \times \left(\frac{\text{최저입찰가격}}{\text{해당입찰가격}} \right)$$

* 최저입찰가격 : 유효한 입찰자중 최저입찰가격으로 하되, 입찰가격이 추정가격의 100분의 60 미만일 경우에는 100분의 60으로 계산
* 해당입찰가격 : 해당 평가대상자의 입찰가격
* 입찰가격 평가시 사업예산으로 하는 경우에는 추정가격에 부가가치세를 포함하여 적용하고, 예정가격을 작성한 경우에는 추정가격을 예정가격으로 적용

ii) 입찰가격을 추정가격의 100분의 80 미만인 입찰한 자에 대한 평가

$$\text{평점} = \text{입찰가격평가배점한도} \times \left(\frac{\text{최저입찰가격}}{\text{추정가격의 80\% 상당가격}} \right) + \left[2 \times \left(\frac{\text{추정가격의 80\% 상당가격} - \text{해당입찰가격}}{\text{추정가격의 80\% 상당가격} - \text{추정가격의 60\% 상당가격}} \right) \right]$$

* 최저입찰가격 : 유효한 입찰자중 최저입찰가격으로 하되, 입찰가격이 추정가격의 100분의 60 미만일 경우에는 100분의 60으로 계산
* 해당입찰가격 : 해당평가대상자의 입찰가격으로 하되, 입찰가격이 추정가격의 100분의 60 미만일 경우에는 배점한도의 30%에 해당하는 평점을 부여
* SW 사업의 경우에는 해당 입찰가격이 추정가격의 100분의 80미만일 경우에는 배점한도의 30%에 해당하는 평점을 부여
* 입찰가격 평가 시 사업예산으로 하는 경우에는 추정가격에 부가가치세를 포함하여 적용하고, 예정가격을 작성한 경우에는 추정가격을 예정가격으로 적용

iii) 입찰가격 평점산식에 의한 계산결과 소수점이하의 숫자가 있는 경우에는 소수점 다섯째자리에서 반올림함

iv) 각 중앙관서의 장은 계약수행 과정에서 계약상대자가 계약금액 이외에 제3자로부터 경제적 이익을 얻을 수 있는 경우 등 위 기준을 적용하기 곤란하다고 판단되는 경우에는 기획재정부 장관과 협의하여 위 기준과 다른 평점산식을 운영할 수 있다.

② 기술능력 평가방법

i) 외주근로자 근로조건은 시행규칙 제23조의3 각호에 해당하는 단순노무 용역이 포함된 용역에 한해 평가하며, 임금의 적정수준에 대한 기준은 적격심사에서 단순노무 용역에 적용되는 낙찰하한율을 고려하여 적격심사세부기준에서 정한 내용을 준용한다.

ii) 다음의 계약에 대한 기술능력 평가 시 수행실적은 평가항목에서 제외한다. 단, 국민안전·보건·국가안보 등을 위해 실적평가가 불가피하다고 판단되는 경우에는 예외로 한다.(2020.9.24.개정)

• 추정가격이 고시금액 미만인 소규모 계약

- 시행령 제26조제1항제5호사목의 제품이 속하는 세부품명에 대한 계약(지정 또는 승인시로부터 3년 이내에 한하며, 해당부분에 대하여만 실적평가를 제외함)
- 기업 활력제고를 위한 특별법 시행령 제3조의2에 따른 신산업에 대한 계약(지정 또는 승인 시로부터 3년 이내에 한하며, 해당부분에 대하여만 실적평가를 제외함)

ⅲ) 제7조 제6항의 계약에 대하여는 제안서 평가에 따른 기술능력평가는 차등점수제를 적용한다. 〈신설 2020.9.24.〉

③ 원가절감의 적정성 평가 〈신설 2020.9.24.〉

ⅰ) 적정성 평가 대상: 해당 사업예산(예정가격을 작성한 경우는 예정가격)의 100분의 60 이상 100분의 80 미만의 금액으로서 각 중앙관서의 장 또는 계약담당공무원이 사업의 내용 및 계약의 성격을 고려하여 결정한 금액(기준금액) 미만으로 입찰한 자

ⅱ) 적정성 평가 방법: 단가·노무비 인하, 과도한 물량감축 등으로 입찰가격을 기준금액 미만으로 낮춘 경우 감점

2 세부평가 방법

(1) 각 중앙관서의 장은 위의 평가항목 및 배점한도를 기준으로 세부평가기준을 정할 수 있다. 이 경우에는 사업의 특성·목적 및 내용 등을 고려하여 필요한 때에는 별표의 분야별 배점한도를 10점의 범위 내에서 가·감 조정할 수 있으며, 평가항목을 추가하거나 제외할 수 있다. 다만, 배점한도에 대하여 10점의 범위를 초과하여 가·감 조정할 경우에는 기획재정부장관과 협의하여야 한다.

(2) 제안서의 평가에 있어서 필요한 서류가 첨부되어 있지 않거나 제출된 서류가 불명확하여 인지할 수 없는 경우에는 제안서 내용의 변경이 없는 경미한 사항에 한하여 기한을 정하여 보완을 요구하여야 하며, 이 경우 보완 요구한 서류가 기한까지 제출되지 아니한 경우에는 당초 제출된 서류만으로 평가하고, 당초 제출된 서류가 불명확하여 심사가 불가능한 경우에는 평가에서 제외한다.

(3) 계약담당공무원이 제안서를 평가하는 경우에는 제안서평가위원회의 심의를 거쳐야 하며, 다만, 기술능력 평가 중 수행실적, 경영상태 등 정량적 지표에 의한 평가항목은 계약담당공무원이 자체 세부기준에 따라 평가한다. 이때 제안서평가위원회가 제안서를 평가함에 있어서는 화상 평가 등 전자적 방식에 의한 평가를 실시하도록 할 수 있다.

☞ 코로나19 감염병 확산 방지를 위해 한시적으로 운영되어온 온라인 평가를 정규화 함(동 기준 제7조 개정, 2020.12.28.)

(4) 계약담당공무원은 위(1)에 따라 제안서를 평가함에 있어서 해당산업의 특성, 최근 동종 사업에 대한 낙찰률, 제안서 평가 점수 분포 등을 고려할 때, 기술능력평가의 변별력을 확보하기 어렵다고 판단되는 계약에 대하여는 위(3)에 따른 제안서 평가점수에 따라 입찰자의 순위를 정하고, 입찰자의 순위에 따라 고정점수를 부여하는 차등점수제를 적용하여야 한다. 이때 각 중앙관서의 장은 순위별 점수부여 기준 등 차등 점수제의 세부 절차 및 기준을 정하여 운용할 수 있다.(동 기준 제7조 제6항 신설, 2020.9.24.)

(5) 제안서평가위원회는 소속공무원, 해당사업 및 계약에 관한 학식과 경험이 풍부한 자 등으로 구성하며, 계약담당공무원은 평가위원회의 요청이 있는 경우에 제안서를 제출한 자에게 보완자료 등 평가에 필요한 자료를 제출하게 할 수 있다. 제안서평가 종료 후에는 전자조달시스템 또는 발주기관의 정보처리장치를 이용하여 평가위원 명단과 위원별·항목별 평가점수를 공개하여야 하며, 다만 평가의 공정성 확보를 위하여 필요하다고 인정되는 경우에는 평가위원 실명은 공개하지 아니할 수 있다.

☞ 협상에 의한 계약의 공정성을 제고하기 위해 제안서평가위원회의 평가결과 공개범위를 확대함 (총점→세부 항목별 점수)[기준 제7조 제8항 개정, 2018.12.31.]

(6) 위와 같이 평가내용을 공개하여야 함에도 불구하고 제안서 평가결과에 개인정보, 영업비밀 및 다른 법령에 따라 공개가 제한되는 정보가 포함되어 있을 경우 평가결과의 일부 또는 전부를 공개하지 아니할 수 있으며, 이 경우 전자조달시스템 또는 발주기관의 정보처리장치에 제안서 평가결과를 공개하지 않는다는 취지와 그 사유를 게재하여야 한다.

3) 입찰가격 개봉 및 평가(기준 제7조의2)

계약담당공무원은 제안서 평가 후 지체없이 입찰참가자가 참석한 자리에서 봉함된 가격 입찰서를 개봉하고 입찰가격에 대한 평가를 실시하여야 한다. 다만, 기술평가의 변별력을 확보할 필요성이 높은 계약에 대하여는 계약의 특성 및 사업내용 등을 고려하여 계약담당 공무원이 입찰공고 시 명시한 기준금액 미만의 입찰자에 대하여는 원가절감의 적정성을 심사할 수 있다(제7조의2 제2항 신설, 2020.9.24.).

4) 협상적격자 및 협상순위의 선정 등(기준 제8조, 제9조)

① 협상적격자 선정

계약담당공무원은 제안서 평가결과, 입찰가격이 해당 사업예산(예정가격을 작성한 경우에는 예정가격) 이하인 자로서 기술능력평가 점수가 기술능력평가분야 배점한도의 85%

이상인 자를 협상적격자로 선정한다. 만약, 제안서 평가결과 기술능력평가 점수가 기술능력평가분야 배점한도의 85% 이상인 자가 1인인 경우라 하더라도 2인 이상의 유효한 입찰이 있었다면 재입찰 사유에 해당되지 않는다고 보아야 할 것이며, 이 경우 동 기술능력평가 점수가 기술능력평가분야 배점한도의 85% 이상인 자를 협상적격자로 선정하여 협상을 진행할 수 있다.

2 협상 순위의 선정

협상 순서는 협상적격자의 기술능력평가 점수와 입찰가격평가 점수를 합산하여 합산점수의 고득점 순에 따라 결정한다. 다만, 합산점수가 동일한 제안자가 2인 이상일 경우에는 기술능력 평가점수가 높은 제안자를 우선 순위자로 하고, 기술능력 평가점수도 동일한 경우에는 기술능력의 세부평가항목 중 배점이 큰 항목에서 높은 점수를 얻은 자를 우선 순위자로 한다.

3 협상적격자에 대한 통지

계약담당공무원은 협상적격자와 협상순위가 결정된 경우에는 지체 없이 협상적격자에게 협상순위, 협상적격자 전원의 기술능력과 입찰가격 평가점수와 합산점수 및 협상일정을 통보하여야 한다.

5) 협상실시 및 계약체결 등(기준 제10조 내지 제16조)

1 협상 절차

계약담당공무원은 제안서와 입찰가격 평가결과 결정된 우선순위 협상대상자와 협상을 하며, 이 협상이 성립된 때에는 다른 협상적격자와 협상을 실시하지 아니한다. 만약, 동 협상대상자와의 협상이 성립되지 않으면 동일한 기준과 절차에 따라 순차적으로 차순위 협상적격자와 협상을 실시하며, 모든 협상적격자와의 협상이 결렬될 경우에는 재공고입찰에 부칠 수 있다.

2 협상의 내용과 범위

계약담당공무원은 협상대상자가 제안한 사업내용, 이행방법, 이행일정 등 제안서 내용을 대상으로 협상을 실시하며 협상대상자와 협상을 통해 그 내용의 일부를 조정할 수 있다. 다만, 협상대상자에게 당해 사업과 무관한 요구사항을 추가하는 행위, 기술 이전 요구 등 불공정한 요구를 하여서는 아니 된다.

협상대상자와의 가격협상 시 기준가격은 해당 사업예산(예정가격을 작성한 경우에는 예정가격)이하로서 협상대상자가 제안한 가격으로 한다. 이 경우 협상대상자가 제안한 내용을 가감하는 경우에는 그 가감되는 내용에 상당하는 금액을 해당 사업예산(예정가격을 작성한 경우에는 예정가격) 범위 내에서 조정할 수 있으며, 다만, 제안한 내용의 가감조정이 없는 경우에는 가격협상 시 협상대상자가 제안한 가격을 증감조정 할 수 없다.

③ 협상 기간 및 결과 통보

계약담당공무원은 협상기간과 대상 등을 협상대상자에게 통보하여야 하며, 협상기간은 협상대상자에게 통보된 날로부터 15일 이내로 하며, 다만, 해당 사업의 규모, 특수성, 난이도 등에 따라 협상대상자와의 협의에 의하여 5일의 범위 내에서 조정할 수 있다. 협상이 성립되면 그 결과를 해당 협상대상자 및 다른 협상적격자에게 서면으로 통보하여야 한다.

④ 계약의 체결 및 이행

계약담당공무원은 협상이 성립된 후 10일 이내에 계약을 체결하여야 하며, 계약의 체결 및 이행에 관하여는 서면 통보한 협상 결과와 국가계약법령 및 이에 근거한 계약의 일반조건, 특수조건, 입찰유의서 및 일반원칙에 따른다.

5 경쟁적 대화에 의한 계약체결(영 제43조의3)

가. 의의

(1) 경쟁적 대화에 의한 계약체결 방법은 전문성·기술성이 요구되는 물품 또는 용역계약에 대하여 입찰대상자들과 계약목적물의 세부 내용 등에 관한 경쟁적·기술적 대화를 통하여 계약목적물의 세부 내용 및 계약이행방안 등을 조정·확정한 후 제안서를 제출받고 이를 평가하여 국가에 가장 유리하다고 인정되는 자와 계약을 체결하는 방법을 말한다.

(2) 동 제도는 시장에 존재하지 않은 혁신적 제품이나 서비스의 개발과 구매를 촉진하기 위해 도입된 제도로서, 입찰업체들과 대화를 통하여 발주기관의 요구를 충족하는 대안을 찾아 과업을 확정한 후에 해당 과업에 대한 최적의 제안 업체를 낙찰자로 선정하는 방식이라고 할 수 있다.

☞ 동 제도의 도입을 위해 국가계약법시행령 제43조의3을 신설(2018.12.4.)하고, 계약예규 「경쟁적 대화에 의한 계약체결기준」을 제정(2018.12.31.)

나. 적용대상

경쟁적 대화에 의한 방법으로 계약을 체결할 수 있는 사유는 다음과 같다.

① 기술적 요구 사항이나 최종 계약목적물의 세부 내용을 미리 정하기 어려운 경우
② 물품·용역 등의 대안이 다양하여 최적의 대안을 선정하기 어려운 경우
③ 상용화되지 아니한 물품을 구매하려는 경우
④ 그 밖에 계약목적물의 내용이 복잡하거나 난이도가 높은 경우 등으로서 각 중앙관서의 장이 필요하다고 인정하는 경우

다. 입찰절차

1) 입찰공고(기준 제4조)

계약담당공무원은 기본 제안서 제출마감일의 전일부터 기산하여 40일 전에 입찰공고를 하여야 한다. 다만, 긴급을 요하는 경우, 추정가격이 고시금액 미만인 경우 및 시행령 제20조 제2항에 따른 재공고입찰인 경우에는 제안서 제출마감일의 전일부터 기산하여 10일 전까지 공고할 수 있다. 동 입찰공고에는 '해당 계약이 경쟁적 대화에 의한 계약'이라는 사실 등 「경쟁적 대화에 의한 계약체결기준」 제4조 제2항의 사항을 명시하여야 한다.

2) 기본 제안요청서의 교부 또는 열람 등(기준 제5조)

계약담당공무원은 입찰에 참가하고자 하는 자에게 기본 제안요청서를 교부하여야 하며, 국가종합전자조달시스템에 게재함으로써 교부에 갈음할 수 있다. 또한, 계약의 성질·규모 등을 고려하여 필요하다고 인정하는 경우에는 기본 제안요청서 등에 대한 설명을 할 수 있으며, 설명을 실시하는 경우에는 설명에 참가한 자에 한하여 계약에 참가하게 할 수 있다.

동 기본 제안요청서에는 과업내용, 요구사항, 경쟁적 대화 참여적격자 선정을 위한 평가요소와 평가방법, 기본 제안서의 규격 및 기타 필요한 사항을 명시하여야 한다.

3) 경쟁적 대화 참가신청(기준 제6조)

경쟁적 대화에 의한 계약에 참가하고자 하는 자는 입찰공고 또는 발주기관이 교부한 기본 제안요청서에 정한 바에 따라 기본 제안서를 작성하여 계약담당공무원에게 제출함으로써 경쟁적 대화 참가신청을 갈음한다.

라. 경쟁적 대화의 세부절차 및 기준

1) 참여적격자 선정

계약담당공무원은 경쟁적 대화 참여적격자 선정을 위한 평가요소와 평가방법에 따라 기본 제안서를 평가하여 경쟁적 대화 과정에 참여할 자를 2인 이상 선정하고, 선정된 자에게 이를 통보하여야 한다(기준 제7조).

2) 경쟁적 대화 절차(기준 제8조)

계약담당공무원은 경쟁적 대화 과정에 참여한 자들과 각각 2회 이상 과업에 대한 기술적·재무적 요구내용에 대하여 대화하여야 하며, 대화 참여자가 경쟁적 대화 과정에서 제시한 기술적 사항을 확인하기 위해 대화 참여자의 사업지에 대해 현장점검을 실시할 수 있고 동 현장점검 내용을 최종 제안서 평가에 반영할 수 있다. 이때 대화 참여자와의 대화내용 중 대화 참여자가 요구하여 비공개하기로 합의한 사항에 대하여는 다른 참여자나 제3자에게 누설하여서는 아니 된다.

3) 최종 제안요청서의 교부, 제출 등

계약담당공무원은 경쟁적 대화 과정에 참여한 자를 대상으로 최종 제안요청서를 교부할 수 있으며, 최종 제안요청서에는 다음의 사항을 명시하여야 한다(기준 제9조).

① 최종 과업내용
② 최종 요구사항
③ 낙찰자 선정을 위한 평가요소와 평가방법
④ 최종 제안서의 규격
⑤ 기타 필요한 사항

경쟁적 대화 참여적격자로 선정되어 최종제안서를 제출하고자 하는 자는 위의 최종 제안요청서에 정한 바에 따라 최종 제안서를 작성하여 가격입찰서와 함께 계약담당공무원에게 제출하여야 하며, 계약담당공무원은 입찰참가자의 가격입찰서 모두를 함께 봉함하여 개봉시까지 보관하여야 한다(기준 제10조).

4) 최종 제안서의 평가(기준 제11조)

(1) 최종 제안서는 기술능력과 입찰가격을 종합적으로 평가하며, 평가항목 및 배점 한도는 다음과 같다(별표).

[별표] 제안서의 평가항목 및 배점 한도(제11조 관련)

구 분	평가항목	배점한도	비 고
계		100	
기술능력 평가	• 기술·지식능력 • 사업수행계획 • 지원기술·사후관리 등	90	• 각 평가항목의 배점한도는 50점을 초과하지 못함 • 지원기술·사후관리는 10점을 초과하지 못함
입찰가격 평가		10	※ 평점산식: 아래

(2) 각 중앙관서의 장은 위의 제안서 평가항목 및 배점한도를 기준으로 세부평가기준을 정할 수 있으며, 이 경우 사업의 특성·목적 및 내용 등을 고려하여 필요한 때에는 분야별 배점 한도를 5점의 범위 내에서 가·감조정할 수 있다. 또한, 평가항목을 추가하거나 제외할 수 있으며 다만, 배점 한도를 5점의 범위를 초과하여 가·감조정할 경우에는 기획재정부장관과 협의하여야 한다.

5) 낙찰자 선정과 계약의 체결 및 이행(기준 제13조~제15조)

(1) 계약담당공무원은 최종제안서 제출자 중에서 제안서 평가결과 기술능력평가와 입찰가격 평가를 합산한 점수가 가장 높은 자를 낙찰자로 선정한다. 이 경우 입찰금액이 총사업예산(예정가격을 작성한 경우에는 예정가격)을 초과하는 경우에는 예산의 범위 안으로 가격을 조정하기 위하여 그 입찰자와 협의하여야 하며 협의가 성립되지 아니할 때에는 합계점수 차 순위 자를 낙찰자로 결정한다.

(2) 낙찰자가 결정된 경우에는 지체없이 낙찰자에게 낙찰 사실을 통보하여야 하며, 낙찰 후 10일 이내에 계약을 체결하여야 한다. 계약의 체결 및 이행에 관하여는 최종 제안요청서, 낙찰자가 제출한 최종제안서와 국가계약법령과 이에 근거한 계약의 일반조건, 특수조건, 입찰유의서 및 일반원칙에 따른다.

6. 2단계 경쟁입찰 등

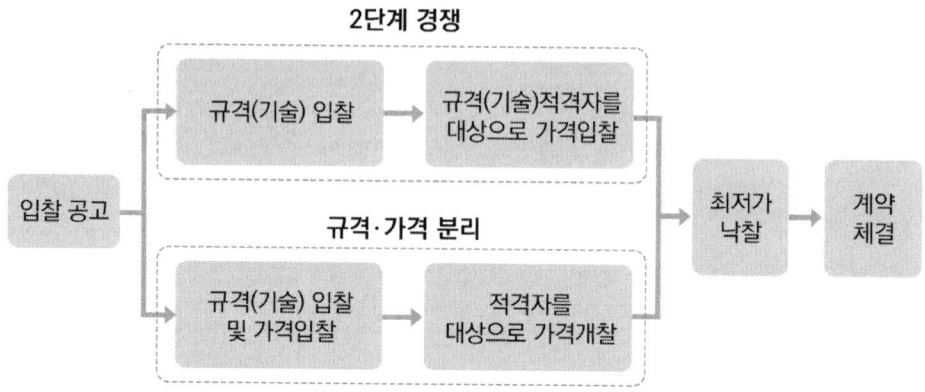

가. 2단계 경쟁입찰에 의한 계약

1) 의의

2단계 경쟁입찰(Two Stage Bid System)이라 함은 물품의 제조·구매 또는 용역계약에 있어 먼저 규격 또는 기술 입찰서를 제출한 후 심사를 거쳐 규격 또는 기술 적격자에 한하여 가격입찰서를 제출하는 방법의 입찰을 말한다. 즉, 1단계로 먼저 규격, 성능 또는 기술 등을 갖춘 우수한 제품을 선정하기 위한 입찰을 실시한 후 2단계로 가격경쟁을 시키는 입찰 방법으로서, 제품의 성능과 기술개발 촉진을 도모하기 위한 제도라고 할 수 있다(영 제18조).

2) 입찰절차

계약담당공무원은 입찰 전에 평가기준 및 절차 등을 정하여 입찰에 참가하고자 하는 자가 이를 열람할 수 있도록 하여야 한다. 이 경우 입찰참가자격 및 입찰공고 등에 대해서는 일반입찰에 적용하는 규정을 따르며, 평가기준 및 방법 등에 대하여는 당해 물품 및 용역의 특성이 잘 반영될 수 있도록 정한다.

3) 입찰의 성립과 낙찰자 결정

2단계 경쟁입찰은 각 단계별 입찰이 독립된 입찰이므로 각각 2인 이상의 유효한 입찰자가 있어야 해당 입찰이 성립된다. 따라서 규격·기술 적격자가 1인뿐인 경우에는 규격(기술)·가격 분리 동시입찰의 경우와 달리 유효한 경쟁입찰이 성립되지 않아 재공고 입찰 등을 실시하여야 한다. 동 2단계 경쟁입찰에 있어 낙찰자 결정은 각 단계별 경쟁입찰을 거쳐 예정가격 이하로서 최저가격으로 입찰한 자를 낙찰자로 결정한다(영 제42조 제3항).

나. 규격(기술)·가격 분리 동시 입찰에 의한 계약

1) 의의(영 제18조 제3항)

규격(기술)·가격 분리 동시입찰이라 함은 물품의 제조·구매 또는 용역계약에 있어 규격 또는 기술입찰서와 가격입찰서를 2개의 봉투(Two Envelope Bid System))에 각각 넣어 동시에 제출하게 하는 입찰방식으로, 우선 규격 또는 기술 입찰서를 심사한 후 규격 또는 기술 적격자에 한하여 보관 중인 가격입찰서를 개봉하는 방법의 입찰을 말한다.

2) 입찰 및 낙찰자 결정

규격(기술)·가격 분리 동시 입찰의 경우에는 각각 독립된 입찰이 아니라 하나의 입찰로서 2인 이상의 유효한 입찰로 경쟁입찰이 성립한다. 따라서 일단 2인 이상의 유효한 입찰이 성립된 경우에는 규격(기술)·가격적격자로 확정된 자가 1인뿐인 경우라도 그 적격자의 가격입찰서를 개봉하여 낙찰자를 결정할 수 있다는 점에서 앞에서 기술한 2단계 경쟁입찰과 차이가 있다(규칙 제48조 제2항).

규격·가격 분리 동시 입찰의 낙찰자 결정방법도 2단계 경쟁입찰과 마찬가지로 가격입찰서를 개봉한 결과 예정가격 이하로서 최저가격으로 입찰한 자를 낙찰자로 결정하며, 낙찰자를 결정할 수 없는 경우로서 규격(기술)적격자가 2인 이상인 때에는 가격입찰서를 다시 제출하게 하는 재입찰을 실시할 수 있다(영 제18조 제5항).

다. 2단계 경쟁입찰 등의 제외대상(영 제18조 제1항, 규칙 제23조의3)

용역계약 중 청소용역 등 단순한 노무에 의한 용역계약은 2단계 경쟁입찰 또는 기술·가격분리 동시입찰 적용대상에서 제외한다. 이처럼 단순노무 위주 용역계약을 2단계 경쟁입찰 등에서 제외하고 있는 것은 최저임금 이상의 적정 임금이 지급되도록 하기 위하여 덤핑입찰이 우려되는 최저가낙찰제의 적용을 배제하기 위한 조치라고 할 수 있으며, 따라서 동 단순노무 위주의 용역은 적정 임금지급이 이루어질 수 있도록 적격심사 낙찰제 또는 협상에 의한 계약 대상에 포함하여 운용된다고 할 수 있겠다.

☞ (단순노무 용역) ① 청소용역 ② 검침(檢針)용역 ③ 경비시스템 등에 의하지 아니하는 단순경비 또는 관리용역 ④ 행사보조 등 인력지원용역 ⑤ 그 밖에 제①호부터 제④호까지와 유사한 용역으로서 기획재정부장관이 정하는 용역

7 시범특례에 따른 계약의 체결

가. 의의 및 도입 배경

(1) 각 중앙관서의 장(또는 계약담당공무원)은 계약의 종류, 계약의 목적물 또는 계약 대상 사업의 혁신성·특수성 등을 고려할 때 현행 국가계약법시행령상 규정되어진 계약체결 방법으로는 계약의 목적을 달성하기 곤란하다고 인정되는 경우에는 각 해당 규정에도 불구하고 기획재정부장관이 해당 계약의 체결에 관하여 한시적으로 정하는 기준·절차(시범특례)에 따라 국가에 가장 유리하다고 인정되는 자와 계약을 체결할 수 있다.

(2) 위와 같은 국가기관의 시범특례사업은 혁신기술 및 신산업에 대한 조달수요가 증가하고 있으나 계약제도의 경직성·획일성으로 인하여 혁신수요 대응에 한계가 있다고 보고, 현행의 법령으로는 계약목적 달성이 어려운 입찰·계약 전반에 대해 업무 특성과 계약목적물의 혁신성 등을 고려해 특례를 적용하고자 2022.6.14 국가계약법시행령 제47조의2를 신설하여 도입되었다.

☞ 「공공기관 운영에 관한 법률」에 의한 공공기관은 기획재정부 특례를 받아 시범사업 운영이 가능하나, 그동안 국가기관은 법적 근거가 없어 별도의 계약기준·절차 운영이 불가하였음

나. 시범특례사업 실시 절차

(1) 각 중앙관서의 장은 시범특례에 따른 계약체결이 필요하다고 인정되는 경우에는 기획재정부장관에게 해당 계약에 적용될 시범특례를 정해 줄 것을 요청해야 하며, 이 경우 다음의 사항이 포함된 시범특례요청서를 제출해야 한다.
 ① 계약의 목적물이나 계약을 통해 추진하려는 사업의 내용
 ② 현행 국가계약법시행령상 규정에 따른 계약체결 방법으로는 계약의 목적을 달성하기 곤란한 사유 등 시범특례 적용의 필요성
 ③ 해당 계약의 체결에 관한 기준·절차로 정할 필요가 있는 사항
 ④ 해당 계약의 체결을 위해 필요한 시범특례의 유효기간
 ⑤ 시범특례 적용 시 기대효과
 ⑥ 그 밖에 시범특례에 관하여 필요한 사항으로서 기획재정부장관이 정하는 사항

(2) 중앙관서의 장으로부터 요청을 받은 기획재정부장관은 계약의 종류, 계약의 목적물 또는 계약 대상 사업의 혁신성·특수성 등을 고려할 때 시범특례 적용의 필요성이 있고, 해당

계약체결의 공정성과 투명성 등을 확보하기 위해 별도의 계약체결 기준·절차를 마련할 필요가 있다고 인정되는 경우에는 「조달사업에 관한 법률 시행령」 제7조 제1항에 따른 공공조달제도개선위원회의 심의를 거쳐 시범특례를 정할 수 있다. 이 경우 해당 심의를 거치기 전에 관계 중앙관서의 장과 협의할 수 있다.

다. 시범특례의 유효기간 및 성과평가

(1) 시범 특례의 유효기간은 시범 특례를 정한 날부터 2년의 범위에서 기획재정부장관이 정하는 기간으로 하며, 기획재정부장관은 필요하다고 인정하는 경우 2년의 범위에서 한 차례 이상 유효기간을 연장할 수 있다.

(2) 기획재정부장관은 시범 특례에 따라 체결된 계약 및 계약 대상 사업 등에 대하여 성과평가를 실시한 후 그 결과를 바탕으로 해당 시범특례를 국가계약법령에 반영할 필요가 있는지를 검토해야 하며, 이 경우 국가계약법령에의 반영 여부에 관하여는 「조달사업에 관한 법률 시행령」 제7조 제1항에 따른 '공공조달제도개선위원회'의 심의를 거쳐야 한다.

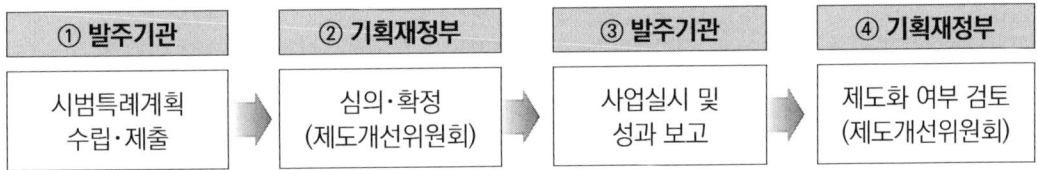

8 그 밖의 물품·용역의 낙찰자 결정방법

가. 다량물품의 희망수량 경쟁입찰

1) 의의(영 제17조)

다량의 물품을 매각할 경우의 일반경쟁 입찰은 그 매각수량의 범위 안에서 수요자의 매수 희망수량과 그 단가를 입찰하게 할 수 있으며, 다량의 수요 물품을 제조 또는 구매할 경우의 일반경쟁 입찰은 그 수요수량의 범위 안에서 공급자가 공급할 희망수량과 그 단가를 입찰하게 할 수 있다. 즉, 다량의 물품을 일시에 매각할 경우 예정가격 이상의 단가로 입찰한 자 중에서 최고가격의 입찰자부터 순차적으로 총 매각수량에 도달될 때까지의 입찰자들을 낙찰자로 결정하며, 다량의 물품을 일시에 제조 또는 구매할 경우에는 예정가격 이하의 단가입찰자 중 최저가격의 입찰자부터 순차적으로 총 수요량에 도달될 때까지의 입찰자들을 낙찰자로 결정하는 제도이다.

2) 입찰공고와 예정가격의 결정

희망수량경쟁입찰에 의하는 경우의 입찰공고에는 희망수량에 의한 일반경쟁입찰이라는 사항과 영 제36조에 규정된 입찰공고 사항 등을 명시하여야 한다. 이 경우 희망수량 경쟁입찰 시의 예정가격은 당해 물품의 단가로 정하여야 하며, 국고의 부담이 되는 물품의 제조 또는 구매에 관한 입찰인 때에는 그 입찰에 부치고자 하는 물품의 총 수량을 기준으로 한 예정가격 조서에 의하여 당해 물품의 단가를 정하여야 한다(규칙 제12조, 제20조).

3) 희망수량경쟁입찰의 대상 범위(규칙 제19조)

희망수량경쟁입찰의 방법에 의할 수 있는 경우는 다음과 같다.

① 1인의 능력이나 생산시설로는 그 공급이 불가능하거나 곤란하다고 인정되는 다량의 동일 물품을 제조하게 하거나 구매할 경우
② 1인의 능력으로는 그 매수가 불가능하거나 곤란하다고 인정되는 다량의 동일물품을 매각할 경우
③ 수인의 공급자 또는 매수자와 분할 계약하는 것이 가격·품질 기타 조건에 있어서 국가에 유리하다고 인정되는 다량의 동일물품을 제조·구매 또는 매각할 경우

4) 낙찰자 결정(영 제45조 및 제46조, 규칙 제47조)

다량의 물품을 희망수량에 따라 분할하여 매각하고자 할 경우에는 예정가격 이상의 단가로 입찰한 자중 최고가격으로 입찰한 자 순으로 매각 수량에 도달할 때까지의 입찰자를 낙찰자로 한다. 이와 반면에 다량의 물품을 희망수량에 따라 분할하여 제조·구매하고자 할 경우에는 예정가격 이하의 단가로 입찰한 자중 최저가격으로 입찰한 자 순으로 수요 수량에 도달할 때까지의 입찰자를 낙찰자로 한다.

이 경우 낙찰이 될 수 있는 동일가격으로 입찰한 자가 2인 이상인 경우에는, 입찰수량이 많은 입찰자를 낙찰자로 결정하되, 입찰수량도 동일한 때에는 추첨에 의하여 낙찰자를 결정한다.

5) 희망수량경쟁입찰과 수의계약(규칙 제34조)

계약담당공무원은 희망수량경쟁입찰 실시결과 낙찰자로 결정된 자 중 계약을 체결하지 아니한 자가 있어 수의계약에 의할 때에는 ① 물품의 제조나 구매에 있어서는 당해 낙찰자의 낙찰단가 이하로 ② 물품의 매각에 있어서는 당해 낙찰자의 낙찰단가 이상으로 계약을 체결하여야 한다.

나. 물품·용역의 일괄입찰(영 제16조 제3항, 제4항)

계약담당공무원은 「소프트웨어산업 진흥법」 제2조 제3호의 규정에 의한 소프트웨어 사업 시 계약의 특성상 필요하다고 인정되는 경우에는 물품과 용역을 일괄하여 입찰에 부칠 수 있으며, 이는 시스템 통합발주에 따른 용역과 기기의 일체성을 확보하고 해당 기기의 유지보수의 효율성을 높이기 위해 도입되었다.

동 입찰을 실시하고자 경우에는 적격심사낙찰제, 2단계 경쟁 등의 입찰, 협상에 의한 계약체결 및 경쟁적 대화에 의한 계약체결 방법 중에서 계약목적물의 특성에 적합하다고 판단되는 방법을 선택하여 입찰공고 시 이를 명시하여야 한다.

다. 유사물품의 복수경쟁과 물품의 종합낙찰제

품질·성능 또는 효율 등에 차이가 있는 유사한 종류의 물품 중에서 품질·성능 또는 효율 등이 일정수준 이상인 물품을 지정하여 구매하고자 하는 경우에는 복수경쟁에 부칠 수 있으며, 이 경우 유사한 종류의 물품별로 작성된 예정가격에 대한 입찰금액의 비율이 가장 낮은 입찰자를 낙찰자로 한다(영 제25조).

물품의 종합낙찰제는 물품의 제조 또는 구매계약에 있어서 당해 물품의 입찰가격 이외에 품질 등을 종합적으로 참작하여 예정가격 이하로서 가장 경제성이 있는 가격으로 입찰한 자를 낙찰자로 결정하는 제도로서 '품질 등에 의한 낙찰자 결정' 방식을 말한다(영 제44조).

* 동 제도는 각 발주기관이 평가 기준을 직접 정하여 운용하도록 함에 따라 조달청의 경우 훈령으로 "종합낙찰제 세부운용기준"을 정하여 운용하고 있음

제6장
계약의 체결 및 이행

제1절 계약의 체결과 보증

제2절 공동계약의 체결 및 이행

제3절 계약의 이행 및 지체

제4절 선금 및 대가지급

제5절 계약의 해제·해지 및 하자보수

제6절 부정당업자 제재

제7절 공공계약의 클레임과 분쟁해결

제1절 계약의 체결과 보증

I. 계약의 체결

1 개요

(1) 계약담당공무원이 국가계약법령에 정해진 절차에 따라 계약상대자를 결정한 때에는 지체 없이 계약을 체결하여야 하며, 다만, 경쟁입찰의 경우 낙찰된 자는 불가항력의 사유가 없는 한 계약담당공무원으로부터 낙찰통지를 받은 후 10일 이내에 계약을 체결하여야 한다.

이에 따라 계약담당공무원이 계약을 체결하고자 하는 때에는 국가계약법시행규칙 별지서식의 표준계약서에 의하여야 하고 계약서의 작성을 생략할 수 있는 경우를 제외하고는 반드시 계약서를 작성하여야 한다. 계약서 작성의 경우에는 계약당사자가 기명하고 날인하거나 서명함으로써 계약이 확정된다.

(2) 장기계속공사계약의 경우에는 낙찰 등에 의하여 결정된 총 공사금액을 부기하고 해당 연도 예산의 범위 안에서 제1차 공사를 이행하도록 계약을 체결하여야 하며, 제2차 공사 이후의 계약은 부기된 총 공사금액(물가변동, 설계변경 등으로 계약금액의 조정이 있는 경우에는 조정된 총 공사금액)에서 이미 계약된 금액을 공제한 금액의 범위 안에서 계약을 체결할 것을 부관으로 약정하여야 한다.

특히, 동 장기계속공사계약에서 공기연장사유 발생 시 추가비용 지급을 회피하기 위해 해당 차수계약을 해지하고 사유 종료 후 신규 계약을 체결하는 행위를 하여서는 아니 된다(정부 입찰·계약 집행기준 제2조의6 제12호, 지방자치단체 입찰 및 계약 집행기준 제7장 제8절).

☞ 장기계속공사계약의 방법은 장기계속물품제조 등과 정보시스템 구축사업 계약의 경우에 준용됨

(3) 한편, 낙찰자로 결정된 자가 정당한 이유 없이 계약을 체결하지 아니하는 때에는 낙찰 취소, 입찰보증금 국고귀속, 부정당업자 제재 등의 조치를 받게 되며, 계약담당공무원은 계약체결 부대비용 등 계약체결 및 이행 과정에서 발생하는 비용 중 발주기관이 부담할 부분을 계약상대방에게 전가하는 행위를 하여서는 아니 된다.

2 계약서의 작성

가. 서면 작성의 원칙(법 제11조, 영 제48조, 규칙 제49조)

(1) 순수 사인 간의 민법상 계약은 원칙적으로 불요식 계약에 해당되어 계약을 체결할 때 계약서와 관련하여 정해진 양식과 내용을 강제하지 않지만, 국가계약 또는 공공계약은 요식계약으로서 계약담당공무원이 계약을 체결할 때에는 ①계약의 목적 ②계약금액 ③이행 기간 ④계약보증금 ⑤ 위험부담 ⑥지체상금(遲滯償金) 및 ⑦그 밖에 필요한 사항을 명백하게 기재한 계약서를 작성하여야 한다. 이때 전자조달시스템을 이용하여 계약상대자와 계약을 체결하려는 경우에는 전자계약서를 동 전자조달시스템을 통하여 작성하여야 한다.

(2) 이와 관련하여 대법원도 '지방자치단체가 사경제의 주체로서 사인과 사법상의 계약을 체결함에 있어서는 지방계약법령에 따른 계약서를 따로 작성하는 등 그 요건과 절차를 이행하여야 하고, 설사 지방자치단체와 사인 사이에 사법상의 계약 또는 예약이 체결되었다 하더라도 동 법령상의 요건과 절차를 거치지 않은 계약 또는 예약은 그 효력이 없다'고 판시함으로써 공공계약이 요식계약에 해당함을 명확히 하고 있다(대법원 2009.12.24. 선고 2009다51288판결).

나. 구두에 의한 통지 등의 법적 효력(공사계약일반조건 제5조 등)

(1) 구두에 의한 통지·신청·청구·요구·회신·승인 또는 지시(이하 "통지 등")는 문서로 보완되어야 효력이 있으며, 따라서 설계변경 등 계약 관련 요청사항을 서면으로 시행하지 않고 구두로만 시행하여서는 아니 된다.

☞ 이에 따라 "계약상대자에 대해 계약의 이행 및 관리과정의 통지·신청·청구·요구·회신·승인 또는 지시를 서면으로 시행하지 않고 구두로 하는 행위"가 발생하지 않도록 계약담당공무원의 유의사항에 명시함(정부 입찰·계약 집행기준 제2조의6 제14호 신설, 2020.6.19.)

(2) '통지 등'의 장소는 계약서에 기재된 주소로 하고 주소를 변경하는 경우에는 이를 즉시 계약당사자에게 통지하여야 한다. 이때 통지 등의 효력은 계약문서에서 따로 정하는 경우를 제외하고는 계약당사자에게 도달한 날부터 발생하며, 도달일이 공휴일인 경우에는 그 익일부터 효력이 발생한다.

(3) 계약당사자는 계약 이행 중 계약조건 및 관계 법령 등에서 정한 바에 따라 서면으로 정당한 요구를 받은 경우에는 이를 성실히 검토하여 회신하여야 한다.

다. 계약문서

1) 공사계약(공사계약일반조건 제3조)

(1) 계약담당공무원과 계약상대자가 체결한 공사의 도급계약은 계약문서에서 정하는 바에 따라 신의와 성실의 원칙에 입각하여 이행하게 되는데, 이 경우 "계약문서"는 계약서와 동 계약서에 첨부되는 설계서, 공사입찰유의서, 공사계약일반조건, 공사계약특수조건 및 산출내역서 등 6가지로 구성되고 상호보완의 효력을 가진다.

(2) 특히, 이 들의 문서 중 "설계서"는 공사시방서, 설계도면, 현장설명서 및 물량내역서를 말하며, 계약상대자가 제출한 "산출내역서"는 설계서에는 포함되지 아니하나 다만, 물가변동·설계변경 등으로 인한 계약금액의 조정과 기성부분에 대한 대가의 지급 시에 적용할 기준으로서 계약문서의 효력을 가진다. 그 밖에 계약조건이 정하는 바에 의하여 계약당사자 간에 행한 통지문서 등도 계약문서의 효력을 가진다.

2) 물품구매(제조)계약[물품구매(제조)계약일반조건 제3조]

물품계약의 경우 계약문서는 계약서와 동 계약서에 첨부되는 규격서, 물품구매입찰유의서, 물품구매계약일반조건, 물품구매계약특수조건 및 산출내역서 등으로 구성되며 상호보완의 효력을 갖는다. 다만, 산출내역서는 수량조절 및 물가변동으로 인한 계약금액의 조정과 기납대가 지급 시 적용할 기준으로서 계약문서의 효력을 가지며, 그밖에 특수조건 설정 및 부당특약 금지, 통지문서 등의 효력 등에 관한 사항은 공사계약의 경우와 동일하다.

3) 용역계약(용역계약일반조건 제4조)

(1) 용역계약의 경우 계약문서는 계약서와 동 계약서에 첨부되는 용역입찰유의서, 용역계약일반조건, 용역계약특수조건, 과업내용 및 산출내역서로 구성되며 상호보완의 효력을 갖는다. 다만, 산출내역서는 계약금액의 조정 및 기성부분에 대한 대가 지급 시 적용할 기준으로서 계약문서의 효력을 가지며, 그밖에 특수조건 설정 및 부당특약 금지, 통지문서 등의 효력 등에 관한 사항은 공사계약의 경우와 동일하다.

(2) 특히, 용역계약은 그 종류와 관련 법령이 다양하여 「용역계약일반조건」의 경우 모든 용역에 공통적으로 적용되는 '일반용역계약조건' 이외에 '시공단계의 건설사업관리용역계약조건'(제3장)과 '소프트웨어용역 계약조건'(제4장)을 별도로 구분하여 규정해 놓고

있으며, 만약, 일반용역계약조건과 별도로 구분된 세부용역별 계약조건 중 상충되는 사항이 있는 때에는 세부용역별 계약조건이 우선적으로 적용된다.

☞ '지방자치단체 입찰 및 계약 집행기준'에서는 '엔지니어링 일반조건'도 별도로 구분(제9장 제13절)하여 규정하고 있음

라. 계약서 작성의 생략(영 제49조, 규칙 제50조)

앞에서 기술한 바와 같이 계약담당공무원은 계약서를 작성하여야 하지만, 소규모 계약이나 성질상 계약서 작성이 불필요한 경우 등 다음의 경우에는 예외적으로 계약서 작성을 생략할 수 있다. 이때 계약서 작성을 생략하더라도 청구서·각서·협정서·승낙사항 등 계약 성립의 증거가 될 수 있는 서류를 계약상대자로부터 제출받아 비치하여야 한다.

① 계약금액이 3천만 원 이하인 계약을 체결하는 경우
② 경매에 부치는 경우
③ 물품매각의 경우에 매수인이 즉시 대금을 납부하고 그 물품을 인수하는 경우
④ 각 국가기관 및 지방자치단체 상호 간에 계약을 체결하는 경우
⑤ 전기·가스·수도의 공급계약 등 성질상 계약서의 작성이 필요하지 아니한 경우

<참고> 모순된 내용의 계약서 간 우선순위 판단

○ 계약서 사이에 모순된 내용이 있을 때 어떠한 기준으로 계약서의 우선순위를 정해서 해석하여야 하는지 문제가 될 수 있는데 대법원은 다음과 같은 두 가지 기준을 제시하고 있음(대법원 2020.12.30.선고2017다17603판결)
 - 첫째는 계약서에 어느 계약을 우선하여 적용할 것인지 그 우선순위를 정하고 있다면 그 내용대로 효력이 발생함
 - 두 번째는 계약서 작성 시간의 선후를 기준으로 해야 함. 즉, 여러 개의 계약서 중 어느 계약을 우선할 것인지에 대한 내용이 없다면 서로 양립할 수 없는 부분에 관해서는 원칙적으로 나중에 작성된 계약서에 정한 대로 해석해야 함
○ 따라서 계약서 사이에 모순된 내용이 발견될 때에는 먼저 계약서 사이에 우선순위를 둘 만한 내용이 있는 지 살펴보고, 만일 이러한 내용이 없다면 특별한 사정이 없는 한 가장 나중에 작성된 계약서가 우선하여 적용된다고 할 수 있음

[공사도급표준계약서 양식(규칙 별지 제7호 서식)]

공 사 도 급 표 준 계 약 서			계약번호 제 호
			공고번호 제 호

계약자	발 주 처	○○부(처, 청)중앙관서의 장 또는 계약담당공무원 성명
	계 약 상 대 자	• 상호 또는 법인명칭 •법인등록번호 • 주 소 •전화번호 • 대표자

계약내용	공 사 명	
	계 약 금 액	금 원정(₩)
	총공사부기금액	금 원정(₩)
	계 약 보 증 금	금 원정(₩)
	현 장	
	지 체 상 금 율	%
	물가변동계약 금액조정방법	. . .
	착 공 연 월 일	. . .
	준 공 연 월 일	
	기 타 사 항	

하자담보책임(복합공종의 경우 공종별 구분 기재)			
공 종	공종별 계약 금액	하자보수보증금율(%) 및 금액	하자담보책임기간
		( )% 금 원정	
		( )% 금 원정	
		( )% 금 원정	

　중앙관서의 장(계약담당공무원)과 계약상대자는 상호 대등한 입장에서 붙임의 계약문서에 의하여 위의 공사에 대한 도급계약을 체결하고 신의에 따라 성실히 계약상의 의무를 이행할 것을 확약하며, 연대보증인은 계약자와 연대하여 계약상의 의무를 이행할 것을 확약한다. 이 계약의 증거로서 계약서를 작성하여 당사자가 기명날인한 후 각각 1통씩 보관한다.

　　붙임서류 : 1. 공사입찰유의서 1부
　　　　　　 2. 공사계약일반조건 1부
　　　　　　 3. 공사계약특수조건 1부
　　　　　　 4. 설 계 서 1부
　　　　　　 5. 산출내역서 1부

　　　　　　　　　　　　　　　　　. . .

　중 앙 관 서 의 장 또 는 계 약 담 당 공 무 원   (인)

　　　　　　　계 약 상 대 자   (인)

3 계약의 성립

가. 계약서에 기명·날인으로 확정(법 제11조, 영 제48조)

(1) 국가계약법상 계약 즉, 공공계약은 계약담당공무원과 계약상대자가 계약서에 기명하고 날인함으로써 계약이 확정된다. 다만, 예외적으로 외국인과 계약을 체결하는 경우 기타 특별한 사유가 있는 경우에는 날인 대신 서명으로 이를 갈음할 수 있다.

(2) 전자조달시스템을 통하여 전자계약서를 작성하는 경우에는 다음의 순서에 따른 요건을 모두 갖춘 때에 성립한다(전자조달법 제9조 제2항).[63]

① 계약담당공무원이 전자계약서를 계약상대자에게 전자조달시스템을 통하여 송신할 것
② 계약상대자는 계약담당공무원에게 ①에 따라 수신한 전자계약서의 내용에 동의한다는 뜻을 전자조달시스템을 통하여 송신할 것
③ 계약담당공무원은 ②에 따라 수신한 전자계약서를 확정하여 계약상대자에게 전자조달시스템을 통하여 송신할 것

나. 낙찰자 결정과 계약의 성립

(1) 앞에서 기술한 바와 같이 국가계약법령상 낙찰자를 결정하는 경우 낙찰자는 국가에 대하여 계약을 체결하여 줄 것을 청구할 수 있는 권리를 가지고, 국가는 승낙의 의사표시를 할 의무를 부담하게 되는 것이므로 낙찰자 결정의 법적 성질은 계약의 편무예약에 해당한다(대법원 2006.6.29. 선고 2005다41603 판결).

(2) 민법상 계약은 청약과 승낙으로 성립되므로 승낙에 해당하는 낙찰자 결정으로 계약이 성립된 것으로 보는 것이나, 국가계약법상 계약 즉, 공공계약의 경우 낙찰자로 결정은 편무예약에 해당하므로 곧바로 당해 계약이 성립된 것은 아니며 계약서 작성이 완료된 후 계약서에 기명하고 날인 또는 서명이 있어야 비로서 계약이 성립되었다고 본다.

☞ 청약이란 승낙과 결합하여 일정한 계약을 성립시킬 것을 목적으로 하는 일방적·확정적 의사표시이며, 승낙은 청약의 상대방이 청약에 응하여 계약을 성립시킬 목적으로 청약자에게 행하는 의사표시임.

①청약의 유인(입찰공고)→ ②청약(입찰)→ ③승낙(낙찰자 결정)→ ④계약의 체결(성립)

---

63) 법원은 전자문서로 체결되는 계약 역시 사전에 담당자 간에 협의를 거쳐 계약의 구체적 내용을 확정하는 절차를 거치고 다만, 서명만을 전자적 방식으로 행하는 것으로 봄(대법원 2019.3.28. 선고2017다213470판결)

4 부당한 특약 등의 금지(계약의 원칙)

가. 의의(법 제5조)

(1) 계약담당공무원이 계약을 체결함에 있어서는 국가계약법 및 관계 법령에 규정된 계약상대자의 계약상 이익을 부당하게 제한하는 특약 또는 조건("부당한 특약 등")을 정해서는 아니 되며, 부당한 특약 등을 정한 경우에는 무효로 한다.

☞ 부당한 특약 등을 금지하고 그 효력을 무효로 하는 사항이 종전에는 국가계약법시행령과 계약예규 등 하위규정에 규정되어 있었으나, 발주기관의 불공정행위를 근절하기 위해 법률로 상향시키고 동 부당특약 등을 이의신청 대상에도 포함시킴(법 제5조 제3항 및 제4항과 제28조 제1항 제1호의2 신설, 2019.11.26)

(2) 위와 같이 부당한 특약 등을 정하지 못하도록 하고 만약 정한 경우에는 그 사법상 효력을 무효로 하는 것을 공공계약의 원칙으로 삼고 있는 이유는, 국가 또는 공공기관을 당사자로 하는 계약은 서로 대등한 입장에서 당사자의 합의에 따라 체결되어야 하기 때문에 그 실효성을 확보하고 또한 발주기관이 우월적 지위를 내세워 권리를 남용하지 않도록 하기 위해 특별히 규정된 것이라고 할 수 있다.

(3) 대표적인 사례로 '계약체결 후 감사 등에 의하여 예정가격이 과다 계상된 것으로 판명되면 계약금액을 감액하거나 과다 계상된 만큼의 차액을 환수한다.'는 특약을 들 수 있는데, 동 특약사항이 부당하다는 것은 예정가격은 발주기관이 입찰 전에 내부적으로 작성하여 확정되는 것으로서 작성과정의 착오나 오류 사항은 계약상대자와는 무관하기 때문이다.

나. 부당한 특약 등에 관한 대법원 판례와 시사점

1) 부당한 특약 여부에 대한 최근의 판례(대법원 2017.12.21. 선고 2012다74076)

(1) 어떠한 특약이 계약상대자의 계약상 이익을 부당하게 제한하는 것으로서 국가계약법 제5조에 위배되어 효력이 없다고 하기 위해서는 그 특약이 계약상대자에게 다소 불이익하다는 점만으로는 부족하고, 국가 등이 계약상대자의 정당한 이익과 합리적인 기대에 반하여 형평에 어긋나는 특약을 정함으로써 계약상대자에게 부당하게 불이익을 주었다는 점이 인정되어야 한다.

그리고 계약상대자의 계약상 이익을 부당하게 제한하는 특약인지는 그 특약에 의하여 계약상대자에게 생길 수 있는 불이익의 내용과 정도, 불이익 발생의 가능성, 전체 계약에 미치는 영향, 당사자들 사이의 계약체결과정, 관계 법령의 규정 등 모든 사정을 종합하여 판단하여야 한다.

(2) 국가계약법 규정은 국가 등이 사인과의 계약관계를 공정하고 합리적, 효율적으로 처리할 수 있도록 계약담당자 등이 지켜야 할 사항을 정한 데에 그칠 뿐이고, 국가 등이 계약상대자와 계약금액조정 관련 규정의 적용을 배제하기로 합의하는 것을 금지하거나 제한하는 것으로 볼 수는 없다.

2) 최근 대법원 판례의 시사점(국가계약법 성격의 이해)

(1) 위의 대법원 판결내용은 '국가계약법령상 물가변동에 따른 계약금액 조정 규정의 적용을 배제하는 합의는 부당한 특약에 해당하지 않고 무효라고 볼 수 없다'고 함으로써 그동안 정부의 유권해석과 하급심 판결 결과를 배척하였다고 할 수 있다.

따라서 앞으로 공공계약을 체결할 때에는 위 대법원 판결사례와 같이 계약금액 고정특약 등 국가계약법령의 내용을 배제하는 조건을 정하는 경우에 동 법령은 원칙적으로 계약담당공무원이 지켜야 할 내부 준칙에 불과하므로 계약당사자 간에는 동 조건(특약)이 유효하다는 점을 유의할 필요가 있다고 하겠다.

(2) 다만, 위 대법원의 판결은 어디까지나 국가계약법령의 대외적 효력에 관한 사항이며 동 계약법령이 국가 또는 공공기관 내부적으로는 계약담당자가 의무적으로 준수하여야 할 법규에 해당하므로 이를 지키지 아니한 부분에 대하여 문제점이 발생할 경우에 변상, 문책 등 해당 계약담당자에 대하여 책임을 묻는 것은 별개의 사안에 해당한다는 점도 유의하여야 한다. 따라서 계약담당자에 대한 책임 문제를 고려할 경우 특별한 사유가 없는 한 계약담당자는 국가계약법령과 다르게 특약이나 조건을 설정할 수는 없다고 본다.

5 청렴 및 공정계약의 집행

가. 청렴계약서와 공정계약 서약서

계약담당공무원은 입찰자가 입찰서를 제출할 때 국가계약법시행령 제4조의2에 따른 청렴계약서를 제출하도록 하여야 한다. 계약을 체결할 때에는 이와 같이 계약상대자가 제출한 청렴계약서의 내용과 발주기관이 작성한 공정계약 서약서의 내용이 계약서에 포함되도록 하여야 한다.

나. 청렴계약의 체결(법 제5조의2)

1) 청렴계약의 내용과 체결 절차(영 제4조의2, 정부 입찰·계약 집행기준 제98조의3)

(1) 계약담당공무원은 국가를 당사자로 하는 계약에 있어서 투명성 및 공정성을 높이기 위해 청렴계약을 체결하여야 한다. 이 경우「청렴계약」은 '입찰자 또는 계약상대자로 하여금 입찰·낙찰, 계약체결 또는 계약 이행 등의 과정(준공·납품 이후를 포함)에서 직접적·간접적으로 금품·향응 등을 주거나 받지 아니할 것을 약정하게 하고 이를 지키지 아니한 경우에는 해당 입찰·낙찰을 취소하거나 계약을 해제·해지할 수 있다는 조건의 계약'을 의미하며 동 청렴계약에 포함되어야 할 구체적인 내용은 다음과 같다.

① 금품, 향응, 취업 제공 및 알선 등의 요구·약속과 수수(授受) 금지 등에 관한 사항
② 입찰가격의 사전 협의 또는 특정인의 낙찰을 위한 담합 등 공정한 경쟁을 방해하는 행위의 금지에 관한 사항
③ 공정한 직무수행을 방해하는 알선·청탁을 통하여 입찰 또는 계약과 관련된 특정 정보의 제공을 요구하거나 받는 행위의 금지에 관한 사항

(2) 동 청렴계약 내용에 따라 체결되는 청렴계약서에 포함되어야 할 사항은 다음과 같다.

① 입찰자 또는 계약상대자가 준수하여야 할 위의 사항(영 제4조의2 제1항 각호)
② 준수 사항을 위반 시 해당 입찰·낙찰을 취소하거나 계약을 해제·해지할 수 있다는 내용

2) 청렴계약 위반 시 조치사항(법 제5조의3, 영 제4조의3)

(1) 계약담당공무원은 청렴계약을 지키지 아니한 경우 해당 입찰·낙찰을 취소하거나 계약을 해제 또는 해지하여야 한다.

(2) 다만, 금품·향응 제공 등 부정행위의 경중, 해당 계약의 이행 정도, 계약 이행 중단으로 인한 국가의 손실 규모 등 제반 사정을 고려하여 공익을 현저히 해(害)한다고 인정되는 경우에는 각 중앙관서의 장의 승인을 받아 해당 계약을 계속하여 이행하게 할 수 있으며, 이 경우 각 중앙관서의 장은 계약 대상물의 성격과 해당 계약의 이행 정도 및 기간 등에 관하여 기획재정부장관이 정하는 기준 등을 고려하여야 한다.

다. 공정계약의 체결(동 집행기준 제98조의2, 제98조의4)

(1) 청렴 계약을 체결할 때 계약상대자가 제출한 청렴계약서 내용뿐만 아니라 발주기관이 작성한 공정계약 서약서의 내용도 계약서에 포함되도록 하여야 하며, 동 공정계약 서약서

에는 다음의 사항이 포함되도록 하여야 한다(2020.6.19. 신설).

① 계약상대자에 대한 금품, 향응, 취업 제공 등 요구행위의 금지
② 계약상대자에 대한 경영·인사 및 계약상대자와 제3자간 계약내용에 대한 개입행위의 금지
③ 계약과 직접적인 관련이 없는 의무를 부과하거나 발주기관의 부담을 전가하는 행위의 금지
④ 기타 국가계약법령 및 계약예규를 위반하여 계약상대자의 권리를 제한하거나 의무를 부과하는 행위의 금지

(2) 동 공정계약 서약제도는 계약업체의 의무사항인 청렴서약서(계약업체가 뇌물제공, 담합 등을 하지 않을 것을 서약하는 제도)에 대응하여 발주기관도 공정계약서를 작성·교환토록 하여 공공계약의 공정한 집행을 서약토록 의무를 부여하게 된 것이라고 할 수 있다.

라. 담합에 대한 손해배상액의 예정(정부 입찰·계약집행기준 제98조의2, 제98조의3)

(1) 손해배상액의 예정이라 함은 상대방의 이행을 강제하기 위해 채무불이행 시 채무자가 지급하여야 할 손해배상액을 미리 당사자자 간의 계약으로 정하는 것을 의미하는 데, 계약담당공무원은 계약목적물의 특성, 공급자의 수 등을 감안할 때 담합행위의 개연성이 있다고 판단될 경우 청렴계약서에 입찰자 또는 계약상대자가 배상하여야 할 손해배상액의 예정을 포함할 수 있다.

(2) 즉, 특정인의 낙찰을 위한 담합행위의 금지사항 등 시행령 제4조의2 제1항 제2호 위반 시에 손해배상액의 예정을 포함할 수 있으며, 이 경우 손해배상액의 예정에 있어 해당 공사의 발주방식, 난이도 및 예상되는 입찰자의 수 등을 고려하여 적정한 손해배상액을 산정토록 하되 다음의 금액을 초과하여서는 아니 된다.

① 입찰자 : 입찰금액의 100분의 5
② 계약상대자 : 계약금액의 100분의 10

(3) 동 담합에 대한 손해배상액의 예정 제도는 입찰 및 계약체결 시 담합·뇌물제공 등 위법행위를 하지 않을 것과 위반 시에는 계약의 해제·해지, 부정당업자 제재 등의 조치를 할 수 있는 제도를 운용하고는 있으나, 담합 사실은 통상적으로 입찰 후 수년이 지난 후 적발되는 사례가 많아 당해 계약이 이미 완료되었거나 계약 이행 중 계약해제의 실질적 어려움 등으로 담합행위에 대한 제재의 실효성에 한계가 있기 때문에 보완된 제도이다.[64]

---

[64] 입찰담합에 대한 손해배상액의 예정에 대하여는 계약예규에 규정하여 운용되고 있으나, 국민의 재산권에 미치는 영향 등을 고려하여 국가계약법령에 법적 근거를 마련한 후 하위규정에서 세부적으로 운용하는 것이 타당하다고 봄

Ⅱ. 계약의 이행보증

1 개요

가. 보증제도 일반

(1) 일반적으로 '보증'이란 보증채권자에 대한 주채무자의 계약이행의무를 제3자인 보증인이 담보하여 3인의 주체가 참여하는 의무를 수반하는 계약관계로서 한 당사자가 다른 당사자의 계약상 의무를 이행하지 않을 때 보증 채무자가 대리로 의무를 이행할 것을 보장하는 것을 의미하며, 이 중 건설보증이란 건설공사의 원활한 수행을 담보하기 위하여 체결한 발주자와 건설업체 및 보증기관 3자 간의 채권·채무 및 구상채권·구상채무 관계를 말한다.

(2) 특히, 건설공사의 경우 막대한 자금과 인력이 소요되는 특성상 기획과 설계 및 시공에 어려움이 상존하게 되고 이에 따라 발주자 입장에서는 정보 부족(비대칭성)에서 오는 위험부담을 고려하여 건설공사의 흐름 단계별로 보증을 요구하게 되는데, 시공 준비단계 즉, 입찰단계에서는 입찰보증, 시공단계(계약단계)에서는 계약이행보증 및 선금 보증, 준공단계에서는 하자보수보증 등을 요구하게 된다.

나. 공공계약의 이행보증 개요

(1) 공공계약에서의 이행보증은 국가 등 공공기관이 낙찰자를 결정하고 계약을 체결할 경우 당해 계약의 적정 이행을 담보하기 위하여 행하는 절차로서 계약상대자로 하여금 계약보증금을 납부하도록 하는 것이 일반적인 방법이다. 이 경우 계약보증금은 금전적 보증 성격으로서 당해 계약금액의 100분의 10(공사계약은 100분의 15)이상의 현금 또는 보증서로 납부토록 하고 있으나, 실제로는 계약상대방이 보증기관과 계약이행보증계약을 체결하고 보증기관이 발급한 보증서를 납부하는 방법이 주로 활용되고 있다.

(2) 특히, 공사계약의 경우에 있어서는 위의 계약보증금 납부 방법 이외에 특별히 금전적 기능과 역무적 기능을 동시에 갖추고 있는 공사이행보증서(PB : Performance Bond)를 제출할 수 있도록 병행하고 있으며, 두 가지 보증 방법 중 한 가지를 원칙적으로 계약상대자가 선택할 수 있도록 하고 있다.

2 계약보증금

가. 의의(법 제12조)

(1) 국가계약법령상 계약보증금은 국가 등 공공기관과 체결된 계약의 이행을 담보하기 위하여 계약상대자에게 일정한 금액을 납부하게 하는 것이다. 따라서 동 보증금은 계약불이행 시 이에 대한 손해보전을 위하여 납부하게 하는 물적 담보로서 민법상 손해배상액의 예정 성격을 가지고 있다(민법 제398조).65)

(2) 물품·공사·용역 등의 공공계약에 있어서 이행보증은 주로 이러한 계약보증금을 납부하게 하는 방법을 활용하고 있으며, 계약담당공무원은 납부면제 대상을 제외하고는 경쟁 또는 수의계약을 불문하고 모두 납부하게 해야 한다.

나. 납부 금액(영 제50조, 제52조, 규칙 제62조)

(1) 계약보증금은 계약금액의 100분의 10(공사계약의 경우에는 100분의 15) 이상을 계약체결 전까지 납부하게 하여야 한다. 다만, 「재난 및 안전관리 기본법」 제3조 제1호의 재난이나 경기침체, 대량실업 등으로 인한 국가의 경제위기를 극복하기 위해 기획재정부장관이 기간을 정하여 고시한 경우에는 계약금액의 100분의 5이상을 납부하게 할 수 있다.

☞ 이에 따라 기획재정부 및 행정안전부는 코로나19로 인한 국가의 경제위기를 극복하기 위해 입찰 및 계약보증금 인하 등 한시적 특례가 적용되는 기간을 2023.6.30까지 정하여 고시함

(2) 위의 계약보증금을 납부함에 있어 단가계약에 의하는 경우로서 여러 차례로 분할하여 계약을 이행하게 하는 때에는 계약금액 전체가 아니라 매회별 이행예정량 중 최대량에 계약단가를 곱한 금액의 100분의 10 이상을 납부하게 해야 하며, 장기계속계약에 있어서는 제1차 계약체결 시 부기한 총공사·총제조 등의 금액의 100분의 10(공사계약은 100분의 15) 이상을 납부하게 해야 한다.

(3) 만약, 계약체결 후 물가변동, 설계변경 등으로 인하여 계약금액이 조정된 때에는 이에 상응하는 금액의 보증금을 추가로 납부하게 하거나 계약상대자의 요청에 의해 이를 반환

---

65) 제398조(배상액의 예정) ① 당사자는 채무불이행에 관한 손해배상액을 예정할 수 있다.
② 손해배상의 예정액이 부당히 과다한 경우에는 법원은 적당히 감액할 수 있다.
③ 손해배상액의 예정은 이행의 청구나 계약의 해제에 영향을 미치지 아니한다.
④ 위약금의 약정은 손해배상액의 예정으로 추정한다.
⑤ 당사자가 금전이 아닌 것으로써 손해의 배상에 충당할 것을 예정한 경우에도 전4항의 규정을 준용한다.

하여야 하며, 계약상대자가 입찰 시 납부한 입찰보증금을 계약보증금으로 대체할 것을 요청한 때에는 계약보증금으로 이를 대체 정리하여야 한다.

다. 납부 수단 및 방법(영 제50조 제7항, 규칙 제51조 및 제55조)

(1) 계약보증금은 계약체결 전까지 현금(체신 관서 또는 은행법의 적용을 받는 은행이 발행한 자기앞수표를 포함) 또는 금융기관이 발행한 지급보증서, 건설공제조합이 발행한 지급보증서 등으로 납부해야 한다.

(2) 동 계약보증금의 납부수단 및 방법은 앞에서 기술한 입찰보증금의 경우와 동일하며, 보증보험증권 등으로 계약보증금을 납부하는 경우 보증기간은 계약기간 개시 일부터 계약기간 종료일 이후이어야 한다. 계약기간을 연장하고자 할 때에는 당초 보증기간 내에 그 연장하려는 기간을 가산한 기간을 보증기간으로 하여 제출하게 해야 한다.

라. 납부면제 대상 및 지급각서 제출(영 제50조 제6항, 제10항)

(1) 계약담당공무원은 국가와 계약을 체결하려는 자에게 계약보증금을 납부하도록 하여야 하나, 다음의 경우에는 계약보증금의 전부 또는 일부의 납부를 면제할 수 있다.

① 입찰보증금 면제 대상에 해당하는 다음의 자와 계약을 체결하는 경우
  ⅰ) 국가기관 및 지방자치단체
  ⅱ) 「공공기관의 운영에 관한 법률」에 따른 공공기관
  ⅲ) 정부가 기본재산의 100분의 50이상을 출연(법률의 규정에 의하여 귀속시킨 경우를 포함)한 법인
  ⅳ) 「농업협동조합법」에 의한 조합·조합공동사업법인 및 그 중앙회(농협경제지주회사 및 그 자회사를 포함한다), 「수산업협동조합법」에 의한 어촌계·수산업협동조합 및 그 중앙회, 「산림조합법」에 의한 산림조합 및 그 중앙회, 「중소기업협동조합법」에 의한 중소기업협동조합 및 그 중앙회와 「한국농어촌공사 및 농지관리기금법」에 따른 한국농어촌공사
  ⅴ) 「저탄소 녹색성장 기본법」 제32조 제2항에 따라 녹색기술·녹색사업에 대한 적합성 인증을 받거나 녹색전문기업으로 확인을 받은 자 중 기획재정부장관이 정하는 기준*에 해당하는 자

    * 기획재정부장관이 정하는 기준 : 녹색기술·녹색사업 인증서 및 녹색전문기업 확인서 보유기업에 대해 계약보증금의 일부 납부면제 등(정부 입찰·계약 집행기준 제32조)

② 계약금액이 5천만 원이하인 계약을 체결하는 경우
③ 일반적으로 공정·타당하다고 인정되는 계약의 관습에 따라 계약보증금 징수가 적합하지 아니한 경우
④ 이미 도입된 외자시설·기계·장비의 부분품을 구매하는 경우로서 당해 공급자가 아니면 당해 부분품의 구입이 곤란한 경우

 (2) 계약담당공무원은 위에 열거된 사유에 해당되어 계약보증금 납부를 면제하는 경우에는 입찰보증금 면제의 경우와 동일하게 계약보증금의 전부 또는 일부의 납부를 면제받은 자로 하여금 법 제9조 제3항의 규정에 의한 국고귀속사유가 발생한 때에는 계약보증금에 해당하는 금액을 납입할 것을 보장하기 위하여 그 지급을 확약하는 내용의 문서를 제출하게 하여야 한다.

마. 계약보증금의 국고귀속(영 제51조)

1) 국고귀속 사유

 (1) 계약상대자가 정당한 이유 없이 계약상의 의무를 이행하지 아니한 때에는 해당 계약보증금을 국고에 귀속시켜야 한다. 이 경우 "정당한 이유"라 함은 천재·지변 또는 예기치 못한 돌발사태 등을 포함하여 명백한 객관적인 사유라고 할 수 있다.

 (2) 장기계속계약에 있어서 2차 이후의 계약을 체결하지 아니한 때에도 해당 계약보증금을 국고에 귀속시켜야 한다. 이는 장기계속계약이 연차별로 체결되는 독립된 계약이지만 총공사·총제조 등을 기준으로 입찰을 실시하여 낙찰자를 결정하고 제1차 계약체결 시에 총금액을 부기함에 따라 계약상대자는 총공사·총제조 등의 계약에 대하여 권리와 의무가 동시에 발생되는 계약이기 때문이다.

 (3) 현금 대신에 보증서로 계약보증금을 제출하고 정당한 이유 없이 계약 이행을 하지 아니하는 경우에는 보증서 발급기관이 보증시공을 통한 보증채무의 이행을 할 수 없으므로 당해 계약보증금을 국고귀속(보증기관이 현금보상)시켜야 한다. 다만, 공사이행보증서를 제출한 경우로서 계약상대자의 계약불이행에 따라 건설공제조합 등 동 공사이행보증서 발급기관이 보증시공을 한 경우에는 계약 이행이 완료된 것이므로 당해 계약서상 보증금을 국고에 귀속시키지 아니한다.

2) 국고귀속 절차 및 기성대가와의 상계처리 여부

(1) 계약보증금의 국고귀속은 입찰보증금의 국고귀속 절차(영 제38조)에 준하여 처리한다.

(2) 국고귀속 사유가 발생하여 계약보증금을 국고 귀속할 때에 기성부분에 대한 미지급 금액이 있는 경우 이와 상계처리 하여서는 아니 된다. 다만, 계약보증금의 전부 또는 일부를 면제한 계약에 있어서는 예외적으로 국고에 귀속시켜야 하는 계약보증금을 기성부분에 대한 미지급 금액과 상계처리 할 수 있다.

☞ 예외적으로 상계처리 할 수 있도록 하고 있는 것은 소액계약(5천만 원 이하) 등 계약보증금 면제 대상의 업체가 부도 등으로 계약 불이행이 발생한 경우 영세하여 면제각서에 따른 지급청구가 어려운 현실을 감안하여 보완된 것임(영 제51조 제3항)

3) 계약보증금의 국고귀속과 지체상금 병과 가능 여부

(1) 국가계약법 제12조 제3항은 계약상대자가 계약상의 의무를 이행하지 아니한 때 계약보증금을 국고에 귀속토록 하고, 동법 제26조 제1항은 계약상대자가 정당한 이유 없이 계약의 이행을 지체한 때에는 지체상금을 부과하도록 하고 있다.

(2) 따라서, 계약보증금의 국고귀속은 계약의 불이행을 전제로 하고 있고, 지체상금은 계약의 지체 이행을 전제로 하는 것이어서 양자는 병과 할 수 없는 것이므로 계약보증금을 국고귀속 조치한 경우에는 지체상금을 부과하지 않는 것이 타당하다.

4) 계약보증금의 국고귀속 완화사항

(1) 계약상대자가 정당한 이유 없이 계약상의 의무를 이행하지 아니하여 해당 계약보증금을 국고에 귀속시키는 경우 성질상 분할할 수 있는 공사·물품 또는 용역 등에 관한 계약의 경우로서 기성부분 또는 기납부분을 검사를 거쳐 인수한 경우에는 당초의 계약보증금 중 기성부분 또는 기납부분에 해당하는 계약보증금은 제외하고 국고에 귀속시킨다. 이때 인수에는 인수하지 않고 관리·사용하고 있는 경우를 포함한다.

* 이와 같은 계약보증금의 국고귀속 완화조치는 계약상대자가 성질상 분할할 수 있는 공사 등에 관한 계약상의 의무 일부만을 이행하지 않은 경우에 전체 계약보증금에서 기성부분 또는 기납부분에 해당하는 계약보증금을 제외한 나머지를 국고에 귀속하도록 하여 중소기업 등 업체의 부담을 완화하기 위해 보완된 것임(영 제51조 제2항 개정, 2022.6.14)

(2) 단가계약으로서 여러 차례로 분할하여 계약을 이행하는 경우에도 당초의 계약보증금

중 이행이 완료된 분에 해당하는 계약보증금은 제외하고 국고에 귀속하며, 이때 당초의 계약보증금 중 이행이 완료된 분을 판단하는 시점은 계약보증금을 국고에 귀속시키는 경우 당해 계약을 해제 또는 해지하고 계약상대자에게 그 사유를 통지하여야 하므로 계약보증금의 국고귀속을 위해 계약해지를 한 시점이라고 할 수 있다.

> ▸ 당초의 계약보증금 중 이행이 완료된 분에 해당하는 계약보증금
> = 당초의 계약보증금 × [(이행완료 량×단가) / (총 계약수량 × 단가)]

5) 계약보증금의 국고귀속과 계약의 해제·해지(영 제75조 제1항)

계약상대자가 정당한 이유 없이 계약을 이행하지 아니하여 계약보증금을 국고에 귀속시키는 경우에는 계약에 특별히 정한 것이 없는 한 당해 계약을 해제 또는 해지하고 계약상대자에게 그 사유를 통지하여야 한다.

바. 계약보증금의 반환(영 제50조, 규칙 제63조)

(1) 계약담당공무원은 계약이행이 완료되면 보증목적이 달성되었으므로 계약상대자의 요청에 의하여 즉시 계약보증금을 반환하여야 한다.

(2) 장기계속계약에 있어서 연차별 계약이 완료된 때에는 당초의 계약보증금 중 이행이 완료된 연차별 계약금액에 해당하는 분을 반환하여야 한다. 다만, 계속비계약은 1회의 계약으로서 연차별로 계약이 체결되고 준공되는 장기계속계약과는 성격이 다르며, 국가계약법령 상에도 계약보증금 반환에 관하여 별도로 규정된 바가 없으므로 이행이 완료된 부분에 해당하는 계약보증금을 반환할 수 없다고 보는 것이 타당하다.

3 공사계약에 있어서의 이행보증

가. 공사계약의 이행보증 개요(영 제52조, 규칙 제66조)

1) 보증 방법 및 선택

(1) 계약담당공무원은 공사계약을 체결하고자 하는 경우 계약상대자로 하여금 다음의 어느 하나에 해당하는 방법을 선택하게 하여 계약이행의 보증을 하게 하여야 한다.

제1절 계약의 체결과 보증

① 계약보증금을 계약금액의 100분의 15 이상 납부하는 방법. 다만, 「재난 및 안전관리 기본법」제3조 제1호의 재난이나 경기침체, 대량실업 등으로 인한 국가의 경제위기를 극복하기 위해 기획재정부장관이 기간을 정하여 고시한 경우에는 계약금액의 1천분의 75 이상을 납부하게 할 수 있다.

② 공사이행보증서(Performance Bond)를 제출하는 방법

(2) 위와 같이 공사계약의 이행보증은 2가지 보증 방법 중 하나를 계약상대자가 선택하게 하여 정하는 것이 원칙이나, 계약담당공무원이 공사계약의 특성상 필요하다고 인정되는 경우에는 보증 방법 2가지 중 ②의 방법(공사이행보증서 제출)으로 한정할 수 있다.66)

2) 보증 방법의 변경

(1) 계약담당공무원은 계약상대자가 2가지 방법 중 어느 하나를 선택하여 보증한 경우로서 선택한 보증 방법의 변경을 요청한 경우에는 1회에 한하여 변경하게 할 수 있다.

(2) 참고로, 계약상대자가 현금 대신 보증서로 계약보증금을 제출하고 부도로 인하여 계약이행이 불가하게 된 경우 발주기관은 보증기관에 보증채무 이행을 요구하게 되는데, 이때 계약상대자가 아닌 보증기관은 보증 방법 변경의 요구 주체가 아니므로 보증 방법의 변경을 요청할 권한이 없으며, 따라서 현금 보상 대신에 보증시공을 통한 보증채무 이행은 불가하다.

나. 2가지 보증 방법의 세부 내용

1) 계약금액의 100분의 15 이상 계약보증금 납부 방법

계약보증으로서 계약금액의 100분의 15 이상에 해당하는 계약보증금을 납부하는 방법은 금전적 기능만 있는 보증 방법이므로 계약상대자가 계약상 의무를 이행하지 못하는 경우에는 해당 보증금을 국고에 귀속시키는 것으로서 보증 의무는 종료된다. 현실적으로는 발주기관과 공사계약을 체결한 계약상대자는 대부분 건설공제조합 등 보증기관이 발급한 보증서를 제출하게 되며, 이때 계약상대자가 계약 의무를 이행하지 아니하면 건설공제조합 등 해당 보증서 발급기관이 발주기관에 계약보증금을 납부하게 된다.

---

66) 종전에는 종합심사낙찰제 대상공사(추정가격 100억원 이상)와 턴키·대안입찰 및 기술제안 입찰에 의한 공사계약의 경우에는 반드시 공사이행보증서(PB)를 제출하는 방법으로 계약이행을 보증하게 하였으나, 규제완화 차원에서 공사 종류에 관계없이 모두 발주기관의 자율적 결정사항으로 전환함(2019.9.17.)

2) 공사이행보증서(Performance bond) 제출 방법

1 의의 및 보증금액(영 제2조 제4호)

(1) 공사이행보증서는 '공사계약에 있어서 계약상대자가 계약상의 의무를 이행하지 못하는 경우 계약상대자를 대신하여 계약상의 의무를 이행할 것을 보증하되, 이를 보증한 기관이 의무를 이행하지 아니하는 경우에는 일정 금액을 납부할 것을 보증하는 증서'를 말하며, 따라서 동 보증서는 역무적 보증기능과 금전적 보증기능의 성격을 동시에 갖추고 있는 보증 방법에 해당한다.

☞ 계약보증으로서 공사이행보증서(PB) 제출 방법은 미국의 Surety Bond(보증금액의 100%), 일본의 공사완공 보증(보증금액 40%) 등을 근거로 '97.1.1 대외시장개방에 맞추어 처음으로 도입되어 시행되어 오고 있음

(2) 공사이행보증서상 보증금액은 계약금액의 100분의 40 이상이며, 다만, 예정가격의 70% 미만 낙찰된 공사의 경우 보증금액은 100분의 50 이상으로 하고 있다.

2 보증채무의 범위(정부 입찰·계약 집행기준 제43조)

(1) 계약담당공무원은 계약상대자가 정당한 이유 없이 계약상의 의무를 이행하지 아니한 경우에는 보증기관으로 하여금 보증서에 기재된 사항에 따라 발주기관에 보증채무를 이행하게 하여야 한다.

(2) 만약, 장기계속공사계약에 있어서 보증기관이 공사이행보증서상의 보증금을 현금으로 납부하는 방법으로 보증채무를 이행하는 경우에 보증금액은 계약 이행이 완료된 연차별 계약금액을 제외한 잔여 계약금액을 기준으로 산출하게 되며, 이때 기존 계약은 해지(해제)하고 잔여 공사이행을 위한 계약상대자를 재선정하는 것이 타당하다고 본다.

(3) 또한, 보증채무에는 하자담보 채무와 선금반환 채무가 포함되지 않지만 계약체결 시 공사이행보증에 하자담보채무를 포함하는 별도의 특약을 체결하여 그 내용을 포함하여 발주기관에 제출하였다면, 이에는 하자보수 보증금이 포함된 것으로 볼 수 있을 것이므로 공사이행보증서 발급기관에서 보증시공을 하였을 경우에는 동 발급기관에서 하자보수의 책임까지 부담하게 된다고 할 수 있다(조달청 규제개혁법무담당관실-7964, 2013.12.30.).

3 보증채무의 이행 방법(동 기준 제44조)

공사이행보증은 계약상대자가 계약상의 의무를 이행하지 아니할 경우 보증기관이 보증

이행업체를 지정하여 잔여공사를 완성하거나 발주기관에 해당 보증금의 지급이행을 담보하는 것이다. 따라서 보증기관의 보증채무의 이행은 선택채무이며, 역무이행의 의무를 부담하는 보증의 경우에는 다음의 순서에 따라 이행하게 된다.

① 계약상대자가 정당한 이유 없이 계약상의 의무를 이행하지 아니한 경우 공사이행보증서 발급기관에 의무이행을 청구
② 보증기관은 보증이행업체를 지정하여 해당 계약을 이행
③ 보증이행업체를 통한 계약이행이 되지 않을 경우 보증서 상 보증금 상당액을 현금으로 납부

4 보증이행업체의 지정

(1) 보증이행업체 지정 시에 계약담당공무원은 보증기관으로 하여금 다음의 자격을 갖추고 있는 자를 보증이행업체로 지정하게 하여야 하며, 보증이행업체 지정에 관련된 서류를 계약담당공무원에게 제출하여 승인을 얻도록 하여야 한다. 지정된 보증이행업체를 변경하는 경우에도 또한 같다.

① 「독점규제 및 공정거래에 관한 법률」에 의한 계열회사가 아닌 자
② 시행령 제76조에 의한 입찰참가자격 제한을 받고 그 제한 기간 중에 있지 아니한 자
③ 시행령 제36조에 의한 입찰공고에서 정한 입찰참가자격과 동등이상의 자격을 갖춘 자
④ 시행령 제13조에 의한 입찰의 경우에는 입찰참가자격사전심사기준에 따른 심사 종합평점이 입찰 적격 기준 점수 이상이 되는 자

(2) 계약담당공무원은 보증이행업체로 지명된 자가 부적격하다고 인정되는 경우에는 보증기관에 보증이행업체의 변경을 요구할 수 있으며, 보증기관이 지정된 보증이행업체의 변경을 요구하는 경우에는 이를 승인할 수 있다.

5 보증이행업체의 보증이행 및 보증채무의 소멸(동 기준 제46조, 47조)

(1) 계약담당공무원은 계약상대자가 계약상의 의무를 이행하지 아니한 경우에는 지체 없이 보증기관에 보증채무 의무를 이행할 것을 청구하여야 하며, 물론 보증기관이 정당한 이유 없이 계약상의 보증채무를 이행하지 아니한 경우에는 보증기관으로 하여금 공사이행보증서상의 보증금을 현금으로 납부하게 하여야 한다.

(2) 계약담당공무원이 보증기관에 보증채무 의무이행을 청구할 때에는 공사현장(기성부분, 가설물, 기계·기구, 자재 등)의 보존과 손해의 발생을 방지하여야 하며, 보증기관이 보증이행업체를 지정하여 보증채무를 이행하게 한 경우에는 그 보증이행업체에게 이를

인도하여야 한다. 이때 보증채무 의무이행의 청구는 공사이행보증서상의 보증기간 말일 다음날부터 기산하여 6월 이내에 하여야 하며, 보증기관은 그 청구기간이 경과된 후에는 보증 책임을 지지 아니한다.

(3) 계약담당공무원의 청구에 의하여 계약상의 공사보증이행의무를 완수한 보증기관은 계속공사에 있어 계약상대자가 가지는 계약체결상의 이익을 가진다. 따라서 보증기관은 계약금액 중 보증이행 부분에 상당하는 금액을 발주기관에 직접 청구할 수 있는 권리를 가지며, 계약상대자는 보증이행업체의 보증이행 부분에 상당하는 금액을 청구할 수 있는 권리를 상실한다.

4 용역계약의 이행보증

(1) 공공계약에 있어 이행보증은 국가계약법시행령 제50조에 계약금액의 10% 이상의 계약보증금을 납부하도록 규정하고 있으며, 공사계약에 있어 이행보증은 동법시행령 제52조에 별도로 규정하여 계약금액의 15%이상의 계약보증금 납부방법 또는 공사이행보증서 제출방법 중 원칙적으로 계약상대자가 선택하도록 하고 있다.

(2) 따라서 용역계약의 경우에는 시행령 제50조에 따라 계약금액의 10% 이상에 해당하는 계약보증금을 현금 또는 보증서로 납부하는 것이 원칙이라고 할 수 있으며, 다만, 시행령 제52조 제5항에 공사계약의 이행보증방법을 준용할 수 있도록 함에 따라 계약금액의 15% 이상의 계약보증금 납부방법과 용역이행보증서 제출방법 중 하나를 계약상대자가 선택할 수 있도록 하는 것은 가능하다. 그러나 이 경우에도 서비스업에 대한 이행보증보험부담 완화를 위해 준용할 수 있는 용역계약의 범위를 다음과 같이 한정하고 있다(정부 입찰·계약 집행기준 제53조).

① 건설기술진흥법 제2조 제3호에 따른 건설기술용역
② 건축사법 제2조 제3호에 따른 설계용역
③ 기타 각 중앙관서의 장이 공익상 이행확보의 필요성이 크다고 인정하는 용역

제2절 공동계약의 체결 및 이행

1 공동계약 개요

가. 국가계약법상 도입과정

(1) 공동계약은 계약상대자를 둘 이상으로 하여 체결하는 계약으로서 동 계약방식은 건설 분야에만 한정되는 것이 아니지만, 건설공사 도급계약의 경우 둘 이상의 건설업체가 결합하여 시공능력, 시공경험 및 면허 등을 상호 보완함으로써 수주 기회가 확대되고 기술이 전수되는 등 장점이 많아 건설업이 공동계약에 가장 적합한 업종에 해당한다고 할 수 있다.

이에 따라 공동계약의 방식은 그 사업의 성격상 가장 적합한 공사계약 중심으로 발전하게 되었다고 할 수 있으며, 공공계약의 경우에도 1983년 건설업의 균형발전과 건설사업자 간 상호 협력관계를 유지하고자 정책적으로 국가계약법시행령(당시 예산회계법시행령) 개정을 통해 처음 공동계약제도가 도입하게 된 것이다.

(2) 그 이후 발주기관의 인식 부족과 건설업체의 소극적 참여로 지지부진하다가 중소기업육성 및 지방경제 활성화 등 정부정책 목적 달성을 위해 1989년 발주기관이 경쟁에 의하여 계약을 체결하고자 할 경우에는 가능한 한 공동계약에 의하여야 하도록 동 시행령을 개정·보완함으로써 공공 건설공사에 활발하게 적용되기 시작하였으며, 1994년에는 지방중소건설업체를 보다 적극적으로 육성·지원하고자 지역의무 공동계약제도까지 도입되어 현재에 이르고 있다.

나. 공동계약의 의의

(1) 국가계약법상 계약에 있어 '공동계약'이라 함은 "공사·제조·기타의 계약에 있어서 발주기관과 공동수급체가 체결하는 계약을 말하며, 이 경우 '공동수급체'라 함은 "구성원을 2인 이상으로 하여 수급인이 해당 계약을 공동으로 수행하기 위하여 잠정적으로 결성한 실체"라고 정의하고 있다(계약예규 "공동계약운용요령" 제2조). 따라서 공공계약에 있어 공동계약은 '발주기관이 2인 이상의 사업자가 잠정적으로 결성한 공동수급체와 계약을 체결하여 공동수급체 구성원이 공동으로 계약을 이행하게 하는 계약 형태'를 의미한다.

(2) 공공계약에 있어 위와 같은 공동계약 제도를 두어 운용하고 있는 주된 목적은 중소기업체를 육성·발전시키고자 하는데 있다고 할 수 있다. 즉, 공동계약 특히 건설공사 공동도급계약의 경우 시공경험이나 기술능력, 경영상태, 신인도 등 공사수행능력에 대한 상호보완을 통해 보다 많은 중소건설업체가 입찰과 시공에 참가할 수 있도록 함과 아울러, 대형건설업체와의 협업을 통한 기술이전 등으로 기술력을 높이고 시공경험을 쌓도록 하는 데 그 목적이 있는 것이다.

> 〈 공동계약과 도급(都給)의 개념 〉
> - 건설공사는 단순구매가 아니라 일반적으로 도급의 형태로 이루어지므로 공동 계약을 "공동도급계약"이라고 많이 표현하고 있으며, 이 경우 도급계약은 당사자 일방이 어느 일을 완성할 것을 약정하고 상대방이 그 일의 결과에 대하여 보수를 지급할 것을 약정함으로써 그 효력이 생기는 계약을 말함(민법 제664조)
> - 도급계약에 있어 수급인은 약정한 일의 완성의무를 지고, 도급인은 보수지급의 의무가 있으며 보수는 그 완성된 목적물의 인도와 동시에 지급하는 것이 원칙임. 단순구매계약은 어느 한 쪽이 이미 만들어진 물품을 납품할 것을 약정하고 그 상대편은 물품을 납품받은 후 대금을 지급할 것을 약정함으로써 성립하는 계약으로서 도급계약과는 구분됨

다. 단독계약의 원칙과 공동계약의 활성화

(1) 국가계약법 제25조에 "공사계약·제조계약 또는 그 밖의 계약에서 필요하다고 인정하면 계약상대자를 둘 이상으로 하는 공동계약을 체결할 수 있다."고 규정되어 있으므로 공공계약도 기본적으로는 1인과 체결하는 단독계약이 원칙이라는 것을 알 수 있다.

(2) 그러나 동법시행령 제72조에서 "계약담당공무원이 경쟁에 의하여 계약을 체결하고자 할 경우에는 계약의 목적·성질상 공동계약에 의함이 곤란하다고 인정되는 경우를 제외하고는 가능한 한 공동계약에 의하여야 한다."라고 규정함으로써 마치 공동계약을 의무화하여 법률상 단독계약의 원칙에 배치된다는 느낌을 줄 수도 있는데, 좀 더 살펴보면 공동계약이 비록 의무사항은 아니나 중소건설업체 보호와 지방경제 육성 등 정책 목적 달성을 위해 공동계약을 적극 활성화시키고자 하는 규정이라는 것을 알 수 있다.

즉, 공동계약의 체결 여부는 어디까지나 각 구성원의 자율적인 의사에 따라 이루어지는 것으로서 그 성격상 강제할 수 있는 사항이 아니므로 동 조항은 의무규정이 아니라 정부가 중소업체의 공사수행능력 증대, 시공실적 축적 및 기술이전 촉진 등 장점이 많은 공동계약의 방법을 적극 권장하는 규정에 해당되는 것이다.

(3) 따라서 공동계약이 의무사항이 아니므로 입찰공고 시 단독입찰을 허용하지 않고 공동수급체만이 입찰 참가가 가능토록 강제해서는 아니 되며, 또한, 특정사안의 경우 과업 수행 및 관리·감독 등의 측면에서 공동계약에 의할 경우 계약의 목적 달성이 곤란하다고 판단되는 경우에는 발주기관이 공동계약에 의하지 아니할 수도 있다는 것을 유의할 필요가 있다고 하겠다.

2 공동계약의 유형 및 책임

공동계약은 공동수급체가 도급받아 이행하는 방식에 따라 다음과 같이 공동이행방식, 분담이행방식 및 주계약자관리방식 등 3가지로 구분되며, 계약담당공무원은 입찰공고 시에 동 공동계약의 이행방식 중 하나를 선택하여 명시하게 된다(공동계약운용요령 제2조의2).

가. 공동이행방식

1) 의의 및 법적 성격

(1) 공동이행방식은 공동수급체 구성원이 일정 출자비율에 따라 연대하여 공동으로 계약을 이행하는 공동계약을 말하며, 공동수급협정서에 출자비율이 명시되고 손익의 배분, 비용의 분담 등은 특별히 정하지 않는 한 동 출자비율에 따라 결정된다.

(2) 공동이행방식의 공동수급체는 기본적으로 민법상의 조합*의 성질을 가지는 것이므로 공동수급체가 공사를 시행함으로 인하여 도급인에 대하여 가지는 채권은 원칙적으로 공동수급체의 구성원에게 합유적으로 귀속하는 것이다.[67]

* 민법상 합유 : 조합의 재산 소유 형태임. 합유물에 대한 지분은 인정하되 처분은 합유자 전원의 동의를 요함. 합유관계가 존속하는 한 합유물의 분할은 불가능함. 조합이 해산되는 경우 합유가 종료됨

(3) 따라서 특별한 사정이 없는 한 구성원 중 1인이 임의로 도급인에 대하여 출자지분의 비율에 따른 급부를 청구할 수 없고 민법 제272조에 의하여 구성원 전원의 합의에 따라 공동으로 청구하거나 대표자가 공동수급체를 대표하여 청구하여야 하며, 또한 구성원 중 1인에 대한 채권으로서 그 구성원 개인을 집행채무자로 하여 공동수급체의 도급인에 대한 채권에 대하여 강제집행 할 수도 없다(대법원 2001.2.23. 선고 200다68924).

---

[67] 분담이행방식이나 주계약자 관리방식은 공동수급체를 민법상 조합으로 보지 않고, 도급인과 여러 개의 도급계약을 체결한 경우와 유사한 것으로 보는 것이 일반적임

2) 연대책임 원칙

(1) 공동이행방식의 공동수급체 구성원은 연대하여 책임을 지며, 다만, 공사이행보증서가 제출된 공사로서 계약이행요건을 충족하지 못하는 업체는 출자비율에 따라 책임을 진다. 공동이행방식은 연대책임에 따라 각 구성원간의 연대의식이 강하여 공구 분할에 따른 토목공사보다는 건축공사에 적용하기 적합한 공동계약의 형태라고 할 수 있다.

(2) 좀 더 구체적으로 살펴보면, 공동이행방식의 연대책임은 발주기관에 대하여 연대하여 책임을 진다는 의미이므로 일방 구성원이 단독으로 체결한 근로계약 및 자재구매계약에서 발생한 임금채무 및 대금채무에 대하여 까지 타 구성원이 연대하여 책임을 지는 것은 아니다.

또한, 구성원이 내부 합의로 공사부분을 분할하여 시공하였더라도 일부 구성원의 공사 미완성 하자, 공사 지체 등이 발생하면 전체 구성원들이 계약목적물 전체에 대하여 연대책임을 부담한다. 즉, 계약목적물은 전체로서 하나를 이루고 준공기한도 공사 전체의 준공기한이므로 일부 구성원이 자신이 맡은 공사를 준공기한 내에 하지 못함으로써 지체 책임을 부담하는 경우 그 지체상금의 기준이 되는 계약금액은 당해 구성원이 맡은 부분에 해당하는 공사대금이 아니라 전체 공사대금이 되는 것이다.

☞ 다만, 공동수급체 구성원들과 도급인 사이에 구성원들로 하여금 각자의 지분비율에 따라 분할하여 책임을 부담하도록 하는 명시적·묵시적 약정이 있다면, 공동수급체 구성원들은 도급인에 대하여 각자의 지분비율에 따른 분할채무를 부담하는 것으로 판시하고 있음(대법원 2018.6.28. 선고 2015다219795)

3) 가장 공동수급체 구성원의 대외적 책임부담 여부

(1) 공동이행방식의 공동수급체에서 자주 볼 수 있는 형태로서 형식적으로 공동수급 약정을 하고 공동도급계약을 체결한 후 실제로는 일부 구성원만이 공사를 수행하며 나머지 구성원은 명의만을 빌려주는 경우가 있는데, 이때 공동수급체의 형식적 구성원이 대외적 책임을 지는지에 대하여 문제가 될 수 있다.

(2) 일반적으로 형식적 구성원은 명의대여자로 보며, 대법원은 동 명의대여자의 대외적 책임과 관련하여 "상법 제24조의 규정에 의한 명의대여자의 책임은 명의자를 영업주로 오인하여 거래한 제3자를 보호하기 위한 것이므로 거래 상대방이 명의대여 사실을 알았거나 모른 데 대하여 중대한 과실이 있는 때에는 책임을 지지 않는다"(대법원2001.4.13. 선고 2000다10512 판결)라 고 판시하고 있다.

(3) 즉, 발주자나 하수급인이 형식적 구성원이 명의를 대여하여 가장 공동수급체를 구성한 것인지 알지 못하였거나 알지 못한 중대한 과실이 없으면 형식적 구성원은 발주자나 하수급인에

대하여 공동수급체의 구성원으로서 계약이행 책임을 져야 한다는 것이나. 이에 따라 현장에서는 중대한 과실에 해당하지 않기 위하여 공동수급체 구성원 확인에 주의를 기울일 필요가 있다고 할 수 있다.

나. 분담이행방식

(1) 분담이행방식은 공동수급체 구성원이 일정 분담내용에 따라 나누어 공동으로 계약을 이행하는 공동계약을 말하며, 공동수급협정서에 구성원의 분담내용과 공동비용의 분담에 관한 사항 등이 명시되고 공동이행방식의 경우와 같이 출자비율 등에 관한 사항은 포함되지 않는다. 즉, 동 분담이행방식은 공동수급체 구성원이 해당 분담 부분에 대해서만 자기의 책임으로 이행하여 대가를 받고, 다만 공동비용만 공동수급협정서에 명시된 대로 부담하는 방식으로서 공동수급체 구성원 간의 연대성이 미약한 형태라고 할 수 있다.

(2) 이에 따라 공동수급체 구성원은 발주기관에 대하여 분담 내용에 따라 각자 책임을 지게 되는 것이며, 이러한 각자 책임의 성격상 동 분담이행방식은 공구 분할이 가능한 토목공사와 면허보완 등을 위한 공사에 적용하기 적합한 형태라고 할 수 있다.

다. 주계약자관리방식

1) 개요

(1) 주계약자관리방식은 「건설산업기본법」에 따른 건설공사를 시행하기 위한 공동수급체의 구성원 중 주계약자를 선정하고, 주계약자가 전체 건설공사 계약의 수행에 관하여 종합적인 계획·관리 및 조정을 하는 공동계약을 말한다.

(2) 따라서 주계약자는 '주계약자관리방식의 공동계약에서 공동수급체 구성원 중 전체 건설공사의 이행에 관하여 종합적인 계획·관리·조정을 하는 자'는 말하며, 이때 주계약자는 종합건설업체 뿐만 아니라 전문건설업체도 될 수 있다. 다만, 종합건설업체 또는 전문건설업체가 다수라도 대표회사 1인 만이 주계약자이고 주계약자를 제외한 나머지 종합건설업체와 전문건설업체는 모두 부계약자에 해당한다.

☞ 종전에는 주계약자를 종합건설업체로 한정하였지만, 건설 업역 폐지(2021.1.1. 시행)에 따라 전문건설업체도 주계약자로 입찰 참여가 가능하도록 함(공동도급계약운용요령 제2조의2 개정, 2020.12.28.)

(3) 주계약자관리방식의 공동수급체와 관련하여 대법원은 원칙적으로 공동이행방식의 공동수급체와 동일하다고 판단하고 있다. 즉, 공동이행방식의 공동수급체는 기본적으로는 민법상

조합의 성질을 가지고 그 구성원은 계약상 의무이행에 대하여 연대하여 책임을 지는 등 공사계약금액 전부에 대하여 이해관계를 가지고, 마찬가지로 "주계약자관리방식"의 주계약자 역시 전체 계약의 이행에 대하여 연대책임을 지는 등 공사계약금액 전부에 대하여 이해관계가 있는데 다만, 주계약자관리방식은 하도급과 관련된 폐해를 방지하기 위한 목적에서 종합건설업체와 전문건설업체가 공동수급체를 구성하여 수주하도록 함으로써 전문건설업체 역시 계약당사자의 지위를 가지도록 한 것일 뿐이라고 판시한 바 있다(대법원 2019.1.31. 선고 2016두51658 판결).

2) 적용 대상공사

발주기관은 규모에 관계없이 모든 공사에 대하여 주계약자관리방식에 의할 수 있다.

☞ 종전에는 추정가격 300억 원 이상 공사에 한하여 적용되었지만, 건설업역 폐지에 따라 주계약자공동도급 대상을 모든 공사로 확대함(공동계약운용요령 제2조의3 개정, 2020.12.28.)

3) 구성원의 책임과 시공 방법

⑴ 주계약자관리방식의 구성원은 각자 자신이 분담한 부분에 대해서만 책임을 지되 불이행 시 그 구성원의 보증기관이 책임을 지며, 주계약자는 최종적으로 전체 계약에 대하여 책임을 지되 불이행 시 주계약자의 보증기관이 책임을 진다. 따라서 주계약자관리방식에서 특정 부분에 대하여 구성원이 공동으로 연대하여 책임을 지는 형태의 공동계약은 원칙적으로 인정되지 않는다고 할 수 있다.

⑵ 주계약자관리방식에 의한 공동계약의 경우 시공을 함에 있어 주계약자 이외의 공동수급체의 구성원은 자신이 분담한 부분을 직접 시공하게 하여야 하며, 다만, 공동수급체 구성원이 종합건설사업자인 경우에는 다른 법령이나 시공품질의 향상 및 현장사정 등 불가피한 사유가 있는 경우에는 주계약자와 합의하여 하도급을 승인할 수 있다. 이 경우 주계약자는 직접 시공에는 참여하지 않더라도 시공관리, 품질관리, 하자관리, 공정관리, 안전관리, 환경관리 등 시공의 종합적인 계획·관리 및 조정에만 참여하는 경우에도 이를 계약이행으로 본다(동 요령 제13조 제4항).

3 입찰공고와 공동수급협정서 작성 등

가. 입찰공고 시 명시 사항

(1) 계약담당공무원은 국가계약법시행령 제72조에 따라 공동계약으로 발주하려는 경우 입찰공고 시에 동일현장에 2인 이상의 수급인을 투입하기 곤란하거나 긴급한 이행이 필요한 경우 등 계약의 목적·성질상 공동계약에 의함이 곤란하다고 인정되는 경우를 제외하고는 가능한 한 공동계약이 가능하다는 뜻을 명시하여야 한다 (동 요령 제8조 제1항).

(2) 또한, 입찰공고 사항에는 공동계약의 이행방식(①공동이행방식 ②분담이행방식 ③ 공동이행방식과 분담이행방식이 혼합된 방식 중 어느 하나)과 공동수급체 구성원의 자격 제한사항을 명시하여야 한다. 이 경우 입찰참가자는 동 공동계약의 이행방식 중 '공동이행방식' 또는 '공동이행방식과 분담이행방식이 혼합된 방식'을 대신하여 주계약자관리방식으로 공동수급체를 구성하여 입찰에 참여할 수 있다.

나. 공동수급협정서 작성 및 제출 등

(1) '공동수급협정서'라 함은 공동계약에 있어서 공동수급체 구성원 상호 간의 권리·의무 등 공동계약의 수행에 관한 중요사항을 규정한 계약서를 말하며, 계약담당공무원은 공동수급체 구성원으로 하여금 입찰공고 내용에 명시된 공동계약의 이행방식에 따라 공동수급 표준협정서를 참고하여 동 공동수급협정서를 작성하게 하여야 한다. 공동수급체 대표자는 동 공동수급협정서를 입찰참가 신청서류 제출 시 함께 제출하여야 하며 계약담당공무원은 이를 보관하여야 한다.[68]

(2) 공동계약 체결 시에는 공동수급체 구성원 전원이 계약서에 연명으로 기명날인 또는 서명하여야 하며, 공동수급협정서에서 정하는 바에 따라 신의·성실의 원칙에 입각하여 이행하여야 한다.

(3) 공동수급체 구성원의 각종 보증금 납부는 공동수급협정서에서 정한 구성원의 출자비율 또는 분담내용에 따라 분할 납부하여야 하며, 다만, 공동이행방식 또는 주계약자관리방식에 의한 공동계약일 경우에는 공동수급체대표자 또는 공동수급체구성원 중 1인으로 하여금 일괄 납부하게 할 수 있다.

---

[68] 따라서 공동수급체는 입찰에 참가할 목적으로 입찰 전에 구성하게 되는 것이며, 입찰을 실시한 후의 사후 공동수급체 구성은 허용되지 않는 것임

4 공동수급체의 구성 및 대표자 선임

가. 공동수급체 구성원의 자격요건(동 요령 제9조)

(1) 공동수급체 구성원은 해당 계약을 이행하는데 필요한 면허·허가·등록 등의 자격요건을 갖추어야 하며, 계약이행에 필요한 자격요건은 다음과 같이 구비하여야 한다.

① 분담이행방식의 경우 : 구성원이 공동으로 갖추어야 한다.
② 공동이행방식의 경우 : 구성원 각각이 갖추어야 한다. 즉, 구성원 각각이 해당 계약을 이행하는데 필요한 면허·허가·등록 등의 요건을 갖추어야 한다.
③ 주계약자관리방식의 경우 : 주계약자는 전체공사를 이행하는데 필요한 자격요건을 갖추어야 하고, 구성원은 분담공사를 이행하는데 필요한 자격요건을 갖추어야 한다.

(2) 즉, 공동이행방식의 경우에는 계약상 의무이행에 대하여 연대하여 책임을 지게 되므로 구성원 각각이 당해 계약이행에 필요한 자격요건을 갖추어야 하는 것이며, 반면에 분담이행방식의 경우에는 구성원 간에 각자 책임을 지며 면허 등의 보완이 필요한 경우 허용되는 방식이기 때문에 구성원 공동으로 면허 등의 보완을 통하여 계약이행에 필요한 자격요건을 갖추면 되는 것이다.

(3) 시행령 제21조에 따른 제한경쟁입찰에 의한 계약의 경우 자격요건은 시공능력, 공사실적, 기술보유상황 등은 「건설산업기본법」 등 관련 법령에서 규정하고 있는 등록 또는 면허가 동일한 경우에는 공동수급체 구성원 모두의 것을 합산하여 적용한다.

〈 공동계약에 의하여 이행된 실적의 인정 범위(동 요령 제9조 제3항) 〉

① 분담이행방식에 의한 경우 : 공동수급체의 구성원별 분담부분
② 공동이행방식에 의한 경우
 ⅰ) 금액 : 공동수급체의 구성원별 출자비율에 해당되는 금액
 ⅱ) 규모 또는 양 : 실적증명 발급기관에서 공사의 성질상 공동수급체의 구성원별 실제 시공부분을 분리하여 구분할 수 있는 경우에는 실제 시공한 부분. 다만, 분리·구분할 수 없는 경우에는 출자비율에 따라 배분
③ 주계약자관리방식에 의한 경우
 ⅰ) 구성원 : 분담부분
 ⅱ) 주계약자 : 건설산업기본법시행규칙 제23조 제6항에 의함(전문건설업자는 실적 전부, 종합건설업자는 실적의 50%)

나. 공동수급체 구성 및 참여 지분율

1) 공동수급체 구성의 제한(동 요령 제9조 제4항)

⑴ 공동계약의 공동수급체구성원이 동일 입찰 건에 대하여 공동수급체를 중복적으로 결성하여 참여한 입찰은 무효로 처리 된다. 이는 동일 입찰 건에 대하여 동일인이 2통 이상의 입찰서를 제출하는 경우 무효로 처리하는 것과 같다(공사입찰유의서 제15조).

⑵ 지역의무공동계약의 경우와 주계약자관리방식에 의한 공동계약의 경우에는 「독점규제 및 공정거래에 관한 법률」에 의한 상호출자제한 기업집단소속 계열회사 간에 공동수급체를 구성하여서는 아니 된다.

⑶ 「건설산업기본법시행령」 제7조에 의한 설비공사를 발주할 경우에는 단일 설비제조업체의 설비 부분이 전체 추정가격의 50% 이상일 경우에 한하여 설비제조업체와 시공업체 간 분담이행방식에 의한 공동계약 방법으로 입찰에 참가할 수 있다.

2) 구성원 수와 최소 참여 지분율

계약담당공무원은 공동계약의 유형별 구성원 수와 구성원별 계약 참여 최소 지분율을 다음과 같이 처리하되, 공사의 특성 및 규모를 고려하여 필요하다고 인정할 경우에는 공동계약의 유형별 구성원 수와 구성원별 계약참여 최소 지분율을 각각 20% 범위 내에서 가감할 수 있다.

① 분담이행방식에 의한 경우 : 구성원 수는 5인 이하, 최소 참여지분율은 제한 없음
② 공동이행방식에 의한 경우 : 구성원 수는 5인 이하, 최소 참여지분율은 10% 이상
　(단, 대형공사와 기술제안입찰공사 중 추정가격이 1,000억 원 이상인 공사의 경우에는 10인 이하, 5% 이상)
③ 주계약자관리방식에 의한 경우 : 구성원 수는 10인 이하, 최소 참여지분율은 5% 이상

다. 공동수급체 대표자의 선임 및 역할(동 요령 제4조)

1) 대표자의 선임과 역할

⑴ 공동수급체의 구성원은 상호 협의하여 공동수급체 대표자를 선임하되, 입찰공고(영 제36조) 등에서 요구한 자격을 갖춘 업체를 우선적으로 선임하여야 한다. 다만, 주계약자관리방식에 의한 공동계약의 경우는 주계약자가 공동수급체의 대표자가 된다.

(2) 공동수급체 대표자를 선임하는 경우에는 원칙적으로 발주기관이 대표자의 출자비율이 타 구성원보다 많도록 제한하거나 특정 조건을 제시하는 등 선임 방법을 제한해서는 아니 된다. 다만, 종합심사낙찰제 대상공사(추정가격 100억 원 이상 공사) 입찰의 경우에는 공동수급체 대표자의 출자비율 또는 분담내용이 100분의 50 이상이 되도록 하여야 하며, 주계약자관리방식에 의한 공동계약의 경우에는 공사의 내용 및 특성에 따라 분담내용을 정한다.

(3) 위와 같이 선임된 공동수급체 대표자는 발주기관 및 제3자에 대하여 공동수급체를 대표하며, 따라서 원칙적으로 대금의 청구, 공동수급체의 재산관리 권한 등을 대표자가 가진다.

2) 주계약자관리방식의 대표자 업무

(1) 위의 공동수급체 대표자의 대표권 이외에 주계약자관리방식의 대표자의 경우는 공사시방서·설계도면·계약서·예정공정표·품질보증계획 또는 품질시험계획·안전 및 환경관리계획·산출내역서 등에 의하여 품질 및 시공을 확인하고 적정하지 못하다고 인정되는 경우에는 재시공 지시 등 필요한 조치를 하여야 한다(동 요령 제4조 제3항).

(2) 또한, 동 주계약자관리방식의 대표자는 공사 진행의 경제성 및 효율성 등을 감안하여 공동수급체 구성원과의 협의를 거쳐 자재 및 장비 등의 조달을 일원화하여 관리하여야 한다.

5 공동도급 내용의 변경과 중도 탈퇴에 대한 조치

가. 공동도급 내용의 변경(동 요령 제12조)

1) 출자비율 또는 분담내용의 변경여부

(1) 공동계약에 있어 공동수급체구성원의 출자비율 또는 분담내용은 원칙적으로 변경할 수 없으며, 다만, 당해 공동계약의 원활한 이행을 위하여 다음의 경우에는 예외적으로 허용되고 있다.

① 물가변동 및 설계변경 등(시행령 제64조 내지 제66조에 의한 계약 내용의 변경)으로 인하여 계약금액이 조정된 경우
② 파산, 해산, 부도, 법정관리, 워크아웃(기업구조조정촉진법에 따라 채권단이 구조조정 대상으로 결정하여 구조조정중인 업체), 중도 탈퇴의 사유로 인하여 당초 협정서의

내용대로 계약이행이 곤란한 구성원이 발생하여 공동수급체 구성원 연명으로 출자비율 또는 분담내용의 변경을 요청한 경우
③ 주계약자관리방식에서 주계약자가 구성원이 정당한 사유 없이 계약을 이행하지 아니하거나 지체하여 이행하는 경우 또는 주계약자의 계획·관리 및 조정 등에 협조하지 않아 계약이행이 곤란하다고 판단되는 경우

(2) 계약담당공무원은 위와 같은 사유로 공동수급체 구성원의 출자비율 또는 분담내용의 변경을 승인함에 있어 구성원 각각의 출자지분 또는 분담내용 전부를 다른 구성원에게 이전하게 하여서는 아니 된다. 다만, 주계약자관리방식에서 공동수급체 구성원 중 일부가 파산, 해산, 부도 등으로 계약을 이행할 수 없는 사유 등으로 공동수급체 구성원의 출자비율 또는 분담내용의 변경을 승인하는 경우에는 전부를 다른 구성원에게 이전하게 할 수 있다.

2) 공동수급체 구성원 추가 여부

계약담당공무원은 원칙적으로 공동수급체 구성원을 추가하게 할 수 없으며, 다만, 다음의 경우에는 예외적으로 추가하게 할 수 있다.

① 계약 내용의 변경
② 공동수급체 구성원의 파산, 해산, 부도, 법정관리, 워크아웃(기업구조조정촉진법에 따라 채권단이 구조조정 대상으로 결정하여 구조조정중인 업체), 중도탈퇴의 사유로 인하여 잔존구성원만으로는 면허, 시공능력 및 실적 등 계약이행에 필요한 요건을 갖추지 못할 경우로서 공동수급체 구성원 연명으로 구성원의 추가를 요청한 경우

3) 주계약자관리방식의 경우 변경 관련

주계약자관리방식에서 주계약자는 구성원이 정당한 사유 없이 계약을 이행하지 아니하거나 지체하여 이행하는 경우 또는 주계약자의 계획·관리 및 조정 등에 협조하지 않아 계약이행이 곤란하다고 판단되는 경우에는 구성원의 출자비율 또는 분담내용, 해당 구성원을 변경할 수 있다. 이 경우에 주계약자는 변경 사유와 변경내용 등을 계약담당공무원에게 통보하여야 하며, 계약담당공무원은 주계약자의 변경내용이 계약의 원활한 이행을 저해하지 않는 한 승인해야 한다.

나. 중도 탈퇴에 대한 조치(협정서 제12조)

1) 구성원의 중도 탈퇴요건

공동수급체의 구성원은 다음의 어느 하나에 해당하는 경우 외에는 입찰 및 해당 계약의 이행을 완료하는 날까지 탈퇴할 수 없다. 다만, ③호에 해당하는 경우에는 다른 구성원이 반드시 탈퇴조치를 하여야 한다.

① 발주자 및 구성원 전원이 동의하는 경우
② 파산, 해산, 부도 기타 정당한 이유 없이 해당 계약을 이행하지 아니하거나 출자비율에 따라 각 구성원이 분담하는 비용을 미납하여 해당구성원 외의 공동수급체의 구성원이 발주자의 동의를 얻어 탈퇴조치를 하는 경우
③ 공동수급체 구성원 중 파산, 해산, 부도 기타 정당한 이유 없이 해당 계약을 이행하지 아니하여 시행령 제76조 제2항 제2호 가목*에 따라 입찰참가자격 제한조치를 받은 경우

   * 정당한 이유 없이 계약을 체결 또는 이행(제72조 및 제72조의2에 따른 공동계약에 관한 사항의 이행을 포함한다) 하지 아니한 자

2) 중도 탈퇴한 경우 조치사항

(1) 위의 탈퇴요건에 따라 구성원 중 일부가 탈퇴한 경우에는 잔존 구성원이 공동 연대하여 해당 계약을 이행하며, 다만, 잔존구성원만으로 면허, 실적, 시공능력공시액 등 잔여 계약이행에 필요한 요건을 갖추지 못할 경우에는 잔존구성원이 발주기관의 승인을 얻어 새로운 구성원을 추가하는 등의 방법으로 해당 요건을 충족하여야 한다.

(2) 구성원 중 일부가 탈퇴하여 잔존 구성원이 공동 연대하여 해당 계약을 이행하는 경우 출자비율은 탈퇴자의 출자비율을 잔존 구성원의 출자비율에 따라 분할하여 당초 정한 비율에 가산한다.

(3) 또한, 잔존구성원만으로 잔여 계약이행에 필요한 요건을 갖추지 못하여 잔존구성원이 발주기관의 승인을 얻어 새로운 구성원을 추가하는 등의 방법으로 해당 요건을 충족하여야 하는 경우 면허, 실적, 시공능력공시액 등의 요건을 갖추었는지 여부의 판단기준은 잔여 계약이행에 필요한 요건으로 평가한다.

(4) 탈퇴하는 자의 출자금은 계약이행 완료 후에 손실 부분을 공제한 잔액을 반환한다.

6 지역의무 공동계약(영 제72조 제3항)

가. 의의

(1) 지역의무공동계약제도는 공사 현장을 관할하는 특별시·광역시·특별자치시·도 및 특별자치도에 법인등기부상 본점(개인사업자의 경우 사업자등록증 또는 사업장) 소재지가 있는 자 중 1인 이상을 의무적으로 공동수급체의 구성원으로 하여 입찰에 참여토록 하는 제도로서, 지역제한경쟁입찰제도와 마찬가지로 지방 중소건설업체 보호와 지역경제 활성화를 목적으로 도입('94.6.30.)되어 시행되고 있다.[69]

(2) 공공공사 입찰에서 단독으로 또는 공동수급체를 구성하여 참여할 지 여부는 입찰에 참가하려는 자의 자유의사이므로 공동계약을 허용할 경우에도 단독입찰 참여가 가능한 것이나 다만, 발주기관이 공동계약 중 위와 같은 지역의무공동계약제도를 적용하는 경우 공동수급체를 구성하여 당해 입찰에 참가하려는 자는 반드시 동 제도를 따라야 한다.

(3) 입찰의 경쟁성을 고려하여 동 지역의무공동계약제도는 해당 지역에 공사의 이행에 필요한 자격을 갖춘 자가 10인 미만인 경우에는 적용되지 않도록 하고 있으며, 이때 '공사의 이행에 필요한 자격을 갖춘 자'라 함은 해당 계약을 이행하는데 필요한 면허·허가·등록 등의 자격요건을 갖추고, 결격사유(부도, 부정당업자 제재, 영업정지 등)에 해당되지 아니하는 업체를 의미한다.

나. 해당 지역 업체(입찰참가자격)

(1) 지역의무공동계약의 경우 공동수급체 구성원 중 당해 지역 업체와 그 외 지역 업체 간에는 상호출자 제한기업 집단소속 계열회사가 아니어야 하며, 입찰공고일 전일 기준으로 해당 지역에 법인등기부상 본점이 소재하고 계약체결일까지 계속 유지하고 있어야 한다.

다만, 기획재정부장관 고시 사업의 경우에는 입찰공고일 현재 90일 이상 해당 공사 현장을 관할하는 지역에 법인등기부상 본점 소재지가 소재한 업체이어야 하며, 이는 수주를 목적으로 소재지를 일시적으로 이전하는 행위를 방지하기 위한 장치라고 할 수 있다.

(2) 그러나, 지역의무공동도급계약 방식으로 발주한 공사로서 중도에 탈퇴한 구성원이 지역 업체라 하여 반드시 해당 지역 업체를 추가적인 구성원으로 참여시켜 지역 업체 최소

---

[69] 국가계약법령상 '지역의무공동계약제도'는 '지역제한경쟁입찰제도'와는 달리 공사입찰의 경우에만 적용되고 물품과 용역입찰의 경우에는 적용되지 아니함

지분율을 충족시켜야 하는 것은 아니며, 공동계약운용요령에 따라 잔존구성원이 잔여계약 이행에 필요한 요건을 갖춘 경우에는 공동 연대하여 당해 계약을 이행할 수 있다고 보는 것이 타당하다(기획재정부 계약제도과-1600, 2013.11.18.).

다. 대상 사업 및 최소 참여 지분율

1) 지역의무공동계약 대상 사업(영 제72조 제3항)

① 추정가격이 고시금액(국가 81억, 지방 및 공공기관 244억 원) 미만이고 건설업 등의 균형발전을 위하여 필요하다고 인정되는 사업
② 저탄소·녹색성장의 효과적인 추진, 국토의 지속가능한 발전, 지역경제 활성화 등을 위하여 특별히 필요하다고 인정하여 기획재정부장관이 고시하는 사업*. 다만, 외국 건설사업자(「건설산업기본법」 제9조에 따라 건설업의 등록을 한 외국인 또는 외국 법인)가 계약상대자에 포함된 경우는 제외한다.

> * 기획재정부장관 고시사업에 관한 국가계약법시행령 제72조 제3항 제2호는 제2019년 1월 29일 국무회의 의결을 거쳐 확정한 예비타당성 면제 사업을 적용하기 위해 개정되었음. 동 개정 규정은 부칙 제2조에 따라 2029년 12월 31일까지 효력을 가지며, 적용대상사업은 총 22개임 (기획재정부 고시 제2020-9호, 2020.4.7)

2) 지역 업체 최소 지분율(동 요령 제9조 제6항)

계약담당공무원은 지역의무공동계약의 경우에 공사의 특성 등을 고려하여 지역 업체의 최소 지분율을 다음과 같이 정할 수 있으며, 이를 입찰공고에 명시하여야 한다.

① 고시금액 미만인 공사 : 30% 이상
   * 지방계약의 경우 지역 업체 최소 참여지분율은 40%이며, 특히 지역경제 활성화를 위해 필요하다고 인정하는 경우 49% 범위에서 입찰공고 시 명시할 수 있도록 하고 있음(지자체 기준 제7장 제3절)

② 기획재정부장관 고시사업(2020-9호, 2020.4.7.)
   ⅰ) 제1호 사업 : 40% 이상(단, 대형공사 및 기술제안입찰공사의 경우에는 20% 이상)
   ⅱ) 제2호 사업 : 20% 이상(고속도로, 철도 등 사업효과가 전국에 미치는 광역교통망 사업은 20%까지 참여 의무화하고 나머지 20%는 입찰 시 가점을 통해 최대 40% 까지 참여 유도)

<참고> 국가를 당사자로 하는 계약에 관한 법률시행령 제72조 제3항 제2호에 따른 공동계약 대상사업(기획재정부 고시 제2020-9호)

「국가를 당사자로 하는 계약에 관한 법률 시행령」 제72조 제3항 제2호에 따른 공동계약 대상사업(이하 "지역의무공동도급 대상사업"이라 함)을 다음과 같이 고시합니다.

2020년 4월 7일 기획재정부장관

「국가를 당사자로 하는 계약에 관한 법률 시행령」 제72조 제3항 제2호에 따라 저탄소·녹색성장의 효과적인 추진, 국토의 지속 가능한 발전, 지역경제 활성화 등을 위하여 특별히 필요하다고 인정하는 사업이란 「국가재정법」 제38조 제2항 제10호에 따라 2019년 1월 29일 국무회의 의결을 거쳐 확정한 다음의 사업을 말한다.

1. 국도, 인입 철도, 산업단지 조성 등 사업

 가. 국도 42호선 정선 임계-동해 신흥 도로건설사업
 나. 국도 21호선 천안 동면-진천 도로건설사업
 다. 국도 77호선 태안 고남-창기 도로건설사업
 라. 국도 7호선 울산 농소-경주 외동 도로건설사업
 마. 국도 20호선 산청 신안-생비량 도로건설사업
 바. 국도 21호선 순창 인계-쌍치 도로건설사업
 사. 국도 27호선 곡성 석곡IC-겸면 도로건설사업
 아. 국도 3호선 이천 장호원-여주 가남 도로건설사업
 자. 국도 46호선 남양주-춘천(제2경춘국도) 도로건설사업
 차. 국도 77호선 신안 압해-해남 화원 도로건설사업
 카. 국도 77호선 여수 화태-백야 도로건설사업
 타. 울산외곽순환(미호-가대) 고속국도 건설사업
 파. 석문산단 인입철도 건설사업   하. 대구산단 인입철도 건설사업
 거. 산재 전문공공병원(울산) 건설사업   너. 새만금 신공항 건설사업

2. 철도, 고속국도 건설사업

 가. 남부내륙철도(김천-거제) 건설사업   나. 충북선 청주공항-제천 고속화 건설사업
 다. 경부고속선 평택-오송 2복선화 건설사업 라. 동해선 포항-동해 전철화 건설사업
 마. 부산신항-김해 고속국도 건설사업   바. 세종-청주 고속국도 건설사업

7 공동계약의 무효입찰 및 공동계약이행계획서 제출

가. 공동계약의 무효입찰 사유(공사입찰유의서 제15조 제11호)

공동계약에 있어서 다음의 어느 하나에 해당하는 입찰은 무효로 한다.

① 공동수급체 구성원이 동일 입찰 건에 대하여 공동수급체를 중복적으로 결성하여 참여한 입찰
② 입찰 등록 시 공동수급표준협정서를 제출하지 아니한 입찰
③ 「공동계약운용요령」제9조(자격요건, 구성원 수, 최소 지분율 등)를 위반한 입찰

나. 공동계약이행계획서 제출 및 변경승인(동 요령 제13조 제1항 및 제2항)

(1) 계약담당공무원은 공사 착공 시까지 공동수급체 구성원별 출자비율 또는 분담내용에 따른 다음의 내용이 포함된 공동계약이행계획서를 제출하게 하여 승인을 받도록 하여야 한다.

① 구성원별 이행 부분 및 내역서(이행 부분을 구분하지 아니하는 경우에는 제외)
② 구성원별 투입 인원·장비 등 목록 및 투입 시기
③ 그 밖의 발주기관이 요구하는 사항

(2) 동 공동계약이행계획서에 대하여 공동수급체구성원이 연명으로 출자비율 또는 분담내용을 준수하는 범위 내에서 변경에 대한 승인을 요청하는 때에는 공사의 적정한 이행을 위하여 필요하다고 인정되는 경우에 한하여 이를 승인할 수 있다.

8 공동수급체 구성원 제재 및 대가의 지급 등

가. 공동수급체 구성원 제재(동 요령 제13조 제5항)

(1) 공동계약에 있어 다음의 어느 하나에 해당하는 경우 각 중앙관서의 장은 법 제27조 제1항 제3호 또는 시행령 제76조 제2항 제2호 가목에 따라 입찰참가자격제한조치를 하여야 한다.

① 공동수급체 구성원 중 정당한 이유 없이 공동계약이행계획서에 따라 실제 계약이행에 참여하지 아니하는 구성원(단순히 자본참여만을 한 경우 등을 포함)
② 출자비율 또는 분담내용과 다르게 시공하는 구성원

③ 주계약자관리방식에서 주계약자 이외의 구성원이 발주기관의 사전서면 승인 없이 직접 시공하지 않고 하도급 한 경우

▷법 제27조 제1항 제3호 : 「건설산업기본법」, 「전기공사업법」, 「정보통신공사업법」, 「소프트웨어 진흥법」 및 그 밖의 다른 법률에 따른 하도급에 관한 제한 규정을 위반(하도급 통지의무 위반의 경우는 제외한다)하여 하도급한 자 및 발주관서의 승인 없이 하도급을 하거나 발주관서의 승인을 얻은 하도급 조건을 변경한 자

▷시행령 제76조 제2항 제2호 가목 : 정당한 이유 없이 계약을 체결 또는 이행(제42조 제5항에 따른 계약이행능력심사를 위하여 제출한 하도급관리 계획, 외주근로자 근로조건 이행계획에 관한 사항의 이행과 제72조 및 제72조의2에 따른 공동계약에 관한 사항의 이행을 포함한다)하지 아니하거나 입찰공고와 계약서에 명시된 계약의 주요조건(입찰공고와 계약서에 이행을 하지 아니하였을 경우 입찰참가자격 제한을 받을 수 있음을 명시한 경우에 한정한다)을 위반한 자

(2) 다만, 주계약자관리방식에 의한 경우로서 주계약자는 직접 시공에는 참여하지 않더라도 시공관리, 품질관리, 하자관리, 공정관리, 안전관리, 환경관리 등 시공의 종합적인 계획·관리 및 조정에만 참여하는 경우에도 이를 계약이행으로 보며(동 제4항), 또한, 계약이행 중 파산, 해산, 부도 등의 사유로 당초 협정서의 내용대로 계약이행이 곤란한 구성원이 발생하여 발주자 및 공동수급체 구성원의 동의로 공동수급체에서 탈퇴조치 되면서 출자비율 또는 분담내용이 변경된 경우에는 정당한 이유가 있는 것으로 보아 입찰참가자격을 제한할 수 없다고 보는 것이 타당하다(기획재정부 계약제도과-1210, 2012.09.14.).

나. 대가의 지급(동 요령 제11조)

(1) 계약담당공무원은 선금·대가 등을 지급함에 있어서는 공동수급체 구성원별로 구분 기재된 신청서를 공동수급체 대표자가 제출하도록 하여야 하며, 다만, 공동수급체 대표자가 부도, 파산 등의 부득이한 사유로 신청서를 제출할 수 없는 경우에는 공동수급체의 다른 모든 구성원의 연명으로 이를 제출하게 할 수 있다.

이에 따라 선금·대가 등의 지급 신청이 있을 경우에 신청된 금액을 공동수급체 구성원 각자에게 지급하여야 하며, 다만, 주계약자관리방식에 의한 공동계약일 경우 선금 지급은 공동수급체 대표자가 부도, 파산 등의 경우를 제외하고는 동 대표자에게 지급하여야 한다.

(2) 기성대가의 경우는 공동수급체의 대표자 및 각 구성원의 이행내용에 따라 지급하여야 하며, 최종 준공대가 지급 시에는 구성원별 총 지급금액이 준공 당시 공동수급체 구성원의 출자비율 또는 분담내용과 일치하여야 한다.

제6장 계약의 체결 및 이행

제3절 계약의 이행 및 지체

I. 공사의 준비 및 착공

1 공사용지의 확보 및 자재의 검사

가. 공사용지 확보 의무와 관련 업무 전가 금지(공사계약일반조건 제11조)

발주기관은 계약문서에 따로 정한 경우를 제외하고는 계약상대자가 공사의 수행에 필요로 하는 날까지 공사용지를 확보하여 계약상대자에게 인도하여야 하며, 이 경우 공사용지 확보 및 민원 대응 등 공사용지 확보와 직접 관련되는 업무를 계약상대자에게 전가하여서는 아니 된다. 공사용지의 확보 여부에 대하여 계약상대자는 현장에 인력, 장비 또는 자재를 투입하기 전에 계약담당공무원으로부터 확인을 받아야 한다.

☞ 발주기관의 공사용지 확보 의무는 분쟁 발생 소지를 미연에 방지하고 당해 공사의 원활한 수행을 위해 명확히 규정해 놓은 것이며, 또한, 공사용지 확보와 관련한 업무를 계약상대자에게 전가하는 사례가 발생함에 따라 전가 금지 규정도 명문화 함(동 조건 제11조 제3항 신설, 2019.12.18.)

나. 공사 자재의 검사(동 조건 제12조)

(1) 공사에 사용할 자재는 신품이어야 하며 품질·규격 등은 반드시 설계서와 일치되어야 한다. 다만, 설계서에 명확히 규정되지 아니한 자재는 표준품 이상으로서 계약의 목적을 달성하는 데에 가장 적합한 것이어야 하며, 이 경우 표준품이란 계약목적 달성에 적합한 표준적인 품질·규격 등의 공사 자재를 말하는 것으로서 반드시 특정 인증제품일 것을 요구하지는 않는다.

(2) 계약상대자는 공사 자재를 사용하기 전에 공사감독관의 검사를 받아야 하며, 불합격된 자재는 즉시 대체하여 다시 검사를 받아야 한다. 검사 결과 이의가 있을 경우에 계약상대자는 계약담당공무원에 대하여 재검사를 요청할 수 있으며, 재검사가 필요하다고 인정되는 경우에 계약담당공무원은 지체없이 재검사하도록 조치하여야 한다.

(3) 계약담당공무원은 계약상대자로부터 공사에 사용할 자재의 검사를 요청받거나 검사 결과 재검사의 요청을 받은 때에는 정당한 이유 없이 검사를 지체할 수 없으며, 계약상대자가

불합격된 자재를 즉시 이송하지 않거나 대체하지 아니하는 경우에는 계약담당공무원이 일방적으로 불합격 자재를 제거하거나 대체시킬 수 있다.

(4) 계약상대자는 시험 또는 조합이 필요한 자재가 있는 경우 공사감독관의 참여하에 그 시험 또는 조합을 하여야 하고, 수중 또는 지하에 매몰하는 공작물 기타 준공 후 외부로부터 검사할 수 없는 공작물의 공사는 공사감독관의 참여하에 시공하여야 한다. 계약상대자가 이러한 조건에 위배하거나 또는 설계서에 합치되지 않는 시공을 하였을 때에는 계약담당공무원은 공작물의 대체 또는 개조를 명할 수 있다.

☞ 위의 검사 사유로 인하여 계약금액을 증감하거나 계약기간을 연장할 수 없으나, 다만, 발주기관의 검사 결과 이의가 있어 재검사를 요청한 때 재검사 결과에서 적합한 자재인 것으로 판명될 경우에는 재검사에 소요된 기간에 대하여는 계약기간을 연장할 수 있음

2 관급자재 및 대여품의 공급(동 조건 제13조)

가. 관급자재의 의의 및 공급(동조 제1항 및 제2항)

(1) 발주기관은 공사의 수행에 필요한 특정 자재 또는 기계·기구 등을 계약상대자에게 공급하거나 대여할 수 있는데, 이처럼 공사수행에 필요한 자재를 발주기관이 직접 구입하여 계약상대자에게 공급하는 자재를 관급자재라고 하며 동 관급자재 및 대여품(관급자재 등)은 설계서에 명시되어 있어야 한다.

(2) 동 관급자재 등은 공사착공 시 제출된 공사공정예정표에 따라 적기에 공급되어야 하며, 인도일시 및 장소는 계약당사자 간에 협의하여 결정한다.

☞ 정부기관은 관급자재(官給資材)와 사급자재(私給資材)로 구분하는데, 공기업·준정부기관 등 공공기관의 경우에는 회사가 공급한다는 의미에서 정부의 관급자재를 사급자재(社給資材)로 표기하고 대신 정부의 사급자재는 지입자재로 표기하고 있음

나. 관급자재 등의 관리(동조 제3항 내지 제7항)

(1) 관급자재 등이 인도된 경우에는 그 이후의 관리상의 책임은 계약상대자에게 있으므로 계약상대자가 이를 멸실 또는 훼손하였을 경우에는 발주기관에 변상하여야 한다. 그리고 관급자재 등의 소유권은 발주기관에 있으므로 잉여분이 있을 경우에 계약상대자는 이를 발주기관에 통지하여 계약담당공무원의 지시에 따라 이를 반환하여야 한다.

(2) 계약상대자는 관급자재 등을 계약의 수행 외의 목적으로 사용할 수 없으며, 공사감독관의 서면 승인 없이는 현장 외부로 반출하여서도 아니 된다. 또한, 계약상대자는 관급자재 등을 인수할 때에는 이를 검수하여야 하며 그 품질 또는 규격이 시공에 적당하지 아니하다고 인정될 경우에는 즉시 계약담당공무원에게 이를 통지하여 대체를 요구하여야 한다.

(3) 관급자재 등과 관련하여 계약담당공무원이 필요하다고 인정할 경우에는 동 관급자재 등의 수량·품질·규격·인도시기·인도장소 등을 변경할 수 있고, 이때 계약금액 조정과 관련하여서는 설계변경과 기타 계약내용변경으로 인한 계약금액조정 규정을 적용한다.

3 공사의 착공 및 공정 보고(동 조건 제17조)

가. 착공신고서 제출

(1) 계약상대자는 계약문서에서 정하는 바에 따라 공사를 착공하여야 하며 착공 시에는 다음의 서류가 포함된 착공신고서를 발주기관에 제출하여야 한다. 다만, 공사기간이 30일 미만인 경우 등에는 계약담당공무원이 착공신고서를 제출하지 아니하도록 할 수 있다.[70]

① 「건설기술 진흥법령」 등 관련법령에 의한 현장기술자지정신고서
② 공사공정예정표
③ 안전·환경 및 품질관리계획서
④ 공정별 인력 및 장비투입계획서
⑤ 착공 전 현장사진
⑥ 기타 계약담당공무원이 지정한 사항

〈참고 : 건설공사에서 실착공의 개념〉 단순히 착공계 제출이나 공사를 위한 준비행위를 수행하는 것은 실착공이라고 보기 힘들며, 터파기 작업 등 실질적인 공사수행이 전제가 되어야 함(건설기술진흥법 시행령 제90조 제1항, 대법원 2017.7.11. 선고 2012두22973 판결 등)

(2) 계약상대자는 계약의 이행 중에 설계변경 또는 기타 계약내용의 변경으로 인하여 위와 같이 착공 시 제출한 서류의 변경이 필요한 때에는 관련 서류를 변경하여 제출하여야 하며, 계약담당공무원은 제출된 서류의 내용을 조정할 필요가 있다고 인정하는 경우에는 계약상대자에게 이의 조정을 요구할 수 있다.

---

[70] 공사 기간이 1개월 미만인 공사에 대하여는 규제 완화 차원에서 착공신고서 및 월별 공정보고 의무를 면제할 수 있도록 함(동 조건 제17조 개정, 2019.12.18.)

나. 착공 준비기간의 보장(동 조건 제17조 제2항 신설, 2019.12.18)

(1) 계약담당공무원은 공사의 규모·난이도·성격을 고려하여 착공 일을 결정하되 추정가격이 10억 원 이상인 경우에는 계약체결일로부터 최소 20일 이상(10억 원 미만인 경우에는 최소 10일 이상)의 착공 준비기간을 부여하여야 한다.

(2) 동 최소 착공 준비기간은 일반적으로 착공 준비기간을 과도하게 짧게 설정하여 공사계획 수립 등 준비 작업에 애로를 겪는 사례가 발생함에 따라 충분한 기간이 확보되도록 보완된 것이며, 다만, 재해복구 등 긴급하게 착공하여야 할 필요가 있는 공사계약 및 장기계속공사의 1차 계약 이후 연차 계약의 경우에는 계약상대자와의 협의를 거쳐 위의 최소 착공 준비기간 이내에 착공 일을 결정할 수 있다.

다. 월별 수행공사 실적 제출

(1) 계약담당공무원은 착공신고서를 제출한 공사의 경우 계약상대자로 하여금 월별로 수행한 공사에 대하여 다음의 사항을 명백히 하여 익월 14일까지 발주기관에 제출하게 할 수 있으며, 이 경우 계약상대자는 이에 응하여야 한다.

① 월별 공정율 및 수행공사금액
② 인력·장비 및 자재현황
③ 계약사항의 변경 및 계약금액의 조정내용
④ 공정 상황을 나타내는 현장사진

(2) 계약상대자는 위와 같은 월별 공정보고 서류를「전자조달의 이용 및 촉진에 관한 법률」제2조 제4호 또는 동 법 제14조에 의한 시스템을 통하여 제출*할 수 있으며, 계약담당공무원은 공정이 지체되어 소정 기한 내에 공사가 준공될 수 없다고 인정할 경우에는 위의 월별 현황과는 별도로 주간 공정현황의 제출 등 공사추진에 필요한 조치를 계약상대자에게 지시할 수 있다.

* 공공공사 업체가 월별 공정보고 서류를 전자적 방법으로 제출할 수 있는 근거를 마련함(공사계약 일반조건 제17조 제5항 개정, 2019.12.18.). 이 경우「전자조달의 이용 및 촉진에 관한 법률」제2조 제4호 또는 동 법 제14조에 의한 시스템은 국가종합전자조달시스템 또는 자체전자조달시스템을 의미함

II. 용역의 착수 및 보고

계약예규 "용역계약일반조건"은 공통사항으로 '일반용역계약조건(제2장)' 대하여 규정하고 있고, 개별용역으로 '시공단계의 건설사업관리용역 계약조건'(제3장)과 '소프트웨어용역 계약조건'(제4장)을 별도로 규정하고 있으며 이에 따른 용역의 종류별 착수 및 보고 내용은 다음과 같다.

1 일반용역(동 조건 제2장 : 공통사항)

가. 용역의 착수 및 보고(동 조건 제13조)

(1) 계약상대자는 계약문서에서 정하는 바에 따라 용역을 착수하여야 하며, 발주기관이 관련 법령에서 정한 서류 및 다음의 사항이 포함된 착수신고서의 제출을 요구하는 경우에는 이를 제출하여야 한다.

① 용역공정예정표
② 인력 및 장비투입계획서
③ 기타 계약담당공무원이 지정한 사항

(2) 계약상대자는 계약의 이행 중에 과업 내용의 변경 등으로 인하여 위와 같이 제출한 서류의 변경이 필요한 때에는 관련 서류를 변경하여 제출하여야 하며, 계약담당공무원은 제출된 서류의 내용을 조정할 필요가 있다고 인정될 경우에는 계약상대자에게 이의 조정을 요구할 수 있다. 또한, 계약담당공무원은 용역의 전부 또는 일부의 진행이 지연되어 소정의 기간 내에 수행이 불가능하다고 인정되는 경우에는 주간 공정현황을 제출토록 하는 등 계약상대자에게 필요한 조치를 할 수 있다.

나. 휴일 및 야간작업(동 조건 제14조)

계약상대자는 계약담당공무원의 계약기간 단축 지시 및 발주기관의 부득이한 사유로 인하여 휴일 또는 야간작업을 지시하였을 때에는 추가 비용을 청구할 수 있으며, 이때 비용산정은 그 밖에 계약 내용 변경으로 인한 계약금액조정 관련 규정(동 조건 제17조)을 준용한다.

2 시공단계의 건설사업관리용역(동 조건 제3장)

가. 시공단계의 건설사업관리용역 개요

(1) '시공단계의 건설사업관리용역'이라 함은 「건설기술 진흥법」 제39조 제2항에 의한 건설사업관리를 말한다.

* 건설사업관리(CM) : 건설공사에 관한 기획, 타당성 조사, 분석, 설계, 조달, 계약, 시공관리, 감리, 평가 또는 사후관리 등에 관한 관리를 수행하는 것(건설산업기본법 제2조 제8호, 건설진흥법 제2조 제4호)

(2) 동 「건설기술 진흥법」 제39조 제2항(동법시행령 제55조 제1항)에 의하면 발주청은 건설공사의 품질 확보 및 향상을 위하여 총공사비가 200억 원 이상인 건설공사로서 교량, 항만, 댐 등 22개 공사와 그 밖에 발주청이 필요하다고 판단되는 건설공사에 대하여는 법인인 건설엔지니어링사업자로 하여금 건설사업관리를 하게 하여야 하며, 이 경우 동 건설사업관리에는 시공단계에서 품질 및 안전관리 실태의 확인, 설계변경에 관한 사항의 확인, 준공검사 등 발주청의 감독권한대행 업무를 포함한다.

* 발주청은 건설공사의 부실시공 및 안전사고의 예방 등 건설공사의 시공을 관리하기 위하여 건설공사 착공 전까지 시공단계의 건설사업관리계획을 수립하여야 하며, 동 계획에는 시공단계의 건설사업관리 방식, 건설사업관리기술인 또는 공사감독자의 배치 계획 등을 포함하여야 함(건설기술진법 제39조의2)

나. 건설사업관리용역의 착수

(1) 건설사업관리용역사업자는 계약체결 즉시 상주 및 기술지원 기술자 투입 등 건설사업관리업무 수행 준비에 대하여 발주기관과 협의하여야 하며, 계약서상 착수일에 건설사업관리용역을 착수하여야 한다. 다만, 건설사업관리 대상 건설공사의 전부 또는 일부의 용지매수 지연 등으로 계약서상 착수일에 건설사업관리용역을 착수할 수 없는 경우에는 발주기관은 실제 착수 시점 및 상주기술자 투입시기 등을 조정, 통보하여야 한다.

(2) 건설사업관리용역사업자는 건설사업관리용역 착수 시 다음의 서류를 첨부한 착수신고서를 제출하여 발주기관의 승인을 받아야 한다.

① 건설사업관리업무수행계획서
② 건설사업관리비 산출내역서
③ 상주, 기술지원 기술자 지정신고서(총괄책임자 선임계를 포함)와 건설사업관리

기술인 경력확인서

④ 건설사업관리기술인 조직 구성내용과 건설사업관리기술인별 투입기간 및 담당업무

(3) 입찰참가자격사전심사에 의해 건설기술용역사업자로 선정된 경우에 있어 제출된 조직표상 건설사업관리기술인은 입찰참가제안서에 명시된 자로 하여야 하며, 다만, 부득이한 사유로 교체가 필요한 경우에는 기술자격, 학·경력 등을 종합적으로 검토하여 건설사업관리업무수행 능력이 저하되지 않는 범위 내에서 발주기관의 사전승인을 받아야 한다.

(4) 발주기관은 착수 시 제출된 위의 서류 내용을 검토하여 건설사업관리기술인 또는 건설사업관리조직 구성내용이 해당 공사 현장의 공종 및 공사 성격에 적합하지 않다고 인정할 때에는 그 사유를 명시하여 서면으로 건설사업관리용역사업자에게 변경을 요구할 수 있으며, 변경 요구를 받은 건설사업관리용역사업자는 특별한 사유가 없으면 요구에 따라야 한다.

다. 업무수행 및 보고 등

(1) 건설사업관리기술인은 공사시공과 관련된 각종 인·허가 사항을 포함한 제반 법규 등을 시공자로 하여금 준수토록 지도·감독하여야 하며, 발주기관이 득하여야 하는 인·허가 사항은 발주기관에 협조·요청하여야 한다.

(2) 발주기관으로부터 승인받은 건설사업관리기술인은 업무의 연속성, 효율성 등을 고려하여 특별한 사유가 없으면 건설사업관리용역 완료시 까지 근무토록 하여야 하며, 교체가 필요한 경우에는 건설기술진흥법시행령 제60조 제4항에 따라 교체인정 사유를 명시하여 발주기관의 사전승인을 받아야 한다.

(3) 건설사업관리기술인의 구성은 계약문서에 기술된 과업내용에 따라 관련분야 기술자격 또는 학력·경력을 갖춘 자로 구성되어야 하며, 건설사업관리단의 조직은 공사담당, 품질담당 및 안전담당 등으로 현장여건에 따라 구성토록 함으로서 건설사업관리업무를 효율적으로 수행할 수 있도록 하여야 한다. 또한 공사의 원활한 추진을 위하여 필요한 경우 발주기관의 승인을 받아 한시적으로 검측을 담당하도록 건설사업관리기술자를 투입할 수 있다.

(4) 책임건설사업관리기술인은 분야별 건설사업관리기술인의 개인별 업무를 분담하고 그 분담내용에 따라 업무수행계획을 수립하여 과업을 수행토록 하여야 하며, 건설사업관리기술인은 현장에 부임하는 즉시 사무소, 숙소, 사고 발생 및 복구 시 응급대처 할 수 있는 비상 연락체계, 전화번호 및 FAX 등을 발주기관에 보고하여 업무 연락에 차질이 없도록

하여야 하며 변경되었을 경우에도 보고하여야 한다.

3 소프트웨어용역(동 조건 제4장)

가. 작업장소 등(동 조건 제52조)

(1) 계약당사자는 소프트웨어사업수행을 위하여 필요한 장소 및 설비 기타 작업환경("작업장소 등")을 상호 협의하여 정한다. 다만, 핵심 개발인력이 아닌 지원인력의 근무장소는 보안 등 특별한 사유가 있는 경우를 제외하고는 계약상대자가 달리 정할 수 있다.

☞ 소프트웨어용역의 경우 발주기관과 가까운 장소에서 근무하도록 하여 계약상대자의 비용부담이 가중되는 사례가 많아, 근무 장소를 상호 협의하여 정하되 계약상대자가 달리 정할 수도 있도록 함

(2) 발주기관이 작업장소 등에 관한 비용을 사업예산 또는 예정가격에 계상하지 아니한 경우에는 발주기관이 작업장소 등을 제공한다.

(3) 계약상대자는 해당 계약의 이행을 위하여 필요한 경우 그 사유 및 기간 등을 정하여 계약담당공무원의 승인을 얻은 후 해당 사업에 투입되는 인력을 작업장소 이외에서도 근무하게 할 수 있다.

나. 소프트웨어 용역의 착수 및 보고(동 조건 제51조)

(1) 계약상대자는 계약문서에서 정하는 바에 따라 소프트웨어사업을 착수하여야 하며, 발주기관이 관련 법령에서 정한 서류 및 다음의 사항이 포함된 착수신고서의 제출을 요구하는 경우에는 이를 제출하여야 한다.

① 사업수행계획서(사업 범위, 사업추진 일정계획, 인력 및 장비 투입계획, 표준화 및 보안 대책 등)
② 사업품질보증계획서
③ 역할 분담에 따른 발주기관 협조사항

(2) 과업 내용의 변경 등에 따른 조치는 앞에서 기술한 일반용역(제13조 제2항 내지 제4항)의 경우에 따른다.

III. 공사의 시공 및 관리

1 공사현장대리인과 공사현장 근로자

가. 공사현장대리인(공사계약일반조건 제14조)

(1) 「건설산업기본법」 제40조에 따라 건설사업자는 건설공사의 시공관리, 그밖에 기술상의 관리를 위하여 대통령령(동법시행령 제35조)으로 정하는 바에 따라 건설공사 현장에 건설기술인을 1명 이상 배치하여야 하는데, 동 건설기술인을 계약문서인 '공사계약일반조건' 제14조에서는 '공사현장대리인'이라고 규정하고 있다.

(2) 동 규정에 의하면 계약상대자는 계약된 공사에 적격한 공사현장대리인을 지명하여 계약담당공무원에게 통지하여야 하며, 이 경우 공사현장대리인은 「건설산업기본법시행령」 제35조 [별표 5] 등 공사 관련 법령에 따른 건설기술인 배치기준에 적합한 자이어야 한다.

(3) 위의 공사현장대리인은 공사 현장에 상주하여 계약문서와 공사감독관의 지시에 따라 공사 현장의 관리 및 공사에 관한 모든 사항을 처리하여야 하며, 다만, 공사가 일정 기간 중단된 경우로서 발주기관의 승인을 얻은 경우에는 공사 현장에 상주하지 아니하여도 된다.

나. 공사 현장 근로자(동 조건 제15조)

(1) 계약상대자는 해당 계약의 시공 또는 관리에 필요한 기술과 경험을 가진 근로자를 채용하여야 하며 근로자의 행위에 대하여 책임을 져야 한다. 다만, 계약상대자가 근로자의 관리·감독에 상당한 주의와 의무를 다한 경우에는 그러하지 아니하다.

☞ 종전에는 계약상대자(건설회사)가 모든 책임을 지도록 규정하였으나 통상적인 관리책임으로 전환함. 이는 계약상대자가 근로자에 대한 관리의무를 다한 경우에도 면책을 받을 수 없어 책임 범위가 부당하게 확장될 우려를 고려하여 책임법 위를 합리화하였다고 할 수 있음(2020.9.24. 개정)

(2) 또한, 계약상대자는 채용한 근로자에 대하여 계약담당공무원이 해당 계약의 시공 또는 관리상 적당하지 아니하다고 인정하여 이의 교체를 요구한 때에는 즉시 교체하여야 하며, 계약담당공무원의 승인 없이는 교체된 근로자를 해당 계약의 시공 또는 관리를 위하여 다시 채용할 수 없다.

> **〈참고〉 용역계약의 근로자**(용역계약일반조건 제11조)
>
> (1) 계약상대자는 해당 계약의 수행에 필요한 기술과 경험을 가진 근로자를 채용하여야 하며 근로자의 행위에 대하여 책임을 져야 한다. 다만, 계약상대자가 근로자의 관리·감독에 상당한 주의와 의무를 다한 경우에는 그러하지 아니하다.
> (2) 계약담당공무원은 계약상대자가 채용한 근로자가 다음의 사유에 해당한다고 판단될 경우 해당 근로자의 교체를 요청할 수 있으며, 계약상대자가 이의 요청을 받은 경우에는 발주기관과 협의하여 해당 근로자의 교체여부를 결정하여야 한다.
>   ① 입찰공고 및 계약문서에서 특정한 기준을 갖춘 근로자를 배치할 것을 조건으로 명시한 계약에서 해당기준을 미달하는 근로자를 배치한 경우
>   ② 고의 또는 중과실로 업무수행 시 준수하여야 할 법령 또는 기준을 위반한 경우
>   ③ 뇌물·사기 등 부정행위를 한 경우
>   ④ 기타 ①부터 ③까지에 준하는 사유로서 계약의 적정성·공정성을 저해한 경우
>   ☞ 발주기관과 계약상대자가 상호 협의하여 교체여부를 결정하도록 하고, 교체요구사유도 관련법령위반, 부정행위 등이 발생한 경우 등으로 한정(동 조건 제11조 개정, 2020.6.19.)
> (3) 계약상대자는 해당 계약의 이행을 위하여 채용한 근로자에 대하여「최저임금법」제6조 제1항 및 제2항과「근로기준법」제43조를 준수하여야 한다.

2 휴일 및 야간작업과 응급조치 등

가. 휴일 및 야간작업과 돌관공사(동 조건 제18조)

(1) 계약상대자는 계약담당공무원의 공기단축 지시 및 발주기관의 부득이한 사유로 인하여 휴일 또는 야간작업을 지시받았을 때에는 계약담당공무원에게 추가비용을 청구할 수 있으며, 이때 추가 비용의 산정은 실비산정 규정(기타 계약내용 변경으로 인한 계약금액조정)을 준용한다.

☞ 근로기준법 제56조(연장·야간 및 휴일근로) : 사용자는 연장근로와 야간근로(오후 10시부터 다음날 오전 6시 사이) 및 휴일근로(8시간 이내)에 대하여는 통상임금의 100분의 50 이상을 가산하여 근로자에게 지급하여야 함. 8시간을 초과하는 휴일근로는 통상임금의 100분의 100이상을 가산하여야 함

(2) 위의 경우 휴일 및 야간작업과 관련하여 돌관공사(突貫工事)라는 용어가 사용되고 있는데, 일반적으로 '돌관공사'란 기한을 맞추기 위하여 장비와 인원을 집중적으로 투입하여 해내는 공사로서 통상의 공사보다 더 밀도 있게 공사가 진행되기 때문에 야간 내지 휴일 작업이 동반되고 그에 따라 할증되는 노무비 등 추가 비용이 발생할 수밖에 없게 된다.

이와 같은 돌관공사와 관련하여 공사이행 중 발주기관이 공사 지연 책임을 인정하고 동 돌관공사를 명시적으로 지시하여 이행하였을 경우에는 공사계약일반조건 제18조 등에 따라 추가비용을 보전받게 될 수 있지만, 만약 명시적인 지시가 없이 돌관공사를 진행하였다면 공사 지연에 대한 귀책 사유 등으로 분쟁이 발생하게 된다. 따라서 공사이행 전에 문서로 통지하고 추가 비용 발생분에 대한 근거자료 마련 등 분쟁의 소지를 미연에 방지하는 노력이 필요하다고 하겠다.

나. 응급조치 등(동 조건 제24조)

(1) 계약상대자는 시공 기간 중 재해방지를 위하여 필요하다고 인정할 때에는 미리 공사감독관의 의견을 들어 필요한 조치를 취하여야 하며, 공사감독관은 재해방지 기타 시공상 부득이할 때에는 계약상대자에게 필요한 응급조치를 취할 것을 구두 또는 서면으로 요구할 수 있다. 이 경우에 구두로 응급조치를 요구한 때에는 추후 서면으로 보완하여야 한다.

(2) 또한, 계약상대자는 공사감독관으로부터 응급조치를 취할 것을 요구 받은 때에는 즉시 이에 응하여야 하며, 만약에 계약상대자가 요구에 응하지 아니할 때에는 계약담당공무원은 일방적으로 계약상대자 부담으로 제3자로 하여금 응급조치하게 할 수 있다.

(3) 위의 경우 응급조치에 소요된 경비 중에서 계약상대자가 계약금액의 범위 내에서 부담하는 것이 부당하다고 인정되는 때에는 공사계약일반조건 제23조(기타 계약내용변경으로 인한 계약금액 조정)에 의하여 실비의 범위 안에서 계약금액을 조정할 수 있다.

3 기성부분의 인수 및 부분 사용 등

가. 기성부분의 인수(동 조건 제29조)

계약담당공무원은 전체 공사목적물이 아닌 기성부분에 대하여 이를 인수할 수 있으며, 이 경우 기성부분은 성질상 분할할 수 있는 공사에 대한 완성부분에 한한다. 동 기성부분을 인수하는 경우에는 전체 공사목적물에 대한 완성부분에 대한 인수절차(공사계약일반조건 제28조)에 따른다.

나. 부분 사용 및 부가 공사(동 조건 제30조)

(1) 발주기관은 계약목적물의 인수전에 기성부분이나 미완성부분을 사용할 수 있으며, 이 경우에 사용 부분에 대해서는 해당 구조물 안전에 지장을 주지 아니하는 부가공사를 할 수 있다. 이때 부가공사는 계약담당공무원의 지시에 따라 공사를 진행하여야 한다.

(2) 위의 부분 사용 또는 부가 공사로 인하여 계약상대자에게 손해가 발생한 경우 또는 추가공사비가 필요한 경우로서 계약상대자의 청구가 있는 때에는 공사계약일반조건 제23조에 의하여 실비의 범위 안에서 보상하거나 계약금액을 조정하여야 한다.

4 손해부담

가. 일반적 손해부담(동 조건 제31조)

(1) 계약상대자는 계약의 이행 중 공사목적물, 관급자재, 대여품 및 제3자에 대한 손해를 부담하여야 하며, 다만, 계약상대자의 책임 없는 사유로 인하여 발생한 손해는 발주기관의 부담으로 한다.

(2) 손해보험에 가입한 공사계약(동 조건 제10조)의 경우 계약상대자 및 발주기관의 부담은 보험에 의하여 보전되는 금액을 초과하는 부분으로 하며, 준공 및 기성부분 검사 완료 후 인수한 공사목적물(동 조건 제28조, 제29조)에 대한 손해는 발주기관이 부담하여야 한다.

나. 불가항력에 의한 손해부담(동 조건 제32조)

(1) 계약의 이행 중 태풍·홍수 기타 악천후, 전쟁 또는 사변, 지진, 화재, 전염병, 폭동 기타 계약당사자의 통제범위를 벗어난 사태의 발생 등의 사유를 '불가항력의 사유'라고 하며, 이와 같은 불가항력의 사유로 인하여 공사이행에 직접적인 영향을 미친 경우로서 계약당사자 누구의 책임에도 속하지 아니하는 경우를 '불가항력'이라고 한다. 이 경우 불가항력 사유에는 국내에서 발생한 사유뿐만 아니라 해외에서 발생한 사유도 포함한다.

☞ 종전에는 불가항력 사유를 국내에서 발생한 사유로 한정하였으나, 불공정 관행 개선 차원에서 해외에서 발생한 사유까지 포함하도록 함(동 조건 제32조 개정, 2019.12.18.)

(2) 일반적으로 계약의 이행 중 공사목적물 등에 대한 손해는 계약상대자가 부담하여야 하는 것이나, 위의 불가항력의 사유로 인하여 발생한 다음의 손해에 대하여는 발주기관이 부담하여야 한다.

① 공사계약일반조건 제27조에 의하여 검사를 필한 기성부분
② 검사를 필하지 아니한 부분 중 객관적인 자료(감독일지, 사진 또는 동영상 등)에 의하여 이미 수행되었음이 판명된 부분
③ 공사계약일반조건 제31조 제1항 단서(계약 이행 중 공사목적물 등에 대한 손해 중 계약상대자의 책임 없는 사유로 인하여 발생한 손해) 및 동조 제3항에 의한 손해(준공 및 기성부분 검사 완료 후 인수한 공사목적물에 대한 손해)

> ☞ 가설물도 공사목적물에 포함되므로 불가항력의 사유로 인한 손해부담 대상에 해당(공종별 목적물 물량내역서에는 가설물의 설치에 소요되는 물량을 포함 : 동 조건 제2조 제4호)

(3) 계약상대자는 계약 이행 기간 중에 위와 같은 손해가 발생하였을 때에는 지체 없이 그 사실을 계약담당공무원에게 통지하여야 하며, 계약담당공무원은 통지를 받았을 때에는 즉시 그 사실을 조사하고 그 손해의 상황을 확인한 후에 그 결과를 계약상대자에게 통지하여야 한다. 이 경우에 공사감독관의 의견을 고려할 수 있다.

이에 따라 계약담당공무원이 손해의 상황을 확인하였을 때에는 별도의 약정이 없는 한 공사금액의 변경 또는 손해액의 부담 등 필요한 조치에 대하여 계약상대자와 협의하여 결정하되, 협의가 성립되지 않을 때에는 분쟁해결절차(동 조건 제51조)에 의해서 처리한다.

5 노무비의 구분관리 및 지급 확인(동 조건 제43조의3)

(1) 계약상대자는 발주기관과 협의하여 정한 노무비 지급기일에 맞추어 매월 모든 근로자(직접노무비 대상에 한하며, 하수급인이 고용한 근로자를 포함)의 노무비 청구 내역(근로자 개인별 성명, 임금 및 연락처 등)을 제출하여야 한다.

이때 계약상대자는 전월 노무비 지급 내역(계약상대자 및 하수급인의 노무비 전용계좌 이체 내역 등 증빙서류)을 제출하여야 하며, 계약담당공무원은 동 지급내역과 계약상대자가 이미 제출한 같은 달의 청구 내역을 비교하여 임금 미지급이 확인된 경우에는 해당 사실을 지방 고용노동(지)청에 통보하여야 한다.

(2) 계약담당공무원은 현장인 명부 등을 통해 위와 같은 노무비 청구내역을 확인하고 청구를 받은 날부터 5일 이내에 계약상대자의 노무비 전용계좌로 해당 노무비를 지급하여야 한다.

⑶ 계약상대자는 위와 같이 발주기관으로부터 노무비를 지급받은 날부터 2일(공휴일, 토요일은 제외) 이내에 노무비 전용계좌에서 이체하는 방식으로 근로자에게 노무비를 지급하여야 하며, 동일한 방식으로 하수급인의 노무비 전용계좌로 노무비를 지급하여야 한다. 다만, 근로자가 계좌를 개설할 수 없거나 다른 방식으로 지급을 원하는 경우 또는 계약상대자(하수급인 포함)가 근로자에게 노무비를 미리 지급하는 경우에는 그에 대한 발주기관의 승인을 받아 그러하지 아니할 수 있다.

☞ 청소·경비 등 노무용역 계약의 노무비 구분관리제도 도입 : 청소용역, 경비용역 등의 경우에도 노무용역근로자가 적기에 노무비를 지급받을 수 있도록 하기 위해, 기 시행되고 있는 공사계약의 경우와 동일하게 노무비 구분관리 및 지급확인 제도 도입(용역계약일반조건 제27조의4 신설, 2017.12.28)

6 공사의 일시정지 등

가. 공사감독관에 의한 일시 정지(동 조건 제47조)

1) 일시정지 사유 및 조치사항

⑴ 공사감독관은 다음의 어느 하나에 해당하는 경우에는 공사의 전부 또는 일부의 이행을 정지시킬 수 있으며, 이 경우에 계약상대자는 정지 기간 중 선량한 관리자의 주의의무를 게을리하여서는 아니 된다.

① 공사의 이행이 계약 내용과 일치하지 아니하는 경우
② 공사의 전부 또는 일부의 안전을 위하여 공사의 정지가 필요한 경우
③ 재해방지 등을 위한 응급조치의 경우
④ 기타 발주기관의 필요에 의하여 계약담당공무원이 지시한 경우

⑵ 공사감독관은 공사를 정지시킨 경우에는 지체 없이 계약상대자 및 계약담당공무원에게 정지 사유 및 정지 기간을 통지하여야 하며, 위의 사유가 발생한 경우로서 공사감독관이 통지를 하지 아니한 경우에는 계약상대자는 서면으로 공사감독관 또는 계약담당공무원에게 공사 일시 정지 여부에 대한 확인을 요청할 수 있다. 이때 공사감독관 또는 계약담당공무원은 요청을 받은 날부터 10일 이내에 공사계약상대자에게 서면으로 회신을 발송하여야 한다.

2) 일시정지의 경우 추가비용 청구 및 지연이자 지급여부

(1) 위의 공사정지 규정에 따라 해당 공사가 정지된 경우에 계약상대자는 계약기간의 연장 또는 추가금액을 청구할 수 없는 것이 원칙이나, 다만, 계약상대자의 책임 있는 사유로 인한 정지가 아닌 때에는 계약기간의 연장과 추가금액 청구가 가능하다.

(2) 발주기관의 책임 있는 사유에 의한 공사정지기간이 60일을 초과한 경우에 발주기관은 그 초과된 기간에 대하여 잔여계약금액에 초과일수 매 1일마다 지연발생 시점의 금융기관 대출평균금리를 곱하여 산출한 금액을 준공대가 지급 시 계약상대자에게 지급하여야 한다. 이 경우 발주기관의 책임 있는 사유, 공사 정지 기간 및 금융기관 대출평균금리는 다음과 같다(동 조 제6항 및 제7항 신설, 2021.12.1.)

① 발주기관의 책임 있는 사유란, 부지제공·보상업무·지장물 처리의 지연, 공사 이행에 필요한 인·허가 등 행정 처리의 지연과 계약서 및 관련 법령에서 정한 발주기관의 명시적 의무사항을 정당한 이유 없이 불이행하거나 위반하는 경우를 말하며, 그 외 계약상대자의 책임 있는 사유나 천재·지변 등 불가항력에 의한 사유는 제외 한다.
② 공사정지기간(장기계속계약의 경우에는 해당 차수 내의 정지기간을 말함)은 각각의 사유로 인한 정지기간을 합산하며, 잔여계약금액은 공사 중지기간이 60일을 초과하는 날 현재의 잔여계약금액(장기계속공사계약의 경우에는 차수별 계약금액을 기준으로 함)을 말한다.
③ 금융기관 대출평균금리는 한국은행 통계월보상의 금융기관 대출평균금리를 말한다.

(3) 발주기관의 책임으로 공사가 정지된 경우 위와 같이 지연이자를 지급토록 하는 것은 발주기관이 계약상의 의무를 장기간 지체하여 계약상대자에게 피해를 주는데 대한 보상 차원이며, 이는 계약상대자가 계약상 의무를 지체한 경우 지체상금을 납부토록 하는 것과 상응하여 도입된 제도라고 할 수 있다.

3) 추가비용 청구와 지연이자 지급 조항의 상호관계

(1) 공사계약일반조건 제47조 제5항에서 발주기관이 공사를 정지시키더라도 계약상대자의 책임 있는 사유로 인한 정지가 아닌 때에는 추가비용을 청구할 수 있도록 하고 있는 것은 공평의 원칙상 인정되는 실비보상 청구권의 일종으로 이해할 수 있으며, 이와 반면에 동조 제6항에서 지연이자를 지급토록 하는 것은 계약상대자가 잔여 공사대금을 그만큼 늦게 지급받게 되는 손해를 보전해 주기 위한 것이므로 두 조항은 별개의 규정에 해당된다고 할 수 있다(대법원 2014.5.16. 선고 2014다201650 판결 참조).

(2) 따라서 발주기관의 공사정지 통보가 계약상대자의 책임 있는 사유로 정지된 것이 아니라면 위 제5항을 근거로 계약상대자는 공사정지로 인하여 실제로 발생한 추가비용을 청구할 수 있는 것이며, 제6항을 근거로 지연이자를 지급받을 수 있다는 사정만으로 제5항에 근거한 추가비용 청구를 배척할 수는 없는 것이다(대법원 2020.1.9. 선고 2015다230587판결 참조).

〈참고〉 폭염 피해예방을 위한 공공계약 업무처리지침
(기획재정부 계약제도과, 2018.08.02. 시달)

최근 여름철 폭염이 장기화되고 전국적으로 확산되고 있습니다. 이와 관련하여, 공공공사 현장에서 폭염피해 및 안전사고가 발생하지 않도록 공공공사 현장의 계약관리에 관하여 다음과 같이 업무처리 지침을 알려드리니 적극 이행토록 협조하여 주시고, 소속기관 및 산하 공공기관에 통보하여 이행에 차질이 없도록 지도하여 주시기 바랍니다.

1. 옥외작업 관련 법규의 준수

   공사현장에서 계약상대방이 "산업안전보건기준에 관한 규칙(고용노동부)" 및 "열사병 예방 3대 기본수칙 이행가이드(고용노동부)"* 등 옥외작업 관련법규 및 지침을 준수토록 지도·감독하여야 함

   * ① 휴식시간 확보 ② 휴게시설 설치 ③ 수분섭취 등

2. 공사의 일시정지 관련 조치사항

   폭염경보·폭염주의보가 발령되는 등 폭염이 지속되는 경우로서 현장여건, 공정진행정도 등 제반사정을 고려 시 작업이 현저히 곤란하다고 판단되는 경우에는, 발주기관은 계약예규 「공사계약 일반조건」 제47조제1항에 따라 해당공사를 일시정지토록 할 수 있으며, 이 경우 정지된 공사기간에 대하여는 동 예규 제23조 및 제26조제1항에 따라 계약기간을 연장하고 계약금액을 조정하여야 함

3. 그 외 폭염으로 공사기간이 지연된 경우 조치사항

   공사의 일시정지 조치를 실시하지 않은 경우라 하더라도 폭염으로 인해 작업이 현저히 곤란하여 불가피하게 일정기간 시공이 이루어지지 못한 경우에는 해당기간에 대하여는 동 예규 제25조제3항제1호에 따라 지체상금을 부과하지 아니함

나. 계약상대자의 공사 정지 등(동 조건 제47조의2)

(1) 계약상대자는 발주기관이 국가계약법령과 계약문서 등에서 정하고 있는 계약상의 의무를 이행하지 아니하는 때에는 발주기관에 계약상의 의무이행을 서면으로 요청할 수 있다.

☞ 이는 앞에서 기술한 공사감독관에 의한 일시정지에 대응하여 계약상대자에게도 공사 정지권한을 부여함으로서 계약당사자가 상호 대등한 입장이라는 것을 분명히 하였다고도 할 수 있음

(2) 위와 같이 계약상대자로부터 의무의 이행에 대한 요청이 있는 경우 계약담당공무원은 요청을 받은 날부터 14일 이내에 이행계획을 서면으로 계약상대자에게 통지하여야 하며, 계약상대자는 계약담당공무원이 동 기한 내에 통지를 하지 아니하거나 계약상의 의무이행을 거부하는 때에는 해당 기간이 경과한 날 또는 의무이행을 거부한 날부터 공사의 전부 또는 일부의 시공을 정지할 수 있다.

이에 따라 시공이 정지된 기간에 대하여는 계약담당공무원은 공사 기간을 연장하여야 하며, 이에 따른 계약금액 조정을 한다. 즉, 연장된 공사기간에 대하여는 실비산정을 하여야 하므로 공사계약일반조건 제23조에 의한 "그 밖에 계약내용 변경으로 인한 계약금액의 조정" 방법을 적용하면 되는 것이다.

다. 공정 지연에 대한 관리(동 조건 제47조의3)

(1) 계약상대자는 자신의 책임 있는 사유로 다음의 사례가 발생한 경우에는 즉시 이를 해소하기 위한 시공계획서를 제출하여야 하며, 계약담당공무원은 동 시공계획서를 검토하고 필요한 경우에 보완을 요구할 수 있다.

① 실행공정률이 계획 공정률에 비해 10%p 이상 지연된 경우
② 골조 공사 등 주된 공사의 시공이 1개월 이상 중단된 경우

(2) 위와 같이 시공계획서가 제출되는 경우 발주기관과 계약상대자는 상호 협의하여 공사의 규모나 종류·특성 등에 따라 위의 지연되거나 중단된 내용을 조정하거나 새로운 내용을 추가할 수 있다.

☞ 위와 같은 공정 지연 관리에 대한 규정은 공정 지연 등이 있을 경우 발주기관이 계약해지 여부를 판단하는 기준이 모호함에 따라, 계약해지 조치 전에 계약상대자가 먼저 대응 방안을 제출토록 의무화 것임

7 적격·PQ·종합심사낙찰제 관련 사항의 이행(동조건 제53조)

가. 심사 당시 제출한 내용대로 이행 의무(동조 제1항 및 제2항)

계약상대자는 계약예규 「입찰참가자격사전심사요령」, 「적격심사기준」 및 「종합심사낙찰제 심사기준」 별표의 심사항목에 규정된 사항에 대하여 심사 당시 제출한 내용대로 철저하게 이행하여야 하며, 계약담당공무원은 동 이행상황을 수시로 확인하고 제출된 내용대로 이행이 되지 않고 있을 때에는 즉시 시정토록 조치하여야 한다.

① PQ심사 시 표준계약서 사용을 이유로 가점을 받았으나 실제 계약 이행 시에 동 계약서를 사용하지 않은 업체에 대해서는 입찰공고일 기준으로 향후 3년내에 실시하는 입찰에 참가할 경우 받은 가점의 2배 범위내에서 감점

② 만약 계약상대자가 적격심사기준 등에 따라 하도급관리계획서를 제출한 경우로서 공사계약이행 중 하수급인의 사업포기 등 불가피한 사유가 있을 경우에는 해당 적격심사기준에서 정한 하수급인의 자격과 동등이상의 자격을 갖춘 자로서 당초 적격심사 시 제출한 하도급관리계획서상의 각 항목의 요건(하도급 비율, 하수급 금액비율, 하도급대금 직불계획 비율 등)을 충족하게 하여 발주기관의 승인을 얻어 하수급인을 변경

나. 표준계약서 사용 의무와 관리(동조 제3항 내지 제5항)

(1) 계약상대자가 준공대가의 지급을 청구할 때에는 「입찰참가자격사전심사요령」 제4조[*]에 따른 표준계약서 사용계획의 이행 결과로서 하도급 및 건설기계임대차 계약서를 제출하여야 한다. 이때 계약서를 제출하지 않거나 하수급인 등의 계약상 이익을 제한하는 내용으로 표준계약서의 일부를 수정·삭제한 경우 또는 이면계약을 체결한 경우에는 표준계약서를 사용하지 않은 것으로 본다.

[*] 입찰참가자격사전심사를 신청하고자 하는 자가 공정거래위원회에서 보급한 표준계약서를 사용하고자 하는 경우에는 그 사용계획을 포함하여야 한다.

(2) 계약담당공무원은 계약상대자가 표준계약서를 사용하지 않은 경우에 해당 업체 명, 부여한 가점과 그에 따른 감점, 표준계약서 사용계획 대비 미사용 비율(계약금액 기준)을 전자조달시스템에 게재하고 동 사실을 계약상대자에게 통보하여야 한다.

Ⅳ. 감독 및 검사와 인수

1 감 독(법 제13조, 영 제54조)

가. 감독의 개요

(1) 각 중앙관서의 장(또는 계약담당공무원)은 공사, 제조, 용역 등의 계약을 체결한 경우에 그 계약을 적정하게 이행하도록 하기 위하여 필요하다고 인정하면, 계약서, 설계서, 그 밖의 관계 서류에 의하여 직접 감독하거나 소속공무원에게 그 사무를 위임하여 감독하게 하여야 하며, 다만, 다음 계약의 경우에는 건설엔지니어링사업자 등 전문기관을 따로 지정하여 필요한 감독을 하게 할 수 있다.

① 「건설기술 진흥법」 제39조 제2항*, 「전력기술관리법」 제12조*, 「문화재수리 등에 관한 법률」 제38조 또는 그 밖에 공사 관련 법령상 의무적으로 건설사업관리 또는 감리를 하여야 하는 공사계약

* 총공사비가 200억 원 이상인 건설공사로서 교량, 항만, 댐 등 22개 공사는 건설공사의 품질 확보 및 향상을 위하여 법인인 건설엔지니어링사업자로 하여금 의무적으로 "감독권한대행 등 건설사업관리"(종전의 책임감리)를 하여야 함

* 전력시설물의 설치·보수 공사 발주자는 전력시설물의 설치·보수 공사의 품질 확보 및 향상을 위하여 공사감리업의 등록을 한 자(감리업자)에게 공사감리를 발주하여야 함

② 전문적인 지식 또는 기술을 필요로 하거나 기타 부득이한 사유로 인하여 감독을 할 수 없는 제조 기타 도급계약

(2) 따라서 감독업무를 수행하는 자는 각 중앙관서의 장 또는 계약담당공무원과 감독업무를 위임 받은 소속공무원, 그리고 지정된 전문기관이라고 할 수 있으며, 각 중앙관서의 장 또는 계약담당공무원이 감독을 전문기관으로 하여금 수행하게 하는 경우에는 그 결과를 문서로 통보받아 이를 확인하여야 한다(규칙 제69조).

(3) 감독을 한 자는 감독조서를 작성하여야 하며, 감독의 결과 계약 이행의 내용이 당초의 계약 내용에 적합하지 아니한 때에는 그 사실 및 조치에 관한 의견을 감독조서에 기재하여 소속 중앙관서의 장 또는 계약담당공무원에게 제출하여야 한다(규칙 제67조).

> 〈참고〉「건설기술관리법」→「건설기술진흥법」(2014.5.23 전면 개편)
>
> ○ 감리와 건설사업관리의 통합 : 발주청의 사업관리 역량을 강화하고 관련 업체의 해외진출을 활성화하기 위하여 종전 건설공사의 시공단계에 국한되었던 감리제도를 건설공사의 기획단계부터 유지·관리까지 포괄적으로 적용될 수 있는 건설사업관리로 통합
>   * 건설사업관리(CM) : 건설공사에 관한 기획, 타당성 조사, 분석, 설계, 조달, 계약, 시공관리, 감리, 평가 또는 사후관리 등에 관한 관리를 수행하는 것(건설산업기본법 제2조제8호)
> ○ 감독권한대행 등 건설사업관리(종전의 책임감리) : 발주청이 건설공사의 품질 확보 및 향상을 위하여 법인인 건설엔지니어링사업자로 하여금 시공단계에서 품질 및 안전관리 실태의 확인, 설계변경에 관한 사항의 확인, 준공검사 등 발주청의 감독 권한대행 업무를 포함한 건설사업관리를 하게 하는 것(건설기술진흥법 제39조제2항)
>   * 감독권한대행 등 건설사업관리 대상공사 : 총공사비가 200억 원 이상인 건설공사로서 교량, 항만, 댐 등 22개 공사와 그 밖에 발주청이 필요하다고 판단되는 공사(동법시행령 제55조제1항)

나. 공사의 감독

1) 공사감독관의 정의(공사계약일반조건 제2조)

⑴ '공사계약일반조건' 제16조에 의하면 공사감독관은 계약된 공사의 수행과 품질의 확보 및 향상을 위하여 건설기술진흥법 등 관련 법령에서 정한 건설사업관리기술인 또는 감리원의 업무와 동 조건에서 규정한 업무를 수행하도록 하고 있는데, 공공공사계약에서 '공사감독관'이라 함은 이와 같이 동 조건 제16조에 규정된 임무를 수행하기 위하여 발주기관이 임명한 기술담당공무원 또는 그의 대리인을 말한다.

⑵ 이 경우「건설기술진흥법」제39조 제2항,「전력기술관리법」제12조,「문화재수리 등에 관한 법률」제38조 또는 그밖에 공사 관련 법령에 의하여 건설사업관리 또는 감리를 하는 공사에 있어서는 해당 공사의 건설사업관리 또는 감리를 수행하는 건설사업관리기술인 또는 감리원을 말한다.

☞ 건설공사의 경우 "감리와 건설사업관리"를 "건설사업관리"로 통합하였으며, 전력시설물공사의 경우「전력기술관리법」에 "감리"라는 용어를 그대로 사용하고 있음

2) 공사감독관의 직무(동 조건 제16조)

⑴ 공사감독관은 계약된 공사의 수행과 품질의 확보 및 향상을 위하여「건설기술 진흥법」제39조 제6항 및 동법시행령 제59조,「전력기술관리법」제12조, 그 밖에 공사 관련법령에

따른 건설사업관리기술인 또는 감리원의 업무 범위에서 정한 내용과 「공사계약일반조건」에서 규정한 업무를 수행한다. 이 경우 공사감독관은 계약담당공무원의 승인 없이 계약상대자의 의무와 책임을 면제시키거나 증감시킬 수 없다.

☞ 전력시설물공사의 경우 「전력기술관리법」 제12조 및 동법시행령 제23조에 의한 감리원의 업무범위

(2) 계약상대자는 공사감독관의 지시 또는 결정이 '공사계약일반조건'에서 정한 사항에 위반되거나 계약의 이행에 적합하지 아니하다고 인정될 경우에는 즉시 계약담당공무원에게 이의 시정을 요구하여야 하며, 계약담당공무원은 시정 요구를 받은 날부터 7일 이내에 필요한 조치를 하여야 한다. 또한, 계약상대자는 발주기관에 제출하는 모든 문서에 대하여 그 사본을 공사감독관에게 제출하여야 한다.

(3) 공사감독관은 계약상대자로부터 하도급 대금 등의 지급 내역 통보를 받은 경우에는 하수급인 및 계약상대자와 직접 계약을 체결한 건설공사용 부품 제작납품업자, 건설기계 대여업자로부터 대금 수령내역 및 증빙서류를 제출받아 대금 지급내역 및 수령내역의 일치 여부를 확인하여야 한다(하도급대금 지급확인제도 도입 : 동 조건 제43조의2).

3) 감독공무원의 추가배치(영 제54조 제2항, 제3항)

예정가격의 100분의 70 미만으로 낙찰되어 체결된 공사계약의 경우에는 부실시공을 방지하기 위하여 감독공무원의 수를 그 배치기준의 100분의 50 범위 내에서 추가하여 배치할 수 있으며, 이 경우 전문기관을 따로 지정하여 감독하게 하는 공사계약의 경우에는 「건설기술 진흥법」 등에 의하여 정하여진 건설사업관리기술인 또는 감리원의 수를 말한다.

동 인원을 추가하여 배치할 경우 추가로 소요되는 감독 또는 건설사업관리 및 감리 비용은 당해 공사예산 중 낙찰 차액(예정가격과 낙찰금액 간의 차액)으로 충당할 수 있다.

다. 물품 제조의 감독(물품구매·제조계약 일반조건 제10조)

계약담당공무원은 계약의 적정한 이행을 확보하기 위하여 필요하다고 인정하는 경우에는 물품의 제조를 위하여 사용하는 재료 및 기타 제조공정에 대하여 감독할 수 있으며 계약상대자에 대하여 필요한 조치를 요구할 수 있다. 계약상대자는 발주기관의 감독업무수행에 협력하여야 하며, 발주기관은 감독업무를 수행함에 있어서 계약상대자의 업무를 부당하게 방해하여서는 아니 된다.

라. 용역의 감독

1) 감독에 관한 일반사항(용역계약일반조건 제12조)

계약담당공무원은 해당 계약의 적정한 이행을 확보하기 위하여 필요하다고 인정할 때에는 계약문서에 의하여 스스로 감독하거나 소속공무원에게 그 사무를 위임하여 감독을 하여야 한다. 다만, 전문적인 지식 또는 기술을 필요로 하거나 기타 부득이한 사유로 인하여 감독을 할 수 없는 경우에는 전문기관을 따로 지정하여 필요한 감독을 할 수 있으며, 이처럼 전문기관이 감독을 하도록 할 경우에는 시행규칙 제67조, 제69조에 의하여 감독조서의 작성 및 그 결과를 문서로써 제출하도록 하여야 한다.

2) 시공단계의 건설사업관리용역

1 계약담당공무원의 기본임무(동 조건 제42조 제1항)

(1) 계약담당공무원은 건설공사의 계획·설계·발주·건설사업관리·시공·사후평가 전반을 총괄하고, 건설사업관리 및 시공계약 이행에 필요한 다음의 사항을 지원, 협력하여야 하며 시공단계의 건설사업관리용역 계약에 규정된 바에 따라 건설사업관리가 성실히 수행되고 있는지에 대한 지도·점검을 실시하여야 한다.

① 건설사업관리 및 시공에 필요한 설계도면, 문서, 참고자료와 건설사업관리 용역계약 문서에 명기한 자재·장비·비품·설비의 제공
② 건설공사 시행에 따른 업무연락, 문제점 파악 및 민원해결
③ 건설공사 시행에 필요한 용지 및 지장물 보상과 국가, 지방자치단체, 기타 공공기관의 허가·인가 등의 처분을 얻을 수 있도록 조치 또는 협력
④ 건설사업관리기술인이 시공 단계의 건설사업관리계약 이행에 필요한 시공자의 문서, 도면, 자재, 장비, 설비, 직원 등에 대한 자료제출 및 조사의 보장
⑤ 건설사업관리기술인이 보고한 설계변경, 준공기한 연기요청, 그 밖에 현장 실정보고 등에 대하여 건설사업관리업무 수행에 지장이 없도록 의사를 결정하여 통보
⑥ 특수공법 등 주요공종에 대해 외부 전문가의 자문·건설사업관리가 필요하다고 인정되는 경우에는 별도 조치
⑦ 기타 건설사업관리용역사업자와 계약으로 정한 사항 등 시공 단계의 건설사업관리용역 발주자로서의 감독업무

(2) 계약담당공무원은 관계 법령에서 별도로 정하는 사항과 위에서 정하는 사항 외에는 정당한 사유 없이 건설사업관리기술인의 업무에 개입 또는 간섭하거나 건설사업관리기술인의 권한을 침해할 수 없다.

또한, 특별한 사유가 없는 한 건설공사를 착공하기 전에 설계도서 검토 등의 건설사업관리업무를 수행하기 위하여 필요한 기간을 확보하여야 하며, 공사 준공처리, 사후관리 등을 위하여 공사 준공 후 일정 기간 건설사업관리업무를 수행하게 하여야 한다.

2 **건설사업관리기술인의 기본임무**(동 조건 제42조 제2항)

(1) 건설사업관리기술인은 「건설기술진흥법시행령」 제59조의 업무와 「건설기술진흥법시행규칙」 제34조에 의한 동 기술인의 업무를 성실히 수행하여야 한다.

(2) 또한, 건설사업관리기술인은 발주기관과 건설사업관리용역사업자간에 체결된 시공단계의 건설사업관리용역 계약의 내용에 따라 해당 공사가 설계도서 및 기타 관계 서류의 내용대로 시공되는지의 여부를 확인하고 품질관리, 시공관리, 공정관리, 안전 및 환경관리 등에 대한 기술지도를 하며, 발주기관의 위탁에 의하여 관계 법령에 따라 발주기관의 감독 권한을 대행하여야 한다.

따라서 감독권한대행 등 건설사업관리(종전의 책임감리) 업무를 수행하는 자는 시공 전에 설계도서에 기술적인 문제가 있는지 검토하여 문제가 있다고 판단되면 발주기관에 이를 보고하고 설계자와 협의함으로써 이러한 기술적인 문제가 있는 설계로 인하여 발주기관이 손해를 입지 않도록 하여야 할 주의의무가 있다. 이때 건설사업관리기술인이 이와 같은 주의의무를 위반하였는지는 당시의 일반적인 감리자의 기술 수준과 경험에 비추어 설계도서의 검토에 의해 설계상의 기술적인 문제를 발견하는 것이 기대 가능한 것이었는지에 따라 판단되어야 한다(대법원 2015.2.26. 선고 201222다89320판결).

(3) 검측업무를 수행하는 건설사업관리기술인은 감리원의 지시에 따라 해당 공사의 특성, 공사의 규모 및 현장 조건을 감안하여 현장별로 수립한 검측 체크리스트에 따라 관련 법령, 설계도서 및 계약서 등의 내용대로 시공되는지 시설물의 각 공종마다 육안검사·측량·입회·승인·시험 등의 방법으로 검측업무를 수행하여야 하며, 시공자가 검측업무를 요청할 경우에는 즉시 검측업무를 수행하고 그 결과를 시공자에게 통보하여야 한다. 또한, 해당 공사의 규모와 현장조건을 해당 공사의 규모와 현장조건을 감안한 『검측업무지침』을 현장별로 작성·수립하여 발주청의 승인을 득한 후 이를 근거로 검측업무를 수행하여야 하며,

다만, 「검측업무지침」은 검측하여야 할 세부공종, 검측절차, 검측시기 또는 검측빈도, 검측체크리스트 등의 내용을 포함하여야 한다.

⑷ 그 밖에 건설사업관리기술인은 계약예규「공동계약운용요령」제13조 제1항에 따라 제출된 계약이행계획서에 따라 공동수급체 구성원이 실제 계약이행에 참여하고 있는지를 확인·감독하여야 하며, 하도급대금, 건설기계대여금, 건설공사용 부품 대금이 「건설산업기본법」 제34조 제1항 등에 따라 적정하게 지급되는지를 확인·감독하여야 한다.

③ 건설사업관리기술인의 근무수칙(동 조건 제43조)

건설사업관리업무에 종사하는 자는 관계 법령의 준수 등 업무를 성실히 수행하고, 건설공사의 품질향상을 위해 노력하며, 건설사업관리기술인으로서의 품위를 유지하여야 한다 (용역계약일반조건 제43조 각 항 참조).

④ 계약담당공무원의 지도 감독(동 조건 제44조)

⑴ 계약담당공무원은 시공단계의 건설사업관리용역계약문서에 규정된 바에 따라 다음의 사항에 대하여 건설사업관리기술인을 지도·감독하며 모든 지시는 건설사업관리용역사업자 또는 책임건설사업관리기술인을 통하여 하도록 한다.

① 건설사업관리기술인의 적정자격 보유 여부 및 상주 이행상태
② 품위손상 여부 및 근무자세
③ 발주기관 지시사항의 이행상태
④ 행정서류 및 비치서류 처리상태
⑤ 각종 보고서의 처리상태

⑵ 건설사업관리기술인이 계약담당공무원의 지시에 위반된다고 판단되는 업무를 수행할 경우 이에 대하여 해명토록 하거나 시정하도록 서면으로 지시할 수 있다.

3) 소프트웨어용역의 감독(동 조건 제50조)

⑴ 계약담당공무원은 해당 계약의 적정한 수행여부와 산출물 등의 품질을 확보하기 위하여 「소프트웨어산업진흥법」 제20조 제5항에 의하여 사업의 수행과정이나 계약이행상황을 관리·감독하여야 한다. 다만, 전문적인 지식 또는 기술을 필요로 하거나 기타 부득이한 사유로 인하여 감독을 할 수 없는 경우에는 전문기관을 따로 지정하여 필요한 감독을 하게

할 수 있으며, 이처럼 전문기관이 감독을 하도록 할 경우에는 시행규칙 제67조 및 제69조에 의하여 감독조서의 작성 및 그 결과를 문서로서 제출하도록 하여야 한다.

⑵ 또한, 계약담당공무원은 해당 계약의 원활한 이행과 사업 완료 후의 원활한 유지보수를 위하여 부품·기기에 대한 공급과 기술지원 확약에 관한 서류의 제출을 요구할 수 있으며, 계약상대자는 특별한 사유가 없는 한 이에 따라야 한다.

2 검사

가. 검사의 개요

1) 의의(법 제14조, 영 제55조)

⑴ 계약담당공무원은 계약상대자가 계약의 전부 또는 일부를 이행하면 이를 확인하기 위하여 계약서, 설계서, 그 밖의 관계 서류에 의하여 스스로 검사하거나 소속 공무원에게 그 사무를 위임하여 검사를 하게 하여야 한다.

⑵ 다만, 특정 계약에 대하여는 전문기관을 따로 지정하여 필요한 검사를 하게 할 수 있는 바, 이 경우 특정 계약이란 앞에서 기술한 전문기관을 따로 지정하여 감독하게 할 수 있는 대상과 동일하다.

2) 감독과 검사직무의 겸직금지 원칙과 예외(영 제57조)

⑴ 계약을 적절하게 이행하도록 하기 위한 감독의 직무(시행령 제54조)와 계약의 이행을 확인하기 위한 검사의 직무(시행령 제55조)는 겸할 수 없다.

⑵ 다만, 다음의 경우에는 예외적으로 겸직을 허용하고 있다.

① 특별한 기술을 요하는 검사에 있어서 감독을 행하는 자 외의 자로 하여금 검사를 행하게 하는 것이 현저하게 곤란한 경우
② 유지·보수에 관한 공사 등 당해 계약의 이행 후 지체 없이 검사를 하지 아니 하면 그 이행의 확인이 곤란한 경우
③ 계약금액이 3억 원 이하인 물품의 제조 또는 공사계약의 경우
④ 「건설기술 진흥법」 제39조 제2항, 「전력기술관리법」 제12조, 「문화재수리 등에

관한 법률」제38조 또는 그 밖에 관련 법령상 의무적으로 건설사업관리 또는 감리를 하여야 하는 공사계약의 경우

⑤ 감독조서의 확인으로 기성검사를 갈음 하는 경우

3) 검사조서의 작성 등(법 제14조, 영 제56조)

(1) 검사를 행하는 자는 검사조서(檢査調書)를 작성하여야 하며, 이 경우 검사조서는 "검사공무원이 계약서, 설계서, 그 밖의 관계 서류에 의하여 계약의 이행상태를 검사하여 작성하는 조서"라고 할 수 있다.

(2) 검사조서는 대가지급의 전제조건으로서 의무적으로 작성하는 것이 원칙이지만, 다만, 3천만 원 이하인 소액계약, 매각계약, 전기·가스·수도의 공급계약 등 그 성질상 검사조서의 작성을 필요로 하지 아니하는 계약의 경우에는 생략할 수 있다.

(3) 검사를 하는 자는 검사결과 계약이행의 내용이 당초의 계약내용에 적합하지 아니한 때에는 그 사실과 조치에 관한 의견을 기재하여 소속 중앙관서의 장 또는 계약담당공무원에게 제출하여야 한다.

나. 공사계약의 검사(영 제55조, 일반조건 제27조)

1) 준공검사

1 공사의 완성 통지 및 검사 기간

(1) 계약상대자는 공사를 완성하였을 때에는 그 사실을 준공신고서 등 서면으로 계약담당공무원(「건설기술 진흥법」제39조 제2항에 의하여 건설사업관리를 하는 공사에 있어서는 건설사업관리용역사업자)에게 통지하고 필요한 검사를 받아야 한다.

(2) 계약담당공무원은 공사의 완성 통지를 받은 날로부터 14일 이내에 계약서, 설계서, 준공신고서 등 서류에 의하여 계약상대자의 입회하에 그 이행을 확인하기 위한 검사를 하여야 한다.

다만, 천재·지변 등 불가항력적인 사유로 인하여 검사를 완료하지 못한 경우에는 해당 사유가 존속되는 기간과 해당 사유가 소멸된 날로부터 3일까지는 이를 연장할 수 있으며, 공사계약금액(관급자재가 있는 경우에는 관급자재 대가를 포함)이 100억 원 이상이거나 기술적 특수성 등으로 인하여 14일 이내에 검사를 완료할 수 없는 특별한 사유가 있는 경우에는 7일 범위 내에서 검사기간을 연장할 수 있다.

☞ 「재난 및 안전관리 기본법」 제3조 제1호의 재난이나 경기침체, 대량실업 등으로 인한 경제위기를 극복하기 위해 기획재정부장관이 기간을 정하여 고시한 경우에는 공사의 완성 통지를 받은 날로부터 7일 이내에 검사를 하여야 함

② 시정조치 및 검사협력 의무

(1) 계약담당공무원은 검사결과 계약상대자의 계약이행 내용의 전부 또는 일부가 계약에 위반되거나 부당함을 발견한 때에는 계약상대자에게 필요한 시정조치를 요구하여야 한다.

(2) 계약상대자는 검사에 입회·협력하여야 하며, 계약상대자가 입회를 거부하거나 검사에 협력하지 아니함으로써 발생하는 지체에 대해서는 지체상금이 부과된다.

③ 검사 결과의 통지 및 조치사항

(1) 계약담당공무원은 검사를 완료한 때에는 그 결과를 지체 없이 계약상대자에게 통지하여야 하며, 계약상대자는 검사에 대한 이의가 있을 때에는 재검사를 요청할 수 있고 재검사 요청의 경우 계약담당공무원은 필요한 조치를 하여야 한다.

(2) 위와 같이 계약상대자가 검사 완료 통지를 받은 때에는 모든 공사시설, 잉여 자재, 폐기물 및 가설물을 공사장으로부터 즉시 철거 반출하여야 하며 공사장을 정돈하여야 한다.

2) 기성검사

(1) 기성부분에 대한 대가를 지급하고자 하는 경우에도 준공검사의 경우와 동일하게 검사 절차를 거쳐야 하는 것이나, 동 기성검사는 준공검사와 같은 정식 검사를 거치지 않고 감독을 행하는 자가 작성한 감독조서의 확인으로 갈음할 수 있다. 다만, 감독조서의 확인으로 갈음하는 약식 기성검사는 매 3회마다 1회는 준공검사와 같은 정식적인 검사를 실시 하여야 한다.

(2) 위와 같이 기성대가를 지급하고자 시행하는 기성검사 시에 검사에 합격된 자재라도 단순히 공사 현장에 반입된 것만으로는 기성부분으로 인정되지 아니하는 것이나, 다만, 다음의 경우에는 해당 자재의 특성, 용도 및 시장거래상황 등을 고려하여 반입된 자재를 기성 부분으로 인정할 수 있으며, 이때 반입은 해당 자재를 계약목적물에 투입하는 과정의 특수성으로 인하여 가공·조립 또는 제작하는 공장에서 기성검사를 실시, 동 검사에 합격한 경우를 포함한다.

① 강교 등 해당 공사의 기술적·구조적 특성을 고려하여 가공·조립·제작된 자재로서, 다른 공사에 그대로 사용하기 곤란하다고 인정되는 자재 : 자재의 100분의 100 범위 내에서 기성부분으로 인정 가능[71]

② 기타 계약상대자가 직접 또는 제 3자에게 위탁하여 가공·조립 또는 제작된 자재 : 자재의 100분의 50 범위 내에서 기성부분으로 인정 가능

다. 물품의 납품 및 검사

1) 납품 및 규격(물품구매계약일반조건 제12조, 제13조)

⑴ 계약상대자는 계약서에 정한 납품기일까지 검사에 필요한 서류 등을 포함하여 해당 물품을 「산업표준화법」 제24조에 따른 한국산업표준(특별한 사유가 없는 한 「물류정책기본법」 제24조에 따른 물류표준을 포함)을 준수하여 계약담당공무원이 지정한 장소에 납품하여야 한다.

이 경우 납품된 물품을 검사·수령하기까지 발주기관의 책임 없는 사유로 인하여 발생된 물품의 망실·파손 등은 계약상대자의 부담으로 하며, 계약담당공무원이 필요에 따라 분할 납품을 요구하거나, 계약상 분할납품이 허용된 경우를 제외하고는 분할납품을 할 수 없다.

⑵ 모든 물품의 규격은 계약상 명시된 규격명세, 규격번호 및 발주기관이 제시한 견품의 규격을 충족하여야 하며, 구매 목적에 맞는 신품이어야 한다. 만약 계약상 규격이 명시되어 있지 아니한 경우에는 상관습과 기술적 타당성 및 구매규격 등에 부합하는 물품이어야 하며, 신품은 중고품에 대비되는 사용하지 않은 새 제품을 의미한다.

2) 검사(동 조건 제19조)

① 검사의 절차

⑴ 계약상대자는 계약이행을 완료한 때에는 그 사실을 서면으로 계약담당공무원에게 통지하고 필요한 검사를 받아야 한다. 기납부분에 대하여 완납 전에 대가의 전부 또는 일부를 지급하고자 할 때에도 또한 같다.

---

[71] 업체의 자금 부담 완화를 위해 공사현장에 반입된 자재 중 강교 등 해당공사를 위해 맞춤형으로 제작된 자재는 해당 부분의 시공이 완료되기 이전이라도, 자재비의 100%까지 기성으로 인정하여 기성대가를 지급할 수 있도록 근거를 마련함(일반조건 제27조 제9항 개정, 2018.12.31.)

(2) 계약담당공무원은 계약상대자로부터 계약이행 완료의 통지를 받은 때에는 검사와 관련된 규정 및 다음의 요령에 따라 계약서 기타 관계 서류에 의하여 그날로부터 14일 이내(재난 등으로 국가의 경제위기를 극복하기 위해 기획재정부장관이 고시한 경우에는 7일 이내)에 계약상대자의 입회하에 그 이행을 확인하기 위한 검사를 하여야 한다. 다만, 천재·지변 등 불가항력인 사유로 인하여 검사를 완료하지 못한 경우에는 해당 사유가 존속되는 기간과 해당 사유가 소멸된 날로부터 3일까지는 이를 연장할 수 있다.

① 검사는 계약담당공무원이 품질, 수량, 포장, 표기상태, 포장명세서, 품질식별기호 등에 관하여 행한다.
② 계약담당공무원은 물품을 신규로 제조할 필요가 있거나 물품의 성질상 제조과정이 중요한 경우에는 제조과정에서 검사를 할 수 있다.
③ 계약상대자는 검사를 받기 위하여 발주기관이 지정하는 장소에 물품을 반입하였을 때에는 계약담당공무원에게 즉시 반입통지를 하여야 한다.
④ 검사에 필요한 일체의 비용과 검사를 하기 위한 변형, 소모, 파손 또는 변질로 생기는 손상은 계약상대자의 부담으로 한다.(법 제14조제4항)

(3) 위와 같은 검사 절차에 있어 계약상대자의 검사요청이 유효하기 위해서는 검사장소로의 물품의 현실적인 반입이 선행되거나 적어도 그와 동시에 이루어질 것을 요하고 물품의 현실적인 반입이 없이 검사요청이 이루어진 경우에는 그 후 물품의 현실적인 반입이 이루어진 때에 비로소 유효한 검사요청이 있었다고 봄이 타당하다. 만일 이와 달리 본다면 납품기한 이후에 비로소 계약 물품의 현실적인 반입이 이루어진 경우에도 납품기한 이전에 검사요청을 했다는 이유만으로 전혀 지체상금이 발생하지 아니하게 되어 불합리하고 국가계약법령에서 계약 내용으로 지체상금 조항을 두도록 하고 있는 기본 취지에도 어긋나기 때문이다(대법원 2011.5.13. 선고 2010다16458 판결).

☞ 계약상대자가 당초 계약했던 물품보다 높은 사양의 물품을 제공하였더라도 임의로 다른 제품을 납품한 행위 자체는 계약위반이고 이와 같이 고급사양의 제품이라 하더라도 그 계약위반이 정당화되지 않는 것임. 다만, 입찰참가자격제한처분에 대하여는 원심과 마찬가지로 공익에 비해 업체의 불이익이 훨씬 커서 재량권 일탈·남용의 위법이 있으므로 위법함(대법원 2018.11.29.선고2018두49390 판결)

(4) 물품의 특성상 필요한 시험 등의 검사에 드는 비용과 검사로 인하여 생기는 변형, 파손 등의 손상은 계약상대자가 부담한다(법 제14조 제4항).

② 검사를 면제할 수 있는 물품(법 제14조 제3항, 영 제56조의2)

(1) 계약담당공무원은 계약상대자가 계약이행을 완료하면 검사를 하여야 하는 것이나, 다른 법령에 따른 품질인증을 받은 물품 또는 품질 관리능력을 인증받은 자가 제조한 물품 등 다음의 경우에는 검사를 하지 아니 할 수 있다.

　① 「산업표준화법」 제15조에 따라 인증을 받은 제품
　② 「산업표준화법」 제31조의4 제2항에 따라 수상자로 선정된 기업 등이 제조한 제품
　③ 「조달사업에 관한 법률」 제3조의4에 따라 조달청장이 고시한 품질관리능력 평가 기준에 적합한 자가 제조한 물품

(2) 다만, 위와 같이 검사를 면제할 수 있는 대상이라 하더라도 해당 물품이 국민의 생명보호, 안전, 보건위생 등을 위하여 검사가 필요하다고 인정하거나, 불량 자재의 사용, 다수의 하자 발생, 관계기관의 결함 보상 명령 등으로 품질의 확인이 필요한 것으로 인정되어 계약의 내용에 검사를 실시한다는 사항이 포함되도록 한 경우에는 검사를 하여야 한다.

☞ 그 밖에 물품의 검사결과에 대한 조치, 검사결과에 대한 통지사항 등은 공사계약의 경우를 준용함

라. 용역계약의 검사(용역계약일반조건 제20조)

1) 검사의 절차

계약이행 완료의 통지, 검사 실시, 시정조치, 검사결과 통지 등 용역계약에 대한 일련의 검사 절차는 공사와 물품의 경우와 동일하다.

2) 설계용역의 검사(영 제55조 제2항, 제4항)

(1) 조사설계용역 계약인 경우에는 당해 용역계약의 상대자가 조사설계 대상 사업의 총사업비를 적정하게 산정하였는지의 여부를 함께 검사하여야 한다.

(2) 기본설계(타당성 조사에 관한 내용을 포함)와 실시설계를 구분하여 계약을 체결한 경우에는 실시설계용역에 대한 이행검사를 하는 때에 실시설계대상사업의 총사업비의 산정이 적정한지의 여부를 기본설계서상의 총사업비와 실시설계서상의 총사업비를 비교하여 검사하여야 한다. 이 때 기본설계서상의 총사업비와 실시설계서상의 총사업비에 차이가 있는 경우에는 실시설계용역의 계약상대자로 하여금 그 사유를 설명하는 자료를 제출하게 하여야 한다.

3 인 수

가. 공사목적물의 인수

1) 검사 완료 후 인수(공사계약일반조건 제28조)

(1) 계약담당공무원은 검사 완료 통지를 한 후에 계약상대자가 서면으로 인수를 요청하였을 때에는 즉시 현장인수증명서를 발급하고 해당 공사목적물을 인수하여야 하며, 공사 규모 등을 고려하여 필요하다고 인정할 때에는 계약상대자로 하여금 다음의 사항이 첨부된 준공명세서를 제출하게 하여야 한다.

① 완성된 공사목적물의 전면·후면·측면사진(10"×15") 각 5매 및 사진원본파일
② 동 조건 제27조의 주요 검사과정을 촬영한 동영상물(CD 등) 5본
③ 착공에서 준공까지의 행정처리 과정, 참여기술자, 관련 참여업체 등의 내용을 포함하는 「건설기술 진흥법 시행령」 제78조에 의한 준공보고서

(2) 계약담당공무원은 계약상대자가 검사 완료 통지를 받은 날부터 7일 이내에 인수 요청을 아니할 때에는 계약상대자에게 현장인수증명서를 발급하고 해당 공사목적물을 인수할 수 있으며, 이 경우 계약상대자는 지체 없이 준공명세서를 제출하여야 한다. 이와 같이 인수된 공사목적물을 발주관서가 계약상대자에게 유지관리를 요구하는 경우에는 이에 필요한 비용을 지급하여야 한다.

(3) 계약담당공무원은 공사목적물을 인수한 때에는 ① 공사명 및 발주기관(관리청)
② 착공 및 준공 년 월 일 ③ 공사 금액 ④ 계약상대자 ⑤ 공사감독관 및 검사관
⑥ 하자발생시 신고처 ⑦ 기타 필요한 사항을 기재한 표찰을 부착하여 공시하여야 한다.

2) 기성부분의 인수(동 조건 제29조)

계약담당공무원은 전체 공사목적물이 아닌 기성부분에 대하여 이를 인수할 수 있다. 이때 기성부분은 성질상 분할할 수 있는 공사에 대한 완성 부분에 한하고, 인수 절차는 위의 전체 공사목적물에 대한 인수 절차를 준용한다.

나. 용역목적물의 인수 및 지식재산권 관리

1) 용역목적물의 인수(용역계약일반조건 제21, 제22조)

(1) 계약담당공무원은 해당 용역의 특성상 계약목적물의 인수가 필요한 경우에는 검사를 실시하여 용역의 완성을 확인하고, 계약상대자가 서면으로 인수를 요청하였을 때에는 즉시 해당 용역목적물을 인수하여야 한다. 만약, 계약상대자가 요청을 아니 한 때에는 용역대가의 지급과 동시에 해당 용역목적물의 인도를 요구할 수 있으며, 이 경우에 계약상대자는 지체 없이 해당 목적물을 인도하여야 한다.

(2) 계약담당공무원은 전체 계약목적물이 아닌 기성부분(성질상 분할할 수 있는 용역의 완성부분에 한함)에 대하여 이를 인수할 수 있으며, 인수 절차는 위의 전체 완성부분에 대한 인수절차를 준용한다.

2) 용역의 지식재산권 관리(용역계약일반조건 제35조, 제35조의 2 등)

(1) 계약담당공무원은 필요하다고 인정되는 경우 계약상대자가 제출하는 기술지식의 전부 또는 일부를 계약상대자의 승인을 얻어 복사, 이용 또는 공개할 수 있으며, 계약상대자는 해당 계약을 통하여 얻은 정보 또는 국가의 기밀사항을 계약이행의 전후를 막론하고 외부에 누설할 수 없다.

(2) 해당 계약에 따른 계약목적물에 대한 지식재산권은 발주기관과 계약상대자가 공동으로 소유하며, 지식재산권과 관련한 기타사항은 용역계약일반조건 제56조(소프트웨어사업의 계약목적물의 지식재산권 귀속 등)를 준용한다.

(3) 해당 계약에 따른 계약목적물에 대한 지식재산권 중 특허권 등은 계약의 목적, 개발의 기여도, 기술개발 결과물의 활용 및 사업화를 고려하여 계약당사자 간 협의를 통해 특허권 등에 대한 귀속주체, 지분 등을 정할 수 있다. 다만, 계약의 특수성(국가안전보장, 국방, 외교관계, 정보보안, 계약상대자의 소재지 등)을 고려하여 계약당사자간의 협의를 통해 발주기관 단독으로 소유할 수 있다.

(4) 특허권 등을 계약상대자가 단독으로 소유하거나 발주기관과 계약상대자가 공동으로 소유하고 계약상대자가 공동수급체인 경우에는 해당 특허권 등에 대한 소유권, 지분 등은 공동수급체 구성원 간의 협의를 통해 지분 등을 정할 수 있다.

V. 계약의 이행지체와 지체상금(법 제26조, 영 제74조)

1 계약의 이행지체 개요

(1) 국가계약법상 계약(공공계약)에 있어 계약상대자가 계약상의 의무를 정당한 이유 없이 계약기한 내에 이행하지 못한 것을 '계약의 이행지체'라고 하고, 이행지체에 따른 손해배상 예정 성격으로 징수하는 것을 '지체상금'(지방계약법의 경우 '지연배상금')라고 한다.

동 계약의 이행지체는 이행이 되기는 하였으나 이행 기한이 경과한 후에 이행된 것을 의미하는 것으로서 이행 기한이 경과된 날 만큼 징수하는 지체상금은 이행지체에 따른 '손해배상액의 예정' 성격으로 보고 있다(대법원 2008.7.10. 선고 2008다15940, 15979 판결 등).

(2) 이때 '손해배상액의 예정'은 '이행지체 등 채무불이행의 경우에 채무자가 지급하여야 할 손해배상의 액을 당사자 사이의 계약으로 미리 정하여 두는 것'으로서 채권자가 채무불이행의 사실을 증명하면 손해의 발생 및 그 금액을 증명하지 않고서도 예정 배상액을 청구할 수 있으며, 쌍방 간에 손해액이 예정액보다 많거나 적다는 것을 입증하여도 증액 또는 감액을 청구할 수 없다. 지체상금의 약정을 이와 같은 이행지체에 따른 손해배상액의 예정으로 보고 있으므로 지체상금을 징수하게 되면 실제 발생된 손해액과 관계없이 권리의무관계는 종료되게 된다(대법원 2013.12.26. 2013다213090).

(3) 공공계약에 있어서는 위와 같이 계약상대자의 계약상 의무이행 지체에 대하여는 지체상금을 내도록 하는 한편, 계약상대자로부터 대가지급 청구를 받고 지연된 경우에는 발주기관이 지연이자를 지급하도록 함으로서 계약 쌍방 간에 계약상의 형평성을 기하고 있다고 할 수 있다(국가계약법 제15조 및 제26조).

[민법 제398조 (배상액의 예정)]

① 당사자는 채무불이행에 관한 손해배상액을 예정할 수 있다.
② 손해배상의 예정액이 부당히 과다한 경우에는 법원은 적당히 감액할 수 있다.
③ 손해배상액의 예정은 이행의 청구나 계약의 해제에 영향을 미치지 아니한다.
④ 위약금의 약정은 손해배상액의 예정으로 추정한다.
⑤ 당사자가 금전이 아닌 것으로써 손해의 배상에 충당할 것을 예정한 경우에도 전4항의 규정을 준용한다.

2　지체상금의 납부 및 세부 산정기준

가. 현금납부 의무 및 상한금액

계약담당공무원은 계약상대자(국가기관과 지방자치단체는 제외)가 계약상의 의무를 지체한 때에는 지체상금을 현금으로 납부하게 하여야 하며, 이 경우 지체상금은 계약금액의 100분의 30을 초과할 수 없다.

☞ 동 지체상금의 상한제(계약금액의 30%)는 기업부담 완화 차원에서 지체상금이 과도하게 부과되지 않도록 하기 위해 도입됨(영 제74조 제3항, 2018.12.4. 신설)

나. 지체상금의 세부 산정기준(영 제74조)

지체상금은 계약금액에다가 국가계약법시행규칙 제75조에 정해진 바에 따라 계약서에 명시된 지체상금률과 지체된 일수만큼을 곱하여 산출하며, 이 경우 계약금액, 지체상금률 및 지체일수는 각 각 다음과 같은 기준으로 하여 산정한다.

> * 지체상금 = ① 계약금액 × ② 지체상금률 × ③ 지체일수

1) 계약금액

(1) 계약금액은 계약체결 시 계약서상 금액을 기준으로 하되, 계약이행 중 설계변경이나 물가변동 등으로 인한 계약금액 조정이 발생한 경우에는 변경된 계약금액을 기준으로 하여 지체상금을 산정하여야 한다. 동 계약금액 조정 전 기성대가를 개산급으로 지급한 경우에도 정산 후 최종 계약금액을 기준으로 산정하여야 한다.

(2) 장기계속계약(공사, 물품 제조, 용역)의 경우에는 연차별로 계약이 체결되므로 동 연차별 계약금액을 기준으로 산정하며, 계속비예산에 의한 계약의 경우에는 총 공사·제조 등의 금액으로 계약이 체결됨에 따라 총 공사·제조 등의 이행 기간이 지연된 경우 총 공사·제조 등의 금액을 기준으로 지체상금을 부과한다.

(3) 기성부분 또는 기납부분에 대하여 검사를 거쳐 이를 인수한 경우(인수하지 아니하고 관리·사용하고 있는 경우를 포함)에는 그 부분에 상당하는 금액을 계약금액에서 공제한 금액을 기준으로 지체상금을 계산하여야 하며, 이 경우 기성부분 또는 기납부분의 인수는 성질상 분할할 수 있는 공사·물품 또는 용역 등에 대한 완성부분으로서 인수하는 것에 한한다.

2) 지체상금률(규칙 제75조)

공공계약 체결 시에 계약서에 명시되는 업종별 지체상금률은 다음과 같다.[72]

① 공사 : 1000분의 0.5
② 물품의 제조·구매(소프트웨어사업시 물품과 용역을 일괄하여 입찰에 부치는 경우를 포함) : 1000분의 0.75 (다만, 계약 이후 설계와 제조가 일괄하여 이루어지고, 그 설계에 대하여 발주한 중앙관서의 장의 승인이 필요한 물품의 제조·구매의 경우에는 1000분의 0.5)
③ 물품의 수리·가공·대여, 용역(소프트웨어사업시 물품과 용역을 일괄하여 입찰에 부치는 경우의 그 용역은 제외) 및 기타 : 1000분의 1.25
④ 군용 음·식료품 제조·구매 : 1000분의 1.5
⑤ 운송·보관 및 양곡가공 : 1000분의 2.5

3) 지체 일수(공사계약일반조건 제25조 제6항)

(1) 지체 일수 산정 시 준공기한 내에 준공신고서를 제출한 때에는 준공검사에 소요된 기간은 지체 일수에 산입하지 아니한다. 다만, 준공기한 이후에 시정조치를 한 때에는 시정조치를 한 날부터 최종 준공검사에 합격한 날까지의 기간을 지체일수에 산입하며, 검사기간이 정한 기간을 초과한 경우에는 정한 기간에 한한다.

(2) 만약에, 준공기한을 경과하여 준공신고서를 제출한 때에는 준공기한 익일부터 준공검사(시정조치를 한 때에는 최종 준공검사)에 합격한 날까지의 기간을 지체 일수에 산입한다. 따라서 준공기한 경과 후 준공신고서를 제출한 날부터가 아니고 계약서상 준공기한 익일부터 곧바로 지체 일수가 산정되고, 검사 소요일수도 포함되는 것임을 특별히 유의할 필요가 있다.

(3) 준공기한의 말일이 공휴일인 경우에 지체일수는 공휴일의 익일 다음날부터 기산한다. 이때 공휴일에는 관련 법령에 의하여 발주기관의 휴무일이거나 「근로자의 날 제정에 관한 법률」에 따른 근로자의 날(계약상대자가 실제 업무를 하지 아니한 경우에 한함)인 경우를 포함한다.

☞ 계약이행 지체 기간의 산정 시 준공 또는 납품기한의 말일이 "근로자의 날"인 경우 해당 일수를 지체 기간에서 제외토록 함(공사계약일반조건 제25조 제6항 등 개정, 2018.12.31.)

---

[72] 동 지체상금률은 기업부담의 경감을 위해 금리수준, 해외사례 등을 고려하여 종전의 1/2 수준으로 인하된 율임(시행규칙 제75조 개정, 2017.12.28.)

(4) 지체 일수를 산정함에 있어 계약서에서 별도로 정한 조건이 없다면 계약상대자의 귀책 사유로 지체되고 있는 기간 중에는 계약상대자의 책임 없는 사유로 지체가 되더라도 민법 제392조(이행지체 중의 손해배상)의 규정에 의거 그 지체 일수는 총 지체 일수에 포함하는 것이며, 다만 발주기관이 공사 중지 등 지시를 하였다면 그 기간은 지체 일수에 산입하지 아니한다.

3 지체상금의 징수 및 상계

(1) 계약담당공무원은 계약상대자가 계약상의 의무를 지체한 경우 현금으로 납부하게 하여야 하며, 산출된 지체상금을 계약상대자에게 지급될 대가, 대가지급지연에 대한 이자 또는 그밖에 예치금 등과 상계할 수 있다.

(2) 계약상대자 부도 등으로 보증기관이 보증이행업체를 지정하여 보증시공을 한 결과 계약이행이 지체된 경우에는 동 보증기관이 지체상금 납부의무가 있으므로, 보증기관에 대해 지체일수 만큼에 대한 지체상금을 징수하여야 한다. 다만, 발주기관으로부터 보증 채무 이행청구서를 접수한 날부터 보증이행개시일 전일까지는 30일 범위 내에서 지체 일수에 산입하지 아니한다.

(3) 계약금액이 확정되지 않은 개산계약의 경우에는 개산금액에 지체상금율과 지체일수를 곱한 금액을 납부하도록 하고, 개산금액의 정산 후 계약금액과 지체상금액이 확정되면 기 부과한 지체상금을 정산하는 방법도 가능할 것이며, 또한, 지체상금은 계약상대자에게 지급할 대가, 지연이자, 또는 기타 예치금등과 상계할 수 있으므로 대가지급 시 확정된 계약금액에 따른 지체상금을 상계한 후 지급하는 방법도 가능할 것이다.

4 지체상금의 면제(지체일수 산입 제외)

계약담당공무원이 지체상금 산정(계약금액×지체상금률×지체일수)시에 계약상대자의 책임 없는 사유로 계약의 이행이 지체되었다고 인정될 때에는 그 해당 일수를 지체일수에 산입하지 아니하며, 이 경우 지체일수에 산입 하지 아니하는 사유를 공사, 물품 및 용역 등 계약의 종류별로 구분하면 다음과 같다.

가. 공사계약의 경우(공사계약일반조건 제25조 제3항)

① 계약당사자자 누구의 책임에도 속하지 아니하는 불가항력의 사유에 의한 경우
② 계약상대자가 대체 사용할 수 없는 중요 관급자재 등의 공급이 지연되어 공사의 진행이 불가능하였을 경우
③ 발주기관의 책임으로 착공이 지연되거나 시공이 중단되었을 경우
④ 계약상대자의 부도 등으로 보증기관이 보증이행업체를 지정하여 보증시공 할 경우. 이 경우 지체일수에 산입하지 아니하는 기간은 발주기관으로부터 보증채무 이행청구서를 접수한 날부터 보증이행개시일 전일까지(단, 30일 이내)로 한다.
⑤ 설계변경(계약상대자의 책임 없는 사유인 경우에 한함)으로 인하여 준공기한 내에 계약을 이행할 수 없을 경우
⑥ 발주기관이 「조달사업에 관한 법률」 제27조 제1항에 따른 혁신제품을 자재로 사용토록 한 경우로서 혁신제품의 하자가 직접적인 원인이 되어 준공기한 내에 계약을 이행할 수 없을 경우

   * 발주기관뿐만 아니라 계약상대자도 혁신제품을 구매하여 사용한 경우 그 결과에 대한 면책을 보장함(2020.12.28. 신설)

⑦ 원자재의 수급 불균형으로 인하여 해당 관급자재의 조달지연 또는 사급자재(관급자재에서 전환된 사급자재를 포함)의 구입곤란 등 기타 계약상대자의 책임에 속하지 아니하는 사유로 인하여 지체된 경우

   ▸ 이 경우 "기타 계약상대자의 책임에 속하지 아니하는 사유"란 불가항력 또는 발주기관 책임에 의한 지연 등에 준하는 것으로 계약상대자의 통제범위에 있지 않음이 객관적으로 명백하여 계약상대자에게 해당 책임을 물을 수 없는 사유를 말함(기획재정부 계약제도과-155, '10.1.25)

나. 물품 계약의 경우(물품구매·제조 계약일반조건 제24조 제3항)

① 천재·지변 등 불가항력의 사유에 의한 경우
② 계약상대자가 대체 사용할 수 없는 중요 관급재료의 공급이 지연되어 제조공정의 진행이 불가능하였을 경우
③ 계약상대자의 책임 없이 납품이 지연된 경우로서 다음의 어느 하나에 해당하는 경우

   i) 발주기관의 물품제작을 위한 설계도서 승인이 계획된 일정보다 지연된 경우(관련 서류의 누락 등 계약상대자의 잘못을 보완하는 기간은 제외)
   ii) 계약상대자가 시험기관 및 검사기관의 시험·검사를 위해 필요한 준비를 완료하였으나 시험기관 및 검사기관의 책임으로 시험·검사가 지연된 경우

ⅲ) 설계도서 승인 후 발주기관의 요구에 의한 설계변경으로 인하여 제작기간이 지연된 경우
   ⅳ) 발주기관의 책임으로 제조의 착수가 지연되었거나 중단되었을 경우
 ④ 기타 계약상대자의 책임에 속하지 않은 사유로 인하여 지체된 경우

다. 용역계약의 경우(용역계약일반조건 제18조 제3항)

① 동 조건 제24조에서 규정하는 불가항력의 사유에 의한 경우
② 발주기관의 책임으로 용역착수가 지연되거나 용역수행이 중단되었을 경우
③ 계약상대자의 부도 등으로 보증기관이 보증이행업체를 지정하여 보증이행 할 경우
④ 동 조건 제49조에 따른 소프트웨어사업으로서 구현하고자 하는 기능의 범위에 대해 계약이행 기간 내에 발주기관과 계약상대자 간의 이견이 발생하여 과업 내용을 조정함으로 인한 경우(지체일수의 2분의 1은 제외)
  * 소프트웨어사업 계약의 경우 구현하고자 하는 기능의 범위에 대해 발주기관과 계약상대자 간에 이견이 발생하여 지체된 경우 이행지체의 책임을 분담하기 위하여 지체일수의 2분의 1을 제외
⑤ 기타 계약상대자의 책임에 속하지 않는 사유로 인하여 지체된 경우

5 지체상금의 감액 (대법원 2018.11.29. 선고 2014다233480 판결)

(1) 앞에서 기술한 바와 같이 지체상금은 도급인(발주기관)과 수급인(계약상대자)이 일의 완성을 목적으로 하는 도급계약을 체결하면서, 수급인이 약정한 기일까지 일을 완성하지 못할 경우 지체일수에 따라 수급인이 도급인에게 지급하여야 할 손해배상액을 말하며, 동 지체상금에 관한 약정은 특별한 사정이 없는 한 손해배상액의 예정에 해당한다.

(2) 따라서 그 약정에 따라 산정한 지체상금이 당사자의 지위, 계약의 목적 및 내용, 지체상금을 예정한 동기, 계약금액에 대한 지체상금의 비율, 지체의 사유, 지체상금의 액수, 그 당시의 거래 관행 등 제반 사정에 비추어 부당히 과다하다고 인정되는 경우에는 이를 감액할 수 있다. 이는 민법 제398조 제2항에서 손해배상액의 예정액이 부당히 과다한 경우에는 법원은 적당히 감액할 수 있도록 규정하고 있고, 이는 지체상금에도 마찬가지로 적용되는 법리이기 때문이다.

또한, 지체의 사유가 채무자의 지체 책임을 면할 정도에 이르지 않더라도 그 사유까지를

포함한 제반 사정을 감안하여 지체상금을 감액할 수 있다. 이때 감액 사유에 대한 사실인정이나 그 비율을 정하는 것은 원칙적으로 사실심의 전권 즉, 재판부의 재량에 속하는 사항이지만, 그것이 형평의 원칙에 비추어 현저히 불합리하다고 인정되는 경우에는 위법한 것으로서 허용되지 않는다.

〈 지체상금의 주요 내용(요약) 〉

구 분	내 용
계약금액	☆ 지체상금 = 계약금액 × 지체상금률 × 지체일수 • 계약서상의 계약금액 - 설계변경, 물가변동으로 인한 계약금액조정 등이 있었던 경우 변경 계약 금액 • 장기계속계약의 경우 당해 연차별 계약금액 • 사후정산을 수반하는 계약은 정산금액 • 성질상 분할할 수 있는 완성부분으로서 인수하는 경우(인수하지 아니하고 관리·사용하고 있는 경우 포함)에는 계약금액에서 공제 후 지체 상금 계산
지체상금률	• 공사 : 0.5/1,000 • 물품제조·구매, SW사업시 물품·용역일괄입찰 : 0.75/1,000 • 물품수리·가공·대여·용역 및 기타 : 1.25/1,000 • 운송·보관 및 양곡가공 : 2.5/1,000
지체일수	• 준공기한 내에 준공신고서를 제출한 경우 - 준공검사에 소요된 기간은 지체일수에 불산입 - 다만, 시정조치를 한 경우에는 시정조치를 한날부터 최종검사에 합격한 날까지의 기간을 지체일수로 산정 ※ 시정조치후의 검사기간이 법정기간을 초과한 경우에는 법정기간만 지체일수에 포함 • 준공기한을 경과하여 준공신고서를 제출한 경우 - 준공기한 익일부터 준공검사(시정조치를 한 경우에는 최종검사)에 합격한 날까지의 기간을 지체일수로 산정 ※ 준공검사에 소요된 기간도 지체일수에 산입하되 각각의 검사기간이 법정기간을 초과한 경우에는 법정기간만 지체일수에 포함

제4절 선금 및 대가지급

I. 선금지급

1 개요

가. 선금 지급제도 의의

(1) 선금(先金)은 '확정된 채무에 대하여 그 지급 기간의 도래 전에 미리 그 채무액의 전부 또는 일부를 지급하는 금액'을 말하는데, 공공기관이 체결한 공사·제조 및 용역계약에 있어서 계약체결 이후 동 선금을 지급할 수 있는 제도를 두고 있다. 공공계약에 있어서 이와 같이 선금 지급제도를 두고 있는 것은 계약상대자가 노임 및 자재구입 등에 우선 충당하여 당해 계약이 원활하게 이행될 수 있도록 하기 위한 것으로서 실효성 확보를 위해 계약금액 규모별로 일정률은 의무적으로 지급하도록 하고 있다.

(2) 계약담당공무원이 선금을 지급하고자 하는 경우에는 계약체결 시에 선금 채권확보 조치, 선금의 사용, 정산 및 반환청구 등 기타 필요한 사항을 선금 지급 조건으로 명시하여야 한다(정부 입찰·계약 집행기준 제39조).

* 공공계약에 있어 선금 지급에 관한 사항은 「국고금관리법」 제26조 및 동법시행령 제40조와 동 법령에 근거하여 계약예규 「정부 입찰·계약 집행기준」 제12장에 상세히 규정되어 운영되고 있음

나. 선금 지급대상(동 집행기준 제34조 제1항)

선금은 계약기간이나 계약금액 규모와 상관없이 모든 공사, 물품 제조 또는 용역계약(발주기관이 시스템 특성 등에 맞게 소프트웨어의 일부에 대하여 수정·변경을 요구하여 체결한 소프트웨어사업을 포함)을 대상으로 하여 지급할 수 있으며, 특히, 잔여 계약 이행 기간에도 관계없이 동 선금 지급이 가능하다.

다만, 국가계약법 제27조에 따른 입찰참가자격 제한을 받고 그 제한기간 중에 있는 자는 선금 지급대상에서 제외되며, 물품구매의 경우는 계약의 성격상 제외된다.

2 적용 범위

가. 선금 지급한도(국고금관리법시행령 제40 제1항)

공사, 제조 또는 용역계약에 있어 계약상대자의 지급요청이 있을 경우 계약금액의 100분의 70을 초과하지 않는 범위 내에서 선금을 지급할 수 있으며, 다만, 원활한 공사 진행 등에 필요하여 중앙관서의 장이 기획재정부장관과 협의한 경우에는 100분의 80 범위까지 지급이 가능하다. 즉, 선금 지급한도는 원칙적으로 계약금액의 70%을 유지하되, 중앙관서의 장이 신속한 자금 집행 등 국고금 관리 운용상 필요하여 기획재정부장관과 협의한 경우에는 80% 범위까지 지급할 수 있도록 허용하고 있다.

나. 선금의 의무적 지급률

(1) 계약담당공무원은 계약상대자의 청구가 있을 때에는 다음과 같은 의무지급률에 해당하는 선금은 반드시 지급하여야 한다(동 집행기준 제34조 제3항).

공 사		의무지급률	물품제조·용역
일반공사	수해복구공사		
100억 원 이상		30%	10억 원 이상
100억 원 ~ 20억 원		40%	10억 원 ~ 3억 원
20억 원 미만	20억 원 이상	50%	3억 원 미만
	20억 원 미만	70%	

(2) 위의 의무지급률은 선금 지급제도의 실효성 확보를 위한 차원에서 규정된 것이므로, 동 의무지급률에 해당하는 금액보다도 더 많은 금액을 계약상대자가 청구한 경우에는 계약금액의 100분의 70을 초과하지 아니하는 범위 내에서 동 신청금액의 지급이 가능한 것이며, 그와 반대로 계약상대자가 동 의무지급률 이하로 신청하는 경우에는 신청한 바에 따라 지급하면 된다(동 집행기준 제34조 제1항 단서).

* 선금은 계약상대자가 필요에 의하여 신청하고 발주기관이 검토하여 지급하는 제도이므로 계약담당공무원이 강요할 수 없고 계약상대자도 선금 사용을 원하지 아니할 경우에는 신청하지 않게 됨

(3) 원자재 가격급등, 초기 기술개발투자 자금의 집중 소요 등 다음의 어느 하나에 해당하는 경우에는 계약상대자의 청구에 의해 위의 의무지급률에 해당하는 금액 이외에 해당 계약금액의 100분의 10 범위 내에서 추가로 지급하여야 한다(동 기준 제34조 제4항).

① 동 집행기준 제70조4 제1항 각호에 따른 원자재 가격이 급등한 경우
② 신기술을 사용하는 물품 및 용역계약에 있어서 기술개발투자를 위한 자금이 계약이행 초기에 집중적으로 소요되는 경우
③ 계약상대방이 「저탄소 녹색성장 기본법」 제32조 제2항에 따라 녹색기술·녹색사업에 대한 적합성 인증을 받거나 녹색전문기업으로 확인받은 경우(다만, 계약보증금 감면 제외 대상기업은 제외)

3 지급절차 및 지급제한

가. 선금 지급기한 및 하수급인에 통보(국고금관리법시행령 제40 제3항)

선금 지급요청이 있는 경우 계약담당공무원은 계약상대자의 청구를 받은 날부터 14일 이내에 지급하여야 한다. 계약상대자가 선금 지급요청 시에는 하수급인에 대한 선금 지급계획을 제출하여야 하며, 선금을 지급받은 경우에는 지급받은 날로부터 5일 이내에 하수급인에게 선금수령 사실을 서면으로 통지하여야 한다(동 집행기준 제34조 제2항 등).

나. 선금 지급기준(동 집행기준 제34조 제5항~제7항)

(1) 기성부분 또는 기납부분에 대하여 대가를 지급한 때에는 계약금액(단가계약의 경우에는 발주금액)에서 그 대가를 공제한 금액을 기준으로 선금을 지급한다.

(2) 계속비와 명시이월비 예산에 의한 계약에 대하여 선금을 지급하는 경우에는 계약금액 중 해당년도 이행금액을 기준으로 하며, 장기계속계약의 경우에는 각 연차계약금액을 기준으로 한다. 국고채무부담행위 예산에 의한 계약에 대하여 선금을 지급하는 경우에는 동 국고채무부담행위액 상환을 위한 세출예산이 계상된 연도에만 할 수 있다.

다. 선금 지급의 제한(동 집행기준 제34조 제8항~제11항)

(1) 계약담당공무원은 자금사정 등 불가피한 사유에 의하여 선금 지급이 불가능한 때에는 지체 없이 소속 중앙관서의 장의 승인을 얻어 계약상대자에게 그 사유를 서면으로 통지하여야 하며, 이때 '선금지급이 불가능한 경우'라 함은 다음의 경우를 말한다.

① 자금배정이 지연될 경우. 단, 자금배정이 있을 경우에는 즉시 선금지급을 하여야 함
② 계약체결 후 불가피한 사유로 이행착수가 상당기간 지연될 것이 명백한 경우. 단, 동 사유 해제 시 즉시 선금지급을 하여야 함
③ 계약상대자로부터 선금지급 요청이 없거나 유예신청이 있는 경우

(2) 계약담당공무원은 계약이행에 필요한 기간 등에 비추어 계약을 체결한 연도 내에 해당 예산을 전액 집행할 수 없는 경우로서 해당 예산의 사고이월이 불가피하다고 인정되는 때에는 선금의 의무지급률에도 불구하고 계약을 체결한 연도 내에 집행할 수 있는 금액을 한도로 선금을 지급하여야 하며, 다만, 의무적으로 지급하여야 할 선금 중 미지급된 금액은 예산이 이월된 연도에 지급하여야 한다.

4 채권확보

가. 채권확보 조치사항(동 집행기준 제35조 제1항)

(1) 원칙 : 계약담당공무원이 선금을 지급하고자 할 경우에는 계약상대자로 하여금 국가계약법시행령 제37조 제2항에 의한 증권 또는 보증서를 제출하게 하여야 한다.

☞ 영 제37조 제2항(입찰보증금 납부 수단) : 금융기관이 발행한 지급보증서, 자본시장법령에 따른 증권, 보험업법령에 따른 보증보험증권, 「건설산업기본법」에 따른 공제조합이 발행한 보증서 등

(2) 예외 : 그러나 「농업협동조합법」에 의한 조합 및 그 중앙회, 「수산업협동조합법」에 의한 어촌계·수산업협동조합 및 그 중앙회 등의 기관과 계약을 체결한 경우에는 증권 또는 보증서를 제출하게 할 필요가 없으며, 다만, 계약을 해제 또는 해지하는 경우 등 반환 사유가 발생한 때에는 계약상대자로 하여금 선금 잔액에 해당하는 금액을 현금(체신관서 또는 「은행법」의 적용을 받는 금융기관이 발행한 자기앞수표를 포함)으로 반납할 것을 보장받기 위하여 그 지급을 확약하는 내용의 문서를 제출하게 하여야 한다.

나. 채권확보 조치기준(동 집행기준 제35조 제2항~제4항)

(1) 계약담당공무원이 위와 같이 채권확보조치를 하는 경우에 보증 또는 보험금액은 선금액에 그 금액에 대한 보증 또는 보험기간에 해당하는 약정이자 상당액을 가산한 금액 이상으로 하여야 한다. 이 경우 "약정이자 상당액"은 사유 발생 시점의 금융기관 대출평균금리(한국은행 통계월보상의 대출평균금리)에 의하여 산출한 금액을 말한다.

(2) 위의 채권확보조치를 함에 있어 기성부분 또는 기납부분의 대가지급 시마다 정산하였을 때에는 계약상대자의 요청에 의하여 해당 선금잔액(선금액에서 선금정산액을 공제한 금액)에 해당 약정이자상당액을 가산한 금액을 기준으로 채권확보조치를 할 수 있다.

(3) 보증 또는 보험기간의 개시일은 선금 지급일 이전이어야 하며 그 종료일은 이행기간의 종료일 다음 날부터 60일 이상(계약의 이행기간이 60일 이내인 경우는 30일 이상)으로 하여야 한다. 다만, 계약담당공무원이 그 이행기간을 연장하고자 할 경우에는 계약상대자로 하여금 당초의 보증 또는 보험기간에 그 연장하고자 하는 기간을 가산한 기간을 보증 또는 보험기간으로 하는 증권 또는 보증서를 제출하게 하여야 한다.

5 선금의 사용 및 정산

가. 선금의 사용(동 집행기준 제36조)

(1) 계약담당공무원은 선금을 지급하고자 할 때에 해당 선금을 계약목적달성을 위한 용도와 수급인의 하수급인에 대한 선금 배분 이외의 다른 목적에 사용하게 할 수 없으며, 노임지급(공사계약 및 단순노무용역계약은 제외) 및 자재확보에 우선 사용하도록 하여야 한다.[73]

(2) 선금을 지급한 경우 선금 지급일로부터 20일 이내에 계약상대자와 하수급인으로부터 증빙서류를 제출받아 선금 배분 및 수령 내역을 비교·확인하여야 하며, 계약상대자가 하수급인에게 현금으로 지급하도록 하여야 한다.

* 선금 사용내역서 제출 의무 폐지 : 종전에는 계약상대방이 선금 전액 사용 시 선금 사용내역서를 제출토록 하였으나, 선금 집행에 따른 절차부담 완화 차원에서 선금 사용내역서 제출의무를 폐지함('정부 입찰·계약 집행기준' 제36조 제2항 삭제, 2019.12.18.)

나. 선금의 정산(동 집행기준 제37조)

1) 선금정산 개요

(1) 계약담당공무원은 기성부분 또는 기납부분의 대가지급 시마다 다음 방식에 의하여

---

[73] 공사계약과 단순노무용역계약은 노무비를 별도 계좌로 입금하고 발주기관이 임금 지급 여부를 확인하는 노무비 구분관리 제도를 시행하고 있기 때문에 선금의 노임지급 대상에서 제외됨.

산출한 선금 정산액 이상을 정산하여야 한다. 이 경우 "기성부분의 대가 상당액 또는 계약금액"은 모두 당해 기성부분 대가 지급 시를 기준으로 한 금액만을 의미한다.

> 선금 정산액 = 선금액 × [기성(또는 기납) 부분의 대가 상당액 / 계약금액]

(2) 계약 이행기간의 종료일 이전에 위의 정산원칙에 따라 선금 전액의 정산이 완료된 경우로서 계약상대자의 신청이 있는 경우에는 선금의 정산이 완료되었음을 증명하는 서류를 발급하여야 한다.

(3) 계약담당공무원은 계약상대방이 선금을 전액 정산하기 이전에는 계약에 의하여 발생한 권리의무를 제3자에게 양도하게 할 수 없으며, 다만, 선금 지급을 보증한 기관의 동의를 얻어 공사대금청구권을 양도하고자 하는 경우에는 선금을 전액 정산하기 이전이라도 공사대금청구권을 제3자에게 양도하게 할 수 있다(제36조 제3항).

2) 공사도급계약 해제·해지 시 선금정산

(1) 선금을 지급한 후 계약이 해제 또는 해지되는 등의 사유로 수급인(계약상대자)이 도중에 선금을 반환하여야 할 사유가 발생하였다면, 선금은 구체적인 기성고와 관련하여 지급된 공사대금이 아니라 전체 공사와 관련하여 지급된 공사대금이므로 특별한 사정이 없는 한 별도의 상계 의사표시 없이도 그때까지의 기성고에 해당하는 공사대금 중 미 지급액은 선금으로 충당되고 도급인(발주기관)은 나머지 공사대금이 있는 경우 그 금액에 한하여 지급할 의무를 부담하게 된다.

반대로 선금이 기성 공사대금을 초과한다면 수급인은 정산되지 않은 나머지 선금을 반환할 의무를 부담하게 된다. 이때 정산하고 남은 선금의 반환채무는 선 지급된 공사대금의 성격이라고 볼 수 없으므로 공사대금에 대한 당연충당이 될 수 없고, 일반적인 경우와 같이 상계 등 별도의 정산 절차를 거쳐야 한다(대법원 2013.5.9. 선고2013다2474 판결 참조).

(2) 기성공사대금채권이 가압류나 압류된 뒤에 도급계약이 해제 또는 해지되어 선금반환채권이 발생한 경우에도 가압류나 압류의 효력이 발생하기 전에 도급인이 수급인에 선금을 지급하였다면 그 선금은 가압류나 압류에도 불구하고 특별한 사정이 없는 한 별도의 상계의 의사표시 없이 그 때까지의 기성고에 해당하는 공사대금 중 미지급액에 당연히 충당되고, 가압류나 압류의 효력은 당연 충당되고 잔존하는 공사대금에 한하여 미친다(대법원 2016.1.3 선고 2014다2723).

6　선금의 반환(동 집행기준 제38조)

가. 반환청구 사유

(1) 계약담당공무원은 선금을 지급한 후 다음의 어느 하나에 해당하는 경우에는 해당 선금 잔액에 대해서 계약상대자에게 지체 없이 그 반환을 청구하여야 한다.

① 계약을 해제 또는 해지하는 경우
② 선금지급 조건을 위배한 경우
③ 정당한 사유 없이 선금 수령일로부터 15일 이내에 하수급인에게 선금을 배분하지 않은 경우
④ 계약변경으로 인해 계약금액이 감액되었을 경우

☞ 사고이월의 경우 연말에 선금을 반환하지 않아도 됨('14.01.10 개정)

(2) 위의 반환청구 요건 중 계약상대자가 하수급인에게 정당한 사유 없이 선금을 적정하게 배분하지 않은 경우에는 반환받은 선금을 하수급인에게 직접 지급할 수 있으며, 이때 계약상대자가 요구할 경우에는 해당 하수급인으로 하여금 계약상대자에게 보증서를 제출하도록 하여야 한다(동 기준 제35조 제5항).

또한, 계약상대자가 하수급인에 대한 선금 배분을 목적으로 선금을 지급 받았음에도 하수급인에게 선금을 배분할 수 없는 상태라면 선금 미 배분의 정당한 사유 존재 여부와 상관없이 '선금 지급조건을 위배한 경우'의 요건을 충족한다고 보아야 하므로 계약상대자에게 선금의 반환을 청구하는 것이 타당한 것이다(기획재정부 계약제도과-1160, '12.9.4.).

나. 반환청구 방법

1) 계약상대자의 귀책 사유와 기성부분에 대한 미지급액이 있는 경우

(1) 계약담당공무원이 선금을 반환함에 있어 계약상대자의 귀책 사유에 의하는 경우에는 해당 선금 잔액에 대한 약정이자상당액을 가산하여 청구하여야 한다. 이 경우에 약정이자율은 선금을 지급한 시점을 기준으로 하고 약정이자상당액 계산방법은 매일의 선금 잔액에 대한 일변계산에 의하며, 계산기간은 반환 시까지로 한다(동조 제1항, 제2항).

(2) 또한, 선금을 반환청구 시에 기성부분에 대한 미지급액이 있는 경우에는 선금 잔액을

그 미지급액에 우선적으로 충당하여야 한다. 즉, 기성부분에 대한 미지급액을 지급하지 아니하고 반환받을 선금 잔액과 상계한 다음 그 나머지를 반환받으면 된다.

2) 하도급대가 직접 지급의 경우와 계약금액이 감액되었을 경우

(1) 「건설산업기본법」 및 「하도급 거래 공정화에 관한 법률」에 의하여 하도급대금 지급보증이 되어 있지 않은 경우로서 계약예규 「공사계약일반조건」 제43조 제1항에 의하여 하도급 대가를 직접 지급하는 때에는 우선적으로 하도급대가를 지급한 후에 기성부분에 대한 미지급액의 잔액이 있으면 선금 잔액과 상계할 수 있다. 물론 이때 계약상대자가 하도급자에게 하도급대금의 지급을 보증한 경우에는 하도급대금을 우선 지급할 필요가 없다.

(2) 계약변경으로 인해 계약금액이 감액되었을 경우에는 감액되는 비율만큼 선금을 반환청구해야 하며, 다만, 계약상대자에게 지급된 선금이 지급 한도(원칙적으로 70%)를 초과하지 아니하였을 경우에는 계약상대자로부터 변경계약에 따른 배서증권 징구 등 채권확보를 안전하게 하는 것으로 갈음할 수 있다.

3) 장기계속공사계약과 공동계약의 경우

(1) 장기계속공사계약의 경우에는 선금 지급 시 해당 차수별 계약금액을 기준으로 지급액이 결정되었다면, 반환 시 기준이 되는 계약금액 또한 차수별 계약금액이 되어야 한다.

(2) 공동계약의 경우에는 공동수급체 구성원 각자가 선금보증서를 별도로 제출하고 선금을 지급받아 사용하던 중 일부 구성원에게 선금반환 사유가 발생한 때에는 반환 사유를 발생시킨 구성원이 반환하여야 하는 것이나 다만, "공동계약운용요령" 제10조[74] 단서에 따라 공동수급체 대표자가 제출한 보증서에 의하여 일괄 책임을 지는 경우에는 선금 반환 사유가 발생한 구성원에 대한 선금 반환은 하지 않아도 된다(기획재정부 계약제도과-1056, 2009.6.22. 등).

---

[74] 공동계약운용요령 제10조(보증금의 납부) 공동수급체 구성원은 각종 보증금 납부 시 공동수급협정서에서 정한 구성원의 출자비율 또는 분담내용에 따라 분할 납부하여야 한다. 다만, 공동이행방식 또는 주계약자 관리방식에 의한 공동계약일 경우에는 공동수급체대표자 또는 공동수급체구성원 중 1인으로 하여금 일괄 납부하게 할 수 있다.

Ⅱ. 대가의 지급

1 대가지급 개요

(1) 계약담당공무원은 공사, 제조, 구매, 용역, 그 밖에 국고의 부담이 되는 계약의 경우 검사를 하거나 검사조서를 작성한 후에 그 대가(代價)를 지급하여야 한다. 즉 대가를 지급할 때에는 반드시 검사절차를 거쳐야 하며, 다만, 국제관례 등 부득이한 사유가 있다고 인정되는 경우에는 검사 절차 없이 먼저 대가를 지급할 수 있다(법 제15조).

☞ 한편, 위의 국고의 부담(지출)이 되는 계약과는 달리 재산의 매각·대부, 용역의 제공, 그밖에 세입의 원인이 되는 계약에 있어서는 계약담당공무원은 다른 법령에 특별한 규정이 없으면 계약상대자에게 그 대가를 미리 내도록 하여야 함(법 제16조 : 대가의 선납)

(2) 대가의 지급에는 부분적인 완성에 대해 지급하는 기성대가(또는 기납대가)와 계약 전체의 이행에 따른 준공대가(또는 완납대가)가 있으며, 만약 지급기한 내에 지급하지 못한 경우에는 대가지급 지연에 따른 이자를 지급하여야 한다.

동 대가의 지급은 발주기관이 당해 계약상대자에게 직접 지급하는 것이 원칙이므로 계약상대자가 고용하여 당해 계약을 수행한 직원에 대하여 임금을 연체하였더라도 특별히 약정한 바가 없다면 임의로 계약상대자 소속 직원에게 직접 지급할 수는 없는 것이며, 다만, 계약상대자에게 지급될 대가에 대하여 법원의 가압류 결정이 있는 경우에는 발주기관은 동 대가를 채무자인 계약상대자에게 지급하여서는 아니 된다.

2 대가지급의 시기 및 지연이자

가. 대가의 지급 시기(영 제58조)

(1) 계약의 대가는 검사를 완료한 후 계약상대자의 청구를 받은 날부터 5일 이내에 지급하여야 하며, 다만, 「재난 및 안전관리 기본법」 제3조 제1호의 재난이나 경기침체, 대량실업 등으로 인한 국가의 경제위기를 극복하기 위해 기획재정부장관이 기간을 정하여 고시한 경우에는 계약상대자의 청구를 받은 날부터 3일 이내에 지급하여야 한다.

(2) 위의 대가지급 기한에도 불구하고 계약당사자와 합의하여 5일을 초과하지 아니하는 범위에서 대가의 지급기한을 연장할 수 있는 특약을 정할 수 있으며, 천재·지변 등 불가항력의 사유로 지급기한 내에 대가를 지급할 수 없게 된 경우에는 당해 사유가 소멸된 날부터 3일 이내에 대가를 지급하여야 한다.

(3) 계약담당공무원이 대가지급의 청구를 받은 후 그 청구내용의 전부 또는 일부가 부당함을 발견한 때에는 그 사유를 명시하여 계약상대자에게 당해 청구서를 반송할 수 있으며, 이때 반송한 날부터 재청구를 받은 날까지 기간은 지급기간(5일)에 산입하지 아니한다.

☞ 위에서 기간(5일 또는 3일)을 산정하는 경우에는 공휴일 및 토요일은 제외하고, 대가의 지급에는 「전자조달의 이용 및 촉진에 관한 법률」 제9조의2 제1항에 따른 시스템을 통한 지급을 포함함

나. 준공대가의 지급(공사계약일반조건 제40조)

(1) 계약상대자는 공사를 완성한 후 기성검사에 합격한 때에는 대가지급청구서를 제출하는 등 소정절차에 따라 대가지급을 청구할 수 있으며, 이때 대가지급청구서에는 하수급인, 자재·장비업자 및 하수급인의 자재·장비업자에 대한 대금지급계획을 첨부하여야 한다.

(2) 계약담당공무원은 계약상대자로부터 대가지급 청구를 받고 대가를 지급할 때에는 대금 지급 계획상의 하수급인, 자재·장비업자 및 하수급인의 자재·장비업자에게 대가지급 사실을 통보하고, 이들로 하여금 대금 수령내역(수령자, 수령액, 수령일 등) 및 증빙서류를 제출하게 하여야 한다.

(3) 준공검사와 관련하여 만약 수급인(계약상대자)이 공사를 완성했음에도 불구하고 도급인(발주기관)이 경미한 하자 또는 부차적인 사항의 불이행 등을 문제 삼으며 부당하게 목적물의 검사를 거부하거나 불합격 통보를 하는 경우, 수급인이 사회 통념상 공사를 완성하였음에도 불구하고 '검사합격'이라는 도급인의 주관적인 의사에 따라 대가관계에 있는 공사대금의 지급을 청구하지 못하는 것은 부당한 것이므로 수급인이 도급인에게 공사대금의 지급을 청구할 수 있다고 보는 것이 합리적이라고 본다.[75]

---

[75] 도급계약의 당사자들이 '수급인이 공급한 목적물을 도급인이 검사하여 합격하면, 도급인은 수급인에게 보수를 지급 한다'고 정한 경우 도급인의 수급인에 대한 보수지급의무와 동시이행관계에 있는 수급인의 목적물 인도의무를 확인한 것에 불과하고 '검사합격'은 법률행위의 효력발생을 좌우하는 조건이 아니라 보수지급시기에 관한 불확정기한이라고 보면서 수급인이 도급계약에서 정한 일을 완성한 다음 검사에 합격한 때 또는 검사합격이 불가능한 것으로 확정된 때 보수지급청구권의 기한이 도래한다고 판시.(대법원 2019.9.10. 선고2017다272486, 272493)

다. 기성대가의 지급

(1) 기성대가의 경우에는 계약수량, 이행의 전망, 이행기간 등을 참작하여 적어도 30일마다 지급하여야 하며, 이때 '적어도 30일마다'는 대가지급기간이 최소한 30일을 초과해서는 안 된다는 의미이므로, 30일 미만인 20일이라도 기성이 있을 경우에는 자금사정 등을 고려하여 대가를 지급할 수 있다는 의미이다.

(2) 기성대가는 검사를 완료하는 날 이전까지 계약상대자로 하여금 대가지급 청구를 하게 할 수 있으며, 검사완료일부터 5일 이내에 검사된 내용에 따라 대가를 확정하여 지급하여야 한다. 이는 기성대가에 대한 지급시기를 단축하기 위해 특별히 규정된 것이라고 할 수 있으며, 따라서 계약상대자가 기성검사를 완료하는 날 이전까지 지급청구를 하지 않고 검사완료일 이후에 청구를 한 때에는 그 청구를 받은 날부터 5일 이내에 지급하면 된다.

(3) 지급하여야 할 기성대가는 계약단가에 의하여 산정·지급하며, 이때 계약단가는 계약상대자가 제출한 산출내역서상 단가를 말한다. 다만, 계약단가가 없을 경우에는 설계변경으로 인한 계약금액을 조정할 때 신규비목*의 단가를 산정하는 방법에 따라 계산된 단가에 의하여 산정 지급한다.

* 신규비목의 단가 산정 방법(국가계약법시행령 제65조 제3항) : 설계변경 당시 단가에 낙찰률을 곱한 금액으로 하되, 계약상대자의 책임이 없는 경우에는 설계변경 당시 단가와 동 단가에 낙찰률을 곱한 금액의 범위 안에서 계약당사자 간 협의 결정함(협의가 안 될 경우 중간금액으로 정함)

라. 대가지급 지연에 대한 이자

(1) 계약담당공무원이 대금지급 청구를 받은 경우에 대가지급기한 까지 대가를 지급하지 못하는 경우에는 지연이자를 지급하여야 하는데, 이는 계약상대자가 당초 계약기간보다 이행이 지체된 기간에 대하여 지체상금을 납부하게 되는 것과 형평성 차원에서 규정되어진 것이라고 할 수 있다.

(2) 동 지연이자는 지급기한의 다음날부터 지급하는 날까지의 일수(대가지급지연일수)에 당해 미지급금액 및 지연발생 시점의 금융기관 대출평균금리(한국은행 통계월보상의 대출평균금리를 말한다)를 곱하여 산출한 금액이다.

> 대가지급 지연이자 = 미지급금액 × 지연일수(遲延日數) × 지연이자율

〈 선금과 기성대가 및 준공대가와의 비교 〉

종류	내용 및 근거규정	절 차
선금	• 계약체결과 동시에 계약금액의 70% 범위 내에서 지급 가능 • 다만, 계약금액규모에 따라 30~50%는 의무적으로 지급 (수해복구공사는 50~70%) • 근거규정 : 국고금관리법, 계약예규 "정부입찰계약집행기준"	• 계약체결 후 선금지급 신청 → 보증서 징구하고 선금지급 → 기성대가지급 시 정산 (선금 × $\dfrac{\text{기성대가지급액}}{\text{계약금액}}$)
기성대가	• 기성부분에 대해 기성검사완료 후 지급 • 적어도 30일마다 지급 • 근거 : 법 제15조, 영 제58조, 공사계약일반조건 제25조	• 기성부분이행완료 통지 → 14일 이내에 검사 완료 → 기성대가지급 신청 → 5일 이내에 지급(휴일제외)
준공대가	• 준공검사 완료 후 준공대가지급 • 근거 : 기성대가지급 규정과 동일	• 계약이행완료 통지 → 14일 이내에 검사 완료 → 준공대가지급 신청 → 5일 이내에 지급(휴일 제외)

3 하도급대금 지급 및 지급 확인

가. 하도급 대가의 직접지급 및 직접지급 중지(일반조건 제43조)

(1) 계약담당공무원은 계약상대자가 다음의 어느 하나에 해당하는 경우에 「건설산업기본법」 등 관련법령에 의하여 체결한 하도급계약 중 하수급인이 시공한 부분에 상당하는 금액에 대하여는 계약상대자가 하수급인에게 대가지급을 의뢰한 것으로 보아 해당 하수급인에게 직접 지급하여야 한다.

① 하수급인이 계약상대자를 상대로 하여 받은 판결로서 그가 시공한 분에 대한 하도급 대금 지급을 명하는 확정판결이 있는 경우
② 계약상대자가 파산, 부도, 영업정지 및 면허취소 등으로 하도급대금을 하수급인에게 지급할 수 없게 된 경우

③ 「하도급거래 공정화에 관한 법률」 또는 「건설산업기본법」에 규정한 내용에 따라 계약상대자가 하수급인에 대한 하도급대금 지급보증서를 제출하여야 할 대상 중 그 지급보증서를 제출하지 아니한 경우

(2) 위의 하도급 대가의 직접지급 사유가 발생한 경우에도 불구하고 하수급인이 해당 하도급계약과 관련하여 노임, 중기사용료, 자재대 등을 체불한 사실을 계약상대자가 객관적으로 입증할 수 있는 서류를 첨부하여 해당 하도급 대가의 직접지급 중지를 요청한 때에는 계약담당공무원은 해당 하도급 대가를 직접 지급하지 아니할 수 있다.

(3) 한편, 하도급대금의 직접지급과 관련하여 발주자·원사업자(계약상대자)·수급사업자 (하수급인) 사이에서 발주자가 하도급대금을 직접 수급사업자에게 지급하기로 합의하면, 하도급거래공정화에 관한 법률 제14조에 따라 수급사업자의 발주자에 대한 직접 지급 청구권이 발생함과 아울러 발주자의 원사업자에 대한 대금지급채무가 하도급 대금의 범위 안에서 소멸한다. 이 경우 발주자가 직접 지급의무를 부담하게 되는 부분에 해당하는 원사업자의 발주자에 대한 공사대금채권은 동일성을 유지한 채 수급사업자에게 이전되므로, 발주자는 수급사업자의 직접 지급청구권이 발생한 후에 원사업자에 대하여 생긴 사유로 수급사업자에게 대항할 수 없는 것이다(대법원 2015.8.27. 선고2013다81224, 81231 판결).

☞ 발주자·원사업자·수급사업자 등 3자간에 하도급법에 따라 직불합의를 한 이후, 수급사업자가 원사업자와 변경·추가계약을 하고 공사를 시행하는 경우 수급사업자는 변경·추가공사 부분에 대하여도 발주자에게 하도급 대금의 직접지급을 청구하기 위해서는 발주자를 포함하는 별도의 직불 합의를 하거나 발주자의 동의를 받아야 함을 유의할 필요(대법원 2018.615.선고2016다229478 판결)

나. 하도급대금 등 지급 확인(일반조건 제43조의2)

(1) 계약상대자는 기성 또는 준공대가를 지급받은 경우에 15일 이내에 하수급인 및 자재·장비업자가 시공·제작·대여한 분에 상당한 금액을 하수급인 및 자재·장비업자에게 현금으로 지급하여야 하며, 수령자, 지급액, 지급일 등이 포함된 하도급대금 등의 지급내역을 5일(공휴일과 토요일은 제외) 이내에 발주기관 및 공사감독관에게 통보하여야 한다.

또한, 계약상대자는 하수급인에게 하도급대금 등을 지급한 경우에 하수급인으로 하여금 위의 하도급 지급에 관한 사항을 준용하여 하수급인의 자재·장비업자가 제작·대여한 분에 상당한 금액을 하수급인의 자재·장비업자에게 지급하고, 이들로 하여금 그 내역(수령자, 지급액, 지급일 등)을 발주기관 및 공사감독관에게 통보하도록 하여야 한다.

(2) 계약담당공무원은 하도급대금 지급 내역을 위와 같이 하수급인, 자재·장비업자 및 하수급인의 자재·장비업자로부터 제출받은 대금 수령 내역과 비교·확인하여야 하며, 하수급인이 하수급인의 자재·장비업자에게 대금을 지급하지 않은 경우에는 계약상대자에게 즉시 통보하여야 한다.

다. 하도급대금의 지급기한 검토(하도급법 제13조 제3항)[76]

(1) 하도급법 제13조 제3항에 따라 계약상대자는 발주기관으로부터 준공금이나 기성금 등을 지급 받은 날부터 15일 이내에 하도급대금을 지급하되, 하도급대금의 지급기일이 그 전에 도래하는 경우에는 그 지급기일 이내에 지급하여야 한다.

(2) 즉, 계약상대자는 발주기관으로부터 대가를 지급 받은 경우에 15일 이내에 하도급대금을 지급하여야 한다는 공사계약일반조건 제43조의2의 규정에도 불구하고 해당 하도급계약에서 하도급대금의 지급기한을 정하고 있는 경우에는 그 지급기한 내에 하도급대금을 지급하여야 한다.

설령 계약상대자가 발주기관으로부터 준공금 또는 기성금을 지급 받지 못한 경우 또는 준공금 또는 기성금을 지급받은 후 15일이 경과하지 아니한 경우라 하더라도, 그 이전에 하도급계약에서 정한 하도급대금의 지급기한이 도래하면 계약상대자는 하도급대금을 지급하여야 할 의무를 부담하는 것이다.

(3) 따라서 계약상대자로서는 공사계약일반조건 제43조의2에 의거 발주기관으로부터 준공금 또는 기성금을 지급받기 전에는 하도급대금을 지급할 의무가 없다거나 또는 발주기관으로부터 준공금 또는 기성금을 수령한 후 15일 이내에만 하도급대금을 지급하면 된다고 오해할 수 있으나, 이는 자칫 하도급법* 위반으로 이어질 소지가 있으므로 유의할 필요가 있다고 하겠다.

☞ 하도급법(제26조 제2항)은 하도급 위반으로 사업자의 벌점이 5점을 초과하는 경우 공정거래위원회가 관계행정기관의 장에게 입찰참가자격제한을 요청해야 한다고 규정하고 있고, 국가계약법(제27조) 및 지방계약법(제31조)은 공정거래위원회로부터 입찰참가자격제한의 요청이 있는 자에 대하여 입찰참가자격을 제한하여야 할 의무를 부과하고 있음

---

76) e대한경제 2021.12.23.자 17면 참조(법무법인 '율촌' 제공)

4 국민건강보험료 등의 사후정산

가. 사후정산 개요(「정부 입찰·계약 집행기준」 제91조 등)

(1) 건설산업기법령상 국민건강보험료 등의 정산제도는 법률상 가입이 의무화되어 있음에도 보험 가입을 회피하는 등 문제점이 발생하게 됨에 따라 보험 가입을 유도하고 근로자의 복지 증진 등을 위해 발주자에게 실제 지급된 금액을 확인하여 정산할 수 있는 권리를 부여한 것이며, 따라서 특별한 사정이 없는 한 발주자는 도급금액 산출내역서에 명시된 국민건강보험료 등이 실제로 지출된 보험료보다 많은 경우 초과하는 금액을 정산할 수 있고 이는 공공 건설공사에서도 마찬가지이다.

(2) 이에 따라 공공 건설공사 계약에 있어 국민건강보험료 등의 사후정산은 계약담당공무원이 예정가격 작성 시 보험료를 관련법령에서 정하는 기준에 따라 각 각 계상하고, 입찰공고 시 동 계상된 보험료를 공고하여 입찰참가자가 입찰금액 산정 시 조정 없이 반영하도록 한 후 계약이 체결되면 실제 납입한 보험료와 정산하는 제도를 의미한다.

이때 국민건강보험료 등이라 함은 국민건강보험료, 노인장기요양보험료, 국민연금보험료, 퇴직급여충당금 및 「건설근로자의 고용개선 등에 관한 법률」 제10조에 따른 퇴직공제부금*을 말하며 단, 퇴직급여충당금의 경우 청소, 경비 등 시행규칙 제23조의3 각호에 해당하는 용역계약에 한하여 적용하며 퇴직공제부금은 「건설근로자의 고용개선 등에 관한 법률」 제10조에서 규정한 건설공사에 한하여 적용한다.77)

* 공사대금에 포함된 퇴직공제부금을 다른 용도로 전용하는 것을 방지하기 위해, 퇴직공제부금을 예정가격에 계상된 금액을 감액하지 않고 입찰토록 하고, 실제 사용내역을 확인하여 정산하도록 함 (집행기준 제91조 제1항 개정, 2018.12.31.)

나. 입찰공고 등에 사후정산에 관한 사항의 명시

(1) 공공 건설공사 계약에 있어 위와 같은 보험료의 목적 외 사용 금지와 보험료의 과다지급 방지 등을 위한 정산제도는 국가계약법시행령 제73조의 사후원가검토조건부 계약에 근거하여 운영되고 있으며, 계약담당공무원은 계약예규 「정부 입찰·계약 집행기준」 제93에 따라 국민건강보험료 등을 사후 정산하게 된다는 사항을 입찰공고 등에 명시하여 입찰에 참가하는 자가 미리 열람할 수 있도록 하여야 한다.

---

77) 「건설근로자의 고용개선 등에 관한 법률」 제10조(퇴직공제의 가입) ① 「건설산업기본법」 제87조 제1항에 따른 건설공사 등(국가 또는 지방자치단체가 발주하는 공사예정금액 1억원 이상 공사 등)

(2) 그러나 만약, 계약담당공무원이 입찰공고 시에 국민건강보험료 등의 사후정산에 관한 사항을 명시하지 않았더라도 「건설산업기본법」 제2조 제5항과 그 시행령 제26조의2 제3항에 따라 건강보험료 등을 정산할 수는 있다. 왜냐하면, 입찰공고 등에 관한 위 규정들은 그 문언의 내용과 규정 형식 등에 비추어 건강보험료 등을 사후 정산하는 조건으로 계약을 체결할 경우 그에 필요한 절차를 정한 것이지, 그와 같은 조건으로 계약을 체결하지 않은 공공 건설공사에서 건설산업기본법령에서 정한 건강보험료 등의 정산을 금지하거나 제한하는 것은 아니기 때문이다(대법원 2020. 10. 15. 선고 2018다209157 판결).

다. 대가지급 시 정산 절차(동 집행기준 제94조)

(1) 계약담당공무원은 계약상대자의 기성부분에 대한 대가지급 청구 시 국민건강보험료 등의 청구와 관련하여 다음의 서류를 첨부하게 하여야 한다.

① 국민건강보험료 등의 납입확인서(하수급인의 보험료 납입확인서를 포함)
② 전 회분 기성대가에 포함하여 지급된 국민건강보험료 등의 지급액 중 해당부분을 하수급인에게 지급하였음을 증빙하는 서류

(2) 또한, 계약담당공무원은 계약 대가의 지급 청구를 받은 때에는 하도급계약을 포함하여 해당 계약 전체에 대한 보험료 납부 여부를 최종 확인하여야 하며, 이를 확인 후 당초 입찰공고 등에 고지된 국민건강보험료 등의 범위 내에서 최종 정산하여야 한다. 다만, 최종보험료 납입확인서가 준공대가 신청 이후에 발급이 가능한 경우에는 해당 보험료를 준공대가와 별도로 정산해야 한다.

(3) 위의 절차에 따라 계약담당공무원은 사업자 부담분의 국민건강보험료 등에 대한 납입확인서의 금액을 정산하되, 다음의 방법으로 정산한다.

① 일용근로자는 해당 사업장 단위로 기재된 납입확인서의 납입금액으로 정산한다.
② 생산직 상용근로자(직접노무비 대상에 한함)는 소속회사에서 납부한 납입확인서에 의하여 정산하되 현장인 명부 등을 확인하여 해당 사업장 계약이행 기간 대비 해당 사업장에 실제로 투입된 일자를 계산(현장명부 등 발주기관이나 감리가 확인한 서류에 의함)하여 보험료를 일할 정산한다. 다만, 해당 사업장단위로 보험료를 별도 분리하여 납부한 경우에는 위 ①호를 준용한다.
③ 퇴직급여충당금은 계약체결 후 발주기관이 승인한 산출내역서 금액과 계약상대자가 실제 지급한 금액을 비교하여 정산한다.

5 채권 (공사대금청구권)의 양도

가. 채권양도 일반

채권양도란 채권의 동일성을 유지하면서 채권을 이전할 것을 목적으로 하는 구채권자와 신채권자 간의 계약을 말한다. 채권은 원칙적으로 양도가 인정(민법 제449조~452조)되고 있으나, 친족 간의 부양청구권 및 연금청구권 등과 같이 예외적으로 금지되는 경우가 있다.

공공 공사계약에 있어서 채권은 발주기관과의 계약에 의하여 발생한 계약상대자의 공사대금 청구권을 의미하므로, 채권의 양도는 계약상대자가 공사대금 청구권을 제3자에게 이전하는 것이라고 할 수 있다.

> 〈참고〉 채권양도 금지 특약의 효력 및 성질(대법원 2019.12.19. 선고2016다24284 판결)
> ○ 채권양도 금지 특약으로 채권은 양도성을 상실하게 되어 원칙적으로 금지 특약에 반한 채권양도는 무효이고, 다만 양수인에게 중대한 과실이 없이 특약의 존재를 알지 못하였다면 채권양도는 유효하게 되어 채무자가 양수인에게 채무이행을 거절할 수 없음
> ○ 사적 자치와 계약자유의 원칙에 따라 계약당사자가 채권양도를 금지하는 특약을 하였다면 이는 채권의 내용 및 속성을 이루는 것이며, 이는 특약 효력이 제3자에게도 미치는데 취지가 있음

나. 채권양도의 원칙 및 제한

(1) 계약상대자는 발주기관과의 계약에 의하여 발생한 채권(공사대금 청구권)을 제3자(공동수급체 구성원 포함)에게 양도할 수 있으며, 다만, 발주기관은 이러한 채권양도와 관련하여 적정한 공사이행목적 등 필요한 경우에는 채권양도를 제한하는 특약을 정하여 운용할 수 있다(공사계약일반조건 제6조).

☞ 종전에는 공사의 이행을 위한 목적 외에는 제3자에 대한 채권양도를 제한하는 것으로 규정한 바 있으나, 이는 원칙적으로 인정하고 있는 민법상 채권양도의 권리를 제한한다는 의견에 따라 위와 같이 채권양도가 원칙적으로 허용되는 것으로 개정하여 운용되고 있음(2003.12.6. 개정)

이에 따라, 조달청의 채권양도 제한 사례를 보면 '공사계약특수조건' 제20조에 채권을 제3자에게 양도하고자 하는 경우에는 미리 공사이행보증서 발급기관의 동의를 얻어 계약담당공무원의 서면승 인을 받도록 규정하고 있으며, 훈령으로 '채권양도규정'(제1467호, 2009.8.21.)을 제정하고 동 규정에 양도의 불승인 사유 등을 명시하여 운용하고 있다.

(2) 위와 같이 공공계약에 의하여 발생한 채권은 제3자에게 양도할 수 있으며 공동수급체 구성원 상호 간에도 양도가 가능한 것이나, 선금은 계약상대자가 계약을 원활하게 이행할 수 있도록 대가와 정산을 조건으로 자금을 지원하는 제도로서 현행 국가계약법령은 계약이행에 따른 대가와 구분하고 있고 계약상대자가 선금을 목적 외 사용하는 경우에는 반환 청구사유에 해당되는 점을 감안할 때 이의 양도는 가능하지 않다고 본다.

다. 공사대금과 채권압류의 효력(판례)

1) 물가변동으로 증액된 부분에 대한 채권압류 효력

조정기준일 이후에 당초의 공사대금에 대해 이루어진 압류의 효력은 물가변동으로 인해 증액되는 계약금액에도 미친다. 국가계약법에 의한 계약금액조정에 있어서 조정기준일 이후에 채권자가 공사대금에 대해 압류 및 전부명령을 받은 후 회사의 공사대금 조정 신청에 따라 공사대금이 증액된 경우, 그 증액된 부분은 채권자가 전부 받은 공사대금채권에 포함되므로 이를 제3자에게 양도할 수 있다(대법원 2003.12.11. 선고 2001다3771 판결).

2) 추가 공사대금 채권에 대한 압류 효력

당초의 공사대금에 대해 집행한 압류의 효력은 추가 공사대금에는 미치지 않는다. 채권에 대한 압류명령은 압류목적 채권이 현실로 존재하는 경우에 그 한도에서 효력을 발생할 수 있는 것이고 그 효력이 발생된 후 새로 발생한 채권에 대하여는 압류의 효력이 미치지 아니하고, 따라서 공사대금채권에 대한 압류 및 전부명령은 그 송달 후 체결된 추가공사계약으로 인한 추가 공사대금 채권에는 미치지 아니한다(대법원 2001.12.24. 선고 2001다62640 판결).

3) 낙찰자의 공사대금채권에 대한 압류 효력

낙찰자가 지방자치단체와 장차 공사도급계약을 체결하고 공사를 시공함에 따라 지방자치단체로부터 지급 받게 될 공사대금채권에 대하여 채권압류 및 전부명령을 받은 경우, 피압류 및 전부채권인 공사대금채권은 그 발생의 기초가 확정되어 있어 채권의 특정이 가능할 뿐만 아니라 공사대금이 확정되어 있어 권면액도 있으며, 가까운 장래에 채권이 발생할 것이 상당한 정도로 확실시되므로 그 공사대금채권에 대한 채권압류 및 전부명령은 유효하다(대법원 2002.11.08. 2002다7527).

제5절 계약의 해제·해지 및 하자보수

Ⅰ. 계약의 해제·해지(영 제75조)

1 개요

가. 계약의 해제·해지 의의

(1) 민법상 '계약의 해제'란 유효하게 성립하고 있는 계약의 효력을 계약 당사자 일방의 의사표시에 의하여 처음부터 그 계약이 있지 않았던 것과 같은 상태로 돌아가게 하는 것을 말하며, 이와 반면에 '계약의 해지'란 계속적 계약의 효력을 장래에 한하여 소멸하게 하는 일방적 행위를 말한다.

(2) 특히, '계약의 해지'는 계약관계를 종결하고 남은 계약물량을 장래 이행하지 않도록 당사자 일방이 상대방에게 통보하는 것으로서, 이러한 계약의 해지는 해지 대상의 계약이 계속 유지되고 있는 상태에서 계약문서에서 약정한 해지사유가 발생할 경우 상대자에게 계약을 해지함을 알려야 효력이 발생한다. 즉, 계약의 해지 사유가 발생하였다 하여도 해지의 통보 등 해지 절차를 취하지 아니하면 그 계약은 계속 유지되는 것이며, 계약에서 정한 내용을 이행 완료하거나 계약기간의 만료로 계약이 종결되는 경우에는 계약기간 전에 해지 사유가 발생한 경우라 하여도 해지를 할 수 없다고 본다(조달청 규제개혁법무담당관실, 2013.10.02.).

나. 사정변경을 이유로 한 계약의 해제·해지

(1) 계약성립의 기초가 된 사정이 현저히 변경되고, 당사자가 계약성립 당시 이를 예견할 수 없었으며 그로 인하여 계약을 그대로 유지하는 것이 당사자의 이해에 중대한 불균형을 초래하거나 계약을 체결한 목적을 달성할 수 없는 경우에는 계약준수 원칙의 예외로서 사정변경을 이유로 계약을 해제하거나 해지할 수 있다(대법원 2020.12.10. 선고 2020다254846 판결).

(2) 즉, 계약의 당사자가 자유로운 의사에 의하여 체결한 계약은 준수되어야 하므로, 채무자의 채무불이행이 있는 경우에 계약을 해제 또는 해지함으로써 계약의 구속력에서

벗어날 수 있으나, 이러한 채무자의 채무불이행이 없더라도 계약성립의 기초가 된 사정이 현저히 변경된 경우에는 계약준수 원칙의 예외로서 사정변경을 이유로 한 계약의 해제·해지가 인정된다.

다. 해제·해지의 효과

(1) 계약해제의 기본적인 효과는 소급 무효, 원상회복 의무, 손해배상 의무가 발생하게 되며 이때 소급효는 제3자의 권리를 침해하지 못한다(민법 제548조). 이에 비하여 해지권을 행사하면 계약은 장래에 대하여 그 효력을 잃게 되는 것이므로(민법 제550조), 해지 전의 모든 계약관계는 유효하여 원상회복의 문제가 없이 이미 이행된 급부는 반환할 필요가 없고 단 해지 전에 이미 발생하고 있는 미(未)이행 채무는 이행하여야 한다.

(2) 따라서 동 민법상 계약의 해제와 해지의 효과를 비교해 볼 경우 '계약의 해제'는 소급효가 인정되고 원상회복 의무가 있는데 비하여, '계약의 해지'는 소급효가 인정되지 않고 이미 이행된 급부는 반환되지 않는다는 점이 가장 큰 차이점이라고 할 수 있다.

* 민법 제548조(해제의 효과, 원상회복의무) ① 당사자 일방이 계약을 해제한 때에는 각 당사자는 그 상대방에 대하여 원상회복의 의무가 있다. 그러나 제삼자의 권리를 해하지 못한다.
  민법 제550조(해지의 효과) 당사자 일방이 계약을 해지한 때에는 계약은 장래에 대하여 그 효력을 잃는다.

2 계약의 해제·해지 사유

가. 국가계약법상 계약의 해제·해지 사유 개요

1) 계약상 의무 불이행으로 계약보증금 국고귀속의 경우((영 제75조 제1항)

(1) 계약담당공무원은 계약상대자가 계약상 의무를 이행하지 아니한 때에는 국가계약법 제12조 제3항 및 동법시행령 제51조 제1항에 따라 당해 계약보증금을 국고에 귀속시켜야 하는데, 이 경우 계약에 특별히 정한 것이 없는 한 당해 계약을 해제 또는 해지하고 계약상대자에게 그 사유를 통지하여야 한다.

(2) 또한, 장기계속계약의 경우에는 계약상대자가 제2차 이후의 공사 또는 제조 등의 계약을 체결하지 아니하면 동 시행령 제51조 제2항에 따라 당해 계약보증금을 국고귀속시키게 되는데, 이 경우에도 위와 같이 당해 계약을 해제 또는 해지하여야 한다.

2) 지체상금이 계약보증금 상당액에 달하는 경우(영 제75조 제2항)

(1) 국가계약법시행령 제74조 제1항에 따른 지체상금의 징수 사유가 발생하고 동시행령 제50조 제1항에 따른 계약보증금 상당액에 달하는 경우에는 다음과 같이 처리한다.
  ① 계약상대자의 귀책 사유로 계약을 수행할 가능성이 없음이 명백하다고 인정되는 경우에는 계약보증금을 국고에 귀속시키고 해당 계약을 해제 또는 해지한다.
  ② 계약상대자의 계약 이행가능성이 있고 계약을 유지할 필요가 있다고 인정되는 경우에는 계약이행이 완료되지 아니한 부분에 상당하는 계약보증금을 추가 납부하게 하고 계약을 유지한다. 이때 계약보증금은 당초 계약보증금에 동 시행령 제74조 제3항에 따른 지체상금의 최대금액을 더한 금액을 한도로 한다.

(2) 위와 같이 지체상금이 계약보증금상당액에 달하더라도 계약이행 가능성이 인정되는 경우에는 계약을 해지하지 않고 계약을 유지하면서 계약의 미 이행분에 대한 계약보증금을 추가 납부토록 하고 있는데(2010.7.21. 신설), 여기에서 계약을 유지할 필요가 있다고 인정되는 경우로는 계약목적물이 국가정책사업 대상이거나 노사분규로 지연된 경우 등을 들 수 있다(공사계약일반조건 제26조 제6항, 제7항).

이에 따라 발주기관이 국가정책사업 대상 등의 사유로 당해 계약을 유지하기로 결정하였다면 지체상금이 계약보증금 상당액에 달한 때에 계약기간을 연장 조치하고, 연장된 계약기간에 대하여는 지체상금을 부과해서는 안 된다.

(3) 한편, 지체상금이 계약보증금 상당액에 달하여 당해 계약을 해제·해지하고 계약보증금을 국고에 귀속하는 경우 지체상금은 병과하지 않는다. 왜냐하면, 지체상금은 지체되더라도 이행을 전제로 부과하는 것이기 때문에 이행지체 중에 이행 불능상태가 되어 해당 계약을 해제·해지하였을 경우에도 계약보증금만 국고에 귀속시키고 지체상금은 부과하지 않기 때문이다.

3) 청렴계약 위반의 경우(법 제5조의3)

(1) 입찰 시에 제출한 청렴계약서에 따라 청렴계약을 지키지 아니한 경우에는 계약담당공무원은 해당 입찰·낙찰을 취소하거나 계약이행 과정에서는 해당 계약을 해제·해지하여야 한다.

(2) 그러나, 예외적으로 금품·향응 제공 등의 부정행위의 경중, 해당 계약의 이행정도, 계약의 이행 중단으로 인한 국가의 손실 규모 등을 고려할 때 당해 계약을 해제

제6장 계약의 체결 및 이행

또는 해지하는 것이 오히려 공익을 현저히 해친다고 인정되는 경우에는 중앙관서의 장의 승인을 받아 해당 계약을 계속하여 이행하게 할 수 있으며, 이와 같이 중앙관서의 장이 청렴계약을 지키지 아니한 해당 계약의 계속 이행을 승인할 때에는 계약대상물의 성격과 해당 계약의 이행 정도 및 기간 등에 관하여 기획재정부장관이 정하는 기준 등을 고려하여야 한다(영 제4조의3).

나. 계약의 주체별 해제·해지 사유

「공사계약일반조건」 등 계약문서가 되는 계약예규에는 위에서 기술한 국가계약법령상 규정된 계약의 해제·해지 사유를 기준으로 좀 더 구체적으로 세분화하고, 또한 해제·해지의 사유를 다음과 같이 발주기관 또는 계약상대자 등 계약의 주체별로 구분하여 규정하고 있다.

1) 발주기관에 의한 계약의 해제·해지 사유(공사계약의 경우)

1 **계약상대자의 책임 있는 사유로 인한 계약의 해제 및 해지**(조건 제44조)

(1) 계약담당공무원은 계약상대자가 다음의 어느 하나에 해당하는 경우에는 해당 계약의 전부 또는 일부를 해제 또는 해지할 수 있으며, 계약을 해제 또는 해지한 때에는 그 사실을 계약상대자 및 하수급자에게 통지하여야 한다.

① 정당한 이유 없이 약정한 착공시일을 경과하고도 공사에 착수하지 아니할 경우
② 계약상대자의 책임 있는 사유로 인하여 준공기한까지 공사를 완공하지 못하거나 완성할 가능성이 없다고 인정될 경우
③ 지체상금이 계약보증금 상당액에 달한 경우
④ 장기계속공사의 계약에 있어서 제2차 공사 이후의 계약을 체결하지 아니하는 경우
⑤ 계약수행 중 뇌물수수 또는 정상적인 계약관리를 방해하는 불법·부정행위가 있는 경우
⑥ 시공계획서를 제출·보완하지 않거나 정당한 이유 없이 계획서대로 이행하지 않을 경우
⑦ 입찰에 관한 서류 등을 허위 또는 부정한 방법으로 제출하여 계약이 체결된 경우
⑧ 기타 계약조건을 위반하고 그 위반으로 인하여 계약 목적을 달성할 수 없다고 인정될 경우

(2) 다만, 위의 해제·해지 사유 중 지체상금이 계약보증금 상당액에 달한 경우(제③호)에는 계약상대자의 계약이행 가능성이 있고 계약을 유지할 필요가 있다고 인정되는 경우로서 계약상대자가 계약이행이 완료되지 아니한 부분에 상당하는 계약보증금을 추가 납부하는 때에는 해당 계약을 유지한다.

2 발주기관의 사정변경에 의한 계약의 해제 또는 해지(조건 제45조)

(1) 발주기관은 위의 계약상대자의 책임 있는 사유로 인한 경우 이외에 다음의 사유와 같이 객관적으로 명백한 발주기관의 불가피한 사정이 발생한 때에는 계약을 해제 또는 해지할 수 있다.

① 정부 정책 변화 등에 따른 불가피한 사업 취소
② 관계 법령의 제·개정으로 인한 사업취소
③ 과다한 지역 민원 제기로 인한 사업취소
④ 기타 공공복리에 의한 사업의 변경 등에 따라 계약을 해제 또는 해지하는 경우

(2) 발주기관의 사정변경에 의한 계약의 해제·해지와 관련하여 대법원은 "사정변경을 이유로 한 계약의 해제는 계약성립 당시 당사자가 예견할 수 없었던 현저한 사정변경이 발생하였고 그러한 사정의 변경이 해제권을 취득하는 당사자에게 책임 없는 사유로 생긴 것으로서, 계약 내용대로의 구속력을 인정한다면 신의칙에 현저히 반하는 결과가 생기는 경우에 계약준수의 예외로서 인정된다"고 판단하였으며(대법원 2013.9.26. 선고 2012다13637), 정부는 논란의 소지를 방지하기 위해 계약의 해지·해제요건을 구체화하였다(2021.12.1. 개정).

2) 계약상대자에 의한 계약의 해제 또는 해지(공사계약의 경우)

(1) 계약상대자의 경우에도 다음의 어느 하나에 해당하는 사유가 발생한 때에는 해당 계약을 해제 또는 해지할 수 있다(조건 제46조).

① 설계변경 등에 따라 공사내용을 변경함으로써 계약금액이 100분의 40이상 감소되었을 때
② 공사감독관의 지시에 의한 공사정지기간이 공사기간의 100분의 50을 초과하였을 경우

☞ 공사감독관은 이행내용이 계약내용과 일치하지 않는 경우, 공사의 안전유지 등의 경우에는 공사의 전부 또는 일부의 이행을 정지시킬 수 있음(조건 제47조)

(2) 위의 경우 계약금액의 100분의 40 또는 공사기간의 100의 50을 산정 시 계약금액 또는 공사기간은 당초 계약체결 당시를 기준으로 하는 것이 아니라 산정 당시 그 이전에 설계변경 등으로 계약금액의 증감이나 공사기간의 변경이 있는 경우에는 동 사항을 반여 산정한다.

3 계약의 해제·해지의 경우 조치사항

가. 계약상대자의 귀책 사유로 인한 계약의 해제·해지 시의 조치사항

1) 계약상대자의 준수사항

공사계약의 경우 계약담당공무원은 계약상대자의 공사 미착수 등으로 인하여 계약을 해제 또는 해지한 때에는 그 사실을 계약상대자와 하수급자에게 통지하여야 하며, 해제 또는 해지의 통지를 받은 계약상대자는 다음의 사항을 준수하여야 한다(공사계약일반조건 제44조 제2항, 제3항).

① 해당 공사를 즉시 중지하고 모든 공사자재 및 기구 등을 공사장으로부터 철거하여야 한다.
② 대여품이 있을 때에는 지체 없이 발주기관에 반환하여야 하며, 이 경우 해당 대여품이 계약상대자의 고의 또는 과실로 인하여 멸실 또는 파손되었을 때에는 원상회복 또는 그 손해를 배상하여야 한다.
③ 관급재료 중 공사의 기성부분으로서 인수된 부분에 사용한 것을 제외한 잔여재료는 발주기관에 반환하여야 하며, 이 경우 해당 재료가 계약상대자의 고의 또는 과실로 인하여 멸실 또는 파손되었을 때, 또는 공사의 기성부분으로서 인수되지 아니하는 부분에 사용된 때에는 원상회복하거나 그 손해를 배상하여야 한다.
④ 발주기관이 요구하는 공사장의 모든 재료, 정보 및 편의를 발주기관에 제공하여야 한다.

2) 기성대가의 지급

계약담당공무원은 계약상대자의 귀책으로 인하여 계약을 해제 또는 해지한 경우와 보증기관이 보증이행을 하는 경우에 기성부분을 검사하여 인수한 부분이 있는 때에는 해당 부분에 상당하는 대가를 계약상대자에게 지급하여야 한다(동 조건 제44조 제4항).

3) 선금 정산과 하도급대금 직접지급

(1) 계약상대자의 귀책으로 인하여 계약이 해제 또는 해지된 경우에 계약상대자는 지급받은 선금에 대하여 미정산 잔액이 있는 경우에는 그 잔액에 대한 약정이자상당액*을 가산하여 발주기관에 상환하여야 한다(동 조건 제44조 제5항).

* 약정이자상당액 : 사유 발생 시점의 한국은행 통계월보상의 대출평균금리에 의하여 산출한 금액

(2) 이 경우 계약담당공무원은 선금 잔액과 기성부분에 대한 미지급액을 상계하여야 하며, 다만, 「건설산업기본법」 등에 의하여 하도급대금 지급보증이 되어 있지 않은 경우로서 하도급 대가를 직접 지급하여야 하는 때에는 우선적으로 하도급 대가를 지급한 후 기성부분에 대한 미지급금액의 잔액이 있으면 선금 잔액과 상계할 수 있다(동 조건 제44조 제6항).

4) 입찰참가자격 제한조치

계약상대자의 의무 불이행으로 계약보증금을 국고귀속하고 계약을 해제 또는 해지하게 되면, 정당한 이유 없이 계약을 이행하지 아니한 자에 해당되어 입찰참가자격 제한조치를 받게 된다.

나. 발주기관의 사정변경에 의한 계약의 해제·해지 시의 조치사항

1) 계약상대자의 준수사항 등의 준용

발주기관의 사정변경에 의하여 계약이 해제 또는 해지된 경우에도 계약담당공무원의 계약상대자 및 하수급인에 대한 통지 조치, 계약상대자의 준수사항은 위의 계약상대자의 귀책사유로 인하여 해지 또는 해지된 경우와 동일하다(동 조건 제45조 제2항).

2) 기성대가 지급, 계약보증금 반환 및 선금정산 등

(1) 발주기관의 사정변경에 의하여 계약이 해제 또는 해지된 경우 다음에 해당하는 금액을 위의 계약상대자의 준수사항이 완료된 날부터 14일 이내에 계약상대자에게 지급하여야 하며, 이 경우 계약보증금을 동시에 반환하여야 한다.

① 기성검사를 필한 부분과 기성검사를 필하지 아니한 부분 중 객관적인 자료(감독일지, 사진 또는 동영상 등)에 의하여 이미 수행되었음이 판명된 부분에 대하여 불가항력적인 사유로 인하여 발생된 손해를 모두 지급하지 않고 남아 있을 경우 그 남은 금액
② 전체공사의 완성을 위하여 계약의 해제 또는 해지일 이전에 투입된 계약상대자의 인력·자재 및 장비의 철수비용

(2) 계약상대자는 선금에 대한 미 정산잔액이 있는 경우에는 이를 발주기관에 상환하여야 하며, 이 경우 미 정산잔액에 대한 이자는 발주기관에 의한 해제·해지이므로 가산하지 아니한다(동 조건 제45조 제4항).

II. 하자보수

1. 하자보수보증제도

가. 공사목적물에 대한 하자보수보증제도

(1) 국가계약법 제17조 및 제18에 따라 계약담당공무원은 공사계약을 체결할 때 하자담보책임기간을 정하고 계약상대자로 하여금 하자보수보증금을 납부토록 하여야 하며, 계약상대자는 하자담보책임기간 중 하자가 발생한 때에 이를 보수하여야 한다. 만약, 계약상대자가 하자담보책임기간 중 발생한 하자에 대하여 보수하지 않은 경우에는 납부된 하자보수보증금은 국고에 귀속된다.

(2) 위의 경우 공사목적물에 대한 '하자'는 공사계약의 이행 완료 후 계약서에 정한 기간 동안 계약상대자의 시공 상의 잘못으로 인하여 발생한 하자에 한하며, 특히, 건설공사의 경우 '시공 상 하자'란 시설물이 설계도서와 적합하지 않게 시공되었거나 시공 후 균열·파손·누수 또는 기능상 장애 등이 발생한 것으로 명확히 규정하고 있다(국토교통부 지침). 따라서 사용자의 관리과정에서 발생된 하자이거나 일상적인 점검행위 등은 하자보수책임의 범위에 해당하지 않는다는 것을 유의할 필요가 있다고 하겠다(공사계약일반조건 제33조 제1항).

나. 물품과 용역계약의 하자보수보증제도 관련

1) 현황(공사계약의 경우에만 인정)

(1) 위에서 기술한 바와 같이 국가계약법 제17조는 공사의 도급계약을 체결할 때에 담보책임의 존속기간을 정하도록 규정하고 있고, 동법 제18조는 공사계약의 하자보수보증을 위하여 하자보수보증금을 납부하도록 규정하고 있다.

(2) 따라서 국가계약법상에는 공사계약의 경우에만 하자보수보증제도를 인정하고 물품과 용역계약의 경우에는 동 제도를 인정하지 않고 있으며, 다만 물품구매의 경우 계약예규 「물품구매(제조)계약일반조건」에 품질 보증기간(납품 후 1년)을 두어 운용하고 있다.

☞ 2006.1월 제정·시행되고 있는 지방계약법에는 공사계약 이외에 물품과 용역계약에 대하여도 하자보수보증제도를 도입·운용하고 있음(지방계약법 제20조 제2항)

2) 물품과 용역계약의 경우 도입 필요성

(1) 물품의 제조 특히 규모가 방대한 방산물자 제조와 시스템 구축용역 등의 경우에는 공사목적물처럼 발주기관이 완성품을 인수한 이후 하자가 발생할 소지가 상당하다고 할 수 있으며, 이러한 분야에서 실제 일선 집행기관이 자체 규정에 정하여 운용되고 있는 사례도 있다.

(2) 따라서 단순 물품구매의 경우에는 그 성격상 현행처럼 품질 보증기간을 두어 운용하는 것이 타당하다고 할 수 있으나, 물품의 제조계약과 용역계약의 경우에는 계약목적물의 특성에 따라 하자보수가 요구되는 상황이 발생할 소지가 많으므로 공사계약의 경우와 마찬가지로 하자보수보증제도를 도입할 필요성이 있다고 본다.

* 소프트웨어 용역의 경우 계약예규 "용역계약일반조건"에 하자보수에 대한 책임과 보수기간 등을 규정하여 운용되고 있는데, 이는 법적 근거가 없이 운용되고 있는 것임
* 또한, 방산물자 제조의 경우에도 방위사업청이 특수조건으로 하자담보책임기간을 설정하고 동 기간 이후 하자보수가 지체되는 경우 지체상금을 부과하고 있고, 조달청의 경우에는 특수조건으로 공사에 준하여 물품의 하자보수보증금률을 정하여 운용하고 있는데 모두 법적 근거 없이 운용되고 있는 상황임

2 공사계약의 하자담보 책임기간

가. 담보책임의 존속기간 및 법적 성격

(1) 국가계약법 제17조에 따라 계약담당공무원이 공사의 도급계약을 체결할 때에는 그 담보책임의 존속기간을 정하여야 하며, 그 담보책임의 존속기간은 「민법」 제671조에서 규정한 기간(5년 또는 10년)을 초과할 수 없다.

☞ 민법 제671조(수급인의 담보책임-토지, 건물 등에 대한 특칙) ① 토지, 건물 기타 공작물의 수급인은 목적물 또는 지반공사의 하자에 대하여 인도 후 5년간 담보의 책임이 있다. 그러나 목적물이 석조, 석회조, 연와조, 금속 기타 이와 유사한 재료로 조성된 것인 때에는 그 기간을 10년으로 한다.

(2) 동 「민법」 상 수급인의 하자담보책임에 관한 기간의 법적 성격은 '제척기간'으로서 재판상 또는 재판 외의 권리행사 기간으로 보나(대법원 2004.1.27. 선고 2001다24891 판결), 이와 달리 「건설산업기본법」 상 하자담보책임기간의 법적 성격은 '하자발생기간'으로 본다.

즉, 최근의 대법원 판례에 의하면 건설산업기본법 제28조 제1항 및 제3항에서 정하는 건설공사 수급인의 하자담보책임기간은 그 기간 내에 발생한 하자에 대하여 수급인이

발주자에 대하여 하자담보책임을 진다는 '하자발생기간'을 의미하므로 동 기간 내에 하자가 발생하지 않으면 수급인의 하자담보책임이 성립할 여지가 없고, 동 기간 내에 하자가 발생하면 하자가 발생한 때부터 소멸시효기간이 도과할 때까지 수급인은 하자담보책임을 지게 되는 것이다(대법원 2021.8.12. 선고2015다212541 판결).

(3) 위의 제척기간과 하자발생기간을 비교해 보면 하자담보책임기간을 '제척기간'이라고 볼 경우 도급인은 하자담보책임 기간 내에 수급인에게 하자보수청구 또는 하자보수에 갈음하는 손해배상청구를 해야 하고, 해당 기간 내에 이 같은 권리를 행사하지 않은 경우 더 이상 하자담보책임을 물을 수 없게 되는 것이나, '하자발생기간'이라고 볼 경우에는 하자담보책임기간 내에 하자가 발생했다면 소멸시효가 도과되지 않은 한 하자담보책임기간이 경과해도 하자담보책임을 물을 수 있다는 점에서 큰 차이점이 있게 된다.[78]

나. 하자담보책임기간 설정(영 제60조)

1) 개요

(1) 계약담당공무원은 공사의 도급계약을 체결할 때에는 전체 목적물을 인수한 날과 준공검사를 완료한 날 중에서 먼저 도래한 날부터 1년 이상 10년 이하의 범위에서 일정 기간 동안 해당 공사의 하자보수를 보증하기 위한 하자담보책임기간을 정하여야 한다.

이때, 공사계약의 이행 중에 부분 완료로 관리·사용이 이루어지고 있는 경우에는 부분 목적물을 인수한 날과 공고에 따라 관리·사용을 개시한 날 중에서 먼저 도래한 날을 기준으로 하여 1년 이상 10년 이하의 범위에서 하자담보책임기간을 정한다.

(2) 장기계속공사에 있어서는 연차계약별로 하자담보책임기간을 정하되, 연차계약별로 하자담보책임을 구분할 수 없는 공사인 경우에는 제1차 계약을 체결할 때에 총공사에 대하여 하자담보책임기간을 정하여야 한다.

2) 공사별 하자담보책임기간 설정 및 제외 대상(규칙 제70조)

(1) 하자담보책임기간은 다음의 구분에 따른 공사의 종류별 구분에 따라 정하여야 하며, 다만, 각 공사의 종류 간의 하자책임을 구분할 수 없는 복합공사인 경우에는 주된 공사의 종류를 기준으로 하여 하자담보책임기간을 정하여야 한다(동조 제1항).

---

[78] 따라서 그동안 하급심에서 「건설산업기본법」상 하자담보책임기간의 법적 성격을 제척기간으로 보는 견해가 우세했다는 점을 고려할 때(서울중앙지방법원 2018.1.18. 선고 2015가합529954) 위와 같은 최근 대법원의 판결내용을 유의할 필요가 있음

① 「건설산업기본법」에 따른 건설공사(제②호의 공사는 제외) : 「건설산업기본법 시행령」 제30조 및 [별표 4]에 따른 기간
② 「건설산업기본법」에 따른 건설공사 중 자갈도상 철도공사(궤도공사 부분으로 한정) : 1년
③ 「주택법」에 따른 주택건설공사 : 「주택법 시행령」 제59조제1항, [별표 6, 7]에 따른 기간
④ 「전기공사업법」에 따른 전기공사 : 「전기공사업법 시행령」 제11조의2 및 [별표 3의2]에 따른 기간
⑤ 「정보통신공사업법」에 따른 정보통신공사 : 「정보통신공사업법시행령」 제37조에 따른 기간
⑥ 「소방시설공사업법」에 따른 소방시설공사 : 「소방시설공사업법 시행령」 제6조에 따른 기간
⑦ 「문화재수리 등에 관한 법률」에 따른 문화재 수리공사 : 「문화재수리 등에 관한 법률 시행령」 제19조 및 [별표 9]에 따른 기간
⑧ 「지하수법」에 따른 지하수개발·이용시설공사, 그 밖의 공사와 관련한 법령에 따른 공사 : 1년

(2) 위의 하자담보책임기간 설정에도 불구하고, 공사의 성질상 하자보수가 필요하지 아니한 다음의 공사는 그 기간을 정하지 않는다(영 제60조 제1항 단서, 규칙 제70조 제2항).

① 「건산법시행령」 별표 1에 따른 건설업종의 업무내용 중 구조물 등을 해체하는 공사
② 단순암반절취공사, 모래·자갈채취공사 등 그 공사의 성질상 객관적으로 하자보수가 필요하지 아니한 공사
③ 계약금액이 3천만 원을 초과하지 아니하는 공사(조경공사 제외)

3) 건설공사의 하자담보책임기간 적용기준(국토교통부 지침)

국토교통부는 발주자와 건설사업자 간 분쟁이 잦은 하자의 범위와 산정기준 등을 명확히 하기 위해 세부기준과 적용사례 및 판례 등을 수록한 「건설공사의 하자담보책임에 관한 운영 지침」을 마련(2021.8)하였으며 그 주요 내용은 다음과 같다.

① 하자담보 책임 관련 용어 정의 : 하자담보책임은 시공 상의 잘못으로 인한 하자에 대한 책임으로 정의하고, '시공 상 하자'란 시설물이 설계도서와 적합하지 않게 시공되었거나 시공 후 균열·파손·누수 또는 기능상장애 등이 발생한 것으로 명확히 함
② 하자담보책임기간 산정기준 명시 : 건설사업자의 책임 강화를 위해 하자담보책임기간 내 발생한 하자에 대해서는 하자담보책임기간 만료 후라도 하자보수책임을 지도록 명확히 하고, 하도급의 경우 하수급인에 대한 책임 전가를 방지하기 위해 전체 공사가 아닌 하도급 공사로 한정하여 하자담보책임기간을 산정토록 규정함
③ 공사종류별 하자담보책임기간 적용기준 구체화 : 두 가지 이상의 공사종류가 복합된

건설공사로서 하자담보책임을 구분할 수 있는 경우에는 각각의 세부 공사종류별로 책임기간을 적용하도록 구체화하고, 다양한 공사가 복합되어 법령에 공사종류를 명시하지 아니한 하천공사는 목적 및 기능에 맞게 법령을 구체적으로 적용할 수 있도록 세부공종별 적용기준을 마련함

④ 하자분쟁과 불공정행위 금지 등 : 불필요한 하자 분쟁을 사전에 예방하기 위해 천재지변, 유지관리 부실관리상 하자 등 건설공사의 하자여부 판정과 적용사례를 소개하고, 불합리하게 수급인이 하수급인에게 하자책임을 전가하는 사례가 발생하지 않도록 불공정행위 금지 사항, 하자담보 면책사유 등을 명시함

4) 하자담보책임기간의 조정(공사계약일반조건 제33조 제3항)

하자담보책임기간을 공종 구분 없이 일률적으로 정하였거나, 「건설산업기본법」 등 개별법령에 정해진 기간과 다르게 정하여 계약을 이행 중인 경우에는, 동 개별법령에 정해진 기간대로 계약서상 하자담보책임기간을 조정하여야 한다.

3 하자보수보증금(법 제18조, 영 제62조)

가. 하자보수보증금의 성격

(1) 하자보수보증금은 공사계약을 체결할 때에 당해 계약의 이행이 완료된 이후 일정 기간 내에 그 계약목적물에 발생할 우려가 있는 하자에 대비하여 미리 일정 금액을 정하여 놓고 하자보수(瑕疵補修) 의무 불이행 시 국고에 귀속시키게 되는데, 이때 하자보수보증금의 국고 귀속은 실제 보수에 소요되는 금액과는 관계없이 전액을 귀속시키는 것이므로 동 보증금은 하자보수의무 이행을 확보하려는 손해배상액의 예정 성격이라고 할 수 있다.

(2) 이와 달리 지방계약법령의 경우에는 동 손해배상액의 예정 성격과는 달리 계약상대자가 하자보수 의무를 이행하지 아니하는 때에 실제 하자보수에 필요한 금액을 산정하여 지방자치단체에 귀속시키는 실손 보증방식을 도입하여 운영하고 있다(지방계약법 제21조, 동법시행령 제71조의2 및 제72조의3).

나. 하자보수보증금의 납부 및 보증금률 결정

1) 하자보수보증금의 납부 의무

(1) 계약담당공무원은 해당 공사의 준공검사를 마친 때에는 그 공사대가 최종 지출 시까지 계약상대자로 하여금 하자보수보증금납부서(규칙 제12호 서식)와 함께 계약체결 시 정한 하자보수보증금을 납부하게 하여야 하며, 하자담보책임기간동안 보관하여야 한다. 만약 계약상대자가 부도 등의 사유로 하자보수보증금을 납부하지 않는 경우 계약담당공무원은 대가지급분에서 하자보수보증금을 공제한 후 대가를 지급하여야 한다(규칙 제52조).

이때 계약보증기관의 보증채무에는 별도의 특약을 체결한 경우가 아니면 하자담보 채무가 포함되지 않은 것이므로 하자보수보증금의 납부를 계약보증기관의 의무로 보아서는 아니 된다(정부 입찰·계약 집행기준 제43조).

(2) 장기계속공사에 있어서는 연차계약별로 하자보수보증금을 납부하게 하여야 하며, 다만, 연차계약별로 하자담보책임을 구분할 수 없는 공사인 경우에는 총공사의 준공검사 후 하자보수보증금을 납부하게 하여야 한다(영 제62조 제3항).

2) 하자보수보증금률의 결정 및 하자보수보증금 산정

(1) 계약담당공무원이 공사계약을 체결할 때에는 다음의 공종 구분에 의하여 계약금액에 대한 하자보수보증금률을 정하여야 하며, 각 공종 간의 하자책임을 구분할 수 없는 복합공사인 경우에는 주된 공종을 기준으로 정하여야 한다(규칙 제72조).

〈 공종별 하자보수보증금률 〉

공 종 별	보증금률
• 철도·댐·터널·철강교 설치·발전설비·교량·상하수도 구조물 등 중요 구조물 공사 및 조경공사	5/100
• 공항·항만·삭도설치·방파제·사방·간척 등 공사	4/100
• 관개수로·도로(포장공사 포함)·매립·상하수도 관로·하천·일반건축 등 공사	3/100
• 그 밖의 공사	2/100

(2) 하자보수보증금은 계약금액에 위와 같은 기준에 따라 계약서에서 정한 하자보수보증금률을 곱하여 산정한다. 이 경우 당초 계약금액이 설계변경, 물가변동 및 사후정산 등으로 조정된 경우에는 조정된 계약금액을 적용한다.

> 하자보수보증금 = 계약금액 × 하자보수보증금률

다. 하자보수보증금의 납부면제(법 제18조 제1항)

국가기관 및 지방자치단체 등 입찰보증금 납부 면제자(동법시행령 제37조 제3항 제1호 내지 제4호)와 계약을 체결하는 경우에는 하자보수보증금의 납부를 면제할 수 있으며, 또한, 공사의 성질상 하자보수가 필요하지 아니한 다음의 공사는 하자보수보증금을 납부하지 아니하게 할 수 있다. 다만, 납부를 면제할 때에는 하자보수보증금의 국고귀속사유가 발생할 경우 동 보증금에 해당하는 금액을 납입할 것을 보장하기 위해 그 지급을 확약하는 내용의 문서를 제출하게 하여야 한다(영 제62조 제1항, 규칙 제72조 제2항).

① 건설산업기본법시행령 별표 1에 따른 건설업종의 업무내용 중 구조물 등을 해체하는 공사
② 단순암반절취공사, 모래·자갈채취공사 등 그 공사의 성질상 객관적으로 하자보수가 필요하지 아니한 공사
③ 계약금액이 3천만 원을 초과하지 아니하는 공사(조경공사는 제외)

라. 하자보수보증금의 직접 사용 및 반환(법 제18조 제3항, 제4항, 영 제63조)

(1) 하자의 보수를 위한 예산이 없거나 부족한 경우에는 그 하자보수보증금을 그 하자의 보수를 위하여 직접 사용할 수 있다. 이와 같이 하자보수보증금을 해당 하자의 보수를 위하여 직접 사용하고자 할 때에는 하자보수보증금을 세입으로 납입하지 아니하고 세입·세출 외로 구분하여 회계 처리하며, 직접 사용하고 남은 금액은 국고에 납입하여야 한다.

☞ 하자보수보증금의 직접 사용에 관한 세부적인 절차는 시행규칙 제73조에 따름

(2) 계약담당공무원은 하자담보책임기간의 만료일부터 14일 이내에 따로 최종검사를 한 다음 최종검사를 완료하였을 때에는 즉시 계약상대자에게 하자보수완료확인서를 발급하게 되는데, 동 하자보수완료확인서의 발급 일까지 하자보수보증금도 반환하여야 한다. 다만, 하자담보책임기간이 서로 다른 공종이 복합된 건설공사에 있어서는 공종별 하자담보책임기간이 만료되어 보증목적이 달성된 공종의 하자보수보증금은 계약상대자의 요청이 있을 경우 즉시 반환하여야 한다(일반조건 제34조 제3항).

4 하자검사 및 하자보수의 이행

가. 하자검사(영 제61조, 규칙 제71조, 일반조건 제35조)

1) 하자검사의 방법

(1) 계약담당공무원은 하자담보책임기간 중 연 2회 이상 정기적으로 하자발생 여부를 검사하여야 하며, 하자담보책임기간이 만료되기 14일 전부터 만료일까지의 기간 중에 따로 최종검사를 하여야 한다.

(2) 최종검사를 완료하였을 때에는 즉시 하자보수완료확인서를 계약상대자에게 발급하여야 하며, 이때 최종검사에서 발견되는 하자사항은 하자보수완료확인서가 발급되기 전까지 계약상대자가 자신의 부담으로 보수하여야 한다. 하자보수완료확인서가 발급되면 계약상대자의 하자보수에 대한 책임과 의무는 소멸한다.

(3) 위와 같이 발주기관이 하자검사를 시행할 경우 계약상대자는 동 하자검사에 입회하여야 하며, 만약, 계약상대자가 입회를 거부하는 경우에는 계약담당공무원이 일방적으로 검사를 할 수 있고 검사 결과에 대하여는 계약상대자가 동의한 것으로 간주한다.

2) 전문기관에 의한 검사 및 하자검사조서 작성

(1) 하자검사가 특히 전문적인 지식 또는 기술을 필요로 하거나 예정가격의 100분의 86 미만으로 낙찰된 공사로서 「시설물의 안전관리에 관한 특별법」 제2조 제1호의 규정에 의한 시설물에 대한 것인 경우에는 전문기관에 의뢰하여 필요한 검사를 하여야 한다.

이 경우 전문기관이라 함은 동 특별법에 따라 지정된 안전진단전문기관, 시설안전기술공단 등을 말하며, 하자검사를 동 전문기관에 의뢰하는 경우에 계약담당공무원은 그 결과를 문서로 통보받아 이를 확인하여야 한다.

☞ 설계·시공일괄입찰에 의한 계약의 경우에는 낙찰률이 없으므로 저가 낙찰 기준(86%)에는 해당하지 아니하나, 동 계약의 경우에도 계약담당공무원이 하자검사가 특히 전문적인 지식 또는 기술을 필요로 하다고 판단되는 경우에는 전문기관에 의뢰하여 필요한 검사를 할 수 있는 것임(기획재정부)

(2) 하자를 검사하는 자는 하자검사조서를 작성하여야 하며, 다만, 계약금액이 3천만원 이하인 공사계약의 경우에는 하자검사조서의 작성을 생략할 수 있다. 또한, 하자검사를

하는 때에는 당해 공사에 대한 하자보수 관리부를 비치하고 ① 공사 명 및 계약금액 ② 계약상대자 ③ 준공연월일 ④ 하자발생 내용 및 처리사항 ⑤ 기타 참고사항을 기록·유지하여야 한다.

나. 하자보수의 이행 및 국고귀속(공사계약일반조건 제33조, 제35조)

1) 개요

계약담당공무원은 하자검사결과 하자가 발견된 때에는 지체 없이 필요한 조치를 하여야 하며, 계약상대자가 하자보수통지를 받은 때에는 즉시 보수작업을 하여야 한다. 보수작업 시에는 당해 하자의 발생원인 및 기타 조치사항을 명시하여 발주기관에 제출하여야 한다.

만약 계약상대자가 하자담보책임기간 중 계약담당공무원으로부터 하자보수요구를 받고 이에 불응한 경우에는 납부된 하자보수보증금은 국고에 귀속하게 되며, 이때 하자보수보증금의 국고귀속에 관하여는 계약보증금의 국고귀속에 관한 조항(법제12조)을 준용한다.

2) 공동계약의 하자담보책임

(1) 하자담보책임기간 동안에 하자가 발생하였을 경우 공동이행방식의 경우에는 구성원이 연대하여 책임을 지되, 공사이행보증서가 제출된 공사로서 계약이행요건을 충족하지 못하는 업체는 출자비율에 따라 책임을 진다. 물론, 분담이행방식의 경우에는 그 분담내용에 따라 책임을 진다(동 표준협정서 제 13조, 제14조).

(2) 주계약자관리 방식의 경우에는 해당 구성원이 분담내용에 따라 그 책임을 지되, 해당 구성원이 하자담보책임을 이행하지 않은 경우(부도, 파산 등으로 이행할 수 없는 경우를 포함)에는 해당 구성원의 보증기관이 하자담보책임을 이행하여야 한다. 다만, 주계약자를 포함한 구성원 간에 하자책임구분이 곤란한 경우에는 주계약자가 하자책임구분에 대한 조정을 할 수 있다(동 표준협정서 제14조).

다. 특별책임(공사계약일반조건 제36조)

(1) 계약담당공무원은 하자보수완료확인서의 발급에도 불구하고 해당공사의 특성 및 관련법령에서 정한 바에 따라 건축물의 구조적 안정성 확보, 이용자 안전제고 등을 위해 필요하다고 인정하는 경우에는 계약상대자와 협의하여 공사계약일반조건 제27조에 의한 기성 또는 준공검사와 동 조건 제35조에 의한 하자검사과정에서 발견되지 아니한 시공 상의

하자에 대하여 계약상대자의 책임으로 하는 특약을 정할 수 있다. 이 경우 계약상대자의 책임기간은 해당 계약에 대한 하자담보책임의 2배를 초과하여서는 아니 된다.

☞ 종전에는 발주기관이 필요하다고 인정하는 경우 일방적인 특약설정을 통해 하자담보책임기간을 연장할 수 있었으나, 하자담보책임기간 연장을 둘러싼 갈등을 줄이기 위해 건축물의 구조적 안정성 확보와 이용자의 안전 제고 등을 위해 필요할 경우에 한해 건설회사와 협의를 통해 특약을 설정하도록 하고 연장 기간도 당초 기간의 2배 이내로 제한함(2020.9.24. 개정)

(2) 계약담당공무원은 위와 같이 특별책임에 관한 특약을 설정하려는 경우에는 특약설정의 필요성 및 계약상대자의 책임 기간 등에 대하여 국가계약법시행령 제94조에 따른 계약심의위원회의 심의를 거쳐야 한다.

5 SW 사업의 하자보수책임과 하자보수보증금

가. 용역계약의 하자보수보증제도 개요

앞에서 기술한 바와 같이 국가계약법상 하자보수보증제도는 공사계약의 경우에만 도입되어 있으므로, 여기의 SW 사업은 용역계약으로서 동 제도가 적용될 여지가 없다고 할 수 있다. 따라서 아래에서 기술하는 사항은 용역계약에 대한 법적 근거의 논의는 불문하고 계약문서인 계약예규 「용역계약일반조건」에 규정되어진 사항을 정리한 것이다.

나. 하자보수 책임(용역계약일반조건 제58조)

(1) 계약상대자는 계약담당공무원이 완성부분 및 기성부분의 인수에 의하여 사업의 종료를 확인한 후 1년간(별도의 관련 법률에서 따로 정하고 있는 경우는 제외) 계약목적물의 하자에 대한 보수책임이 있으며, 동 하자보수책임기간 내에 하자가 발생하여 계약담당공무원이 하자보수를 요청한 경우 계약상대자는 요청을 받은 즉시 그 하자를 보수하여야 하고 해당 하자의 발생원인 및 기타 조치사항을 명시하여 계약담당공무원에게 제출하여야 한다.

☞ SW 사업의 하자책임 기준을 전체사업 종료시점 또는 기성인수 시점으로 명확히 하여 무상하자보수 범위가 부당하게 확장되지 않도록 함(동 일반조건 제1항 개정, 2021.12.1.)

(2) 위의 하자보수 책임에도 불구하고 다음의 어느 하나에 해당하는 경우에는 유상 유지

관리 또는 재개발로 보며, 동 유상 유지 관리 또는 재개발에 대해서는 발주기관이 계약목적물을 인수한 직후부터 계약을 체결하여 시행하여야 한다. 다만, 당초 소프트웨어사업 내용에 유지관리 또는 재개발이 이미 포함된 경우에는 그러하지 아니한다.

① 무상 하자보수기간 경과 후 발생된 하자에 대한 보수
② 이미 구매한 물품 또는 이와 연동된 제품을 기초로 추가되는 개발·구축(사용방법 및 환경개선을 위한 요구사항 추가를 포함한다)
③ 계약서에 명시되지 않은 예방을 위한 현장방문, 상시 근무에 소요되는 인력투입 등
④ 계약서에 명시되지 않은 사용자에 대한 교육 및 기술지원

(3) 한편, 위에서 규정한 하자보수 책임에도 불구하고 다음의 어느 하나의 사유로 인하여 발생한 하자에 대해서는 계약상대자는 하자보수 책임이 없으며, 다만, 계약상대자가 그 물품 또는 지시의 부적당함을 알고 발주기관에게 고지하지 아니한 경우에는 그러하지 아니하다.

① 발주기관의 유지·관리 소홀이나 사용상 부주의로 인한 경우
② 발주기관이 제공한 시스템, 장비, 프로그램 등의 하자로 인한 경우
③ 발주기관이 임의로 산출물 등을 변경한 경우
④ 발주기관의 지시에 따라 구축한 경우
⑤ 천재지변 등 불가항력에 의한 경우

다. 하자보수보증금(용역계약일반조건 제59조)

(1) 계약상대자는 SW 사업의 하자보수를 보증하기 위하여 계약서에서 정한 하자보수보증금을 시행령 제37조 제2항에 따른 보증서 또는 증권 등으로 발주기관에 납부하여야 한다. 이때 하자보수보증금은 계약서에서 정한 계약금액(당초 계약금액이 조정된 경우에는 조정된 계약금액)에 하자보수보증금율(100분의 2, 별도의 관련 법률에서 따로 정하고 있는 경우는 제외)을 곱하여 산출한 금액을 말한다.

(2) 계약담당공무원은 계약상대자가 하자담보책임기간 중 발주기관으로부터 하자보수 요구를 받고 이에 불응한 경우에는 위의 하자보수보증금을 국고에 귀속하여야 하며, 하자담보책임기간이 만료된 경우에는 동 하자보수보증금을 지체 없이 계약상대자에게 반환하여야 한다.

제6절 부정당업자 제재

Ⅰ. 부정당업자에 대한 입찰참가자격 제한

1 부정당업자와 입찰참가자격 제한제도 개념(법 제27조, 영 제76조)

가. 부정당업자의 개념

(1) 국가 등 공공기관이 물품의 제조·구매, 공사 및 용역 등 공공 조달사업을 추진하기 위해서는 입찰을 실시하여 낙찰자를 결정하고 계약을 체결·이행하는 과정을 거치게 된다. 이러한 일련의 과정에서 공공계약의 집행이 시장 질서에 따라 공정하고 적정하게 이루어질 것이 요구되는 것이며, 이를 위반한 자에 대하여는 입찰에 참여할 수 없도록 제재하는 규정을 국가계약법에 두고 있다.

즉, 동 법 제27조 제1항에 의하면 "각 중앙관서의 장은 다음 각호의 어느 하나에 해당하는 자(이하 "부정당업자"라 한다)에게는 2년 이내의 범위에서 대통령령으로 정하는 바에 따라 입찰 참가자격을 제한하여야 하며, 그 제한 사실을 즉시 다른 중앙관서의 장에게 통보하여야 한다."라고 규정하고 있다.[79]

(2) 따라서 '부정당업자'라 함은 국가계약법 제27조 제1항 각호에 규정된 입찰참가자격 제한 대상에 해당하는 자라고 할 수 있는데, 동 조항과 일부 위임한 동법시행령 제76조를 종합해 보면, '부정당업자'는 계약의 이행을 부실·조잡하거나 부당하게 한 자, 경쟁의 공정한 집행을 저해할 염려가 있는 자, 계약의 적정한 이행을 해칠 염려가 있는 자, 또는 다른 법령을 위반하여 입찰에 참가시키는 것이 적합하지 아니하다고 인정되는 자 등이 이에 해당한다.

☞ 일부에서는 '부정당업자'라 함은 이미 입찰참가자격 제한조치를 받은 자로 표현하기도 하는데 이는 잘못된 표현임. 부정당업자라 함은 입찰참가자격 제한조치 사유에 해당하는 자로서 아직 제재(입찰참가자격제한 또는 과징금 부과) 받지는 아니하였고 향후 청문회 절차 등을 거쳐 입찰참가자격 제한조치를 받거나 과징금으로 갈음 받을 대상자에 해당한다는 것을 유의해야 함

---

[79] 종전에는 "부정당업자에 해당하는 자"가 국가계약법시행령 제76조제1항에 규정되어 있었으나, 권익침해 등 부정당업자에 대한 입찰참가자격제한조치의 법률적 성격을 고려하여 국가계약법 제27조제1항으로 상향시키고 일부만 동법시행령으로 위임하는 법령 체계를 갖추었음('16.9.3. 개정시행)

부정당업자 (법 제27조 제1항, 영 제76조 제1항)

1) 계약을 이행함에 있어서 부실·조잡 또는 부당하게 하거나 부정한 행위를 한 자

2) 경쟁입찰, 계약 체결 또는 이행 과정에서 입찰자 또는 계약상대자 간에 서로 상의하여 미리 입찰가격, 수주 물량 또는 계약의 내용 등을 협정하였거나 특정인의 낙찰 또는 납품대상자 선정을 위하여 담합한 자

3) 「건설산업기본법」, 「전기공사업법」, 「정보통신공사업법」, 「소프트웨어산업 진흥법」 및 그 밖의 다른 법률에 따른 하도급에 관한 제한규정을 위반(하도급통지 의무위반의 경우는 제외)하여 하도급한 자 및 발주관서의 승인 없이 하도급을 하거나 발주관서의 승인을 얻은 하도급조건을 변경한 자

4) 사기, 그 밖의 부정한 행위로 입찰·낙찰 또는 계약의 체결·이행 과정에서 국가에 손해를 끼친 자

5) 「독점규제 및 공정거래에 관한 법률」 또는 「하도급거래 공정화에 관한 법률」을 위반하여 공정거래위원회로부터 입찰참가자격 제한의 요청이 있는 자

6) 「대·중소기업 상생협력 촉진에 관한 법률」 제27조제5항에 따라 중소벤처기업부장관으로부터 입찰참가자격 제한의 요청이 있는 자

7) 입찰·낙찰 또는 계약의 체결·이행과 관련하여 관계 공무원(법 제27조의3제1항에 따른 과징금부과심의위원회, 법 제29조제1항에 따른 국가계약분쟁조정위원회, 「건설기술 진흥법」에 따른 중앙건설기술심의위원회·특별건설기술심의위원회 및 기술자문위원회, 그밖에 대통령령으로 정하는 위원회의 위원을 포함)에게 뇌물을 준 자

8) 계약을 이행할 때에 「산업안전보건법」에 따른 안전·보건 조치 규정을 위반하여 근로자에게 사망 등 중대한 위해를 가한 자. 이 경우 중대한 위해란 「산업안전보건법」 제38조, 제39조 또는 제63조에 따른 안전 및 보건조치 의무를 위반하여 동시에 2명 이상의 근로자가 사망한 경우를 말한다.

☞ 국가가 선도적으로 기업의 고용환경을 개선하기 위해 계약의 이행에 있어서 안전·보건 조치 규정을 위반하여 근로자에게 사망 등 중대한 위해를 가한 자의 입찰 참가자격을 제한[(2021.1.5.법적 근거 마련. 제27조제1항 8호 신설), (2021.7.6. 중대한 위해의 범위 구체화. 영 제76조제1항 신설)]

9) 입찰·계약 관련 서류를 위조 또는 변조하거나 입찰·계약을 방해하는 등 경쟁의 공정한 집행을 저해할 염려가 있는 자로서 다음의 어느 하나에 해당하는 자

① 입찰 또는 계약에 관한 서류(영 제39조에 따라 전자조달시스템을 통하여 입찰서를 제출하는 경우에 「전자서명법」 제2조제8호에 따른 공인인증서를 포함)를 위조·변조하거나 부정하게 행사한 자 또는 허위서류를 제출한 자[영 제76조제1항제1호가목]

② 고의로 무효의 입찰을 한 자. 다만, 다음의 입찰무효사유에 해당하는 경우에는 제외한다(부정당업자에 해당하지 아니한다).[영 제76조제1항제1호나목]

ⅰ) 내역입찰의 경우 입찰서와 함께 산출내역서를 제출하지 아니한 입찰 및 입찰서상의 금액과 산출내역서상의 금액이 일치하지 아니한 입찰과 그밖에 기획재정부장관이 정하는 입찰무효사유(공사입찰유의서 제15조)에 해당하는 입찰

ⅱ) 경쟁입찰 참가자격으로 등록된 사항 중 상호 또는 법인의 명칭 또는 대표자(수인의 대표자가 있는 경우에는 대표자 전원)의 성명을 변경등록하지 아니하고 입찰서를 제출한 입찰

☞ 기업부담 완화차원에서 산출내역서를 제출하지 아니한 입찰 등 입찰자 또는 계약상대자의 잘못이 크지 않은 입찰 및 계약의 경우에는 입찰참가자격제한을 폐지함(영 제76제1항제1호나목, 규칙 제75조의2 개정, 2019.9.17)

③ 입찰참가를 방해하거나 낙찰자의 계약체결 또는 그 이행을 방해한 자[영 제76조 제1항 제1호 라목]

> 〈참고〉 기업부담 완화 차원에서 입찰자 또는 계약상대자의 잘못이 크지 않은 다음의 입찰참가자격제한 사유는 폐지함(영 제76조 제1항 제1호 다, 마, 바, 사목 삭제, 2019.9.17.)
>
> 다. 입찰참가신청서 또는 입찰참가승낙서를 제출하고도 정당한 이유 없이 해당 회계연도 중 3회 이상 입찰(영 제39조제1항에 따라 전자조달시스템 또는 각 중앙관서의 장이 지정·고시한 정보처리장치를 통하여 입찰서를 제출하게 한 입찰은 제외)에 참가하지 아니한 자
>
> 마. 정당한 이유 없이 영 제42조제1항에 따른 계약이행능력 및 일자리창출 실적 등의 심사에 필요한 서류의 전부 또는 일부를 제출하지 아니하거나 서류제출 후 낙찰자 결정전에 심사를 포기한 자
>
> 바. 영 제42조제4항에 따른 낙찰자 결정과정에서 정당한 이유 없이 심사에 필요한 서류의 전부 또는 일부를 제출하지 아니하거나 서류제출 후 낙찰자 결정전에 심사를 포기한 자
>
> 사. 영 제87조에 따라 일괄입찰의 낙찰자를 결정하는 경우에 실시설계적격자로 선정된 후 정당한 이유 없이 기한 내에 실시설계서를 제출하지 아니한 자

10) 정당한 이유 없이 계약의 체결 또는 이행 관련 행위를 하지 아니하거나 방해하는 등 계약의 적정한 이행을 해칠 염려가 있는 자로서 다음의 어느 하나에 해당하는 자[영 제76조 제2항 제2호]

① 정당한 이유 없이 계약을 체결 또는 이행(영 제42조 제5항에 따른 계약이행능력심사를 위하여 제출한 하도급관리계획, 외주근로자 근로조건 이행계획에 관한 사항의 이행과 영 제72조 및 제72조의2에 따른 공동계약에 관한 사항의 이행을 포함)하지 아니하거나 입찰공고와 계약서에 명시된 계약의 주요조건(입찰공고와 계약서에 이행을 하지 아니하였을 경우 입찰참가자격 제한을 받을 수 있음을 명시한 경우에 한정)을 위반한 자

② 조사설계용역계약 또는 원가계산용역계약에 있어서 고의 또는 중대한 과실로 조사설계금액이나 원가계산금액을 적정하게 산정하지 아니한 자

③ 「건설기술 진흥법」 제47조에 따른 타당성 조사 용역의 계약에서 고의 또는 중대한 과실로 수요예측 등 타당성 조사를 부실하게 수행하여 발주기관에 손해를 끼친 자

④ 감독 또는 검사에 있어서 그 직무의 수행을 방해한 자

⑤ 시공 단계의 건설사업관리 용역계약 시 「건설기술 진흥법 시행령」 제60조 및 계약서 등에 따른 건설사업관리기술자 교체 사유 및 절차에 따르지 아니하고 건설사업관리기술자를 교체한 자

11) 다른 법령을 위반하는 등 입찰에 참가시키는 것이 적합하지 아니하다고 인정되는 자로서 다음의 어느 하나에 해당하는 자[영 제76조 제2항 제3호]

① 계약을 이행하면서 안전대책을 소홀히 하여 공중에게 위해를 가한 자

② 「전자정부법」 제2조제13호에 따른 정보시스템의 구축 및 유지·보수 계약의 이행과정에서 알게 된 정보 중 각 중앙관서의 장 또는 계약담당공무원이 누출될 경우 국가에 피해가 발생할 것으로 판단하여 사전에 누출금지정보로 지정하고 계약서에 명시한 정보를 무단으로 누출한 자

③ 「전자정부법」 제2조제10호에 따른 정보통신망 또는 같은 조 제13호에 따른 정보시스템(이하 "정보시스템 등")의 구축 및 유지·보수 등 해당 계약의 이행과정에서 정보시스템 등에 허가 없이 접속하거나 무단으로 정보를 수집할 수 있는 비(非)인가 프로그램을 설치하거나 그러한 행위에 악용될 수 있는 정보시스템 등의 약점을 고의로 생성 또는 방치한 자

☞ 해킹 SW 설치행위자의 입찰참가자격 제한 : 국가 정보통신망 등의 보안 안전성을 제고하기 위해 정보통신망 구축·유지보수 계약 이행과정에서 해킹 SW를 설치한 자에 대한 입찰참가자격제한 근거를 신설(영 제76조제2항제3호, 2016.09.03.)

〈공기업·준정부기관의 입찰참가자격 제한관련 규정〉

* 「공공기관의 운영에 관한 법률」 제39조(회계원칙 등) ② 공기업·준정부기관은 공정한 경쟁이나 계약의 적정한 이행을 해칠 것이 명백하다고 판단되는 사람·법인 또는 단체 등에 대하여 2년의 범위 내에서 일정기간 입찰참가자격을 제한할 수 있다.
③ 제1항과 제2항의 규정에 따른 회계처리의 원칙과 입찰참가자격의 제한기준 등에 관하여 필요한 사항은 기획재정부령으로 정한다.

* 「공기업·준정부기관 계약사무규칙」 제15조(부정당업자의 입찰참가자격 제한) 법 제39조 제3항에 따라 기관장은 공정한 경쟁이나 계약의 적정한 이행을 해칠 것이 명백하다고 판단되는 자에 대해서는 「국가를 당사자로 하는 계약에 관한 법률」 제27조에 따라 입찰참가자격을 제한할 수 있다.

나. 입찰참가자격 제한제도의 의의 및 취지

(1) 위에 열거된 바와 같이 계약의 이행을 부실·조잡하거나 부당하게 한 자, 경쟁의 공정한 집행을 저해할 염려가 있는 자, 계약의 적정한 이행을 해칠 염려가 있는 자, 또는 다른 법령을 위반하는 등 입찰에 참가시키는 것이 적합하지 아니하다고 인정되는 자 등이 부정당업자에 해당하는데, 이러한 부정당업자에 대하여는 일정 기간(1월~2년) 동안 국가기관이 시행하는 입찰에 참가하지 못하도록 하는 제도를 부정당업자의 "입찰참가자격 제한제도"라고 한다(법 제27조, 동법시행령 제76조).

(2) 동 제한제도를 국가계약법에 두고 있는 취지는 국가를 당사자로 하는 계약에서 공정한 입찰 및 계약 질서를 어지럽히는 행위를 하는 자에 대하여 일정기간 입찰참가를 배제함으로써 국가가 체결하는 계약의 성실한 이행을 확보함과 동시에 국가가 입게 될 불이익을 미연에 방지하기 위한 데 있다고 할 수 있다(대법원 2020.2.27. 선고 2017두39266 판결).

2 입찰참가자격 제한조치의 법적 성격

가. 침익적 행정처분에 해당

(1) 국가계약법에 따른 '부정당업자에 대한 입찰참가자격 제한조치'는 국가 등 공공기관이 시행하는 공사·물품·용역 등의 입찰에 참가하지 못하게 하는 것이므로, 동 제한조치를 받은 자는 국가 등 공공기관이 발주하는 사업의 수주가 불가능할 뿐만 아니라 기업에 대한 부정적 인식 등 그 미치는 효과가 지대하다고 할 수 있다. 이러한 성격을 감안하여 헌법재판소는 동 제한조치를 사실상 제한적 영업정지의 효과가 있는 중대한 처분이라고 평가한 바 있다(2005.6.30. 선고 2005헌가1 결정).

(2) 또한, 국가계약법에 따른 조달계약은 일반적으로 수평적인 거래관계 형성을 목적으로 하므로 사법상 법률행위에 해당하지만, 여기의 입찰참가자격 제한조치는 국민의 권리 또는 이익을 박탈하거나 제재를 가하는 침익적 행정처분으로서 직업 및 영업활동의 자유를 직접 제한하는 대표적인 불이익 처분에 해당한다. 따라서 그 처분절차와 관련하여서는 행정절차법이 적용되어 조치하여야 할 내용의 통보, 의견제출 및 청문실시 등의 절차를 거쳐야 하며 이의 불복 시에는 행정소송절차에 의하여야 한다(대법원 1983.12.27. 선고 81누366 판결 등).

(3) 한편, 대법원은 위와 같이 국가기관 또는 지방자치단체가 행한 입찰참가자격 제한조치는 행정처분의 성격이라고 일관되게 판시하고 있지만, 공공기관의 경우에는 법령에 의한 행정

권한의 위임·위탁 여부에 따라 구분하여 판시하고 있다. 즉, 공공기관 중 '공기업·준정부기관'이 행한 입찰참가자격 제한조치는 「공공기관 운영에 관한 법률」 제39조 제2항80)의 근거에 의한 행정처분인 반면에, 법령에 의하여 행정권한의 위임 또는 위탁을 받지 않은 기타 공공기관 등이 상대방의 권리를 제한하는 행위를 행하는 경우에는 행정처분이 아닌 사법상의 효력을 가지는 민사상 통지에 해당한다고 본다(2018.10.25. 선고 2016두33537 판결).

〈참고〉 행정처분의 개념과 구분의 실익

○ 행정처분이라 함은 행정청 또는 그 소속기관이나 법령에 의하여 행정권한의 위임 또는 위탁을 받은 공공기관이 국민의 권리의무에 관계되는 사항에 관하여 공권력을 발동하여 행하는 공법상의 행위를 말하며, 따라서 그 것이 상대방의 권리를 제한하는 행위라 하더라도 행정청 또는 그 소속기관이나 권한을 위임받은 공공기관의 행위가 아닌 한 이를 행정처분이라고 할 수 없음
○ 이와 같은 행정처분 해당 여부에 대한 구분의 실익은 구체적인 법률관계가 공법관계인지 사법관계인지에 따라 적용 법리와 기준, 관할 법원 등이 달라지기 때문인 것임

나. 확장·유추 해석 및 자의적 운용 금지

(1) 위에 기술한 바와 같이 '부정당업자에 대한 입찰참가자격 제한조치'는 국민의 권리를 제한하거나 이익을 박탈하는 침해적 행정행위로서 행정소송 대상이 된다는 것이 정설이며, 이러한 법적 성격을 감안하여 국가계약법령에 그 제한사유·제한기간·적용대상 등 각종 기준을 구체적으로 규정하고 있다. 따라서 중앙관서의 장이 입찰참가자격을 제한 처분함에 있어서는 동 법령에 열거되어 있는 입찰참가자격제한 사유(부정당업자) 이외에 유추 또는 확대하여 해석하거나 자의적으로 운용하여서는 아니 된다는 점을 유의할 필요가 있는 것이다.

(2) 이와 관련하여 대법원도 침익적 행정처분의 근거가 되는 행정 법규는 엄격하게 해석·적용하여야 하고 행정처분의 상대방에게 불리한 방향으로 지나치게 확장 해석하거나 유추 해석하여서는 안 되며, 그 입법 취지와 목적 등을 고려한 목적론적 해석이 문언의 통상적인 의미를 벗어나서는 안 된다고 판시하고 있다(2008.2.28. 선고 2007두1379,13807 판결).

최근의 판례에서도 국가계약법시행령 제76조 제2항 제2호 가목81)의 입찰참가자격제한 처분과 관련하여 대법원은 계약조건 위반을 이유로 입찰참가자격제한 처분을 하기 위해서는

---

80) 「공공기관운영에 관한 법률」 제39조(회계원칙 등) ② 공기업·준정부기관은 공정한 경쟁이나 계약의 적정한 이행을 해칠 것이 명백하다고 판단되는 사람·법인 또는 단체 등에 대하여 2년의 범위 내에서 일정기간 입찰참가자격을 제한할 수 있다.
81) 시행령 제76조 제2항 제2호 가목 : 입찰공고와 계약서에 명시된 계약의 주요조건(입찰공고와 계약서에 이행을 하지 아니하였을 경우 입찰참가자격 제한을 받을 수 있음을 명시한 경우에 한함)을 위반한 자

입찰공고와 계약서에 미리 계약조건과 그 계약조건을 위반할 경우 입찰참가자격제한을 받을 수 있다는 사실을 모두 명시해야 하고, 계약상대방이 입찰공고와 계약서에 기재되어 있는 계약조건을 위반한 경우에도 입찰공고와 계약서에 미리 그 계약조건을 위반할 경우 입찰참가자격이 제한될 수 있음을 명시해 두지 않았다면 입찰참가자격제한 처분을 할 수 없다고 판시한 바 있으며, 이는 침익적 행정처분에 해당하는 입찰참가자격제한은 헌법상 요구되는 명확성의 원칙에 따라 그 근거가 되는 행정 법규를 더욱 엄격하게 해석·적용하여 행정처분의 상대방에게 지나치게 불리한 방향으로 확대해석이나 유추해석을 해서는 안 된다는 취지라고 할 수 있다(대법원 2021.11.11. 선고2121두43491 판결).

3 입찰참가자격 제한조치의 주체 및 대상

가. 입찰참가자격 제한조치의 주체

⑴ '부정당업자에 대한 입찰참가자격 제한조치'는 입찰참가 대상자의 권익을 크게 제한하는 것이 되므로 보다 신중을 기하기 위해 헌법 및 정부조직법 등에 따라 설치된 '중앙관서의 장'(지방자치단체의 장, 공기업·준정부기관의 장)만이 할 수 있으며, 국가계약법시행령 제94조에 의해 설치된 계약심의위원회의 심의를 거치도록 하고 있다.

⑵ 즉, '입찰참가자격 제한조치'는 중앙관서의 장이 행하는 행정처분으로서 행정절차법에 의거 조치할 내용의 통보와 의견제출 및 청문 등의 절차를 수행하여야 하며, 따라서 일선의 계약담당공무원은 부정당업자에 해당된다고 인정되는 자가 있을 때에는 직접 제재할 수는 없고 지체 없이 소속 중앙관서의 장에게 보고하여 조치토록 하여야 한다.

* 각 중앙관서의 장이 국가계약법 제6조에 근거하여 조달청에 위탁하는 경우에는 조달청장이 입찰참가자격제한처분을 할 수 있으며, 다만, 계약체결 이후 이행과정에서 발생한 입찰참가자격 제한조치는 해당 수요기관의 장이 수행하게 된다고 할 수 있음(기획재정부 계약제도과-226, '18.2.21)

〈참고〉계약심의위원회 : 각 중앙관서의 장 또는 그 소속기관의 장은 물품·공사·용역 등의 계약에 있어 다음의 사항에 관한 자문에 응하도록 하기 위해 계약심의위원회를 설치·운영할 수 있음(영 제94조)

- ㅇ 발주기관이 입찰참가자격 요건, 부정당업자의 입찰참가자격 제한, 그 밖에 계약과 관련하여 질의한 사항
- ㅇ 입찰참가자 또는 계약상대자가 입찰, 계약체결 및 계약이행과 관련하여 질의하거나 시정을 요구한 사항

○ 국가계약분쟁조정위원회의 심사·조정 결과에 이의 제기를 하는 사항(영 제113조 제4항에 따른 이의제기에 관한 사항)

- 분쟁조정의 실효성 제고를 위해 발주기관이 국가계약분쟁조정위원회의 조정결과에 이의제기 시 발주기관 계약심의위원회 자문을 거쳐 제기 사유 등을 국가계약분쟁조정위원회에 서면으로 제출토록 함(영 제113조 제4항 신설, 2018.12.4.)

○ 그 밖에도 원자재 가격 급등 등으로 인하여 계약 체결일 이후 90일 이내에 계약금액 조정을 하지 아니하고는 계약 이행이 곤란하다고 인정되는 경우에는 계약심의회의 심의를 거쳐 90일 경과되기 전이라도 계약금액 조정이 가능하도록 하고 있음(정부 입찰·계약 집행기준 제70조의4 제6항)

나. 입찰참가자격 제한조치 대상(영 제76조 제3항)

1) 개요

국가계약법시행령 제76조 제3항에 의하면 부정당업자 제재대상을 다음과 같이 2가지 유형으로 구분하고 있는데, 이는 종전에는 국가계약의 직접 당사자만이 부정당업자에 해당하는 것으로 보았으나 계약상대자 등이 아닌 경우에도 제재가 가능하도록 법령을 정비한 것이기 때문이라고 할 수 있다.

① 계약상대자, 입찰자 또는 전자조달시스템을 이용해 견적서를 제출하는 자로서 입찰참가자격 제한사유에 해당하는 자(법 제27조 제1항 제1호부터 제4호까지 및 제7호 및 제8호)

② 「독점규제 및 공정거래에 관한 법률」 또는 「하도급거래 공정화에 관한 법률」을 위반하여 공정거래위원회로부터 입찰참가자격 제한의 요청이 있는 자와 「대·중소기업 상생협력 촉진에 관한 법률」 제27조 제7항에 따라 중소벤처기업부장관으로부터 입찰참가자격 제한의 요청이 있는 자(법 제27조 제1항 제5호 또는 제6호)

〈 부정당업자 정의 관련 규정 정비 〉

• 종전에는 계약상대자, 입찰자 또는 전자조달시스템을 통한 견적서 제출자를 부정당업자로 정의함으로서 국가계약의 당사자만이 부정당업자에 해당하는 것으로 보았으나
• 공정거래위원회 또는 중소벤처기업부가 공정거래법 등에 따라 입찰참가자격 제한 요청을 하는 경우 국가계약의 당사자가 아닌 경우에도 부정당업자로서 즉시 제재가 가능하도록 법령을 재정비하였음(영 제76조 제2항 개정, 2019.9.17.)

2) 사안별 입찰참가자격 제한조치 대상

1 부정당업자가 개인사업자인 경우

부정당업자가 개인사업자인 경우에는 당해 개인사업자에게 입찰참가자격 제한조치를 하게 된다.

2 법인 또는 단체, 중소기업협동조합인 경우(영 제76조 제6항)

(1) 법인 또는 단체가 부정당업자에 해당하는 경우에는 그 대표자에 대하여도 입찰참가자격 제한조치를 하며, 이 경우, 대표자가 여러 명 있는 경우에는 해당 입찰 또는 계약에 관한 업무를 소관 하는 대표자로 한정한다. 이와 같이 그 대표자에 대하여도 제한조치를 하도록 규정하고 있는 취지는 법인 또는 단체의 의사를 결정하는 자는 실질적으로 대표자이기 때문이라고 할 수 있다.

다만, '공기업·준정부기관'의 경우에는 「공공기관의 운영에 관한 법률」 제39조 제2항에서 입찰참가자격제한 대상을 '공정한 경쟁이나 계약의 적정한 이행을 해칠 것이 명백하다고 판단되는 사람·법인 또는 단체 등'으로 규정하여 동 제한 처분의 대상을 해당 부정당 행위에 관여한 자로 한정하고 있기 때문에, 부정당 행위에 관여하였는지 여부와 무관하게 법인 등의 대표자 지위에 있다는 이유만으로 입찰참가자격 제한 처분의 대상이 될 수는 없다(대법원 2017.6.15. 선고 2016두52378 판결).

(2) 「중소기업협동조합법」에 따른 중소기업협동조합이 부정당업자에 해당하는 경우에는 입찰참가자격 제한의 원인을 제공한 조합원에 대하여도 입찰참가자격제한조치를 한다. 그러나 이와는 반대로 조합원이 중소기업협동조합과는 무관하게 부정당업자 제재 사유에 해당하는 행위를 하였을 경우에는 동 중소기업협동조합에 대하여 입찰참가자격 제한 조치를 하는 것은 아니다.

3 부정당업자의 대리인, 지배인 및 그밖의 사용인의 경우(영 제76조 제3항)

(1) 부정당업자의 대리인, 지배인 그 밖의 사용인이 부정당업자에 해당하는 행위를 하여 입찰참가자격제한 사유가 발생한 경우에도 동 부정당업자에 대해 입찰참가자격 제한 조치를 하여야 하는 것이나, 다만, 동 부정당업자가 대리인, 지배인 그 밖의 사용인의 그 행위를 방지하기 위하여 상당한 주의와 감독을 게을리하지 아니한 경우에는 부정당업자에 대한 입찰참가자격 제한조치를 하지 않는다.

☞ 이는 대리인 등의 모든 행위에 대해 사업주("부정당업자")에게 책임을 묻는 것은 책임주의 원칙에 반할 수 있다는 헌법재판소의 위헌결정(2009.07.30.자 2008헌가18 결정)에 따라 부정당업자가 대리인 등의 부정당 행위를 방지하기 위해 상당한 주의·감독의무를 이행한 경우에는 면책하기 위해 국가계약법시행령에 사업주의 면책 규정을 신설 보완하게 된 것임(영 제76조 개정, 2010.10.22.)

(2) 이때 면책사유에 해당하기 위해서는 부정당업자(사업주)가 상당한 주의와 감독을 게을리 하지 아니하였다는 것을 입증하여야 하는데, 이에 대하여 대법원은 당해 위반행위와 관련된 모든 사정 즉, 당해 법률의 입법 취지 및 위반행위에 관하여 양벌규정을 마련한 취지 등은 물론 위반행위의 구체적인 모습과 그로 인하여 실제 야기된 피해 또는 결과의 정도 등을 전체적으로 종합하여 판단하도록 판시하고 있는 점으로 보아 입증에 상당한 노력이 있어야 할 것으로 본다(대법원 2018.7.12. 선고 2015도464 판결).

4 공동계약의 경우(영 제76조 제5항)

(1) 국가계약법 제25조에 따른 공동계약의 공동수급체가 동법 제27조 제1항에 규정한 부정당업자의 입찰참가자격 제한 사유 중 어느 하나에 해당하는 경우에는 입찰참가자격 제한의 원인을 제공한 자에 대해서만 입찰참가자격 제한조치를 한다.

(2) 이 경우 입찰참가자격 제한의 원인제공이 직접 또는 간접 구분이 없으므로 부정당업자에 해당하는 '분담내용 또는 출자비율과 다르게 시공한 자'의 경우 당초의 분담내용 또는 출자비율 보다 높게 시공하여 제한 사유를 직접 야기 시킨 자 뿐만 아니라 낮게 시공하는 구성원도 결과적으로 당초 계약 내용을 위반하는 자에 해당하므로 입찰참가자격 제한조치를 받게 된다는 점을 유의할 필요가 있다.

4 부정당업자의 입찰참가자격 제한 기준(규칙 제76조 관련, 별표2)

중앙관서의 장이 부정당업자에 대하여 입찰참가자격 제한조치를 할 경우에는 최소 1개월 이상 최장 2년 이하의 범위 내에서 하게 된다. 이 경우 제한 기간의 구체적 결정은 위반행위별로 부실벌점, 하자비율, 부정행위의 유형, 고의·과실 여부, 뇌물액수, 국가에 손해를 끼친 정도를 고려하여 세부적으로 규정해 놓은 국가계약법시행규칙 제76조 관련 별표2에 따르며 그 세부적인 내용은 다음과 같다.

가. 일반기준

(1) 중앙관서의 장은 입찰참가자격의 제한을 받은 자에게 그 처분 일부터 입찰참가자격 제한기간 종료 후 6개월이 경과하는 날까지의 기간 중 다시 부정당업자에 해당하는 사유가 발생한 경우에는 그 위반행위의 동기·내용 및 횟수 등을 고려하여 개별기준에 따른 해당 제재 기간의 2분의 1의 범위에서 자격제한기간을 늘릴 수 있다. 이 경우 가중한 기간을 합산한 기간은 2년을 넘을 수 없다.

(2) 부정당업자가 위반한 여러 개의 행위에 대하여 같은 시기에 입찰참가자격 제한을 하는 경우 입찰참가자격 제한기간은 개별기준에 규정된 해당 위반행위에 대한 제한기준 중 제한 기간을 가장 길게 규정한 제한기준에 따른다.

(3) 중앙관서의 장이 부정당업자에 대한 입찰참가자격을 제한함에 있어 그 자격제한 기간을 그 위반행위의 동기·내용 및 횟수 등을 고려하여 개별기준에서 정한 기간의 2분의 1의 범위에서 줄일 수 있으며, 이 경우 감경 후의 제한 기간은 1개월 이상이어야 한다. 다만, 관계 공무원에게 뇌물을 준 자(법 제27조 제1항 제7호)에 대해서는 입찰참가자격 제한기간을 줄여서는 안 된다.

☞ 부패근절 및 공정조달 확립차원에서 뇌물제공 업체에 대하여는 입찰참가자격 제한기간 감경조치를 금지함(규칙 별표2 개정, 2019.9.17.)

(4) 위의 일반기준을 종합해 볼 때 제한 기간의 가중대상은 제한조치를 한 후 다시 제한 사유가 발생한 경우 적용하는 것이지 제한조치를 할 당시에 2 이상의 제한 사유가 발생되어 함께 제한조치를 하는 경우에는 가중대상이 아니며, 또한 가중과 감경 조치는 의무적인 사항이 아니므로 해당 중앙관서의 장이 재량적으로 판단하여 결정할 사항이라고 할 수 있다.

나. 개별기준

입찰참가자격 제한사유	제재기간
1. 법 제27조제1항제1호에 해당하는 자 중 부실시공 또는 부실설계·감리를 한 자	
가. 부실벌점이 150점 이상인 자	2년
나. 부실벌점이 100점 이상 150점 미만인 자	1년
다. 부실벌점이 75점 이상 100점 미만인 자	8개월
라. 부실벌점이 50점 이상 75점 미만인 자	6개월
마. 부실벌점이 35점 이상 50점 미만인 자	4개월
바. 부실벌점이 20점 이상 35점 미만인 자	2개월

입찰참가자격 제한사유	제재기간

2. 법 제27조제1항제1호에 해당하는 자 중 계약의 이행을 조잡하게 한 자
  가. 공사
    1) 하자비율이 100분의 500 이상인 자
    2) 하자비율이 100분의 300 이상 100분의 500 미만인 자
    3) 하자비율이 100분의 200 이상 100분의 300 미만인 자
    4) 하자비율이 100분의 100 이상 100분의 200 미만인 자
  나. 물품
    1) 보수비율이 100분의 25 이상인 자
    2) 보수비율이 100분의 15 이상 100분의 25 미만인 자
    3) 보수비율이 100분의 10 이상 100분의 15 미만인 자
    4) 보수비율이 100분의 6 이상 100분의 10 미만인 자
	
	2년
	1년
	8개월
	3개월
	
	2년
	1년
	8개월
	3개월

3. 법 제27조제1항제1호에 해당하는 자 중 계약의 이행을 부당하게 하거나 계약을 이행할 때에 부정한 행위를 한 자
  가. 설계서(물품제조의 경우에는 규격서를 말한다. 이하 같다)와 달리 구조물 내구성 연한의 단축, 안전도의 위해를 가져오는 등 부당한 시공 (물품의 경우에는 제조를 말한다. 이하 같다)을 한 자
  나. 설계서상의 기준규격보다 낮은 다른 자재를 쓰는 등 부정한 시공을 한 자
  다. 가목의 부당한 시공과 나목의 부정한 시공에 대하여 각각 감리업무를 성실하게 수행하지 아니한 자
	
	1년
	
	6개월
	3개월

4. 법 제27조제1항제2호에 해당하는 자
  가. 담합을 주도하여 낙찰을 받은 자
  나. 담합을 주도한 자
  다. 입찰자 또는 계약상대자 간에 서로 상의하여 미리 입찰가격, 수주 물량 또는 계약의 내용 등을 협정하거나 특정인의 낙찰 또는 납품 대상자 선정을 위하여 담합한 자
	
	2년
	1년
	6개월

5. 법 제27조제1항제3호에 해당하는 자
  가. 전부 또는 주요부분의 대부분을 1인에게 하도급한 자
  나. 전부 또는 주요부분의 대부분을 2인 이상에게 하도급한 자
  다. 면허·등록 등 관련 자격이 없는 자에게 하도급한 자
  라. 발주기관의 승인 없이 하도급한 자
  마. 재하도급금지 규정에 위반하여 하도급한 자
  바. 하도급조건을 하도급자에게 불리하게 변경한 자
	
	1년
	8개월
	8개월
	6개월
	4개월
	4개월

6. 법 제27조제1항제4호에 해당하는 자(사기, 그 밖의 부정한 행위로 입찰·낙찰 또는 계약의 체결·이행 과정에서 국가에 손해를 끼친 자)
  가. 국가에 10억 원 이상의 손해를 끼친 자
  나. 국가에 10억 원 미만의 손해를 끼친 자
	
	2년
	1년

입찰참가자격 제한사유	제재기간
7. 법 제27조제1항제5호 또는 제6호에 따라 공정거래위원회 또는 중소 기업청장으로부터 입찰참가자격제한 요청이 있는 자	
가. 이 제한기준에서 정한 사유로 입찰참가자격제한 요청이 있는 자	해당 각 호의 기준에 의함
나. 이 제한기준에 해당하는 사항이 없는 경우로서 입찰참가자격제한 요청이 있는 자	6개월
8. 법 제27조제1항제7호에 해당하는 자	
가. 2억 원 이상의 뇌물을 준 자	2년
나. 1억 원 이상 2억 원 미만의 뇌물을 준 자	1년
다. 1천만 원 이상 1억 원 미만의 뇌물을 준 자	6개월
라. 1천만 원 미만의 뇌물을 준 자	3개월
9. 영 제76조제1항에 해당하는 자(계약을 이행할 때에 산업안전보건법 제38조, 제39조 및 제63조를 위반하여 동시에 2명 이상의 근로자가 사망한 재해를 발생시킨 자)	
가. 동시에 사망한 근로자수가 10명 이상	2년
나. 동시에 사망한 근로자수가 6명 이상 10명 미만	1년 6개월
다. 동시에 사망한 근로자수가 2명 이상 6명 미만	1년
10. 영 제76조제1항제1호가목에 해당하는 자	
가. 입찰에 관한 서류(제15조제2항에 따른 입찰참가자격 등록에 관한 서류를 포함한다)를 위조·변조하거나 부정하게 행사하여 낙찰을 받은 자 또는 허위서류를 제출하여 낙찰을 받은 자	1년
나. 입찰 또는 계약에 관한 서류(제15조제2항에 따른 입찰참가자격 등록에 관한 서류를 포함한다)를 위조·변조하거나 부정하게 행사한 자 또는 허위서류를 제출한 자	6개월
11. 영 제76조제1항제1호나목에 해당하는 자(고의로 무효의 입찰을 한 자)	6개월
12. 영 제76조제1항제1호라목에 해당하는 자(입찰참가를 방해하거나 낙찰자의 계약체결 또는 그 이행을 방해한 자)	3개월
13. 영 제76조제2항제2호가목에 해당하는 자	
가. 계약을 체결 또는 이행(하자보수의무의 이행을 포함한다)하지 아니한 자	6개월
나. 공동계약에서 정한 구성원 간의 출자비율 또는 분담내용에 따라 시공 하지 아니한 자	
1) 시공에 참여하지 아니한 자	3개월
2) 시공에는 참여하였으나 출자비율 또는 분담내용에 따라 시공하지 아니한 자	1개월
다. 계약상의 주요조건을 위반한 자	3개월
라. 영 제52조제1항 단서에 따라 공사이행보증서를 제출하여야 하는 자로서 해당 공사이행보증서 제출의무를 이행하지 아니한 자	1개월
마. 영 제42조제5항에 따른 계약이행능력심사를 위하여 제출한 사항을 지키지 아니한 자	
1) 외주근로자 근로조건 이행계획에 관한 사항을 지키지 아니한 자	3개월
2) 하도급관리계획에 관한 사항을 지키지 아니한 자	1개월

입찰참가자격 제한사유	제재기간
14. 영 제76조제2항제2호나목 또는 다목에 해당하는 자 가. 고의에 의한 경우 나. 중대한 과실에 의한 경우	 6개월 3개월
15. 영 제76조제2항제2호라목에 해당하는 자(감독 또는 검사에 있어서 그 직무의 수행을 방해한 자)	3개월
16. 영 제76조제1항제2호마목에 해당하는 자(시공 단계의 건설사업관리 용역계약 시 「건설기술 진흥법 시행령」 제60조 및 계약서 등에 따른 건설사업관리기술자 교체 사유 및 절차에 따르지 아니하고 건설사업관리기술자를 교체한 자)	8개월
17. 영 제76조제2항제3호가목에 해당하는 자 가. 안전대책을 소홀히 하여 사업장 근로자 외의 공중에게 생명·신체상의 위해를 가한 자 나. 안전대책을 소홀히 하여 사업장 근로자 외의 공중에게 재산상의 위해를 가한 자	 1년 6개월
18. 영 제76조제2항제3호나목에 해당하는 자(「전자정부법」 제2조제13호에 따른 정보시스템의 구축 및 유지·보수 계약의 이행과정에서 알게 된 정보 중 각 중앙관서의 장 또는 계약담당공무원이 누출될 경우 국가에 피해가 발생할 것으로 판단하여 사전에 누출금지정보로 지정하고 계약서에 명시한 정보를 무단으로 누출한 자) 가. 정보 누출 횟수가 2회 이상인 경우 나. 정보 누출 횟수가 1회인 경우	 3개월 1개월
19. 영 제76조제2항제3호다목에 해당하는 자(「전자정부법」 제2조제10호에 따른 정보통신망 또는 같은 조 제13호에 따른 정보시스템(이하 이 호에서 "정보시스템등"이라 한다)의 구축 및 유지·보수 등 해당 계약의 이행과정에서 정보시스템 등에 허가 없이 접속하거나 무단으로 정보를 수집할 수 있는 비인가 프로그램을 설치하거나 그러한 행위에 악용 될 수 있는 정보시스템 등의 약점을 고의로 생성 또는 방치한 자)	2년

〈비고〉

1. 위 표에서 "부실벌점"이란 「건설기술진흥법」 제53조제1항 각 호 외의 부분에 따른 벌점을 말한다.
2. 위 표에서 "하자비율"이란 하자담보책임기간 중 하자검사결과 하자보수보증금에 대한 하자발생 누계금액비율을 말한다.
3. 위 표에서 "보수비율"이란 물품보증기간 중 계약금액에 대한 보수비용발생 누계금액비율을 말한다.

5 제한조치 절차 및 제한내용 공개 등

가. 입찰참가자격 제한조치의 절차

(1) 일선 기관의 계약담당공무원은 법 제27조 제1항에 따른 부정당업자에 해당된다고 인정되는 자가 있을 때에는 지체 없이 소속 중앙관서의 장에게 보고하여야 하며, 해당 중앙관서의 장은 동 부정당업자에 대해 즉시 1개월 이상 2년 이하의 범위에서 입찰참가자격을 제한해야 한다(영 제76조 제3항, 규칙 제77조).

(2) 위와 같이 중앙관서의 장이 행하는 부정당업자에 대한 입찰참가자격 제한조치는 권익을 제한하는 침해적 행정처분에 해당함으로 사전통지나 의견제출의 기회 보장 등 행정절차법에 따라 처분하여야 하며, 따라서 행정처분 시 사전통지나 의견제출, 청문 실시 등의 절차를 거치지 아니하였다면 위법한 처분이므로 절차적 위법을 이유로 취소를 청구할 수 있는 것이다.

따라서 중앙관서의 장이 부정당업자 입찰참가자격제한 처분을 하였으나 해당 처분절차에 하자가 있었거나 해당 처분 사유와 관련하여 처분 전에 발생한 사실이 처분에 반영되지 않은 경우 등에는 해당 처분을 취소하고 다시 처분하는 것이 타당하다고 보며, 법원으로부터 부정당업자 제재 처분 효력정지가처분 인용 결정을 받은 경우에는 효력정지가처분 인용 결정으로 제재 처분의 효력이 정지되는 기간에 한하여 그 적용이 정지된다.

나. 전자조달시스템 게재 및 확인 의무

(1) 각 중앙관서의 장은 입찰참가자격 제한 처분을 한 경우에는 다음의 사항을 명백히 하여 입찰참가자격 제한기간의 개시일 전까지 다른 중앙관서의 장 또는 계약담당공무원이 알 수 있도록 전자조달시스템에 게재하여야 한다(영 제76조 제10항).

① 업체(상호)명·주소·성명(법인인 경우 대표자성명, 법인등록번호)·주민등록번호·사업자등록번호, 관계 법령상 면허 또는 등록번호
② 입찰참가자격 제한기간
③ 입찰참가자격을 제한하는 구체적인 사유
④ 입찰참가자격 제한처분이 집행정지된 경우 그 집행정지 또는 집행정지의 해제사실

(2) 위의 사항에 대한 게재는 규칙 별지 제15호 서식의 부정당업자 제재확인서를 전자조달시스템에 게재하는 방법으로 하며, 각 중앙관서의 장은 동 전자조달시스템을 이용하여 입찰참가자의 입찰참가자격이 제한되고 있는지 여부를 확인하여야 한다(규칙 제77조).

다. 입찰참가자격 제한사항의 공개(법 제27조 제5항, 영 제76조 제11항)

각 중앙관서의 장은 입찰참가자격 제한처분을 한 경우에는 다음의 사항을 입찰참가자격 제한기간의 개시일 전까지 전자조달시스템에 공개하여야 하며, 이 경우 공개는 규칙 별지 제15호 서식의 부정당업자 제재확인서를 입찰참가자격제한 기간 동안 전자조달시스템에 게재하는 방법으로 하며, 제재확인서에는 다음의 사항만 기재하여야 한다(규칙 제77조 제5항).

① 업체(상호)명·성명(법인인 경우 대표자성명, 법인등록번호) 및 사업자등록번호
② 입찰참가자격 제한기간
③ 입찰참가자격을 제한하는 구체적인 사유
④ 입찰참가자격 제한처분이 집행 정지된 경우 그 집행정지 또는 집행정지의 해제사실

☞ 위의 공개사항에는 다른 중앙관서의 장이 확인할 수 있도록 게재하는 사항 중 주소, 주민등록번호, 관계 법령상 면허 또는 등록번호는 제외됨

라. 입찰참가자격 제한조치의 제척기간(법 제27조 제4항)

(1) 국가계약법 제27조 제1항의 입찰참가자격 제한사유가 발생하여도 일정 기간(5년~7년)이 지나면 제한조치 할 수 없도록 제척기간을 두고 있는데, 동 제척기간에 대하여 동법 동조 제4항은 다음과 같이 규정하고 있다.[82]

① 입찰참가자격 제한사유에 해당하는 행위가 종료된 때부터 5년이 경과
② 공정거래법 또는 하도급법 위반(법제27조 제1항 제5호) 및 상생협력 위반(동 조항 제6호)의 경우에는 중소벤처기업부장관 또는 공정거래위원회로부터 요청이 있었던 때부터 5년이 경과
③ 담합한 자(법제27조 제1항 제2호)와 뇌물을 준 자(동 조항 제7호)에 대하여는 위반행위 종료일부터 7년이 경과

☞ 건설산업기본법의 경우에도 영업정지 및 과징금 부과 등에 대하여 제척기간을 두고 있음(제84조의2)

(2) 위의 경우 제척기간을 산정하는데 있어 동 제척기간의 기산일인 '부정당업자에 해당하는 행위가 종료된 때'를 언제로 볼 것인지에 대하여는 명확히 규정한 바는 없으나, 담합의 경우에는 합의가 있었던 날이 아니라 합의에 기초한 실행행위가 종료한 날을 담합행위가 종료한 날이라고 보고 있다(대법원 2021.1.14. 선고 2019두59639 판결).

---

[82] 종전에는 입찰참가자격 제한조치에 대한 시한이 없었으므로 제재 사유 발생 후 상당 기간이 경과한 후에도 부정당업자를 제재하는 것이 원칙이었으나 위와 같은 제척기간의 설정에 따라 일정 기간이 지나면 제재를 할 수 없게 된 것이며, 이는 타 법률의 예와 같이 법질서의 조속한 안정을 위해 보완된 제도라고 할 수 있음 (2016.3.2. 신설)

6 입찰참가자격 제한조치와 연관된 효력

가. 수의계약 체결의 원칙적 금지(법 제27조 제3항)

(1) 국가기관으로부터 입찰참가자격 제한조치를 받은 자는 해당 제재기간 동안 경쟁입찰에 참여할 수 없을 뿐만 아니라 수의계약도 체결할 수 없다. 다만, 입찰참가자격을 제한받은 자 외에는 적합한 시공자, 제조자가 존재하지 아니하는 등 부득이한 사유가 있는 경우에는 예외적으로 수의계약 체결이 가능하다.

(2) 이처럼 입찰참가자격 제한을 받은 자와는 수의계약도 원칙적으로 금지하고 있는 것은, 경쟁의 공정한 집행을 저해할 염려가 있거나 계약의 적정한 이행을 해칠 염려가 있는 경우 또는 다른 법령을 위반하는 경우 등 입찰참가자격제한 사유가 공공계약의 방식 중 상당부분을 차지하고 있는 수의계약의 경우에도 적용되는 것이 합리적이라고 보기 때문이라고 할 수 있다.

나. 낙찰된 자가 계약체결 전에 제재 처분을 받은 경우

(1) 계약담당공무원은 경쟁입찰에서 낙찰된 자가 계약체결 전에 입찰참가자격 제한을 받은 경우에는 그 낙찰자와 계약을 체결해서는 아니 된다. 다만, 국가계약법 제21조에 따른 장기계속계약의 낙찰자가 최초로 계약을 체결한 이후 입찰참가자격 제한을 받은 경우로서 해당 장기계속계약에 대한 연차별 계약을 체결하는 경우에는 해당 계약상대자와 계약을 체결할 수 있다(영 제76조 제8항).

(2) 공동계약의 경우에 있어서 대표자가 낙찰자로 결정된 후 계약체결 전에 입찰참가자격 제한조치를 받은 경우에는 그 공동수급체와 계약을 체결하여서는 아니 된다. 다만, 대표자가 아닌 구성원 일부가 제한조치를 받았을 경우에는 잔존 구성원만으로 입찰공고 등에서 정한 면허, 시공능력 등 당해 계약이행요건을 갖추고 있으면 출자비율 변경 등 공동수급협정서를 보완하게 하여 해당 공동수급체와 계약을 체결할 수 있다.

다. 지방자치단체, 공기업·준정부기관 등이 조치한 자의 경우(영 제76조 제12항)

(1) 각 중앙관서의 장 또는 계약담당공무원은 다른 중앙관서의 장이 입찰참가자격을 제한 조치한 경우뿐만 아니라,「지방자치단체를 당사자로 하는 계약에 관한 법률」또는「공공기관의 운영에 관한 법률」등 다른 법령에 따라 입찰참가자격 제한을 한 사실을 통보받거나 전자조달시스템에 게재된 자에 대해서도 입찰에 참가할 수 없도록 하여야 한다.

☞ 다른 법령에 따라 제한받은 자에 대하여 종전에는 임의 적용이 원칙이었으나, 제한받은 자 모두에 대하여 예외 없이 입찰참가를 금지토록 변경됨(영 제76조 제11항, 2016.9.3.일 개정)

(2) 위와 같이 지방계약법 및 공공기관 운영법 이외에 다른 법령에 따라 제한받은 자도 입찰참가자격 제한대상에 포함되는 것이므로, 지방자치단체 및 공기업·준정부기관 뿐만 아니라 지방공기업법의 적용을 받는 지방공기업으로부터 입찰참가자격제한 사실을 통보받거나 전자조달시스템에 게재된 자에 대해서도 입찰참가를 배제하여야 한다.

라. 제한조치 받은 자가 대표자인 경우(영 제76조 제9항)

법인 또는 단체가 부정당업자에 해당되어 입찰참가자격이 제한된 자가 대표자인 법인 또는 단체에 대해서도 입찰참가자격 제한기간 동안에는 해당 관서에서 집행하는 입찰에 참가할 수 없도록 하여야 한다. 다만, 다음의 경우에는 그러하지 아니하다.

① 대표자가 여러 명 있는 경우로서 입찰참가자격이 제한된 대표자가 입찰에 관여하지 않은 경우
② 입찰참가자격이 제한된 대표자가 「중소기업협동조합법」에 따른 중소기업협동조합의 이사장(협동조합연합회 및 중소기업중앙회의 경우에는 회장)인 경우로서 해당 중소기업협동조합이 입찰참가자격 제한 사유와 관련 없는 경우

☞ 부정당업자가 중소기업협동조합의 이사장인 경우로서 입찰참가자격 제한 사유와 관련 없는 중소기업협동조합은 입찰참가자격 제한 대상에서 제외함(영 제76조 제9항, 2021.7.6. 개정)

마. 제한조치 효력의 승계 확인(영 제76조 제13항)

(1) 각 중앙관서의 장 또는 계약담당공무원은 입찰참가자격이 제한된 자와 전자조달시스템에 게재된 자가 상호·대표자 변경 등의 방법으로 제한기간 내에 입찰에 참가하는 것을 방지하기 위해 입찰참가자의 주민등록번호, 법인등록번호, 관계 법령상의 면허 또는 등록번호 등을 확인하여야 한다. 이는 상호나 대표자를 바꾸어도 주민번호 또는 법인번호가 바꾸어지지 않고 종전 그대로 나타나는 것이므로 동일인 또는 동일 법인으로 인정되어 그 제한조치의 효력이 승계되는 것으로 보기 때문이다.

(2) 포괄적 양도·양수가 이루어진 경우에는 해당 법인의 권리·의무도 양도·양수된 것으로 보아 입찰참가자격제한조치의 효력도 양수인에게 승계된다. 즉, 부정당업자 제재처분의 취지는 '경쟁의 공정한 집행 또는 계약의 적정한 이행을 해칠 염려가 있거나 기타 입찰에 참가시키는 것이 부적합하다고 인정되는 자'에게 향후 입찰참가 가능성을 제한하는 것이므로

영업양수도 계약을 통하여 양수 법인이 부정당업자 제재와 관련된 사업의 권리·의무를 포괄적으로 승계하였다면 동 양수 법인을 대상으로 부정당업자 제재 처분을 하는 것이 타당한 것으로 본다(기획재정부 계약제도과-55, 2013.1.16.).

☞ 〈참고 : 조달청 자료〉 5년간(2017~2022.6) 부정당업자 제재 총 2,130건 중 587건 가처분 인용 (계약금액 1조 402억원)

7 조세 포탈 등을 한 자의 입찰 참가자격 제한
(법 제27조의5, 영 제12조 제3항)

가. 조세 포탈 등 입찰참가자격 제한 대상자

각 중앙관서의 장은 법 제27조 및 영 제76조에 따라 입찰참가자격제한 조치를 받은 자는 물론 조세 포탈 등 다음의 어느 하나에 해당하는 자로서 유죄판결이 확정된 날부터 2년이 지나지 아니한 자에 대하여도 입찰참가자격을 제한하여야 한다.

① 「조세범처벌법」 제3조에 따른 조세포탈세액이나 환급·공제받은 세액이 5억 원 이상인 자
② 「관세법」 제270조에 따른 부정한 방법으로 관세를 감면받거나 면탈하거나 환급받은 세액이 5억 원 이상인 자
③ 「지방세기본법」 제129조에 따른 지방세포탈세액이나 환급·공제 세액이 5억 원 이상인 자
④ 「국제조세조정에 관한 법률」 제34조에 따른 해외금융계좌의 신고의무를 위반하고, 그 신고의무 위반금액이 같은 법 제34조의2 제1항에 따른 금액을 초과하는 자
⑤ 「외국환거래법」 제18조에 따른 자본거래의 신고 의무를 위반하고, 그 신고 의무 위반금액이 같은 법 제29조 제1항 제3호에 해당하는 자

나. 대상자 확인 절차

위와 같이 입찰참가자격을 제한함에 있어서는 「형의 실효 등에 관한 법률」 제2조 제5호에 따른 범죄 경력* 자료의 회보서나 판결문 등의 입증서류를 제출하게 하는 등의 방법으로 계약상대방이 위의 어느 하나에 해당하는지를 계약체결 전까지 확인하여야 한다. 다만, 계약상대방이 입찰에 참가할 때에 이러한 입증서류를 제출하기 어려운 경우에는 위의 어느 하나에 해당하지 아니한다는 사실을 적은 서약서를 제출하게 할 수 있으며, 서약서

에는 서약서에 적은 내용과 다른 사실이 발견된 때에는 계약을 해제·해지할 수 있고, 부정당업자 제재 처분을 받을 수 있다는 내용이 포함되어야 한다.

* 범죄경력자료 : ① 벌금 이상의 형의 선고, 면제 및 선고유예 ② 보호감호, 치료감호, 보호관찰 ③ 선고유예의 실효 ④ 집행유예의 취소 ⑤ 벌금 이상의 형과 함께 부과된 몰수, 추징(追徵), 사회봉사명령, 수강명령(受講命令) 등의 선고 또는 처분

다. 수의계약의 원칙적 금지 등

위의 조세 포탈 등으로 입찰참가자격 제한을 받은 자도 부정당업자에 해당되어 입찰참가자격제한을 받은 자와 마찬가지로 수의계약을 체결하여서는 아니 되며, 다만, 동 사유로 입찰참가자격을 제한받은 자 외에는 적합한 시공자, 제조자가 존재하지 아니하는 등 부득이한 사유가 있는 경우에는 예외적으로 수의계약을 체결할 수 있다.

그밖에 조세 포탈 등 위의 어느 하나에 해당하는 자에 대한 입찰참가자격제한에 관하여는 부정당업자의 입찰참가자격제한에 관한 규정(영 제76조 제4항·제5항·제7항 및 제8항)을 준용한다.

Ⅱ. 부정당업자에 대한 과징금 부과

1 과징금 개요

가. 도입 배경(법 제27조의2)

(1) 국가계약법 제27조의2에 따라 각 중앙관서의 장은 입찰참가자격을 제한하여야 하는 부정당업자에게 동 부정당업자의 책임이 경미한 경우 등 일정한 요건에 해당하는 경우에는 입찰참가자격 제한을 갈음하여 일정 금액 이하의 과징금을 부과할 수 있는데, 이러한 제도를 "부정당업자에 대한 과징금 부과제도"라고 한다.

(2) 동 과징금 부과제도는 부정당업자에 대한 제재 수단이 입찰참가자격 제한조치 하나밖에 없고, 또한 어느 한 기관으로부터 입찰참가자격 제한조치를 받은 업체는 제한기간 동안 국가, 지방자치단체 등 공공기관이 발주하는 모든 사업을 수주할 기회가 박탈될 뿐만 아니라 대외 신인도에도 막대한 영향을 미치는 등 그 효과가 과도하다는 점을 감안하여 제재제도의 경직성을 탈피하고 책임의 경중에 따른 탄력적 적용으로 실효성을 확보하기 위해 도입하게 된 것이다(동조 신설, 2012.12.18.).

나. 과징금 부과 여부

(1) 부정당업자에 대하여 경제적 제재 수단으로 과징금을 부과하는 조치는 앞에서 기술한 입찰참가자격을 제한하는 조치와는 그 제재 방법과 제재 효과 등 그 성격이 크게 다르다고 할 수 있다. 즉, 부정당업자에 대한 입찰참가자격제한은 사유 발생 시 각 중앙관서의 장이 의무적으로 조치해야 할 강행규정에 해당하지만, 과징금 부과는 해당 부정당업자의 신청이 있을 경우 중앙관서의 장이 이를 검토하여 기획재정부에 설치된 과징금부과심의위원회의에 심의를 요청하게 되고 동 위원회의 심의 결과에 따라 조치할 수 있는 사항이라는 점에서 차이가 있다.

※ 과징금 : 행정 법규의 위반이나 행정법상의 의무위반으로 경제상의 이익을 얻게 되는 경우에 그 위반으로 인한 경제적 이익을 박탈하기 위하여 그 이익 금액에 따라 행정기관이 부과하는 '행정상 제재 금'을 의미

(2) 따라서 해당 부정당업자가 입찰참가자격 제한 대신 과징금으로 갈음하기를 신청하지 아니할 경우에는 당초대로 입찰참가자격 제한 조치가 이루어질 수밖에 없다고 할 수

있으며, 현실적으로 부정당업자가 입찰참가자격 제한 대신 과징금 부과신청을 하게 되는 것은 경제적 부담에도 불구하고 공공기관의 입찰에 지속적으로 참여하고자 하는 것이라고 할 수 있으므로, 발주기관은 부정당업자 제재제도를 숙지하여 해당 부정당업자가 입찰참가자격 제한 대신에 과징금으로 갈음 신청할 지 여부를 판단할 수 있도록 적극적으로 안내해 주는 노력이 필요하다고 본다.

2 과징금 부과의 대상과 기준(법 제27조의2, 영 제76조의2 제1항)

가. 부정당업자의 책임이 경미한 경우

1) 과징금부과 대상 및 제외대상

(1) 부정당업자의 위반 행위가 예견할 수 없음이 명백한 경제 여건 변화에 기인하는 등 부정당업자의 책임이 경미한 경우로서 다음의 어느 하나에 해당하는 경우에는 입찰참가자격제한을 갈음하여 과징금을 부과할 수 있다.

① 천재지변이나 그밖에 이에 준하는 부득이한 사유로 인한 경우
② 국내·국외 경제 사정의 악화 등 급격한 경제여건 변화로 인한 경우
③ 발주자에 의하여 계약의 주요 내용이 변경되거나 발주자로부터 받은 자료의 오류 등으로 인한 경우
④ 공동계약자나 하수급인 등 관련 업체에도 위반 행위와 관련한 공동의 책임이 있는 경우
⑤ 입찰금액 과소산정으로 계약체결·이행이 곤란한 경우로서 영 제36조제16호[83])에 따른 기준 및 비율을 적용하는 등 책임이 경미한 경우
⑥ 금액 단위의 오기 등 명백한 단순 착오로 가격을 잘못 제시하여 계약을 체결하지 못한 경우
⑦ 입찰의 공정성과 계약이행의 적정성이 현저하게 훼손되지 아니한 경우로서 부정당업자의 책임이 경미하며 다시 위반 행위를 할 위험성이 낮다고 인정되는 사유가 있는 경우

(2) 다만, 입찰참가자격 제한 사유 중 다음의 사유(10가지)에 해당하는 경우에는 부정당업자의 책임이 경미한 경우로서의 과징금 부과 대상에서 제외되는데, 이는 담합, 뇌물제공 등 중대한 공정경쟁 저해 사유로서 과징금 부과의 남용을 방지하고자 규정된 것이다. 결과

---

83) 영 제36조제16호(입찰공고 사항) : 원가계산에 따른 예정가격 결정과 관련하여 계약의 목적이 되는 물품·공사·용역 등을 구성하는 재료비·노무비·경비의 책정기준, 일반관리비율 및 이윤율 등 기획재정부장관이 정하는 기준 및 비율

적으로 입찰참가자격제한 사유 총 18가지 중 8가지만 부정당업자의 책임이 경미한 경우로서 과징금을 부과할 수 있는 사유에 해당된다고 할 수 있다.

① 담합행위(법 제27조 제1항 제2호)
② 사기 그 밖의 부정한 행위로 손해 발생(법 제27조 제4호)
③ 법률위반에 따라 공정거래위원회로부터 요청(법 제27조 제5호)
④ 중소기업청장의 요청(법 제27조 제6호)
⑤ 뇌물제공 행위(법 제27조 제7호)
⑥ 서류의 위조·변조, 부정하게 행사 또는 허위서류 제출(영 제76조 제2항 제1호 가목)
⑦ 고의로 무효의 입찰(영 제76조 제2항 제1호 나목)
⑧ 입찰참가, 낙찰자의 계약체결 또는 그 이행을 방해(영 제76조 제2항 제1호 라목)
⑨ 조사설계금액 또는 원가계산금액의 부적정 산정(영 제76조 제2항 제2호 나목)
⑩ 타당성 조사의 부실 수행(영 제76조 제2항 제2호 다목)

< 부당 원가산정 피해방지 및 과징금 제도 실효성 제고 >
(국가계약법시행령개정, 2018.12.04.)

○ 발주기관이 과소하게 산정한 예정가격을 신뢰하여 입찰에 참여했던 낙찰자가 추후 계약을 포기하는 사례를 예방하기 위하여
  - 입찰업체의 입찰금액 산정에 참고할 수 있도록 입찰공고시 품셈·노임 등 주요단가의 책정기준, 적용요율 등의 명시를 의무화하고(영 제36조제16호 신설)
  - 아울러 입찰(계약)금액을 과소하게 산정하여 계약을 포기하는데 있어서 책임이 경미하다면 입찰참가자격 제한 대신 과징금을 부과할 수 있도록 개선(영 제76조의2제1항제5호, 제6호 신설)
○ 부정당업자의 책임이 경미한 경우 입찰참가자격 제한을 과징금 부과로 대체할 수 있는 사유를 확대하여 과징금 제도의 실효성을 강화(다음의 제외되는 사유 3가지를 삭제. 영 제76조의2 제1항 본문 단서 개정)
  - 감독 또는 검사의 직무수행 방해(영 제76조제1항제2호라목)
  - 누출금지정의 무단 누출(영 제76조제1항제3호나목)
  - 해킹 SW설치 행위(영 제76조제1항제3호다목)

2) 부과기준(부과율)

(1) 위반 행위와 관련된 계약의 계약금액(계약을 체결하지 아니한 경우에는 추정가격)의 10% 이하에서 부과할 수 있으며, 부과 세부 기준은 아래와 같다(규칙 제77조의2 제1항 관련 별표3).

(2) 다만, 「조달사업에 관한 법률」 따른 제3자를 위한 단가계약, 다수공급자계약, 카탈로그 계약의 경우에는 총 계약금액이 아니라 연평균 계약금액을 기준으로 하여 부과금액을 산정하되, 계약기간이 1년 미만인 경우에는 총 계약금액을 기준으로 산정한다. 이때 연평균 계약금액은 총 계약금액을 총 개월 수로 나눈 후 12를 곱하여 산출한다.

※ 이는 제3자를 위한 단가계약 또는 다수공급자계약 등의 경우 총 계약금액을 기준으로 과징금을 부과하도록 할 경우 과징금이 과다하게 부과되지 않도록 하기 위해 연 평균 계약금액을 기준으로 부과하도록 개선함(2021.7.6. 별표3 비고 개정)

〈부정당업자의 책임이 경미한 경우의 과징금 부과기준〉

(제77조의2 제1항 제1호 관련)

과징금 부과사유	과징금 부과율
1. 법 제27조제1항제1호에 해당하는 자 중 부실시공 또는 부실설계·감리를 한 자	
가. 부실벌점이 150점 이상인 자	10%
나. 부실벌점이 100점 이상 150점 미만인 자	5%
다. 부실벌점이 75점 이상 100점 미만인 자	4%
라. 부실벌점이 50점 이상 75점 미만인 자	3%
마. 부실벌점이 35점 이상 50점 미만인 자	2%
바. 부실벌점이 20점 이상 35점 미만인 자	1%
2. 법 제27조제1항제1호에 해당하는 자 중 계약의 이행을 조잡하게 한 자	
가. 공사	
1) 하자비율이 100분의 500 이상인 자	10%
2) 하자비율이 100분의 300 이상 100분의 500 미만인 자	5%
3) 하자비율이 100분의 200 이상 100분의 300 미만인 자	4%
4) 하자비율이 100분의 100 이상 100분의 200 미만인 자	1.5%
나. 물품	
1) 보수비율이 100분의 25 이상인 자	10%
2) 보수비율이 100분의 15 이상 100분의 25 미만인 자	5%
3) 보수비율이 100분의 10 이상 100분의 15 미만인 자	4%
4) 보수비율이 100분의 6 이상 100분의 10 미만인 자	1.5%
3. 법 제27조제1항제1호에 해당하는 자 중 계약 이행을 부당하게 하거나 계약을 이행할 때에 부정한 행위를 한 자	
가. 설계서(물품제조의 경우에는 규격서를 말한다. 이하 같다)와 달리 구조물 내구성 연한의 단축, 안전도의 위해를 가져오는 등 부당한 시공(물품의 경우에는 제조를 말한다. 이하 같다)을 한 자	5%
나. 설계서상의 기준규격보다 낮은 다른 자재를 쓰는 등 부정한 시공을 한 자	3%
다. 가목의 부당한 시공과 나목의 부정한 시공에 대하여 각각 감리업무를 성실하게 수행하지 아니한 자	1.5%

과징금 부과사유	과징금 부과율
4. 법 제27조제1항제3호에 해당하는 자	
가. 전부 또는 주요부분의 대부분을 1인에게 하도급한 자	5%
나. 전부 또는 주요부분의 대부분을 2인 이상에게 하도급한 자	4%
다. 면허·등록 등 관련 자격이 없는 자에게 하도급한 자	4%
라. 발주기관의 승인 없이 하도급한 자	3%
마. 재하도급금지 규정에 위반하여 하도급한 자	2%
바. 하도급조건을 하도급자에게 불리하게 변경한 자	2%
5. 영 제76조제1항에 해당하는 자(계약을 이행할 때에 산업안전보건법 제38조, 제39조 및 제63조를 위반하여 동시에 2명 이상의 근로자가 사망한 재해를 발생시킨 자)	
1) 동시에 사망한 근로자수가 10명 이상	10%
2) 동시에 사망한 근로자수가 6명 이상 10명 미만	7.5%
3) 동시에 사망한 근로자수가 2명 이상 6명 미만	5%
6. 영 제76조제2항제2호가목에 해당하는 자	
가. 계약을 체결 또는 이행(하자보수의무의 이행을 포함한다)하지 아니한 자	3%
나. 공동계약에서 정한 구성원 간의 출자비율 또는 분담내용에 따라 시공 하지 아니한 자	
1) 시공에 참여하지 아니한 자	1.5%
2) 시공에는 참여하였으나 출자비율 또는 분담내용에 따라 시공하지 아니한 자	0.5%
다. 계약상의 주요조건을 위반한 자	1.5%
라. 영 제52조제1항 단서에 따라 공사이행보증서를 제출하여야 하는 자로서 동 공사이행보증서 제출의무를 이행하지 아니한 자	0.5%
마. 영 제42조제5항에 따른 계약이행능력심사를 위하여 제출한 사항을 지키지 아니한 자	
1) 외주근로자 근로조건 이행계획에 관한 사항을 지키지 아니한 자	1.5%
2) 하도급관리계획에 관한 사항을 지키지 아니한 자	0.5%
7. 영 제76조제2항제2호라목에 해당하는 자(감독 또는 검사에 있어서 그 직무의 수행을 방해한 자)	1.5%
8. 영 제76조제2항제2호마목에 해당하는 자(시공 단계의 건설사업관리 용역 계약 시 「건설기술 진흥법 시행령」 제60조 및 계약서 등에 따른 건설 사업관리기술자 교체 사유 및 절차에 따르지 아니하고 건설사업관리기술자를 교체한 자)	4%
9. 영 제76조제2항제3호가목에 해당하는 자	
가. 안전대책을 소홀히 하여 사업장 근로자 외의 공중에게 생명·신체상의 위해를 가한 자	5%
나. 안전대책을 소홀히 하여 사업장 근로자 외의 공중에게 재산상의 위해를 가한 자	3%

과징금 부과사유	과징금 부과율
10. 영 제76조제2항제3호나목에 해당하는 자(「전자정부법」 제2조제13호에 따른 정보시스템의 구축 및 유지·보수 계약의 이행과정에서 알게 된 정보 중 각 중앙관서의 장 또는 계약담당공무원이 누출될 경우 국가에 피해가 발생할 것으로 판단하여 사전에 누출금지정보로 지정하고 계약서에 명시한 정보를 무단으로 누출한 자) 가. 정보 누출 횟수가 2회 이상인 경우 나. 정보 누출 횟수가 1회인 경우	 1.5% 0.5%
11. 영 제76조제2항제3호다목에 해당하는 자[「전자정부법」 제2조제10호에 따른 정보통신망 또는 같은 조 제13호에 따른 정보시스템(이하 이호에서 "정보시스템 등"이라 한다)의 구축 및 유지·보수 등 해당 계약의 이행 과정에서 정보시스템 등에 허가 없이 접속하거나 무단으로 정보를 수집할 수 있는 비인가 프로그램을 설치하거나 그러한 행위에 악용될 수 있는 정보시스템 등의 약점을 고의로 생성 또는 방치한 자]	10%

비고

1. 위 표에서 "부실벌점"이란 「건설기술진흥법」 제53조제1항 각 호 외의 부분에 따른 벌점을 말한다.
2. 위 표에서 "하자비율"이란 하자담보책임기간 중 하자검사결과 하자보수보증금에 대한 하자발생 누계금액비율을 말한다.
3. 위 표에서 "보수비율"이란 물품보증기간 중 계약금액에 대한 보수비용발생 누계금액비율을 말한다.
4. 「조달사업에 관한 법률」 제12조에 따른 제3자를 위한 단가계약, 같은 법 제13조에 따른 다수공급자계약, 같은 법 제14조제1항 및 같은 법 시행령 제16조에 따른 카탈로그 계약의 경우 연평균 계약금액에 위 표의 과징금 부과율을 적용한다. 이 경우 계약기간이 1년 미만인 경우에는 총 계약금액에 위 표의 과징금 부과율을 적용한다.
5. 비고 제4호의 연평균 계약금액은 총 계약금액을 총 개월 수로 나눈 후 12를 곱하여 산출한다. 이 경우 1개월이 되지 않는 잔여일수는 총 개월 수에 산입하지 않는다.

나. 입찰참가자격제한으로 유효한 경쟁입찰이 성립되지 아니하는 경우

1) 과징금부과 대상

입찰참가자격 제한으로 유효한 경쟁입찰이 명백히 성립되지 아니하는 경우로서 입찰자가 2인 미만이 될 것으로 예상되는 경우에는 입찰참가자격 제한을 갈음하여 과징금을 부과할 수 있다. 이 경우에는 앞에서 기술한 부정당업자의 책임이 경미한 경우와는 달리 입찰참가자격제한 사유 전체(18가지)를 대상으로 하여 적용된다.

2) 부과기준(부과율)

위반 행위와 관련된 계약의 계약금액(계약을 체결하지 아니한 경우에는 추정가격)의 30% 이하에서 부과할 수 있으며, 부과 세부기준은 아래와 같다(시행규칙 제77조의2 제1항 관련 별표4). 다만, 위 계약금액의 경우 「조달사업에 관한 법률」 제12조에 따른 제3자를 위한 단가계약 등은 연평균 계약금액을 기준으로 산정한다(앞의 책임이 경미한 경우와 산정 방법 동일).

〈입찰참가자격 제한으로 유효한 경쟁입찰이 명백히 성립되지 아니하는 경우 과징금 부과기준〉
(제77조의2 제1항 제2호 관련)

과징금 부과사유	과징금 부과율
1. 법 제27조제1항제1호에 해당하는 자 중 부실시공 또는 부실설계·감리를 한 자	
가. 부실벌점이 150점 이상인 자	30%
나. 부실벌점이 100점 이상 150점 미만인 자	15%
다. 부실벌점이 75점 이상 100점 미만인 자	12%
라. 부실벌점이 50점 이상 75점 미만인 자	9%
마. 부실벌점이 35점 이상 50점 미만인 자	6%
바. 부실벌점이 20점 이상 35점 미만인 자	3%
2. 법 제27조제1항제1호에 해당하는 자 중 계약의 이행을 조잡하게 한 자	
가. 공사	
1) 하자비율이 100분의 500 이상인 자	30%
2) 하자비율이 100분의 300 이상 100분의 500 미만인 자	15%
3) 하자비율이 100분의 200 이상 100분의 300 미만인 자	12%
4) 하자비율이 100분의 100 이상 100분의 200 미만인 자	4.5%
나. 물품	
1) 보수비율이 100분의 25 이상인 자	30%
2) 보수비율이 100분의 15 이상 100분의 25 미만인 자	15%
3) 보수비율이 100분의 10 이상 100분의 15 미만인 자	12%
4) 보수비율이 100분의 6 이상 100분의 10 미만인 자	4.5%
3. 법 제27조제1항제1호에 해당하는 자 중 계약 이행을 부당하게 하거나 계약을 이행할 때에 부정한 행위를 한 자	
가. 설계서(물품제조의 경우에는 규격서를 말한다. 이하 같다)와 달리 구조물 내구성 연한의 단축, 안전도의 위해를 가져오는 등 부당한 시공(물품의 경우에는 제조를 말한다. 이하 같다)을 한 자	15%
나. 설계서상의 기준규격보다 낮은 다른 자재를 쓰는 등 부정한 시공을 한 자	9%
다. 가목의 부당한 시공 또는 나목의 부정한 시공에 대하여 감리업무를 성실하게 수행하지 아니한 자	4.5%

과징금 부과사유	과징금 부과율
4. 법 제27조제1항제2호에 해당하는 자	
가. 담합을 주도하여 낙찰을 받은 자	30%
나. 담합을 주도한 자	15%
다. 입찰자 또는 계약상대자 간에 서로 상의하여 미리 입찰가격, 수주 물량 또는 계약의 내용 등을 협정하거나 특정인의 낙찰 또는 납품대상자 선정을 위하여 담합한 자	9%
5. 법 제27조제1항제3호에 해당하는 자	
가. 전부 또는 주요부분의 대부분을 1명에게 하도급한 자	15%
나. 전부 또는 주요부분의 대부분을 2명 이상에게 하도급한 자	12%
다. 면허·등록 등 관련 자격이 없는 자에게 하도급한 자	12%
라. 발주기관의 승인 없이 하도급한 자	9%
마. 재하도급금지 규정에 위반하여 하도급한 자	6%
바. 하도급조건을 하도급자에게 불리하게 변경한 자	6%
6. 법 제27조제1항제4호에 해당하는 자(사기, 그 밖의 부정한 행위로 입찰·낙찰 또는 계약의 체결·이행 과정에서 국가에 손해를 끼친 자)	
가. 국가에 10억 원 이상의 손해를 끼친 자	30%
나. 국가에 10억 원 미만의 손해를 끼친 자	15%
7. 법 제27조제1항제5호 또는 제6호에 따라 공정거래위원회 또는 중소기업청장으로부터 입찰참가자격제한 요청이 있는 자	
가. 이 제한기준에서 정한 사유로 입찰참가자격제한 요청이 있는 자	해당각호의 기준에 의함
나. 이 제한기준에 해당하는 사항이 없는 경우로서 입찰참가자격제한 요청이 있는 자	9%
8. 법 제27조제1항제7호에 해당하는 자	
가. 2억 원 이상의 뇌물을 준 자	30%
나. 1억 원 이상 2억 원 미만의 뇌물을 준 자	15%
다. 1천만 원 이상 1억 원 미만의 뇌물을 준 자	9%
라. 1천만 원 미만의 뇌물을 준 자	4.5%
9. 영 제76조제1항에 해당하는 자(계약을 이행할 때에 「산업안전보건법」제38조, 제39조 및 제63조를 위반하여 동시에 2명 이상의 근로자가 사망한 재해를 발생시킨 자)	
1) 동시에 사망한 근로자수가 10명 이상	30%
2) 동시에 사망한 근로자수가 6명 이상 10명 미만	22.5%
3) 동시에 사망한 근로자수가 2명 이상 6명 미만	15%
10. 영 제76조제2항제1호가목에 해당하는 자	
가. 입찰에 관한 서류(제15조제2항에 따른 입찰참가자격 등록에 관한 서류를 포함한다)를 위조·변조하거나 부정하게 행사한 자 또는 허위서류를 제출하여 낙찰을 받은 자	15%
나. 입찰 또는 계약에 관한 서류(제15조제2항에 따른 입찰참가자격등록에 관한 서류를 포함한다)를 위조·변조하거나 부정하게 행사한 자 또는 허위 서류를 제출한 자	9%

과징금 부과사유	과징금 부과율
11. 영 제76조제2항제1호나목에 해당하는 자(고의로 무효의 입찰을 한 자)	9%
12. 영 제76조제2항제1호라목에 해당하는 자(입찰참가를 방해하거나 낙찰자의 계약체결 또는 그 이행을 방해한 자)	4.5%
13. 영 제76조제2항제2호가목에 해당하는 자	
가. 계약을 체결 또는 이행(하자보수의무의 이행을 포함한다)하지 아니한 자	9%
나. 공동계약에서 정한 구성원 간의 출자비율 또는 분담내용에 따라 시공 하지 아니한 자	
1) 시공에 참여하지 아니한 자	4.5%
2) 시공에는 참여하였으나 출자비율 또는 분담내용에 따라 시공하지 아니한 자	1.5%
다. 계약상의 주요조건을 위반한 자	4.5%
라. 영 제52조제1항 단서에 따라 공사이행보증서를 제출하여야 하는 자로서 해당 공사이행보증서 제출의무를 이행하지 아니한 자	1.5%
마. 영 제42조제5항에 따른 계약이행능력심사를 위하여 제출한 사항을 지키지 아니한 자	
1) 외주근로자 근로조건 이행계획에 관한 사항을 지키지 아니한 자	4.5%
2) 하도급관리계획에 관한 사항을 지키지 아니한 자	1.5%
14. 영 제76조제2항제2호나목 또는 다목에 해당하는 자	
가. 고의에 의한 경우	9%
나. 중대한 과실에 의한 경우	9%
15. 영 제76조제2항제2호라목에 해당하는 자(감독 또는 검사에 있어서 그 직무의 수행을 방해한 자)	4.5%
16. 영 제76조제2항제2호마목에 해당하는 자(시공 단계의 건설사업관리 용역 계약 시 「건설기술 진흥법 시행령」 제60조 및 계약서 등에 따른 건설 사업관리기술자 교체 사유 및 절차에 따르지 아니하고 건설사업관리기술자를 교체한 자)	12%
17. 영 제76조제2항제3호가목에 해당하는 자	
가. 안전대책을 소홀히 하여 사업장 근로자 외의 공중에게 생명·신체상의 위해를 가한 자	15%
나. 안전대책을 소홀히 하여 사업장 근로자 외의 공중에게 재산상의 위해를 가한 자	9%
18. 영 제76조제2항제3호나목에 해당하는 자(「전자정부법」 제2조제13호에 따른 정보시스템의 구축 및 유지·보수 계약의 이행과정에서 알게 된 정보 중 각 중앙관서의 장 또는 계약담당공무원이 누출될 경우 국가에 피해가 발생할 것으로 판단하여 사전에 누출금지정보로 지정하고 계약서에 명시한 정보를 무단으로 누출한 자)	
가. 정보 누출 횟수가 2회 이상인 경우	4.5%
나. 정보 누출 횟수가 1회인 경우	1.5%
19. 영 제76조제2항제3호다목에 해당하는 자(「전자정부법」 제2조제10호에 따른 정보통신망 또는 같은 조 제13호에 따른 정보시스템(이하 이 호에서 "정보시스템등"이라 한다)의 구축 및 유지·보수 등 해당 계약의 이행 과정에서 정보시스템등에 허가 없이 접속하거나 무단으로 정보를 수집 할 수 있는 비인가 프로그램을 설치하거나 그러한 행위에 악용될 수 있는 정보시스템 등의 약점을 고의로 생성 또는 방치한 자)	30%

〈비고〉 위의 부정당업자의 책임이 경미한 경우의 비고 내용과 동일

3. 과징금 부과 주체와 금액의 감경

(1) 과징금은 입찰 참가자격제한을 갈음하여 부과하는 것이므로 과징금 부과의 주체는 입찰참가자격 제한조치의 주체와 동일하다. 즉, 각 중앙관서의 장이 입찰참가자격을 제한하거나 과징금을 부과하게 된다. 과징금의 금액도 입찰참가자격 제한기간의 감경조치와 동일하게 각 중앙관서의 장이 위반 행위의 동기·내용과 횟수 등을 고려하여 당초 과징금 부과율에 따라 부과된 금액의 2분의 1의 범위에서 감경할 수 있다(규칙 제77조의2 제2항).

(2) 다만, 입찰참가자격제한 및 제한기간의 감경 여부는 해당 중앙관서의 장이 독립적인 주체가 되어 조치할 수 있지만, 과징금 부과 및 금액의 감경 여부는 기획재정부에 설치된 과징금부과심의위원회의 심의를 거쳐 조치하게 되는 점이 다르다고 할 수 있다.

4. 과징금 부과 및 납부절차

가. 과징금 부과 및 납부와 징수(영 제76조의3)

(1) 각 중앙관서의 장이 국가계약법 제27조의2에 따라 기획재정부에 설치되어 있는 과징금 부과 심의위원회의 심의를 거쳐 과징금을 부과하려는 때에는 위반 행위의 종류와 과징금의 금액을 분명하게 적은 서면으로 알려야 한다.

위와 같이 과징금 납부 통지를 받은 자는 통지를 받은 날부터 60일 이내에 과징금을 부과권자가 정하는 수납기관에 내야 하며, 다만, 천재지변이나 그 밖의 부득이한 사유로 그 기간 내에 과징금을 낼 수 없을 때에는 그 사유가 해소된 날부터 30일 이내에 내야 한다.

(2) 과징금을 받은 수납기관은 과징금을 낸 자에게 영수증을 내줘야 하며 또한, 지체 없이 동 과징금 받은 사실을 부과권자에게 통보하여야 하며, 만약, 과징금을 부과받은 자가 납부 기한까지 내지 아니하면 각 중앙관서의 장은 국세 체납처분의 예에 따라 징수한다(법 제27조의2 제4항).

☞ 행정주체가 직접 일반 국민에게 과징금 납부 의무를 부과하고 이행하지 아니할 경우 국세체납처분의 예에 따라 징수하도록 규정함에 따라, 이는 국가계약법령의 규정 대부분이 내부 지침적 성격인데 비하여 기속법규 성격에 해당하는 규정이라고 할 수 있음

나. 과징금 납부 기한의 연장 및 분할납부(영 제76조의4)

(1) 각 중앙관서의 장은 부정당업자가 납부하여야 할 과징금이 계약금액의 10퍼센트를 초과하는 경우 또는 「중소기업기본법」 제2조에 따른 중소기업자에게 10억 원을 초과하여 과징금을 부과하는 경우로서 재해 또는 도난 등으로 재산에 현저한 손실을 입은 경우 등의 사유로 인하여 과징금을 납부하여야 하는 자가 과징금의 전액을 일시에 납부하기가 어렵다고 인정되는 경우에는 그 납부 기한을 연장하거나 분할납부하게 할 수 있다(제1항).

(2) 과징금 납부 기한의 연장이나 분할납부를 신청하려는 자는 과징금 납부를 통지받은 날부터 30일 이내에 납부 기한의 연장 또는 분할납부의 사유를 증명하는 서류를 첨부하여 각 중앙관서의 장에게 신청하여야 하며, 납부 기한의 연장은 그 납부 기한의 다음 날부터 1년을 초과할 수 없다(제2항 및 제3항).

5 과징금부과심의위원회(법 제27조의3)

가. 위원회 설치 및 구성(법 제27조의3, 영 제76조의5)

(1) 법 제27조의2에 따른 과징금 부과 여부 및 과징금 금액의 적정성을 심의하기 위하여 기획재정부에 "과징금부과심의위원회"("위원회")를 둔다.

(2) 위원회는 위원장 1명을 포함하여 15명 이내의 위원으로 구성하며, 위원장은 기획재정부 제2차관이 되고 위원은 성별을 고려하여 다음의 사람이 된다.

① 기획재정부, 국방부, 행정안전부, 공정거래위원회, 국민권익위원회, 조달청의 고위공무원단에 속하는 공무원 중에서 소속 기관의 장이 지명하는 사람 각 1명
② 계약 관련 분야에 관한 학식과 경험이 풍부한 사람으로서 다음의 어느 하나에 해당하는 사람 중에서 기획재정부장관이 위촉하는 민간위원 8명 이내

- i) 「고등교육법」에 따른 대학에서 법학·경제학 또는 경영학의 부교수 이상의 직에 근무한 경력이 있는 사람
- ii) 변호사 자격을 가진 사람으로서 자격과 관련된 업무에 5년 이상 재직 중이거나 재직한 사람
- iii) 정부조달계약 업무에 관한 학식과 경험이 풍부한 사람으로서 가목과 나목의 기준에 상당하다고 인정되는 사람

(3) 위의 민간위원의 임기는 2년으로 하되 연임할 수 있으며, 사임 등으로 인하여 새로 위촉된 위원의 임기는 전임위원 임기의 남은 기간으로 한다.

나. 위원의 제척·기피·회피(영 제76조의7)

(1) 위원회 위원은 자신 또는 그 배우자나 배우자이었던 사람이 해당 부정당업자(부정당업자가 법인·단체 등인 경우에는 그 임원을 포함)이거나 부정당업자의 공동권리자 또는 공동의무자인 사건 또는 위원이 해당 부정당업자와 친족이거나 친족이었던 경우 등에 해당하는 경우에는 해당 사건에 대한 심의에서 제척(除斥)된다(동조 제1항).

(2) 해당 사건의 부정당업자는 위원에게 공정한 심의를 기대하기 어려운 사정이 있는 경우에는 기피 신청을 할 수 있으며, 이 경우 위원장은 이 기피 신청에 대하여 위원회의 의결을 거치지 아니하고 기피 여부를 결정한다. 또한, 위원은 제척 사유와 기피 사유에 해당하는 경우에는 스스로 그 사건의 심의에서 회피(回避)하여야 한다(동조 제2항 및 제3항).

다. 심의 절차

1) 심의요청(영 제76조의9)

(1) 각 중앙관서의 장은 법 제27조의2 제2항에 따라 과징금 부과 여부나 과징금 금액의 적정성 등에 관한 심의를 요청할 경우에는 다음의 사항을 적은 서면을 위원회에 제출하여야 한다. 이때 동 서면에는 부정당업자에게 입찰 참가자격을 제한하거나 과징금을 부과하게 된 원인과 사실을 증명하는 서류와 그 밖에 심의에 필요한 증거 서류를 첨부하여야 한다.

① 부정당업자의 성명과 주소(법인인 경우에는 법인의 명칭, 주된 사무소의 소재지, 그 대표자의 성명)
② 과징금 부과가 필요한 사유
③ 과징금 부과 액수와 판단 근거

(2) 위원회는 제출된 서류만으로는 과징금 부과 여부와 과징금 금액의 적정성을 판단하기 곤란한 경우에는 상당한 기간을 정하여 서류의 보완을 요청할 수 있으며, 이 경우 서류의 보완에 걸리는 기간은 심의 기간(60일)에 산입하지 아니한다.

2) 위원회 심의(영 제76조의10)

⑴ 위원회는 각 중앙관서의 장으로부터 심의요청을 받은 날부터 60일 이내에 심의 결과를 통보하여야 하며, 다만, 부득이한 사정이 있으면 30일의 범위에서 그 기간을 연장할 수 있다. 또한, 필요한 경우 부정당업자와 해당 중앙관서의 장에게 심의 요청된 사항에 관한 서류의 제출을 요구할 수 있으며, 관계 전문기관에 감정·진단과 시험 등을 의뢰할 수 있다.

⑵ 위원회는 심의·결정의 완료 전에 부정당업자 및 해당 중앙관서의 장과 그 대리인에게 의견을 진술할 기회를 주어야 하며, 필요한 경우에는 부정당업자 및 해당 중앙관서의 장과 그 대리인, 증인 또는 관계 전문가로 하여금 위원회에 출석하게 하여 그 의견을 들을 수 있다.

라. 위원회 및 소위원회 운영

1) 위원회 회의 및 수당(영 제76조의11, 영 제76조의13)

⑴ 위원장은 위원회의 회의를 소집하고 그 의장이 되며, 동 회의는 재적 위원 과반수의 출석으로 개의(開議)하고 출석위원 과반수의 찬성으로 의결한다. 위원회에 위원회의 사무를 처리할 간사 1명을 두며, 그 밖에 위원회의 운영에 필요한 사항은 위원장이 정한다.

⑵ 위원회에 출석한 위원 및 관계전문가에 대해서는 예산의 범위에서 수당을 지급할 수 있으며, 다만, 공무원인 위원이 그 소관 업무와 직접 관련되어 출석하는 경우에는 그러하지 아니하다.

2) 소위원회 운영(영 제76조의12)

⑴ 위원회의 업무를 효율적으로 처리하기 위하여 위원회에 공사분야소위원회 및 물품·용역분야소위원회를 각각 둘 수 있으며, 공사분야소위원회는 건설·전기통신 등 공사와 관련된 과징금 부과의 심의에 관한 사항을 담당하고, 물품·용역분야소위원회는 물품의 제조·구매와 용역과 관련된 과징금 부과의 심의에 관한 사항을 담당한다.

⑵ 소위원회는 소위원회 위원장을 포함하여 10명 이내의 위원으로 구성한다. 소위원회 위원장 및 위원은 위원회의 위원 중에서 위원회의 위원장이 지명한다. 소위원회는 위원회에 심의 요청된 사안에 대해 미리 심의하여 결정안을 작성할 수 있으며, 결정안을 작성한 경우에는 위원회에 상정해야 한다.

제7절 공공계약의 클레임과 분쟁해결

1 클레임과 분쟁에 관한 일반적 이론

가. 클레임과 분쟁의 개념

(1) '클레임(Claim)'의 개념에 대하여 미국 건축사협회는 "계약당사자가 그 계약의 조건에 대하여 계약서의 조정 또는 해석이나, 금액의 지급, 공기의 연장, 또는 계약서와 관계되는 기타의 구제를 권리로써 요구하는 것 또는 주장하는 것"이라고 정의하고 있다.

이러한 대표적인 정의 등을 고려하여 볼 때 일반적으로 '클레임'이라 함은 "계약당사자 중 어느 일방이 일종의 법률상 권리로서 해당 계약과 관련하여 발생하는 제반 문제에 대하여 금전적 지급의 요구, 계약조항의 조정이나 해석의 요구 및 그 밖의 다른 구제조치 등을 서면으로 청구 또는 주장하는 것"이라고 정리해 볼 수 있다.

(2) 이에 반하여 '분쟁(Dispute)'은 "계약의 일방 당사자가 이러한 클레임을 제기하였을 때 다른 당사자가 이를 수용하지 아니하여 다툼이 발생된 상태"로서 클레임의 후속 단계이다. 따라서 클레임은 분쟁발생의 이전단계인 모든 요청과 협의 단계를 의미하는 것으로서 분쟁과는 구분되는 개념이므로, 통상 클레임 자체를 분쟁이라고 표현하거나 동일시하는 사회 통념은 클레임과 분쟁이론상 타당하지 않다고 할 수 있다.

나. 클레임 및 분쟁의 해결 절차

(1) 계약이행과정에서 클레임이 발생되고 동 클레임이 제기된데 대하여 당사자는 협의를 통하여 원만하게 해결하고자 노력하게 되며, 클레임이 제기되었을 때 이와 같은 당사자 간의 협의(Negotiation)로 해결하는 것이 가장 바람직한 것이다.

(2) 그러나, 한쪽 당사자가 클레임을 제기할 경우 다른 당사자가 이를 수용하지 않을 경우 분쟁으로 이어지게 되는데, 동 분쟁은 당사자 간의 협의가 이루어지지 아니함에 따라 발생되는 것이므로 제3자에 의한 해결 절차를 밟게 된다.

다. 분쟁 해결제도의 유형

1) 개요

(1) 클레임이 제기되어 이해 당사자 간의 협의가 이루어지지 않아 분쟁으로 이어지는 경우 그 해결 방법은 조정, 중재 및 소송으로 구분해 볼 수 있는데, 이 경우 조정이나 중재는 소송 이외의 절차에 의한 분쟁 해결 방법으로서 관련 법규에 규정되어진 절차에 따라 수행되고 있다.[84]

(2) 즉, 정부조달 계약업무와 관련된 분쟁은 국가계약법에 근거하여 기획재정부에 설치된 '국가계약분쟁조정위원회'(지방계약은 행정안전부에 설치된 '지방계약분쟁조정위원회')의 조정절차에 따르고, 건설업과 관련한 분쟁은 「건설산업기본법」에 근거하여 국토교통부에 설치된 '건설분쟁조정위원회'의 조정절차에 따른다. 그리고 일반 사법(私法)상의 분쟁은 「중재(仲裁)법」에 의한 중재인의 중재절차에 따르고 있다.

2) 유형별 세부 내용

가) 조정(Mediation)

분쟁 해결 방법 중 "조정"이란 중립적인 위치에 있는 분쟁조정위원회 등 제3자가 분쟁당사자들 사이에 개입하여 화해로 이끄는 절차로서, 시간과 비용이 많이 소요되는 복잡한 소송절차에 의하지 않고 신속하게 당사자 간의 합의를 도출해 내는 방법이라고 할 수 있다. 동 조정제도는 조정자가 조정안에 대한 당사자 간의 합의를 요구하고, 당사자는 조정자의 조정안에 대하여 동의하지 않고 소송절차를 진행할 수 있다는 점이 특징이라고 할 수 있으며, 이러한 특징은 중재 및 소송과의 차이점이라고 할 수 있다.

나) 중재(Arbitration)

(1) 분쟁 해결 방법 중 "중재"란 당사자 간의 합의에 따라 일반거래 및 생활 관계에서 발생하는 또는 장래에 발생할 분쟁의 전부 또는 일부를 법원의 판결에 의하지 않고 민간인 신분의 제3자를 중재인으로 선정하여 그 중재인의 판정에 맡기는 동시에 그 판정에 복종함으로서 분쟁을 해결하는 자주 법정 제도를 말한다.

---

[84] 알선(Intermediation) : 분쟁해결의 가장 기초적인 방법으로서 경험과 지식이 풍부한 알선공무원 등 제3자가 분쟁 사건에 직접 개입하여 분쟁의 해결을 도모하는 방법임. 강제력은 없으나 신속하고 당사자 간의 비밀이 보장되는 등 장점이 있으며 알선이 성립될 경우 알선 서를 작성하여 기명·날인하게 됨

따라서 중재판정이 이루어지면 법원의 확정판결과 동일한 효력이 있으므로, 분쟁의 신속해결(소송은 3심제이나 중재는 단심제)과 비용 절약, 비밀 유지(비공개) 및 해당 분야의 전문가 이용 등 장점이 있으나, 법원에 의한 재판받을 권리를 포기하고 중재인의 판정에 복종해야 하는 점에 한계가 있다고 할 수 있다.

(2) 동 중재제도를 앞에서 기술한 조정제도와 비교해 볼 경우 "조정"은 조정자가 당사자 간의 합의와 조정안에 대한 동의를 요구하는 반면에, "중재"는 분쟁의 해결을 중재인의 판단에 맡기되 중재인의 판단이 기속력이 있다는 점이 차이점이라고 할 수 있다.

〈 「중재법」에 의한 중재합의 존재 또는 부존재 〉

▸ 중재는 1회 적으로 분쟁을 해결할 수 있고 형평과 선의에 의한 판단이 가능하게 되는 등 신속하고 구체적 타당성이 있는 분쟁 해결이 가능한 방법임
▸ 그러나 중재법(제8조)은 중재를 신청하기 위해서는 당사자 사이에 서면에 의한 중재합의가 존재하여야 한다고 규정하고 있으므로, 중재합의가 없는 경우에는 상대방이 중재합의에 동의하지 않는 한 중재로 분쟁을 해결할 수 없게 됨
▸ 공사계약일반조건이 "법원의 판결 또는 「중재법」에 의한 중재에 의하여 해결 한다"고 규정하고 있으므로, 이를 중재합의가 존재하는 것이라는 견해도 있을 수 있으나, 대법원은 이와 같은 선택적 중재조항은 일방 당사자가 중재 합의의 부존재를 적극적으로 주장하며 중재에 의한 해결에 반대하는 경우 중재합의로서의 효력이 있다고 볼 수 없다고 판시함(대법원 2004.11.11. 선고 2004다42166 중재판정 취소)

다) 소송(Litigation)

(1) 분쟁 해결에 대한 마지막 단계의 수단으로서 법원의 판결을 통하여 분쟁 사안을 해결하게 되는데, 이러한 소송제도는 자신의 권리주장과 확정판결의 상대방에 대한 강제 효과 등 장점이 있다고 할 수 있다. 그러나, 동 소송은 시간·비용·노력 등에 있어 지나친 부담을 가져다주고 계약당사자 간의 우호적인 관계가 단절될 우려가 있으며, 재판절차의 진행 과정에서 계약 내용이나 분쟁의 구체적 사안이 외부에 노출되어 계약당사자의 신용을 훼손하거나 다른 계약에 부정적인 영향을 미칠 가능성도 있다.

(2) 특히, 건설공사의 경우 그 특성상 분쟁 해결에 전문성이 요구되는 경우가 적지 않은데 재판에 의한 해결 방법은 기술적인 사항에 대한 전문성 결여로 동 기술적인 쟁점에 대한 판단에는 한계가 있을 수도 있다고 보는 것이다.

2 국가계약법령상 클레임과 분쟁처리 체계

가. 개요

(1) 정부조달계약 과정에서 발주기관으로부터 국제입찰에 의한 정부조달계약의 범위와 관련된 사항과 일정 규모 이상의 국내 입찰에 있어 입찰참가자격, 낙찰자 결정, 계약금액 조정, 지체상금 등과 관련하여 불이익을 받은 자는 그 행위를 취소하거나 시정(是正)하기 위한 이의신청을 해당 중앙관서의 장에게 제기할 수 있다(법 제28조, 영 제110조).

(2) 또한, 동 이의신청에 따른 해당 중앙관서의 장의 조치에 이의가 있는 자는 기획재정부에 설치된 국가계약분쟁조정위원회*에 조정(調停)을 위한 재심(再審)을 청구할 수 있으며, 분쟁의 해결 방법으로 동 분쟁조정위원회의 조정이나 「중재법」에 따른 중재 중 하나를 계약을 체결할 때 계약당사자 간 합의로 정할 수 있다(법 제28조의2).

* 지방계약에 관한 사항은 지방계약법 제35조에 따라 행정안전부에 설치된 「지방자치단체 계약분쟁조정위원회」에서 담당

(3) 따라서, 국가계약법령상 클레임이라는 용어는 직접적으로 사용하지 않고는 있으나 앞에서 기술한 클레임과 분쟁의 정의를 고려할 경우 동 법령상 이의신청에 관한 사항이 클레임에 해당되고, 분쟁조정기구에 재심을 청구하거나 중재법에 의한 중재 또는 법원 소송 중인 상태가 분쟁에 해당된다고 할 수 있다.[85]

나. 분쟁해결방법의 합의

1) 계약체결 시 합의와 구속력

(1) 국가계약법 제28조의2에 따라 계약담당공무원은 계약에서 발생하는 분쟁을 효율적으로 해결하기 위하여 계약을 체결하는 때에 계약당사자 간 분쟁의 해결 방법을 정할 수 있으며, 이 경우 동 분쟁의 해결 방법은 동 법 제29조에 따른 국가계약분쟁조정위원회의 조정이나 「중재법」에 따른 중재 중 하나를 계약당사자 간 합의로 정할 수 있다.

---

85) 한편, 계약예규 「공사계약일반조건」 제51조는 '계약의 수행 중 계약당사자 간에 발생하는 분쟁은 협의에 의하여 해결하며, 협의가 이루어지지 아니할 때에는 법원의 판결 또는 「중재법」에 의한 중재에 의하여 해결한다.'라고 규정하고 있는 데, 이는 클레임을 분쟁에 포함시켜 규정하는 등 국가계약법령체계나 분쟁 이론에는 부합되지 않으므로 재정비하는 것이 필요하다고 판단됨

(2) 위와 같은 분쟁 해결 방법에 관한 합의 조항은 일부 발주기관이 국가계약분쟁조정위원회의 조정 결과를 충분한 검토 없이 수용하지 않고 거부하는 사태가 발생함에 따라 보다 실효성을 확보하는 차원에서 신설(시행 2018.3.20.)되게 된 것이며, 동 조항의 신설로 공공계약 체결 시에 조정 또는 중재를 분쟁 해결 방법으로 미리 정할 수가 있고 그 경우 별도의 합의 없이도 조정 또는 중재로 분쟁을 해결하는 것이 가능하게 된 것이다.

(3) 한편, 동 법 제28조의2에 따라 분쟁해결방법을 정한 경우에는 그에 따르도록 공사계약일반조건 제51조 제3항이 보완됨에 따라[86], 국가계약분쟁조정위원회의 조정이 성립되거나 중재법에 따른 중재판정이 내려질 경우 사실상 그에 대한 불복이 어렵게 됨으로 조정이나 중재를 분쟁해결방법으로 선택할 때에는 이러한 점을 유의할 필요가 있다고 하겠다.

2) 입찰공고 시 안내(정부 입찰·계약 집행기준 제99조)

계약담당공무원은 계약을 체결하는 때에 분쟁의 해결 방법을 미리 정하고자 하는 경우에는 다음의 사항을 입찰공고 등에 명시하여 입찰에 참가하고자 하는 자가 미리 열람할 수 있도록 하여야 한다.

① 국가를 당사자로 하는 계약에서 발생하는 분쟁을 효율적으로 해결하기 위하여 계약을 체결하는 때에 계약당사자 간 분쟁의 해결 방법을 정할 수 있다는 사항
② 분쟁의 해결 방법은 다음 어느 하나 중 계약당사자 간 합의로 정한다는 사항
　ⅰ) 법 제29조에 따른 국가계약분쟁조정위원회의 조정(법 제28조에서 정한 이의신청 대상에 해당하는 경우에 한정)
　ⅱ) 「중재법」에 따른 중재(「중재법」 제40조의 상사 중재기관을 통한 중재를 포함)
③ 그밖에 분쟁해결방법의 합의와 관련하여 필요한 사항

3) 그 밖의 사항

(1) 계약체결 시 합의한 바에 따라 국가계약분쟁조정위원회의 조정을 청구하고자 하는 자는 법 제28조의 이의신청 절차를 거쳐야 한다.

(2) 국가계약법시행령 제26조부터 제30조까지에 따라 체결하는 수의계약의 경우에도 위의 분쟁해결방법에 관한 사항을 준용하여야 한다.

---

86) 공사계약일반조건 제53조 ③ 제2항에도 불구하고 계약을 체결하는 때에 「국가를 당사자로 하는 계약에 관한 법률」 제28조의2에 따라 분쟁해결방법을 정한 경우에는 그에 따른다(신설 2018.3.20.).

3 공공계약의 클레임 및 분쟁처리 절차

가. 이의신청 및 재심청구

1) 이의신청 대상 및 금액 기준

(1) 국제입찰대상 금액 등 일정 규모의 금액 이상의 경우 정부조달계약 과정에서 해당 중앙관서의 장 또는 계약담당공무원이 행하는 다음의 행위로 불이익을 받은 자는 그 행위를 취소하거나 시정(是正)하기 위한 이의신청(클레임 제기)을 해당 중앙관서의 장에게 할 수 있다(법 제28조, 영 제110조).

① 법 제4조 제1항의 국제입찰에 의한 정부조달계약의 범위와 관련된 사항
② 법 제5조 제3항에 따른 부당한 특약 등과 관련된 사항

☞ 발주기관의 불공정행위를 근절하기 위해 부당특약 설정을 금지하고 사법상 효력도 무효로 하는 한편(법 제5조), 이의신청 대상에도 포함함(2019.10.31.). 따라서 입찰공고문이나 안내서 등에 포함된 부당특약도 사전에 이의신청이 가능하다고 할 수 있음

③ 법 제7조에 따른 입찰참가자격과 관련된 사항
④ 법 제8조에 따른 입찰공고 등과 관련된 사항
⑤ 법 제10조 제2항에 따른 낙찰자 결정과 관련된 사항
⑥ 영 제38조 및 제51조에 따른 입찰보증금 및 계약보증금의 국고귀속과 관련한 사항
⑦ 제64조부터 제66조까지, 제91조 및 제108조에 따른 계약금액 조정과 관련한 사항
⑧ 제70조 제3항 및 제73조 제3항에 따른 정산과 관련한 사항
⑨ 제74조에 따른 지체상금과 지체일수 산입범위와 관련한 사항
⑩ 제75조에 따른 계약의 해제·해지와 관련한 사항

☞ 조달기업이 국가와의 계약에서 발생하는 분쟁을 신속하고 효율적으로 해결할 수 있도록 한 국가계약분쟁조정제도의 대상을 확대함(2021.7.6. 개정)

(2) 위의 경우 발주기관에 이의신청(클레임 제기)할 수 있는 대상의 금액 기준인 일정 규모의 금액은 다음과 같다.

① 국제입찰대상 전체
 ⅰ) 공사 계약의 경우 : 500만 SDR(81억 원) 이상
 ⅱ) 물품·용역 : 13만 SDR(2.1억 원) 이상

② 국내 계약
　ⅰ) 공사 계약의 경우 :「건설산업기본법」에 따른 종합공사계약 추정가격 10억 원 이상, 전문공사 1억 원 이상, 그 밖의 공사 계약은 8천만 원 이상
　ⅱ) 물품 및 용역 계약의 경우 : 추정가격 5천만 원 이상

☞ 조달기업의 권익을 보호하기 위해 이의신청을 할 수 있는 정부조달계약 최소 금액 기준을 낮춤 (2021.7.6. 개정)

2) 이의신청 기한 및 조치기한

이의신청의 원인이 되는 행위가 있었던 날부터 15일 이내 또는 그 행위가 있음을 안 날부터 10일 이내에 해당 중앙관서의 장에게 하여야 하며, 해당 중앙관서의 장은 이의신청을 받은 날부터 10일 이내에 심사하여 시정 등 필요한 조치를 하고 그 결과를 신청인에게 통지하여야 한다.

3) 조정(調停)을 위한 재심(再審)청구

이의신청에 따른 해당 중앙관서의 장의 조치에 이의가 있는 자는 통지를 받은 날부터 15일 이내에 기획재정부에 설치된 국가계약분쟁조정위원회에 조정(調停)을 위한 재심(再審)을 청구할 수 있다.

나. 국가계약분쟁조정위원회

1) 구성 및 운영(법 제29조, 영 제111조)

⑴ 중앙관서의 장의 조치에 이의가 있는 자가 재심을 청구하는 경우에 이를 심사·조정하게 하기 위하여 기획재정부에 국가계약분쟁조정위원회를 두며, 위원회는 위원장 1명을 포함하여 15명 이내의 위원으로 구성한다.

⑵ 위원회의 위원장은 기획재정부장관이 지명하는 고위공무원단에 속하는 공무원이 되고, 위원은 기획재정부·국방부·행정안전부·국토교통부·조달청과 그 밖에 기획재정부장관이 필요하다고 인정하는 중앙행정기관의 고위공무원단에 속하는 공무원으로서 해당 기관의 장이 지명하는 공무원 각 1명과 다음의 어느 하나에 해당하는 사람 중 성별을 고려하여 기획재정부장관이 위촉하는 사람이 된다.

① 「고등교육법」에 따른 대학에서 법학·재정학·무역학 또는 회계학의 부교수 이상의 직에 5년 이상 근무한 경력이 있는 사람
② 변호사의 자격을 가진 사람으로서 그 자격과 관련된 업무에 5년 이상 재직 중이거나 재직한 사람
③ 정부의 회계 및 조달계약 업무에 관한 학식과 경험이 풍부한 사람으로서 ① 또는 ②의 기준에 상당하다고 인정되는 사람

☞ 종전에는 정부위원 9명, 민간위원 6명이었으나, 심사·조정의 전문성과 공정성을 높이기 위해 국가계약의 연관성, 전문성이 낮은 정부위원 2인(과학기술정보통신부, 산업통상자원부)을 제외하고 그 대신 계약 전문 변호사·교수 등 민간위원 2인을 확충함(시행령 제111조 개정, 2022.6.14)

(3) 위촉위원의 임기는 2년으로 하되 연임할 수 있으며, 위촉위원의 사임 등으로 인하여 새로 위촉된 위원의 임기는 전임위원 임기의 남은 기간으로 한다. 또한, 위촉위원은 금고 이상의 형의 선고를 받거나 장기간의 심신쇠약으로 직무를 수행할 수 없게 된 때를 제외하고는 임기 중 그 의사에 반하여 해촉되지 아니한다.

(4) 위원회의 위원은 그 위원과 직접 이해관계가 있는 안건의 심사·조정에 참여할 수 없으며, 위원은 비상근으로 한다.

(5) 위원장의 직무, 위원회의 운영 및 위원수당 등에 관하여는 영 제76조의6부터 제76조의8까지 및 제76조의11부터 제76조의13까지의 규정(과징금부과심의 위원회의 위원장 직무, 위원회의 운영 및 위원수당 등의 사항)을 준용한다.

<참고> 국가계약 이외의 분쟁업무 담당기구

* 지방계약에 관한 사항은 지방계약법 제35조에 따라 행정안전부에 설치된 「지방자치단체 계약분쟁조정위원회」에서 담당
* 건설업 및 건설용역의 분쟁 해결은 건설산업기본법 제69조에 따라 국토교통부에 설치된 「건설분쟁조정위원회」가 담당. 이 경우 국가계약법령 및 지방계약법령의 해석과 관련된 분쟁은 제외함

2) 사실 통지 및 계약 절차의 중지(법 제30조)

위원회는 심사·조정에 착수하는 경우 청구인과 해당 중앙관서의 장에게 그 사실을 통지하여야 하며, 해당 중앙관서의 장의 의견을 고려하여 필요하다고 인정하면 조정이 완료될 때까지 해당 입찰 절차를 연기하거나 계약체결을 중지할 것을 명할 수 있다.

3) 심사(법 제31조, 영 제112조)

(1) 심사·조정 청구의 사실을 통지받은 중앙관서의 장은 통지를 받은 날부터 14일 이내에 이에 대한 의견을 서면으로 위원회에 제출하여야 하며, 위원회는 특별한 사유가 없으면 재심청구를 받은 날부터 50일 이내에 심사·조정하여야 한다.

(2) 위원회는 필요한 경우 청구인 및 해당 중앙관서의 장에게 심사·조정이 요청된 사항에 관한 서류의 제출을 요구할 수 있으며, 관계 전문기관에 감정·진단과 시험 등을 의뢰할 수 있다. 또한, 심사·조정의 완료 전에 청구인 및 해당 중앙관서의 장과 그 대리인에게 의견을 진술할 기회를 주어야 하며, 필요한 경우에는 청구인 및 해당 중앙관서의 장과 그 대리인, 증인 또는 관계 전문가로 하여금 위원회에 출석하게 하여 그 의견을 들을 수 있다.

4) 조정(영 제113조)

(1) 위원회는 조정 청구의 심사 결과에 대하여 조정안을 작성하여 이를 청구인 및 해당 중앙관서의 장에게 알려야 하며, 조정안을 작성할 때 법 제28조 제1항에 따른 행위로 청구인이 불이익을 받았다고 인정되는 경우에는 해당 중앙관서의 장 또는 계약담당 공무원이 행한 행위를 취소 또는 시정하거나 그에 따른 손해배상 또는 손실보상을 하도록 하여야 한다. 이 경우 손해배상 또는 손실보상은 입찰 준비와 조정의 청구 과정에서 드는 비용으로 한정할 수 있다.

(2) 각 중앙관서의 장은 법 제31조 제2항에 따라 이의를 제기하려는 경우에는 영 제94조 제1항에 따른 계약심의위원회의 자문을 거쳐 이의를 제기하는 취지와 사유 등이 포함된 서면을 위원회에 제출하여야 하며, 이와 같은 절차는 분쟁조정 결과에 대하여 해당 부서의 이의제기 남용을 방지하고 보다 신중한 검토를 거쳐 이의를 제기할 수 있도록 제도적 장치를 마련한 것이라고 할 수 있다.

☞ 분쟁조정의 실효성 제고를 위해, 발주기관이 조정 결과에 이의제기 시 발주기관 계약심의위원회 자문을 거쳐 제기 사유 등을 국가계약분쟁조정위원회에 서면으로 제출토록 함(영 제113조 제4항 신설, 2018.12.4.)

5) 조정의 중지 및 소송 관련 사실의 통보(영 제114조, 제114의2)

(1) 위원회는 위원회에 조정 청구된 것과 같은 사안에 대하여 법원의 소송이 진행 중인 경우 그 심사·조정을 중지할 수 있으며, 이 경우 중지 사유를 청구인 및 해당 중앙관서의

장에게 알려야 한다.

(2) 각 중앙관서의 장은 국가계약분쟁조정위원회의 조정 결과에 불복하여 소송이 제기되거나 동일 사안에 대하여 소송이 제기된 경우에는 그 사실 및 소송 결과를 기획재정부 장관에게 알려야 한다.

6) 비용부담 및 조정의 효과

(1) 청구인은 위원회의 심사·조정과 관련하여 다음의 비용을 부담하며, 다만, 청구인과 해당 중앙관서의 장 간에 약정이 있는 경우에는 그 약정에 따른다(영 제115조, 규칙 제86조).

① 감정·진단과 시험에 드는 비용
② 증인과 증거 채택에 드는 비용
③ 검사와 조사에 드는 비용
④ 녹음·속기록과 통역 등 그 밖의 심사·조정에 드는 비용

(2) 위원회는 필요하다고 인정하는 경우에는 청구인으로 하여금 심사·조정과 관련한 위의 비용을 미리 내게 할 수 있으며, 이와 같이 심사·조정 관련 비용을 미리 받은 경우에는 심사·조정안이 당사자에게 제시된 날부터 30일 이내에 미리 받은 금액과 비용에 대한 정산서를 청구인에게 통지하여야 한다. 다만, 청구인과 해당 중앙관서의 장 간에 약정이 있는 경우에는 그 약정에 따라 정산서를 통지한다.

(3) 국가계약분쟁조정위원회의 조정은 청구인과 해당 중앙관서의 장이 조정이 완료된 후 15일 이내에 이의를 제기하지 아니한 경우에는 재판상 화해(和解)와 같은 효력을 갖는다(법 제31조 제2항).

☞ 재판상 화해는 민사소송법 제220조에 따라 확정판결과 같은 효력을 가지며, 이는 민사집행법 제56조에 따라 강제집행이 가능한 집행권원에 해당함으로 중앙관서의 장은 이행 의무가 있으며, 구체적으로는 「각종 분쟁조정위원회 등의 조정조서 등에 대한 집행문 부여에 관한 규칙」에 따라 조정서에 표시된 채권자가 관할 지방법원에 신청하면 법원사무관등이 조정서의 진위 여부를 확인한 뒤 집행문을 부여함(국회 법사위 검토의견)

제7장
계약금액의 조정

제1절 계약금액 조정제도 개요
제2절 물가변동으로 인한 계약금액의 조정
제3절 설계변경으로 인한 계약금액의 조정
제4절 그 밖에 계약내용의 변경으로 인한 계약금액의 조정

제1절 계약금액 조정제도 개요

1 민법상 사정변경의 원칙 원용과 조정의 유형

가. 민법상 사인 간의 정액도급 계약과 사정변경의 원칙

1) 사인 간 정액도급 계약의 성격

⑴ 사인 간에 체결된 정액도급 계약에서는 당초 예상보다 공사 물량이 증가했다거나 공사비가 증가했다는 이유로 수급인이 도급인을 상대로 추가 공사대금을 청구할 수 없는 것과 마찬가지로, 당초 예상보다 공사 물량이 감소했다거나 공사비가 감소했다는 이유로 도급인이 수급인을 상대로 공사대금의 감액을 주장할 수 없다.

⑵ 즉, 계약체결 당시에 미리 실공사비를 추산하여 그 견적 액에 이윤을 더하여 공사대금을 확정하는 이른바 정액도급에 의한 공사도급계약의 경우에 있어서는 수급인으로서는 그의 신용, 자력, 기술 등을 이용하여 가능한 적은 비용으로 수주한 공사를 완성함으로써 도급금액과의 차액분을 이득하려고 꾀할 것임은 당연한 이치이므로, 공사의 완성 결과 실공사비가 당초 공사 도급금액의 견적 당시 예상하였던 것보다 적게 소요되었다고 하여 도급인이 그 도급금액의 감액을 주장할 수 없고 나아가 그 차액분이 수급인의 부당이득이 된다고 볼 수도 없다[대법원 1995.2.10. 선고 94다44774(본소)판결].

마찬가지로 계약이행 중 설계변경 사유가 있었더라도 설계변경 절차를 거쳐 물량의 감소에 따른 감액계약을 체결하지 않았다면 도급인이 일방적으로 공사대금을 감액하여 지급할 수 없다(서울남부지방법원 2011.9.8. 선고 2011나3478 판결).

2) 민법상 사정변경의 원칙

⑴ 위와 같이 계약은 본래의 계약대로 준수되어야 하지만, 법률행위 성립 당시에 당사자가 예견치 못한 중대한 사정 변화가 발생한 경우에는 계약대로 이행하는 것이 당사자에게 불공정하고 부당하게 된다. 따라서 이러한 경우에는 신의성실의 원칙상 당사자가 그 내용을 변경할 것을 상대방에게 청구하거나 해제할 수 있다는 원칙이 「민법상 사정변경의 원칙」이다.

(2) 즉, 동 사정변경의 원칙은 당초 계약 내용대로 구속력을 인정한다면 신의칙에 현저히 반하는 결과가 생기는 경우 계약준수 원칙의 예외로서 인정되는 것이며, 이때 사정이라 함은 계약의 기초가 되었던 객관적인 사정으로서 일방 당사자의 주관적 또는 개인적인 사정을 의미하는 것은 아니다. 또한, 경제 상황 등의 변동으로 당사자에게 손해가 생기더라도 합리적인 사람의 입장에서 사정변경을 예견할 수 있었다면 사정변경을 이유로 계약을 해제할 수도 없는 것이다(대법원 2021.10.28. 선고 2021다257743판결 등).

나. 공공계약의 「민법상 사정변경의 원칙」 원용 필요성

(1) 공공계약도 사법(私法)상의 계약에 해당되어 민법의 기본원리인 신의성실의 원칙에 따라 이행되어야 하므로 위의 사인 간 정액도급계약과 마찬가지로 일단 확정하여 체결된 계약금액은 어느 일방이 증액이나 감액을 주장할 수 없는 것이 원칙이다.

예를 들어 국가 등 공공기관이 시설공사계약을 체결하는 것은 수급인인 건설회사가 설계도면 등 설계서대로 시공할 채무를 지는 반면에 도급인인 발주자는 그에 대한 대가를 지급할 채무를 지는 형태의 의사표시가 합치되어 성립된 법률행위라고 할 수 있는 데, 이러한 법률행위가 일단 유효하게 성립되고 나면 그 확정된 법률행위 내용 그대로 이행되어야 하며 계약당사자 어느 일방에게 불리한 상황이 발생하더라도 당해 계약의 구속력을 부정할 수는 없는 것이다.

(2) 그러나 공공계약 그중에서도 특히 장기간에 걸쳐 이행되는 시설공사(工事)계약 등은 계약의 이행 중 당초 계약체결 당시에 예기치 못한 경제적 사정이나 주변 여건이 변동될 가능성이 높으며, 이 경우 당초 계약내용 그대로 이행하게 할 경우 계약의 일방 당사자에게 불공평하고 부당한 결과를 초래할 수 있다.

만약에, 계약이행 기간 중 자잿값 등 물가가 급등하거나 지하에 예기치 않은 암반이 발생하여도 계약금액을 증액 조정하여 주지 않고 그대로 이행하게 할 경우에는 당해 공사비의 증가로 인하여 계약 목적물의 부실시공 또는 계약상대자의 기업경영 악화 등 부작용이 나타날 수 있는 것이다.

(3) 따라서 공공계약의 경우에 있어서도 사인 간에 체결된 계약의 경우와 마찬가지로 계약체결 당시에 예견치 못한 중대한 사정 변화를 그대로 방치하게 되면 위에 기술한 바와 같은 문제점이 발생하게 되기 때문에 "민법상 사정변경의 원칙"을 원용하는 것은 불가피하다고 할 수 있다.

다. 3가지 유형의 계약금액 조정제도 도입

(1) 공공계약 역시 당초 계약금액을 변경할 수 없는 확정계약이 원칙이지만 위에서 검토한 바와 같이 민법상 사정변경의 원칙을 원용할 필요성에 따라 예외적으로, 물가변동으로 인한 계약금액조정, 설계변경으로 인한 계약금액 조정 및 그 밖에 계약내용변경으로 인한 계약금액조정 등 3가지 유형의 계약금액 조정제도를 두고 있다(국가계약법 제19조 및 동법시행령 제64조~제66조).

(2) 동 계약금액 조정제도는 당해 계약이 원활하게 이행될 수 있도록 일정한 기준이나 요건에 해당되면 계약 내용을 여건 변화나 현장 상태 등에 맞게 변경하고 그에 따라 증감되는 비용을 반영할 수 있도록 확정계약의 예외로 인정하고 있는 것이며, 따라서 확정계약으로 체결된 공공계약의 경우 위의 3가지 유형의 경우를 제외하고는 계약서에 기재된 계약금액을 변경할 수 없다는 것을 유의하여야 한다.

(3) 한편, 공공계약의 종류 중 '개산계약'과 '사후원가검토조건부 계약'의 경우에 있어서도 계약금액이 변경되는 것이나, 이는 사후정산을 전제로 체결된 계약으로써 당초 확정된 계약금액을 계약이행 중 예기치 않은 사태의 발생으로 민법상 「사정변경의 원칙」을 원용하여 조정함으로써 변경되는 것과는 그 성격이 상이하다는 것을 이해할 필요가 있다.

2 계약금액 조정 규정의 법률적 성격

가. 계약금액 조정 관련 규정 개요

(1) 공공계약의 원칙인 확정계약의 예외로서 운용되고 있는 물가변동, 설계변경 및 그 밖에(기타) 계약내용의 변경으로 인한 계약금액의 조정에 대하여는 국가계약법 제19조와 이를 근거로 하여 동법시행령 제64조 내지 제66조 및 동법시행규칙 제74조 내지 제74조의 3에 조정요건과 조정기준 등이 구체적으로 규정되어 있으며, 물가변동 조정률 산출과 설계변경으로 인한 계약금액 조정방법 및 실비의 산정방법 등 좀 더 세부적인 사항은 "정부 입찰·계약 집행기준"(제15장, 제16장)과 "공사계약일반조건"(제19조, 제20조) 등 계약예규에 규정하여 운영되고 있다.

※ 특히, 최근에는 급격히 오르고 있는 원자재 가격 상승으로 인하여 계약금액 조정제도 중 물가변동으로 인한 계약금액조정제도(Escalation)가 많은 관심 사항으로 부각되고 있는 상황임

(2) 동 계약금액조정 관련 규정에 따르면 계약담당공무원이 공사계약·제조계약·용역계약 또는 그밖에 국고의 부담이 되는 계약을 체결한 다음 물가변동, 설계변경 및 그밖에 계약내용의 변경으로 인하여 계약금액 조정(調整) 요건이 충족되는 경우에는 규정되어진 조정기준에 따라 조정하도록 하고 있으며, 만약 계약금액을 조정하여야 할 예산이 부족한 경우에는 예산을 전용하거나 추경예산 편성 등으로 소요 예산을 확보하여야 하고 예산 확보가 곤란한 경우에는 물량을 축소하여 조정할 수도 있다.

나. 계약금액 조정 규정은 원칙적으로 임의규정에 해당

(1) 그동안 위에서 기술한 국가계약법령상 계약금액 조정규정(물가변동으로 인한 계약금액 조정규정 포함)은 강행법규이므로 동 규정을 배제하는 특약은 부당한 특약에 해당되어 효력이 없다고 법령 소관 부처인 기획재정부가 유권해석을 하여 왔고 또한, 고등법원에서도 동일하게 판시(서울고등법원 2014.10.30. 선고 2014나2006945 판결)한 바 있다.

(2) 그러나 동 고등법원의 판결에 대하여 대법원은 국가계약법령상 물가변동에 따른 계약금액 조정규정의 적용을 배제는 합의가 계약상대방의 계약상 이익을 부당하게 제한하는 특약 또는 조건에 해당하지 않는다고 판시함에 따라 계약금액조정 규정이 강행법규가 아니라 임의규정에 해당한다는 것을 명확히 하였다고 할 수 있다.

즉, 대법원은 국가계약법령이 국가와 사인 간의 계약관계에서 공무원이 지켜야 할 계약사무처리에 관한 필요한 사항을 규정한 것으로서 국가의 내부규정에 불과하므로 계약당사자 간에 계약금액 조정 규정의 적용을 배제하는 것은 가능한 것으로 판시함에 따라, 그동안 강행법규로 인정되어온 계약금액 조정에 관한 규정의 법률적 성격을 재정립하여야 하는 계기가 되었다고 할 수 있다(대법원 2017.12.21. 선고 2012다74076, 대법원 2018. 11.29. 선고 2014다233480).

(3) 따라서 위와 같은 대법원의 판단은 국가계약법령상 계약금액 조정 규정이 계약담당공무원에게는 의무화되어 있지만 계약상대자에게는 직접적인 효력이 없다고 보는 것이므로, 동 법령에 근거하여 곧바로 계약금액의 조정을 요구할 수는 없고 물가변동 등 계약금액 조정을 요구하기 위해서는 당사자가 체결한 계약 내용에 근거가 있어야 한다고 보는 것이라는 점을 주의 깊게 살펴볼 필요가 있는 것이다.

☞ 한편으로는, 물가하락보다는 상승 가능성이 높은 상황에서 이러한 판결내용에 따라 공공주체들이 고정특약 등 물가변동으로 인한 계약금액조정을 배제하는 특약을 두어 악용하려는 경우가 있을 수도 있으므로, 판결내용을 감안하여 법령보완이 필요하다고 판단됨

〈참고〉 물가변동 배제 특약에 대한 대법원의 판결 세부 내용(대법원 2018.11.29. 선고 2014다233480)

○ 국가계약법 제19조는 "각 중앙관서의 장 또는 계약담당공무원은 공사·제조·용역 기타 국고의 부담이 되는 계약을 체결한 다음 물가의 변동, 설계변경 기타 계약내용의 변경으로 인하여 계약금액을 조정할 필요가 있을 때에는 대통령령이 정하는 바에 의하여 그 계약금액을 조정한다."라고 규정하면서 그와 다른 내용으로 체결된 계약의 효력에 관하여 국가계약법이나 그 시행령에 특별한 규정을 두지 않고 있음

○ 국가계약법이나 「공공기관의 운영에 관한 법률」의 적용 대상인 공기업이 일방 당사자가 되는 계약의 성격, 국가계약법령상 물가변동으로 인한 계약금액 조정 규정의 내용과 입법 취지 등을 고려할 때, 위 규정은 국가 등이 사인과의 계약관계를 공정하고 합리적·효율적으로 처리할 수 있도록 계약담당자 등이 지켜야 할 사항을 규정한 데에 그칠 뿐이고, 국가 등이 계약상대자와 합의에 기초하여 계약당사자 사이에만 효력이 있는 특수조건 등을 부가하는 것을 금지하거나 제한하는 것이라고 할 수 없으며, 사적 자치와 계약자유의 원칙상 그러한 계약 내용이나 조치의 효력을 함부로 부인할 것이 아님

○ 다만, 국가계약법시행령 제4조(현행 법 제5조)는 '계약담당공무원은 계약을 체결함에 있어서 국가계약법령 및 관계 법령에 규정된 계약상대자의 계약상 이익을 부당하게 제한하는 특약 또는 조건을 정하여서는 안 된다'라고 규정하고 있으므로, 계약상대자의 계약상 이익을 부당하게 제한하는 특약은 효력이 없다고 할 것임

여기서 어떠한 특약이 계약상대자의 계약상 이익을 부당하게 제한하는 것으로서 국가계약법시행령 제4조(현행 법 제5조)에 위배되어 효력이 없다고 하기 위해서는 그 특약이 계약상대자에게 다소 불이익하다는 점만으로는 부족하고, 국가 등이 계약상대자의 정당한 이익과 합리적인 기대에 반하여 형평에 어긋나는 특약을 정함으로써 계약상대자에게 부당하게 불이익을 주었다는 점이 인정되어야 한다. 그리고 계약상대자의 계약상 이익을 부당하게 제한하는 특약인지는 그 특약에 의하여 계약상대자에게 생길 수 있는 불이익의 내용과 정도, 불이익 발생의 가능성, 전체 계약에 미치는 영향, 당사자들 사이의 계약체결과정, 관계 법령의 규정 등 모든 사정을 종합하여 판단하여야 함

제2절 물가변동으로 인한 계약금액의 조정

Ⅰ. 물가변동조정제도 일반

1 의의 및 조정방법 개요

가. 의의 및 관련 규정

(1) 계약체결 이후 물가가 급등하여도 그대로 방치할 때에는 부실공사의 빌미나 계약상대자의 경영악화를 초래할 수 있으며, 그와 반대로 물가가 급락한다면 발주기관이 예산을 과도하게 집행한 결과를 초래하게 된다. 이와 같이 계약체결 당시 예측하지 못한 물가의 급등락에 따른 문제점을 해소하기 위해 국가계약법규에 두고 있는 제도가 '물가변동으로 인한 계약금액의 조정제도'(물가변동 조정제도)이며 관련 규정은 다음과 같다.

- 국가계약법 제19조, 동법시행령 제64조 및 동법시행규칙 제74조
- 계약예규「정부 입찰·계약 집행기준」제15장

(2) 즉, 동 '물가변동 조정제도'는 계약체결 후 일정 기간이 지난 시점에서 계약금액을 구성하는 각 품목 또는 비목의 가격이 급격하게 상승하거나 하락하는 경우에 당초의 계약금액을 증가시키거나 감액하게 함으로써 계약당사자 일방의 예기치 못한 부담을 완화시켜 당해 계약을 원활하게 이행할 수 있도록 하는 제도라고 정의할 수 있다.[87]

(3) 한편, 위와 같이 물가변동으로 인하여 당초의 계약금액을 조정하는 제도는 국가계약법 제19조 및 동법시행령 제64조에 따라 국고의 부담(예산지출)이 되는 계약을 체결한 경우에만 적용되고 국고의 수입이 되는 계약에는 적용되지 않는다. 따라서 물건을 매각하는 국고의 수입이 되는 계약에 있어서 계약 시점과 실제 매각 시점 간 해당 물건의 가격변동에 따라 계약금액을 조정하기 위해서는 국가계약법령 외에 다른 법령에 특별한 규정이 있거나 계약당사자 간 특수조건으로 명시한 경우에만 조정이 가능하다고 할 수 있다.

---

[87] 동 조정제도는 일반적으로 물가상승의 경우가 대부분으로서 Escalation(E/S)이라고 부르며, 특히, 2022년 초 우크라 전쟁과 국제적 원자재 공급난으로 자잿값이 폭등함에 따라 많은 관심이 집중되고 있음(예외적으로 발생하는 물가하락의 경우에는 De-Escalation이라고 함)

나. 물가변동으로 인한 계약금액 조정 방법 두 가지

국가계약법령 상 물가변동으로 인하여 계약금액을 조정하는 방법은 ① 품목조정률에 의한 방법과 ② 지수조정률에 의한 방법 두 가지가 있으며, 개략적인 내용은 다음과 같다.

①품목조정률 방법	• 계약금액의 산출내역을 구성하는 품목 또는 비목의 가격변동이 당초 계약금액에 비해 3% 이상 증감 시 계약금액을 조정하는 방법 • 계약금액을 구성하는 모든 품목 또는 비목의 등락을 개별적으로 계산하여 등락률을 산정
②지수조정률 방법	• 계약금액의 산출내역을 구성하는 비목군의 지수변동이 당초 계약 금액에 비하여 3% 이상 증감 시 계약금액을 조정하는 방법 • 계약금액을 구성하는 비목을 유형별로 정리, 비목군을 편성하여 지수변동률을 산정

☆ 두 가지 조정 방법에 대한 세부적인 사항은 다음 Ⅱ에서 기술

다. 조정 방법의 명시 및 변경 불가

1) 품목조정률 방법 원칙

동일한 계약에 대하여는 위의 두 가지 조정 방법 중 하나의 방법에 의하여야 하며, 동 조정 방법은 계약상대자가 선택하여 계약서에 명시하게 된다. 이때 계약담당공무원은 계약상대자가 지수조정률에 의한 방법을 원하는 경우 이외에는 품목조정률에 의한 방법으로 계약금액을 조정한다는 뜻을 계약서에 명시하여야 한다(시행령 제64조 제2항).

따라서 만약, 계약서에 물가변동에 따른 계약금액 조정 방법에 대하여 아무런 명시(품목 또는 지수 방법)가 없는 경우에는 '품목조정률방법'으로 계약금액을 조정하여야 한다. 이는 계약상대자가 계약체결 시 계약금액 조정 방법으로 지수조정률방법을 선택할 수 있었으나, 그러한 권리행사에 아무런 장애 사유가 없는데도 지수조정률방법을 원한다는 의사표시를 하지 않았기 때문이라고 할 수 있다(대법원 2019.3.28. 선고 2017다213470 판결).

2) 조정 방법의 변경 불가

계약서에 명시된 위의 물가변동 조정방법은 중도에 임의로 변경하여서는 아니 되며, 이는 당초 계약체결 시 명시된 품목 또는 지수조정방법을 이행 도중 변경하도록 허용할 경우 조정 작업에 일관성이 없어질 뿐 아니라 당사자 어느 일방에게 유리한 방법으로 운용될 소지가 있기 때문이다. 따라서 2차 조정 이후에도 1차 조정과 동일한 방법을 적용하여 일관성을 유지하여야 한다.

2 계약금액 조정요건 및 절차

가. 계약금액 조정요건

1) 두 가지 요건을 동시에 충족하여야 조정 가능

물가변동으로 인한 계약금액의 조정은 계약체결 후 일정한 기간이 지나고 또한 물가의 등락이 어느 정도 이상 있어야 가능하도록 하고 있는데, 이 두 가지 요건을 '기간요건'과 '조정률 요건'(등락요건)이라고 한다. 즉, 계약체결일을 기준으로 하여 90일 이상 경과하여야 하고, 입찰일을 기준으로 하여 산정한 품목 또는 지수 조정률이 100분의 3 이상 증감이 있어야 조정을 하는 것이며, 이러한 두 가지 요건을 동시에 최초로 충족한 날을 「조정기준일」이라고 한다. 따라서 동 조정기준일은 조정 사유가 발생한 날이라고 할 수 있으며, 한 가지 요건만 충족하면 조정 사유가 발생되지 않는 것이다.

1 기간요건 : 계약체결 후 90일 이상 경과

(1) 물가변동으로 인한 조정 분을 산정하는데 있어 기간요건인 90일의 계산은 민법상 초일 불산입 원칙에 따라 계약체결일(또는 직전 조정기준일)은 산입하지 않고 익일부터 계상하여 91일째 되는 날을 의미한다. 이때 물가는 공사이행의 여부와 상관없이 변동되는 것이기 때문에 발주자 측의 사정 또는 천재지변 등 계약상대자의 책임이 없는 사유로 공사가 중지된 경우에는 그 중지된 기간도 90일 기간을 산정할 때 포함하는 것이다.

(2) 장기계속계약의 경우는 총공사 또는 총제조 등 금액을 부기하고 수차에 걸쳐 당해 연도 예산 범위에서 분할 계약을 체결하게 되는데, 연차별 계약금액을 정할 때 1차 계약체결 시 부기한 총공사·총제조 등의 금액을 구성하는 산출내역서상 단가에 의하므로 물가변동으로 인한 계약금액 조정의 기간요건 기산일은 1차 계약체결일이 기준이 된다.

(3) 한편, 계약체결 이후 물가 변동으로 인한 계약금액 조정 전에 설계변경으로 인하여 계약금액을 조정하였더라도 90일 이상의 기간요건의 기산일은 설계변경 시점이 아니라 당초 계약체결일(또는 직전 조정기준일)을 기준으로 한다.

☞ 다만, 설계변경으로 증가된 물량(기존 또는 신규비목)의 조정률 계산은 설계변경 시점을 기준으로 적용함(조달청 예산사업관리과 지침, 2019.5.8.)

② 조정률 요건 : 입찰일 기준으로 100분의 3 이상 증감

(1) 위에서 기술한 기간요건(90일 이상 경과) 이외에 입찰일을 기준으로 하여 산정한 품목 또는 지수조정률이 최소한 3% 이상 증감이 있어야 동 조정률을 반영하여 계약금액을 조정하게 되는데, 이를 조정률 요건이라고 한다.[88]

▶ 종전에는 등락률이 100분의 5 이상 증감할 경우 조정하던 것을 물가가 안정됨에 따라 계약상대자의 부담완화 등 실효성 확보를 위해 2005.9.8.일부터 100분의 3 이상 증감으로 변경되었음

(2) 동 조정률 산정 시점을 위와 같이 계약체결일이 아닌 입찰일을 기준으로 하고 있는데, 이는 입찰일과 계약체결일 사이의 물가변동 분을 반영하기 위한 것이며 다만, 수의계약의 경우에는 계약체결일을 기준으로, 2차 이후 물가변동으로 인한 계약금액의 조정은 직전 조정기준일을 기준으로 하여 산정한다.

▶ 입찰 후 계약체결일까지 상당한 기간이 소요되는 공사계약의 경우에는 입찰일부터 계약체결일까지의 물가 변동분이 반영되지 못해 계약상대자의 부담이 증가되는 점을 고려하여, 계약상대자의 부담을 좀 더 완화하고자 최초의 조정률 산정 시점을 종전에는 계약체결 당시를 기준으로 하던 것을 2005. 9.8. 국가계약법시행령(제64조 제1항)을 개정하여 입찰 당시를 기준으로 하도록 변경하였음

<소고> 재공고 입찰 등을 거친 수의계약의 경우 조정률 요건 산정에 관한 의견

○ 수의계약의 경우에는 입찰일이 아닌 계약체결일을 기준으로 산정하도록 하고 규정하고 있으나 이는 입찰절차가 없는 점을 감안하여 규정된 것이므로, 최초의 입찰이 유찰되어 재공고 입찰 등을 거쳐 체결되는 수의계약의 경우에는 이러한 절차 없이 곧바로 수의시담을 통한 계약의 경우와는 달리 입찰일(턴키의 경우 기본설계입찰서 제출)을 기준으로 산정하는 것이 타당하다고 봄

○ 왜냐하면, 재공고 입찰 등 입찰절차를 거치는 수의계약의 경우에는 보증금과 기한을 제외하고는 최초의 입찰에 부칠 때에 정한 가격 및 기타조건 등을 변경할 수 없어 최초 입찰당시의 단가가 그대로 유지되는 상태로 계약이 체결됨으로 일반 경쟁입찰과 마찬가지로 입찰 시점과 계약체결 시점 간의 물가변동분을 반영하여 주는 것이 합리적이기 때문임

○ 기획재정부는 비록 발주기관이 최초 입찰에 부칠 때 정한 가격 등을 변경할 수 없다고 하더라도 입찰참가자는 물가상승 등을 감안해 재공고 입찰 및 수의계약에 참가했다고 볼 수 있으므로 기준시점을 수의계약 체결일로 보아야 한다고 유권해석(2017.12 등)을 해오고

---

[88] 방산물자의 개산계약금액의 물가변동 조정은 국가계약법시행령 제64조에 따라 100분의 3 이상으로 조정하였으나, 불필요한 개산계약금액의 조정을 줄이기 위해 100분의 5 이상으로 재차 조정함 (특례가 인정되기 때문에 가능함 : 「방위산업에 관한 계약사무처리규칙」 제4조의2, 2008.12.31. 개정)

있으나, 이는 물가변동률 산정이론과 수의계약 참여 여부와는 별개 사안이라는 점, 계약상대자의 부담을 완화하고자 하는 제도개선의 취지 등을 고려할 때 재고될 필요가 있음[89]

2) 2차 이후의 계약금액 조정

(1) 계약체결 후 물가변동으로 인한 계약금액 조정요건이 충족되어 계약금액을 조정한 이후 다시 물가변동에 따른 계약금액 조정을 하려면, 직전의 조정기준일부터 기산하여 다시 90일 이상 경과하고 품목 또는 지수조정률이 3% 이상 증감이 있어야 한다. 이때 "직전의 조정기준일"이란 물가변동으로 인한 계약금액조정요건이 충족된 날을 의미하며, 계약상대자가 계약금액 조정을 신청한 날이나 또는 발주기관이 실제로 조정 작업을 진행한 날과는 무관하다는 것을 유의할 필요가 있다.

(2) 한편, 물가변동으로 인한 계약금액의 조정은 기간요건 및 조정률 요건이 동시에 충족되는 경우마다 순차적으로 하는 것이므로 최초의 조정기준일을 지나친 경우 일시에 조정해서는 아니 되며, 먼저 두 가지 요건을 최초로 충족하는 날(조정기준일)을 기준으로 하여 1차 계약금액을 조정한 이후에 동 1차 조정으로 재작성된 산출내역서와 동 조정기준일을 기준으로 하여 다시 2차 조정을 진행하는 것이 타당하다.

나. 계약금액 조정 절차

1) 조정신청(증액 조정 청구 또는 감액조정 통보)이 전제

(1) 물가변동으로 인한 계약금액의 조정은 기간요건과 조정률 요건을 동시에 충족하여 조정 사유가 발생하였다 하더라도 그 자체로 자동적으로 이루어지는 것이 아니라, 계약당사자의 상대방에 대한 적법한 계약금액의 조정 신청에 의하여 비로소 이루어지게 된다.

(2) 이는 이해관계가 대립되는 도급계약에서 상대방의 신청 또는 주장 없이 계약금액이 조정된다고 보기는 현실적으로 어렵기 때문에 증액될 경우에는 계약상대자의 청구, 감액될 경우에는 발주기관의 감액 통보 등 조정신청이 전제되어야 한다고 보기 때문이다(대법원 2006.09.14.). 이에 따라 관련 규정에도 물가변동으로 인한 계약금액 조정에 있어 증액하는 경우에는 계약상대자의 청구에 의하고, 감액조정요건이 충족되는 경우에는 계약담당공무원이 계약상대자에게 통보하도록 하고 있다("공사계약일반조건" 제22조 등).

---

[89] 이와 같이 최초의 입찰이 유찰되어 재공고 입찰 등을 거쳐 수의계약을 체결하는 경우 물가변동 산정기준일은 계약체결일이 아니라 입찰일이 타당하다고 판단된다면, 논란의 소지가 없도록 유권해석이 아니라 국가계약법시행령 제64조 제1항 제1호를 개정하는 것이 합리적임

2) 조정신청 및 조정처리기한

(1) 물가변동으로 인하여 계약금액을 증액하는 경우에는 계약상대자가 준공대가 수령 전까지 조정신청을 하여야 지급받을 수 있으며, 감액하는 경우에는 계약담당공무원이 준공대가 지급 전까지 계약상대자에게 통보하여야 감액할 수 있다. 이때 장기계속계약의 경우에는 각 차수별 준공대가를 기준으로 하고 있으며, 이러한 조정신청 기한의 기준은 일의 완성과 대가지급 관계의 도급계약에 있어 법적 안정성 유지 차원에서 정한 절차라고 할 수 있다.

이에 따라 증액 조정의 경우 계약상대자가 준공대가 수령 전까지만 조정신청을 하였다면 준공대가 지급 여부나 준공 여부와 관계없이 계약금액을 조정하여야 하는 것이므로, 준공대가 지급신청 후 수령 전까지 조정신청을 한 경우에도 조정대상이 되는 것이다.

(2) 위와 같은 증액 조정 청구와 관련하여 발주기관은 계약상대자의 청구를 받은 날부터 30일(물품·용역계약의 경우에는 20일) 이내에 조정하여야 하며, 예산배정의 지연 등 불가피한 경우에는 계약상대자와 협의하여 그 조정기한을 연장할 수는 있다(규칙 제74조 제9항, 공사계약일반조건 제22조 제5항). 이처럼 조정처리 기한을 정하고 있는 것은 조정 지체에 따른 업체의 불이익 방지를 위한 실효성 확보 차원이라고 할 수 있다.

3) 조정신청의 성립 및 증빙서류 검토 등

(1) 물가변동으로 인한 계약금액의 조정은 국가계약법시행령 제64조 및 동법시행규칙 제74조에서 규정하고 있는 계약금액 조정요건의 성립을 증명할 수 있는 관계 서류(계약금액 조정 내역서)를 첨부하여 조정신청을 하는 경우에 성립되며, 단순히 조정을 요구하는 공문만을 제출하였거나 법령상 계약금액 조정요건을 충족하지 아니한 경우에는 조정신청이 성립되었다고 볼 수 없다.

(2) 따라서 계약상대자의 증액 조정신청이 있는 경우 계약담당공무원은 이를 검토하여 계약금액조정 청구내용이 일부 미비하거나 분명하지 아니한 경우에는 지체없이 필요한 보완요구를 하여야 하며, 만약, 계약상대자의 계약금액조정 청구내용이 계약금액 조정요건을 충족하지 않았거나 관련 증빙서류가 첨부되지 아니한 경우에는 그 사유를 명시하여 계약상대자에게 해당 청구서를 반송하여야 한다.

만약 위의 경우처럼 보완요구가 있는 경우에는 계약상대자가 보완요구를 통보받은 날부터 발주기관이 그 보완을 완료한 사실을 통지받은 날까지의 기간은 앞의 조정처리 기간 30일(물품·용역은 20일)에 산입하지 아니하며, 계약금액 조정 청구서가 반송된 경우에는 계약상대자는 그 반송 사유를 충족하여 계약금액조정을 다시 청구하여야 한다.

(3) 한편, 시행령 제64조 제6항의 특정 규격의 자재별 물가변동에 따른 계약금액 조정요건을 충족하였으나 계약상대자가 계약금액 조정신청을 하지 않을 경우에 하수급인은 이러한 사실을 계약담당공무원에게 통보할 수 있으며, 통보받은 계약담당공무원은 이를 확인한 후에 계약상대자에게 계약금액 조정신청과 관련된 필요한 조치 등을 하도록 하여야 한다. 이는 자재를 실제 납품 설치하는 하수급인이 특정 자재의 물가가 급등한 경우 가격인상분을 반영 받을 수 있도록 하기 위해 보완된 제도라고 할 수 있다.

4) 계약금액「조정신청일」판단기준

(1) 물가변동으로 인하여 계약금액을 증액 조정하는 경우 '계약금액조정 신청일'이라 함은 국가계약법시행령 제64조 및 동법시행규칙 제74조에 정하고 있는 계약금액 조정요건, 즉 기간요건과 조정률 요건의 성립을 증명할 수 있는 계약금액조정 내역서 등 제반 서류를 첨부하여 해당 발주기관에 신청·접수한 날을 의미한다.

(2) 이때 접수된 제반 서류를 계약담당공무원이 검토한 결과 조정신청내용이 단순히 일부 미비하거나 그 내용이 분명하지 않다고 판단되어 보완요구를 한 경우라면 당초 신청한 날을 조정신청일로 볼 수 있지만, 계약금액조정 청구내용이 계약금액 조정요건을 충족하지 않았거나 관련 증빙서류가 첨부되지 아니하여 반송된 경우에는 반송 사유를 충족하여 다시 신청한 날을 조정신청일로 보는 것이 타당하다고 할 것이다.

(3) 위와 같이 물가변동으로 인하여 계약금액을 조정함에 있어서 '조정신청일'을 엄격히 구분하고 있는 것은 증액조정의 경우 계약상대자가 준공대가 수령 전까지만 조정신청을 하면 준공대가 지급 여부나 준공 여부와 관계없이 계약금액을 조정하여야 하고 또한, 기성대가 수령 이전에 계약금액 조정신청을 하면 동 기성대가가 '물가변동적용대가'에 포함되는 등 이해관계가 있기 때문이다.

5) 조정금액의 적정성 심사 위탁

(1) 물가변동으로 계약상대자의 증액 조정 청구가 있는 때에 계약담당공무원이 청구금액의 적정성에 대하여 직접 심사하기 곤란한 경우에는 「예정가격작성기준」 제31조에 따른 원가계산용역기관에 그 심사를 위탁할 수 있다(정부 입찰·계약 집행기준 제70조 제1항).

(2) 계약담당공무원이 감액 조정하고자 하는 경우에도 계약금액 조정요건의 충족 여부 등을 자체적으로 확인할 수 없는 경우에는 「예정가격작성기준」 제31조에 따른 원가계산

용역기관에 위탁하여 확인할 수 있으며, 다만, 계약금액의 감액조정금액이 원가계산기관 위탁수수료보다 낮을 것으로 예상되는 경우에는 감액조정을 생략할 수 있다(동 집행기준 제70조의5 제1항).

6) 계약금액의 감액조정(정부 입찰·계약 집행기준 제70조의5)

앞에서 살펴본 바와 같이 증액 조정의 경우에는 계약상대자가 발주기관에 신청하여야 하지만, 감액조정의 경우에는 이해당사자인 발주기관이 계약상대자에게 통보하여야 한다.

이에 따라 계약담당공무원은 국가계약법시행령 제64조 제1항 또는 제6항의 감액조정 요건이 충족되는 경우에는 계약상대자에게 통보하여 계약금액을 감액 조정하여야 하며, 총액감액조정과 단품감액조정 요건이 동시에 충족되는 경우에는 원칙적으로 총액감액조정을 우선 적용한다. 이때 선금 공제는 적용하지 아니 한다.

3 조정금액 산정 및 기준

가. 조정금액의 산정 및 계약금액의 변경 개요

(1) 계약이행 중 물가변동으로 인하여 조정할 금액은 조정기준일 이전 지급된 선금이 없다고 가정할 경우 물가변동적용대가(총 계약금액 중 공사공정예정표상 조정기준일 이후에 이행될 부분의 대가)에 조정기준일 현재의 품목 또는 지수조정률을 곱하여 산정하며,[90] 동 조정금액을 당초의 계약금액에 가감하여 변경하게 된다.

$$조정금액 = 물가변동적용대가 \times 조정률(\%)$$

(2) 예를 들어, 총 계약금액이 200억 원인 공사계약에 있어 조정기준일 이후의 이행 대가는 100억 원이고, 동 물가변동적용대가를 기준으로 조정률(품목 또는 지수)을 산출한 결과가 4%일 경우에는 조정기준일 이전에 지급된 선금은 없다고 가정할 경우 조정금액은 4억 원(100억 원×4%)이며 당초의 계약금액은 204억 원으로 변경된다.

---

[90] 선금을 지급한 경우에는 조정금액에서 조정금액에 대한 선금지급률에 해당하는 금액 만큼 공제하여야 함
 ο 선금공제금액 = 조정금액(물가변동적용대가 ×조정률) × 선금지급률*
 ο 선금지급률 = 조정기준일 이전 지급한 선금/당해 연도 계약금액

나. 조정금액의 산정기준 세부 내용

1) 「조정기준일」

(1) 물가변동으로 인하여 계약금액을 조정하고자 할 경우에는 기간요건과 조정률 요건을 모두 충족하여야 하므로 두 가지 요건을 살펴보게 되는데, 이때 동 두 가지 요건을 최초로 동시에 충족하는 날을 '조정기준일'이라고 한다. 즉, '조정기준일'이라 함은 계약체결일(또는 직전 조정기준일) 이후 90일 이상 경과하고 입찰일을 기준으로 한 품목 또는 지수조정률이 최초로 100분의 3 이상 증감되는 날을 의미한다.

(2) 따라서 위와 같은 조정기준일은 계약상대자가 조정을 신청한 날이나 발주기관이 조정을 승인한 날과는 아무런 관계가 없으며, 계약당사자가 임의로 정하는 것이 아니라 두 가지 요건 충족 시에 자동적으로 정해진다는 점을 유의할 필요가 있다. 또한, 조정금액의 산출에 적용되는 조정률 및 물가변동적용대가는 조정기준일을 기준으로 산정하게 되므로 동 조정률 및 물가변동적용대가 역시 계약당사자가 임의로 선택할 여지가 없는 것이다.

2) 「물가변동적용대가」

(1) 조정률 요건인 '품목 또는 지수조정률'은 총 계약금액을 대상으로 하여 산정하는 것이 아니라 총 계약금액 중 조정기준일 전에 이행이 완료되어야 할 부분을 제외한 나머지 부분을 대상으로 하여 산출한다. 이처럼 총 공사공정예정표상 조정률 산출 시에 적용 대상이 되는 '조정기준일 이후에 이행되어야 할 부분의 대가'를 물가변동적용대가라고 한다.

(2) 이 경우 동 물가변동적용대가 중 조정기준일 이전에 이행이 완료되어야 할 부분이 지체되어 이행되지 못하고 조정기준일 이후에 이행되었다고 하더라도 이는 조정대상에서 제외되는 것이나, 이행지체의 사유가 계약상대자의 책임 없는 사유일 때에는 포함한다. 즉, 발주기관의 귀책 사유 또는 천재지변 기타 불가항력적인 경우에 해당될 때에는 당해 계약기간에 이행되어야 할 부분도 물가변동적용대가 산정에 포함되는 것이다(서울고등법원 2016. 8.19. 선고 2015나2015878사건, 대법원 2019.3.28. 선고2016다252454 판결)

(3) 한편, 장기계속계약의 경우에는 1차 계약 시 부기한 총 계약금액을 대상으로 물가변동적용대가를 산정하며, 연간 단가 계약방식으로 체결된 물품구매계약의 경우에는 발주기관의 납품요구서에 따라 조정기준일 이후에 납품되어야 할 물량을 기준으로 물가변동적용대가를 산정한다.

3) 「공사공정예정표」

(1) 계약상대자가 공사 착공 시에는 발주기관에 공사공정예정표를 제출하게 되는데, 동 예정표가 물가변동적용대가 산정의 기준이 되며, 조정기준일 전에 설계변경 또는 계약이행 기간 변경 등으로 수정된 경우에는 수정·승인된 공사공정예정표를 기준으로 하여 물가변동적용대가를 산출한다.

(2) 만약, 조정기준일 이전에 설계변경이나 공사기간 연장 등의 사유가 발생하였으나 행정 지연 등으로 조정기준일 이후에 공사공정예정표가 수정·승인된 경우에도 동 수정 공사공정예정표를 기준으로 하여 물가변동적용대가를 산출하는 것이며, 발주기관의 우선 시공 지시에 따라 변경된 내용에 의거 시공하고 사후에 설계변경 내용 및 수정공사공정예정표를 확정한 경우라면 확정된 공사공정예정표에 따라 물가변동적용대가를 산출한다.

(3) 한편, 물가변동적용대가는 실제 시공 여부와는 관계없이 조정기준일 당시의 공사공정예정표를 기준으로 산출하여야 하는 것이므로, 계약상대자의 귀책으로 공사공정예정표상 지연된 부분을 물가변동적용대상에 포함하여서도 아니 되고, 반면에 계약상대자가 선 시공하였다고 하여 적용 대상에서 제외하여서도 아니 된다.

4 선금 및 기성대가의 공제

가. 선금 공제금액 산출

1) 선금 공제이유

(1) 물가상승으로 인상 조정된 금액에서 선금을 공제하는 이유는 계약상대자가 선금을 지급받은 경우에 동 선금으로 물가상승 전에 자재 등을 미리 확보함으로써 선금 부분 만큼은 물가상승에 따른 추가 부담이 없게 되는 것이므로 이중 혜택을 방지하고자 인상분(조정금액)에서 공제하는 것이다.

(2) 그러나, 물가가 하락 시에는 미리 받은 선금으로 높은 가격에 자재 등을 확보하였으므로 계약상대자가 이득을 본 것이 아니기 때문에 감액 금액에서 선금을 또다시 공제하지 않으며, 만약 조정기준일 전에 지급된 선금이 조정기준일 전에 전액 반납되었다면 이 경우에도 동 선금이 조정기준일 이후의 물가변동적용대가에 영향을 미치지 아니하므로 공제 대상에 해당되지 않는다.

2) 공제대상 판단기준

선금 부분 공제제도의 취지상 조정기준일 전에 지급한 선금만 공제대상이 되며 조정기준일 당일 또는 조정기준일 이후에 지급하는 선금은 공제대상이 아니다. 따라서 계약담당공무원이 계약상대자에게 조정기준일 이후 실제 조정 지급일 전에 선금을 지급한 사례의 경우도 공제대상에 해당하지 않으며, 조정기준일 이전에 선금 전액을 정산한 때에도 조정기준일 현재에는 지급된 선금이 존재하지 아니함으로 선금 정산을 할 필요가 없게 된다.

3) 선금 공제금액 및 선금지급률

계약담당공무원이 계약상대자에게 선금을 지급한 경우에는 다음의 산식에 의하여 산출된 금액을 조정금액(인상분)에서 공제하여야 한다. 동 선금 공제금액 산출 시 적용되는 '선금지급률'은 당해 연도 계약금액에 대해 조정기준일 이전에 지급한 선금의 비율을 의미하며, 이 경우 당해 연도 계약금액은 장기계속공사의 경우에는 당해 차수 계약금액, 계속비공사의 경우에는 당해 연도 연부액을 기준으로 한다.

> 선금 공제금액 = 물가변동적용대가 × 조정률 × 선금지급률

나. 기성대가의 공제기준 및 개산급 제도

1) 원칙적 제외 및 예외적으로 포함

(1) 물가변동에 따른 계약금액 조정을 함에 있어 산정기준이 되는 '물가변동적용대가'는 조정기준일 이후에 이행된 부분에 대한 대가이지만 계약금액 조정 전에 이미 검사를 완료하여 확정적으로 지급을 마친 기성대가는 당사자의 신뢰 보호 견지에서 동 '물가변동적용대가'에서 공제되어 계약금액조정의 대상이 되지 아니한다.

(2) 다만, 기성대가 수령 이전에 물가변동으로 인한 계약금액 조정을 신청하였거나, 당초 계약금액이 증감될 것이 예상되어 「국고금관리법시행규칙」 제72조에 따라 개산급으로 지급받은 경우에는 차후 계약금액 조정을 염두에 두고 일단 종전의 계약내용에 따라 잠정적으로 지급된 것이므로 동 '물가변동적용대가'에 포함된다. 따라서 조정기준일 이후임에도 확정급으로 지급받음으로서 물가변동적용대가에서 제외되는 불이익을 받지 않기 위해서는, 계약상대자가 기성대가를 신청할 때에 먼저 물가변동 조정요건을 체크하여 개산급으로 지급신청 여부 등을 고려해 볼 필요가 있게 되는 것이다.

2) 개산급 제도와 기성대가 지급(공사계약일반조건 제39조의2)

(1) 개산급 제도는 채무는 존재하나 지급할 금액이 미 확정된 경우 개략 금액으로 채무이행이 도래하기 이전에 지급하고 사업 실적에 의하여 채무액을 확정하여 정산하는 것을 말하는데, 물가변동 등으로 당초 계약금액의 증감이 예상되는 경우 이러한 개산급 제도가 활용된다.

즉, 계약담당공무원이 물가변동, 설계변경 및 그 밖에 계약내용의 변경으로 인하여 계약금액이 당초 계약금액보다 증감될 것이 예상되는 경우로서 기성대가를 지급하고자 하는 경우에는「국고금관리법시행규칙」제72조에 의하여 당초 산출내역서를 기준으로 산출한 기성대가를 개산급으로 지급할 수 있으며, 다만, 감액이 예상되는 경우에는 예상되는 감액금액을 제외하고 지급하여야 한다.

(2) 이에 따라 계약상대자가 기성대가를 개산급으로 지급받고자 하는 경우에는 기성대가 신청 시 개산급 신청 사유를 서면으로 작성하여 첨부하여야 하며, 물가변동으로 계약금액 조정이 예상되어 개산급을 신청하는 경우에는 인상요인이 되는 노임발표 등의 일정, 예상되는 물가변동 조정기준일, 개략적인 물가변동 조정률 등을 명시하여 물가변동적용대가에 포함 여부의 논란이 없도록 하는 것이 타당하다고 하겠다.

또한, 계약상대자가 기성대가를 개산급으로 청구할 경우에 기성대가를 청구하는 시점은 계약금액을 조정하기 이전이므로 당초 산출내역서를 기준으로 산정된 금액을 개산급으로 지급하는 것이지, 증액 조정이 예상되는 금액까지 포함하여 지급하고 추후 정산하는 것은 아니라는 점도 유의할 필요가 있다고 하겠다.

5 계약금액조정의 특례(조정요건 완화)

가. 원자재가격 급등 등의 경우 90일 이내에도 조정 : 기간요건의 완화

1) **개요**(영 제64조 제5항)

(1) 물가변동으로 인한 계약금액의 조정은 계약체결일 또는 직전 조정기준일 부터 90일이 경과되어야 가능한 것이나, 천재·지변 또는 원자재의 가격급등으로 인하여 당해 조정 제한 기간 내에 계약금액을 조정하지 아니하고는 계약이행이 곤란하다고 인정되는 경우에는 90일 이내에도 계약금액 조정이 가능하도록 특례를 인정하고 있다.

제7장 계약금액의 조정

(2) 위와 같이 동 조정 기간 완화에 대한 특례는 원자재가격이 급등한 경우 원활한 원자재 수급을 통한 계약이행을 담보하기 위하여 예외적으로 인정하는 제도이므로, 원자재 가격이 급락한 경우에는 적용되지 않는다고 할 수 있다(기획재정부 계약제도과-145, 2010.10.6.).

2) 원자재가격 급등과 관련한 요건

특례사항 중 '원자재의 가격급등과 관련하여 90일 이내에 계약금액을 조정하지 아니하고는 계약이행이 곤란하다고 인정되는 경우'라 함은 계약체결일 또는 직전 조정기준일 이후 다음의 어느 하나에 해당하는 경우를 말한다(정부 입찰·계약집행기준 제70조의4 제1항).

① 공사, 용역, 물품제조계약에서 품목조정률이나 지수조정률이 5% 이상 상승한 경우
② 물품구매 계약에서 품목조정률이나 지수조정률이 10% 이상 상승한 경우
③ 공사, 용역 및 물품제조계약에서 품목조정률이나 지수조정률이 3%(물품구매계약에서는 6%) 이상 상승하고, 기타 객관적 사유로 조정제한기간 내에 계약금액을 조정하지 아니하고는 계약이행이 곤란하다고 계약담당공무원이 인정하는 경우

3) 증빙서류의 제출(동 집행기준 제70조의4 제3항 내지 제5항)

(1) 계약상대자는 원자재가격 급등으로 품목 또는 지수조정률이 5%(물품구매는 10%) 이상 상승함에 따라 물가변동으로 인한 계약금액 조정을 하는 경우에는 원자재 가격급등 및 이에 따라 계약금액에 미치는 영향 등에 대한 증빙서류를 계약담당공무원에게 제출하여야 한다.

(2) 또한, 원자재가격 급등으로 품목 또는 지수조정률이 3%(물품구매는 6%) 이상 상승하고 그 밖에 계약이행 곤란 여부를 계약담당공무원이 판단하여 조정하는 경우 계약상대자는 원자재가격급등 및 이에 따라 계약금액에 미치는 영향과 계약이행이 곤란한 객관적 사유 등에 대한 증빙서류를 계약담당공무원에게 제출하여야 하며, 이 경우 계약이행이 곤란한 객관적 사유에 대한 증빙서류에는 다음과 같은 내용이 포함될 수 있다.

① 계약가격과 시중거래가격의 현저한 차이 존재
② 환율급등, 하도급자의 파업 등 입찰시 또는 계약체결 시 예상할 수 없었던 사유에 의해 계약금액을 조정하지 아니하고는 계약수행이 곤란한 상황
③ 계약을 이행하는 것보다 납품지연, 납품거부, 계약포기로 제재조치를 받는 것이 비용상 더 유리한 상황
④ 주요 원자재의 가격급등으로 인한 조달 곤란으로 계약목적물을 적기에 이행할 수

없어 과도한 추가 비용이 소요되는 상황

⑤ 기타 계약상대자의 책임 없는 사유로 계약금액을 조정하지 아니하고는 계약이행이 곤란한 상황

4) 계약심의회 심의(동 집행기준 제70조의4 제6항)

각 중앙관서의 장은 조정 기간 완화 특례에 따라 계약금액을 조정할 필요가 있는 경우에는 국가계약법시행령 제94조의 계약심의회 심의를 거쳐 결정할 수 있으며, 이의 시행에 필요한 세부 기준을 정하여 운용할 수 있다.

나. 공사계약의 단품물가조정 : 조정률 요건의 완화

1) 특정 규격의 자재별 계약금액조정제도 개요(영 제64조 제6항)

⑴ 공공공사계약에 있어 계약체결일로부터 90일 이상 경과하고 특정 규격 자재(단품)의 가격증감률이 입찰일 기준으로 100분의 15 이상 변동한 경우 그 자재에 한하여 계약금액 조정이 가능하도록 하고 있는데, 이는 총액을 기준으로 하는 3% 조정률 요건에 대한 특례를 인정한 것으로서 '단품물가조정' 또는 '단품슬라이딩'이라고 한다.

⑵ 동 단품물가조정제도는 공사 자재 중 특정 자재의 가격이 급등한 경우 동 자재를 납품 설치하는 하수급업체의 계약이행이 곤란한 점을 고려하여 총액조정 이전에 특정 자재의 가격 인상분이 반영될 수 있도록 하기 위해 도입된 제도이며, 다만, 특정 자재가 100분의 15 이상 가격증감이 있더라도 모든 자재의 가격변동 내용을 조사·반영하여야 하는 행정 부담을 경감하고자 순공사원가(해당 공사비를 구성하는 재료비, 노무비, 경비의 합계액)의 100분의 1을 초과하는 자재에 한하여 허용하고 있다.

⑶ 위의 경우 특정 규격의 자재는 산출내역서상 재료비 항목의 자재로 하는 것이 원칙이나, 산출내역서만으로 재료비 항목을 구분하기 어려운 경우에는 산출내역서 작성 시 계약상대자가 제출하였거나 발주기관이 제공한 기초자료(일위대가 등)를 활용하여 재료비 항목을 구분하는 것이 적정하다고 본다(기획재정부 계약제도과-1104, '14.8.29).

2) 계약금액의 조정 방법(동 집행기준 제70조의3)

⑴ 특정 규격의 자재별 가격변동에 따른 계약금액 조정(단품 조정)은 품목조정률방법에 의하며, 동 단품 조정을 한 후 총액조정을 하는 경우에는 다음의 기준에 따른다. 다만, 2차

제7장 계약금액의 조정

이후의 계약금액 조정에 있어서는 다음의 기준에도 불구하고 일반적인 조정 방법(시행령 제64조 제1항 및 시행규칙 제74조)에 따른다.

　① 품목조정률 방법에 따라 계약금액을 조정하는 경우에는 품목조정률 산출 시에 특정 규격 자재의 가격상승률은 감산하고, 하락률은 합산한다.
　② 지수조정률 방법에 따라 계약금액을 조정하는 경우 지수조정률은 다음과 같이 산출한다.
　　ⅰ) 비목군 분류 시에는 특정 자재가 속해 있는 비목군에서 특정 자재 비목군을 따로 분류한다.
　　ⅱ) 계수산출 시에는 단품 조정에 따라 조정된 금액을 제외하고 산출하며, 특정 자재 비목군과 특정 자재를 제외한 비목군에 해당하는 금액이 차지하는 비율에 따라 각각 계수를 산출한다.
　　ⅲ) 지수조정률 산출 시에 특정 자재 비목군의 지수변동률은 특정규격자재의 등락폭에 해당하는 지수상승률을 감산(하락률일 경우에는 합산)하고, 특정규격자재의 조정기준일부터 물가변동으로 인한 계약금액 조정기준일까지 지수상승률은 합산하여 산출한다.

(2) 총액증액조정요건과 단품증액조정요건이 동시에 충족되는 경우에는 총액증액조정을 적용하여야 한다. 다만, 다음의 경우에는 단품증액조정을 우선 적용할 수 있다.

　① 단품증액조정이 총액증액조정보다 하수급업체에 유리한 경우
　② 기타 발주기관의 계약관리 효율성 제고 등을 위해 단품증액조정을 적용할 필요성이 있다고 인정되는 경우

> **참고** **원자재 수급 불균형 대응 등을 위한 공공계약 업무처리 지침**
> **(기획재정부 계약정책과-244, 2022.4.8.)**
>
> 　최근 국제 원자재 가격이 상승하여 공사계약 이행 지연이 우려되고 있습니다. 이에 따라, 공공계약 참여업체의 피해 방지를 위해 다음과 같이 공공공사 현장의 계약관리에 관한 업무처리 규정을 알려드리니 적극 이행토록 협조하여 주시고, 소속기관 및 산하 공공기관에 통보하여 이행에 차질이 없도록 안내하여 주시기 바랍니다.
>
> □ 원자재 수급불균형으로 공사계약이행이 지연된 경우 조치사항
>
> ○ 원자재 수급 불균형으로 인하여 관급자재의 조달 지연 또는 사급자재의 구입 곤란 등 기타 계약상대자의 책임에 속하지 아니하는 사유로 인하여 지체된 경우, 발주기관은

계약예규 「공사계약 일반조건」 제26조에 따라 계약기간을 연장할 수 있으며, 이 경우 연장기간에 대하여는 지체상금을 부과하지 아니하고, 변경된 내용에 따라 실비를 초과하지 않는 범위 안에서 계약금액을 조정한다.

(관련 근거) 「국가를 당사자로 하는 계약에 관한 법률」 제19조, 「국가를 당사자로 하는 계약에 관한 법률 시행령」 제66조 제1항, 계약예규 「공사계약 일반조건」 제26조 제1항 내지 제5항, 제25조 제3항, 제23조 제1항

□ 원자재 가격상승에 대한 조치사항

ㅇ 공사계약의 경우, 국가계약법 시행령 제64조 제6항에 따라 특정규격의 자재(해당 공사비를 구성하는 재료비·노무비·경비 합계액의 100분의 1을 초과하는 자재만 해당한다)별 가격변동으로 인하여 입찰일을 기준일로 하여 산정한 해당 자재의 가격 증감률이 15% 이상인 때에는 그 자재에 한하여 계약금액을 조정한다.

ㅇ 원자재의 가격급등으로 인하여 당해 조정제한기간 내에 계약금액을 조정하지 아니하고는 계약이행이 곤란하다고 인정되는 경우에는 계약체결일 또는 직전 조정기준일부터 90일 이내인 경우에도 품목·지수 조정률이 3% 이상 상승한 경우 계약금액을 조정할 수 있다.

(관련 근거) 「국가를 당사자로 하는 계약에 관한 법률」 제19조, 「국가를 당사자로 하는 계약에 관한 법률 시행령」 제64조 제1항, 제5항, 제6항, 계약예규 「공사계약 일반조건」 제22조 제2항, 제3항(끝).

다. 단순노무용역의 노임단가 변동 연동 조정 등

1) 특례대상 용역 및 노임단가 변동 연동 조정 배경(영 제64조 제8항 신설, 2018.3.6.)

(1) 용역계약 중 단순한 노무에 의한 용역으로서 다음에 해당하는 용역에 대해서는 물가변동으로 인한 계약금액 조정을 위한 기간요건이나 조정률요건에도 불구하고 예정가격 작성 이후 노임단가가 변동된 경우에는 노무비에 한정하여 계약금액을 조정한다.

① 청소용역
② 검침(檢針)용역
③ 경비시스템 등에 의하지 아니하는 단순경비 또는 관리용역
④ 행사보조 등 인력지원용역

⑤ 그 밖에 위의 용역과 유사한 용역으로서 기획재정부장관이 정하는 용역

☞ 위의 용역은 최저가낙찰제가 적용되지 않도록 하기 위하여 2단계 경쟁 등의 입찰의 대상에서 제외되도록 시행령 제18조에 근거하여 시행규칙 제23조의3에 규정해 놓은 용역의 종류임

(2) 앞에서 살펴본 바와 같이 물가의 변동으로 인한 계약금액의 조정은 기간요건(90일 이상 경과)이나 조정률 요건(3% 이상 증감)을 동시에 충족하여야 하지만 이러한 물가변동 조정요건과는 별도로 노임단가 변동(조정률)에 연동하여 계약금액을 조정할 수 있도록 특례를 인정하는 것은 청소·경비 등 공공 노무용역 근로자의 적정임금 지급 기반을 확충하기 위해 도입된 제도라고 할 수 있다.

2) 단순노무 용역계약의 노무비 계상 및 근로조건 등의 명시
(정부 입찰·계약 집행기준 제76조의3, 제76조의4)

(1) 계약담당공무원은 단순노무용역계약의 예정가격 작성 시 인건비의 기준단가는 다음의 어느 하나에 따른 노임에 의하되,「근로기준법」에서 정하고 있는 제수당, 상여금(기준단가의 연 400% 범위 내), 퇴직급여충당금의 합계액으로 한다.

① 시설물관리용역 :「통계법」제17조의 규정에 따라 중소기업중앙회가 발표하는 '중소제조업 직종별 임금조사 보고서'('임금조사 보고서')의 단순노무종사원 노임(다만, 임금조사 보고서상 해당직종의 노임이 있는 종사원에 대하여는 해당직종의 노임을 적용)
② 그 밖의 용역 : 임금조사 보고서의 단순노무종사원 노임

(2) 또한, 단순노무용역계약의 입찰에 있어서 계약담당공무원은 시행령 제42조 제5항에 따른 외주근로자 근로조건 이행계획에 다음의 사항을 포함하고, 계약체결 시 계약서에 명시하여 계약상대자가 이행토록 하여야 한다.

① 단순노무용역의 인건비 기준단가("기준 노임단가")에 낙찰률을 곱한 금액 이상의 임금을 지급할 것
② 퇴직금, 국민건강보험료 등 법정부담금을 지급할 것
③ 포괄적 재하도급을 하지 아니할 것
④ 「근로기준법」,「최저임금법」및 「남녀고용평등과 일·가정 양립 지원에 관한 법률」을 준수할 것

3) 인건비 기준 노임단가 변동에 따른 계약금액 조정(동 집행기준 제76조의5)

(1) 계약담당공무원은 시행령 제64조 제8항에 따라 단순노무용역계약의 인건비 기준 노임단가의 변동에 따른 계약금액 조정을 하는 경우에는 품목조정률에 의한다. 동 품목조정률은 다음의 품목 또는 비목에 한하여 다음과 같이 산정한다.

① 노무비(기본급)의 등락률 :

$$\text{등락률} = \frac{\text{변동된 기준 노임단가} - \text{직전 기준 노임단가}}{\text{직전 기준 노임단가}}$$

② 제수당, 상여금, 퇴직급여충당금, 보험료, 일반관리비, 이윤 등 노무비에 연동되는 항목의 등락률 : 노무비(기본급)의 등락률과 동일

(2) 또한, 총액 증액조정요건과 기준 노임단가 변동에 따른 증액조정요건이 동시에 충족되는 경우에는 계약상대자가 신청한 조정방식을 우선 적용하여야 하며, 계약금액을 조정한 후에 시행령 제64조 제1항 및 시행규칙 제74조에 따라 계약금액을 조정하는 경우에는 특정규격자재의 가격변동에 따른 계약금액조정 관련 규정(동 집행기준 제70조의3 제2항)을 준용하여 계약금액을 조정한다. 이 경우 "특정규격자재"는 "노무비"로 본다.

4) 최저임금 인상에 따른 계약금액의 조정(영 제66조 제2항)

(1) 계약담당공무원은 청소, 검침 용역 등 단순한 노무에 의한 용역에 대해서는 「최저임금법」에 따른 최저임금액이 변동되어 당초의 계약금액으로는 최저임금 지급이 곤란하다고 인정하는 경우에 계약금액을 조정한다. 이때 당초의 계약금액에는 인건비 기준노임단가 변동에 따라 계약금액 조정을 하는 경우를 포함한다.

(2) 위에서 최저임금 지급이 곤란하다고 인정하는 경우라 함은 인건비기준 노임단가에 해당 계약의 낙찰률을 곱한 금액("내역서상 노임단가")이 최저임금에 미치지 못하는 경우를 말하며, 계약금액의 조정은 최저임금을 하회하는 내역서상 노임단가에 대하여 최저임금을 적용하는 방식으로 한다(동 집행기준 제76조의6).

6 그 밖의 물가변동제도 관련 사항

가. 일괄입찰에 있어 관급자재비의 계상 및 물가변동 적용 대상 여부

1) 관급자재비의 계상 및 정산

(1) 공공공사계약에서 관급자재(공사용 자재 직접구매 대상)는 발주기관이 직접 구매하여 계약상대자에게 공급하는 자재이므로 동 관급자재비는 원칙적으로 산출내역서에 계상하지 않으나, 일괄입찰에 의한 공사계약의 경우에는 설계서를 계약상대자가 작성함에 따라 계약상대자가 관급자재의 품목과 수량을 결정하고 산출내역서에 해당 관급자재의 구매비용을 계상하게 된다.91)

(2) 이에 따라 발주기관은 관급자재로 결정된 품목과 수량을 직접 구매하게 되며 그 비용은 원칙적으로 계약서에 정한 방법으로 정산하게 되는데, 산출내역서상에 관급자재비가 과소 계상된 경우에는 발주기관의 실 구매비용을 계약금액에서 공제하고, 과다 계상된 경우에는 산출내역서상의 관급자재비를 공제하는 것이 계약상대자의 설계책임 및 비용 산정의 책임성 확보 등에 비추어 타당하다(기획재정부 계약제도과-549, 2012.5.3.).

2) 관급자재비의 물가변동 적용 대상 여부

(1) 위에서 기술한 바와 같이 일괄입찰(턴키)에 의한 공사계약의 경우 계약상대자가 관급자재비를 계상하게 되는데, 관급자재의 공급은 원칙적으로 발주기관의 책임이며 물가의 변동은 계약상대자의 설계와 비용 산정의 책임 범위를 넘어선다는 점에서 관급자재비를 물가변동으로 인한 계약금액조정의 대상으로 함이 타당하다(기획재정부 계약제도과-647, 2012.5.24.).

(2) 따라서, 관급자재를 산출내역서에 계상하지 않은 일반공사의 경우와 동일한 것으로 착각하여 일괄입찰 공사의 경우에도 품목 또는 지수조정률 산출 시에 관급자재비를 물가변동 적용 대가에 포함하지 않고 산출하는 사례가 없도록 유의할 필요가 있다고 하겠다.

---

91) 정부기관은 관급자재(官給資材)와 사급자재(私給資材)로 구분하는데, 공기업·준정부기관 등 공공기관의 경우에는 회사가 공급한다는 의미에서 정부의 관급자재를 사급자재(社給資材)로 표기하고 대신 정부의 사급자내는 지입자재로 표기하고 있음

나. 물가변동과 설계변경으로 인한 계약금액조정과의 관계

계약금액 조정과 관련하여 물가변동과 설계변경은 각각 별개의 사항으로서 해당 조정요건이 충족되는 시점을 기준으로 순차적으로 조정하는 것이 기본원칙이라고 할 수 있으며, 양자 간의 관계에 있어 발생되는 대표적인 사례는 다음과 같다.

1) 설계변경을 한 후 물가변동으로 인한 계약금액 조정의 경우

계약을 체결하고 먼저 설계변경으로 인한 계약금액을 조정한 후 물가변동으로 인한 계약금액을 조정하려는 경우에는 기존 비목이든 신규 비목이든 기간계산은 설계변경일과 관계없이 당초 계약체결일을 기준으로 계산한다.

다만, 조정률 계산에 있어 기획재정부는 설계변경으로 인하여 추가된 신규비목만 설계변경 당시와 조정기준일 당시를 비교하여 산정하도록 유권해석을 한 바 있으나(기획재정부 계약제도과-1192, 2002.8.26.), 그 이후 조달청은 설계변경으로 인하여 신규비목 뿐만 아니라 기존비목의 증가물량도 조정률 계산은 설계변경 시점을 기준일로 적용하도록 지침을 시달한 바 있다(조달청 예산사업관리과, 2019.5.8.).

2) 설계변경은 조정기준일 전에 되고 이로 인한 계약금액 조정은 그 이후에 된 경우

물가변동적용대가는 조정기준일 당시 공사공정예정표 및 산출내역서를 기준으로 산정하는 것이므로, 조정기준일 전에 설계변경이 되고 동 설계변경으로 인한 계약금액의 조정은 조정기준일 이후에 이루어진 경우로서 동 조정기준일을 기준으로 물가변동으로 인한 계약금액을 조정하는 경우에는 설계변경으로 조정된 산출내역서를 기준으로 물가변동적용대가를 산정하여야 한다(기획재정부 계약제도과-513, 2009.3.17.).

3) 물가변동으로 인한 계약금액 조정신청 후 설계변경이 발생한 경우

계약상대자가 물가변동으로 인한 계약금액을 신청한 후에 설계변경으로 일정 품목의 수량 증감이 있는 경우에 물가변동적용대가는 조정기준일을 기준으로 산정하는 것이므로 조정기준일 이후에 발생한 설계변경 내용은 반영하지 아니하며, 다만, 설계변경으로 인한 물량증감이 있을 경우에는 해당 물가변동으로 인한 계약금액 조정내용을 반영하여 조정금액을 재산정하는 것이 타당하다(기획재정부 계약제도과-111, 2010.1.18.).

Ⅱ. 물가변동 조정률 및 조정금액 산출

1 품목조정률에 의한 조정 방법

가. 의의

(1) 물가변동 조정률 산정 방법 두 가지 중 '품목조정률'이라 함은 계약금액 중 조정기준일 이후에 이행할 금액을 구성하는 각 품목 또는 비목의 조정기준일까지의 '등락률'을 산출하고, 이를 당해 계약단가에 곱하여 '등락폭'을 산출한 후 각 품목 또는 비목의 수량에 그 등락폭을 곱하여 산출한 합계액이 계약금액(물가변동적용대가)에서 차지하는 비율을 말하며, 이와 같이 산정된 품목조정률을 물가변동적용대가에 곱하여 계약금액을 조정하는 방법을 "품목조정률에 의한 조정 방법"(품목조정률 방법)이라고 한다.

(2) 동 품목조정률 방법은 계약금액을 구성하는 모든 품목 또는 비목의 등락을 개별적으로 계산하여 등락률을 산정함으로서 물가 변동 내역이 실제대로 반영될 수 있다는 장점이 있는 반면에, 매 조정 시마다 모든 품목 또는 비목의 등락률을 산출해야 하므로 계산이 복잡하다는 면이 단점으로 지적되고 있다.

☞ 이에 비해 지수조정률 방법은 비목군별로 지수를 이용하므로 산출이 비교적 용이한 반면, 비목군 지수 특성상 물가 변동 내역이 실제대로 반영되지 않을 가능이 내재되어 있음

〈 품목조정률 및 조정금액의 산출방식 요약(규칙 제74조) 〉

○ 등락률 = $\dfrac{\text{물가변동당시가격} - \text{입찰당시가격}}{\text{입찰당시가격}}$

○ 등락폭 = 계약단가 × 등락률
 (등락폭의 합계액 = 각 품목 또는 비목의 수량에 등락폭을 곱하여 산출한 금액의 합계액
 + 동 합계액에 비례하여 증감되는 일반관리비 및 이윤 등)

○ 품목조정률 = $\dfrac{\text{등락폭의 합계액}}{\text{계약금액}}$

○ 조정금액 = 물가변동적용대가 × 품목조정률
 ※ 위 산식 중 수량 및 계약금액은 조정기준일 전에 이행이 완료되어야 할 부분을 제외한 수량 및 계약금액임

나. 등락률 산출

1) 등락률 개념

(1) 품목조정률을 산정하기 위해서는 가장 먼저 등락률을 산출하여야 하는데, 동 등락률은 물가변동 당시 어느 한 품목의 가격이 입찰당시와 비교하여 얼마만큼 상승 또는 하락되었는지를 나타내주는 비율로서 다음과 같이 산출한다.

$$* \text{등락률} = \frac{\text{물가변동당시가격} - \text{입찰당시가격}}{\text{입찰당시가격}}$$

(2) 다만, 동 등락률을 산정하는데 있어 표준시장단가가 적용된 공종에 대하여는 입찰당시의 표준시장단가와 물가변동당시의 표준시장단가를 비교하여 등락률을 산출하며, 각 중앙관서의 장 또는 그가 지정하는 단체에서 제정한 '표준품셈' 상의 건설기계는 입찰당시의 건설기계 시간당 손료와 물가변동당시의 건설기계 시간당 손료를 비교하여 등락률을 산출한다.

☞ 건설기계의 경우 시간당 손료를 감안하여 등락률을 산정하도록 함(집행기준 제67조 제2항)

2) 입찰당시의 가격

(1) 위의 산식에 따라 등락률을 산정할 경우 '입찰당시 가격'이라 함은 입찰서 제출마감일 당시 산정한 각 품목 또는 비목의 객관적인 가격을 말하며, 거래실례가격 또는 통계법에 따른 통계작성 지정기관이 조사·발표한 시중노임단가 등을 기준으로 결정한다.

(2) 따라서 입찰 시점은 발주기관의 예정가격 작성 시점과는 다르므로 입찰당시 가격과 예정가격 단가와는 동일하다고 할 수는 없다. 좀 더 구체적으로 살펴보면, 재료비의 경우 예정가격 작성 시점의 가격정보지의 단가가 입찰 시점에는 새로운 단가로 작성되어 거래실례가격이 변경되거나, 노무비의 경우 시중노임단가 발표(매년 1월 1일, 9월 1일) 전에 예정가격이 작성되고 동 시중노임단가 발표 이후에 입찰을 실시한 경우 등에는 예정가격 단가와 입찰당시 가격은 다르게 된다는 점을 유의하여 등락률을 산정하여야 되는 것이다.

3) 물가변동 당시의 가격(규칙 제74조 제7항)

1 산정방법 원칙

(1) 등락률을 산출하기 위한 물가변동당시의 가격은 입찰당시가격을 산정한 때에 적용한 기준과 방법을 동일하게 적용하여 산정하여야 한다. 이때 '물가변동 당시'라 함은 기간요건(90일 이상 경과)과 조정률 요건(3% 이상 증감)이 동시에 충족된 날 즉, 「조정기준일」에 해당하는 날을 의미하므로 동 조정기준일 당시 산정한 품목 또는 비목의 가격이 물가변동당시의 가격에 해당한다.

(2) 예를 들어, 거래실례가격의 적용에 있어서 입찰일 직전 1개월간의 거래실례가격을 평균하여 산정한 경우라면, 물가변동당시 가격 또한 조정기준일 직전 1개월간의 거래실례가격을 평균하여 산정함으로써 일관성이 유지되어야 하고, 만약 거래실례가격이 없어 견적가격을 적용하였다면 물가변동당시 가격 또한 견적가격을 적용함으로써 일관성이 유지되어야 한다는 의미이다.

2 예외적인 산정방법

(1) 위의 원칙적인 산정 방법에도 불구하고, 예외적으로 천재·지변 또는 원자재 가격급등 등 불가피한 사유가 있는 경우에는 물가변동당시 가격산정방법을 입찰당시가격을 산정한 때에 적용한 방법과 달리 정할 수 있다.

☞ 이와 관련한 기획재정부 유권해석 사례 : '입찰당시 가격을 거래실례가격 중에서 최저가격으로 산정하였더라도 물가변동당시 가격을 3개월간 평균가격 으로 적용하는 것은 가능하다고 보며 다만, 이 경우에도 원자재 가격급등 등으로 인한 계약금액 조정 시 물가변동당시 가격의 산정방법을 입찰당시 가격을 산정할 때 적용한 방법과 달리 적용할 불가피한 사유가 있는지를 먼저 판단하는 것이 타당함(계약제도과-761, 2012.6.12.).

(2) 이처럼 불가피한 사유가 있는 경우에 물가변동당시 가격을 산정할 때 적용방법을 달리 적용할 수 있도록 하고 있는 것은 원자재 가격 급등의 경우에 신속하게 계약금액 조정이 이루어짐으로써 원활한 계약이행이 가능하도록 예외적인 가격산정방법을 보완한 것이라고 할 수 있다(시행규칙 제74조 제7항 단서, 2009.3.5. 개정). 이때 예외적인 방법을 적용하고자 할 때에는 달리 적용할 불가피한 사유의 존재 여부가 중요한 기준이라고 할 수 있는 데, 그 불가피한 사유는 다음과 같이 규정하고 있다(정부 입찰·계약 집행기준 제70조 제8항).

① 예측하기 힘든 태풍·홍수 기타 악천후, 전쟁 또는 사변, 지진, 화재, 전염병, 폭동 등에 따라 계약금액 조정이 필요한 경우
② 원자재의 급격한 가격급등에 따라 계약금액 조정이 필요한 경우

③ 장기계속 물품·용역계약으로서 거래실례가격에 따라 예정가격을 결정하여 입찰당시의 원가 자료가 존재하지 아니하는 경우

다. 등락폭 산출

1) 등락폭 산출 및 개념

품목조정률 산정을 위해 위와 같이 등락률을 산출한 후에는 등락폭을 산출하여야 하는데, 동 등락폭은 계약금액을 구성하고 있는 품목 또는 비목의 계약단가에 먼저 산출한 등락률을 곱하여 산출한다. 따라서 동 등락폭은 물가가 등락함에 따른 계약단가의 증감액이라고 할 수 있으며, 이때 계약단가는 계약상대자가 입찰 시 제출한 산출내역서상의 단가를 의미한다.[92]

> * 등락폭 = 계약단가 × 등락률

2) 등락폭 산출의 기준

(1) 위와 같이 산정되는 등락폭은 계약단가와 입찰당시 가격 및 물가변동당시 가격의 수준에 따라 다음과 같이 구분하여 각각 달리 계산한다(시행규칙 제74조 제3항).

① 계약단가 < 입찰당시 가격 < 물가변동당시 가격 : 등락폭 = 계약단가 × 등락률
  * (계약단가 + 등락폭) ≤ 물가변동당시 가격

② 입찰당시 가격 < 계약단가 < 물가변동당시 가격 : 등락폭 = 물가변동당시 가격 - 계약단가

③ 입찰당시 가격 < 물가변동당시 가격 < 계약단가 : 등락폭 = 0

(2) 한편, 위의 산식은 물가변동당시가격이 입찰당시가격 보다 높은 경우, 즉, 계약금액을 증액 조정할 때에 적용하는 등락폭 산정기준을 규정한 것이므로, 물가변동당시가격이 입찰당시 가격보다 낮은 경우에는 계약금액 감액 조정대상으로 일반적인 산출방식인 시행규칙 제74조 제1항에 따라 등락률 및 등락폭을 산정(반영)하여 처리하는 것이 타당하다.

3) 승률비용 등의 등락폭 산출

간접노무비, 산재보험료, 산업안전보건관리비 등 승률비용과 일반관리비, 이윤 등의

---

[92] 산출내역서 : 입찰참가자는 발주기관이 교부한 공종별 목적물 물량내역서에 각 품목 또는 비목별로 단가를 기재한 산출내역서를 입찰 시 제출하여야 함(100억 미만공사와 재입찰 공사는 공사 착공 시 제출)

등락폭은 당해 비목의 산출기초가 되는 재료비, 노무비 등의 등락폭에 산출내역서상의 당해 비율을 곱하여 산출하며, 다만, 산재보험료, 산업안전보건관리비는 법정요율로서 적용 요율이 변경되는 경우에는 등락폭 산정 시 이를 반영하여야 한다(기획재정부 회제 41301-1732, 2002.11.26.).

4) 등락폭의 합계액

산출내역서상 각 품목 또는 비목의 수량에 먼저 산정한 등락폭을 곱하여 산출한 금액을 모두 합산하고, 동 합산 금액에 비례하여 증감되는 일반관리비 및 이윤 등을 더하면 등락폭의 합계액이 된다. 이 경우 각 품목 또는 비목의 수량도 조정기준일 이전에 이행이 완료되어야 할 부분은 제외되고 조정기준일 이후에 이행되어야 할 부분(물가변동적용대가)을 대상으로 한다.

라. 품목조정률 및 조정금액 산출

1) 품목조정률 산정

$$\text{품목조정률} = \frac{\text{등락폭의 합계액}}{\text{계약금액}}$$

품목조정률은 등락폭의 합계액이 계약금액에서 차지하는 비율을 의미한다. 동 품목조정률 산식에서 계약금액은 조정기준일 이전에 이행되어야 할 부분의 금액은 제외하며, 설계변경 등으로 당초의 계약금액이 증감되었다면 그 증감된 계약금액을 기준으로 한다. 또한, 등락폭의 합계액은 각 품목 또는 비목의 수량에 등락폭을 곱하여 산출한 금액의 합계액에 동 합계액에 비례하여 증감되는 일반관리비 및 이윤 등을 더한 것을 말한다.

2) 조정금액 산출과 계약금액 변경

물가변동으로 인하여 조정되는 금액은 조정기준일 이후에 이행이 완료되어야 할 부분 즉, 물가변동적용대가에 품목조정률을 곱하여 산출하며, 선금이 지급된 경우에는 선금 지급 해당 분을 공제한다. 동 조정금액(선금이 지급된 경우에는 선금지급 해당 분을 공제한 금액)을 당초 계약금액에 가감하면 품목조정률에 의한 계약금액조정이 완료된다.

- ▸ 조정금액 = (물가변동적용대가 × 품목조정률) − 선금공제금액
    - * 선금공제금액 = (물가변동적용대가 × 품목조정률) × 선금지급률
- ▸ 변경된 계약금액(최종) = 당초의 계약금액 ± 조정금액

제2절 물가변동으로 인한 계약금액의 조정

2 지수조정률에 의한 조정 방법

가. 의의

(1) 지수조정률에 의한 조정방법(지수조정률 방법)은 계약금액을 구성하는 비목을 유형별로 정리하여「비목군」을 편성하고, 각 비목군의 '순 공사금액*'에 대한 가중치(계수)를 계산한 후에, 비목군별로 한국은행이 매월 발행하고 있는 통계월보상의 생산자물가 기본분류 지수 등을 대비 지수조정률(K)을 산출하여 계약금액을 조정하는 방법이다. 이때 K값이 100분의 3 이상 등락될 경우 그 증감액을 산출하여 계약금액을 조정하게 되는 것이며, K값의 산출은「정부 입찰·계약 집행기준」제69조에 따른다.

*「순 공사금액」은 계약금액 중 재료비, 노무비 및 경비의 합계액을 말함

(2) 동 지수조정률 방법은 비목군별로 한국은행에서 발표하는 생산자물가 기본분류지수, 수입물가 지수 등을 이용하므로 산출이 비교적 용이하지만, 동 지수는 평균가격 개념이므로 물가변동내역이 실제대로 반영되지 않을 가능성도 내재되어 있다고 할 수 있다.

☞ 지수조정률 산출방법에 관하여는 계약예규「정부 입찰·계약집행기준」제15장에 상세히 규정되어 있으며, 아래의 해설도 동 기준의 내용과 유권해석사례를 중심으로 기술함

나. 적용지수(규칙 제74조 제4항)

(1) 지수조정률 산출 시에 적용되는 지수는 다음과 같다.

① 한국은행이 조사하여 공표하는 생산자물가기본분류지수 또는 수입물가지수
② 정부·지방자치단체 또는「공공기관의 운영에 관한 법률」에 따른 공공기관이 결정·허가 또는 인가하는 노임·가격 또는 요금의 평균지수
③ 국가계약법시행규칙 제7조 제1항 제1호의 규정에 의하여 조사·공표된 가격(시중노임단가)의 평균지수
④ 그 밖에 제 ①호부터 제 ③호까지와 유사한 지수로서 기획재정부장관이 정하는 지수

(2) 위의 적용지수 중에 한국은행이 조사하여 공표하는 생산자물가기본분류지수는 5년마다 정례적으로 기준연도를 변경하여 산정하고 있으며, 현재는 2015년도를 기준연도로 하여 생산자물가지수를 산정하고 있다(2015=100). 만약에 기준연도의 변경으로 입찰당시와 물가변동 당시의 물가지수 산정방식이 다르게 되었을 경우에는 입찰당시와 물가변동 당시의 물가지수의 산정은 동일한 산정방식을 적용하여야 한다.

다. 지수조정률 산출 방법(동 집행기준 제15장)

1) 비목군 편성

(1) '비목군'이라 함은 계약담당공무원이 계약금액의 산출내역 중 재료비, 노무비 및 경비를 구성하는 제 비목을 노무비, 기계경비, 표준시장단가 또는 한국은행이 조사 발표하는 생산자물가기본분류지수 및 수입물가지수표 상의 품류에 따라 입찰시점(수의계약의 경우에는 계약체결시점)에 다음의 예와 같이 분류하여 편성한 것을 말하며 "A, B, C, D, E, F, G, H, I, J, K, L, M, ·····Z"로 표시한다.[93]

> A : 노무비(공사와 제조로 구분하며 간접노무비 포함)
> B : 기계경비(공사에 한함)
> C : 광산품
> D : 공산품
> E : 전력·수도·도시가스 및 폐기물
> F : 농림·수산품
> G : 표준시장단가(공사에 한하며, G1 : 토목부문, G2 : 건축부문, G3 : 기계설비 부문, G4 : 전기부문, G5 : 정보통신부문으로 구분하며, 일부공종에 대하여 재료비·노무비·경비 중 2개 이상 비목의 합계액을 견적 받아 공사비에 반영한 경우에는 이를 해당 부분(G1, G2, G3, G4, G5)의 표준시장단가에 포함)
> H : 산재보험료
> I : 산업안전보건관리비
> J : 고용보험료
> K : 건설근로자 퇴직공제부금비
> L : 국민건강보험료
> M : 국민연금보험료
> N : 노인장기요양보험료
> Z : 기타 비목군

(2) 위와 같은 비목군 분류는 계약금액에 대한 산출내역서상의 비목을 기준으로 하는 것이나, 산출내역서만으로 분류할 수 없는 경우에는 기초자료인 일위대가표 또는 단가산출서와 예정가격을 작성할 때 활용된 기초자료를 기준으로 하여 분류하는 것이 타당하다.

---

[93] 이때 산출내역을 비목군으로 분류 시에 산출 근거 등이 명확하지 않은 계약상대자가 제출한 산출내역서상의 재료비, 노무비, 경비의 비중에 의하는 것이 아니라, 계약담당공무원이 작성한 설계내역서상의 비중에 따라 "비목군"으로 분류하는 것이 타당함(기획재정부 계약제도과-547, 2010.12.20.)

☞ 그러나 실제로 비목군 분류가 곤란한 경우가 발생할 수 있는 데, 곤란하다는 이유로 계약금액조정을 배제할 수는 없는 것이므로 한국은행이 조사 발표하는 생산자물가기본분류지수 및 수입물가지수표상의 품류 등에 따라 최대한 분류하고 그래도 분류가 곤란하다고 판단되는 경우에는 "기타 비목군"으로 분류하여 처리하는 것이 타당하다고 봄(기획재정부 계약정책과 -339, 2010.11.5)

(3) 또한, 비목군은 계약이행 기간 중 설계변경이나 비목군 분류기준의 변경 및 비목군 분류과정에서 착오나 고의 등으로 비목군 분류가 잘못 적용된 경우를 제외하고는 변경하지 못하며(동 집행기준 제69조 제3항), 만약 당초 비목군 분류 시 계약담당공무원의 착오 등으로 비목군 분류에 오류가 있는 경우에 비목군을 재분류하거나 계약금액을 재조정 할지 여부 등은 계약당사자 간에 협의를 통하여 처리하여야 할 것이다.

2) 계수의 산출

(1) 비목군 분류한 후에 계수를 산출하게 되는데, 이때 "계수"라 함은 "A, B, C, D, E, F, G, H, J, J, K, L, M, ····· Z"의 각 비목군에 해당하는 산출내역서상의 금액이 동 내역서상의 재료비, 노무비 및 경비의 합계액(순공사 금액)에서 각각 차지하는 비율로서 각 비목군의 "가중치"를 말하며, "a, b, c, d, e, f, g, h, i, j, k, l, m, ····· z"로 표시한다.

(2) 이 경우 산출내역서상 금액 및 순공사금액은 조정기준일 전에 이행이 완료되어야 할 부분을 제외한 금액이며, 조정기준일에 따라 물가변동적용대가가 달라지므로 계수(가중치)도 이에 따라 변경된다.

3) 지수의 표시 및 적용

(1) 지수란 각 비목군의 가격변동 수준을 수치화한 것으로서 기준시점 및 비교시점의 지수표시 방법은 다음과 같으며, 통계월보상의 지수는 매월 말에 해당하는 것으로 보고 각 비목군의 지수 상승률을 산출한다.

- 기준시점(입찰일)의 지수표시 : $A_0 \cdot B_0 \cdot C_0 \cdot D_0 \cdot E_0 \cdot F_0 \cdot G_0 \cdot H_0 \cdots\cdots Z_0$
- 비교시점(조정기준일)의 지수표시 : $A_1 \cdot B_1 \cdot C_1 \cdot E_1 \cdot F_1 \cdot G_1 \cdot H_1 \cdots\cdots Z_1$

(2) 각 비목군의 지수는 입찰시점(또는 수의계약체결시점)과 조정기준일 시점의 지수를 각각 적용하는데, 이 경우 "C(광산품), D(공산품), E(전력·수도 및 도시가스), F(농림·수산품)"에 대하여는 각각의 전월 지수를 적용하되 다만, 월 말인 경우에는 해당 월의 지수를 적용한다.

(3) 적용지수 중 재료비 지수는 한국은행이 월별로 조사하여 다음 달 10일경에 발표함에 따라 만약 월초(발표 전)에 전월 말을 기준으로 한 재료비 지수 등에 따라 조정기준일이

발생될 것으로 예상될 경우에는 동 지수발표를 기다렸다가 발표 이후에 전월 말 지수를 적용하여 물가변동 조정업무를 수행하게 된다고 할 수 있다.

☞ 즉, 입찰시점(또는 수의계약체결시점) 및 조정기준일 시점의 재료비 지수는 발표 시점이 아니라 직전 월말을 기준으로 하는 지수를 의미하는 것임

4) 비목군별 지수의 산정 방법

1 노무비 지수(A)

(1) 노무지 지수는 「통계법」 제15조에 따른 통계작성 지정기관이 조사·공표한 해당 직종의 평균치를 지수화한 것을 말하며, 공사의 경우 대한건설협회가 조사·공표한 "건설업 임금실태 조사보고서"의 부문별(일반공사 직종, 광전자 직종, 문화재 직종, 원자력 직종) 평균 노임을 지수화한 것을 적용한다(※ 해당 공사에 투입된 노무 직종의 노임을 평균한 것이 아님).

(2) 위의 노무지 지수 적용 시점은 통계작성 지정기관이 시중노임을 조사 공표한 날 또는 별도로 동 지정기관이 적용 시기를 정하였을 때에는 그 적용 시기를 기준으로 하며, 건설공사의 경우 대한건설협회가 매년 상·하반기로 2회 조사·공표하고 있는데 그 적용 시점은 1월 1일과 9월 1일을 기준으로 하고 있다.

〈참고〉 2023년 상반기 적용, 분야별 평균임금 현황

(단위 : 원, %)

구 분	직종수	공표일 (단위: 원)			변동율(%)	
		'23.1.1	'22.9.1	'22.1.1	전반기 대비	전년동기 대비
전체직종	127	255,016	248,819	242,931	2.49	4.97
일반공사직종	91	244,456	237,006	231,044	3.14	5.81
광전자직종	3	388,623	379,757	365,485	2.33	6.33
문화재직종	18	289,247	286,364	283,907	1.01	1.88
원자력직종	4	234,019	239,564	230,632	-2.31	1.47

☞ 위의 2023년 하반기 적용, 분야별 평균 임금 현황은 2023년 1월 1일부터 건설공사 원가계산에 적용할 수 있으며, 건설업 임금실태조사 보고서는 대한건설협회 홈페이지(http://www.cak.or.kr) → 건설업무 → 건설적산기준 → 건설임금 메뉴에서 내려 받을 수 있음.

② 기계경비 지수(B)

(1) 기계경비 지수는 각 중앙관서의 장 또는 그가 지정하는 단체에서 제정한 "표준품셈"의 건설기계 가격표상의 전체기종에 대한 시간당 손료의 평균치를 지수화한 것을 말하며, 이 경우 평균치는 해당 공사에 투입된 기종의 가격에 대한 평균치를 의미하는 것이 아니라 표준품셈 상 전체 건설기계의 가격을 산술평균하여 산정한 것을 말한다.

(2) 위의 "표준품셈" 상의 건설기계 시간당 손료의 평균치는 다음과 같이 산정한다.

① 입찰시점 또는 직전조정기준일 시점의 기계경비 지수는 당시 품셈의 건설기계 가격표상의 기종에 대한 시간당 손료의 평균치

② 물가변동시점의 기계경비 지수는 조정기준일 당시 품셈의 건설기계 가격표상의 기종 중 입찰시점 또는 직전조정기준일 시점 당시 품셈의 건설기계 가격표상의 기종만의 시간당 손료의 평균치

③ 입찰 시점 또는 직전 조정기준일 당시 품셈의 건설기계 가격표상의 기종이 물가변동 시점에 삭제된 경우에는 입찰 시점 또는 직전 조정기준일 시점 당시 품셈의 건설기계 가격표상의 기종에 대한 시간당 손료의 평균치 산정 시 물가변동 시점에 삭제된 기종을 제외함

☞ 국산·외산 장비 구분 삭제(2020.1.1. 건설기술연구원 발표 표준품셈 개정에 따른 조문 정리)

③ 재료비 지수(C~F)

재료비 지수는 한국은행이 조사하여 공표하는 생산자물가 기본분류지수표 및 수입물가 지수표 상 해당 품류에 해당하는 지수를 말한다.

☞ 재료비 지수는 한국은행이 월별로 조사하여 다음 달 10일경에 발표
[C (광산품), D (공산품), E (전력·수도 및 도시가스), F (농림·수산품)]

④ 표준시장단가 지수(G)

(1) 표준시장단가 지수는 국가계약법시행령 제9조 제1항 제3호의 규정에 의하여 각 중앙관서의 장이 발표한 공종별(G1, G2, G3, G4, G5) 표준시장단가의 전체 평균치를 지수화한 것을 말한다(정부 입찰·계약 집행기준 제68조 제3호).

(2) 이 경우 각 중앙관서의 장이 발표한 공종별(G1, G2, G3, G4, G5) 표준시장단가의 전체 평균치는 다음과 같이 산정하여야 한다(동 집행기준 제70조 제6항).

① 입찰시점 또는 직전조정기준일 시점의 표준시장단가 지수는 입찰시점 또는 직전조정기준일 시점 당시 각 중앙관서의 장이 발표한 공종별 표준시장단가의 전체 평균치
② 물가변동시점의 표준시장단가 지수는 조정기준일 중 입찰시점 또는 직전조정기준일 시점 당시 공종별 표준시장단가에 해당하는 표준시장단가만의 전체 평균치
③ 입찰시점 또는 직전조정기준일 시점에 발표되어 있던 표준시장단가 적용 공종이 물가변동시점에 삭제된 경우에는 입찰시점 또는 직전조정기준일 시점 당시 공종별 표준시장단가의 전체 평균치 산정 시 물가변동시점에 삭제된 공종을 제외함

☞ 기준시점과 비교시점의 적용 공종수가 다른 경우에는 공통으로 존재하는 공종수를 적용함

(3) 위와 같이 공종별 표준시장단가의 전체 평균치 산정 방법에도 불구하고 건축부문 표준시장단가(G2)의 전체 평균치 산정 시에는 국토교통부장관이 발표한 표준시장단가 공종 중 타워크레인 운반비(8ton, 10ton, 12ton)와 타워크레인 임대료(8ton, 10ton, 12ton)는 발표된 단가를 다음과 같이 단위를 보정하여 산정한 단가를 반영한다.

① 타워크레인 운반비는 대당 단가를 규격별 권상(卷上)능력으로 나누어 톤당 단가로 반영
② 타워크레인 임대료는 월당 단가를 25일로 나누어 일당 단가로 반영

☞ 타워크레인은 건축공사에 사용되는 빈도는 낮으나 가격 비중이 높아 물가변동에 미치는 왜곡현상을 방지하기 위한 방편으로 보정하도록 함

5 산재보험료 지수(H)

산재보험료 산정(건설공사)은 총 공사금액 중 노무비(직노 및 간노 모두 포함)에 노동부장관이 고시하는 산재보험료율을 곱하여 산정(산업재해보상보험법 제63조 및 동법시행령 제60조)하며, 지수산출 방식은 다음과 같다.

- $H_0 = A_0 \times$ 입찰시 산재보험료율
- $H_1 = A_1 \times$ 조정기준일 당시 산재보험료율
- 산재보험료 지수변동률 = H_1/H_0
- 조정기준일 당시의 산재보험료 계수 = h H_1/H_0

6 산업안전보건관리비 지수(I)

산업안전보건관리비는 고용노동부 고시 "건설공사 표준안전관리비계상 및 사용기준"에 의하여 직접노무비와 재료비의 합계액에 산업안전관리비율을 곱하여 산정하며, 지수 산출방식은 다음과 같다.

- I_0 = 변동 전(직접노무비계수 + 재료비계수* + 표준시장 단가계수)
　　　× 입찰시 산업안전보건관리비율

　　* 변동 전 재료비계수 = c + d + e + f

- I_1 = 변동 후(직접노무비계수 + 재료비계수 + 표준시장 단가계수)
　　　× 조정기준일 당시 산업안전보건관리비율

　　* 변동 후 계수 = 변동 전 계수 × 지수변동률

7 고용보험료 등의 지수(J, K, L, M)

(1) J(고용보험료), K(건설근로자 퇴직공제부금비), L(국민건강보험료), M(국민연금보험료)에 대하여는 앞에서 기술한 H(산재보험료) 산출방식을 준용한다.

☞ 고용보험료율 및 퇴직공제부금비율은 관련 법령에 의거 발표된 평균요율 등을 지수화하여 적용하고, 당해 법령에 의하여 발표되는 요율이 없는 경우라면 공인된 기관에서 적용하는 원가계산 시의 제비율 등을 적용하는 것도 가능하다고 봄(기획재정부 회제 41301-877, '03.7.21).

(2) 노인장기요양보험료도 「노인장기요양보험법」에 보험료 산출기준이 정해져 있으므로 기타 비목군(Z)으로 분류할 사항이 아닌 다른 보험료와 동일하게 해당 법률에 따른 보험료 산출기준에 따라 별도의 비목군(N)으로 다음과 같이 처리하는 것이 타당하다.

- N_0 = (A0 × 입찰시 건강보험료율) × 입찰시 노인장기요양보험료율
- N_1 = (A_1 × 조정기준일 당시 건강보험료율) × 조정기준일 당시 노인장기요양보험료율

(3) 참고로, 비목군은 계약금액 중 순공사비(재료비, 노무비, 경비)를 기준으로 편성되는 것이므로, 순공사비 이외의 별도 비목으로 계상되는 공사손해보험료는 지수조정률 산출 시 제외된다.

8 기타 비목군 지수(Z)

(1) 순공사비 중 비목군 분류가 곤란한 비목을 기타 비목군으로 편성하며, 이와 같은 비목들은 대부분 공사원가 중에서 기타경비에 해당되는 점을 감안하여 기계경비, 산재보험료, 산업안전관리비 및 공사손해보험료 등의 경비 비목은 제외하고 노무비와 재료비 구성 비목을 기준으로 산정하도록 하고 있다.

(2) 기타 비목군 지수는 Z_0 또는 Z_1의 경우에는 A_0부터 G_0까지 또는 A_1부터 G_1까지 각 비목의 지수를 해당 비목의 가중치에 곱하여 산출한 수치의 합계를 비목군 수로 나눈 수치로 하여 아래 공식에 의하여 산출한다. 단, 노무비(A)는 지수화(100%)하여 적용한다.

제7장 계약금액의 조정

- Z_0 = (aA_0+cC_0+dD_0+eE_0+fF_0+gG_0)/비목군수
- Z_1 = (aA_1+cC_1+dD_1+eE_1+fF_1+gG_1)/비목군수
- 기타 비목군 지수 변동률 = Z_1/Z_0
- 조정기준일 당시의 기타 비목군 계수 = zZ_1/Z_0

5) 지수조정률 산출(집행기준 제69조)

지수조정률 K값은 다음 산식에 의하여 산출하며, 결국은 각 비목군별로 입찰 당시의 계수(가중치)에 지수변동률을 곱한 값 즉, 당해 조정기준일 당시의 계수를 모두 합한 값을 구한 후 1을 뺀 것이 지수조정률이 된다.

$$K = (a\frac{A_1}{A_0} + b\frac{B_1}{B_0} + c\frac{C_1}{C_0} + d\frac{D_1}{D_0} + e\frac{E_1}{E_0} + f\frac{F_1}{F_0} + g\frac{G_1}{G_0} + h\frac{H_1}{H_0} + i\frac{I_1}{I_0} + j\frac{J_1}{J_0} + k\frac{K_1}{K_0} + l\frac{L_1}{L_0} + m\frac{M_1}{M_0} \cdots\cdots + z\frac{Z_1}{Z_0}) - 1$$

단, z = 1-(a+b+c+d+e+f+g+h+i+j+k+l+m ···)

6) 지수조정률 등 산정 시 소수점 처리(집행기준 제70조의2)

지수조정률 등 산정 시 소수점 이하의 숫자가 있는 경우에는 다음과 같이 처리한다.

① 지수, 지수변동률(입찰시점의 지수대비 물가변동시점의 지수) 및 지수조정률(K)은 소수점 다섯째자리 이하는 절사하고 소수점 넷째자리까지 산정
② 각 비목군의 계수는 계수의 합이 1이 되어야 함을 고려하여 계약당사자간에 협의하여 결정(예 : 일부는 절상하고 일부는 절사하여 계수의 합이 1이 되도록 하는 방법)

7) 조정금액의 산정

지수조정률을 산출한 후 계약금액 중 조정기준일 이후에 이행되어야 할 부분의 금액에 동 지수조정률을 곱하여 조정금액을 산정하고, 선금이 지급된 경우 선금지급 해당 분을 공제한 후 계약금액에 동 조정금액을 가감하면 지수조정률에 의한 계약금액조정이 완료된다.

제2절 물가변동으로 인한 계약금액의 조정

▶ 조정금액 = [물가변동적용대가 × 지수조정률(K)] - 선금공제금액*

* 선금공제금액 = 물가변동적용대가 × 지수조정률 × 선금지급률(선금/당해 연도 계약금액)

▶ 변경된 계약금액(최종) = 당초의 계약금액 ± 조정금액

〈 품목조정률방법과 지수조정률방법 비교 〉

구 분	품목조정률에 의한 방법	지수조정률에 의한 방법
개 요	• 계약금액의 산출을 구성하는 품목 또는 비목의 가격변동으로 당초 계약금액에 비하여 3% 이상 증감시 동 계약금액을 조정	• 계약금액의 산출을 구성하는 비목군의 지수변동이 당초 계약 금액에 비하여 3% 이상 증감시 동 계약금액을 조정
조정률 산출방법	• 계약금액을 구성하는 모든 품목 또는 비목의 등락을 개별적으로 계산하여 등락률을 산정	• 계약금액을 구성하는 비목을 유형별로 정리한 "비목군"을 분류 • 당해 비목군에 계약금액에 대한 가중치 부여(계수; a, b, c...) • 비목군별로 생산자물가 기본 분류지수 등을 대비하여 산출
장 점	• 계약금액을 구성하는 각 품목별 또는 비목별로 등락률을 산출하므로 물가변동내역이 실제대로 반영가능	• 한국은행에서 발표하는 생산자 물가 기본분류지수, 수입물가 지수 등을 이용하므로 조정률 산출이 용이
단 점	• 매 조정시마다 수많은 품목 또는 비목의 등락률을 산출해야 하므로 계산이 복잡 • 최근에는 전산기기 발달로 계산에 어려움이 적어진 상황	• 평균가격 개념인 지수를 이용하므로 물가변동내역이 실제대로 반영되지 않을 가능성이 내재되어 있음
용 도	• 계약금액의 구성비목이 적고 조정회수가 많지 않을 경우에 적합 (단기, 소규모, 단순공종공사 등)	• 계약금액의 구성비목이 많고 조정회수가 많을 경우에 적합 (장기, 대규모, 복합공종공사 등)

제3절 설계변경으로 인한 계약금액의 조정

Ⅰ. 공공공사의 설계변경 일반

1 설계변경 개요

가. 설계변경의 의의

(1) 공사계약체결 이후에 예기치 않은 여건 변동이 발생하였음에도 불구하고 당초 설계서 대로 이행하게 한다면 계약 일방에게 부당하고 불공평한 결과를 초래하게 되는 것이므로, 이를 해소하기 위해 '민법상 사정변경의 원칙'을 원용하여 국가계약법규에 '설계변경으로 인한 계약금액 조정제도'를 두고 있다.

(2) 따라서 공사계약에 있어 '설계변경'이라 함은 '공사를 시공하는 도중에 예기치 않은 사태의 발생이나 사업계획의 변경 등으로 인하여 당초 설계한 내용을 변경시키는 것'으로서, 이는 공사 이행 중에 발주기관이 필요로 하는 사업계획의 변경내용을 반영하고 또한 현장 상태에 부합되도록 하며, 그 밖에 설계서의 오류·누락 사항을 바로잡아 적정 시공을 도모하는 행위라고 정의할 수 있다.

(3) 공사계약 이행 중에 위와 같은 설계변경 사유 발생은 공사계약 대부분이 장기간에 걸쳐 이행되는 특성상 경제 여건의 변동에 따라 사업계획을 변경할 필요성이 발생될 수도 있고, 또한 지질조사의 한계와 기술의 복잡성 등에 따라 설계서 미비의 리스크가 상존한 상태에서 당초 계약 내용 그대로 이행하기가 곤란한 상황 발생 등으로 인하여 불가피하게 이루어지는 현상이라는 것을 이해할 필요가 있다. 하지만, 한편으로는 기본계획 수립단계에서 준비가 미흡하고 현장 상태 파악의 부실 등으로 설계변경이 이루어지는 사례도 상당수 있으므로, 공사 시공 도중 설계변경의 남용이라는 오해의 소지가 없도록 하기 위해서는 기본계획의 수립과 설계서 작성 등 사업 초기 단계에서 충분한 지질조사와 공사용지 확보 등 철저한 사전 준비가 요망된다고 하겠다.[94]

---

[94] 공공공사 계약제도에서 설계변경이 많은 관심을 갖게 되는 것은 설계서 변경으로 공사 물량증감이 수반되어

나. 설계변경의 범위

(1) 공공공사계약의 이행 중 이루어지는 설계변경은 계약 내용의 일부를 변경시키는 것이므로 그 성격상 당초 계약의 목적 또는 본질 등이 달라지는 정도의 변경이어서는 아니된다는 것이 기본원칙이다. 따라서 사업목적의 변경으로 기존 계약목적물의 특성 등을 근본적으로 변경하고자 하는 경우에는 설계변경이 인정되지 않으므로, 기존 계약을 해제 또는 해지하고 변경된 사업목적에 따른 계약목적물에 대해서 새로운 계약을 추진하는 것이 타당하다고 할 수 있다.

(2) 그러나 실제로 추가 공사분이 발생한 경우에 설계변경으로 처리할 것인지 아니면 새로운 공사로 볼 것인지 판단하기가 어려운 때가 있게 되는데, 발생되는 추가 공사분에 대하여 이를 당초 공사의 설계서 변경으로 보아 변경계약을 체결할 것인지 여부는 당초 계약조건 등에 부합하는지를 확인하여 적합하지 않다고 판단되는 경우에는 새로운 계약에 의할 수도 있는 것이다. 따라서 계약 건별로 사업목적 및 특성 등이 모두 다르기 때문에 일률적인 기준을 제시할 수는 없으며, 계약담당공무원이 설계변경의 개념과 구체적 상황을 고려하여 개별적으로 판단할 수밖에 없다고 할 것이다.

(3) 이와 관련하여 기획재정부의 유권해석 사례를 살펴보면, 설계변경은 당초 예기치 못했던 사태의 발생으로 설계내용을 변경시키는 것 또는 당초 설계내용의 일부를 변경하는 것이므로 성질상 계약의 목적 및 본질을 벗어나지 않는 범위에서의 변경만을 의미하는 것 등이라는 답변이 주류를 이루고 있어, 이러한 답변사례는 발주기관 또는 계약상대자의 설계변경 남용을 방지하기 위해 가급적 설계변경 사항에 대한 범위를 축소하는 경향이라고 판단된다.

다. 설계변경조치의 시기

(1) 공공공사계약의 이행 중 설계변경 조치는 당해 설계변경이 필요한 부분의 시공 전에 완료하여야 한다. 다만, 공정 이행의 지연으로 품질 저하가 우려되는 등 긴급하게 공사를 수행할 필요가 있는 때에는 예외적으로 계약담당공무원이 계약상대자와 협의하여 설계변경의 시기 등을 명확히 정하고, 설계변경을 완료하기 전에 우선 시공을 하게 할 수 있다 (공사계약일반조건 제19조 제3항).

계약금액을 조정하게 됨에 따라 예산이 소요되고 건설업계의 이해관계가 있기 때문이며, 이와 관련하여 국가계약법시행령 및 공사계약일반조건 등에 설계서 개념, 설계변경 사유, 계약금액 조정 방법 등에 대하여 세부적으로 규정하여 운용되고 있는 것임

(2) 따라서 위와 같은 시공 전 설계변경 완료 원칙에 따라 설계변경이 필요한 부분의 시공 전에 반드시 변경내용을 승인받아 변경계약을 체결하여야 하며, 우선 시공 지시의 경우에도 문서상 명확히 해놓을 필요가 있다고 하겠다. 왜냐하면, 발주기관이 예외적으로 우선 시공을 하게 하지 않는 상태에서 계약상대자가 변경계약 없이 선시공을 하거나 또는 우선 시공 지시의 경우에도 문서상 명확하지 않는 경우에는 계약상대자의 시공 부분에 대하여 발주기관이 소급하여 인정해 주지 않을 수도 있고, 소급 적용을 하더라도 실제 시공 부분에 대하여 단가를 적용함에 있어 다툼이 발생되는 등 계약상대자에게 불리하게 작용 될 소지가 크기 때문이다.95)

> 〈참고〉 설계변경 시기(절차)와 관련한 법원의 판례 동향
> ‣ 공사계약일반조건에서 시공 전 설계변경절차를 거칠 것을 요구하는 취지는, 발주 기관이 설계변경 없이 우선 계약상대자에게 시공을 하게 함으로서 계약상대자의 계약상 지위가 불안해 지고 이에 따라 향후 분쟁이 발생하는 것을 방지하기 위한 것으로서 이는 오히려 계약상대자를 보호하기 위한 취지라고 판단함(수원지방법원 성남지원 2009.10.30. 선고 2007가합12162 판결)
> ‣ 변경공사에 대해 발주기관의 승인 또는 지시가 있는 경우에는 시공 전 설계변경 절차가 필수적인 것이 아니라고 판단한 바 있고(서울지방법원2017.9.13. 선고 2015가합536570판결), 해당 공사가 필수불가결한 공종으로서 해당 공사의 존부 및 범위에 다툼이 없어 계약상대자의 임의 시공의 가능성이 없는 경우에는 변경된 부분의 시공 전 설계변경 절차를 거치지 않았다고 하더라도 설계변경으로 인한 계약금액 조정이 가능하다고 판단함(서울고등법원 2017.11.17. 선고 2016나2074133 판결)

라. 설계변경과 계약금액 조정과의 관계

(1) 계약의 이행 중에 공사 물량의 증감이 발생되는 설계변경이 있게 되면 당초의 계약금액을 증액하거나 감액하게 되며 이와 같은 증액 또는 감액 행위를 "설계변경으로 인한 계약금액의 조정"이라고 하며, 앞의 물가변동으로 인한 계약금액 조정과 마찬가지로 민법상 사정변경의 원칙을 원용하여 확정계약의 예외로서 인정되고 있다.

(2) 위와 같이 설계변경은 공사 물량이 증감됨에 따라 계약금액에 대한 조정이 수반되는 것이 일반적인 데, 경우에 따라서는 설계변경이 이루어지더라도 계약금액을 조정하지

---

95) 다만, 우선시공을 문서상 명확히 명시하지는 않았지만, 계약담당공무원이 계약상대자의 시공 전에 설계변경의 필요성에 대하여 인지하고 있었고 시공 중에 실정보고서를 제출하고 이에 대하여 계약담당공무원이 승인까지 하였다면 설계변경 전 우선시공에 대한 협의가 있었다고 보고 있음(기획재정부 유권해석)

않게 되는 경우도 있게 된다. 즉, 입찰 시 물량내역서를 계약상대자가 작성한 경우에는 물량 누락이나 오류 등으로 설계변경이 있더라도 계약금액 조정(증액)을 인정하지 않고 있으며, 이러한 사례는 일괄입찰과 순수내역입찰 또는 물량내역수정입찰(수정 부분)로 체결된 공사계약 등을 들 수 있다(영 제65조, 일반조건 제21조).

(3) 한편, 설계변경 조치와 물량증감에 따른 계약금액의 조정은 동시에 이루어 질 수도 있지만, 증가된 물량이 신규비목에 해당되는 지 여부 등이 논란이 되어 곧바로 계약금액 조정이 곤란할 경우에는 합의된 설계변경 내용에 따라 공사는 진행하되 추후에 단가가 확정되면 계약금액 조정이 이루어지게 된다고 할 수 있다. 물론 이때 추후 확정되는 단가는 설계변경 당시를 기준으로 산정하게 된다.

마. 제조·용역 등의 계약에 있어서 계약금액의 조정

(1) 제조·용역계약 등에 있어 계약내용 변경 따른 계약금액을 조정하는 경우에는 공사계약에 있어서 설계변경으로 인하여 공사량의 증감이 발생한 때 계약금액을 조정하는 경우에 적용되는 규정(영 제65조 제1항 내지 제6항)을 준용할 수 있다(영 제65조 제7항).

(2) 그러나 제조계약 또는 용역계약은 규격서, 과업지시서 등의 내용을 변경하는 것으로서 공사계약의 설계서 변경과는 그 성격이 상이한 점이 많아 단순하게 준용할 수 있도록 규정하고 있는 것은 문제점이 있으므로, 규격서 또는 과업내용의 변경사항과 적용단가 등을 좀 더 구체적으로 기술하는 등 제조·용역계약의 특성을 고려한 계약금액 조정 규정의 보완이 필요하다고 본다.[96]

2 설계서의 개념

가. 설계서의 종류

(1) 공사계약에서 설계변경으로 인한 계약금액의 조정은 설계서를 변경함으로써 이루어지게 됨으로 설계서의 개념 또는 종류에 대한 정립이 대단히 중요하다. 왜냐하면, 설계서의 범위를 명확히 설정하지 않고는 설계변경의 대상 여부를 판단하기 어렵고 그에 따른 계약금액 조정 업무도 수행하기 곤란하기 때문이다.

---

[96] 예를 들어 예정가격을 작성하지 않은 협상에 의한 계약은 낙찰률이 없는 점, 발주기관이 과업내용을 직접 작성하지 않는 점 등 특수성으로 인하여 공사계약의 설계변경 조정 규정을 그대로 준용하기 곤란함

(2) 이에 따라 계약예규「공사계약일반조건」제2조에서는 '설계서'라 함은 공사시방서, 설계도면, 현장설명서, 공사기간의 산정근거 및 공종별 목적물 물량내역서(가설물의 설치에 소요되는 물량을 포함)라고 정의하고, 그 종류별 세부 내용은 다음과 같이 규정하고 있다.

① "공사시방서"라 함은 공사에 쓰이는 재료, 설비, 시공체계, 시공기준 및 시공기술에 대한 기술설명서와 이에 적용되는 행정명세서로서, 설계도면에 대한 설명 또는 설계도면에 기재하기 어려운 기술적인 사항을 표시해 놓은 도서를 말한다.

② "설계도면"이라 함은 시공될 공사의 성격과 범위를 표시하고 설계자의 의사를 일정한 약속에 근거하여 그림으로 표현한 도서로서 공사목적물의 내용을 구체적인 그림으로 표시해 놓은 도서를 말한다.

③ "현장설명서"라 함은 국가계약법시행령 제14조의2에 의한 현장설명 시 교부하는 도서로서 시공에 필요한 현장상태 등에 관한 정보 또는 단가에 관한 설명서 등을 포함한 입찰가격 결정에 필요한 사항을 제공하는 도서를 말한다.

④ "공사기간 산정근거"는 대형공사계약 및 기술제안입찰 등에 의한 계약의 경우와 현장설명서를 작성하는 공사는 제외한다 (2020. 9.24 추가).

⑤ "공종별 물량내역서"(약칭 : 물량내역서)라 함은 공종별 목적물을 구성하는 품목 또는 비목과 동 품목 또는 비목의 규격·수량·단위 등이 표시된 다음의 내역서를 말한다.

  ⅰ) 국가계약법시행령 제14조 제1항에 따라 계약담당공무원 또는 입찰에 참가하려는 자가 작성한 내역서

  ⅱ) 국가계약법시행령 제30조 제2항 및 계약예규「정부 입찰·계약 집행기준」제10조 제3항에 따라 견적서 제출 안내공고 후 견적서를 제출하려는 자에게 교부된 내역서 [소액수의계약 대상 중 추정가격 2천만 원(여성기업, 장애인기업 및 사회적 경제 기업은 5천만 원) 이상 공사]

> **참고** **공공 건설공사의 공사기간 산정기준**(국토교통부고시 제2021-1080호, 2021.9.17.)

□ 고시 이유

「건설기술진흥법」개정[*]('21.3.16)으로 발주청의 적정 공사기간 산정이 의무화되어, 인력 및 전문성이 부족한 발주청의 공사기간 산정업무를 지원하기 위함

  * 건설공사의 품질, 안전성, 경제성을 확보하기 위해 건설공사의 규모, 특성, 현장여건 등을 고려해 발주자가 적정 공기를 산정하도록 하고, 불가항력 등 정당한 사유가 발생한 경우에는 적정 공기를 조정하도록 함(법 제45조의2 신설)[97]

제3절 설계변경으로 인한 계약금액의 조정

□ 주요 내용

o 적정성 심의대상 : 발주청은 총 공사비 100억원 이상(시·군·구는 50억원 이상) 건설공사는 「건설기술진흥법 시행령」 제17조부터 제19조까지에 따른 지방심의위원회, 특별심의위원회 또는 기술자문위원회의 공사기간 적정성 심의를 받아야 함

o 공사기간 산정공식 : 공사기간은 준비기간과 비 작업일수, 작업일수, 정리기간을 포함하여 산정함

> 공사기간 = 준비기간 + 비 작업일수 + 작업일수 + 정리기간

o 근로자 법정근로시간 : 작업일수 산정 시 건설현장 근로자의 작업조건이 법정 근로시간(1일 8시간, 주 40시간)을 준수하는 것을 원칙으로 함. 다만, 연속작업 등이 필요한 경우에는 근로기준법에 따라 근로시간을 연장할 수 있고, 교대근무 및 주·야간 공사로 구분하여 산출함

o 공사기간의 단축 : 발주청은 공사기간을 단축할 경우 시공자에게 서면으로 사유를 통보하고 단축가능 기간을 협의하여야 함. 또한, 발주청은 공사기간 단축계획에 따라 공사기간 단축에 따른 증가비용에 대하여 계약금액 조정 등 필요한 조치를 하여야 함

※ 기타 자세한 사항은 국토교통부고시 제2021-1080호(2021.9.17.)를 참조

나. 설계서에 포함되지 아니하는 내역서

설계서의 종류를 위와 같이 규정하고 있으며, 한편으로는 다음의 내역서는 설계서에 포함되지 아니한 것으로 규정하고 있다(일반조건제2조 제4호 단서).[98]

① 국가계약법시행령 제78조에 따라 일괄입찰을 실시하여 체결된 공사와 대안입찰을 실시하여 체결된 공사(대안이 채택된 부분에 한함)의 산출내역서
② 국가계약법시행령 제98조에 따라 실시설계 기술제안 입찰을 실시하여 체결된 공사와 기본설계 기술제안입찰을 실시하여 체결된 공사의 산출내역서

---

97) 건설기술진흥법 제45조의2(공사기간 산정기준) ① 발주자는 건설공사의 품질 및 안전성·경제성을 확보할 수 있도록 해당 건설공사의 규모 및 특성, 현장여건 등을 고려하여 적정 공사기간을 산정하여야 한다. 다만, 불가항력 등 정당한 사유가 발생한 경우에는 이를 고려하여 적정 공사기간 조정을 검토하여야 한다.
98) 동 규정과 같이 구분할 경우 순수내역입찰 공사와 물량내역수정입찰(물량내역이 수정된 부분) 공사의 경우 산출내역서도 입찰자가 물량을 산출하고 단가를 기재하는 것이므로 설계서에 포함되지 아니함

③ 수의계약으로 체결된 공사의 산출내역서. 다만, 국가계약법시행령 제30조 제2항 본문에 따라 체결된 수의계약 공사의 물량내역서는 제외

〈 물량내역서와 산출내역서의 설계서 포함 여부 정리 〉

‣ 산출내역서는 입찰금액 또는 계약금액을 구성하는 물량, 규격, 단위, 단가 등을 기재하여 입찰서와 함께 제출한 내역서(발주기관이 물량내역서를 교부한 경우에는 계약상대자가 동 내역서에 단가를 기재한 내역서)를 말함
‣ 동 산출내역서는 설계서에는 포함되지 아니하나 다만, 물가변동·설계변경 등으로 인한 계약금액의 조정과 기성부분에 대한 대가의 지급 시에 적용할 기준으로서 계약문서의 효력을 가짐
‣ 이와 달리 물량내역서는 모두 설계서에 포함되는 것이나 다만, 물량을 계약상대자가 산출한 경우에는 계약금액 조정의 대상이 되지 않는 것임
· 순수내역입찰에 있어서 물량내역서는 설계서에 포함되는 것임. 다만, 설계변경과 계약금액 조정 관계를 살펴보면, 물량내역서의 누락이나 오류 등으로 설계변경을 하더라도 동 물량내역서를 입찰자가 직접 작성하였다는 이유로 계약금액 조정은 제한하고 있음
· 일괄입찰의 경우에도 물량내역서가 설계서에 포함되는 것임. 다만, 설계변경과 계약금액 조정과의 관계를 살펴보면 설계도면 또는 공사시방서에 비해 물량이 과다·과소 계상된 경우 물량내역서를 설계도면 등에 맞추는 설계변경은 허용하되, 동 물량내역서를 입찰자가 직접 작성하였다는 이유로 증액 조정은 인정하지 않고 감액만 인정하고 있음

다. 설계변경의 기준이 되는 시방서

(1) 설계변경 및 이에 따른 계약금액의 조정은 당초 계약에 따른 공사내용을 확정하는 것이 관건이 될 수밖에 없으며, 이때 계약문서인 공사시방서 이외에 건설기술진흥법 제44조에 근거하여 국토교통부장관이 제정한 표준시방서나 동법시행령 제65조 제7항 소정의 전문시방서까지 계약문서의 효력을 인정할 수 있는지 여부가 문제될 수 있다.

(2) 건설기술진흥법시행규칙 제40조에 의하면, 계약문서인 공사시방서는 표준시방서 및 전문시방서를 기본으로 하여 작성하되 공사의 특수성, 지역 여건, 공사 방법 등을 고려하여 작성하도록 규정하고 있어, 비록 국토교통부가 표준시방서 및 전문시방서를 배포하더라도 해당 공사를 동 시방서의 내용대로 시공하라는 취지가 아니라 해당 공사의 설계과정에서 표준시방서 및 전문시방서의 내용을 적절히 참고하라는 취지라고 할 수 있다.

따라서 건설기술진흥법령에 따른 표준시방서나 전문시방서는 특정 목적물을 고려하여 작성된 것이 아니라 일반적 기준을 제시한 것이므로 계약문서인 설계서에 포함되는 공사시방서와는 구별하여야 한다.

☞ 판례의 경우에도 건축기계설비공사 표준시방서에 의하면 어떤 밸브가 설치하도록 되어 있음에도 이를 설치하지 않은 것이 하자인지 문제가 된 사건에서, 표준시방서는 설계자의 시방서 작성을 위한 참고자료에 불과하므로 표준시방서가 곧바로 공사도급계약의 내용에 편입되었다고 볼 수 없다고 판시함(부산고등법원 2018.7.18. 선고2017나55124 판결)

라. 설계서 상호 간의 우선순위

(1) 설계도면 및 공사시방서뿐만 아니라 물량내역서도 발주기관이 작성하여 교부하는 일반공사의 설계변경에 있어서는 설계도면과 공사시방서 간에는 우선순위가 없으나 이러한 두 종류의 설계서가 물량내역서보다는 효력이 앞선다(일반조건 제19조의2 제2항 제3호 등).

(2) 그러나, 물량내역을 계약상대자가 직접 작성하여 제출하는 일괄입찰 공사 등의 경우에는 일반공사의 우선순위 관련 규정이 적용되지 아니하고 다만, 설계도면과 공사시방서가 상호 모순되는 경우에는 관련 법령 및 입찰에 관한 서류 등에 정한 내용에 따라 우선 여부를 결정하여야 한다(동조건 제19조의2 제3항).

따라서 설계서 간 상호 모순되는 상황에 대비하여 그 우선순위를 당해 계약조건에 명시하여 운용하는 것이 가장 바람직하다고 할 수 있으며, 주택건설촉진법 또는 건축법 등 관련 법령에서 설계서 등 계약문서의 우선순위를 정하고 있지만 그 우선순위는 당해 계약조건에서 정하지 아니한 경우에 적용되도록 하고 있다.

3 발주 형태별 공사 분류와 설계변경

가. 공사의 종류에 따른 설계변경(계약금액 조정) 개요

(1) 설계변경으로 인한 계약금액의 조정 방법은 경쟁입찰과 수의계약 또는 총액입찰과 내역입찰, 그리고 기술형 입찰 등 발주 형태에 따라 다르기 때문에 공공공사 계약을 이에 따라 분류하여 정리해 볼 필요가 있게 된다.

즉, 입찰 시에 설계도면과 물량내역서를 발주기관이 작성한 총액 또는 내역입찰공사의 경우에는 동 물량내역서가 설계서에 포함되어 물량내역서 상 누락·오류 등도 계약금액 조정대상이 되는 반면에, 설계도면과 물량내역서 등을 입찰자가 작성하고 그 설계서에 따라 시공까지 하게 되는 일괄입찰공사 등은 발주기관의 책임이나 천재지변 등 불가항력의 사유로 인한 경우 등을 제외하고는 계약금액의 증액이 인정되지 않기 때문이다.

(2) 한편, 내역입찰이라도 순수내역입찰과 물량내역수정입찰(수정부분)의 경우에는 입찰자가 물량을 산출하는 것이므로 물량의 누락·오류 등에 따른 설계변경이 있어도 계약금액 변경이 허용되지 않는다. 수의계약의 경우에도 대부분 발주기관이 물량내역서를 열람·교부하지 않기 때문에 동 내역서상 물량의 누락·오류 등이 설계변경 대상이 아니며, 다만, 추정가격 2천만 원(여성기업, 장애인기업 등은 5천만 원) 이상의 소액수의계약은 발주기관이 물량내역서를 작성하여 열람·교부하게 됨으로 동 내역서상 물량의 누락·오류 등도 설계변경 대상이 되는 것이다.

나. 산출내역서 제출 방법에 따른 공사 분류

1) 총액입찰 및 내역입찰에 의한 공사

총액입찰은 입찰 시에는 총액을 기재한 입찰서만 제출하고 입찰총액에 대한 산출내역서는 낙찰자로 결정된 후 착공신고서를 제출하는 때에 제출하게 하는 입찰을 말하며, 추정가격이 100억 원 미만인 공사와 재입찰에 부치는 공사에 대하여 적용된다. 이에 비하여 내역입찰은 발주기관이 미리 작성·교부한 물량내역서에 입찰자가 단가를 적은 산출내역서를 입찰서와 함께 제출하는 입찰을 말하며, 추정가격이 100억 원 이상인 공사에 대하여 적용된다.

2) 순수내역입찰 및 물량내역수정입찰에 의한 공사(영 제14조 제1항 및 제7항 단서)

순수내역입찰은 발주기관이 확정한 설계서(설계도면과 공사시방서) 범위 내에서 입찰참가자가 소요 공종과 물량 등 물량내역서를 직접 작성하고 여기에 단가를 적은 산출내역서를 입찰 시 함께 제출하게 하는 입찰을 말하며, 그 실시대상은 종합심사낙찰제 대상공사에 해당하는 추정가격 100억 원 이상인 공사와 문화재수리공사에 적용된다.

물량내역수정입찰은 발주기관이 교부하는 물량내역 기초자료를 참고하여 입찰참가자가 물량을 수정하여 작성한 물량내역서에 단가를 적은 산출내역서를 제출하게 하는 입찰을 말하며, 그 적용대상은 위의 순수내역입찰과 동일하다.

다. 설계서 제공 여부 등에 따른 공사 분류

1) 일반공사

일반공사는 발주자가 실시설계서를 제공하면 입찰자가 가격입찰서를 제출하는 방식으로 운용되는 공사로서 다음의 기술형입찰공사를 제외한 나머지 모든 공사를 말한다. 보편적인 입찰방식의 공사로서 비교적 난이도가 높지 않고 가격경쟁이 많이 작용하게 되는 방식이며 적격심사낙찰제와 종합심사낙찰제 등으로 구분된다.

2) 기술형입찰 공사

기술형입찰 공사는 발주자가 기본계획 또는 기본설계서나 실시설계서를 제공하면 입찰자가 도면, 시방서, 물량 및 단가를 새롭게 작성하여 참가하는 방식으로 대형공사 중 난이도가 높거나 특수한 기술을 요하는 공사, 상징성 등이 있다고 인정되는 공사에서 민간의 창의력과 기술력을 활용하고자 할 때 사용되며 일괄입찰, 대안입찰, 기본설계 기술제안입찰, 실시설계 기술제안입찰 등으로 구분된다.

1 일괄입찰공사와 대안입찰 공사

(1) 일반적으로 공사입찰은 설계와 시공을 분리하여 각 각 입찰에 부치는 형태이나, '일괄입찰'은 설계와 시공을 동시에 입찰에 부치는 형태로서 발주기관이 제시하는 공사일괄입찰 기본계획 및 지침에 따라 입찰자가 그 공사의 설계서 기타 시공에 필요한 도면 및 서류를 작성하여 입찰서와 함께 제출하는 입찰을 말한다.

(2) '대안입찰'이라 함은 원안입찰과 함께 따로 입찰자의 의사에 따라 대안이 허용된 공사의 입찰을 말하며, 대안을 제시할지 여부는 입찰자의 의사에 따라 결정되므로 원안입찰서만으로 입찰할 경우에는 내역입찰과 동일하다. 이 경우 '대안'이라 함은 발주기관이 작성한 실시설계서상의 공종 중에서 대체가 가능한 공종에 대하여 기본방침의 변동 없이 발주기관이 작성한 설계에 대체될 수 있는 동등이상의 기능 및 효과를 가진 신공법·신기술·공기단축 등이 반영된 설계를 말한다.

2 기본설계기술제안입찰과 실시설계기술제안입찰 공사

(1) '기본설계 기술제안입찰'이란 발주기관이 작성하여 교부한 기본설계서와 입찰안내서에 따라 입찰자가 공사비 절감 방안, 공기단축방안 및 공사관리방안 등이 포함된 기술제안서를 작성하여 입찰서와 함께 제출하는 입찰을 말한다. 이 경우 기술제안서는 입찰자가 발주기관이 교부한 설계서 등을 검토하여 공사비 절감방안, 공기단축방안, 공사관리방안 등을 제안하는 문서를 말한다.

(2) '실시설계 기술제안입찰'이란 발주기관이 교부한 실시설계서 및 입찰안내서에 따라 입찰자가 공사비 절감방안, 공기단축방안, 공사관리방안 등이 포함된 기술제안서를 작성하여 입찰서와 함께 제출하는 입찰을 말한다.

라. 수의계약 공사의 분류

1) 긴급공사 등의 수의계약 : 천재지변, 감염병 예방 및 확산방지, 긴급한 행사, 긴급복구가 필요한 수해 등 경쟁에 부칠 여유가 없거나 경쟁에 부쳐서는 계약의 목적을 달성하기 곤란하다고 판단되는 경우 체결하는 수의계약을 말한다.

2) 계속공사의 수의계약 : 계속공사라 함은 ① 하자책임 구분 불분명 공사 ② 동일현장 공사 ③ 마감공사 등으로서 직전 또는 현재의 시공자와 수의계약을 체결할 수 있는 공사를 말하며(영 제26조 제1항 제2호 가목 내지 다목), 특정인의 기술이 필요하여 경쟁이 성립될 수 없는 경우로 보아 수의계약 체결 대상으로 하고 있다.

3) 소액공사의 수의계약 : 추정가격 4억 원 이하의 종합공사와 추정가격 2억 원 이하의 전문공사(그 밖의 공사 1억 6천만 원 이하) 등이 대상이며, 계약의 목적·성질 등에 비추어 경쟁에 따라 계약을 체결하는 것이 비효율적이라고 판단되는 경우로 보아 수의계약 대상으로 하고 있다.

* 소액수의계약 대상이라도 추정가격 2천만 원(여성, 장애인 기업 및 사회적 경제기업은 1억 원) 이상은 전자조달시스템을 이용하여 견적서를 제출하게 하게 하여야 하고, 설계서· 공종별 목적물 물량내역서 및 기타 견적서 제출에 필요한 서류를 열람 또는 교부하여야 함

4 설계변경사유 및 사유별 조치사항

< 설계변경 사유 총괄 >
① 설계서의 내용이 불분명하거나 누락·오류 또는 상호 모순되는 점이 있을 경우
② 지질, 용수 등 공사 현장의 상태가 설계서와 다를 경우
③ 새로운 기술·공법 사용으로 공사비의 절감 및 시공기간의 단축 등의 효과가 현저할 경우
④ 기타 발주기관이 설계서를 변경할 필요가 있다고 인정할 경우 등

가. 설계서의 불분명·누락·오류 및 상호모순 등에 의한 설계변경

1) 설계변경의 절차(일반조건 제19조의2 제1항)

1 계약상대자는 설계변경사항을 발주기관에 서면 통지

계약상대자가 공사계약의 이행 중에 설계서 내용의 불분명, 설계서에 누락·오류 및 설계서

간에 상호모순 등이 있는 사실을 발견할 경우에는 설계변경이 필요한 부분의 이행 전에 해당 사항을 분명히 한 서류를 작성하여 계약담당공무원과 공사감독관에게 동시에 이를 통지하여야 한다. 이 경우 공사감독관에게만 통지할 경우 계약담당공무원에게 늑장 보고 또는 미보고 등으로 인하여 문제점이 발생될 소지가 있으므로 반드시 계약담당공무원에게도 직접 통지하여야 하는 점을 유의할 필요가 있다.

② 계약담당공무원은 필요한 조치

계약담당공무원은 계약상대자의 통지를 받은 즉시 공사가 적절히 이행될 수 있도록 발생 사유에 따라 설계변경 등 필요한 조치를 하여야 한다. 만약, 이와 같은 설계변경 조치 없이 공사현장에서 공사감독관의 구두지시 등에 따라 시공하게 된 경우에는 계약금액 조정과정에서 선시공 인정 여부나 단가 적용 등에 있어 다툼의 소지가 있으므로, 계약상대자는 우선시공의 조치가 없는 한 반드시 서면으로 설계변경 계약을 체결하고 난 다음 시공하는 것이 타당하다고 할 것이다.

2) 설계변경의 세부 방법(일반조건 제19조의2 제2항)

① 설계서의 내용이 불분명한 경우

⑴ '설계서의 내용이 불분명한 경우'라 함은 설계서만으로는 시공 방법이나 투입 자재 등을 확정할 수 없는 경우를 말하며, 이때에는 설계자의 의견과 발주기관이 작성한 단가산출서 또는 수량산출서 등의 검토를 통하여 당초 설계 시에 고려한 시공방법이나 투입 자재 등을 확인하여야 한다. 물론 이때 발주기관 및 설계자는 계약상대자가 시공상세도 작성을 통하여 시공방법, 투입자재 등을 확정할 수 있을 정도의 설계서를 제공할 의무 내지 이에 협력할 의무가 있다고 할 수 있다(서울고등법원 2021.7.21. 선고 2018나2014470 판결).

⑵ 위와 같은 절차에 따라 설계서 내용을 확인한 결과 물량변동 사항 없이 시공방법 등 확인된 사항과 동일하게 시공하여야 하는 경우에는 설계서를 명확하게 보완하되 설계변경으로 인한 계약금액의 조정은 할 필요가 없으며, 확인된 사항과 다르게 시공하여야 하는 경우에는 설계서를 보완하고 이에 따라 물량증감이 수반되기 때문에 「공사계약일반조건」 제20조에 정해진 방법에 따라 계약금액을 조정하여야 한다.

* 동 공사계약일반조건 제20조에 의한 계약금액의 조정 방법은 뒤편에서 상세히 기술함

2 설계서에 누락·오류가 있는 경우

(1) 설계서에 누락·오류가 있는 경우에는 그 사실을 조사하여 확인하고 계약목적물의 기능 및 안전을 확보할 수 있도록 설계서를 보완하여야 하며, 이와 같이 설계서를 보완함에 따라 물량증감이 수반되는 경우에는 계약금액을 조정하게 된다. 이 때 '설계서에 오류가 있는 경우'라 함은 설계를 함에 있어 기준이 되는 관련법령, 표준시방서, 전문시방서, 설계기준 및 지침 등에 상반되거나 상이한 설계내용이 있는 경우를 의미한다고 할 수 있다.

(2) 따라서 발주기관이 교부한 물량내역서는 설계서에 해당함으로 동 내역서에 누락·오류가 있는 경우에는 설계변경이 가능하나, 단가산출서 및 수량산출서는 설계서에 해당하지 아니하므로 동 산출서상 비목의 누락 또는 단가가 과다·과소 계상되었다는 사유만으로는 설계변경으로 인한 계약금액조정을 할 수 없다. 다음은 설계서의 누락·오류에 관한 기획재정부의 주요 해석사례이다.

① 물량내역서에 실제 시공에 필요한 경비를 누락시킨 경우에는 설계서를 보완하고 이에 따른 계약금액 조정을 하여야 함
② 발주기관이 교부한 물량내역서상 고용보험료 또는 산업안전보건관리비가 법정요율보다 낮거나 높게 계상되어 있다면 이는 설계서의 오류에 해당되어 설계변경의 대상이 되는 것이나, 발주기관이 교부한 물량내역서상의 산출 요율은 정확한데 설계내역서 또는 산출내역서상 금액만이 잘못 산정되어 있는 경우에는 설계변경사유에 해당하지 않는 것임
③ 건설근로자퇴직공제부금비 가입대상에 해당되지 않는 공사에 대하여 발주기관이 교부한 물량내역서에 반영된 경우에도 설계서의 오류에 해당되어 설계변경 및 이로 인한 계약금액 조정을 하여야 함
④ 기술사용료의 경우 발주기관이 물량내역서에 동 기술료를 반영하지 아니하였다면 이는 설계서의 오류·누락으로 볼 수 있어 설계변경 사유가 된다고 할 수 있음. 왜냐하면 동 비목은 설계서에 신기술 등이 반영되어 계약상대자가 해당 신기술을 사용함에 따라 신기술 보유자 등에게 지급하는 비용으로서, 신기술 등의 사용은 계약상대자의 임의적 결정사항이 아니므로 발주기관은 국가계약법시행령 및 동법시행규칙에 따른 예정가격 작성 시 해당 기술료를 경비로 계상하여야 하기 때문임

3 설계서 간에 상호 모순되는 경우

(1) '설계서 간에 상호 모순되는 경우'라 함은 설계도면, 공사시방서, 현장설명서, 물량내역서 등 설계서 간 동일항목에 대하여 서로 상이한 내용을 정하고 있는 경우를 의미한다고

할 수 있으며, 발주기관이 교부한 설계서(설계도면, 공사시방서 및 물량내역서)에 의해 시공하는 일반공사에 있어서 상호 모순되는 경우에는 다음과 같이 조치한다.

① 설계도면과 공사시방서는 서로 일치하나 물량내역서와 상이한 경우에는 설계도면 및 공사시방서에 물량내역서를 일치
② 설계도면과 공사시방서가 상이한 경우로서 물량내역서가 설계도면과 상이하거나 공사시방서와 상이한 경우에는 설계도면과 공사시방서 중 최선의 공사시공을 위하여 우선되어야 할 내용으로 설계도면 또는 공사시방서를 확정한 후 그 확정된 내용에 따라 물량내역서를 일치

(2) 그러나 일괄입찰, 대안입찰(대안이 채택된 부분), 실시설계 기술제안입찰(기술제안이 채택된 부분), 기본설계기술제안입찰 및 수의계약(물량내역서를 교부하는 소액수의계약은 제외)의 경우에는 산출내역서상의 물량을 계약상대자가 작성하였으므로 동 산출내역서(물량내역서)가 설계서에 포함되지 않으며, 따라서 위의 일반공사에 적용되는 "설계서 간에 상호 모순되는 경우"의 설계변경 방법은 적용되지 아니한다.

다만, 위와 같은 일괄입찰 공사 등의 경우로서 산출내역서를 제외한 설계도면과 공사시방서가 상호 모순되는 경우에는 관련 법령 및 입찰에 관한 서류 등에 정한 내용에 따라 우선여부를 결정하여 설계변경을 하게 되며, 이에 따라 계약금액을 조정할 때에는 설계서를 계약상대자가 작성하였으므로 발주기관의 책임 등을 제외하고는 감액은 되어도 증액이 인정되지 않는다는 것을 유의할 필요가 있다.

나. 현장상태와 설계서의 상이로 인한 설계변경(일반조건 제19조의3)

1) 설계변경 사유

(1) 공사의 이행 중 지질, 용수, 지하 매설물 등 공사현장의 상태가 설계도면 등 설계서와 다를 때 설계변경이 가능하다. 이처럼 공사현장의 상태와 설계서 상이로 인한 설계변경은 설계변경 사유 중 가장 기본적이고 자주 발생되는 사유라고 할 수 있으며, 발주기관이 설계서 작성 시 현장상태를 정확히 반영하지 못하여 발생하는 경우이므로 당초의 설계서를 현장상태에 부합되도록 변경하는 것이라고 할 수 있다.

(2) 이와 같이 시공 도중에 당초 작성된 설계서가 현장상태와 상이하여 설계변경을 자주 하게 되는 것은 지하 매설물 상태 또는 지질학적 구조 등에 대한 지질조사의 한계와 기술의 복잡성 등으로 현장상태를 정확하게 설계서에 반영하기가 현실적으로 어렵기 때문이라고

할 수 있으나, 한편으로는 짧은 설계기간에 조사가 제대로 이루어지지 않은 등 준비부족도 있으므로 애당초 양질의 설계서가 작성될 수 있도록 충분한 설계기간을 확보하는 것이 절대적으로 필요하다고 하겠다.

2) 설계변경 절차

계약상대자는 공사현장의 상태가 설계서와 다른 사실을 발견하였을 때에는, 지체 없이 설계서에 명시된 현장상태와 상이하게 나타난 현장상태를 기재한 서류를 작성하여 계약담당공무원과 공사감독관에게 동시에 이를 통지하여야 하고,

계약담당공무원은 계약상대자의 통지를 받은 즉시 현장을 확인하고 현장상태와 설계서가 다를 경우에는 설계변경 조치를 취하여야 한다.

〈 건설사업관리 중 실정보고(건설기술진흥법 제39조의3) 〉

▶ 감독권한대행 등 건설사업관리를 수행하는 건설엔지니어링사업자는 건설사업자가 현지 여건의 변경이나 건설공사의 품질향상 등을 위한 개선사항의 검토를 요청하는 경우 이를 검토하고, 발주청에 관련 서류를 첨부하여 보고하는 등 필요한 조치("실정보고")를 하여야 함
　* 감독권한대행 등 건설사업관리 대상공사 : 총공사비가 200억원 이상인 건설공사로서 교량, 항만, 댐 등 22개 공사와 그밖에 발주청이 필요하다고 판단되는 공사
▶ 발주청은 건설엔지니어링사업자가 실정보고를 하는 경우 이를 접수하여 검토하고, 필요하면 설계변경 등 적절한 조치를 하여야 함
　* 실정보고를 접수한 발주청은 이를 검토하고 특별한 사정이 없으면 접수일로부터 14일 이내에 해당 실정보고에 대한 검토결과를 건설엔지니링사업자에게 서면으로 통보(동법시행령 제59조의3 제2항)
▶ 시공자의 경우에는 계약조건에서 규정하고 있는 실정보고 의무를 제대로 이행하여야 불이익을 면할 수 있으며, 특히 설계변경이 필요한 부분의 시공 전에 계약담당공무원과 공사감독관에게 반드시 서면으로 통지한 다음 지시를 받아 설계변경업무를 수행하는 것임을 유의하여야 함

다. 신기술 및 신공법에 의한 설계변경(영 제65조 제4항, 일반조건 제19조의4)

1) 설계변경 사유

(1) 신기술 및 신공법에 의한 설계변경은 계약상대자가 새로운 기술·공법 등을 사용함으로써 공사비의 절감, 시공기간의 단축 등에 효과가 현저할 것으로 인정되어 계약상대자의 요청에 의하여 필요한 설계변경을 하는 것을 말한다.

동 제도는 신기술·신공법 개발의 의욕을 고취하기 위해 도입되었으며 이에 따라 설감금액의 일정부분은 기술개발 보상 차원에서 감액하지 아니하며, 이때 신기술·신공법 등은 발주기관의 설계서상 기술·공법과 다른 신기술·신공법뿐만 아니라 발주기관의 설계와 동등 이상의 기능이나 효과가 있으면 가능하다고 본다.

(2) 위의 설계변경과 관련하여, 당초 설계서에 반영되어 있는 신기술 공법이 현장 여건에 적합하지 않은 경우라면 이는 설계서와 현장상태의 상이로 인한 설계변경으로 계약상대자의 책임 없는 사유에 의한 설계변경에 해당되어, 여기서의 계약상대자의 기술·공법제안에 의한 설계변경과는 구분된다.

2) 설계변경 절차

(1) 계약상대자는 새로운 기술·공법을 사용하여 설계변경을 하고자 하는 경우에는 다음의 서류를 첨부하여 계약담당공무원(공사감독관 경유)에게 서면으로 설계변경을 요청할 수 있다.

① 제안사항에 대한 구체적인 설명서
② 제안사항에 대한 산출내역서
③ 착공 시 제출한 공사공정예정표에 대한 수정공정예정표
④ 공사비의 절감 및 시공기간의 단축효과
⑤ 기타 참고사항

(2) 계약담당공무원이 위와 같이 계약상대자로부터 설계변경을 요청받은 경우에는 이를 검토하여 그 결과를 계약상대자에게 통지하여야 한다. 이 경우 계약담당공무원은 새로운 기술·공법 등의 범위와 한계에 관하여 이의가 있을 때에는 기술자문위원회(또는 건설기술심의위원회)에 청구하여 심의를 받아야 하며, 계약상대자는 기술자문위원회(또는 건설기술심의위원회)의 심의를 거친 계약담당공무원의 결정에 대하여 이의를 제기할 수 없다.

(3) 이에 따라 설계변경 요청사항이 승인되었을 경우 계약상대자는 지체 없이 새로운 기술·공법으로 수행할 공사에 대한 시공 상세도면을 공사감독관을 경유하여 계약담당공무원에게 제출하여야 한다. 이때 새로운 기술·공법의 개발에 소요된 비용이나 또는 새로운 기술·공법에 의한 설계변경 후에 해당 기술·공법에 의한 시공이 불가능한 것으로 판명된 경우 시공에 소요된 비용을 계약상대자가 발주기관에 청구할 수 없다.

라. 발주기관의 필요에 의한 설계변경(일반조건 제19조의5)

앞에서 기술한 설계서의 누락·오류나 상호간 모순 또는 현장상태와의 상이 등에 따른 설계변경은 설계서의 흠결을 치유하는 차원에서 실시되지만, 여기서의 발주기관의 필요에 의한 설계변경은 당초의 설계서에는 문제점이 없으나 사정변경에 따른 사업계획 변경 등으로 설계한 내용을 변경시키는 것을 말한다.

1) 발주기관의 필요에 의한 설계변경 사유

당초에는 학교 신축공사를 2층으로 설계하여 발주한 이후 학교 주변에 대규모 아파트 단지가 들어서기로 확정됨에 따라 3층으로 설계서를 변경하는 경우를 사례로 들 수 있으며, 이러한 추가공사의 발생 등 발주기관의 필요에 의한 설계변경 사유는 다음과 같이 5가지로 규정하고 있다.

① 당해 공사의 일부 변경이 수반되는 추가공사의 발생
② 특정 공종의 삭제
③ 공정계획의 변경
④ 시공 방법의 변경
⑤ 기타 공사의 적정한 이행을 위한 변경

2) 설계변경의 절차

(1) 계약담당공무원은 추가공사의 발생 등 설계변경 사유로 인하여 설계서를 변경할 필요가 있다고 인정할 경우에는 계약상대자에게 이를 서면으로 통보할 수 있으며, 설계변경을 통보할 경우에는 다음의 서류를 첨부하여야 한다. 다만, 발주기관이 설계서를 변경 작성할 수 없을 때에는 설계변경 개요서 만을 첨부하여 설계변경을 통보할 수 있다.

① 설계변경개요서
② 수정설계도면 및 공사시방서
③ 기타 필요한 서류

(2) 계약상대자는 계약담당공무원으로부터 통보를 받은 즉시 공사이행상황 및 자재수급 상황 등을 검토하여 설계변경 통보내용의 이행 가능 여부를 계약담당공무원과 공사감독관에게 동시에 이를 서면으로 통지하여야 하며, 이행이 불가능하다고 판단될 경우에는 그 사유와 근거자료를 첨부하여야 한다.

3) 주요 유권해석 사례

⑴ 발주기관의 필요에 의한 설계변경 사유 중 "특정 공종의 삭제"는 발주기관이 설계변경 사유에 해당되지 아니함에도 단지 비용절감 목적으로 계약상대자와 이미 계약한 내용의 일부 인 특정 공종을 삭제할 수 있다는 의미가 아니며, 원칙적으로 발주기관의 부득이한 사정으로 인한 사업계획의 변경 등의 사유발생으로 특정 공종이 불필요하게 되는 경우 등에 발주기관이 특정 공종을 삭제하는 설계변경사항을 계약상대자에게 서면으로 통보할 수 있다는 의미이다(기획재정부 계약제도과-873, 2013.07.11.).

⑵ 공사 이행 중 지질·지하매설물 등에 따라 실 작업물량이 설계서와 다르게 투입되고 있는 경우에는 공사계약일반조건 제19조의3에 의하여 설계변경이 가능할 것이며, 시행 중인 공사가 용지매수 지연으로 시공방법이 변경되는 경우에는 동 조건 제19조의5에 의하여 발주기관이 설계서를 변경할 필요가 있다고 인정하는 범위에서 설계변경이 가능한 것이다(기획재정부 계약제도과-312, 2011.3.29.).

⑶ 공사현장 지역 주민들의 민원에 따라 불가피하게 공사현장을 변경하여 사업추진이 가능한지 여부는 당초 계약의 목적 및 본질을 벗어나지 않는 경우라면 공사계약일반조건 제19조의5제1항에 따른 설계변경 사유에 해당되어 설계변경 및 이에 따른 계약금액조정이 가능한 것이며, 장소이전 등 배치의 변경은 계약의 본질을 해치지 않는 범위 내에서 설계변경으로 인정된다(기획재정부 계약제도과-1308, 2012.10.15.).

⑷ 발주기관이 사업내용을 변경하는 경우 이를 당초 공사의 설계변경 또는 별도 발주로 처리할 것인지 여부는 계약담당공무원이 추가공사의 규모, 계약체결 시 예측가능성, 변경의 정도 등을 종합적으로 검토하여 처리할 사항으로 본다(기획재정부 계약제도과-521, 2008.6.11.).

5 설계변경 사유로 볼 수 없는 경우

공사계약의 이행 중 설계변경의 대상이 아님에도 일선에서는 설계변경 사유에 해당하는 것으로 착각하는 사례가 흔히 발생하고 있다. 이는 설계서의 범위에 포함되는 내용을 정확히 구분하지 못하는 데에 기인한다고 할 수 있으며, 대표적인 사례로 ① 산출내역서상 단가의 과다·과소 산정 ② 품셈 및 일위대가의 변경 ③ 과다 원가계산의 경우 등을 들 수 있다.

1) 산출내역서상 단가의 과다·과소 산정

(1) 설계변경의 개념에서 기술된 바와 같이 설계변경은 물량증감 발생이 전제되는 것이므로 물량내역서상의 규격이나 수량이 변동되는 것을 의미하는데, 입찰자 또는 계약상대자가 입찰금액 또는 계약금액을 산출하기 위하여 기재한 산출내역서상의 단가는 이에 해당하지 않는다. 따라서 발주기관이 입찰참가자에게 배부한 물량내역서 중 규격, 수량 등의 변동이 있는 경우에는 설계변경 사유에 해당하지만, 계약상대자가 동 물량내역서에 단가를 기재하여 제출한 산출내역서 중 단가 산정의 과다 또는 과소는 설계변경 사유에 해당하지 않는다.

(2) 따라서 계약상대자가 작성하여 제출한 산출내역서상의 제 경비율 등이 관계 법령상의 율보다 높거나 낮더라도 설계변경으로 인한 계약금액을 조정할 수 없는 것이며, 다만, 계약체결 후 계약금액의 조정이 필요하지 않은 산출내역서의 오류가 발견된 경우에는 계약금액 조정 없이 산출내역서의 오류수정은 계약당사자 간의 협의에 의하여 처리가 가능한 것이다.

* 마찬가지로, 발주기관이 작성한 설계내역서도 참고자료에 불과할 뿐 설계서에 해당하지 아니하므로 동 설계내역서의 오류 등을 이유로 설계변경을 할 수 없는 것임

---------- 물량내역서 ------------

공 종	규격	수량	단위	금 액				비고
				재료비	노무비	경비	합계	

---------------------------------- 산출내역서 ----------------------------------

2) 품셈 및 일위대가표의 변경

품셈이나 일위대가표는 발주자의 예정가격 작성, 입찰자의 입찰금액 결정 시에 기초자료로 활용되는 등 공사비 적산의 기준이 되는 것이나, 이는 입찰 전에 발주자 및 입찰자의 예정가격 작성 및 입찰금액 결정에 참고할 기준을 제시한 것에 불과할 뿐이며 품셈이나 일위대가표 그 자체가 계약 또는 설계서 내용을 이루는 것은 아니다. 따라서, 계약체결

이후에 품셈 등이 변경되더라도 이를 설계변경 사항으로 보아 계약금액을 증액 또는 감액 조정하여서는 아니 된다.

(표준품셈) 건설공사의 보편적인 공종·공법을 기준으로 단위작업을 완성하는데 필요한 인력, 재료의 소요량과 장비의 시간당 작업량을 계량화한 공사비 산정기준. 정부 등 공공기관에서 시행하는 건설공사의 적정한 예정가격을 산정하기 위한 일반적인 기준을 제공하는 데 그 목적이 있음

(일위대가) 공종별 단위당 소요되는 재료비와 노무비를 산출하기 위해 품셈기준에 정해진 재료 수량 및 품 수량에 각각의 단가를 곱하여 산출한 단위당 공사비(단가)

3) 과다 원가계산의 경우 등

(1) 발주기관이 예정가격 작성 시 원가계산 착오로 공사비를 과다 계상한 사실이 있거나 단가산출서 작성에 착오가 있는 사실이 계약체결 이후 발견된 경우, 또는 입찰자가 작성한 산출내역서상의 단가 책정 착오, 산재보험료 또는 안전관리비 계상의 착오 등이 있어도 이는 설계서 자체의 변경 등에 해당되지 않으므로 설계변경대상으로 볼 수 없다.

(2) 또한, 일부 비목의 경우 발주기관이 작성한 예정가격조서상의 금액과 계약상대자가 제출한 산출내역서상의 금액이 상이하다 하여 계약금액을 조정할 수는 없다. 다만, 발주기관이 관련 법령에 따라 공사 이행과 관련한 비용을 예정가격 작성 시 계상하여야 함에도 불구하고 예정가격에 계상하지 아니한 비용은 설계서의 누락·오류로 보아 설계변경 사유에 해당하며 발주기관이 부담하는 것이 타당한 것이다.

(3) 수량산출서의 경우에도 동 산출서상 수량에 비해 물량내역서상의 수량이 과다·과소 계상되었다는 사유만으로는 설계변경 및 이로 인한 계약금액조정을 할 수 없다. 왜냐하면, 물량내역서는 설계서에 포함되는 반면 수량산출서는 발주기관이 예정가격을 산출하기 위하여 작성하는 것으로서 설계서에는 포함되지 않기 때문이다. 다만, 물량내역서상의 물량이 누락·오류 등으로 인하여 명백하게 과다·과소 계상된 경우라면 설계도면, 수량산출서 등을 참고하여 설계변경이 가능한 것이다.

6 소요자재의 수급 방법 변경(일반조건 제19조의6)

가. 관급자재의 개념 및 관급요건(규칙 제83조)

(1) 발주기관이 공사를 발주할 때 다음 어느 하나에 해당하는 경우에는 공사에 필요한 자재를 직접 공급할 수 있는데, 이처럼 공사 이행을 위하여 투입되는 재료 중 발주기관이 직접 구입하여 시공사에게 공급하는 자재를 관급자재라고 하며 그 주요 대상 품목은 철근, 레미콘, 시멘트, 아스팔트콘크리트 등이다.

① 자재의 품질·수급상황·공사현장 등을 종합적으로 참작하여 효율적이라고 판단되는 경우
② 주무부장관이 인정 또는 지정하는 신기술 인증제품으로서 다른 공사부분과 하자책임 구분이 용이하고 공정관리에 지장이 없는 경우

(2) 위와 같이 발주기관이 관급자재를 공급하는 것은 중소기업제품 지원과 원-하도급에 따른 저가 납품 방지 등에 그 목적이 있다고 할 수 있으며, 동 자재를 발주기관이 어느 정도까지 관급할 수 있는 지 여부 즉, 관급자재의 품목·수량 등에 대한 구체적 범위에 대해서는 국가계약법령에서 따로 정하고 있지는 않으므로 당해 발주기관이 위에서 기술된 자재의 관급요건에 해당되는지 여부를 판단하여 결정할 사항이라고 할 수 있다.

나. 관급자재의 사급자재로의 전환

1) 직접 구입하여 투입하는 자재로 변경하는 경우

(1) 계약담당공무원은 발주기관의 사정으로 인하여 당초 관급자재로 정한 품목을 계약상대자와 협의하여 계약상대자가 직접 구입하여 투입하는 자재로 변경하고자 하는 경우에는 이를 서면으로 계약상대자에게 통보하여야 한다. 이때 계약담당공무원은 계약상대자와 협의하여 변경된 방법으로 일괄하여 자재를 구입할 수 없는 경우에는 분할하여 구입하게 할 수 있으며, 분할 구입하게 할 경우에는 구입 시기별로 이를 서면으로 계약상대자에게 통보하여야 한다.

(2) 이와 같이 발주기관이 당초 관급자재로 정한 품목을 계약상대자가 직접 구입하여 투입하도록 하는 경우에는 통보 당시의 가격에 의하여 그 대가(기성부분에 실제 투입된 자재에 대한 대가)를 기성대가 또는 준공대가에 합산하여 지급하여야 한다.

2) 자기 보유 자재 등으로 대체 사용을 승인한 경우

계약담당공무원은 관급자재 등의 공급 지체로 공사가 상당기간 지연될 것이 예상되어 계약상대자가 대체 사용 승인을 신청한 경우로서 이를 승인한 경우에는 이를 서면으로 계약상대자에게 통보하여야 한다. 이와 같이 자기 보유 자재 등으로 대체 사용 승인신청에 따라 자재가 대체 사용된 경우에는 대체 사용 승인 통보 당시 가격에 의하여 그 대가를 기성 또는 준공대가에 합산하여 지급하거나, 계약상대자와 합의된 장소 및 일시에 현품으로 반환할 수도 있다.

3) 설계변경 등으로 관급자재의 수량이 증가되는 경우

(1) 계약담당공무원은 공사의 이행 중에 설계변경 등으로 인하여 당초 관급자재의 수량이 증가되는 경우로서 증가되는 수량을 적기에 지급할 수 없어 공사의 이행이 지연될 것으로 예상되는 등 필요하다고 인정되는 때에는 계약상대자와 협의한 후에 증가되는 수량을 계약상대자가 직접 구입하여 투입하도록 서면으로 계약상대자에게 통보할 수 있다.

(2) 이와 같이 증가되는 수량을 계약상대자가 직접 구입하여 투입하도록 하는 경우의 당해 사급자재는 신규비목에 해당되고 또한 계약상대자의 책임이 없으므로 동 사급자재의 단가는 설계변경 당시를 기준으로 산정 한 단가와 동 단가에 낙찰률을 곱한 금액의 범위 안에서 계약 당사자 간 협의하여 결정하되 협의가 이루어지지 아니하는 경우에는 그 중간금액으로 한다.

다. 사급자재의 관급자재로의 전환

(1) 공공공사계약의 경우에도 도급계약으로서 신의성실의 원칙에 입각하여 이행되어야 하므로 계약담당공무원은 당초 계약체결 시 계약금액을 구성하고 있는 사급자재를 임의적으로 관급자재로 변경할 수 없다. 따라서 계약담당공무원이 예산절감 등을 이유로 산출내역서상 단가가 예정가격조서 상 단가보다 높다고 하여 관급으로 전환해서는 아니 된다.

(2) 다만, 원자재의 수급 불균형에 따른 원자재의 가격 급등 등 사급자재를 관급자재로 변경하지 않으면 계약목적을 이행할 수 없다고 인정될 때에만 계약당사자 간의 협의를 통하여 예외적으로 변경할 수 있다. 이때 계약금액의 조정 방법은 사급자재를 감소하는 것이 됨으로 산출내역서상 단가(계약단가)를 적용하게 된다(조건 제20조 제1항 제1호).

7　그 밖의 설계변경 관련 사항

가. 설계변경에 따른 추가조치(일반조건 제19조의7)

1) 설계자의 의견 청취

계약담당공무원은 설계서의 내용이 불분명하거나 누락·오류 또는 상호모순, 설계서의 현장상태와 상이, 신기술·신공법 도입 및 발주기관의 필요성 등 "공사계약일반조건" 제19조 제1항 각호의 사유로 인하여 설계변경을 하는 경우에 그 변경사항이 목적물의 구조변경 등으로 인하여 안전과 관련이 있는 때에는 하자발생 시 책임 한계를 명확하게 하기 위해 당초 설계자의 의견을 들어야 한다.

2) 서류제출 및 실비지급

(1) 계약담당공무원은 설계서의 불분명·누락·오류 및 상호모순, 설계서의 현장상태와 상이, 발주기관의 필요성 등으로 설계변경을 하는 경우에 계약상대자로 하여금 다음의 사항을 계약담당공무원과 공사감독관에게 동시에 제출하게 할 수 있으며, 계약상대자는 이에 응하여야 한다.

① 해당 공종의 수정공정예정표
② 해당 공종의 수정도면 및 수정 상세도면
③ 조정이 요구되는 계약금액 및 기간
④ 여타의 공정에 미치는 영향

(2) 계약담당공무원이 위와 같이 설계변경 시 계약상대자로 하여금 서류를 제출하게 한 때 당초의 설계도면 및 시공 상세도면을 수정하여 제출하는 경우에는 그 수정에 소요된 비용을 실비산정 기준에 따라 산출하여 계약상대자에게 지급하여야 한다.

3) 설계변경 등에 따른 통보

계약담당공무원은 설계변경(물가변동 및 그 밖에 계약내용 변경 포함)으로 계약금액을 조정한 경우에는 건설산업기본법 관련 규정에 따라 계약금액의 조정 사유와 내용을 하수급인에게 통보하여야 하며, 이는 공사계약을 실질적으로 수행하는 하수급인을 보호하기 위한 조치라고 할 수 있다(공사계약일반조건 제23조의2).

나. 건설폐기물량의 초과 발생에 따른 계약금액의 조정

1) 건설폐기물처리용역의 발주

⑴ 국가, 지방자치단체 등은 건설공사에서 발생하는 건설폐기물의 발생량 중 위탁 처리하는 건설폐기물의 양이 100톤 이상인 건설공사를 발주하려는 경우에는 「건설폐기물의 재활용 촉진에 관한 법률」 제15조 및 동법시행령 제11조에 따라 해당 건설공사와 건설폐기물 처리용역을 분리하여 발주하여야 한다.

⑵ 이에 따라 국가 등이 일괄 및 대안입찰을 실시하는 경우에 입찰에 참가하고자 하는 자는 발주기관이 동 법령에 따라 건설폐기물처리용역을 해당 건설공사와 분리발주 할 수 있도록 폐기물량을 적정하게 산출하여야 한다. 이때 그 처리비용은 한국건설자원협회에서 산출한 최근 연도 건설폐기물처리단가를 기준으로 산정하여 입찰금액에 계상하되, 발주기관이 계약체결 시에는 해당 비용을 계약금액에서 공제한다(공사입찰유의서 제11조의2).

2) 대형공사계약의 계약금액 감액조정

대형공사계약(시행령 제78조에 따라 체결된 계약)에 있어서 「건설폐기물의 재활용 촉진에 관한 법률」 제15조에 따라 건설공사와 건설폐기물처리용역을 분리 발주한 경우로서 공사수행과정에서 건설폐기물이 계약상대자가 설계 시 산출한 물량을 초과하여 발생한 때에는 해당 초과 물량에 대하여 발주기관이 실제 폐기물처리업체에 지급한 처리비용만큼 계약금액에서 감액 조정한다(공사계약일반조건 제23조의3).

다. 법정 경비의 사후정산

공사계약에 있어서 계약상대자가 제출한 산출내역서상의 건설근로자 퇴직공제부금비, 산업안전보건관리비, 환경보전비 등 법정 경비는 다른 품목 또는 비목의 경우와 같이 물량내역서에 단가를 기재한 것으로서, 이는 계약금액을 구성하는 하나의 요소일 뿐 설계서에 포함되지 않으므로 동 단가가 건설산업기본법령 등 관계 법령상의 율보다 높거나 낮다는 사유만으로는 설계변경으로 인한 계약금액 조정대상이 될 수 없다.

다만, 이들 비용의 사용 및 사후정산 등에 대하여는 산출내역서상의 금액에 관계없이 건설산업기본법령 등 관계 법령에서 정한 내용대로 법정 금액을 납부 또는 사용하고 추후 정산하는 절차를 거치게 된다(기획재정부 계약정책과-1491, '04.9.3).

라. 수의계약 공사의 설계변경

(1) 수의계약으로 체결된 공사의 경우에도 설계도면 등 설계서와 현장상태가 상이하거나 설계도면 등 설계서에 누락·오류 등이 있는 경우 또는 발주기관의 필요에 따라 추가공사를 하는 경우에는 입찰을 실시하여 체결된 공사의 경우와 마찬가지로 설계변경 및 이로 인한 계약금액 조정이 가능하다.

(2) 그러나, 추정가격 2천만 원을 초과하는 소액수의계약(종합공사는 4억원 이하, 전문공사는 2억원 이하)의 경우를 제외하고는 계속공사 등 대다수의 수의계약 공사의 경우에는 산출내역서상의 단가뿐만 아니라 물량도 계약상대자가 직접 작성하여 제출한 것이므로 동 내역서상 물량이 누락·오류 된 사항이 있더라도 설계변경으로 인한 계약금액조정 대상이 되지 않으며, 이러한 부분이 총액 및 내역입찰 공사의 설계변경과 다르다는 점을 유의할 필요가 있다.

마. 설계변경과 기성대가의 개산급 지급(일반조건 제39조의2)

(1) 계약담당공무원은 물가변동, 설계변경 및 그밖에 계약내용의 변경으로 인하여 계약금액이 당초 계약금액보다 증감될 것이 예상되는 경우로서 기성대가를 지급하고자 하는 경우에는 「국고금관리법 시행규칙」 제72조에 의하여 당초 산출내역서를 기준으로 산출한 기성대가를 개산급으로 지급할 수 있다. 다만, 감액이 예상되는 경우에는 예상되는 감액금액을 제외하고 지급하여야 한다.[99]

(2) 이때 주의해야 할 점은 계약금액 조정이 확정될 때까지는 증액이 예상되는 금액은 국고금관리법령 상 지출원인행위(변경계약 체결)가 이루어지지 않은 상태이므로 계약금액을 조정하기 전에 개산급으로 지급되는 기성대가는 증액이 예상되는 부분까지 포함해서는 아니 된다는 것이다. 이에 따라, 계약상대자는 계약금액 조정이 있기까지는 당초 산출내역서상 설계변경 부분의 금액만큼을 개산급으로 청구하여 지급 받을 수 있고 추후 계약금액 조정이 확정되면 증액된 부분은 확정급으로 지급받을 수 있는 것이다.

---

99) 「국고금관리법 시행규칙」 제72조(개산급) 2. 「국가를 당사자로 하는 계약에 관한 법률」제64조부터 제66조까지에 따른 물가변동, 설계변경 및 그 밖의 계약내용의 변경으로 인하여 계약금액이 변동될 것으로 예상되는 경우에 지급하는 기성대가 또는 기납대가

Ⅱ. 설계변경으로 인한 계약금액 조정요건과 절차

1 계약금액 조정요건

가. 공사량 증감 발생이 전제(영 제65조 제1항, 일반조건 제20조 제1항)

공공공사계약에 있어 설계변경으로 인한 계약금액의 조정은 시공방법의 변경, 투입자재의 변경 등에 따라 공사량의 증감이 발생되는 경우를 전제로 하고 있다. 따라서 계약기간의 연장, 운반거리의 변경 등에 따라 설계변경이 이루어져도 공사량의 증감이 수반되지 않는 경우에는 '설계변경으로 인한 계약금액 조정' 대상이 아니며 실비만 산정·조정하게 되는 '그 밖에 계약내용의 변경으로 인한 계약금액 조정' 대상이 된다.

* 국가계약법시행령에도 설계변경사항과 그 밖에 계약내용변경 사항을 제65조와 제66조로 각각 구분하여 규정하고 있음

나. 저가 낙찰의 일정 금액 이상은 승인 대상(영 제65조 제2항, 일반조건 제20조 제6항)

(1) 계약담당공무원은 예정가격의 100분의 86미만으로 낙찰된 공사계약의 계약금액을 증액 조정하고자 하는 경우로서 해당 증액 조정금액이 당초 계약서의 계약금액(장기계속공사의 경우에는 부기된 총 공사금액)의 100분의 10 이상인 경우에는 소속 중앙관서의 장의 승인을 얻어야 한다. 이때 소속 중앙관서의 장 승인을 얻기 전에 「국가계약법시행령」 제94조에 따른 계약심의회, 「국가재정법 시행령」 제49조에 따른 예산집행심의회 또는 「건설기술 진흥법 시행령」 제19조에 따른 기술자문위원회의 심의를 거쳐야 한다.

* 이처럼 소속 중앙관서의 장의 승인을 얻기 전에 계약심의회 등의 사전심의를 반드시 거치도록 하는 것은 설계변경으로 인한 증액 조정의 타당성 여부를 사전 심의하도록 함으로써 설계변경의 투명성을 높일 수 있도록 하기 위해 보완된 것임(영 제65조 제2항 개정, 2005.9.8.)

(2) 2차 이후의 설계변경으로 인한 계약금액을 조정함에 있어서 위의 증액 조정금액은 그 전에 설계변경으로 인하여 감액 또는 증액 조정된 금액과 증액 조정하려는 금액을 모두 합한 금액 즉, 누계금액을 의미하므로 증액 비율이 100분의 10 이상에 따른 1차 심사 이후에는 사실상 계약금액이 증액되는 설계변경 시마다 심사하게 된다고 할 수 있다.[100]

---

[100] 종전에는 2차 이후의 계약금액을 조정함에 있어서는 '각각의 설계변경'으로 인한 증액금액을 기준으로 판단(유권해석)하였으나, 별도로 발주 가능한 추가공사를 설계변경으로 처리하는 등 문제점을 개선하기 위해 누계금액을 기준으로 계약금액 조정요건을 강화함(영 제65조 제2항 개정, 2005.9.8.)

2. 계약금액 조정절차(규칙 제74조의2, 일반조건 제20조⑧~⑩)

가. 계약상대자의 청구기한

(1) 설계변경으로 인한 계약금액을 조정하는 경우에 계약상대자의 계약금액조정 청구는 준공대가(장기계속계약의 경우에는 해당 차수별 준공대가) 수령 전까지 조정신청을 하여야 한다. 따라서, 불가피한 사유로 인하여 당해 공사의 준공 이후에 계약금액을 조정하는 경우라도 계약상대자가 준공대가 수령 전까지 계약금액조정신청을 해 놓아야 계약금액 조정이 가능한 것이다.

또한, 당해 공사의 지체로 준공기한이 경과하여 이행 중인 경우에도 설계서와 현장상태의 상이 등 "공사계약일반조건" 제19조 제1항 각호의 어느 하나에 해당하는 설계변경 사유가 발생하였다면 설계변경 및 이로 인한 계약금액조정이 가능한 것이나, 이때에도 계약상대자는 최종 준공대가 수령 전까지 조정신청을 하여야 한다.

(2) 특히, 장기계속계약의 경우에는 계약금액의 조정신청을 당해 차수별 공사금액 조정신청으로 인정할 수 있으려면 차수별 계약의 최종 기성대가 또는 준공대가의 지급이 이루어지기 전에 계약금액 조정신청을 마치는 등 당해 차수별 신청의 요건을 갖추어야 하고, 조정신청서에 기재된 조정사유가 당해 차수로 특정되는 등 조정신청의 형식과 내용, 조정신청의 시기, 조정금액의 산정방식 등을 종합하여 볼 때 객관적으로 차수별 공사에 대한 조정신청 의사가 명시되었다고 볼 수 있을 정도에 이르러야 한다(대법원 2020.10.29. 선고 2019다267679 판결 참조).

(3) 만약, 설계변경으로 인한 계약금액 조정기준을 잘못 적용한 바람에 부당하게 감액된 경우라면, 준공대가 수령 이후에라도 도급인(발주기관)은 수급인(계약상대자)에게 감액한 금전을 지급할 의무가 있고, 그 금전 지급채무는 부당이득반환채무가 아니라 공사대금채무이므로 그 공사대금의 당초 지급기한이 도래한 다음 날부터 약정 지연손해금을 지급하여야 한다(대법원 2009.9.10. 선고 2009다34665 판결).

나. 발주기관의 조정기한

발주기관은 설계변경으로 인하여 계약금액을 조정하는 경우에는 계약상대자의 계약금액 조정 청구를 받은 날부터 30일 이내에 계약금액을 조정하여야 한다. 다만, 예산배정의 지연 등 불가피한 경우에는 계약상대자와 협의하여 그 조정기한을 연장할 수 있으며, 계약금액을 조정할 수 있는 예산이 없는 때에는 공사량 등을 조정하여 그 대가를 지급할 수 있다.

다. 보완요구

계약담당공무원은 계약상대자의 계약금액조정 청구 내용이 부당함을 발견한 때에는 지체 없이 필요한 보완요구 등의 조치를 하여야 하며, 이 경우 계약상대자가 보완요구 등의 조치를 통보받은 날부터 발주기관이 그 보완을 완료한 사실을 통지받은 날까지의 기간은 계약금액 조정 기간(30일)에 산입하지 아니한다.

3 계약금액 조정방법의 적용구분

가. 설계서의 작성 주체에 따른 조정 방법의 구분

(1) 공공공사계약에 있어 설계변경으로 인한 계약금액의 조정방법은 「국가계약법시행령」 제65조와 계약예규 「공사계약일반조건」 제20조 및 제21조에 규정되어 있으며, 이러한 설계변경 관련 규정을 종합해 보면 설계도면과 물량내역서의 작성 주체에 따라 그 적용 방법을 달리하고 있다.

(2) 즉, 설계도면과 물량내역서를 발주기관이 작성한 공사와 입찰자가 작성한 공사 두 가지로 구분하여 적용하고 있는 데, 이에 따라 다음에서 기술하는 계약금액 조정방법을 국가계약법시행령 제14조의 규정에 따라 발주기관이 교부한 설계서에 의해 시공하는 총액입찰, 내역입찰 등을 「일반 공사」라 하고, 이와 반면에 설계도면 및 물량내역서를 입찰자가 작성하는 일괄입찰, 대안입찰(대안이 채택된 부분), 기술제안입찰공사(실시설계의 경우 기술제안이 채택된 부분) 등을 「기술형입찰 공사」라고 구분하여 설명하기로 한다.

(3) 이와 같은 구분에 따르면, 설계도면 및 물량내역서 등을 입찰자가 작성하는 기술형입찰공사의 경우에는 설계서 작성의 책임이 계약상대자에게 있으므로 설계변경을 하더라도 계약금액의 증액이 인정되지 않고 감액은 가능한 것이며, 다만, 발주기관의 책임 또는 불가항력의 사유에 해당되는 경우에만 예외적으로 증액이 가능하다. 일반공사의 경우에도 순수내역입찰이나 물량내역수정입찰의 경우에는 물량내역서를 입찰자가 작성하는 것이므로 동 내역서상 누락·오류 등으로 설계변경을 하더라도 계약금액은 조정되지 않는다.

> 〈 입찰방법에 따른 적용대상 공사규모 (추정가격 기준) 〉
>
> ‣ 총액입찰 대상 : 100억 원 미만의 공사
> ‣ 내역입찰 대상 : 100억 원 이상의 공사
> ‣ 순수내역입찰과 물량내역수정입찰 대상 : 종합심사낙찰제 대상 공사(100억 원 이상 공사)
> ‣ 설계시공 일괄입찰과 대안입찰 대상 : 대형공사(300억 원 이상 신규복합공종공사)와 특정공사
> ‣ 기본설계 및 실시설계 기술제안입찰 대상 : 규모에 관계없이 모든 공사

나. 설계변경의 요구 주체와 책임에 따른 조정 방법의 구분

(1) 국가계약법시행령 및 공사계약일반조건 등의 설계변경 관련 규정에 따르면 발주기관이 설계변경을 요구한 경우에는 계약금액을 조정하는 기준을 달리 적용하도록 하고 있으며, 발주기관의 요구에는 계약상대자의 책임이 없는 사유로 인한 경우를 포함하고 있다.

즉, 공사의 종류를 위에서 기술한 바와 같이 설계서의 작성 주체에 따라 "일반공사"와 "기술형입찰 공사"으로 구분하고, 이와 같이 구분된 각각의 공사에 대하여 원칙적 조정기준을 정부(발주기관)에서 요구한 경우와 대비하여 계약상대자의 귀책에 의한 설계변경의 조정기준이라고 구분하여 설명하게 된다.

(2) 이때 '정부(발주기관)에서 설계변경을 요구한 경우'라 함은 설계서의 내용이 불분명하거나 공사 현장의 상태와 상이한 경우, 당해 공사의 적정한 이행을 위하여 공정계획 및 시공방법을 변경할 경우, 그 밖에 계약상대자에게 책임이 없거나 천재지변 등 불가항력의 사유에 의한 설계변경의 경우 등을 말하며, 정부에서 설계변경을 요구한 경우에 해당하지 않는 사유로는 새로운 기술·공법에 의한 설계변경 등 계약상대자의 필요에 의하여 설계변경을 요구하는 경우와 공사비가 추가되고 시공 기간이 연장되더라도 유지보수의 효율적인 측면 등을 고려하여 계약상대자가 제안하는 경우 등을 말한다(기획재정부 계약제도과-2631, '05.12.13.).

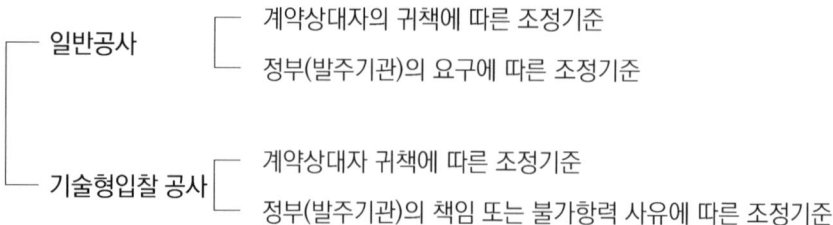

III. 「일반 공사」의 계약금액 조정방법

1. 원칙적 조정기준(계약상대자의 귀책에 의한 경우)

가. 조정기준 개요

(1) 국가계약법시행령 제65조 제3항 및 공사계약일반조건 제20조 제2항 등 설계변경으로 인한 계약금액 조정 기준을 보면, 먼저 제1호에서 설계변경으로 인한 계약금액 조정기준을 규정하고 제2호에서 정부(발주기관)에서 요구한 경우를 달리 적용되도록 규정하고 있어 발주기관의 요구가 아닌 경우를 원칙적 조정기준이라고 한다.

(2) 그러나 「발주기관의 요구로 설계변경을 하는 경우」에는 계약상대자의 책임 없는 사유도 포함하고 있어 공사계약일반조건 제19조 제1항에서 규정하고 있는 설계변경 사유 4가지 중 「계약상대자의 귀책에 의한 설계변경의 경우」는 "신기술·신공법 사용으로 공사비 절감 등의 효과가 현저할 경우"에만 해당하며, 나머지는 모두 이에 해당하므로 실제로는 동 발주기관의 요구에 따른 조정기준이 더 많이 적용되고 있다고 할 수 있다.

나. 증감된 공사량의 단가기준(영 제65조 제3항 제1호)

(1) 설계변경으로 인하여 증감된 공사량의 단가는 원칙적으로 계약상대자가 제출한 산출내역서상의 단가 즉, 계약단가로 한다.

(2) 다만, 계약단가가 발주기관이 작성한 예정가격 단가보다 높은 경우로서 물량이 증가하게 되는 경우 그 증가된 물량에 대하여는 예정가격 단가를 적용한다. 이는 입찰자가 미리 설계변경으로 특정품목의 물량이 증가되는 것을 예상하고 산출내역서 작성 시 동 특정품목에 대하여 높게 작성한 단가를 인정하지 않기 위한 것으로서, 본 규정은 불균형입찰단가(unbalanced bid price)를 사전에 예방하는 효과가 있다고 할 수 있다.

다. 신규비목의 단가기준(영 제65조 제3항 제2호)

신규비목의 단가는 설계변경당시를 기준으로 산정한 단가에 낙찰률을 곱하여 산정한 단가를 적용한다. 이때 신규비목, 설계변경당시, 낙찰률 등의 개념은 다음과 같다.

1) 신규비목의 개념

(1) '신규비목'이라 함은 산출내역서에 없는 품목 또는 비목을 말하며 동일한 품목이라도 성능, 규격 등이 다르다면 신규비목에 포함된다(공사계약일반조건 제20조 제1항).

(2) 따라서 산출내역서에 있는 품목 또는 비목인 경우에도 설계변경으로 성능 또는 규격이 달라지는 경우라면 신규비목으로 보는 것이 타당한 것이나, 특정 공법이 변경되는 경우에도 일부 비목 등이 당초 산출내역서상에 있었다면 그 비목은 신규비목에 해당되지 않는다.

또한, 당초 산출내역서상에 단가가 있는 품목 또는 비목의 수량을 설계변경으로 감 또는 삭제하였다가 이를 다시 증가 또는 부활하는 경우에도 신규비목으로 볼 수 없으므로, 당초 산출내역서를 기준(계약단가)으로 계약금액을 조정하는 것이 타당하다(기획재정부 회제 41401-910, 2001.05.12.).

〈새로운 공정을 추가하는 설계변경의 경우 신규비목 해당 여부〉

- 국가계약법시행령 제65조제3항제2호 및 공사계약일반조건 제20조제1항제2호는 기존 산출내역서에 없는 품목 또는 비목을 신규비목이라고 하고 있음. 따라서 설계변경으로 새로운 공정을 추가한다고 하여 해당 공정과 관련한 모든 물량이 신규비목이 되는 것이 아니라고 할 것임.
- 다만, 새로운 공정의 추가를 발주기관이 요구한 경우라면 기존 물량의 증가와 신규비목에 대하여 동일한 방법으로 계약금액을 조정하는 것이므로 신규비목의 해당 여부를 구분할 실익은 없다고 할 것임.(기획재정부 계약제도과-297, 2011.03.25.)

2) 설계변경 당시 개념

(1) 설계변경을 하는 경우 신규비목에 대하여는 설계변경 당시 시점에 산정한 단가가 기준이 되며, 또한 일반적으로 설계변경과 동시에 계약금액에 대한 조정이 이루어지지 않고 대부분 일정 기간이 경과된 후에 계약금액조정 작업을 진행하게 되므로 설계변경 시점을 정확하게 정하여야 설계변경 당시 단가 산정에 대한 혼란을 방지할 수 있는 것이다.

(2) 이에 따라 "공사계약일반조건" 제20조 제2항에서는 '변경도면을 발주기관이 확정한 때' 등 설계변경 당시의 개념에 대하여 다음과 같이 구체적으로 구분하여 규정하고 있다.

① 설계도면의 변경을 요하는 경우에는 변경도면을 발주기관이 확정한 때(예 : CM단의 설계변경 실정 보고를 발주기관이 승인한 날)

② 설계도면의 변경을 요하지 않는 경우에는 계약당사자간에 설계변경을 문서에 의하여 합의한 때
③ 설계변경 완료 전 우선시공을 한 경우에는 그 우선시공을 하게 한 때

3) 낙찰률 개념

(1) '낙찰률'이라 함은 발주기관이 작성한 예정가격 대비 낙찰금액 또는 계약금액의 비율을 말하는데, 이러한 낙찰률 개념은 계약이행 중 설계변경에 따라 계약금액을 조정할 때 매우 중요한 역할을 하게 된다. 이는 신규비목이 당초 설계에 반영된 경우라면 동 낙찰률을 곱한 만큼의 단가가 기준이 되기 때문이다.

(2) 위와 같은 의미의 낙찰률을 적용함에 있어 유의하여야 할 점은 개별 비목 또는 공종에 대한 비율이 아니라 '총 공사금액에 대한 예정가격 대비 낙찰금액의 비율'로서 1건 공사에는 1개만 존재한다는 점과, 일괄입찰(턴키입찰)과 기본설계기술제안입찰은 예정가격이 작성되지 않으므로 낙찰률의 개념 자체가 없다는 점을 유의할 필요가 있다.

4) 설계변경 당시를 기준으로 산정한 단가의 의미

신규비목의 단가를 산정하고자 '설계변경 당시를 기준으로 산정한 단가'에 낙찰률을 곱하는 경우, 동 '설계변경 당시를 기준으로 산정한 단가'는 설계변경 시점의 거래실례가격, 시중노임단가 등을 적용하여 산정한 단가를 말한다.

2 발주기관의 요구 등 계약상대자의 귀책이 없는 경우의 조정기준
(영 제65조 제3항 제3호)

< 개 요 >

▸ 공사계약의 이행 중 설계변경으로 인한 계약금액조정 시 발주기관에서 설계변경을 요구한 경우 증가된 물량 또는 신규비목의 단가는 기존 비목의 단가와는 다르게 산정함
▸ 이는 발주기관이 설계변경을 요구한 경우에는 계약상대자의 책임이 없는 사유에 의하여 물량이 증가되는 것이므로 계약체결 시 계약상대자가 제출한 산출내역서상의 단가와는 상관없이 당초 낙찰률을 고려하되 설계변경 당시 단가를 반영하기 위한 것임
▸ 따라서 발주기관이 설계변경을 요구한 경우라 함은 발주기관의 필요에 의한 지시 등에 따른 설계변경뿐만 아니라 설계서와 현장 상태의 상이 등 계약상대자의 책임 없이 설계변경이 이루어지는 것을 포함하는 것임

가. 증가된 물량 또는 신규 비목의 단가

1) 우선 계약당사자 간 상호 협의하여 결정

(1) 발주기관이 설계변경을 요구한 경우 증가된 물량 또는 신규비목의 단가는 설계변경 당시를 기준으로 하여 산정한 단가와 동 단가에 낙찰률을 곱한 금액의 범위 안에서 발주기관과 계약상대자가 상호 협의하여 결정한다.

(2) 이 경우 '발주기관이 설계변경을 요구한 경우'라 함은 계약상대자의 책임 없는 사유로 인한 경우를 포함하고 있기 때문에 발주기관의 필요에 의한 설계변경 뿐만 아니라 설계서의 불분명·누락·오류 및 설계서간의 상호모순 등에 의한 설계변경과 현장상태와 설계서의 상이로 인한 설계변경 등도 해당하며, '상호 협의'는 발주기관과 계약상대자가 서로 주장하는 각각의 단가기준에 대한 근거자료 제시 등을 통하여 성실히 협의하는 것을 말한다.

2) 협의가 성립되지 아니한 경우에는 중간금액을 적용

(1) 위와 같이 설계변경으로 증가된 물량 또는 신규비목의 단가는 계약당사자 간 상호 협의하여 결정하는 것이 원칙이나, 동 협의가 이루어지지 아니하는 경우에는 설계변경 당시를 기준으로 하여 산정한 단가와 동 단가에 낙찰률을 곱한 금액을 합한 금액의 100분의 50으로 한다.

(2) 이는 설계변경 당시를 기준으로 산정한 단가를 적용해야 한다고 주장하는 계약상대자의 입장과 동 단가에 낙찰률을 곱한 금액을 주장하는 발주기관의 입장을 절반씩 양보하여 중간금액을 적용하도록 하고 있다. 즉, 계약이행 중 발주기관의 요구에 의한 설계변경으로 공사물량이 증가되는 경우를 살펴보면, 계약상대자는 설계변경의 귀책 사유가 없으므로 시장가격을 있는 그대로 요구하게 되고, 발주기관의 입장에서는 당초 설계서에 포함되었더라면 낙찰률이 적용되어 낙찰률을 곱한 단가, 즉 협의 범위 중 가장 낮은 단가를 주장하는 것이 현실인데 이러한 현실에 비추어 사실상 협의가 어려운 점을 감안하여 규정된 것이라고 할 수 있다.[101]

(3) 여기서, 동 중간금액은 어디까지나 계약당사자 간 협의 과정에서 이해관계가 첨예하게 대립됨으로서 단가 협의가 성립되지 아니한 경우에 예외적으로 적용되는 금액에 해당하는 것이지, 설계변경에 따른 단가 협의 시에 애당초 발주기관의 협의 기준이 되는 금액이 아니다. 이에 따라 단가 협의가 성립된 경우에는 협의된 단가와 단가 협의 불성립 시 적용

---

[101] 중간금액의 적용은 국민권익위원회가 부패방지 차원에서 제도개선을 권고함에 따라 규정된 것으로서, 협의가 성립되지 않는 경우 차선책으로 적용되는 금액이라 할 수 있음(영 제65조 제3항, 2005.9.8.)

되는 중간금액과는 비교할 필요가 없는 것이며, 증가된 공사량의 비목별로 단가 협의 성립 여부에 따라 협의가 성립된 비목에 대해서는 협의 단가를 적용하고 협의가 성립되지 아니한 비목에 대해서는 중간금액을 적용하는 것이 타당한 것이다.[102]

나. 감소된 물량

계약상대자의 귀책이 아닌 경우를 포함하여 발주기관의 요구로 인한 설계변경의 경우 감소된 물량의 단가는 계약단가(산출내역서상의 단가)를 적용한다.

〈 일반공사의 설계변경 시 적용단가 요약 〉

☐ 계약상대자의 책임에 의한 조정기준
  ○ 증가된 물량   : 계약단가(다만, 계약단가가 예정가격단가보다 높은 경우로서 물량이
                    증가되는 때에는 예정가격단가)
  ○ 감소된 물량   : 계약단가
  ○ 신규비목   : 설계변경당시 단가 × 낙찰률

☐ 발주기관 요구 등 계약상대자의 귀책이 없는 경우의 조정기준(※ 협의단가 ≠ 중간금액)
  ○ 증가된 물량   : 원칙적으로 협의단가, 협의가 안 될 경우 중간금액
  ○ 감소된 물량   : 계약단가
  ○ 신규비목   : 원칙적으로 협의단가, 협의가 안 될 경우 중간금액

---

3 표준시장 단가 적용공사의 조정기준(일반조건 제20조 제3항)

(1) 설계변경으로 인한 계약금액을 조정함에 있어서 원가계산에 의한 방법으로 예정가격이 작성된 공사의 경우에는 앞에서 기술한 협의금액 또는 중간금액을 적용함에도 불구하고, 예정가격 작성 시 표준시장단가가 적용된 공사의 경우 증가된 공사량 또는 신규비목의 단가는 설계변경 당시를 기준으로 하여 산정한 표준시장단가로 한다.

---

[102] 종전에 "협의는 원칙적으로 낙찰률을 곱하지 아니하는 금액을 기준으로 하되, 다만 예외적으로 증가된 공사량의 규모, 공사에 필요한 자재 등의 시장거래에 있어 조달상황 등을 감안하여 다소 하향 조정할 수 있는 것"이라고 유권해석을 하여 왔으나, 2005.09.08. 국가계약법시행령 제65조 제3항 단서규정(협의가 안 될 경우 중간금액을 적용)의 개정으로 동 유권해석은 효력이 없게 됨

(2) 위와 같이 표준시장단가가 적용된 공사의 설계변경으로 인한 계약금액 조정의 경우 낙찰률을 곱하여 협의하거나 중간금액의 적용을 배제하고 설계변경당시의 표준시장단가 그대로를 적용하도록 하는 것은, 표준시장 단가가 적용된 공종의 공사비가 지나치게 낮은 현실을 감안하여 보완된 것이라고 할 수 있다.

4 새로운 기술·공법 등에 의한 설계변경 시 보상기준

가. 새로운 기술·공법 등의 범위와 보상액(영 제65조 제4항)

(1) 계약담당공무원은 계약상대자가 새로운 기술·공법 등을 사용함으로써 공사비의 절감, 시공기간의 단축 등에 효과가 현저할 것으로 인정되어 계약상대자의 요청에 의하여 필요한 설계변경을 할 수 있다. 이때 새로운 기술·공법 등은 반드시 신기술·신공법만으로 한정할 것이 아니라 새로운 기술이나 공법이 아니더라도 발주기관의 설계와 동등 이상의 기능·효과를 가진 기술·공법 및 기자재를 포함한다고 보는 것이 타당하다.

(2) 공사계약의 이행 중 위와 같이 새로운 기술·공법 도입에 따른 설계변경으로 계약금액을 조정함에 있어서는 당해 절감액의 100분의 30에 해당하는 금액만 감액하고 나머지 70%에 해당하는 금액은 기술개발 보상(인센티브) 성격으로 계약상대자에게 귀속된다. 이때 절감액의 범위는 새로운 기술·공법 등의 사용으로 인해 절감되는 금액을 의미하며, 만약 계약상대자가 제시하는 신기술·신공법이 적합하지 않아 최종적으로 설계변경을 하지 않는 경우라면 계약금액 조정대상에 포함되지 않는다.

☞ 예를 들어, 계약금액이 100억 원이고 계약상대자가 새로운 기술·공법 등을 사용하여 10억 원을 절감하는 경우 3억 원만 감액함으로(7억 원은 인센티브 성격) 계약금액은 97억 원으로 조정되는 것임

나. 이의신청의 처리 방법(동조 제5항)

(1) 계약담당공무원은 설계변경과정에서 새로운 기술·공법 등의 범위와 한계에 관하여 이의가 있을 때에는 기술자문위원회*(기술자문위원회가 설치되어 있지 아니한 경우에는 「건설기술 진흥법」 제5조에 따른 건설기술심의위원회)의 심의를 받아야 하며, 이 경우 새로운 기술·공법 등의 범위와 한계, 이의가 있을 경우의 처리 방법 등 세부적인 시행 절차는 각 중앙관서의 장이 정한다.

(2) 만약, 위와 같이 새로운 기술·공법 등의 범위와 한계 등에 대하여 기술자문위원회의 심의결과 새로운 기술·공법에 의한 설계변경 사항에는 해당하지 않으나 당해 공사의 적정한 이행 등을 위하여 계약상대자가 제시한 공법으로 설계변경을 할 필요성이 인정되어 발주기관이 이를 수용한 경우라면 "공사계약일반조건" 제19조의5에 의하여 발주기관의 필요에 의한 설계변경 사항으로 보는 것이 타당하다. 따라서 발주기관은 당초 설계도면 및 시공상세 도면 등의 수정에 소요된 비용을 동 조건 제19조의7 제3항에 따라 계약상대자에게 지급하여야 한다(기획재정부 계약제도과-1604, 2005.08.02.).

5 총계방식(1식 단가)의 계약금액 조정기준

가. 공종단가의 세부내역별 작성원칙

계약담당공무원이 예정가격 작성을 위한 공사원가계산에 있어 공종의 단가는 세부내역별로 분류하여 작성하기 어려운 경우 이외에는 총계방식("1식 단가")으로 작성하여서는 아니 된다(예정가격 작성기준 제2조 제4항).

나. 총계방식의 계약금액 조정방법(일반조건 제20조 제7항)

(1) 위와 같이 공종의 단가는 세부내역별 작성이 원칙이지만, 불가피하게 산출내역서 상의 일부 공종의 단가가 세부 공종별로 분류되어 작성되지 아니하고 총계방식으로 작성(1식 단가)되어 있는 경우에도 설계도면 또는 공사시방서가 변경되어 총계방식의 구성내용이 변경되는 때에는 앞에서 기술한 설계변경으로 인한 계약금액 조정방법(공사계약일반조건 제20조 제1항 내지 제6항)에 따라 계약금액을 조정한다. 물론 1식 단가 구성내용 중 변경되지 아니하는 부분은 당초 금액을 그대로 적용한다.

(2) 즉, 설계변경으로 인한 계약금액조정 시 당해 공종의 단가가 내역서상 1식으로 구성되어 있는 경우에는 동 구성단가 중 변경되는 세부 품목 또는 비목의 계약단가는 '공사계약일반조건' 제52조에 따라 계약상대자가 제출한 단가산출서 또는 일위대가표 상의 단가에 의한다. 다만, 동 산출서가 제출되어 있지 않는 경우라면 발주기관의 단가산출서나 일위대가표 상의 단가를 기준으로 해당 공종의 설계내역서상 금액에 대한 산출내역서상 금액 비율을 적용하여 조정하는 것도 하나의 방법에 해당한다고 할 수 있다.

여기서 단가산출서(일위대가표)와 수량산출서는 발주기관이 예정가격을 산출하기 위하여 작성하는 것으로서 설계서에 포함되지 아니함으로 의무적 교부대상은 아니나, 다만, 위와 같이 설계변경 및 이로 인한 계약금액 조정 등 공사의 적정한 이행을 위하여 필요한 경우라면 동 단가산출서와 수량산출서를 발주기관에 요청할 수는 있다고 본다(기획재정부 계약정책과 41301-1719, 2002.11.22.).

6 순수내역입찰 및 물량내역수정입찰의 계약금액 변경 제한

가. 계약금액 변경 금지원칙(일반조건 제21조 제2항)

계약담당공무원은 국가계약법시행령 제14조 제1항 각호 외의 부분 단서에 따라 물량내역서를 작성하는 경우, 즉 순수내역입찰이나 물량내역수정입찰의 경우에는 물량내역서의 누락 사항이나 오류 등으로 설계를 변경하는 경우에도 그 계약금액을 변경할 수 없다.

이는 순수내역입찰이나 물량내역수정입찰의 경우 누락이나 오류 사항을 보완하는 설계변경을 하더라도 물량작성의 책임이 계약상대자에게 있으므로 증액이나 감액을 인정하지 않는다는 의미이며, 다만, 물량내역수정입찰의 경우 입찰참가자의 물량수정이 허용되지 않은 공종에 대하여는 발주기관이 작성한 물량에 해당함으로 설계변경으로 인한 계약금액 조정이 가능하다.

나. 예외적으로 계약금액 조정이 허용되는 경우

위와 같이 순수내역입찰 또는 물량내역수정입찰에 있어서는 물량내역서의 누락 사항이나 오류 등이 있어도 계약금액의 변경이 제한되는 것이나, 단순한 물량내역의 변경에 그치지 않고 당초 설계서의 변경이 이루어지게 되는 경우에는 계약상대자가 당초 설계서에 따라 산출한 공종과 물량에도 변경이 발생할 수밖에 없다는 점을 감안할 때 계약금액 조정이 허용되는 것이 타당하다고 할 수 있다.

위의 사례에 대하여 법원도 "물량내역수정입찰 대상공사의 경우 입찰참가자는 자기책임 아래 작성한 물량내역서에 누락·오류 등이 있다고 해서 물량내역의 변경을 이유로 계약금액의 증액을 청구하는 것은 부당하므로 계약금액의 증액이 허용되지 않는 것일 뿐, 특히 발주자의 필요에 의한 설계변경이 있는 때까지 계약금액의 조정이 허용되지 않는다고 볼 수는 없다"고 판시하였다(서울고등법원 2018.9.21.선고2017나2063390 판결).

7 승률비용과 일반관리비 및 이윤의 조정기준(영 제65조 제6항)

가. 적용 기준

증감된 물량이나 신규비목의 발생으로 인한 계약금액의 증감분에 대한 간접노무비, 산재보험료 및 산업안전보건관리비 등의 승률비용과 일반관리비 및 이윤은 산출내역서상의 간접노무비율, 산재보험료율 및 산업안전보건관리비율 등의 승률비율과 일반관리비율 및 이윤율에 의하되 설계변경 당시의 관계 법령 및 기획재정부장관 등이 정한 율을 초과할 수 없다(일반조건 제20조 제5항).

이에 따라 승률 경비에 대한 적용 요율은 산출내역서상의 요율과 설계변경 당시의 법정 경비 요율을 비교하여 낮은 요율을 적용하게 되며, 일반관리비율 및 이윤율은 산출내역서상의 요율과 국가계약법시행규칙 및 계약예규 "예정가격작성 기준"상의 요율(일반관리비 6%, 이윤 15%)과 비교하여 낮은 요율을 적용하게 된다고 할 수 있다.

나. 산출내역서상의 요율 관련 사항

위와 같이 승률비용과 일반관리비 및 이윤을 조정함에 있어서는 설계변경 당시가 아니라 계약상대자가 제출한 산출내역서상의 율을 적용하여야 하는데, 이는 산출내역서가 계약금액의 조정 및 기성부분에 대한 대가의 지급 시에 적용할 기준으로서 계약당사자 간에 약정한 계약문서이기 때문이다(공사계약일반조건 제3조).

따라서 계약상대자가 당초 제출한 산출내역서상에 일반관리비율 및 이윤율이 "0"으로 기재된 경우라면 설계변경으로 인한 계약금액의 증가분에 대한 일반관리비 및 이윤 또한 "0"으로 처리하여야 하며, 또한, 당초 산출내역서상에 간접노무비율이 명시되어 있지 않은 경우라면 동 내역서상 직접노무비에 대한 간접노무비의 비율을 산정하여 적용하는 것이 타당하다고 본다.

☞ 물론, 물가변동으로 인한 계약금액 조정으로 당초 율이 변경되어 있는 경우라면 변경된 율이 산출내역서상의 율에 해당하는 것임

Ⅳ. 「기술형입찰 공사」의 계약금액 조정방법

'기술형입찰'은 발주자가 기본계획 또는 기본설계서나 실시설계서를 제공하면 입찰자가 도면, 시방서, 물량 및 단가를 새롭게 작성하여 참가하는 방식으로서, 대형공사 중 비교적 난이도가 높거나 특수한 기술을 요하는 공사 또는 상징성 등이 있다고 인정되는 공사에서 민간의 창의력과 기술력을 활용하고자 할 때 사용된다.

동 '기술형입찰' 방식으로 체결된 공사는 입찰자가 설계서를 작성한 특성으로 인하여 앞에서 기술한 '일반공사'의 설계변경으로 인한 계약금액의 조정기준과는 차이점이 있으며 그 세부 내용은 다음과 같다.

1 원칙적 조정기준(계약상대자의 귀책에 의한 경우)

가. 증액 불인정

(1) 공공공사 입찰방식 중 '기술형입찰' 방식으로 체결된 공사에 대하여 발주기관의 책임 등이 아닌(계약상대자의 책임) 사유로 설계변경을 하는 경우에는 계약금액을 증액할 수 없다(영 제91조, 제108조, 공사계약일반조건 제21조).

☞ 기술형입찰방식의 계약 : 국가계약법시행령 제78조에 따른 일괄입찰 및 대안입찰(대안이 채택된 부분에 한함)과 동 시행령 제98조에 따른 기본설계 기술제안입찰 및 실시설계 기술제안입찰(기술제안이 채택된 부분에 한함)을 실시하여 체결된 공사계약

이처럼 기술형입찰 공사에 대하여 설계변경을 할 때 증액할 수 없도록 하고 있는 것은 설계서 작성에 대한 책임이 계약상대자에게 있기 때문이므로, 설계서상 물량 누락 등 오류가 발생하여 이를 보완하는 설계변경을 하더라도 계약금액의 증액이 인정되지 않는 것이 원칙이라는 것을 유의할 필요가 있다.

(2) 따라서 일괄입찰에서 설계도면과 산출내역서상 물량이 상이하다는 사유로는 계약금액을 조정할 수 없고 설계도면에 따라 시공하여야 하며, 또한, 설계도면 보다 산출내역서상 일부 품목의 수량이 부족한 경우에도 계약상대자는 설계도면에 따라 시공하여야 하고 산출내역서상 부족한 물량은 무대(0원)로 시공하여야 하는 것이다.

나. 감액은 가능

기술형입찰 공사에 있어 계약상대자의 책임으로 인하여 설계변경을 하는 경우에 물량이 감소되는 때에는 감액을 하여야 하며, 동 물량감소로 인한 감액조정 시 계약금액의 조정은 계약상대자가 제출한 산출내역서상 단가 즉, 계약단가를 적용한다. 위에서 기술한 기술형입찰 공사의 설계변경에 있어 증액 불인정 원칙은 발주기관의 책임 등이 아닌 사유로 설계변경을 하는 경우 설계서 작성에 대한 책임이 계약상대자에게 있기 때문이며, 여기서의 물량이 감소되는 경우에도 감액을 할 수 없다는 뜻이 아니라는 점을 유의할 필요가 있다고 하겠다.

다. 현장상태와 설계서 상이 등의 경우(조건 제21조 제7항, 제8항)

(1) 기술형입찰 공사의 경우 설계서에 대한 책임이 계약상대자에게 있으므로 현장상태와 설계서 상이 등의 사유로 설계변경을 하는 경우에는 전체공사에 대하여 증·감되는 금액을 합산하여 계약금액을 조정하되, 계약금액을 증액할 수는 없다.

즉, 설계변경으로 인하여 세부 공종별로 감액되는 부분과 증액되는 부분이 동시에 발생되는 때에는 세부 공종단위로 증감되는 금액을 산정하는 것이 아니라 전체공사를 대상으로 하여 증감되는 금액을 합산하여 조정금액을 산정하는 것이다. 이는 기술형입찰 공사에 있어 계약상대자의 책임으로 인한 설계변경의 경우에는 각 사유 또는 건별이 아닌 전체 설계변경으로 인한 증액과 감액을 합산하여 계약금액을 조정하라는 의미이며, 증액이 감액보다 많더라도 계약금액의 증액을 인정하지 않는다는 것이다.

(2) 따라서 일괄입찰을 실시하여 체결한 공사계약의 경우 계약상대자는 설계서를 작성할 때 충분한 지질조사 등을 통하여 지장물의 존치 여부를 확인하고 지장물이 있을 경우 해당 지장물을 제거하는 설계서를 작성하여야 하는 것이므로, 계약이후 신규로 매설된 지장물에 의한 경우 등 계약예규「공사계약일반조건」제21조 제5항 제5호 내지 제6호의 규정*에서 정한 것과 같은 사유일 때에만 증액 조정이 가능하다고 할 수 있다. 이때 계약체결 이전에 존재하였던 지장물인지 계약체결 이후에 발생된 지장물인지 여부는 필요할 경우 전문가의 의견 등을 구하여 판단하여야 할 사안이다.

> 공사계약일반조건 제21조(설계변경으로 인한 계약금액조정의 제한 등) 제5항
> 5. 발주기관 또는 공사 관련기관이 교부한 지하매설 지장물 도면과 현장 상태가 상이하거나 계약 이후 신규로 매설된 지장물에 의한 경우
> 6. 토지·건물소유자의 반대, 지장물의 존치, 관련기관의 인허가 불허 등으로 지질조사가 불가능했던 부분의 경우

(3) 계약담당공무원은 위와 같은 계약상대자의 책임에 따른 계약금액 조정과 관련하여 연차계약별로 준공되는 장기계속공사의 경우에는 계약체결 시 전체공사에 대한 증·감 금액의 합산처리 방법, 합산 잔액의 다음 연차 계약으로의 이월 등 필요한 사항을 정하여 운영하여야 한다.

2 발주기관의 책임 또는 불가항력의 사유에 의한 경우의 조정기준

가. 예외적으로 증액 인정(일반조건 제21조 제5항)

(1) 위에서 기술한 바와 같이 기술형입찰 공사는 계약상대자가 설계와 시공을 책임지는 것이므로 설계변경을 하는 경우에도 원칙적으로 계약금액의 증액이 불가한 것이나 다만, 계약상대자의 책임이 없는 사유 즉, 발주기관의 책임 있는 사유 또는 불가항력의 사유에 따라 설계변경을 하는 경우에는 증액이 가능하다.

(2) 이때 '발주기관의 책임이 있는 사유 또는 불가항력의 사유'라 함은 다음의 어느 하나의 경우를 말하며, 이 경우에도 설계 시 공사 관련 법령 등에 정한 바에 따라 설계서가 작성된 경우에 한한다.

① 사업계획 변경 등 발주기관의 필요에 의한 경우
② 발주기관 외에 해당 공사와 관련된 인허가기관 등의 요구가 있어 이를 발주기관이 수용하는 경우
③ 공사 관련 법령(표준시방서, 전문시방서, 설계기준 및 지침 등 포함)의 제·개정으로 인한 경우
④ 공사 관련 법령에 정한 바에 따라 시공하였음에도 불구하고 발생되는 민원에 의한 경우
⑤ 발주기관 또는 공사 관련 기관이 교부한 지하매설 지장물 도면과 현장 상태가 상이하거나 계약 이후 신규로 매설된 지장물에 의한 경우
⑥ 토지·건물소유자의 반대, 지장물의 존치, 관련 기관의 인허가 불허 등으로 지질조사가 불가능했던 부분의 경우
⑦ 불가항력 등 계약당사자 누구의 책임에도 속하지 않는 사유에 의한 경우

  * "불가항력"이라 함은 태풍·홍수 기타 악천후, 전쟁 또는 사변, 지진, 화재, 전염병, 폭동 기타 계약당사자의 통제범위를 벗어난 사태의 발생 등의 사유로 인하여 공사이행에 직접적인 영향을 미친 경우로서 계약당사자 누구의 책임에도 속하지 아니하는 경우를 말함(공사계약일반조건 제32조)

⑶ 위에 규정(제③항)된 바와 같이 입찰일 이후 공사관련 법령(표준시방서, 전문시방서, 설계기준 및 지침 등 포함)의 제·개정으로 설계변경을 하는 경우에는 계약상대자의 책임이 없는 사유에 해당하므로 기술형입찰 공사일지라도 계약금액의 증액이 가능한 것이나, 만약 입찰일 이전에 공포된 법령의 내용에 따라 설계서를 작성하지 아니하였을 경우에는 그 법령의 내용이 반영되도록 설계변경을 하되 전체 계약금액을 증액할 수는 없다고 하겠다.

나. 계약금액의 조정기준(영 제91조 제3항)

1) 감소된 공사량의 단가

입찰 시에 제출한 산출내역서상의 단가(계약단가)를 적용하여 계약금액을 조정한다.

2) 증가된 공사량의 단가

⑴ 설계변경 당시를 기준으로 산정한 단가와 입찰시 제출한 산출내역서상의 단가의 범위 안에서 계약당사자 간에 협의하여 결정한 단가를 적용하되, 다만, 계약당사자 사이에 협의가 이루어지지 아니하는 경우에는 설계변경 당시를 기준으로 산정한 단가와 입찰시 제출한 산출내역서상의 단가를 합한 금액의 100분의 50으로 한다.

⑵ 앞에서 기술한 바와 같이 일반공사에 대한 설계변경의 경우에는 설계변경 당시의 단가에 낙찰률을 곱한 금액을 하한선으로 하여 협의하도록 하고 있으나, 예정가격을 작성하지 않은 일괄입찰 공사 등은 낙찰률(예정가격 대비 낙찰금액)이 없으므로 산출내역서 단가를 하한선으로 하여 협의하도록 하고 있다. 물론 이 경우에도 산출내역서상의 단가가 설계변경 당시를 기준으로 산정한 단가보다 높은 경우에는 설계변경 당시를 기준으로 산정한 단가로 하는 것이 타당하다(불균형입찰단가 방지).

3) 신규비목의 단가

신규비목의 단가는 설계변경 당시를 기준으로 산정한 단가를 적용하여 계약금액을 조정한다. 즉, 예정가격을 작성하지 아니한 일괄입찰 공사 등의 경우에는 낙찰률 개념이 없고 또한 신규비목이므로 산출내역서상 단가도 없어 일반공사와는 달리 협의절차 없이 설계변경 당시를 기준으로 산정한 단가를 적용하게 된다. 이때 설계변경 당시를 기준으로 한 신규비목의 단가산정은 국가계약법시행규칙 제7조*에 의한 원가계산에 의한 가격결정 방법(표준시장단가가 적용이 되는 경우에는 표준시장단가)으로 산정하는 것이 타당하다.

* 거래실례가격(나라장터 가격정보시스템 단가 등), 통계작성 지정기관이 조사하여 공표한 가격(노임단가), 감정가격, 유사한 거래실례가격, 견적가격

4) 공사 물량 산출

일괄입찰 공사 등에 대한 설계변경의 경우에 증감되는 공사 물량은 수정 전의 설계도면과 수정 후의 설계도면을 비교하여 산출한다(공사계약일반조건 제21조 제6항).

〈 기술형입찰 공사의 설계변경 시 적용단가 요약 〉

☐ 계약상대자의 책임에 의한 조정기준
  ○ 증액 불인정, 감액은 가능(감소된 물량 : 계약단가)
☐ 발주기관 책임 또는 불가항력의 사유에 의한 조정기준
  ○ 증가된 물량 : 설계변경 당시 단가와 계약단가의 범위 내에서 협의(협의가 안 될 경우 중간금액)
  ○ 감소된 물량 : 계약단가
  ○ 신규비목 : 설계변경 당시 단가

3 그 밖의 「기술형입찰 공사」의 계약금액 조정 관련

가. 기술제안입찰의 경우 계약금액 조정기준(영 제108조)

(1) 기술제안입찰에 의한 공사의 설계변경으로 인한 계약금액 조정에 관하여 실시설계 기술제안입찰에 따른 공사계약의 경우에는 일반공사의 설계변경으로 인한 계약금액조정 기준(영 제65조)을, 기본설계 기술제안입찰에 따른 공사계약의 경우에는 대형공사의 계약 금액조정기준(영 제91조)을 각각 준용한다.

(2) 이는 실시설계 기술제안입찰(기술제안 채택부분 제외)에 따른 공사계약의 경우 내역 입찰과 동일하며 기본설계 기술제안입찰에 따른 공사계약의 경우 일괄입찰에 의한 공사 계약과 유사한 성격이라는 점을 고려하여 규정한 것이라고 할 수 있다.

다만, 실시설계 기술제안입찰에 의한 공사의 경우 '기술제안이 채택된 부분'은 계약상 대자가 설계서를 작성하였으므로 동 설계서에 오류가 있어 설계변경을 할지라도 "공사계약 일반조건" 제21조 제7항에 따라 전체공사에 대하여 증감되는 금액을 합산하여 조정하되

계약금액을 증액할 수는 없는 것이나, 다만, 그 설계변경이 발주기관에 책임 있는 사유 또는 천재지변 등 불가항력의 사유로 인한 경우에는 증액도 가능한 것이다.

나. 일괄입찰 공사 등의 계약체결 이전 실시설계 변경에 따른 계약금액의 조정

(1) 계약담당공무원은 국가계약법시행령 제78조에 따른 일괄입찰과 제98조에 따른 기본설계기술제안입찰의 경우 계약체결 이전에 다음과 같이 실시설계적격자에게 책임이 없는 사유로 실시설계를 변경한 경우에는 계약체결 이후에 즉시 설계변경에 의한 계약금액 조정을 하여야 한다(영 제91조 제2항 및 제108조, 일반조건 제21조 제3항).

① 민원이나 환경·교통영향평가 또는 관련 법령에 따른 인허가 조건 등과 관련하여 실시설계의 변경이 필요한 경우
② 발주기관이 제시한 기본계획서·입찰안내서 또는 기본설계서에 명시 또는 반영되어 있지 아니한 사항에 대하여 해당 발주기관이 변경을 요구한 경우
③ 중앙건설기술심의위원회 또는 기술자문위원회가 실시설계 심의과정에서 변경을 요구한 경우

(2) 이는 기본설계심의 이후 실시설계과정에서 발주기관의 추가 요구 사항 등으로 당초의 기본설계와 다르게 실시설계가 이루어지는 경우 당해 입찰금액을 조정하도록 보완된 것이며, 다만, 계약금액을 조정하는 것이므로 계약체결 이후에 즉시 조치하도록 하고 있다.

다. 대안입찰공사의 대안 채택 이외 부분에 대한 설계변경

대안설계(공기단축, 공사비 절감)를 제출하여 낙찰되어 계약이 체결된 경우 대안이 채택된 공종에 대한 설계변경 사항은 위와 같이 일괄입찰의 경우와 동일하게 처리되지만, 대안이 채택되지 않은 공종과 원안입찰서만 제출하여 낙찰된 경우의 설계변경은 내역입찰과 동일하게 처리한다. 따라서, 대안입찰을 실시하였으나 대안이 채택되지 않는 공종이나 원안입찰에 의하여 낙찰되어 계약이 체결된 공사의 경우 물량내역서의 누락·오류 등에 따른 설계변경이라도 계약금액을 증액 조정하는 것이 가능하다.

V. 용역계약의 과업내용 변경과 계약금액 조정

1 과업내용의 변경(용역계약일반조건 제16조 제1항 내지 제3항)

(1) 계약담당공무원은 계약의 목적상 필요하다고 인정될 경우에는 다음의 과업내용을 계약상대자에게 지시할 수 있으며, 다만, 과업내용을 추가할 경우에는 계약상대자와 사전에 협의하여야 한다. 용역계약에 있어 과업내용 변경은 공사계약에 있어 설계변경에 해당한다고 할 수 있다.

☞ 위와 같이 과업내용을 추가할 경우 계약상대자와의 사전협의 절차를 두는 것은 발주기관이 우월적 지위를 이용하여 추가시키는 것을 방지하고자 하는 데 있다고 할 수 있음

① 추가업무 및 특별업무의 수행
② 용역공정계획의 변경
③ 특정 용역 항목의 삭제 또는 감소

* 기본업무	계약상대자가 수행하여야 하는 업무로서 과업내용서에 기재된 업무를 말함
* 추가업무	계약목적의 달성을 위해 기본업무 외에 계약담당공무원이 추가하여 지시 또는 승인한 업무
* 특별업무	계약목적외의 목적을 위해 계약특수조건 등에 특별업무항목으로 기재되거나 계약담당공무원이 그 수행을 지시 또는 승인한 용역항목으로서 기본업무 및 추가업무에 속하지 아니하는 업무

(2) 위와 같은 과업내용의 변경은 공사계약에 있어서 설계변경의 경우와 마찬가지로 그 변경이 필요한 부분의 이행 전에 완료하여야 하며, 다만, 계약담당공무원은 계약이행의 지연으로 품질저하가 우려되는 등 긴급하게 용역을 수행하여야 할 필요가 있는 때에는 계약상대자와 협의하여 그 변경시기 등을 명확히 정하고, 과업내용의 변경을 완료하기 전에 우선 과업내용을 이행하게 할 수 있다.

(3) 계약상대자의 경우에도 계약의 기본방침에 대한 변동 없이 과업내용서상의 용역 항목을 변경하는 것이 발주기관에 유리하다고 판단될 경우에는 위의 계약담당공무원이 지시할 수 있는 사항에 해당하는 제안을 할 수 있으며, 이 경우 계약담당공무원은 제안 요청을 받은 날부터 14일 이내에 그에 대한 승인여부를 계약상대자에게 통지하여야 한다.

2 과업내용 변경에 따른 계약금액의 조정
(동조건 제16조 제4항 내지 제7항)

(1) 앞에서와 기술한 바와 같이 계약담당공무원이 과업내용의 변경을 지시하거나 계약상대자가 제안한 과업내용 변경사항을 승인한 경우에는 공사계약의 설계변경으로 인한 계약금액조정 관련 규정(시행령 제65조 제1항 내지 제6항)을 준용하여 계약금액을 조정한다.

따라서 감리용역계약 등에 있어 계약상대자의 책임 없는 사유로 계약기간이 변경되어 이행 인력 등이 증감되었다면 시행령 제65조 및 용역계약일반조건 제16조에 따라 계약내용을 변경하고 계약금액을 조정할 수 있다. 즉, 계약변경으로 증가한 물량 또는 신규비목의 단가는 계약변경 당시에 산정한 단가와 동 단가에 낙찰률을 곱한 단가의 범위에서 협의하여 결정하여야 하며, 협의가 이루어지지 않을 경우 두 단가를 합한 금액의 100분의 50에 해당하는 금액으로 단가를 결정한다.(기획재정부 계약정책과 - 355, 2013.4.4.)

☞ 그러나 예정가격을 작성하지 아니한 협상에 의한 계약에 있어 신규비목이 발생하는 경우 등은 시행령 제65조의 일반공사 계약의 설계변경 관련 규정을 준용하기가 곤란하여 조정 방법을 별도로 보완·규정하여야 할 것으로 판단됨

(2) 만약, 계약담당공무원이 당초 과업내용에 없는 과업을 추가 요구할 경우에는 정당한 대가를 지급하여야 하며, 이때 과업내용을 추가하는 변경계약은 계약의 목적상 필요한 경우로서 계약의 본질을 벗어나지 않는 범위 내에서 가능한 것으로 증가되는 내용 및 효율성 등을 종합적으로 고려하여 판단할 사항이라고 할 수 있다.

(3) 그 밖에 용역계약에 있어 계약금액 조정의 청구기한, 자료 보완요구 등 필요한 조치사항은 공사계약의 경우와 동일하다. 즉, 계약상대자는 용역 완료대가(장기계속계약의 경우에는 각 차수별 완료대가) 수령 전까지 계약금액 조정을 청구하여야 하며, 계약담당공무원은 계약상대자의 계약금액조정 청구를 받은 날부터 30일 이내에 조정하여야 한다. 또한, 계약상대자의 계약금액조정 청구내용이 부당함을 발견한 때에는 지체 없이 보완요구 등의 필요한 조치를 하여야 하며, 이 경우 계약상대자가 보완요구 등의 조치를 통보받은 날부터 발주기관이 그 보완을 완료한 사실을 통지받은 날까지의 기간은 계약금액 조정 기간(30일)에 산입 하지 아니한다.

제4절 그 밖에 계약내용의 변경으로 인한 계약금액의 조정

1 개요

가. 의의

(1) 국가계약법령상 계약금액을 조정하는 방법 중 '그밖에 계약내용의 변경으로 인한 계약금액의 조정'이라 함은 앞에서 기술한 물가변동과 설계변경으로 인한 조정방법 이외에 '공사기간이나 운반거리 변경 등의 계약내용 변경으로 인하여 계약금액을 조정할 필요가 있는 경우에 그 변경된 내용에 따라 실비를 초과하지 아니하는 범위 안에서 계약금액을 조정하는 방법'을 말한다. 동 조정 방법은 설계서의 변경이 이루어지더라도 공사 물량의 증감 없이 실제 소요된 비용만을 산정하게 되는 점이 특징이며, 설계변경으로 공사물량의 증감이 발생되면 앞장에서 기술한 설계변경으로 인한 계약금액 조정의 대상이 된다.103)

(2) '그밖에 계약내용의 변경'은 이외에도 관계법령의 제·개정으로 인하여 새로운 비목이 추가되는 경우와 청소·경비 등 공공노무용역계약에 있어「최저임금법」에 따른 최저임금액이 변동된 경우 등을 들 수 있으며, 또한, 발주자가 제시한 지질조사서가 실제 현장의 내용과 다르고, 이로 인한 낙반 등으로 TBM의 굴착속도가 설계도면에 제시된 굴착속도보다 저하되는 경우도 하나의 사례로 들 수 있다.

나. 관련규정

(1) 국가를 당사자로 하는 계약에 관한 법률 제19조(물가변동 등에 따른 계약금액 조정)
(2) 동법시행령 제66조, 동법시행규칙 제74조의3
(3) 계약예규「공사계약일반조건」제23조, 제25조 및 제26조
(4) 계약예규「용역계약일반조건」제17조,「물품제조·구매계약일반조건」제11조의2
(5) 계약예규「정부 입찰·계약집행기준」제16장(실비의 산정)
(6) 계약예규「예정가격 작성기준」제18조(노무비)

---

103) 즉, 설계변경과 실비산정 두 가지 모두 설계서의 변경이 이루어지는 점은 동일하다고 할 수 있으나 설계서 변경으로 인하여 공사물량의 증감이 수반되는지 여부에 따라 양자는 구분되는 것이며, 법령에서도 국가계약법시행령 제65조의 설계변경 조항과 별도로 제66조에 규정하고 있음(공사계약일반조건에서는 제19조 내지 제21조와 별도로 제23조에 규정).

(7) 기타 계약특수조건 등 계약당사자간 체결된 계약문서

다. 계약내용의 변경 시기

(1) '그 밖에 계약내용 변경'의 경우도 설계변경의 경우와 마찬가지로 '변경되는 부분의 이행에 착수하기 전에 완료'하여야 한다. 다만, 계약이행의 지연으로 품질저하가 우려되는 등 긴급하게 계약을 이행하게 할 필요가 있는 때에는 계약상대자와 협의하여 계약내용 변경의 시기 등을 명확히 정하고, 계약내용을 변경하기 전에 계약을 이행하게 할 수 있다(규칙 제74조의3, 공사계약일반조건 제23조).

(2) 이때 '변경되는 부분의 이행에 착수하기 전에 완료'되어야 하는 것은 계약내용의 변경뿐만 아니라 그에 따른 '계약금액의 조정'까지도 포함되는지가 논란이 될 수 있는 데, '계약금액의 조정'까지 변경되는 부분의 이행 착수 전에 완료되어야 한다는 의미는 아니다. 이는 문언 상뿐만 아니라 계약금액의 조정은 실비를 초과하지 아니하는 범위 안에서 이루어지게 되는 데 실비는 공사 중단 등 변경된 사항이 이행된 이후에야 정확히 산정할 수 있기 때문이기도 하다.

2 계약금액 조정기준 및 절차

가. 계약금액 조정기준

(1) 공사기간이나 운반거리 변경 등 계약내용의 변경으로 인하여 계약금액을 조정할 필요가 있는 때에는 그 변경된 내용에 따라 실비를 초과하지 아니하는 범위 안에서 계약금액을 조정한다. 이 경우 "실비"라 함은 변경되는 사항이 이행되는 데 실제 소요되는 비용 또는 금액으로서 동 실비에는 하도급업체가 지출한 비용도 포함된다.

☞ 일부현장에서 하도급업체가 지출한 비용은 인정하지 아니한 사례가 발생하고 있어 이를 포함하도록 명시함(일반조건 제23조 제1항, 2019.5.30 개정)

(2) 일반관리비 및 이윤의 산출은 설계변경의 경우(공사계약일반조건 제20조 제5항)와 마찬가지로 산출내역서상 일반관리비율 및 이윤율에 의하되, 시행규칙 제8조에서 정하는 율(공사의 경우 일반관리비율 6%, 이윤율 15%)의 범위 내에서 결정하여야 한다(정부 입찰·계약 집행기준 제76조).

나. 계약금액 조정신청 및 처리기한

(1) 공사이행기간의 변경 등 계약내용 변경으로 계약금액이 증액 될 때에는 계약상대자의 신청에 따라 조정하여야 하며, 감액 될 때에는 계약담당공무원이 계약상대자에게 통보하여 조정한다. 이 경우 계약금액의 조정신청은 준공대가(장기계속계약의 경우에는 각 차수별 준공대가) 수령 전까지 하여야 한다.

☞ 종전에는 계약금액조정 신청을 계약기간 연장신청과 동시에 하도록 하였으나, 실비는 계약기간 연장사유 종료 후 일정한 기간이 지나고 증빙자료 등에 따라 산정된다는 점을 고려하여 준공대가 수령 전까지 신청하도록 한 것임(공사계약일반조건 제26조 제5항 개정)

(2) 계약담당공무원이 이와 같이 계약상대자로부터 증액조정 청구를 받은 경우에는 청구를 받은 날부터 30일 이내에 계약금액을 조정하여야 한다. 다만, 예산배정 지연 등 불가피한 사유가 있는 경우에는 그 기한을 연장할 수 있으며, 서류보완 요구 등 기타 행정 사항은 설계변경으로 인한 계약금액 조정의 경우를 준용하여 처리한다.

☞ 종전에는 공사이행기간 연장신청과 동시에 계약금액 조정을 청구하도록 규정된 바 있었으나, 실비 개념과 많은 혼란이 초래되어 준공대가 수령 전까지 신청하도록 개선함(공사계약일반조건 제26조 제5항 신설, 2010.11.30.)

다. 실비의 산정기준(동 집행기준 제72조)

(1) 실비는 실제 사용된 비용 등 객관적으로 인정될 수 있는 자료와 거래실례가격, 통계법에 따라 지정된 기관(대한건설협회 등)이 조사하여 발표한 시중노임과 감정가격. 유사한 거래실례가격 및 견적가격 등(시행규칙 제7조의 규정에 의한 가격)을 활용하여 산출한다.

(2) 간접노무비는 계약상대자로 하여금 급여 연말정산서류, 임금지급대장 및 공사감독의 현장 확인복명서 등 간접노무비 지급 관련 서류를 제출하게 하여 이를 활용하여 산출할 수 있다.

(3) 경비는 계약상대자로부터 경비지출 관련 계약서, 요금고지서, 영수증 등 객관적인 자료를 제출하게 하여 이를 활용하여 산출할 수 있다.

3 공사이행기간의 변경에 따른 실비산정

가. 공사계약기간의 연장 사유와 연장신청(공사계약일반조건 제26조)

(1) 계약상대자는 아래에 열거한 사유 중 어느 하나가 계약기간(장기계속공사는 연차별 계약기간) 내에 발생한 때에는 계약기간 종료 전에 지체 없이 공사착공 시 제출한 공사공정예정표에 대한 수정공정표를 첨부하여 계약담당공무원과 공사감독관에게 서면으로 계약기간의 연장신청을 하여야 한다. 다만, 연장사유가 계약기간 내에 발생하여 계약기간 경과 후 종료된 경우에는 동 사유가 종료된 후 즉시 계약기간의 연장신청을 하여야 한다.

① 불가항력의 사유에 의한 경우 : 이 경우 불가항력이라 함은 태풍·홍수 기타 악천후, 전쟁 또는 사변, 지진, 화재, 전염병, 폭동 기타 계약당사자의 통제범위를 벗어난 사태의 발생 등의 사유로 인하여 공사이행에 직접적인 영향을 미친 경우로서 계약당사자 누구의 책임에도 속하지 아니하는 경우를 말한다(동 조건 제32조 제1항).[104]

* 종전에 천재지변 등 불가항력적 사유에 의하여 계약기간이 연장된 경우가 공사계약일반조건에서 제외된 사례에 따라 확실히 계약금액조정이 가능하도록 동 사유를 포함하도록 법률에 명시함(법 제19조 개정, 2019.11.26.)

② 계약상대자가 대체 사용할 수 없는 중요 관급자재 등의 공급이 지연되어 공사의 진행이 불가능하였을 경우

③ 발주기관의 책임으로 착공이 지연되거나 시공이 중단되었을 경우

④ 계약상대자의 부도 등으로 보증기관이 보증이행업체를 지정하여 보증 시공할 경우

⑤ 설계변경(계약상대자의 책임 없는 사유인 경우에 한함)으로 인하여 준공기한 내에 계약을 이행할 수 없을 경우

⑥ 발주기관이 「조달사업에 관한 법률」 제27조 제1항에 따른 혁신제품을 자재로 사용토록 한 경우로서 혁신제품의 하자가 직접적인 원인이 되어 준공기한 내에 계약을 이행할 수 없을 경우

⑦ 원자재의 수급 불균형으로 인하여 해당 관급자재의 조달지연 또는 사급자재(관급자재에서 전환된 사급자재를 포함)의 구입곤란 등 기타 계약상대자의 책임에 속하지 아니하는 사유로 인하여 지체된 경우

---

104) 정부는 2022.12월 화물연대 집단운송 거부사태에 따른 물류 차질로 계약기간이 지체된 경우 계약상대자의 책임 없는 사유로 보아 계약기간을 연장하고 실비를 초과하지 않는 범위 내에서 계약금액을 조정하도록 통첩을 시달함(기획재정부 계약정책과 - 912, 2022.12.6.)

* 위에 열거된 사유는 지체상금 산정 시 지체 일수를 제외할 수 있는 사유로서 '공사계약일반조건' 제25조 제3항에 규정되어 있음

(2) 이에 따라 계약상대자의 계약기간연장 신청이 접수된 때에 계약담당공무원은 즉시 그 사실을 조사 확인하고 공사가 적절히 이행될 수 있도록 계약기간의 연장 등 필요한 조치를 하여야 하며, 연장 청구를 승인하였을 경우에는 동 연장기간에 대하여 지체상금을 부과하여서는 아니 된다(동 일반조건 제26조 제2항, 제3항).

(3) 특히, 장기계속공사에 있어서 연차별 계약기간 중 계약기간 연장신청이 있는 경우 계약담당공무원은 당해 연차별 계약기간의 연장을 회피하기 위한 목적으로 당해 차수계약을 해지하여서는 아니 된다(공사계약일반조건 제26조 제8항 신설, 2020.6.19.).

☞ 이는 장기계속공사계약에서 공기연장 사유 발생 시 추가 비용 지급을 회피하기 위해 해당 차수 계약을 해지하고, 사유 종료 후 신규 계약체결 행위를 금지하기 위해 신설한 규정으로서 계약담당공무원의 주의사항에도 함께 명시함(정부 입찰·계약 집행기준 제2조의6 제12호 신설, 2020.6.19.)

나. 실비를 초과하지 않는 범위 내에서 계약금액 조정(집행기준 제73조)

(1) 계약담당공무원이 위와 같은 공사기간 연장사유로 인한 연장청구를 승인하였을 경우에는 계약상대자의 책임에 속하지 아니하는 사유에 따라 연장된 사안이므로 지체상금을 부과하여서는 아니 되며, 그 변경된 내용에 따라 실비를 초과하지 아니하는 범위 안에서 계약금액을 조정한다. 이때 계약금액 조정대상에는 하도급업체가 지출한 비용도 포함한다(동 일반조건 제23조 제1항 및 제26조 제3항, 제4항).

(2) 다만, 계약기간 연장사유 중 계약상대자의 부도 등으로 보증기관이 보증이행업체를 지정하여 보증시공 할 경우에는 계약금액의 조정대상에서 제외된다. 즉, 계약상대자의 부도 등으로 보증기관이 보증이행업체를 지정하여 보증시공 할 경우에는 발주기관으로부터 보증채무 이행청구서를 접수한 날부터 보증이행개시일 전일까지는 지체일수에서는 제외하나, 이로 인하여 연장된 계약기간에 대하여는 실비산정을 하지 않는다.

〈 간접노무비 산정 〉

1) 노무인력 규모에 대한 사전협의

(1) 공사이행기간의 변경사유가 발생할 경우 계약담당공무원은 노무량 산출을 위하여

계약상대자로 하여금 현장유지·관리에 소요되는 인력투입계획을 제출하도록 하고, 공사의 규모·내용·기간 등을 고려하여 해당 인력투입계획을 조정할 필요가 있다고 인정되는 경우에는 계약상대자와 협의하여 이를 조정하여야 한다.

☞ 특히, 발주기관이 일방적으로 조정을 요구하는 것을 방지하기 위해 종전의 "계약상대자에게 이의 조정을 요구하여 한다."를 "계약상대자와 협의하여 이를 조정하여야 한다."라고 문구를 조정하였음(정부 입찰·계약 집행기준 제73조 제2항 개정, 2019.12.18.)

⑵ 이와 같은 절차에 관한 사항은 공기연장 사유가 종료된 후에 적정 투입인원에 대하여 계약당사자간에 논란이 발생되는 점을 감안하여, 공사기간 연장에 따라 투입되는 간접노무인력의 규모에 대해 계약당사자 간에 사전에 협의하도록 함으로써 불필요한 인력투입을 억제하고 투입 인원에 대한 논란이 없도록 규정된 것이라고 할 수 있다.

2) 간접노무비 적용 대상인원

⑴ 공사이행기간 연장 기간 중 당해 현장에서 보조 작업에 종사하는 노무자, 종업원과 현장감독자 등(계약예규 "예정가격작성기준" 제10조 제2항 및 제18조의 규정에 해당하는 자)이 수행하여야 할 노무량을 산출하며, 이 경우 간접노무비의 적용대상으로 볼 수 있는 배치인원은 정상적인 공사기간 중 종사하는 대상인원 범위 내에서 적용하는 것이 원칙이다.

⑵ 공사이행기간 연장기간 중 적정 배치 인원수는 특별히 규정하고 있지 않으나, 정상적인 공사기간 중에 투입된 현장 조직표에 기재된 인원 범위 등을 고려하여 현장 운영을 위한 적정 배치 인원수를 결정하는 것이 타당하며, 이와 같이 인력투입계획을 계약당사자 간에 합의하여 확정하였더라도 당초 합의된 계획인원을 초과하지 않은 범위 내에서 실제 근무 여부를 확인하여 최종 지급대상 노무량을 결정하는 것이 타당할 것이다.

〈참고〉 원가계산 시 간접노무비 대상 인원과 실비산정 시 간접노무비 대상인원

- 원가계산 시 간접노무비 대상인원은 현장소장, 현장사무원(총무, 경리, 급사 등), 기획·설계 부문종사자, 노무관리원, 자재·구매관리원, 공구담당원, 시험관리원, 교육·산재 담당원, 복지후생부문 종사자, 경비원, 청소원 등(예정가격 작성기준 별표2-1)
- 상기의 공사원가계산 시 간접노무비 대상인원을 계약 이행 기간 연장에 따른 간접노무비 산정 시에도 동 인력을 간접노무비 대상인원 여부를 판단하는 기준으로 고려할 수는 있으나, 원가계산 시 추정하는 대상인원과 공사이행 중 중단기간 동안 실제 잔류하는 대상인원이 반드시 일치하는 것은 아닌 것임을 유의할 필요가 있음(정부 입찰·계약 집행기준 제73조)

3) 실제 지급된 급여 기준으로 산정

(1) 공사기간 연장에 따른 간접노무비는 산출된 노무량에 급여 연말정산서, 임금지급대장 및 공사감독의 현장 확인복명서 등 객관적인 자료에 의하여 지급이 확인된 임금을 곱하여 산정하되, 정상적인 공사기간 중에 실제 지급된 임금수준을 초과할 수 없다.

☞ 종전에는 시중 노임단가를 기준으로 하여 간접노무비를 산정하도록 규정되어 있었으나, 현장사무원, 경비원, 청소원 등 간접노무인력에 대해서는 노임단가가 발표되지 않아 현장에서 적용하기 곤란하였던 문제점 해소를 위해, 시중 노임단가 대신 연장된 공사기간 중 계약상대방이 근로자에게 실제 지급한 임금을 기준으로 산정하도록 변경하고, 다만, 과도한 비용지출을 방지하기 위해 정상적인 공사기간 중에 지급한 임금수준을 초과할 수 없도록 개선함(동 기준 제73조 개정, 2010.11.30.)

(2) 한편, 위와 같이 간접노무비를 산정함에 있어서 "예정가격 작성기준"에 정해진 공사원가계산 규정과 많은 혼동을 초래하고 있는데, 발주기관이 예정가격 작성을 위한 공사원가계산 시에 산출하는 간접노무비는 직접노무비에 간접노무비율을 곱하여 산정하고(사전원가계산), 여기서의 공사 중단에 따른 공기연장 시 간접노무비는 현장사무원 등 간접노무량에 실제 지급된 임금을 곱하여 계산하게 되는 것을 유의할 필요가 있다(사후 원가계산).

〈 경비의 산정 〉

1) 직접계상 가능 비목

(1) 경비 중 지급임차료, 보관비, 가설비, 유휴 장비비 등 직접 계상이 가능한 비목의 실비는 계약상대자로부터 제출받은 경비지출 관련 계약서, 요금고지서, 영수증 등 객관적인 자료에 의하여 확인된 금액을 기준으로 변경되는 공사기간에 상당하는 금액을 산출한다.

① 지급임차료 : 현장사무소 유지를 위한 토지 사용료를 지급하고 있거나 기계기구 및 차량 등을 임차하여 임차료를 지급하고 있는 경우 등에 공기연장에 따라 임차기간이 연장되는 데 따라 증가된 임차료가 계약금액 조정의 대상이 된다.

② 보관비 : 시공에 소요되는 재료, 기자재 등을 보관하기 위한 창고사용료를 지급하고 있는 경우 공기연장에 따라 추가되는 창고사용료가 계약금액 조정 대상이 된다.

③ 가설비 : 가설재 사용기간이 공기연장에 따라 증가되어 추가 발생되는 비용이 계약금액 조정 대상이 된다.

④ 유휴장비비 : 계약상대자는 건설장비의 유휴가 발생하게 되는 경우 즉시 발생사유 등 사실관계를 계약담당공무원과 공사감독관에게 통지하여야 하며, 계약담당공무원은 장비의 유휴가 계약의 이행 여건상 타당하다고 인정될 경우에는 유휴비용을 다음

기준에 따라 계산한다.
 i) 임대장비 : 유휴기간 중 실제로 부담한 장비임대료
 ii) 보유장비 : (장비가격×시간당장비손료계수)×(연간표준가동기간÷365일)
　　　　　　× (유휴일수)×1/2

☞ 건설장비의 유휴비용을 보상대상에 명시하되 계약이행 여건상 타 현장으로 전용이 불가능한 장비에 한해 지급하며, 임대장비의 경우에는 임대료, 보유 장비의 경우에는 표준품셈에서 정한 손료(감가상각비)의 50%에 상당하는 금액을 지급토록 기준 마련(집행기준 제73조제5항, 2010.11.30.)

(2) 계약상대자의 책임 없는 사유로 공사기간이 연장되어 당초 제출한 계약보증서 등의 보증기간을 연장함에 따라 소요되는 추가비용과 당초 가입한 공사손해보험의 보험기간을 연장함에 따라 소요되는 추가비용은 계약상대자로부터 제출받은 보증수수료, 보험료 영수증 등 객관적인 자료에 의하여 확인된 금액을 기준으로 금액을 산출한다.

① 보증수수료 : 계약보증서 또는 공사이행보증서, 건설하도급대금지급보증서 및 건설기계대여금 지급보증서 등의 보증기간이 연장됨에 따라 추가로 소요되는 비용이 계약금액 조정의 대상이 된다.

* 이와 같이 계약보증서의 보증기간이 연장됨에 따라 추가로 소요되는 보증수수료는 여기의 실비산정 대상에 포함되는 것이나, 예정가격 작성을 위한 원가계산 시에는 계약보증서 발급수수료가 포함되지 아니함(법령으로 의무화 된 지급수수료에 해당하지 않기 때문임)

② 공사손해보험료 : 공사기간이 연장됨에 따라 당초 가입한 공사손해보험의 보험기간을 연장함에 따라 소요되는 추가비용이 계약금액 조정의 대상이 된다.

(3) 위의 경비 이외에도 공사기간 연장으로 안전관리비 등 추가비용이 발생한 경우에는 계약상대자로부터 제출받은 경비지출관련 계약서, 요금고지서, 영수증 등 객관적인 자료에 의하여 확인된 금액을 기준으로 변경되는 공사기간에 상당하는 금액을 산출한다.

2) 승률계상 경비 비목

(1) 경비 중 수도광열비, 복리후생비, 소모품비, 여비·교통비·통신비, 세금과공과, 도서인쇄비(6개 항목을 "기타경비"라 한다)와 산재보험료, 고용보험료 등은 그 기준이 되는 비목의 합계액에 계약상대자의 산출내역서상 해당비목의 비율을 곱하여 산출된 금액과 당초 산출내역서상의 금액과의 차액을 실비로 한다.[105]

---

[105] "정부 입찰·계약 집행기준" 제73조 제3항에서는 기타경비를 7개 항목이라고 규정되어 있으나, 기타경비는 '품셈 및 법령에 의해 산출되는 비목 이외의 경비'이므로 지급수수료는 제외하고 6개 항목으로 수정되는 것이 타당함

① 기타경비 = [(재료비+노무비)×산출내역서 비율] -당초 산출내역서상 금액
② 산재보험료 = [노무비(직접+간접)×산출내역서 비율] -당초 산출내역서상 금액
③ 고용보험료 = [노무비(직접+간접)×산출내역서 비율] -당초 산출내역서상 금액

(2) 기타경비의 경우 승률로 계상하지 않고 비목별로 실제 지출한 비용을 계상해야 한다는 주장이 있는데 이는 타당하지 않다. 왜냐하면, 기타경비는 그 금액이 비교적 소액이고 수급인(계약상대자)이 제출하는 근거 서류만으로는 당해 공사와의 관련성을 명확하게 확인하는 것이 용이하지 않아서, 실제 지출비용 전액을 제한 없이 추가비용으로 반영한다면 공사 연장기간동안 지출된 각종 경비 중 불필요하거나 관련성이 없는 부분의 비용까지 공사도급인(발주기관)의 책임으로 전가될 위험이 있기 때문이다(서울중앙지방법원 2021.4.16. 선고2019가합532330 판결).

〈 일반관리비 및 이윤의 산정 〉

일반관리비와 이윤은 공사이행기간의 변경에 의하여 산출된 금액(간접노무비와 경비 등)에 대하여 당해 공사의 산출내역서상의 일반관리비율 및 이윤율에 의하되, 일반관리비율은 6%, 이윤율은 15%를 초과하여 계상할 수 없다.

다. 그 밖의 실비산정 관련 법원 판례 등

1) 법원의 공기연장에 따른 실비 조정(제한)

(1) 도급계약에서 공사기간 연장이라는 계약내용의 변경으로 인한 계약금액 조정은 당사자 사이의 합의에 따라 조정하도록 하는 원칙과 그 합의 시 '실비를 초과하지 않는 범위 안에서'라는 조정금액의 한도를 제시하고 있을 뿐이고, 설계변경 또는 물가변동으로 인한 계약금액 조정과 같이 계약단가나 낙찰률 또는 조정률 등에 의하여 일정한 산식에 따라 조정금액이 곧바로 산출되지는 않으므로

(2) 법원으로서는 신의칙 및 공평의 원칙상 도급계약 내용이 변경된 원인과 과정, 당해 공사기간 중 쌍방 합의에 의한 계약금액조정 과정과 당시 최초 산정금액 대비 조정비율, 계약금액 조정이 이루어지지 않은 이유, 수급인이 지출한 비용, 계약금액이 합의에 따라 조정되었을 경우 예상되는 금액 등을 고려하여 실비의 한도 내에서 적절한 조정금액을 결정할 수 있다(서울고등법원 2016.7.15. 선고 2015나2006713 판결).

☞ 이에 따라 구체적인 사건에서 당사자 사이의 협의로 공사기간 변경에 따른 계약금액 조정절차가 진행되었을 경우 실비의 범위 내에서 그 보다 적은 금액으로 계약금액 조정이 이루어졌을 가능성을 배제할 수 없는 점, 연장된 공사기간 중 일부는 설계변경에서 비롯된 것으로 보이는 점, 도급계약의 공사기간이 연장된 경위, 그 동안 공사의 계약금액 결정 및 조정과정, 건설회사가 공사기간 연장으로 인해 지출한 비용의 규모 및 내용 등을 모두 참작하여 일단 산정된 공사비에서 10%를 감액한 사례가 있음(서울고등법원 2016.6.16. 선고 2015나2005994 판결 등)

2) 공사의 일시정지에 따른 지연보상금과 실비산정 관련

(1) 공사계약일반조건 제47조 제3항에 의하면 공사감독관의 지시에 의한 공사정지의 경우 계약상대자는 원칙적으로 계약기간의 연장 또는 추가금액을 청구할 수 없지만, 그 정지가 계약상대자의 책임 있는 사유로 인한 정지가 아닌 때에는 계약기간의 연장 또는 추가금액 청구가 가능하다. 또한, 동조 제4항에 의하면 공사정지가 발주기관의 책임 있는 사유에 의한 경우에는 60일을 초과하는 정지 기간에 대하여 잔여계약금액에 일정비율(한국은행 통계월보상의 금융기관 대출평균금리)을 곱하여 산출한 금액을 지급하도록 하고 있다.

(2) 따라서 동 조건 제47조 제3항과 제4항을 종합적으로 고려해 볼 때, 공사정지가 있는 경우 계약상대자는 자신의 귀책사유가 없다면 공사기간의 연장 및 계약금액 조정(실비지급)을 요구할 수 있는 것이고, 나아가 그 공사정지가 발주기관의 귀책사유로 인한 것이라면 그에 더하여 잔여계약금액에 일정비율을 곱하는 방식으로 산출된 약정금(지연보상금)의 지급도 청구할 있다고 본다(서울고등법원 2013.11.8. 선고 2013나11869 판결).

(3) 한편, 이와 같이 공사정지가 60일을 초과하는 경우에 공기연장에 따른 실비와 지연보상금을 동시에 청구할 수 있는 지가 논점이 될 수도 있는 데, 발주기관의 공사 일시정지에 따른 지연보상금은 계약상대자가 계약상 의무를 지체한 경우에 납부하게 되는 지체상금에 대응되는 성격으로서, 일시정지의 공사기간 연장에 따른 실비지급과는 별개의 사안에 해당하기 때문에 각각 산정하여 지급하는 것이 타당하다고 보는 것이다(대법원 2020.1.9. 선고 2015다20587 판결 참조). 물론, 공사의 일지정지기간이 60일을 초과하지 않은 경우에는 그 정지된 기간에 대하여 공기연장에 따른 실비만 산정하게 된다.

3) 공사기간연장 신청을 거절한 경우 공기 준수를 위한 비용의 지급여부

(1) 통상적으로 공사를 진행하는 도중에는 앞에서 기술한 바와 같이 공사기간을 연장하여야 하는 사유가 발생하게 되는 데, 발주기관이 이러한 공사기간 연장 사유가 발생

하였음에도 이를 거부하며 예정 준공기한 내 완공할 것을 요구함에 따라 공기를 지키고자 장비와 인원을 집중적으로 투입하는 소위 돌관공사를 실시하였을 경우 그 비용의 지급 여부가 논란이 될 수 있다.

(2) 위와 같이 '돌관공사'(突貫工事)란 기한을 맞추기 위하여 장비와 인원을 집중적으로 투입하여 해내는 공사로서 통상의 공사보다 더 밀도 있게 공사가 진행되기 때문에 야간 내지 휴일 작업이 동반되고 그에 따라 할증되는 노무비 등 추가비용이 발생할 수밖에 없게 된다. 따라서 공사이행 중 발주기관이 공사 지연 책임을 인정하고 이와 같은 돌관공사를 명시적으로 지시하여 이행하였을 경우에는 공사계약일반조건 제18조 등에 따라 추가비용을 보전받게 될 수 있지만, 만약 명시적인 지시가 없이 돌관공사를 진행하였다면 공사 지연에 대한 귀책사유 등으로 분쟁이 발생하게 되므로 공사이행 전에 문서로 통지하고 추가비용 발생분에 대한 근거자료 마련 등 분쟁의 소지를 미연에 방지하는 것이 필요하다고 하겠다.

(3) 법원 판례를 살펴보면 '발주기관의 귀책으로 공사기간 연장사유가 발생되었음에도 계약상대자의 공사기간 연장요청을 거절함으로써 계약상대자가 공사기간 준수를 위하여 돌관공사 이외에 다른 방법을 선택할 여지가 없는 등의 특별한 사정이 인정되는 경우에는 발주기관이 명시적으로 돌관공사를 지시하지 않았더라도 실비를 초과하지 않는 범위 내에서 그 비용을 지급할 의무가 있다'고 판시한 사례가 있다(서울고등법원 2016.8.25. 선고 2015나2047837 판결).

〈참고〉 장기계속공사계약에서 총 공사기간 연장에 따른 간접공사비 증액 여부 관련
(대법원 2018.10.30. 선고 2014다235189)

(1) 장기계속공사계약은 총 공사금액과 총 공사기간에 관하여 별도의 계약을 체결하고 다시 개개의 사업연도별로 계약을 체결하는 형태가 아니라, 우선 1차년도의 제1차 공사에 관한 계약을 체결하면서 총 공사금액과 총 공사기간을 부기하는 형태로 이루어진다.

① 제1차 공사에 관한 계약체결 당시 부기된 총 공사금액과 총 공사기간에 관한 합의를 통상 '총괄계약'이라 칭하고 있는데, 이러한 총괄계약에서 정한 총 공사금액 및 총 공사기간은 국가 등이 입찰 당시 예정하였던 사업의 규모에 따른 것이다.

② 사업연도가 경과함에 따라 총 공사기간이 연장되는 경우 추가로 연차별 계약을 체결하면서 그에 부기하는 총 공사금액과 총 공사기간이 같이 변경되는 것일 뿐, 연차별 계약과 별도로 총괄계약(총 공사금액과 총 공사기간)의 내용을 변경하는 계약이 따로 체결되는 것은 아닌 것이다.

제4절 그 밖에 계약내용의 변경으로 인한 계약금액의 조정

(2) 총괄계약은 그 자체로 총 공사금액이나 총 공사기간에 대한 확정적인 의사의 합치에 따른 것이 아니라 각 연차별 계약의 체결에 따라 연동되는 것이다. 일반적으로 장기계속계약의 당사자들은 총괄계약의 총 공사금액 및 총 공사기간을 각 연차별 계약을 체결하는데 잠정적 기준으로만 활용할 의사를 가지고 있을 뿐이라고 보이고, 각 연차별 계약에 부기된 총 공사금액 및 총 공사기간 그 자체를 근거로 하여 공사금액과 공사기간에 관하여 확정적인 권리의무를 발생시키거나 구속력을 갖게 하려는 의사를 갖고 있다고 보기는 어렵다.

① 장기계속공사계약에 있어서의 이른바 총괄계약은 전체적인 사업의 규모나 공사금액, 공사기간 등에 관하여 잠정적으로 활용하는 기준으로서 구체적으로는 계약상대방이 각 연차별 계약을 협의하여 체결할 지위에 있다는 점과 그 계약의 규모는 총괄계약을 일응의 기준으로 한다는 점에 관한 합의라고 보아야 한다.

② 따라서 총괄계약의 구속력은 계약상대방의 결정(연차별 계약마다 경쟁입찰 등 계약상대방 결정 절차를 다시 밟을 필요가 없다), 계약이행의사의 확정(정당한 사유 없이 연차별 계약의 체결을 거절할 수 없고, 총 공사내역에 포함된 것을 별도로 분리 발주할 수 없다), 계약단가(연차별 계약금액을 정할 때 총공사의 계약단가에 의해 결정한다) 등에만 미칠 뿐이고, 계약상대방이 이행할 급부의 구체적인 내용, 계약상대방에게 지급할 공사대금의 범위, 계약의 이행 기간 등은 모두 연차별 계약을 통하여 구체적으로 확정된다고 보아야 하는 것이다.

⇒ 필자의 의견은 장기계속공사계약에서 총괄계약이라는 용어를 사용해서는 아니 된다고 봄. 왜냐하면, 계약의 체결은 예산확보가 전제되므로 총공사 금액에 대한 예산이 확보되지 않아 계약체결이 불가능하기 때문임. 부기된 총공사 금액은 2차 년도 이후 정부의 예산편성과 국회의 심의 결과에 따라 유동적이며, 이에 따라 동 장기계속공사계약은 불확실성이 내포되어 있는 것임.

4 운반거리 변경에 따른 실비의 산정

가. 설계서 작성 시 주의사항

(1) 계약담당공무원은 시행령 제14조(공사입찰)의 규정에 의한 당해 공사의 설계서를 작성함에 있어, 운반비 산정의 기준이 되는 다음의 사항을 구체적으로 명기하여 불가피한

경우를 제외하고는 계약체결 후 운반거리 변경이 발생하지 아니하도록 하여야 한다.(정부 입찰·계약 집행기준 제74조 제1항)

① 토사채취, 사토 및 폐기물처리 등을 위한 위치
② 공사현장과 제①호의 규정에 의한 위치간의 운반거리, 운반로 및 운반속도 등
③ 기타 운반비 산정에 필요한 사항

(2) 설계서 작성 시 이와 같은 주의사항을 명시하고 있는 것은 계약체결 이후 계약내용 변경사례가 가능한 한 발생하지 않도록 하기 위한 것이므로, 발주기관은 규정에 명시된 취지를 유념하여 설계서 작성 시 사토장 위치 선정, 운반거리 측정 등을 소홀히 하지 않도록 각별한 주의를 기울여야 한다고 하겠다.

나. 계약금액 조정기준

(1) 토사채취, 사토 및 폐기물처리등과 관련하여 당초 설계서에 정한 운반거리가 증·감 되는 경우에는 다음의 기준에 의하여 계약금액을 조정한다.

① 당초 운반로 전부가 남아 있는 경우로서 운반거리가 변경되는 경우
- 조정금액 = 당초 계약단가+추가된 운반거리를 변경 당시의 품셈을 기준으로 하여 산정한 단가와 동 단가에 낙찰률을 곱한 단가의 범위 내에서 계약당사자간에 협의하여 결정한 단가

② 당초 운반로 일부가 남아 있는 경우로서 운반거리가 변경되는 경우
- 조정금액 = (당초 계약단가-당초 운반로 중 축소되는 부분의 계약단가) + 대체된 운반거리를 변경당시 품셈을 기준으로 산정한 단가와 동 단가에 낙찰률을 곱한 단가의 범위 내에서 계약당사자간에 협의하여 결정한 단가

③ 당초 운반로 전부가 변경되는 경우
- 조정금액 = (계약단가+변경된 운반거리를 변경 당시 품셈을 기준으로 산정한 단가와 동 단가에 낙찰률을 곱한 단가의 범위 내에서 계약당사자간에 협의하여 결정한 단가) - 계약단가

(2) 운반거리 증·감에 따른 계약금액 조정 산식 중 협의 단가를 결정함에 있어 계약당사자간의 협의가 이루어지지 아니하는 경우에는 그 중간금액으로 한다. 일반관리비와 이윤은 공사이행기간 변경에 따른 일반관리비 및 이윤의 산출방식과 동일하다.

다. 운반거리 변경과 관련한 사례연구

⑴ 당초 설계서에는 토취장의 위치가 정해지지 않은 채 운반거리만 명시되어 있었으나 실제 토취장을 지정하는 과정에서 운반거리가 변경된 경우에는 설계변경 시 기준이 되는 당초 운반로가 없기 때문에 운반로 전체가 변경되는 것으로 보아 계약금액을 조정하는 것이 타당하고(기획재정부 계약제도과-174, 2009.1.21.), 발주기관이 작성하여 입찰자에게 배부한 설계서에 토취장이 명기되어 있지 않았다가 토취장이 지정되었다면 이 경우에도 당초 운반로 전부가 변경되는 경우(계약예규 "정부 입찰·계약 집행기준" 제74조 제2항 제3호)로 보아 계약금액을 조정하는 것이 타당하다(조달청, 2018.9.28.).

⑵ 또한, 일괄입찰을 실시하여 체결한 공사계약에서 발주기관의 요구에 의하여 사토장을 변경하는 경우에는 "공사계약일반조건" 제23조 및 "정부 입찰·계약 집행기준" 제74조의 규정에 의하여 계약금액을 조정하는 것인 바, 동 규정에 따라 계약금액을 조정함에 있어 계약상대자가 제출한 산출내역서에 해당 공종이 누락되어 있는 경우에는 당초 계약단가는 무대로 처리하고 변경되는 운반거리에 대한 단가를 산정하여 당해 계약금액을 조정하는 것이 타당하다(기획재정부 회제 41301-1631, 2002.11.13.).

5 그 밖의 실비 산정

가. 그 밖의 실비산정 방법(동 집행기준 제75조)

공사이행기간변경에 따른 실비산정과 운반거리 변경에 따른 실비산정 이외의 경우에 실비의 산정은 변경된 내용을 기준으로 하여 산정한 단가와 당초 단가와의 차액범위 안에서 계약당사자 간에 협의하여 결정한다. 이와 같이 협의하여 결정하는 것을 원칙으로 하되 다만, 계약당사자 간에 협의가 이루어지지 아니하는 경우에는 변경된 내용을 기준으로 하여 산정한 단가와 당초 단가를 합한 금액의 100분의 50으로 한다.

나. 최저임금 인상에 따른 계약금액 조정(영 제66조 제2항)

⑴ 계약담당공무원은 청소, 검침용역 등 단순한 노무에 의한 용역에 대해서는 「최저임금법」에 따른 최저임금액이 변동되어 당초의 계약금액으로는 최저임금 지급이 곤란

하다고 인정하는 경우에 계약금액을 조정한다. 이 때 당초의 계약금액에는 인건비 기준 노임단가 변동에 따라 계약금액 조정을 하는 경우를 포함한다.

(2) 이 경우 '최저임금 지급이 곤란하다고 인정하는 경우'라 함은 인건비기준 노임단가에 해당 계약의 낙찰률을 곱한 금액("내역서상 노임단가")이 최저임금에 미치지 못하는 경우를 말하며, 계약금액의 조정은 최저임금을 하회하는 내역서상 노임단가에 대하여 최저임금을 적용하는 방식으로 한다.(동 집행기준 제76조의6) 즉, 계약금액에 계상된 노무비의 기준이 되는 시중노임단가가 상승할 경우 계약금액도 연동하여 증액하고, 조정한 금액이 최저임금에 미달한 경우 추가적으로 계약금액을 조정한다.

다. 관련 법령의 제·개정에 따른 계약금액 조정

(1) 계약체결 이후 관련법령의 제·개정으로 인하여 비용의 증감이 발생된 경우에도 계약금액의 조정이 가능하다. 만약, 물품제조계약에 있어 계약체결 시 물품제조가 과세대상이었으나 계약체결 후 관련법령이 개정되어 면세대상으로 변경된 경우 계약담당공무원은 국가계약법시행령 제66조에 의한 그 밖에 계약내용 변경으로 계약금액을 감액조정할 수 있으며, 이와 반면에 계약체결 후 세법개정으로 인하여 당초 면세대상이 과세대상으로 변경되어 계약상대자가 의무적으로 부담하여야 하는 비용이 발생한 경우라면 동 규정에 의하여 증액 조정하는 것이 타당하다(고등법원도 동일하게 판결2009.9.18.).

(2) 한편, 대법원은 위의 부가가치세 증액분에 대한 계약금액 조정과 관련하여 국가계약법 제19조 및 동법시행령 제66조는 신의칙 또는 사정변경의 원칙에 의한 계약금액 조정을 일반화한 규정이라고 할 수 없으므로 내용 및 성질이 전혀 다른 계약체결 후 부가가치세법령이 변경된 경우에까지 유추 적용할 수는 없고, 다만, 법률행위의 보충적 해석에 따라 계약금액을 조정하는 것이 타당하다고 보고 있다(대법원 2014.11.13. 2009다91811).

저자 최 홍 석(崔 洪 碩)

동아대학교 경제학박사

재단법인 동양경제연구원 이사장
한국원가관리협회 이사
부산광역시 공공기관 혁신 자문위원
부산시 북구 공동주택 관리 자문위원 및 생활 임금위원회 위원
부산진해경제자유구역청 분양가 심사위원
교원대학교 등록금심의위원

전) 동서대학교 국제관계학부 겸임교수

저자 양 창 호(梁 昌 浩)

전주고등학교 졸업, 전북대학교 행정학과 졸업

재단법인 동양경제연구원 상임고문
기획재정부 과징금부과심의위원회위원(공사분야 소위원장)

전) 기획재정부 근무
계약정책과 총괄사무관, 증권제도과 서기관, 기금사업과장, 운영지원과장, 기획재정협력관

전) 사단법인「한국원가분석사회」전무/교육원 교수, 한국산업관계연구원 원장
국가공인원가분석사 검정시험교재 저술 및 강의
국가공인원가분석사 법원원가감정 전문가 인증교육 교재 저술 및 강의

저서) 원가관련 제도 및 법규 (2020.3 도서출판 삼일), 국가계약법규 해설(2021.2 삼일)

개정 신판 공공계약제도 해설

인 쇄	2023년 1월
발 행	2023년 1월
저 자	**최 홍 석, 양 창 호**
인 쇄 처	㈜ 삼일기획
전 화	(044)866-3011
F A X	(044)867-3133

이 책은 저작권법에 의해 보호를 받는 저작물입니다. 저자의 사전 동의 없이는 무단 복제, 전제, 발췌하는 것을 일체 금합니다.